LES JACOBINS DE L'OUEST

Sociabilité révolutionnaire et formes de politisation
dans le Maine et la Basse-Normandie
(1789-1799)

Histoire moderne – 34

Université de Paris I

Christine PEYRARD

LES JACOBINS DE L'OUEST

Sociabilité révolutionnaire et formes de politisation dans le Maine et la Basse-Normandie (1789-1799)

Préface de Michel Vovelle

Ouvrage publié avec le concours
du Conseil scientifique de l'Université de Paris I,
et du Centre National de la Recherche Scientifique

Publications de la Sorbonne
1, rue Victor-Cousin 75005 PARIS
1996

Sur la couverture : détail d'un éventail révolutionnaire.
Musée de la Révolution française, Vizille.

© publications de la Sorbonne
loi du 11 mars 1957

ISBN 2-85944-278-2
ISSN 0761-523X

REMERCIEMENTS

Sans prétendre citer tous ceux qui ont contribué à l'achèvement de ma thèse, dont ce livre propose une version abrégée, et qui trouveront au fil des pages leurs apports, qu'il me soit permis de remercier, d'abord, tout le personnel des archives et des bibliothèques, longuement fréquentées, ainsi que celui des publications de la Sorbonne. Ce livre n'aurait pas pu paraître sans le soutien de l'Université de Paris I et du C.N.R.S., ni sans le concours apporté par les Conseils Généraux des départements de l'Eure, de la Manche, de l'Orne et de la Sarthe. Je ne saurais oublier François Lebrun, Jean Nicolas et Claude Mazauric, lecteurs attentifs et bienveillants de la version intégrale de ce travail. Ma gratitude s'adresse, enfin, à tous les *frères et amis* de l'Ouest comme à ceux de Paris ou du Midi et, notamment, à Françoise Brunel et à Raymond Huard. Et, bien sûr, à mon maître Michel Vovelle.

PRÉFACE

Il convient de saluer l'exploit. On ne peut manquer de ressentir quelque appréhension (mais que dirait l'auteur !), lorqu'on a suivi l'élaboration d'une grande thèse
« chef d'oeuvre » et qu'on a eu le privilège d'en lire l'intégrale, à découvrir sa trans-
cription abrégée, adaptée aux contraintes de l'édition et, plus encore, à la réceptivité
d'un public élargi, sans pour cela perdre ce qui a fait sa richesse et sa nouveauté.
Qu'on veuille bien me croire sur parole : non seulement l'essentiel s'y retrouve,
mais la vigueur est intacte, mieux encore, renforcée : la thèse au sens académique
s'efface, il en sort un livre, porteur lui-même d'une thèse au sens fort du terme.

A vrai dire, l'inquiétude n'était pas grande, car la bataille était déjà gagnée, dans
la mesure où Christine Peyrard avait d'ores et déjà surmonté avec une admirable
autorité les obstacles de fond, somme toute les plus dangereux, qui se présentaient
sur sa route. Car il fallait quelque audace pour associer tout uniment sous un titre
dont la simplicité est trompeuse deux objectifs aussi coriaces : « les jacobins » et
« l'Ouest ».

L'Ouest ? Nous connaissons, ou nous estimons avoir de bonnes raisons de commencer à le connaître. Planait sur cette entreprise la grande ombre de la thèse de Paul
Bois « Paysans de l'Ouest » qui fut, voici trente ans, pour les chercheurs de ma génération une découverte et une incitation puissante. Qu'on en adopte le modèle ou, le
temps passant, qu'on le conteste, elle est restée une référence qu'on ne saurait passer sous silence. Puis les études se sont multipliées, sans qu'il soit besoin de les énumérer : sur la Vendée, l'Anjou, la Bretagne, la Haute-Normandie. Simultanément,
dans la dernière décennie, une problématique nouvelle s'est imposée, celle des
« résistances à la Révolution », reflétant la complexification des analyses en cours,
pour une part, mais aussi la tentation croissante de se polariser sur l'autre face de
l'aventure, celle de la Révolution refusée, et singulièrement dans ces contrées.

D'une France de l'Ouest ainsi investie sur tous les fronts, et volontiers assimilée
à l'épicentre d'un monde du refus, même si une place avait été réservée dans l'autre
camp aux bleus d'Anjou ou de Bretagne, que restait-il à découvrir ? L'espace pros-
pecté par Christine Peyrard est largement taillé, impressionnant même, si l'on se
risque à parler en termes de sources et d'archives, puisqu'il englobe une demi-douzaine de départements, de l'Eure au Calvados et à la Manche, à l'Orne, la Sarthe et
la Mayenne : affrontant la disparité locale des sources, mais plus encore la diversité
des pays, des plaines au bocage de la Basse-Normandie et du Maine. Là où Paul Bois
s'était fixé pour défi de découvrir dans l'espace restreint d'une monographie dépar-

tementale sur la Sarthe la frontière qui sépare la France bleue de l'adhésion à la République, de la France blanche de la chouannerie, notre auteur prend le risque, en investissant la majeure partie de l'Ouest intérieur de déconstruire l'image trop simple de la frontière, sans pour cela remettre en cause la spécificité de cet espace, où la Révolution a rencontré, plus qu'ailleurs, des obstacles sur son chemin.

Et c'est ici qu'il convient de saluer la seconde audace de cette thèse : prendre pour objet « les jacobins de l'Ouest » n'était pas une mince affaire. C'était affronter une problématique lourde d'interrogations, à la fois très ancienne et renouvelée dans la ou les dernières décennies, où le débat historiographique national s'est plus d'une fois focalisé sur la question du jacobinisme, élément original de l'expérience révolutionnaire française, qu'on l'exalte ou qu'on l'anathémise. La réflexion de Christine Peyrard, maîtrisant toutes les subtilités et les enjeux du problème, s'inscrit comme un apport qu'on ne pourra désormais ignorer dans le processus actuel de relecture du jacobinisme *historique* : entendons par là d'une voie spécifique de la découverte de la politique moderne, et de l'expérience démocratique française, aux origines d'une culture politique.

La nouveauté et le mérite essentiel de l'auteur, confronté aux difficultés délibérément assumées du cahier des charges que nous venons de définir, c'est sans-doute, en récusant l'illusion de proposer un modèle explicatif unique - tel que la thèse de Paul Bois en fournissait la référence, mais d'autres études aussi, chacune à sa manière - d'avoir défini un objectif et une démarche que je résumerai, en simplifiant à l'extrême : comment s'opère à chaud, dans la décennie révolutionnaire, l'apprentissage de la politique dans un cadre régional ? Qu'on ne se trompe pas à l'apparente limpidité du propos. Ce faisant, Christine Peyrard s'inscrit sans doute à sa manière dans le mouvement actuel qui vise à réinvestir le politique au coeur du processus révolutionnaire. Thème à la mode pour certains qui, dénonçant, non sans quelque excès, l'hégémonie du « tout social » d'hier aspirent à opérer une reconversion radicale au « tout politique » d'un conflit de concepts sans racines. Telle n'est point, on s'en doute, la lecture de l'auteur, même si elle n'a pas voulu s'en tenir aux hypothèses de travail sociologisantes de ses prédécesseurs (la vente des biens nationaux, le conflit ville-campagne...), puisque la réalité sociale demeure omniprésente dans sa démarche, mais au filtre de la mise en question fondamentale des cheminements de la prise de conscience puis de la pratique politique. C'est ainsi qu'elle l'aborde, à l'état naissant dirait-on, dans les expressions les plus directes de l'entrée en Révolution que sont les émotions et mouvements populaires, de la révolte du bocage en juillet 1789 à la Grande Peur, aux soulèvements de l'Orne et aux taxations du printemps puis de l'automne 1792. Avant d'être discours, la politique s'affirme en actes, à travers les expressions de la violence revendicatrice, et la thèse leur fait la place qui leur revient, nous transportant d'un site d'opérations à l'autre au fil de leur déroulement. Tel parti pris de saisir à la base la revendication collective est courageux : car il implique - et Christine Peyrard n'esquive pas le problème - de s'interroger sur la réalité d'une voie spécifique de la révolution paysanne et sur ses formes d'articulation avec le militantisme urbain, ou le discours des élites révolutionnaires locales. Ce qui implique aussi l'éventualité de l'échec, ou de la rencontre manquée, quand la mobilisation communautaire prend d'autres voies, en se crispant sur le problème religieux à partir de 1791 et, surtout, après 1793 quand interfèrent les retombées du soulèvement proche de la Vendée, puis la chouannerie et les formes de régression sur la rébellion primitive d'une partie de la population rurale. Aspects que Christine Peyrard a exclus de son champ d'enquête : qui lui en fera reproche ? C'eut été matière à une ou plusieurs autres thèses. Elle préfère tenir fermement le cap, pour concentrer son attention sur ceux qui, dans ce contexte souvent hostile, aux prises avec les pesanteurs locales comme avec les sollicitations majeures de l'évenementiel national (la crise feuillante, le fédéralisme, la crise de germinal an II puis les épisodes post-thermidoriens du Directoire) sont devenus les acteurs conscients et progressivement avertis d'un jeu politique à inventer : en un mot, les jacobins de l'Ouest.

En soulignant la nouveauté et la créativité de l'épisode, l'auteur ne minimise pas pour cela le poids des héritages et des frayages : les voies ouvertes depuis les recherches de Maurice Agulhon sur la sociabilité, d'ancien et de nouveau style, ne sont pas méconnues, et l'on fait la place qui leur revient aux structures associatives de l'Ancien Régime, loges et sociétés de pensée dans les villes et les gros bourgs, confréries de Charité dans certaines aires, comme le Perche, avec comme toile de fond la communauté, dont on soupçonne à la fois la présence, mais dont on fait plus que deviner les tensions internes, interdisant toute mystification facile.

C'est dans l'étude fouillée des structures et supports de politisation que la Révolution fait naître que la richesse de l'analyse proposée nous entraîne et nous convainc le plus. Christine Peyrard a étudié les sociétés populaires dans toute la région, elle en restitue le réseau avec ses contrastes, de l'Est à l'Ouest : forte densité mais de création tardive et de durée éphémère dans l'Eure, implantation beaucoup plus lâche au niveau des cantons ailleurs. Elle restitue le rythme de ces créations, insiste sur le rayonnement des grandes sociétés urbaines et mène cette aventure à son terme par l'évocation des cercles constitutionnels, notamment dans la Sarthe où ils appliquèrent la pédagogie particulièrement originale de l'« ambulance » de leurs rassemblements. C'est dans le vivier des clubistes que Christine Peyrard a rencontré le noyau dur de ses jacobins, cette élite d'une élite de militants dont, par ailleurs, elle propose une sociologie suggestive, faisant apparaître l'importance, ici comme ailleurs, de l'échoppe et de la boutique au bourg et à la ville, à côté des représentants des professions libérales, cependant que le salariat ne se montre pas et que la sous-représentation paysanne est flagrante.

Malgré le dynamisme évident de certains milieux urbains - Le Mans en tout premier, mais aussi bien Cherbourg -, la faible densité des sociétés populaires de l'Ouest ne saurait leur permettre dans ce contexte de jouer un rôle comparable à celles du Midi. Elles n'en ont pas moins été, suivant des voies diverses, dont on esquisse la typologie, non point un embryon de partis politiques mais des lieux de rencontre interclassiste, avec leurs limites, de fraternisation et de pédagogie civique, d'acquisition des éléments d'une culture politique durablement enracinée. Plus encore, la presse provinciale assure dans ces régions un relai tout particulièrement notable et, pour une part, inattendu. A côté des journaux des villes importantes - Caen, Le Mans, Evreux, Cherbourg ou Laval - des centres de plus médiocre importance se sont dotés de leur feuille locale d'opinion, souvent porteuse d'un discours volontariste, engagé à l'initiative de journalistes en qui l'on retrouve bien souvent les animateurs du club local. 1792 a été la grande année du rayonnement des idées jacobines par le journal : mais la presse ne disparait pas en l'an II, et les journaux tiennent, lors des luttes de la période directoriale, une place de premier plan.

On peut regretter que l'état d'avancement des enquêtes en cours sur les pratiques électorales à l'époque révolutionnaire, auxquelles participe C. Peyrard, n'ait pas permis d'ajouter un troisième élément à ce que suggère déjà le croisement des études sur les sociétés populaires et la presse : mais nous en savons déjà assez pour que prennent consistance, sous notre regard, le profil et le rôle des jacobins de l'Ouest. Un cliché reçu - toujours en vogue - en ressort bien mal en point : celui du jacobinisme comme transmission verticale de mots d'ordre nationaux reçus passivement. S'impose au contraire, exacerbé peut-être, surtout sous le Directoire, par un environnement hostile, l'image d'espaces publics d'expérimentation de pratiques politiques modernes, à la rencontre de quelques héritages, et d'une réelle créativité. Ces cadres d'opinion ne sont point de simples courroies de transmission manifestant l'existence de tempéraments ou, si l'on n'aime point le terme, de centres d'initiative issus des rapports de force locaux, animés par des individualités ou des groupes constitués. Dans leurs nuances locales, les réactions au fédéralisme - épreuve de vérité -, témoignent à la fois de cette complexité et de cette vitalité.

Si elle a pu rendre non seulement crédible, mais convaincante cette démonstration, c'est que Christine Peyrard a su, avec une maîtrise certaine, associer une réflexion toujours en éveil à un goût du concret, des réalités de terrain, telles qu'elles les a appréhendées au fil de son enquête. Dans les contraintes mêmes de l'édition allégée, elle sait garder le sens du récit : l'importance du moment et des situations, telle qu'elle les évoque dans les épisodes du mouvement populaire en 89 ou en 92 ; elle a le sens des pays, sans tomber dans l'anecdotique d'une microgéographie sans perspectives : mais Verneuil, Cherbourg, Laval ou, bien-sûr, Le Mans prennent pour nous une consistance et une familiarité proche. Elle passe avec aisance du tableau de groupe - à partir d'approches statistiques dont on apprécie le mérite, ainsi dans la sociologie du recrutement des sociétés populaires -, au portrait individuel, documenté de façon érudite, non moins vivant pour cela, dans le parcours de carrière qu'il restitue. Nous n'oublierons plus Rigomer Bazin, l'héroïque publiciste qui assure au Mans la continuité et le passage du flambeau des affrontements de 1794 à la monarchie restaurée. J'ai retrouvé à Verneuil le sieur Levacher, maître de forges pugnace, paternaliste et bon jacobin (?) que j'avais évoqué au passage voici plus de trente ans, dans un de mes premiers articles, avec l'impression que je n'avais pas compris grand chose alors, à ce petit monde de la métallurgie normande !

Mariant le récit et l'analyse, prudente mais assurée dans ses conclusions, Christine Peyrard nous ouvre des voies nouvelles. C'est ainsi qu'il convient aujourd'hui d'appréhender le politique dans la réalité du tissu social. J'avais quelque vergogne à m'être risqué dans ma *Géopolitique de la Révolution française* à parler des « mystères de l'Ouest », clin d'oeil facile. Reconnaissons à notre auteur, qui n'a point de ces complaisances, le mérite d'avoir levé un coin du voile.

Michel Vovelle
Professeur Emérite à l'Université de Paris I.

INTRODUCTION

Cette recherche est consacrée aux Jacobins de l'Ouest. Elle s'attache à mettre en valeur, dans un cadre régional, les formes de la politisation sous la Révolution française. Une histoire politique ? Oui, assurément, mais pas seulement.

Notre première approche consiste, en effet, à analyser comment une structure de type jacobin se met en place. Elle procède d'une interrogation ancienne : faut-il ranger le club comme le lointain ancêtre du parti politique ? Cette question a sous-tendu de nombreuses et diverses approches du « jacobinisme » dont l'histoire commence dès la Révolution. Sans doute, ce néologisme de 1791 est celui qui a le plus contribué, parmi toutes les autres appelations péjoratives [1] à valoriser l'importance et le rayonnement d'une forme d'organisation politique. Forgé par ses adversaires, le concept a permis de penser, d'abord, la Révolution comme un complot de la secte philosophique et révolutionnaire, puis, la démocratie comme un lieu de manipulation de l'opinion par l'appareil des partis politiques. Sous la plume des admirateurs des Jacobins, l'idée a servi à valoriser l'action des hommes dans l'histoire, à les proposer en modèles et à réfléchir à l'organisation d'un grand parti révolutionnaire.

Ce vieux débat historiographique, autour duquel des générations successives ont tenté de penser le changement politique, à des époques de transition historique, n'a pas été stérile. Sans en développer les étapes ni le limiter à la polémique suscitée par la parution du livre d'E. Quinet, *La Révolution*, [2] disons simplement que sur la question centrale de la naissance de la pratique démocratique deux grandes thèses partagent aujourd'hui la communauté historienne. Car, laudateurs ou dénigreurs des Jacobins, tous leur reconnaissent d'avoir inventé la politique moderne.

Pour les uns, qui s'inscrivent dans le droit fil de la pensée du siècle des Lumières, l'entrée en politique s'apparente à cette sortie de l'âge de « la minorité », à cette « aptitude à penser par soi-même » et à ce devoir de « faire un usage public de sa raison » que Kant proposait pour définir les Lumières [3]. La rupture révolutionnaire

---

1. F. Brunot cite également « jacobinière, jacobinère, jacobinade, jacobiniade, jacobiniser, déjacobiniser, enjacobiniser, jacobite » et « clubiste, anti-clubiste, clubique, clubical, clubiner, clubinière, clubinomanie, clubocratie, clubomanie, clubocrate » dans son *Histoire de la langue française des origines à nos jours,* tome IX, *La Révolution et l'Empire,* Paris, 1937.
2. F. Furet (88).
3. E. Kant, *Réponse à la question : qu'est-ce que les Lumières ?* 1784.

est décisive pour comprendre l'élargissement sociologique d'un « espace public » [4] qui ne caractérisait que la République des Lettres et pour constater le déplacement des thèmes d'intervention de l'opinion publique. Les circonstances révolutionnaires ont créé les conditions d'expérimentation d'une organisation démocratique de masse dans les milliers de sociétés populaires [5].

Pour les autres, la prise de conscience individuelle et la mobilisation collective de tout un peuple pour transformer la société ne sont guère que des illusions. Soit que l'illusion réside dans la croyance, héroïque, mais aliénante d'une libération sociale de l'homme par son émancipation politique [6]. Soit qu'elle n'ait produit qu'une nouvelle secte religieuse et son cortège d'intolérance et de fanatisme [7]. Soit, enfin, que l'illusion n'était pas neuve et le ver déjà dans le fruit : la floraison des sociétés populaires n'était que l'épanouissement d'un type d'organisation politique et sociale réduisant, depuis le second XVIIIe siècle, l'homme à opiner et à fabriquer du consensus [8].

L'historien ne peut-il mieux cerner son domaine d'étude et élaborer son propre questionnement ? Et, d'abord, résister à la tentation de jouer des « fortunes et infortunes » du mot jacobin [9]. Réduira-t-on la définition à celui qui est « partisan de la dictature de salut public » [10] alors que l'emploi provincial du mot est bien antérieur à la mise en place de celle-ci ? Peut-on accepter celle, plus large, de « républicain partisan d'une démocratie centralisée » [11] alors qu'on a été jacobin avant l'instauration de la République ? Il y aurait une thèse à faire sur l'emploi du mot « jacobin » dans l'historiographie qui sert à désigner aussi bien la Convention, les Montagnards, les Robespierristes, le Comité de salut public, le gouvernement révolutionnaire (sous-entendu celui de l'an II), la terreur (sans précision), la dictature, la centralisation, le club des Jacobins (de septembre 1792 ou de juin 1793 à Thermidor) ou encore certains leaders parisiens de la révolution.

La confusion est telle qu'il convient d'expliciter notre démarche, pourtant, très simple. Elle s'inscrit dans la prospection d'un nouveau champ d'études : celui de la sociabilité. Le parcours méthodique des historiens du mouvement social et des mentalités a, en effet, dynamisé la recherche en ouvrant les frontières qui séparaient l'histoire politique de l'histoire sociale et culturelle et en désenclavant les études révolutionnaires pour les insérer dans une histoire de plus longue durée. Ce faisant, la spécificité de la période prenait comparativement plus de relief et la sociabilité révolutionnaire est devenue une voie nouvelle de la recherche historique [12].

Par ailleurs, la chronologie que nous avons choisie ne se limite pas à la période habituellement découpée par les historiens du jacobinisme [13]. Le point de départ, luimême, ne peut être fixé à l'époque de surgissement des clubs, car l'engagement mili-

---

4. Habermas (56) Voir J. Guilhaumou : « Espace public et Révolution française. Autour d'Habermas », *Raisons pratiques,* 1992, n° 3, p 275-290 et R. Monnier, *L'espace public démocratique. Essai sur l'opinion à Paris de la Révolution au Directoire,* Paris, 1994.
    5. Mazauric (106), (107), Boutier et Boutry (37)
    6. Voir Cl. Mainfroy, *Sur la Révolution française. Ecrits de Marx et Engels,* Paris, 1985, et F. Furet, *Marx et la Révolution française,* Paris, 1986.
    7. L'idée est développée chez Michelet comme chez Quinet.
    8. Sur l'actualité de la thèse d'A. Cochin, voir F. Furet (87)
    9. Ozouf (109), Agulhon (65)
    10. Furet (89).
    11. Dans *Le Petit Larousse,* Paris, 1992.
    12. Agulhon (48), « La sociabilité, la sociologie et l'histoire », *L'Arc,* n°65, p 80 et Vovelle (64) p. 143-156.

tant suppose une mise en contexte sociale et culturelle qui fixe le cadre historique dans lequel la génération de 1789 a inventé la culture démocratique. Les Jacobins ne disparaissent pas aux lendemains du 9 Thermidor et de ses conséquences politiques avec la suppression des sociétés populaires en l'an III et la répression du militantisme. La résurgence de l'association politique sous le Directoire nous incite à prolonger jusqu'au 18 Brumaire l'histoire des Jacobins de l'Ouest.

A partir de cette approche globale, des directions de recherche plus précises ont été privilégiées.

La première consiste à étudier l'émergence et le développement du jacobinisme en mettant en valeur ses étapes majeures dans l'Ouest. Si le récit chronologique est inévitable dans la mesure où l'événement infléchit sa stratégie ou modifie son idéologie, il ne doit pas pour autant masquer l'analyse du fonctionnement de l'association politique. Quels étaient l'organisation et le rayonnement des clubs révolutionnaires ? Quels rôles ont joué la société-mère de Paris et les leaders locaux dans la politisation provinciale ? Sur quelle base sociale s'appuyaient les Jacobins et quels rapports ont-ils noué avec les diverses forces sociales en présence ? Quelle communication politique ont-ils établi avec les représentants de la nation et avec l'opinion publique ?

L'étude des formes de la politisation nous a, d'autre part, amené à privilégier le phénomène qui marque le plus nettement l'entrée dans la politique moderne, c'est-à-dire l'engagement militant. Il est clair que l'adhésion à un club révolutionnaire ne résume pas toutes les autres voies possibles. La participation aux élections qui a profondément marqué certaines consciences, comme celle de l'étaminier sarthois Louis Simon dans son autobiographie républicaine [14], le rôle de la garde nationale, surtout dans les campagnes, et l'inscription dans les armées de la révolution qui ont été bien étudiées dans l'Ouest [15], la composition des comités de surveillance ou des municipalités qui sont encore de grands chantiers : voilà des sujets que nous ne pouvions traiter globalement, mais auxquels nous ferons maintes fois référence. Il est toutefois un autre champ d'études qui est partie prenante de la modernité révolutionnaire et intrinsèquement lié à l'association politique : c'est celui de la presse. Aussi, nos recherches sur le club ont été conduites parallèlement à celles du journal.

Une histoire politique, avons-nous dit, mais pas seulement politique. L'Histoire à laquelle nous avons été formée et croyons être fidèle ne s'est jamais bien reconnue dans un champ d'études trop délimité. C'est peut-être cet héritage vivant qui nous rend difficile le passage au tout-politique ou au tout-culturel qui sont l'objet des modes actuelles. Certes, la réappréciation du politique dans l'historiographie actuelle et, en particulier, dans celle de la Révolution a des vertus critiques positives même si nous ne pensons pas que le phénomène politique évolue de façon autonome dans le monde social et indépendamment de l'héritage culturel. Sans doute, y avait-il aussi un risque de dispersion à entreprendre une histoire des Jacobins qui mette en relation leur expérience avec le mouvement social dans les manifestations, orales et écrites, où s'exprime la conscience politique des porte-parole. Il fallait pourtant surmonter ces risques pour tenter une histoire politique large, enracinée dans le social. Car l'étude de la sociabilité politique nécessite l'approche de toutes les disciplines

---

13. Cardénal (76), Brinton (73), Maintenant (103), Kennedy (97).

14. *Louis Simon, étaminier (1741-1820) dans son village du Haut-Maine au siècle des Lumières,* journal publié par A. Fillon, Le Mans, 1982, p 1-80.

15. Dupuy (84) ; Petitfrère (112).

de l'histoire politique, telles qu'elles viennent d'être récemment prospectées par les historiens de l'époque contemporaine : elle est le lieu où se croisent l'histoire des idées et des mots, l'histoire de l'opinion et des médias, l'histoire des partis et des associations, l'histoire des protagonistes et des intellectuels [16]. Mais pourrait-elle se comprendre pleinement en occultant la réalité sociale de l'époque ? Une histoire politique désincarnée, oublieuse du riche héritage de l'histoire sociale, ne peut être qu'un effet de mode. Rendre au jacobinisme sa dimension historique, dans la complexité de ses composantes, exige une quête de sources appropriées que nous présenterons au fil des chapitres.

N'était-ce pas une gageure pourtant de prétendre étudier les Jacobins dans l'Ouest qui, apparemment, n'est pas l'espace régional qui se prête le mieux à l'étude des prises de position favorables à la révolution ? Que les circonstances - si importantes dans l'histoire dite-jacobine de la Révolution française- aient contribué à ce choix, pourquoi ne pas le reconnaître ? Le hasard d'une nomination fut l'occasion pour une fonctionnaire de la République, originaire d'Avignon, de retrouver l'itinéraire d'un missionnaire patriote avignonnais venu, aux lendemains du 10 août 1792, éclairer les populations sarthoises sur l'importance de l'instruction et de l'association politique. L'occasion, aussi, de dépasser le sentiment d'étrangeté qui nous saisissait sur les bancs de la faculté d'Aix-en-Provence lorsque Michel Vovelle nous parlait de ces « errants qui couraient la grande plaine », phrase magique du conteur qui dévoilait aux étudiants des villes et des bourgs urbanisés de la Provence agulhonienne un univers étrange et excitait notre curiosité intellectuelle.

Mais au delà de cet itinéraire personnel, il y a une réalité historique incontestable qui justifie notre choix : « Tout l'Ouest ne fut pas chouan, tout l'Ouest aujourd'hui n'est pas réactionnaire », écrivait Paul Bois, il y a plus de trente ans [17]. Nous pouvions donc partir de cette région pour tester sa capacité différenciée de réceptivité au jacobinisme en acte. L'espace géographique devait, d'abord, être défini. La Sarthe de P. Bois présentait l'avantage d'un département-frontière, partagé entre des options politiques contradictoires ; mais l'espace départemental était trop étroit pour une telle recherche et le grand Ouest, de la Vendée à l'Eure, en passant par les Côtes d'Armor où nos prospections initiales nous ont conduite, se révélait trop démesuré. A l'époque où nous commencions nos recherches dans les fonds d'archives départementaux, le Maine et la Basse-Normandie étaient alors peu prospectés par les historiens, à la différence de la Bretagne, de la Vendée et de l'Anjou [18]. Par ailleurs, les départements de la Manche, du Calvados, de l'Eure, de l'Orne, de la Mayenne et de la Sarthe offrent un espace hétérogène plus propice à une étude géopolitique que l'espace homogène, soigneusement délimité et préalablement établi par la tradition universitaire de géographie régionale. Issu des provinces du Maine et de la Normandie, partagé en quatre généralités sans les recouvrir entièrement, divisé en six diocèses, cet espace territorial a l'avantage de bien illustrer cet « agrégat de peuples désunis » qu'est la France à la veille de la Révolution. Coupé par la ligne Maggiolo, il oppose la Normandie alphabétisée et productrice de livres au Maine analphabète où le protestantisme ne s'est jamais bien implanté. Cet espace juxtapose aussi des pays façonnés diversement par la nature : des grandes vallées comme celles

16. Rémond (62).

17. Bois (49).

18. Depuis lors de nombreuses recherches ont été conduites notamment à l'Université de Rouen, sous la direction de C. Mazauric dont les thèmes entrecroisent les nôtres, tant sur le personnel jacobin avec les recherches de D. Pingué que sur la presse avec les travaux d'E. Wauters (299).

de Caen aux anciennes marches forestières comme le pays d'Ouche ; des ports comme Cherbourg aux villes de l'intérieur ; des régions proches de Paris comme la plaine de l'Eure à celles enclavées du Bocage Normand ou, encore, des voies de passage comme le pays manceau à ce bout du monde qu'est le Cotentin. Un ensemble artificiel de départements ? Point tout à fait. Par leur densité de population, ils appartiennent à la France peuplée du Nord et du Nord-Ouest à la fin du XVIIIème siècle. Par la faiblesse de leur urbanisation (avec seulement deux villes, Caen et Le Mans, parmi les cinquante premières cités françaises de 1794) et l'importance corrélative de leur population rurale, ils caractérisent bien l'Ouest de la France où le bourg est la cellule fondamentale de la vie sociale. Un Ouest plein « de mystères » [19] encore dans l'analyse géopolitique de la Révolution française où le radicalisme initial des mouvements populaires côtoie très vite la résistance au mouvement révolutionnaire.

Dans l'Ouest ainsi défini, il convient de mesurer l'implantation régionale, le niveau de pénétration et la capacité de mobilisation des Jacobins dans l'Ouest et de s'interroger s'il existait des conditions favorables ou bien des blocages prévisibles. Cette question peut nous permettre d'étudier par là-même les fonctions sociales remplies par l'association politique dans la grande ville comme au village. Quels effets de mode, d'héritage culturel et d'incitation politique au changement ont déterminé les citoyens à créer un club et à le faire vivre ? Quel était le degré de politisation des militants, des simples adhérents et du public qui suivait les séances de la société populaire ? L'intensité plus ou moins grande de la vie associative sous la révolution a-t-elle eu des conséquences durables sur les options politiques de longue durée dans ces diverses régions ?

Nous avons ainsi tenté de restituer la spécificité de la sociabilité révolutionnaire dans une aire géographique où il n'y a peut-être pas un jacobinisme spécifique, mais en tout cas des Jacobins et, peut-être, des Jacobins de l'Ouest.

---

19. Vovelle (125) p 339.

PREMIERE PARTIE

L'EMERGENCE D'UNE CONSCIENCE POLITIQUE NATIONALE

Notre recherche est basée sur l'entrecroisement de trois sources majeures : celles des mouvements populaires, du mouvement associatif et de la presse. Ce vaste champ d'études permet d'insérer l'histoire des Jacobins de l'Ouest dans le milieu social, culturel et politique de la fin du XVIIIème siècle et de rendre compte des conditions de production et de diffusion d'une nouvelle culture politique. Car la culture jacobine ne peut se réduire aux discours tenus par des leaders parisiens ou des commentateurs avisés. Il nous importe de comprendre l'aventure collective d'une génération qui faisait écrire au vieux jacobin René Levasseur sous la Restauration : « Ce qu'on prend aujourd'hui pour le délire de quelques maniaques exaltés, était le sentiment commun de tout un peuple et, en quelque sorte, sa manière d'exister » [1]. Cette définition existentielle ou anthropologique nous incite à diversifier l'étude des formes de la politisation. Celles qui se manifestent dans les conditions d'existence sociale et qui valorisent l'attroupement, la révolte et la mentalité populaire. Celles qui s'élaborent dans les pratiques spécifiques du siècle des Lumières et qui privilégient le phénomène de mode culturelle et la formation d'une opinion publique. Celles qui naissent de l'événement révolutionnaire et qui conduisent à analyser les phénomènes d'opinion en termes de communication politique.

---

1. *Mémoires de Levasseur de la Sarthe, ex-conventionnel,* éd. Ch. Peyrard, Paris, 1989, p 68.

CHAPITRE PREMIER :

CONSCIENCE SOCIALE ET COMPORTEMENTS POLITIQUES POPULAIRES

Toute analyse de mouvement populaire en révolution cherche à distinguer l'archaïsme de la nouveauté dans les formes de l'action comme dans les revendications exprimées. Entre jacquerie et révolution paysanne, l'histoire de la longue durée et celle du temps court de la Révolution française nous apprennent à constater les ressemblances qui témoignent de l'ancienneté d'une pratique politique sans, pour autant, mésestimer la pénétration d'idées neuves et la transformation de l'imaginaire collectif.

L'étude des mouvements populaires pendant la décennie révolutionnaire dans le Maine et la Basse-Normandie fait apparaître l'année 1789 comme celle des plus grandes foules avec 1792. Les émeutes frumentaires du printemps 89, la révolte agraire du Bocage normand et la Grande Peur constituent les grandes vagues de protestation à partir desquelles il est possible de cerner la conscience sociale et les comportements politiques populaires [2].

Les révoltes frumentaires du printemps 1789

Le prix du grain qui va mobiliser tant de foules sous la Révolution et constituer le thème majeur de tous les mouvements populaires dans cette région est un sujet qui n'a guère été abordé lors de la rédation des cahiers de doléances. Dans le Haut-Maine où le problème fiscal et celui du pouvoir constituent l'essentiel des revendications, ce quasi-silence ou les expressions contradictoires entre l'affirmation de la liberté du commerce et le refus d'exporter ses céréales s'expliquent, ici comme en Bretagne [3], par l'imposssible union de la communauté, partagée entre producteurs et

---

2. J. Nicolas, dir. (152).
3. Dupuy (85) p 43-56. Voir également J.M.Constant et A. Fillon, *Les doléances du Maine,* Cahier n°6 du Collectif républicain de commémoration, Le Mans, 1989.

consommateurs de grains. L'ordre du discours des doléances exclut le sujet vital qui divise le Tiers-Etat entre riches et pauvres : l'analyse des représentations collectives est, pour le moins, incomplète si elle ne prend pas aussi en considération une autre série de discours que révèlent les pratiques populaires.

Les émeutes, révoltes ou séditions qui se produisent dès janvier 1789 et, surtout, en mars et en avril touchent deux fois plus les villes, grandes ou petites, où les soulèvements se répètent que les bourgs de 500 à 2000 habitants ; car l'émotion populaire naît sur le marché, principal lieu de sociabilité, où s'exprime en cette période de soudure particulièrement difficile la haine du blâtier qui enlève au prix fort les grains du fermier. Se déploient alors toutes les formes de révolte : si les classiques entraves et émeutes de marché l'emportent largement, les plus modernes taxations et réquisitions chez les laboureurs attestent la variété des pratiques populaires [4].

En ce printemps 89, la mobilisation populaire entrave, comme 25 ans plus tôt lors de la guerre des farines, la libéralisation de l'économie et pose le problème des subsistances au rang des questions politiques majeures. Les agitateurs, issus des rangs du menu-peuple, ont fait admettre sinon à l'intendant d'Alençon ou de Tours qui disent la loi, mais aux autorités locales de police, profondément imprégnées par les valeurs morales et l'antique tradition paternaliste du pouvoir royal, l'existence de monopoleurs et d'accapareurs. Non seulement le langage des foules révolutionnaires est déjà constitué, mais aussi les actions politiques pratiques dans le bourg ou la ville telles que perquisition, réquisition et taxation des denrées.

La révolte agraire du bocage normand

La nouvelle de la prise de la Bastille provoque, dans le Bocage normand, l'insurrection antiféodale [5]. Ainsi, du 24 juillet au 4 août, une douzaine de châteaux des environs de La Ferté-Macé sont attaqués. Les sources de la répression permettent de mettre en valeur les caractères de l'action collective, le rôle des médiateurs et les représentations nouvelles.

C'est, bien sûr, l'action communautaire qui est la marque distinctive de la révolte agraire quels que soient les types de coalescence : la propagation par annonce qui se répercute le lendemain dans les paroisses voisines ou l'entraînement d'une « bande » particulièrement déterminée, comme celles de La Sauvagère, La Coulonche ou Couterne. Le tocsin paroissial, sonnant des heures durant, fait suite à l'agitation signalée dans les marchés ou l'annonce par billets de syndic à syndic. Il rassemble devant l'église tous les hommes du bourg et des écarts, armés de batons, fourches, faux ou fusils parfois. Le nombre de plusieurs centaines à deux milliers confirment la mobilisation générale. Les femmes, si nombreuses dans les émeutes frumentaires, ne participent pratiquement jamais à une action armée de la communauté. La troupe marche toujours derrière le syndic et le curé qu'elle place en tête, bon gré mal gré, en leur adjoignant quelques notables comme le notaire.

L'ordonnancement même du cortège traduit le but de l'action : ni brigandage ni anarchie mais revendication légitime de la communauté derrière ses cadres institu-

---

4. Voir L. Tilly (163), Nicolas (154 et 155). Le lecteur pourra se reporter, pour plus de présisions, à notre thèse « Les Jacobins de l'Ouest. Formes de politisation dans l'Ouest intérieur pendant la Révolution française », Université de Paris-I-Panthéon-Sorbonne, 1993, tome 1, p 1-30.
5. Lefebvre (147) p 120-123, Jouanne (271).

tionnels. Cette discipline dans l'action est, partout, identique ; on peut l'interpréter comme une prise de conscience de la nécessité de l'union de tous les vassaux d'une seigneurie dont témoigne l'origine des participants, d'un souci de légalisme devant l'autorité judiciaire qui révélerait une mémoire de jacqueries dans la culture politique paysanne ou de la seule possibilité d'action offerte par le cadre de vie de cette société rurale.

Pour faire marcher la troupe, la communauté une fois réunie, il est besoin d'un médiateur qui jouisse d'une autorité reconnue. Ici le syndic, habitué à porter la parole du « général de la paroisse » devant la justice ; là, le marchand qui, à défaut du curé, sait aussi lire les nouvelles -vraies ou fausses- qui annoncent l'ordre du roi, de l'intendant d'Alençon ou du Tiers-Etat réuni à Versailles ou encore le respectable avocat qui arrive de la capitale avec les dernières informations du royaume. Au château, la troupe exige les chartriers et tous les titres féodaux. L'action ne se limite pas à regarder brûler le vieux monde : on force le seigneur, quand il est présent, à résilier par écrit tous ses droits féodaux et rentes seigneuriales devant le notaire et le curé requis par la force. La table rase du passé exige un nouveau contrat social. Contrat écrit, qui témoigne d'une conscience juridique dépassant les coutumes locales [6]. Contrat rétroactif, qui implique le remboursement d'amendes indues. Contrat négocié, qui justifie le remboursement des journées de travail perdues à courir sonner le tocsin et réunir les parties en présence. Les nouveaux maîtres des lieux fêtent ensuite l'événement en faisant ripaille ou en allant pêcher dans l'étang seigneurial.

Les procédures judiciaires [7] commencent juste après le décret de l'Assemblée nationale du 10 août, relatif au « rétablissement de la tranquillité publique », et les lettres patentes du lendemain par lesquelles le roi décide que les troubles seraient jugés prévôtalement et en dernier ressort. L'exemplarité attendue de la répression se mesure à la rapidité de l'enquête qui se concentre sur quelques paroisses seulement tandis que la désorganisation de l'appareil d'Etat se manifeste par l'importance du nombre de contumaces. Les meneurs de la révolte -du journalier au propriétaire aisé, du garçon cordonnier au maître maçon, du laboureur au marchand de fers - appartiennent à toutes les catégories sociales. L'expression de « révolution paysanne » paraît restrictive : c'est toute la société rurale qui mène la lutte contre la féodalité.

Les suppliques, requêtes et mémoires rédigés à la fin de l'année 1789 ou au début de 1790 pour défendre les inculpés offrent deux représentations contradictoires de l'événement. La supplique est tournée vers le passé et parle de cet âge d'or où « les vassaux » accomplissaient leurs devoirs seigneuriaux d'autant plus docilement qu'ils étaient « peu grevés par le régime féodal, doux par essence et par la manière honnête avec laquelle l'exerçaient leurs seigneurs respectés et chéris » ; âge d'or qu'il convient de restaurer à l'aide surtout « de la religion et de la loi » car « le patriotisme n'offre qu'une faible estime » ; événement qu'il faut effacer de la mémoire, en offrant aux seigneurs « le renouvellement de leurs terriers sur leur seule déclaration ». Au contraire, le mémoire judiciaire du marchand de fers dont le fils est avocat, Saint-Martin de la Rigaudière, consacre à l'événement révolutionnaire une place majeure en énumérant toutes les régions de France concernées par les

---

6. Hesse (141).
7. A.D.O. Fonds de la maréchaussée. Pillages des châteaux en 1789. La procédure contre les instigateurs de violences à La Motte-Fouquet aboutit à la condamnation à mort, le 24 octobre, d'un laboureur et d'un cordier de St-Patrice du Désert.

révoltes et en imputant à la force des choses l'entrainement de l'honnête « citoyen », bon patron pour ses 50 à 100 ouvriers, qui finalement « n'est pas plus coupable que le marquis de La Fayette d'être venu à la tête d'une multitude » [8].

Deux mois après la rédaction de la Déclaration des Droits de l'Homme et du Citoyen, ces lectures de l'histoire, communautaire ou individualiste, conservatrice ou progressiste se font sans référence à la nuit du 4 août : elles témoignent d'un moment historique où l'antique doléance des communautés dispute encore sa place à l'expression citoyenne. Celle-ci va s'imposer dans le mémoire imprimé à Alençon du principal inculpé qui, présenté dans sa facture classique [9], n'est pas seulement le plaidoyer d'un innocent ayant recours à cette expression publique très en vogue à Paris dans les dernières années d'Ancien Régime : c'est aussi le pamphlet d'un citoyen dénonçant la barbarie de lois encore existantes. Sa libération en mars 1790 fait l'objet d'un article dans le *Journal pour le département d'Alençon* : l'appel à l'opinion publique est désormais relayé par d'autres formes d'expression. Quant aux requêtes rédigées par les avocats pour défendre leurs clients, elles consacrent les représentations nouvelles en revendiquant aussi bien l'application des nouveaux principes de liberté individuelle qu'en légitimant la révolte collective contre les abus du système féodal.

Les jeudi et vendredi fous dans le Maine

La Grande Peur qui ébranle le Maine dans la seconde quinzaine de juillet 1789 fait de cette région, où est née un des sept grands courants de panique générale dans presque toute la France, un site privilégié pour l'étude des comportements collectifs.

La nouvelle de l'arrivée imminente des brigands, colportée oralement, de proche en proche parcourt le Maine en trois jours. Le point de rassemblement est, partout, l'église ; le personnage central, le curé pour faire sonner le tocsin ; le cadre de réunion, la paroisse qui regroupe en cortège tous « les hommes armés de brocs, piques, fusils et bâtons » comme à Laval ; dans la campagne de Ballon, des groupes vont chercher des fermiers réticents auxquels on demande aussi d'apporter des grains, en cas de siège prolongé du château.

A Ballon, l'organisation nous est bien connue grâce à l'enquête judiciaire au cours de laquelle plus de cent témoins ont été entendus [10]. Défendre la place de Ballon pour la vingtaine de paroisses alentour, implique une organisation quasi-militaire. Dirigées par ceux dont l'aptitude au commandement est reconnue, elles relèvent à l'aube celles qui ont passé la nuit à veiller et à creuser des tranchées ; un mot de passe permet de reconnaître les troupes amies : au « Qui vive ? » la bonne réponse est « Tiers-Etat ». Le voyageur en soutane qui s'égare dans les parages est aussitôt un « suspect » qu'on interroge. Le bénédictin qui allait rejoindre son abbaye touran-gelle a été considéré comme un espion au service des brigands jusqu'à l'intervention d'un curé patriote. Aucune médiation n'est, en revanche, suffisante pour empêcher le massacre de Cureau et de son gendre de Montesson. Ce n'est pas en leur seule qualité de nobles qu'ils ont été massacrés et que leurs têtes ont été promenées au

---

8. A.N. BB3O/79.
9. S. Maza, « Le tribunal de la nation : mémoires judiciaires et opinion publique à la fin de l'Ancien Régime », *AESC,* janvier 1987.
10. Peyrard (275).

bout d'un broc dans la ville, au son du tambour, derrière la foule qui criait : « Haut les armes, vive le Tiers-Etat ! ». Pendant qu'à l'auberge on disait : « Il y en a déjà deux de foutus, il faut en faire autant à la foutue justice et aux foutus calotins », d'autres allèrent chercher des officiers pour dresser un procès-verbal de la journée afin de légitimer le massacre collectif. Ce sont l'accaparement et l'exportation de grains qui constituent l'acte d'accusation de cette justice populaire. La rumeur du complot aristocratique a donné une coloration politique aux revendications populaires.

Tandis que l'ordre est ensuite assuré par les bourgeois dont les milices sont à l'origine de toutes les arrestations consécutives à ces « jeudi et vendredi fous » dans le Maine, la justice prévôtale inculpe quatre paysans analphabètes parmi ceux qui se trouvaient à Ballon. Leur rôle de bouc-émissaire est nettement mis en cause dans les faubourgs manceaux. A l'automne, après une émeute frumentaire contre la municipalité, un front de classe surgit au sein de la milice citoyenne le jour de la prestation du serment national : les citoyens-soldats des quartiers populaires du Mans se soulèvent aux cris de : « Point de serment ! Nous voulons les prisonniers de Ballon ! ». La municipalité est assaillie à coups de pierres, la garde nationale se scinde en deux camps, l'ordre est rétabli par le régiment des Dragons, la répression exemplaire.

Le risque d'un éclatement de l'unité du Tiers-Etat chemine déjà dans la conscience de ceux qui vont être les leaders jacobins de la ville : le chirurgien R. Levasseur, membre de la municipalité, va s'occuper désormais de la question des subsistances et l'avocat P. Philippeaux, qui signe le procès-verbal de la cour prévôtale, publie un opuscule intitulé : « Moyen de faire cesser la misère du peuple, d'assurer son bonheur et de remédier pour toujours au brigandage et à la mendicité qui désolent la France » [11]. Il y expose son rêve d'un monde meilleur où les « cinq à six millions de pauvres » participeraient à la régénération nationale en devenant de petits propriétaires grâce à une distribution de terres, au soutien financier de l'Eglise et à une aide de l'Etat. C'est à l'Assemblée nationale qu'il dédie son utopie sociale basée sur un principe : « le bonheur du peuple est la suprême loi ».

Démêler le vieux du neuf dans les comportements collectifs de 1789, c'est témoigner d'emblée de la politisation des masses populaires. L'analyse serait bien superficielle qui chercherait à faire du politique une réalité exogène, produite par l'événement parisien et colportée par des meneurs extérieurs. L'assimilation d'un vocabulaire politique, né des luttes nationales, et que révèle l'événement local opposant Tiers-Etat et suspects, patriotes et aristocrates constitue bien sûr l'originalité de ces mouvements sociaux, porteurs d'une vision plus globale qu'autrefois du politique. Mais c'est bien dans le creuset du monde ancien que s'est forgée la culture politique du peuple. Les grands thèmes de rassemblement de 1789, le pain ou la lutte pour la vie, les armes ou la lutte pour la dignité, la suppression des droits féodaux ou la lutte pour l'égalité et la protestation fiscale pendant tout le second trimestre de l'année, sont basées sur les exigences de la vie quotidienne et les conditions ni modernes ni archaïques de l'existence sociale.

Les cadres sociaux de la révolte sont, à la campagne, la communauté rurale qui manifeste dans le Bocage normand sa vitalité par son aptitude à encadrer des mouvements de masse, organisés et disciplinés ; ou la paroisse qui se lève dans le Haut-Maine, unanime derrière son curé, mêlant le notaire avec le tailleur d'habits anal-

---

11. B.M. Le Mans, Fonds Maine, 1094.

phabète, le maître avec le compagnon, le fermier avec le domestique, l'échoppe et la boutique avec la paysannerie. A la ville, ce sont la rue et le quartier qui constituent les éléments fédérateurs de l'action collective, plus nettement encore dans la grande ville, comme Le Mans, partagée socialement et géographiquement en deux.

Le marché est, avec l'église, le lieu de circulation des nouvelles et des rumeurs. L'unanimité est nécessaire pour combattre l'esprit de soumission davantage partagé que l'esprit de révolte qui marque quelques actions groupusculaires ou isolées. Dans ces faits de culture qu'exprime chaque révolte, nous constatons bien [12] une approche spécifique du phénomène politique qui se nourrit aux exigences de la vie quotidienne dans une action immédiate, un espace proche et une tradition communautaire. De sa capacité d'adaptation aux idées comme aux formes d'action nouvelles dépend le rayonnement de la culture politique populaire.

---

12. Huard (58).

CHAPITRE DEUXIÈME

ESSOR DE LA SOCIABILITÉ BOURGEOISE

Cette approche des comportements politiques ne doit pas exclure la démarche de l'histoire culturelle qui tient à valoriser les pratiques spécifiques du siècle des Lumières dans l'éveil et la formation d'une opinion publique. Depuis les travaux fondateurs de M. Agulhon, la notion de sociabilité est d'emploi courant chez les historiens. L'apparition du mot dans la langue française coïncide avec le tournant des années 1750, si décisif dans l'émergence de nouvelles valeurs et de nouveaux comportements. La vie associative se transforme alors en profondeur dans les villes où apparaissent et se multiplient des associations indépendantes des structures paroissiales ou corporatives. Cet engouement n'épuise pas les formes de sociabilité que nous avons rencontrées lors des manifestations populaires qui relèvent des modes d'interaction dans la vie quotidienne, mais constitue un phénomène de mode culturelle particulièrement intéressant.

La sociabilité des Lumières

Une trentaine de villes du Maine et de la Basse-Normandie (dont toutes celles de plus de 10 000 habitants) ont vu s'établir, en effet, une loge maçonnique, une société de lecture, une académie ou une société d'agriculture dans la seconde moitié du XVIIIème siècle et plus de la moitié d'entre elles ont connu plusieurs associations. Les villes peuplées de 6 à 10 000 habitants ont suivi à 70 % la mode qui a eu plus de mal à s'imposer dans les plus petites villes ; enfin, ce type d'association se rencontre exceptionnellement dans les bourgs comme Trois-Monts (600 habitants) avec sa loge ou Craon (1500 habitants) avec ses deux chambres de lecture [1]. Les facilités

---

1. Inventorier les sociétés de pensée, chères à A. Cochin (179, 180) est une tâche toujours difficile malgré les travaux d'E. Justin (198), D. Roche (222), d'A. Le Bihan (40) et, dans l'Ouest, de J. Quéniart (296) et J.L.Marais (293). Les sources originales relèvent davantage des bonheurs de la recherche que d'une investigation méthodique car l'application du décret des 19 et 22 juillet 1791, imposant la déclaration municipale des sociétés, est très variable d'une commune à l'autre. Quant à l'enquête départementale de 1811, elle est trop tardive, voir C. Peyrard (295).

note

de communication ont joué leur rôle en favorisant les localités situées sur les routes de poste ou sur les façades maritimes et les vallées fluviales ; les villes de l'intérieur, comme celles du Perche, sont bien moins représentées, voire absentes.

Les deux grandes époques de création- la décennie 1760-70 et la décennie prérévolutionnaire- montrent un double mouvement. Tout d'abord, la reconnaissance des Académies provinciales, puis la création des sociétés royales d'agriculture et des loges maçonniques sont les étapes fondatrices de la sociabilité des Lumières. La politique culturelle du despotisme éclairé, basée sur l'alliance du pouvoir et du savoir telle que l'a définie D. Roche, joue pleinement son rôle même si la distinction précoce de Caen et, plus tardive de Cherbourg au rang d'Académies ne trouve guère d'émules dans la première moitié du siècle. Le désert culturel de l'Ouest dans ce réseau académique est comblé par l'implantation dans les généralités de plusieurs bureaux de sociétés d'agriculture (Le Mans, Evreux 1761, Caen, Alençon, Falaise 1762). Leur composition, fixée à une vingtaine de membres, exprime surtout le souci de faire émerger une élite provinciale, sinon urbaine. Ainsi, en 1789, au bureau du Mans, dont les assemblées sont hebdomadaires, les privilégiés (6 clercs, 7 nobles) accueillent 9 roturiers (dont un futur constituant Ménard de la Groye). Cette tripartition, chère à une société d'ordres, s'observe dans la composition des autres sociétés royales d'agriculture.

A cette impulsion politique originelle succède un second mouvement plus dynamique. Le « club académique » se ferme au moment où le goût de la sociabilité se propage : une quarantaine de sociétés sont créées dans les années 1780-89, soit deux fois plus que dans la décennie 1760-69.

La clubomanie mancelle de la décennie prérévolutionnaire

Ainsi, la capitale du Maine, siège d'un grand évêché, d'une élection et d'un présidial voit éclore dans la décennie prérévolutionnaire trois loges maçonniques et trois sociétés de jeux et de lectures. Cette vogue clubiste peut être illustrée à partir du témoignage du fondateur de l'une d'entre elles :

« Les hommes, nés pour la société, suivent naturellement l'inclination qui les porte à se réunir avec d'autant plus d'attrait et d'empressement qu'ils trouvent plus d'analogie de goût et de caractère dans ceux auxquels ils désirent s'associer (...) Lorsque (l'association) est formée, chacun porte à ce dépôt commun le tribut de ses talents, de ses connaissances et de ses forces ; la réunion forme, peu à peu, un fonds de moyens et de ressources destiné à la satisfaction et au bonheur réciproque des associés, au bien et au plus grand avantage de la patrie. Tels doivent être le but et les motifs de toute société qui désire se rendre utile à ses membres et au public. Tels étaient ceux de la Société littéraire et patriotique. » [2]

Le mémorialiste, J.B. Le Prince d'Ardenay, avait déjà fondé onze ans auparavant, en 1767, une Société de musique. Alors juge-consul, ce fils de négociant enrichi dans le commerce de la cire et anobli par la charge de conseiller-secrétaire du roi organisait avec sa femme les loisirs musicaux de la jeunesse mancelle et couronnait, par ailleurs, l'ascension sociale de la famille en achetant cette même année la terre seigneuriale d'Ardenay. L'établissement d'une salle de spectacle au Mans en 1775

note 2. *Mémoires de J.B. Le Prince d'Ardenay, avocat en Parlement, négociant, juge-consul et maire du Mans (1737-1815)*, Le Mans, 1880, p 118-132.

fit péricliter les concerts privés mais le goût de cette « société agréable et intéressante » mêla le notable manceau à de nombreuses associations.

Selon lui, la Société littéraire et patriotique, établie au Mans en 1778 pour « lire ensemble les nouvelles politiques, les journaux littéraires et les ouvrages relatifs aux sciences et aux beaux-arts » n'avait pas pour seul but de réunir « les talents » afin de disserter doctement entre collègues, en s'attachant particulièrement à l'histoire locale. Même si la reconnaissance académique aurait été la distinction suprême, il s'agissait aussi de s'occuper du « bien public » en communiquant « franchement » ses idées, sans exclure les nouvelles politiques, et « en fournissant les moyens de propager les lumières et les connaissances ». Pour cela, il lui importait de répandre « ce mode d'instruction » en accueillant les jeunes professeurs du collège et, réciproquement, en allant assister aux séances littéraires organisées par les écoliers. Le mémorialiste, un libéral qui a été maire du Mans en 1790, insiste sur la valeur éducative et l'utilité publique de ces réunions entre « citoyens ». La citoyenneté n'est celle que « d'un petit nombre » ; elle ne définit pas des droits mais des devoirs pédagogiques. Le riche négociant manceau, membre de la Société d'agriculture, syndic du Tiers-Etat à l'Assemblée provinciale mais admis à figurer en 1789 dans l'ordre de la noblesse n'oublie pas de rappeler dans ses *Mémoires* l'ordre dans lequel il est né ni de montrer la profonde détresse de ceux qu'il visite en tant qu'administrateur du Bureau de charité, créé en 1785, dans une ville où le quart de la population doit être alors secourue.

S'il ne devint jamais franc-maçon et n'adhéra pas au club révolutionnaire à la différence de son frère, Le Prince de Claircigny, le fondateur de la Société littéraire et patriotique fit partie de la Société d'histoire naturelle et des arts, créée en 1790, installée dans l'abbaye St-Vincent en 1791 et dotée d'un cabinet de physique et d'un jardin de botanique jusqu'à sa dissolution l'année suivante. Le patriote de 1789, retiré sur ses terres d'Ardenay en 1793, présida durant plusieurs années la Société libre des arts, créée en l'an V, dont l'objet concernait les sciences, les arts, le commerce et l'agriculture. Son goût pour la société de ses semblables ne peut être défini comme celui d'un mondain satisfait d'avoir appartenu aux meilleurs cercles de la ville, mais comme celui d'un esprit ouvert à toutes les connaissances de son temps. En cela, il est resté un homme des Lumières.

C'est un autre regard sur la sociabilité mancelle que porte l'abbé Nepveu de la Manouillère (1732-1810). Issu d'une famille d'ancienne noblesse, le chanoine de l'Eglise du Mans, fils du prévôt provincial du Maine, a tenu son journal de 1759 à 1807. Réfractaire au serment constitutionnel, il vécut la tourmente révolutionnaire caché dans la Beauce puis, dans un grenier au coeur de la ville. Sa réception dans une Société a été une date marquante :

« Le 13 janvier 1786, j'ai été reçu à la Société du jardin du bas de la rue St-Vincent. C'est une assemblée d'hommes de différents états, tous gens comme il faut. Il y a dans cette société des règlements très sages ; on y trouve, dans une chambre particulière, toutes les nouvelles et papiers publics. Il y a deux billards, on y joue des jeux de société et point de jeux de hasard ; défense d'y boire et d'y manger ; enfin, tout s'y passe dans la plus grande honnêteté. On nomme tous les ans un président (...) et quatre commissaires pour veiller aux besoins et provisions nécessaires du Jardin. On donne un louis en entrant et un louis par an. La Société n'a commencé qu'en 1785. Il y a cent associés et on n'en recevra pas davantage. Quand il en vaque, on les remplace » [3].

---

3. *Mémoires de Nepveu de la Manouillère, chanoine de l'Eglise du Mans (1732-1810)*, publiés et annotés par l'abbé Esnault, Le Mans, 1878, t 1, p 130.

Dans une ville que la haute noblesse a désertée pour Paris ou Versailles, les élites urbaines qui s'associent pour leurs loisirs ne se définissent pas tant par leur ordre que par leur position sociale. L'essor de la bourgeoisie, grâce notamment au commerce international de l'étamine et de la cire, a permis l'élargissement de la société de loisirs à un plus grand nombre d'hommes. Quoique ne disposant pas de la liste des associés, nous pouvons penser que le Jardin St-Vincent était fréquenté par les hommes de loi, nombreux à graviter, comme cette quarantaine d'avocats et procureurs, autour de la vingtaine des magistrats du présidial. Leur esprit frondeur, lors de la suppression des parlements, se manifesta en 1786 par une franche opposition à la politique royale. La répression de l'agitation des magistrats conduisit l'intendant de Tours à en exiler quelques uns et à fermer temporairement cette société [4]. C'est le seul exemple de notre connaissance où la lecture et le commentaire des nouvelles a provoqué la fermeture d'un cercle sous l'Ancien Régime.

Cette société masculine qui choisit ses membres par cooptation se retrouve dans une maison particulière dont l'espace pour la lecture et les jeux limite le nombre des sociétaires. Aussi, dès 1787, une autre société se forme au Bourg d'Anguy, imité un peu plus tard par une troisième qui s'installe dans cette même rue, disposant chacune d'un jardin et de chambres, haute et basse, où des billards sont installés. Elles nous sont connues par la dévastation de leur local, le 26 mars 1792.

A l'origine de la fermentation populaire, le bruit répandu dans la ville de prêtres réfractaires, cachés dans les églises et couvents. L'attroupement ne les trouve pas, mais saccage le mobilier des trois sociétés particulières. Les casseurs de billards, inconnus des concierges, sont pour les administrateurs du district des « gens sans aveu », pour les rédacteurs du *Courrier Patriote* « des manoeuvres et des journaliers qui, depuis quelque temps, projetaient de détruire plusieurs sociétés non-délibérantes, établies depuis quelques années dans cette ville, comme rendez-vous de lecture et de jeux » [5]. La protestation de patriotisme de certains membres de la Société du Bourg d'Anguy, présents lors de l'émeute, n'a pas convaincu tous les attroupés. Quant au journal du club, il condamne cette émotion populaire comme les velléités à former « un attroupement aristocratique ». La violence révolutionnaire, où briser le billard aristocratique paraît s'inscrire dans une lutte de classes, pose le problème de la pratique sociale de cette mode culturelle.

Les travaux d'A. Bouton sur la franc-maçonnerie mancelle [6] ont permis d'appréhender ce phénomène social. Dans son ampleur numérique d'abord, puisqu'au total dans la décennie prérévolutionnaire près de 170 personnes ont fait partie d'une loge. Dans sa diversité sociologique, ensuite. Dans la loge du Moria qui, de 1783 à 1790, a admis 90 maçons et se compose de 58 membres en 1789 et 1790, se retrouvent les élites urbaines, également partagées entre roturiers et privilégiés. Les moines et les prêtres, aussi nombreux que les nobles, fréquentent les négociants et les notaires dans la quinzaine de réunions annuelles. Pour entrer dans cette brillante société d'officiers du régiment des dragons de Monsieur, de membres du Présidial et de grands négociants en cours d'anoblissement, le récipiendaire remettait 72 livres auxquels

---

4. Cité par Bois et Auffret, *Histoire du Mans,* s.d. F. Dornic, 1975, p 199.
5. A.D.S. L 270. Registre de délibérations du district du Mans 27-28 mars 1792 et *Le Courrier Patriote,* 1er avril 1792. A Alençon, après une fermeture temporaire de la société par la municipalité en mai 1790, c'est le 14 juillet 1791 que le mouvement populaire saccage son local (B.M. Alençon, ms 569. Registre de la municipalité 1790-93).
6. Bouton (283)

s'ajoutaient les 36 livres pour l'agrégation et la cotisation mensuelle de 30 sols, sans oublier les frais des banquets et les 3 livres pour le frère servant.

Dans cette sociabilité maçonnique si peu démocratique, la bonne société mancelle ne fraie point avec l'échoppe et la boutique. La fondation d'une nouvelle loge, celle de St-Julien, installée d'abord dans un cabaret inquiéta la loge du Moria. La vulgarité de ce lieu public comme l'admission de modestes artisans lui paraissaient discréditer la maçonnerie mancelle. Dans la cinquantaine de frères recensés, on ne relève point de nobles. Les deux moines cisterciens, initiés en 1788, constituent les exceptions de cette loge roturière qui a installé son nouveau local dans la ville basse. La moitié des membres sont des artisans ; s'ils sont maîtres dans leur corps de métier, excepté un compagnon charpentier, ils ne font pas partie des plus imposés au rôle du vingtième d'industrie [7]. Les marchands drapiers, épiciers ou horlogers, parmi les plus aisés, fréquentent dans la loge les cordonniers, tailleurs ou traiteurs dont les cotes d'impôt sont inférieures à une livre. Dans cette loge se retrouvent les chirurgiens en nombre aussi important que tous les hommes de loi réunis, tandis que les négociants ne sont qu'une minorité.

La naissance de la loge St-Hubert, enfin, en 1788 est dûe à une scission de celle du Moria. Dans la cinquantaine de ses membres, on retrouve une bonne quinzaine d'entre eux et la répartition entre les trois ordres y est similaire.

La sociabilité mancelle à la fin du XVIIIème siècle révèle l'inadaptation de la société d'ordres à la réalité sociale d'une ville de province où émerge du groupe de notables le milieu du négoce qui tient le haut du pavé dans la ville et consolide son ascension sociale en s'agrégeant aux privilégiés, sous la houlette de ces intermédiaires culturels que sont les négociants anoblis. L'imitation des comportements des élites urbaines par la classe moyenne dans des associations parallèles témoigne d'une volonté d'acculturation comme d'une fermeture du groupe des élites sur lui-même. Le modèle manceau de civilité urbaine est adopté aussi dans les petites villes comme Sablé ou Château-du-Loir où les bourgeois créent une loge en 1789.

De la société savante au cercle

Si l'on passe à une approche plus synthétique de la vie associative des élites urbaines dans des villes de moindre importance que Le Mans, telles Laval, Mayenne, Château-Gontier, Bayeux, Cherbourg et même Alençon, siège d'une généralité, deux formes de sociabilité sont à distinguer que l'on pourrait appeler commodément la société savante et le cercle.

Cherbourg, dotée en 1775 d'une Société Littéraire et Académique, autorisée par le roi, ne fait pourtant pas figure d'une cité brillante aux yeux de son historien. Quand G. Lefebvre fouillait, au début de ce siècle, les archives municipales de cette ville de 8000 habitants en 1790, il notait la décadence du collège, l'absence d'imprimerie et le peu de vitalité de son Académie. Dumouriez, le commandant de la place à partir de 1778 et pas encore l'illustre vainqueur de Jemmapes, dédaignait cette société « composée de cinq à six membres fort peu instruits » dont il fut président. Il prétendait même qu'« une société de gens de lettres marins et bas-normands ne pouvaient enrichir ni la littérature ni la langue française. C'étaient des juges

---

7. Bois (267)

d'amirauté, des marchands, des curés de campagne » [8]. Alors que l'Académie de Cherbourg ne se réunissait plus en 1789, depuis six ans, le modèle académique attirait d'autres élites urbaines

C'est le cas notamment à Bayeux où existait, depuis 1770, une Chambre de Société. Le préambule de ses statuts soulignait ses buts : « trouver un honnête délassement soit dans la douceur de la conversation, soit dans la lecture des nouvelles politiques et littéraires, soit enfin dans la récréation des jeux de société, réservés dans de justes bornes » [9]. Parmi ses administrateurs, on trouve les noms de Launay, avocat à Bayeux, et de Cussy, directeur de la Monnaie à Caen, tous deux députés du Tiers-Etat du bailliage de Caen en 1789. A la fin de l'année, sans qu'on sache s'il y a eu scission ou formation d'une autre réunion, la Société littéraire de Bayeux sollicite du roi la reconnaissance de ses nouveaux statuts et l'obtention des prérogatives accordées aux Académies des Sciences et Belles-Lettres du royaume. Le 23 décembre 1789, le Conseil d'Etat du roi reconnait officiellement cette société dont l'article premier du règlement fixe à quinze le nombre de ses membres. Ce club académique très fermé est composé majoritairement de clercs et de nobles, parmi lesquels se distingue le futur héros de Thionville, le baron Félix de Wimpfen, député de la noblesse aux Etats-Généraux et actuel Constituant.

Le registre des délibérations de la Société Littéraire, de janvier à juillet 1790, confirme la définition des associés comme « livrés à la culture des sciences et particulièrement celles de l'histoire, de la morale, des arts libéraux et de l'agriculture », donnée dans les statuts. Ils prévoyaient la publicité de la séance du premier dimanche de chaque mois, dans l'après-midi, afin d'enrichir les connaissances de la jeunesse notamment. Ces séances ont été effectivement consacrées à entendre les discours des membres titulaires, comme l'abbé Delaunay qui, en mai 1790, disserta sur la question : « Quels doivent être les principes de l'éducation chez un peuple libre ? » ou de membres asociés, comme le chevalier de Buffon qui, en février, fit l'éloge historique du comte de Buffon, son frère. Elles fournissaient aussi l'occasion d'accorder le titre de membres à de prestigieux confrères, membres d'autres Académies, tels de Jussieu ou l'abbé Sicard, de proposer son affiliation au Musée de Paris et sa correspondance au Musée de Bordeaux.

Deux au moins des membres de cette société qui aspire à la reconnaissance académique en pleine effervescence révolutionnaire, feront partie du club de Bayeux en 1793. Les modalités de cette transition entre le club littéraire très élitiste et la société populaire nous sont inconnues, faute de documents pour la période 1790-92. Mais alors qu'à Cherbourg les structures de la société savante n'ont plus de vitalité et contraignent les patriotes à établir une Chambre Littéraire, à l'automne 1789, pour lire les journaux, on peut penser que celles de la Société littéraire de Bayeux ont été formatives pour l'organisation interne de la société politique, fondée sans doute en août 1790, avec la constitution du bureau directeur, la confection du règlement, la tenue des séances, l'impression des meilleurs discours, la correspondance avec d'autres sociétés, voire l'affiliation. Dans le cadre d'une sociabilité d'ancien style, élitiste et attachée au privilège royal, les aspirations nouvelles ont pu infléchir les raisons même de s'associer.

---

8. Lefebvre (272)
9. B.M.Bayeux, Ms 325. Société littéraire de Bayeux, pièces et discours.

C'est aussi par référence explicite au modèle académique que se constitue en 1775 la première société lavalloise. Son président, Pichot de la Graverie, juge civil, réunit autour de lui presque tous les officiers du siège de Laval, gentishommes, bourgeois et négociants pour louer un jardin, s'abonner aux gazettes, installer une bibliothèque et tenir des conférences utiles et agréables [10]. Toutefois, la forme de sociabilité qui s'impose n'est pas celle de l'élitisme, du sérieux et de la gravité académique que l'on rencontre à Bayeux, mais celle de l'adhésion massive des notables aux divertissements culturels et ludiques que propose le cercle de la ville. Nos exemples sont suffisamment nombreux pour esquisser une anthropologie de la sociabilité des élites urbaines dans les petites villes provinciales de l'Ouest.

La recherche d'un local est le premier souci de l'association qui s'appelle le plus souvent dans le Maine « Jardin » et dans la Normandie « Société littéraire ». La maison située au centre de la ville est généralement louée par un bail de neuf ans ; c'est le cas à Laval du Jardin Vaumorin en 1755 et du Jardin Berset en 1763. Ici, le propriétaire fait parti de l'association et s'engage à édifier au dessus de la salle du pavillon, une chambre avec cheminée, deux fenêtres et un escalier extérieur. Il autorise les sociétaires à transformer le jardin, tout en respectant « les espaliers, vignes, pêchers et autres arbres étant près des murs », de manière à y planter des arbres formant ombrage et à y établir « des allées pour jouer à la boule » [11]. En 1772, lorsque le bail de location est renouvelé, le loyer est doublé, ce qui le porte à deux cents livres, à charge pour le bailleur d'édifier cet escalier extérieur, d'agrandir l'appartement et faire régler les cheminées. En 1781, on se soumet aux conditions financières du propriétaire, en acceptant le bail de cinq ans fixé à quatre cents livres, mais on s'oppose à sa volonté d'expulser certains associés. En 1786, les exigences du maître des lieux s'élève à six cents livres et, faute d'avoir trouvé un autre local ou par attachement à ce lieu, l'assemblée générale finit par accepter.

A Alençon, la Société littéraire qui existe depuis 1782 au moins, décide de faire construire un pavillon afin d'assurer sa complète autonomie. A raison de trois cents livres par an, elle pense amortir les frais de construction en 23 annuités. L'autorisation municipale accordée, la pose de la première pierre en juin 1784 est l'occasion d'une fête avec violons et tambours [12].

L'ameublement du local donne les raisons majeures de l'association. Au rez-de-chaussée, la salle d'assemblée est pourvue à Alençon d'une grande cheminée afin que les associés puissent « former un cercle pour s'y chauffer en grand nombre et à leur aise ». Peut-être est-elle surmontée, comme au Jardin Berset, du règlement et du tableau des membres, inscrits sans autre distinction que l'ordre chronologique de réception. Au centre de la pièce, le grand billard en chêne, commandé pour le nouveau pavillon. L'étage se compose d'un cabinet de lecture et d'une autre pièce aménagée pour les jeux de dames, d'échecs ou de cartes. Le pavillon est ouvert toute la journée et, la nuit, un réverbère est prévu près de l'entrée comme des chandeliers dans toutes les pièces.

Dans les sociétés lavalloises, le jardin tient une grande place. Les statuts du Jardin Berset, en 1763, précisent bien qu'il ne doit « jamais être regardé comme public ». Dans ce huis-clos, les sociétaires se retrouvent pour bavarder puisque dès l'automne

---

10. Cité par Richard (297)
11. A.D. Mayenne. 183 J. Registre, règlements et délibérations de MM les associés du Nouveau Jardin des Trente-Cinq.
12. Cité par Jouanne (289), voir aussi Louisfert (292).

ils font installer des bancs ou pour le jeu de boules, auquel ils consacrent près de deux cents livres pour le faire arranger vingt ans plus tard. A Mayenne, le Cercle littéraire dispose aussi d'un jardin, ombragé l'été avec sa charmille et son allée de tilleuls [13]. Le climat ne favorise guère les loisirs de plein air et ramène vite les associés à l'intérieur pour les jeux de société. Au Jardin Berset, on joue aux cartes ; en 1772, on prévoit l'achat de deux tric-trac supplémentaires et, en 1776, on installe un billard dans la salle du bas. La vogue du billard, au tournant de ces années 80, explique sans doute la multiplication de ces sociétés. Le Jardin est ouvert dès sept heures du matin en été, huit heures en hiver ; si ce n'était l'interdiction de boire, manger ou même d'apporter quelques liqueurs, les rentiers pourraient passer leur journée jusqu'au soir dans une compagnie exclusivement masculine.

Dans la bibliothèque du Jardin Vaumorin à Laval, comme à Château-Gontier, on trouve les dictionnaires de Trévoux et de Moréri ; à Alençon et Château-Gontier, l'*Encyclopédie*. Les derniers membres de la Société Beau-Soleil à Château-Gontier ont offert au district, en 1794, leur cent-cinquante volumes « pour que leurs neveux puissent dire : ce moment atteste le patriotisme de nos ancêtres ; comme eux, soyons pénétrés de l'amour de la patrie et de la liberté, c'est en lisant le philosophe que naît la véritable philanthropie, c'est par elle que la vertu se dirige et, sans la vertu, on ne peut être républicain » [14].

Pour l'abonnement aux journaux, la société d'Alençon consacre en 1784 deux-cent dix livres. Elle reçoit *La Gazette de France*, le *Journal de Paris*, *Le Courrier de l'Europe* et le *Courrier du Bas-Rhin*. Le Jardin Berset est, d'abord, abonné à *La Gazette de France*, celle de *Hollande*, au *Journal de Verdun* et au *Mercure de France* ; en 1771, il préfère recevoir La *Gazette de Leyde*, le *Courrier de Monaco* et les *Affiches* puis, en 1772, il revient au *Mercure* et s'abonne au *Journal Encyclopédique* et au *Journal Historique*. Les événements de « la guerre actuelle », en 1780, lui font acheter des cartes géographiques et un almanach de la marine. La multiplicité des gazettes, à cette époque de développement du journalisme, répond à ce goût de la lecture des nouvelles qui s'affirme comme un besoin. C'est le cas, nettement explicité, dans la petite ville de Mortain où une trentaine de personnes forme une société de lecture [15]. Ainsi, dans les villes provinciales, la pratique de la lecture de la presse, nationale et européenne, est d'emblée liée à la vie associative. Cela devient une tradition ensuite : dans le Cercle de Mayenne reconstitué en 1796, on lisait *Le Moniteur, L'Ami des Lois, Le Journal des Hommes Libres* et *La Gazette de France ;* puis, sous la Restauration, *Le Propagateur, La Minerve, Le Conservateur* et *Le Constitutionnel.*

Les deux ou trois assemblées générales annuelles qui se sont tenues au Jardin Berset de Laval en trente et un ans d'existence n'ont pas offert le prétexte d'une brillante causerie, comme à la Société littéraire de Bayeux. Pour remplacer les sociétaires décédés, démissionnaires ou quittant la ville par de nouveaux membres âgés d'au moins 24 ans, pour modifier le bail ou le règlement dix-huit membres, en moyenne, se dévouent pour y assister. Mais le jour où l'on décide l'achat du billard, on relève près de soixante présents, ce qui a dû faire plaisir aux quatre permanents, le président, le secrétaire, le trésorier et son associé. Les statuts prévoyaient de limi-

---

13. A. Grosse-Duperron, *Villes et pays de Mayenne,* Laval, 1908.
14. A.D. Mayenne L 991. Registre de délibérations du district de Château-Gontier, 8 germinal an II. Voir aussi R. Gauchet « Une ville d'Anjou sous la Terreur », *B.C.H.A.M.*, 1932.
15. Cité par Chartier (175), p194.

ter le nombre des membres à trente-cinq, mais c'est à quatre-vingt membres que le cercle lavallois va très vite fonctionner. Dès1769, il s'ouvre à dix membres qui fréquentaient le Jardin Vaumorin : le principe du remplacement individuel des membres cédait la place à celui de l'admission collective, plusieurs fois utilisée. L'assurance de trouver du monde au cercle pour causer, jouer ou flâner agréablement, à n'importe quelle heure du jour, l'emportait sur les critères élististes du modèle académique. La question du nombre des sociétaires s'est posée aussi à Alençon en 1784 : « Si on était plus de soixante ou quatre-vingt, les appartements, quoique grands, ne suffiraient pas pour les contenir ». Ailleurs, des chiffres comparables (de soixante dans les petites villes d'Ernée et de Mayenne à cent au Mans au Jardin St-Vincent, en passant par les quatre-vingt du Jardin Vaumorin à Laval) montrent le succès de ces sociétés de loisirs.

La cotisation, fixée à 24 livres à Bayeux, Alençon et Laval, est le premier filtre sélectif ; la cooptation assure ensuite la maîtrise du flux annuel des membres. L'exclusion est prévue, dans les statuts du Jardin Berset, pour ceux qui contreviendraient aux règles de la bienséance en provoquant, par exemple, des altercations sur « des sujets qui exigent le silence ou qui peuvent regarder l'administration et le gouvernement de la ville ». Elle devait être votée en assemblée générale et recueillir les deux-tiers au moins des suffrages. Sur trois décennies, deux sociétaires, convaincus d'avoir emporté des journaux, ont été exclus et ont fait rajouter en 1770 un additif au règlement, stipulant ce motif d'exclusion.

Sur près de cent-cinquante admissions, la majorité des membres est restée fidèle, pendant de nombreuses années, à cette société qui n'eut que quatre présidents. Lors de sa dissolution, en avril 1793, on note encore la signature de deux fondateurs du Jardin Berset et, comme le plus grand nombre a passé plus de vingt ans dans ce pavillon, c'est avec beaucoup de nostalgie que le président évoque « les jours brillants de cette assemblée et les plaisirs purs et tranquilles que les citoyens les plus respectables de cette ville venaient partager avec nous ».

Dans le jardin d'un noble lavallois, J.B.Berset seigneur d'Hauterive, se retrouvaient, en effet, les notables de la ville. Par son ascension sociale, ce fils de banquier, anobli par la charge de secrétaire du roi en 1735 et ayant acquis la seigneurie deux ans plus tard, reflète assez bien le milieu des sociétaires du Jardin Berset.

Notables	Fondateurs		Sociétaires	
	Nombre	Pourcentage	Nombre	Pourcentage
Religion	0		0	
Culture	0		0	
Santé	2	6 %	3	2 %
Justice	11	31 %	26	18 %
Administration	6	17 %	17	12 %
Economie	7	20 %	27	19 %
Armée	1	3 %	6	4 %
Bourgeois	0		3	2 %
Nobles	3	9 %	12	8 %
Inconnus	5	14 %	51	35 %
Total	35	100 %	145	100 %

C'est la haute bourgeoisie, aspirant à la noblesse et ajoutant souvent un nom de terre à son patronyme, comme c'est l'usage dans les familles nombreuses du Bas-Maine, qui compose le meilleur cercle de Laval. Parmi les membres fondateurs, les nobles représentent moins du quart du groupe si on leur adjoint le capitaine de l'armée, deux écuyers qui exercent des fonctions dans l'administration civile et un négociant vivant bourgeoisement malgré l'achat d'une charge anoblissante. Par ailleurs, quatre d'entre-eux assistent en 1789 à l'assemblée de la noblesse du Maine ou d'Anjou. L'absence de représentants du premier ordre de la société pourrait s'expliquer par le côté ludique de l'association si on ne rencontrait pas, par exemple, cinq prêtres dans la liste des membres du cercle de Mayenne en 1790. En fait, il existait à Laval un « Jardin des prêtres », sans qu'on sache s'ils jouaient eux aussi aux boules et au billard et sans qu'on puisse trancher entre le snobisme des uns ou l'anticléricalisme des autres pour expliquer ce qui poussait le clergé de Laval à faire bande à part. Enfin, l'entrée dans les élites urbaines où dominent les milieux du négoce et de la justice est bien étroite pour les médecins.

Une infime minorité des membres du cercle fait aussi partie de la loge des Amis Unis où se retrouvent la petite noblesse et la bourgeoisie. Sur les soixante-huit maçons des années 1786-1793, huit seulement allaient au Jardin Berset ; et aucun n'a fréquenté la loge de l'Union créée par de modestes bourgeois [16]. Quant aux options sous la Révolution, elles seront partagées. Deux membres du Jardin Berset sont élus députés du Tiers-Etat du Maine : l'avocat Enjubault de la Roche, membre fondateur, plus tard président du district et guillotiné pour activité fédéraliste en 1794, et le négociant Lasnier de Vaussenay, sociétaire depuis 1771. Plusieurs nobles vont émigrer tandis que les bourgeois occuperont des fonctions administratives ou parlementaires, comme le médecin Plaichard de la Choltière, conventionnel puis membre du Conseil des Anciens.

Transfert ou mutation de sociabilité ?

La confrontation nominative des listes de sociétaires de la fin du XVIIIème siècle avec celles des clubistes aboutit à distinguer manifestement l'association des Amis de la Constitution des précédentes sociétés. Si quelques personnalités, membres d'un cercle ou d'une loge, ont fait le choix politique d'adhérer au mouvement patriotique, il en est un nombre équivalent pour épouser la cause contre-révolutionnaire. Les vieilles théories, remises à l'ordre du jour, sur l'aliénation de l'individu dans les strutures associatives de l'époque des Lumières ne trouvent pas de fondement dans une histoire descriptive. Surtout, c'est la révolution populaire qui fait voler en éclats ce modèle associatif socialement élitaire et nullement démocratique comme on a pu le qualifier hâtivement.

Dans l'Ouest, l'impulsion initiale est assurément politique : c'est bien l'état monarchique qui a fabriqué la théorie des élites ; c'est bien le despotisme éclairé qui a miné la société aristocratique en vendant des offices et en grossissant le corps des serviteurs de l'Etat, par le biais également des sociétés d'agriculture. L'illusion de la politique entraîne souvent la revanche de la société réelle : la haute noblesse du Maine qui préfère cultiver la société de Cour laisse les négociants de Laval et du Mans donner le ton aux réunions des notables que la croissance urbaine et l'enri-

---

16. Bouton-Lepage (284).

chissement bourgeois développent. C'est bien une sociabilité bourgeoise qui se constitue par mimétisme envers le modèle de distinction aristocratique mais qui élabore ses valeurs propres qui s'épanouiront dans le cercle du XIXème siècle [17].

Nous retrouvons là les traits distinctifs mis en valeur par M. Agulhon : l'égalité, oui (pas de préséance pour les privilégiés dans les tableaux des membres ou les tours de scrutin, pas d'admission sans vote majoritaire) mais avec des réserves (goût de la distinction sociale, nécessité de l'aisance et de temps de loisir) ; la masculinité (la femme est reléguée aux travaux domestiques et à l'éducation des enfants) ; la laïcité (pas de mention particulière pour l'ouverture du cercle le dimanche) ; enfin, la joie de vivre ou le goût de la société de ses semblables. Ce « modèle de vie collective » que l'historien voit s'épanouir dans la civilisation bourgeoise du XIXème siècle naît, dans les villes de l'Ouest, au tournant des années 1750, sous l'impulsion de la bourgeoisie négociante, souvent fraîchement anoblie.

Comme les loges maçonniques, l'exemple se développe ensuite vers les centres urbains moins importants et se multiplie dans les grandes villes. Le comité révolutionnaire de Laval cite, en nivôse an II, comme « asiles des égoïstes et des aristocrates » les jardins de La Béraudière, Hubert, Beau-Soleil en ajoutant un regrettable etc. D'après le registre du jardin Berset, nous pouvons ajouter ceux de Vaumorin, des Prêtres, du Grand Jardin et de la Place du Palais. Sans connaître le nombre total de leurs sociétaires, nous mesurons toutefois l'importance de cet effet de mode qui rend presque dérisoire le chiffre des 49 francs-maçons de la ville en 1789.

Les répercussions de 1789 sur l'essor de la sociabilité sont évidentes. A La Ferté-Bernard, le notaire Chauvel, avant de devenir le premier président de la société populaire en vendémiaire an II et un républicain convaincu dans la tourmente des années postérieures, a créé en 1789 une société récréative pour jouer au billard et lire les journaux ; exemple imité dans la même ville en janvier 1792 [18]. A Sillé-le-Guillaume, la Société littéraire a dû se former à la même époque. Quant au cercle de Mayenne, créé 25 ans plus tôt, il enregistre en 1790 vingt-six nouveaux membres. Enfin, le besoin de communication a amené une des sociétés de La Flèche à éditer un journal, sans pour autant se dissoudre dans la société des Amis de la Constitution.

Les possibilités de transfert sont évidentes, mais il convient de mettre en valeur la mutation de sociabilité qui s'opère avec la création des clubs révolutionnaires.

17. Agulhon (167).
18. Voir R. Mallet, Cadiou et Bialet, *La Ferté-Bernard pendant la Révolution,* La Ferté, 1989.

CHAPITRE TROISIÈME

LA NAISSANCE DE L'ASSOCIATION POLITIQUE

La conquête du droit à l'expression politique en 1789 donne naissance à des formes radicalement nouvelles qui se construisent dans le processus révolutionnaire. La naissance de l'association politique et l'émergence de la presse provinciale constituent les deux aspects fondamentaux de la culture jacobine qu'il convient de présenter à son aurore.

Comprendre l'institutionnalisation d'une opinion, en l'occurence celle favorable à la Révolution, dans la forme du club impose d'étudier la formation des premières Sociétés des Amis de la Constitution avant d'exposer les valeurs dont elles se réclament et les pratiques politiques qui les caractérisent.

Le réseau des Sociétés des Amis de la Constitution au printemps 1791

Présenter le réseau des clubs à cette date c'est privilégier, en suivant Michelet, la chronologie politique. La fuite du roi présente incontestablement une césure dans le mouvement patriotique et une étape dans le jacobinisme avec le schisme des Feuillants. Quelques semaines seulement après la rédaction du règlement de la Société parisienne par Barnave en février 1790, les patriotes provinciaux établissent leur société : Le Mans et Coutances en mars, Cherbourg en avril, Caen, Vire, Saint-Calais en juin, Lisieux en juillet, Valognes en août. A la fin de l'année, Evreux, Avranches, Moyaux, Condé-sur-Noireau et Verneuil rejoignent le mouvement. A la fin du mois de juin 1791, une quarantaine de localités sont pourvues d'un club.

L'étude de ce premier réseau nécessite la mise en valeur des principaux facteurs de sociabilité. Si la corrélation avec la densité de peuplement est incontestablement positive dans cette France peuplée du Nord-Ouest, il n'en est pas de même pour la population, majoritairement (à 85 %) rurale et dispersée, de ces six départements [1].

---

1. D'après les statistiques établies par B. Lepetit, *Les villes de la France moderne (1740-1840)*, Paris, 1988, p 449-455.

Or, le critère de l'urbanisation est décisif car la vingtaine de villes de plus de 6.000 habitants ont eu leur club dès 1791. La proportion s'élève à un tiers pour la quarantaine de localités de plus de 2000 habitants qui, sous l'Ancien Régime, ont été sièges d'un évêché, d'un bailliage ou d'une subdélégation et, sous la Révolution, sont chefs-lieux de district ou de département (en raison de ces fonctions administratives anciennes ou économiques qui distinguent Louviers, Ernée, Evron, La Ferté-Bernard ou Sablé sous l'administration révolutionnaire).

Toutefois, ce critère n'est pas suffisant pour rendre compte de la profondeur du mouvement clubiste qui touche aussi les campagnes : le quart des premières sociétés des Amis de la Constitution est créé dans des bourgs ruraux. La situation sur la route des malles-poste parisiennes peut expliquer la création précoce des clubs de Montfort (Paris-Angers) ou de Montebourg (Paris-Cherbourg) comme d'Isigny, Moyaux ou Malicorne sur d'autres routes équipées de relais. Et, à contrario, l'enclavement du Bocage Normand permet de comprendre la quasi-absence de sociétés politiques.

Le facteur géographique n'explique cependant pas la création précoce du club de Condé-sur-Noireau. Un bourg bocager connu pour son site de « collines boisées et de vallées silencieuses » [2]. Un pays de refuge, favorable à la résistance protestante tout au long du XVIIIème siècle. Le vieux foyer alençonnais éteint, il ne restait plus en Normandie après le beau XVIIème siècle, caractérisé par la densité des églises avec pasteurs, que le foyer urbain autour de Caen et ce refuge bocager, composé de trois autres Eglises du Désert toutes proches. Dans le seul site de protestantisme rural en Normandie [3], le mouvement patriotique s'y est très tôt organisé.

Là encore, l'opposition culturelle ancienne entre la Normandie et le Maine dans l'implantation du protestantisme, l'aptitude des conjoints à signer leur acte de mariage ou dans l'édition de livres [4] ne se manifeste pas aussi brutalement au plan des options patriotiques au début de la Révolution.

Il en est de même pour la comparaison des clubs et des sociétés de pensée.

Villes	Société de pensée	Club en juin 1791	Société et club
« d'Ancien Régime »	48 %	61 %	42 %
de plus de 10000 h	100 %	100 %	100 %
de 6 à 10.000h.	70 %	90 %	60 %
de 4 à 6.000h.	46 %	66 %	23 %

Les caractéristiques urbaines de la sociabilité des Lumières sont aussi celles de la sociabilité révolutionnaire, avec la moitié environ des villes aux fonctions administratives sous l'Ancien Régime pourvues d'une société de pensée, puis d'un club au printemps 1791. Néanmoins, l'existence d'une loge ou d'une société de lecture dans une ville n'a pas été vraiment déterminante pour la création précoce d'une Société des Amis de la Constitution. Par exemple, La Flèche, bien située sur la vallée du Loir, peuplée de 7000 habitants d'après le dénombrement de l'an V, ville dotée d'un bailliage, d'une recette des finances et d'une subdélégation, célèbre par son collège,

---

2. Cité par E. Gautier-Desvaux, *Il y a 300 ans les Protestants*, Alençon, 1986.
3. S. Mours, *Les Eglises Réformées en France*, 1958 ; J. Garrisson, *L'Homme protestant*, Paris, 1986, p 40.
4. Furet - Ozouf, (192) ; J. Branccolini et M.T. Bouissy « La vie provinciale du livre à la fin de l'Ancien Régime » (191)

pourvue d'une imprimerie, d'un journal et d'une société de lecture n'a donné naissance à un club constitutionnel que dans l'été 1791. Sa création a donné matière à de longs débats, dans les colonnes des *Affiches de La Flèche*, portant sur l'utilité d'une société politique dans un chef-lieu de district naturellement disposé à la sociabilité et unanimement patriote [5]. Au Mans, si l'on savait déjà que les leaders jacobins n'étaient pas francs-maçons, on peut ajouter qu'une minorité de francs-maçons sont devenus clubistes (10 %) et qu'un quart des membres de loges, tant bourgeoises que celle au recrutement plus populaire, ont signé une pétition de la société politique [6]. A Cherbourg, on voit douze membres d'une société littéraire, séante chez Mme Aboubedant, solliciter en septembre 1790 leur admission au club révolutionnaire. Rejetons comme trop simplificatrice et mécaniste l'explication de ce premier réseau des clubs par une pratique socio-culturelle antérieure à 1789. Car il convient de noter non seulement que le mouvement révolutionnaire a réalisé en une année ce qui avait nécessité une décennie sous le despotisme éclairé, mais aussi que l'engagement patriotique des petites communes anticipe souvent celui des grandes villes.

Les sociétaires-fondateurs

Au départ, un groupe d'une trentaine de patriotes se réunit dans un appartement privé, comme à Honfleur et Cherbourg, dans un local mis à leur disposition par une congrégation religieuse (les Jacobins de Lisieux et d'Argentan, les Minimes au Mans) ou dans un collège comme à Alençon. Le fichage nominatif de tous les clubistes recensés à diverses périodes permet de présenter ces adhérents de la première heure.

Sociétaires	date	nombre	professions connues	adhérents jusqu'à la fin
Le Mans	3.1790	37	11 (30 %)	17 (46 %)
Cherbourg	4.1790	33	11 (33 %)	19 (58 %)
Lisieux	7.1790	73	19 (26 %)	44 (60 %)
Bernay	7.1790	24	23 (96 %)	19 (79 %)
Moyaux	12.1790	10	9 (90 %)	-
Falaise	1.1791	34	21 (62 %)	24 (71 %)
Honfleur	1.1791	25	4 (16 %)	14 (56 %)
Argentan	4.1791	53	17 (32 %)	-
Alençon	5.1791	20	2 (10 %)	-
TOTAL		309	117 (38 %)	137 (61 %)

Ce sont des hommes d'âge mûr en général, comme à Falaise ou Bernay où l'âge moyen est de 43 ans ; mais, à Alençon, la Société des Amis Réunis a été fondée par

---

5. Peyrard (295)

6. Le tableau des francs-maçons et des jacobins manceaux a été réalisé à partir des listes établies par A. Bouton et du fichier que nous avons constitué des adhérents du club du Mans et des sympathisants :

Loges	Francs-maçons clubistes	Francs-maçons sympathisants
du Moria	10 (11 %)	14 (26 %)
St-Julien	3 (6 %)	12 (29 %)
St-Hubert	4 (8,5 %)	6 (21 %)
TOTAL	17 (9 %)	32 (25 %)

la jeunesse de la ville, après l'échec de leurs aînés : son doyen d'âge, choisi pour présider la séance inaugurale est un graveur sur bois de 23 ans. On peut dire toutefois que le mixage des classes d'âge, de 25 à 64 ans comme à Bernay, est une des caractéristiques de l'association politique. C'est à une grande majorité qu'ils resteront fidèles à leur engagement initial jusqu'en l'an II et III, à l'exception du club du Mans où le brassage des adhérents a été beaucoup plus grand.

Leur profession ne nous est connue que pour un tiers seulement. Parmi ces notables urbains, la profession dominante est celle des marchands et des négociants. Il convient de relever aussi l'importance des membres du clergé qui vont jouer un rôle décisif dans ces premières années.

Tableau sociologique des fondateurs

Religion		16	14 %
Culture		7	6 %
Santé		12	10,5 %
Justice		12	10,5 %
Administration civile		12	10,5 %
Economie	marchands-négociants	30	26,5 %
	échoppe et boutique	15	13,5 %
	marine	4	3,5 %
Armée		2	2 %
Propriétaires		3	3 %
TOTAL		113	100 %

Là où la proportion des professions inconnues est minime, on peut davantage valoriser la spécificité sociologique des fondateurs des clubs par rapport aux membres des cercles d'Ancien Régime. La noblesse brille alors par son absence. La bourgeoisie de Bernay qui, autour de deux députés de l'Assemblée nationale et de cinq prêtres, futurs abdicataires, fonde le club est surtout celle du négoce (sept négociants, quatre marchands) mais aussi celle des professions libérales avec un chirurgien et trois hommes de loi. L'entrepreneur n'ajoute que peu de variété à cette représentation socio-professionnelle qui est moins homogène dans les plus grandes villes.

La création d'une structure associative cantonale à Moyaux, dans le Calvados, est une anticipation de ce qui va devenir en l'an II le modèle de la pratique jacobine en milieu rural. Chez un ancien professeur à Cambray, maître-es-arts de l'Université de Paris, se sont réunis le 10 décembre 1790 le procureur de la commune, deux prêtres, ex-bénédictins, et trois marchands-fabricants de ce bourg de 1300 habitants ainsi que les maires de trois communes n'atteignant pas les 500 habitants. L'ex-professeur est élu secrétaire tandis qu'un des prêtres assume la présidence et tonne contre l'aristocratie dans son discours inaugural.

Ailleurs, c'est le marchand qui remplit cet office comme dans le bourg sarthois de Montfort-le-Rotrou, dominé par les hautes tours du château. Le rôle du leader d'opinion est incontestablement un facteur à ajouter à l'explication sociale : ici, le jeune Charles Goyet commence son apprentissage de la lutte politique. Là, dans la ville du Mans toute proche, le chirurgien Levasseur, porteur de la procuration de deux officiers nobles de la garnison, dont celle du vicomte de Valence, impose sa marque avec deux autres futurs conventionnels, l'avocat Philippeaux et le marchand Letourneur.

Les valeurs patriotiques en 1790

Si la société du Mans, constituée précocement, s'est contentée de diffuser le règlement de Barnave en ajoutant un préambule, les autres clubs ont fait preuve d'originalité dans la rédaction de leurs statuts [7], souvent minutieux comme les 85 articles en douze parties de Cherbourg ou les 48 articles du bourg de Vimoutiers, car les clubs provinciaux ne peuvent renvoyer, comme celui de Paris, au règlement de l'Assemblée nationale pour, notamment, l'ordre de la parole. La discussion et le vote du règlement sont la première oeuvre du « cloub », comme on écrit à Bernay le 14 juillet 1790, et la première expression publique du jacobinisme. D'emblée se met en place la structure associative qui, pendant cinq ans, va façonner la vie politique française.

Le vocabulaire politique de 1790 n'est certes pas celui de l'an II : peuple, souveraineté, République et Etre Suprême ne font pas partie du corpus. Les mots-clés sont alors patriotisme, constitution, liberté et citoyen. Pourtant, l'esprit républicain caractérise la première expression publique des clubs provinciaux. La sensibilité révolutionnaire manifeste dès 1790 ses grandes valeurs morales dont l'amour de la patrie est la clé de voûte. Quoique nous ayons rencontré le mot avant 1789, on prétend à Cherbourg en avril 1790 que ce sentiment est « ignoré dans les contrées infectées de despotisme ». Jailli avec la Révolution, il est associé parfois aux Lumières pour consolider le monde nouveau, forgé dans la conscience individuelle et sans référence à un principe religieux. De lui, découlent les autres valeurs : vertu, bonheur, ordre, bien public, égalité et, surtout, liberté. La liberté s'écrit souvent sans adjectif ni complément ; toutefois, liberté d'expression et liberté individuelle sont mentionnées plusieurs fois. La régénération de la Nation a son texte de références, la Déclaration des Droits de l'Homme et du Citoyen, en attendant les bienfaits de la constitution à venir.

Mais l'amour et la pureté du patriotisme ne sont pas dans tous les coeurs ; il existe « un patriotisme suspect » (Bernay) et, même, des « antipatriotes » (Le Mans). Le mot-phare de la Révolution exige une nouvelle alliance. Dans un univers pourtant désacralisé, existe « une sainte confédération » : celle qui lie les « frères et amis », les citoyens « vertueux », les « amis de la constitution ». Par leur zèle, leur uniformité de voeux, leur communication, leur surveillance active et éclairée, ils peuvent déjouer les méfaits du despotisme, de l'égoïsme et de tous les ennemis du bien public. Le langage des sentiments est intimement mêlé à celui de la raison ; l'un comme l'autre permettent de poser la responsabilité individuelle dans l'Histoire, conçue comme une lutte entre le bien et le mal, en forgeant l'engagement du citoyen conscient de ses droits et de ses devoirs. L'homme nouveau est un individu libre qui n'abdique pas sa raison s'il sacrifie ses intérêts particuliers en entrant dans le club patriotique : la conception de la citoyenneté jacobine est fondamentalement rousseauiste dès l'origine.

La formule historique de Michelet, celle d'un jacobinisme parlementaire, valable pour la société parisienne, a un sens trop restrictif pour définir cette nouvelle association. La civilité républicaine qui s'instaure dès le début témoigne d'une

---

7. Sauf mention contraire, les règlements des sociétés de 1790 figurent dans les archives des clubs, mentionnées à la fin du livre.

conscience politique plus largement conçue, celle où toute la nation est assemblée. Aux citoyens de définir la loi, en l'occurence, le règlement de la société : qui sont les sociétaires ? quels sont ses représentants ? quelles sont les fonctions de l'assemblée ? Telles sont les questions politiques qui ont été préparées en commissions, amendées en assemblées plénières et finalement votées à la majorité des suffrages.

Les sociétaires sont tous les citoyens, sans limitation numérique. Là, réside une grande différence avec le cercle de loisirs, à l'exception près de Bernay qui fixe un nombre de 25, alors que partout ailleurs on parle d'un nombre indéterminé ou illimité. Le citoyen est, d'abord, un homme, dont l'âge minimum est fixé à Vire à 18 ans, mais plus généralement à 20 ou 22 ans. Un seul club, celui de Bernay, accorde une mention aux femmes qui, en tant qu'épouses et mères, sont admises à assister aux séances. C'est, ensuite, un habitant de la commune ; mais place est faite aux « associés étrangers » qui, comme à Lisieux, ne résident pas dans la ville ; à Valognes, on précise que la cotisation sera plus élevée pour les habitants du district. Néanmoins, à Vimoutiers, il suffit d'être « citoyen français, domicilié dans le royaume » [8] ; mieux, à Vire, la nationalité n'est pas un critère de citoyenneté : « Tout Français ou étranger, âgé d'au moins 18 ans, qui donnera des preuves d'attachement et de respect pour la Constitution, sera admissible dans la société » [9].

Mis à part le noyau des membres fondateurs, tout sociétaire est élu. Présenté par plusieurs membres, son nom doit être affiché sur le tableau des candidats pendant plusieurs semaines. Le scrutin se fait généralement à la majorité des fèves blanches ; parfois, celle des deux-tiers est requise. Les candidats malheureux peuvent se représenter dans un intervalle de temps défini. L'exclusion se décide à la majorité, voire au quart des votants comme à Vire ; à Bernay, le refus d'exercer une charge publique est un motif d'exclusion. La censure, en cas d'absentéisme, est prévue dans certains règlements.

Le serment est indispensable pour les récipiendaires. La formule varie, mais le thème de fidélité à la Nation, à la Loi et au Roi est permanent jusqu'à la fuite à Varennes. Toutefois, celui de « Vivre libres ou mourir » apparait dans le cachet de la société de Valognes le 1er août 1790 et, progressivement, la devise d'un peuple en armes va devenir celle des clubistes. Les statuts de Cherbourg et de Vire exigent le port de la cocarde tricolore au chapeau ou un ruban aux couleurs de la Nation pour un ecclésiastique. Ceux de Valognes exposent le devoir politique de surveillance concernant l'application des décrets de l'Assemblée nationale ou la dénonciation d'abus, de libelles et complots.

Outre l'engagement citoyen, l'entrée dans le club impose l'adoption d'un comportement individuel exemplaire. Le sociétaire doit avoir « un habit décent » (Lisieux) ; il doit « donner au public l'exemple de sa soumission aux lois et aux magistrats » et « refuser de se battre en duel » (Vire). Partout, il est recommandé de ne pas personnaliser le débat politique ou de manquer de respect dans l'assemblée. Un clubiste ne peut être un banqueroutier ni jouir d'une mauvaise réputation (Bernay) ou avoir subi une condamnation flétrissante (Vimoutiers). A Cherbourg, l'adhérent doit promettre « de ne faire usage que des étoffes et autres marchandises, manufacturées dans les pays qui font partie de l'Empire français ». Il doit être à jour de sa cotisation dont le montant varie ; au Mans, la cotisation parisienne de 24 livres

---

8. B.M. Alençon, n° 2375. Règlement des Amis de la Constitution du bourg de Vimoutiers, Caen, 1790.
9. B.N. Lb 40/3082. Règlement pour la Société des Amis de la Constitution établie dans la ville de Vire, Avranches, 1790.

est considérée comme un maximum ; Lisieux se contente de six livres, soit la moitié de la contribution de Vimoutiers ; Bernay préfère fixer une fourchette de six à douze livres.

En contrepartie, les droits du clubiste sont ceux de tout citoyen membre d'une assemblée délibérante : le droit et le devoir de s'instruire en écoutant, notamment, les orateurs sans que le président ait besoin d'utiliser le rappel à l'ordre ; le droit d'élire ses représentants et de voter les motions par assis-levé, chapeau couvert ou découvert ou par appel nominal ; le droit à la parole, enfin, est le plus longuement développé pour expliciter le sens des mots de la vie parlementaire : ordre du jour, motion, amendement, question préalable, scrutin majoritaire et pour préciser les règles du débat public.

La question de la représentation politique, à travers la nomination des officiers de la société et la définition de leurs pouvoirs, est bien-sûr fondamentale. Elle consacre l'idée partout répandue de la souveraineté de l'assemblée sur ses représentants. Le principe de l'élection mensuelle du président et des secrétaires est acquise, à quelques variables près portant sur la durée du mandat. Elu à la pluralité relative ou absolue des suffrages, le président ne peut être immédiatement rééligible. Ses pouvoirs sont strictement délimités : organe de la société pour régler ses séances ou ses relations avec l'extérieur, il ne peut opiner dans un débat ni répondre au courrier de son propre chef. Son autorité exécutive n'est que celle d'un mandataire qui peut, même, être rappelé à l'ordre par n'importe quel sociétaire (Vimoutiers). En outre, elle est parfois soumise à la collégialité comme à Cherbourg ou Valognes où six commissaires, élus et renouvellés mensuellement, composent le comité directeur. Le même devoir de réserve dans la discussion s'impose aussi aux deux ou quatre secrétaires, chargés de la rédaction des délibérations. Le mandat du trésorier, assisté souvent d'un adjoint, est de six mois ou un an pendant lequel il tient le registre des dépenses et recettes de la société. Rarement, comme à Vire, l'organisation est plus structurée ; ici, deux comités sont mis en place pour six mois : un comité d'Agriculture et de Commerce, chargé d'un rapport mensuel sur le développement économique du district et d'une correspondance avec la Société royale d'Agriculture. Quant au comité d'Information, son objet est la connaissance des événements politiques de la région et l'examen des actes des différents corps administratifs.

Ainsi, l'apprentissage de la culture politique clubiste est profondément démocratique non seulement par sa diffusion dans la plupart des villes de province, mais aussi par sa conception initiale de la citoyenneté. Libre conscience individuelle, soumission à la loi, limitation des pouvoirs et surveillance des représentants, souveraineté de la nation : telles sont les valeurs politiques de tout Ami de la Constitution en 1790. Il n'est pas étonnant de constater que le premier livre mentionné dans les délibérations des clubs soit *Le Contrat Social*. A Cherbourg, dès le mois d'août 1790, son acquisition paraît indispensable avant que n'entrent dans la bibliothèque du club, l'année suivante, les ouvrages de Voltaire et l'abbé Mably. Avec son portrait affiché aux côtés de la Déclaration des Droits et de la carte des départements français, le citoyen de Genève incarne, pour toute la génération révolutionnaire, l'homme nouveau dont la sensibilité exacerbée est inséparable de sa conception rationnelle du citoyen libre et souverain.

Des mots aux images

La représentation iconographique des valeurs patriotiques est parfois l'objet de discussions dans le club comme à Honfleur et Alençon où des professionnels de la culture, imagiers et imprimeurs, si nombreux parmi les fondateurs ont tenu à donner aux images autant d'importance qu'aux mots. En mars 1791, lors du choix de la vignette et du cachet de la société de Honfleur, la réflexion allégorique a été ainsi exposée :

« Sur un socle d'ordre toscan, symbole de la stabilité et de la durée de la Constitution française, s'élève un piédestal sur lequel repose l'écusson aux trois fleurs de lys de France ; un bonnet phrygien couronne l'écusson ayant une branche de palmier pour panache ; le bonnet et chaque côté de l'écusson sont accompagnés de corne d'abondance. Le bonnet est symbole de la liberté ; la branche de palmier est le signe de la paix et de l'union ; les cornes d'abondance annoncent l'industrie d'un peuple libre chez lequel le commerce répand les richesses. Le livre de la constitution et de la loi est ouvert, appuyé sur le socle et adossé contre l'Empire, la France, sous la figure d'une femme habillée à la romaine pour indiquer les vertus guerrières ; la tête ceinte d'une couronne de feuilles de chêne qui annonce son civisme ; la tête inclinée, mais le regard fier, indique sa soumission et son respect à la constitution et à la loi. De l'autre côté de l'écusson, on voit la Philosophie, également sous la figure d'une femme, en habit de vestale qui marque sa sagesse, une couronne civique sur la tête ; autour d'elle, à ses pieds, sont les titres chimériques de la féodalité qu'elle foule aux pieds et qu'elle précipite du haut en bas du socle, sur le soubassement duquel sont assis des enfants qui les ramassent, jouent avec, les déchirent et les jettent au vent. Contre le socle, on lit ces mots : A Louis XVI, Constitution, Droits de l'Homme, Liberté ou la Mort » [10].

A Alençon, les divers projets soumis à la discussion en juillet 1791 ne comportent pas d'allégories féminines, promises pourtant à un bel avenir. L'auteur du premier se montre soucieux de l'interprétation politique :

« Dans un médaillon de forme elliptique est inscrit un triangle, symbole de la trinité politique, établie par la constitution française : la Nation, la Loi, le Roi. Sur le sommet de ce triangle repose un joug garni de fleurs. Cet emblème fait une double allusion : par la position du joug, on voit que toutes les têtes, et spécialement celle du premier magistrat, y sont soumises ; par les fleurs dont il est orné, on juge de sa douceur. Immédiatement au dessus de la base du triangle, s'élève le livre de la constitution et, au dessous, se lisent ces mots : Les Amis Réunis à Alençon. Enfin, une pique surmontée d'un bonnet de la liberté qui couronne le joug exprime assez bien la légende qu'on voit dans la partie supérieure du médaillon : La Liberté sous le joug de la Loi ».

En bons héritiers des Lumières ou simplement en spécialistes, l'un de la gravure sur bois, l'autre de l'imprimerie, les auteurs des projets suivants semblent prendre leur distance avec une conception savante et, parfois, obscure de l'allégorie :

« Le projet de Godard représente deux mains soutenant un faisceau d'armes, symbole de l'union, surmonté du bonnet de la liberté. Au dessus, se lit le mot : Loi, inscrit dans un triangle, au milieu d'une gloire dont les rayons chassent les nuages des

---

10. Registre de délibérations de la Société de Honfleur.

abus et des préjugés. Autour du médaillon, circule la légende suivante : Union d'Hommes Libres sous la Loi. Au bas, sont ces mots : Amis Réunis à Alençon. Celui de Malassis, fils : un faisceau, entouré d'un ruban sur lequel est écrit : Amis Réunis à Alençon. Il est couronné d'un bonnet de la liberté et les livres de la constitution lui servent de base » [11].

C'est le projet du graveur et fondateur du club d'Alençon, P.F.Godard (1768-1838)- considéré par Quérard dans sa *France Littéraire* comme « l'un des meilleurs graveurs sur bois de la France » ou comme « un maître de l'imagerie populaire française » selon J. Adhémar- qui a été retenu après une discussion qui a abouti à la suppression des mains, des nuages et du triangle.

L'année de parution à Paris du grand traité d'Iconologie, illustré par les gravures de Gravelot et Cochin, est celle où on expérimente un peu partout, dans des compositions plus ou moins savantes, l'usage des premiers symboles du nouveau régime. Le besoin d'une renaissance iconographique s'accompagne d'une explication dans les clubs et d'un débat sur le contenu politique de l'image. Bonnet phrygien et fleur de lys font encore bon ménage dans la vision constitutionnelle du club de Honfleur ; tandis que celui d'Alençon choisit une option radicale en refusant, après la fuite du roi, toute référence monarchique ou même maçonnique.

Passer de l'étude des représentations, textuelles ou imagées, à celle de la pratique politique, c'est dégager les traits majeurs de cette nouvelle association qui instaure la réunion politique, qui met en place une organisation nationale et qui acquiert une influence décisive dans l'opinion publique.

Des sociétés délibérantes

Les Amis de la Constitution se réunissent généralement deux fois par semaine (dimanche compris) pour participer aux séances ordinaires du club dont l'horaire varie beaucoup selon les lieux. Quand ils disposent d'un local spécifique, ils peuvent néanmoins considérer le club comme un cercle de lecture. C'est bien ainsi que les fondateurs de la Société Littéraire des Amis de la Constitution l'ont conçu à Cherbourg en louant, en mai 1790, un appartement pour 300 livres par an, en chargeant le propriétaire de mettre en place les boiseries nécessaires et en interdisant aux associés d'emporter aucun journal sous peine d'amende. Ouvert « du soleil levant » jusqu'à dix heures du soir, il est entretenu par les servantes de la maison qui balaient, allument le poêle le matin, éteignent les lumières le soir tandis que le facteur touche une rémunération pour apporter le courrier le plus promptement possible.

C'est bientôt au nom de ses 148 adhérents que le club proteste auprès des Jacobins et de l'Assemblée nationale contre l'interdiction municipale de l'illumination de leur chambre pour le 14 juillet. Le nombre des sociétaires augmente très rapidement, l'aménagement de banquettes a, d'abord, été nécessaire, puis le démontage des tables les jours d'assemblée pour installer, à l'automne, deux douzaines de chaises supplémentaires jusqu'à ce que le changement de local s'impose en août 1791. En mai, on avait calculé qu' « il faut au moins quatre pieds carrés pour la place occupée par un membre assis et, pour pouvoir réunir 400 personnes, il faut un espace de 1600 pieds carrés, non compris le logement du gardien, la place de la bibliothèque, plus les tribunes au pourtour de la salle pour le public ». Désormais, un concierge attitré

---

11. Registre de délibérations de la Société d'Alençon.

est indispensable pour aller tous les matins à la poste chercher le courrier de la société, tenir la porte ouverte à partir de 5 heures du matin en été (8 heures en hiver) jusqu'à 10 heures du soir (ou 9 heures), ranger les journaux suivant leurs titres et faire toutes les commissions. Logé, chauffé et éclairé il reçoit un salaire mensuel de 15 livres.

La croissance rapide des adhérents pose partout le problème de l'exiguïté du premier local. A Lisieux, le mois suivant la création du club, le couvent des Jacobins est délaissé pour une chambre privée, le cabinet littéraire, chauffé par un poêle, est aménagé en casiers pour ranger tous les papiers publics et l'entretien est confié à un concierge rémunéré à 180 livres par an. A Honfleur comme à Alençon, le club a déménagé trois fois en six mois. Le premier a délaissé sa chambre pour la lieutenance du port, puis a occupé l'ancien bailliage ; la salle du collège d'Alençon étant trop étroite, le club s'est installé dans le tribunal de commerce, occupé en partie par les juges, puis dans une église dont le caractère rendait tout à fait indécente la lecture du *Père Duchesne* aux oreilles de certains clubistes qui préférèrent, en décembre 1791, l'entendre au collège.

La finalité même de l'association, à savoir la réunion politique, suppose un local plus spacieux que celui des sociétés de pensée : les jeux sont interdits au club, la chambre de lecture n'est qu'une salle annexe et la délibération en assemblée générale est l'activité essentielle. Soumise à un rituel civique, la séance commence par la lecture du procès-verbal de la délibération précédente, des nouvelles et du courrier. L'ordre du jour détermine les thèmes de la discussion qui s'ordonnent autour d'un rapport, d'une loi ou d'un article. Elle peut déboucher sur une mission auprès de la municipalité, une pétition à l'Assemblée nationale, une décision interne ou un ajournement tandis que la réception des nouveaux adhérents, la prestation d'un serment ou l'organisation d'une fête constituent les agréments nécessaires. La variété des formes de la réunion facilite, malgré une participation que l'on juge parfois insuffisante, la conservation de la tenue bi-hebdomadaire de séances qui durent plusieurs heures. Et la discussion collective a amené tous les clubistes à s'interroger sur le caractère privé ou public de leur réunion politique.

Cercle politique ou espace public ?

Quatre jours seulement après sa fondation en avril 1790, la société de Cherbourg proclame l'ouverture de la salle à « toutes les classes de citoyens qui voudront partager ses sentiments », en songeant aux officiers des troupes de ligne, nombreux dans une ville de garnison. Cette préoccupation sociale se manifeste à nouveau, en juillet, pour refuser une augmentation de la cotisation parce qu'elle « serait peut-être capable d'empêcher plusieurs citoyens de se faire recevoir dans notre société ». Et, le mois suivant, conséquente avec sa volonté d'ouverture politique, elle amende son règlement intérieur en ajoutant l'admission du public à ses séances. En septembre, elle se flatte du consensus politique qui règne dans la ville. Dans cette union patriotique, toutes les classes d'âge sont partie prenante : en février 1791, une députation du club des Enfants est chaleureusement applaudie pour son refus de servir la messe à des prêtres insermentés.

L'égalité entre les sexes est, toutefois, la question qui ébranle l'harmonie. Six mois plus tard, une mère de famille discourt, en effet, sur « l'état de nullité dans lequel on tient les femmes relativement à la politique. Elle se plaint amèrement de ce qu'elles sont exclues de toute délibération. Elle insiste particulièrement pour que les femmes soient au moins admises dans les délibérations qui regardent les familles, le bon ordre et la tranquillité publique et, surtout, dans les séances des Amis de la Constitution ». Si son discours et sa réponse aux objections ont été vivement applaudis, on constate qu'un an après la décision de séances publiques les femmes n'étaient pas incluses dans le-dit public. Malgré le rejet de la motion d'un clubiste réclamant l'admission des femmes comme sociétaires, elles obtiennent en septembre 1791 la partie gauche des tribunes.

La position de principe de la société de Cherbourg a anticipé la réflexion collective des autres clubs. Celui de Lisieux, plus lié sans doute à la pratique des loges maçonniques en recommandant à ses membres de tenir secrètes les discussions, plus sensible aux bruits de guerre en décidant en août 1790 que « Nul étranger ne pourra être admis aux séances de la société, pas même ceux qui auraient pu lui faire hommage de quelque travail » arrête que chaque clubiste devra avoir un certificat d'admission et se munir d'une carte d'entrée. Néanmoins, une motion relative à la publicité des séances en décembre amène la société à distinguer dans le public trois catégories : les habitants de la ville, les gens de la campagne et les étrangers. Si l'admission d'externes est envisagée, en revanche le refus est catégorique pour les premiers. Mais, le mois suivant, la société accepte la demande d'un prêtre, pas encore sociétaire, d'assister à une séance avec ses élèves. Et, au printemps 1791, c'est elle qui invite les membres de la garde nationale, puis ceux du corps électoral réunis pour l'élection épiscopale (en ouvrant même son cabinet de lecture pendant le temps de leur résidence en ville) et, enfin, « les dames citoyennes au nombre d'une bonne vingtaine qui, en présence de l'évêque nouvellement élu, acceptent de prêter le serment civique et celui d'élever leurs enfants dans les principes de la constitution ».

La bataille idéologique autour de la constitution civile du clergé amène également les sociétés d'Argentan et d'Honfleur à prendre conscience de la nécessité de séances publiques et, par conséquent, de l'inadaptation du lieu de réunion à la nouvelle mission de la société. Au club du Mans où on agrandit le local pour recevoir tous les électeurs en février 1791, dès le mois d'août 1790 en fait, on consacrait le dimanche à la lecture publique des décrets de l'Assemblée nationale et une séance mensuelle à celle de la Déclaration des Droits de l'Homme, puis en décembre la première heure de chaque séance à « l'instruction du peuple ». Semblable lecture et commentaire des papiers-publics est décidée, beaucoup plus tard, en novembre 1791, par le club d'Alençon qui ouvre aussi au public sa salle de lecture à certaines heures de la semaine.

Un mouvement se dessine, même s'il n'est pas synchrone et général -comme le montre le refus du public à Bernay en octobre 1791- qui transforme le local privé du cercle politique en un espace ouvert aux non-adhérents, aménagé en tribunes distinctes de l'enceinte des sociétaires. La publicité des séances, vertu contre la calomnie et gage de transparence, devient un fondement de la société politique dès son origine.

Tout en faisant leur apprentissage de la réunion politique locale, les patriotes constituent une organisation nationale.

L'espace de la politique

Les fondateurs ont tenu, dès les premiers jours, à communiquer l'annonce de leur création non seulement à la capitale initiatrice, mais à la nation entière. Tous les clubs provinciaux ont sollicité l'affiliation à la société séante aux Jacobins dont ils ont pris le nom, à quelques rares exceptions près. Les premières réponses ont été très rapides et signées de la main du président, en l'occurence Robespierre, pour la société du Mans (avril 1790) et de Cherbourg (en mai). Celle de Lisieux a préféré, en août, confier à son maire le soin de porter la demande à Paris. Mais, à la fin de l'année, sous l'avalanche de demandes d'affiliation, la société parisienne décide une sélection. Attachée à la multiplication des sociétés, mais craignant d'accorder un blanc-seing à « une réunion d'Amis tièdes, faibles ou corrompus » comme l'écrit son comité de correspondance au club de Lisieux à propos de la demande de Verneuil, elle exige une liste des membres et prend des renseignements sur la chaleur de leur patriotisme auprès des sociétés voisines. Sans médiateur prestigieux pour accélérer l'opération, Falaise n'obtiendra son certificat qu'en mars 1792. En revanche, le club d'Argentan a été aussitôt affilié que créé (avril 1791) grâce à l'appui de son député à l'Assemblée, Goupil de Préfelm, qui s'est empressé d'apporter son soutien et son adhésion au club de sa ville. Mais celui d'Alençon, voulant passer par son entremise le mois suivant, n'a pas eu l'honneur d'une réponse : il est vrai qu'alors le constituant très actif se signale à Paris par ses attaques contre la « clubocratie » et les « clubocrates » [12], peu de temps après avoir soutenu la clubomanie locale.

Désormais, les anciens clubs sont sollicités par les nouveaux pour obtenir cette forme de reconnaissance publique ; ainsi, les clubs sarthois, y compris la Société fraternelle du Mans, se flattent de l'affiliation à celui du chef-lieu de département. Ce réseau jacobin ne présente pas qu'un aspect centralisateur auquel nombre d'historiens ont voulu réduire « la machine jacobine », mais une structure horizontale dans laquelle les patriotes pouvaient fraterniser de ville en ville et s'offrir mutuellement une assistance plus concrète dans le combat politique quotidien que celle apportée par la distinction nationale. L'affiliation à la société-mère n'est pas exclusive : ainsi, Le Mans s'honore, en mai 1790, du diplôme de la Société de 1789. Mais l'échange épistolaire s'est interrompu très vite au moment où l'organisation jacobine se renforçait en se dotant de son important comité de correspondance.

En ce siècle épistolaire, la correspondance revêt une importance considérable dans la communication politique. Adhérer aux Jacobins, c'est recevoir régulièrement des informations de la capitale et, surtout, obtenir la liste des autres sociétés affiliées : tel est le voeu formulé par Cherbourg en juin 1790, juste après son affiliation. L'analyse des archives montre une très grande variété selon les clubs dans le nombre de correspondants qui n'est que d'une quarantaine à Honfleur, par exemple, au printemps 1791 alors qu'il s'élève à deux-cents à Lisieux. Par rapport aux quelques quatre-cents filiales des Jacobins à cette date, une sélection s'opère de manière si différentielle qu'une explication unique (coût de l'impression, organisation d'un bureau ou goût épistolaire) ne peut être retenue. Reste le constat de l'autonomie des clubs.

L'exemple des sociétés correspondantes de Lisieux illustre bien un caractère essentiel de la pratique jacobine. Son réseau, à partir des lettres reçues et conservées de juillet 1790 à juin 1791, dévoile l'espace de la communication politique d'un simple chef-lieu de district. Cet espace est national : dès la création du club, Lisieux entretient des relations avec la France entière. Peu de régions, même la Corse, ne lui ont pas une fois au moins adressé une lettre. Mieux, les correspondances les plus régulières se nouent avec les villes les plus extrêmes du territoire comme Strasbourg, Brest, Bordeaux ou Aix-en-Provence. Marseille, avec une quinzaine de lettres,

---

12. F. Brunot, *Histoire de la langue française*, t. IX, 1937, p 810

compte autant que Caen ; Rouen n'a pas plus d'influence que Toulouse, Avignon ou Limoges.

La conception nationale de l'espace politique tend à dissoudre le cadre provincial d'hier pour les clubistes de cette petite cité drapière : 10 % seulement des lettres viennent de Normandie, dont la moitié du Calvados. Le département, en effet, devient un espace de vie politique comme en témoigne le volume grandissant de la correspondance de Lisieux avec les autres clubs du Calvados. La société parisisenne occupe sans conteste la première place : initiatrice en 1790, avec 20 % des échanges épistolaires, sa part diminue de moitié l'année suivante avec la multiplication des clubs. Enfin, l'espace politique n'est pas cloisonné par les frontières nationales puisque Lisieux, comme tous les clubs normands, s'honore de correspondre avec la société de Londres - sa sensibilité libérale faisant fi de la concurrence économique anglaise, pourtant dénoncée dès la création du club.

Le courrier de la société de Lisieux témoigne d'une représentation du monde élargie et modifiée ; élargie, quand la culture et l'action politique se forgent dans le dépassement du cadre spatial où se circonscrit le rapport social quotidien de l'homme avec son milieu ; modifiée, en ce sens que de cet agrégat hier, encore, désuni émerge avec son organisation la conscience de l'idée nationale comme force politique. Héritière de la correspondance des savants dans la république des Lettres et de l'expérience professionnelle des marchands et négociants si nombreux dans les clubs, la Révolution met à la disposition de tout clubiste la richesse de cette appréhension du monde. Avec près de trois-cents lettres mentionnées dans le registre de délibérations, en provenance d'une centaine de clubs, le courrier reçu annuellement par le club d'une ville de moins de 10.000 habitants représente le cinquième de celle imprimée par un journal national comme la *Gazette de France* [13]. L'enjeu politique de ce moyen de communication n'a échappé ni aux clubs, ni aux journaux.

La lettre de la Société des Amis de la Constitution de Béthune du 24 août 1790 a ainsi fait naître le débat dans tous les clubs sur le marc d'argent et la question du suffrage, attribut essentiel de la citoyenneté. Rappelons que la discrimination la plus criante dans le régime électoral était le cens d'éligibilité qui réservait les places de député aux membres de l'aristocratie terrienne. Prenant le relai de la protestation des 27 districts parisiens en février 1790 [14], la société de Béthune dénonce cette atteinte aux droits de l'Homme, cette préférence donnée « au citoyen opulent sur le citoyen instruit », cette « substitution de la soif de richesse à l'amour de la patrie » et milite pour son abrogation en sollicitant l'appui des clubs affiliés et le soutien de « M de Robespierre ».

Un exemple de refus d'adhésion est donné, dès réception, par le club du Mans qui clôt ainsi sa séance du 5 septembre consacrée à ce débat. En revanche, Lisieux prend la même position politique le 22 octobre, après une lecture circonstanciée un mois et demi plus tôt. Quant à la société de Cherbourg, elle organisa trois lectures avant d'en débattre le 7 septembre et d'en confier le compte-rendu à une commission spéciale. A l'issue de cette longue réflexion collective, les arguments des clubistes qui emportent le débat sont les craintes de faire vaciller le pouvoir législatif en le faisant revenir sur un de ses décrets et de dissoudre l'unité nationale par une fédération de sociétés patriotiques. C'est la volonté de défendre le régime représentatif, menacé

---

13. L. Coudart, « Les lecteurs de la Gazette de Paris », dans *Les résistances à la Révolution*, (98).
14. Godechot (92), p 77.

par la revendication démocratique, qui s'impose le 14 septembre à Cherbourg face aux risques de retour à un pouvoir arbitraire.

Cette prise de position illustre, certes, la conception modérée et dominante au sein des Jacobins à cette date et, surtout, le cheminement et la formation d'une opinion collective ainsi que la conception, héritée de Rousseau, du rôle néfaste des partis dans le débat politique.

Ce débat, relancé au printemps 1791 par Robespierre à l'Assemblée et les Cordeliers qui imprimèrent son discours comme par les journaux de Marat, Desmoulins et Loustalot, fut à nouveau à l'ordre du jour dans les clubs. A Lisieux, en juin, on donna la parole à un défenseur du marc d'argent mais la société ne revint point sur son option précédente et plaça son espoir dans la sagesse des législateurs futurs. Point de vue qui ne fut pas partagé par les jeunes clubistes d'Alençon qui adressèrent, le 8 août, à l'Assemblée nationale une pétition contre le marc d'argent. On sait que la Constituante finit par cèder sur ce point, tout en augmentant le cens des électeurs du second degré ; ce qui s'appelle gouverner avec l'opinion.

La réflexion sur le coût financier de la correspondance amena ensuite les clubs qui, comme Cherbourg reçurent une centaine de lettres ou paquets au cours de l'année 1790, à décider en janvier 1791 de ne plus accepter le courrier non-affranchi. C'est l'époque où Choderlos de Laclos propose ses services par son *Journal des Amis de la Constitution*. Les avantages économiques, jugés décisifs par les clubs de Lyon, Bar-le-Duc, Dijon, Bédarrieux, Marseille, Brignoles ou Toul annonçant à Lisieux que désormais ils se serviraient du journal, ont été combattus par ceux d'Amiens et Tours dénonçant cette mainmise d'un journal parisien sur leur propre correspondance. Lisieux et Cherbourg se prononcèrent dans le même sens et, pour ces deux clubs normands, l'année 1791 fut leur grande année épistolaire tandis que Verneuil, Vire ou Condé-sur-Noireau utilisèrent le média national [15]. L'été allait révéler toute l'importance du réseau politique des sociétés affiliées au moment du schisme des Feuillants.

*   *   *

Ainsi, l'association jacobine présente, dès son origine, ses caractères distinctifs.

La vogue associative qui avait progressivement conquis les élites urbaines dans le second XVIIIème siècle, se répand soudainement sous la Révolution pour imposer la structure clubiste dans des provinces culturellement peu dynamiques, dans des localités pas nécessairement dotées d'une société de pensée et même dans certaines bourgades. Certes, les pesanteurs structurelles de l'Ouest bocager - son enclavement, sa population rurale, son habitat dispersé - vont être essentielles pour comprendre le difficile développement du mouvement associatif. Mais, observons d'abord la nouvelle donne de 1789 qui favorise la réunion politique en même temps que l'association.

L'ouverture des clubs à un public indifférencié explique, en partie, qu'une minorité seulement des notabilités des villes d'Ancien Régime se retrouve sociétaire aux Amis de la Constitution où la bourgeoisie du commerce et de l'artisanat prend, d'emblée, une grande place. Le bourgeois anobli du cercle des Lumières laisse la place à l'avocat, au chirurgien ou au marchand pour devenir l'intermédiaire culturel

---

15. Voir *Le Journal des Amis de la Constitution*, juin 1791, n°2.

entre le haut-Tiers et le menu-Tiers, encore absent. Surtout, les traits constitutifs du jacobinisme sont fixés dès 1790 dans les statuts du moindre club de province comme dans la pratique associative.

Les grands principes sont élaborés lors de la création des clubs : souveraineté de la nation, définition très large de la citoyenneté, principe électif à la pluralité des suffrages, rotation rapide des membres du bureau. L'activité délibérante sur la chose publique conduit à privilégier le pouvoir de l'assemblée sur le pouvoir exécutif : les représentants de la société ne sont que des mandataires. L'apprentissage des règles de la démocratie représentative à l'échelle de la nation est parallèle à celui de la démocratie directe à l'intérieur du club.

Le huis-clos des délibérations bi-hebdomadaires disparait très vite au profit du forum dans la cité : le club est un espace public ouvert aux non-adhérents. La sec- tion délibérante de base participe au débat national par la correspondance et l'affiliation avec la société-mère et toutes les autres sociétés politiques. La question de la nature de son intervention publique - soutien à la politique des réformes ou parti politique indépendant - est soulevée dès la première contestation nationale ouverte sur la définition de la citoyenneté. La méfiance vis à vis des obstacles à l'expression de la volonté générale, dans laquelle la liberté individuelle s'accomplit, empêche les jacobins de se définir comme des médiateurs partisans : l'héritage de Rousseau est entier dans les clubs révolutionnaires.

Le jacobinisme n'emprunte pas sa conception de la citoyenneté au seul modèle de l'ecclesia ou du forum antique. La mission kantienne de « faire un usage public de sa raison » est aussi un héritage de la République des Lettres. le retour en force de la parole publique dans les clubs s'accompagne de la profusion des textes imprimés : c'est dans cette dialectique que le jacobinisme doit être étudié.

CHAPITRE QUATRIÈME

LA RÉVOLUTION DE LA PRESSE
ET L'ÉMERGENCE D'UN NOUVEAU PUBLIC

Analyser la formation de la culture jacobine implique de souligner plus nettement la dialectique constante entre l'oralité de la prise de parole dans les clubs et la référence au texte écrit. Car la socialisation des idées patriotiques comme leur mise en forme journalistique participent à la création de cet espace public dont le siècle des Lumières avait rêvé la médiation entre la société civile et l'Etat [1]. L'histoire de la presse révolutionnaire et celle de l'association politique ne peuvent être dissociables car elles sont partie prenante de la mutation qui affecte aussi bien le marché de l'édition que le public des lecteurs.

Le nouveau marché de l'imprimerie

La liberté de presse puis, la suppression des corporations, dont celle des imprimeurs-libraires, crèent des conditions radicalement nouvelles pour la transformation du marché de l'imprimerie. Si la fin du règne du privilège et de la censure a été célébrée dès 1789 à Paris par la floraison des pamphlets, libelles et journaux, en revanche seulement une trentaine de journaux ont paru en province et aucun dans notre région [2]. La volonté politique de libéraliser le marché est soumise au poids de l'héritage culturel : la concentration monopolistique de l'édition française à Paris tout au long du XVIIIème siècle a anémié la province et explique le retard provincial en 1789 [3].

Le réseau des imprimeurs s'est, en effet, étiolé au point de ne concerner qu'un cinquième des villes administratives sous l'Ancien Régime : Vire, Mamers, Laval n'ont plus d'imprimeries en 1777 et Caen ou Le Mans en ont perdu le tiers au cours du

note

---

1. Habermas (56).
2. Rétat (220).
3. Quéniart « L'anémie provinciale » (178) p 358-374.

siècle. Le marché de l'édition locale n'offre aux producteurs qu'une activité limitée si l'on excepte la publication d'un *Almanach* à Caen (depuis 1747 au moins), Le Mans (1752) et Falaise (1787) et, bien sûr, la création des *Affiches, Annonces et Avis divers* au Mans (1771), à Caen (1786) et à Alençon (1788) [4]. Les imprimeurs Monnoyer, Poisson et Malassis qui investissent ce nouveau créneau de l'édition provinciale pour le Maine, la Basse-Normandie et le Perche appartiennent à des dynasties d'imprimeurs : les Poisson sont implantés à Caen depuis le début du XVIIème siècle, les Malassis à Alençon depuis un siècle tandis que Ch. Monnoyer ne s'installe au Mans qu'en 1751 [5]. Ces gazettes publicitaires, soumises au privilège et à la censure, offrent parfois le quart ou la moitié de leur surface, comme celle du Mans, aux nouvelles locales, nationales et étrangères. L'information, certes officielle, est aussi basée sur des extraits de *La Gazette de France, Le Journal de Paris* et *Le Journal Général de France*. La mention de la suspension de *La Gazette de Leyde*, en juillet 1788, par le gouvernement français, témoigne au moins de l'ouverture provinciale au débat d'idées international [6]. Et le journal manceau se charge des souscriptions à une vingtaine de périodiques français ou étrangers en 1788.

Le réseau des libraires illustre également les modifications culturelles qui ont affecté le commerce du livre [7]. En 1781, il est quatre fois plus dense que celui des imprimeurs et traduit la contradiction entre les besoins d'un public, plus nombreux grâce aux progrès de l'alphabétisation, et les contraintes pesant sur le marché de l'édition locale. Si le nombre des libraires a triplé au Mans au cours du siècle, la plupart des petites villes, comme Château-du-Loir par exemple, ne connaissent encore le livre que par le colporteur ou, comme à Mamers, dans la boutique du mercier ; à Sillé, les libraires sont aussi marchands-forains et achètent leurs livres à Paris, Rouen, Toulouse et Lyon et les vendent dans les foires de la région. Toutefois, les deux-tiers des villes administratives ont au moins un libraire, parfois plusieurs comme Caen, Falaise, Le Mans, Bayeux, Evreux et La Flèche. La diffusion massive de *L'Encyclopédie* à Caen, ville aux dix libraires, a pu en être facilitée quoiqu'on note son succès dans des villes qui n'en avaient qu'un comme Lisieux, Argentan, Alençon, Mortagne ou L'Aigle [8]. On ne peut, pour autant, conclure à la socialisation réussie de la pensée des Lumières car bien des villes où il existe un libraire n'ont pas connu de société de pensée (alors que les neuf-dixièmes auront un club dès la première année), Cherbourg, malgré son Académie n'a pas été un centre de vente du best-seller et le Cotentin, malgré son avance dans l'alphabétisation, reste en dehors de la diffusion.

C'est, surtout, avec la réorganisation administrative de la France, dont le formidable marché mériterait une analyse systématique, que l'imprimerie provinciale va se redéployer. Donnons le témoignage, d'abord, du graveur sur bois d'Alençon, Pierre-François Godard. Cet artiste populaire engagé, comme l'Aixois Joseph Sec [9],

---

4. Voir Chartier (174), Feyel (188). B.N. Fonds des Annuaires et Almanachs Lc29/64 (Maine), Lc 31/100 (Caen), 31/216 (Le Mans), 23/35 et 36 (Falaise). G.A.Crapelet *« Des brevets d'imprimeurs...munis du tableau général des imprimeurs de toute la France (1704-1840)*. Paris, 1840.
5. D'après Quéniart (296), Duval (285, 286) et Epinal (287). Egalement R. Plessix « Les Affiches du Mans, source de l'histoire sociale du Maine à la fin de l'Ancien Régime », *B.S.A.S.*, 1974, p 240-263.
6. Voir C. et S. Albertan, « Les silences de la presse provinciale en 1788 » (221) et Popkin (216).
7. H.J.Martin et R. Chartier (178) p 681-693.
8. Darnton (182) p 212.
9. M. Vovelle, *« L'irrésistible ascension de Joseph Sec, bourgeois d'Aix »*, Aix-en-Provence, 1975.

dans l'aventure révolutionnaire a tenu à rassembler toutes les épreuves de ses gravures en albums et à les préfacer ainsi :

« Je suis né à Alençon, le 21 janvier 1768, de parents pauvres. Mon père, ouvrier-imprimeur, en voyant de mauvaises planches gravées sur bois à l'imprimerie où il travaillait s'imagina de les imiter avec de mauvais outils ; par la suite, il se perfectionna et fit bon nombre de gravures. Voilà l'origine de cette science dans notre famille ; dès ma tendre jeunesse, je cherchai à suivre son exemple. Je m'aperçus de bonne heure qu'il nous manquait le dessin et je m'y appliquai de bonne heure ; je dessinai beaucoup et, si je ne suis pas parvenu à acquérir de grandes connaissances dans cette partie, c'est que je n'eus pas de maître, il n'en existait pas à Alençon à cette époque ; je regrettais beaucoup de ne pouvoir m'y livrer autant que je l'aurais désiré, mais mon père, forcé par le besoin, se fit relieur - il n'en existait pas non plus dans cette ville dans ce temps - et il y occupa toute la famille. Cependant à la naissance de la République, il nous vint de tous côtés des gravures à faire : ce fut alors que je pus satisfaire mon goût et me perfectionner un peu. J'aimais beaucoup mon travail, mais la patrie l'emporta et je partis volontaire en 1792. Je ne restais pas oisif dans ma campagne, je fus occupé dans la garnison où je séjournai. De retour, je me mariai, j'eus un fils dont je soignai l'éducation et qui est parvenu à un point de perfection que je n'ai jamais atteint et dont je n'ai qu'à me glorifier. Je mourus le...» [10]

Républicaine par sa briéveté, cette autobiographie l'est aussi par son silence sur la période post-révolutionnaire alors que, pendant une trentaine d'années, le ci-devant clubiste alimenta de nombreuses fabriques d'imagerie. L'atelier familial a donc été le lieu d'apprentissage de la dynastie des Godard. C'est en besognant pour son père, à l'aide du *Traité théorique et pratique de la gravure sur bois* de Papillon, que P.F.Godard réalise et signe ses premières gravures, reproduisant des vignettes dès l'âge de 14 ans, puis gravant ses propres compositions à 17 ans et illustrant son premier livre à 19 ans [11]. Mais le marché local de l'estampe limite l'oeuvre de Godard I (1735-1802) à quelques motifs de typographie, affiches pour des spectacles ou faire-part d'inhumation. La ville d'Alençon, sans tradition culturelle ni vocation religieuse aussi spécifique que celles de Chartres, toute proche, ou plus lointaine d'Avignon, n'offre pas de carrière aux Godard. Godard II aurait pu suivre la filière parisienne de ces Normands cotentinois qui tentaient leur chance à la belle saison dans le circuit des marchandises prohibées en s'installant sur les quais de la Seine, avant d'ouvrir une boutique, fortune faite, rue Saint-Jacques [12]. Pourtant, la gravure sur bois délaissée à Paris ou Avignon, avait connu un regain d'intérêt grâce à la mesure protectionniste du gouvernement qui décida, en 1760, d'autoriser la confection des indiennes dans des villes manufacturières comme Orléans ou Le Mans qui devinrent des centres d'imagerie populaire [13]. Mais Godard II trouva mieux : à 21 ans, c'est le chantier révolutionnaire qui s'ouvre à lui.

---

10. B.M.Alençon, Ms 5159, 5160 et 5161. Listes des épreuves des gravures de P.F.Godard.
11. Voir E. Richard, *Les Godard d'Alençon, graveurs sur bois (1735-1864)*, Domfront, 1921 ; L. Dimier, « Mémoire sur Godard d'Alençon », *B.H.A.O.*, 1919 ; R. Jouanne « En marge de la critique d'art », B.H.A.O., 1922 ; R. Saunier et Duchartre, *L'imagerie populaire*, Paris, 1925, p. 285-289 ; R. Faille, « P.F. Godard, graveur des imprimeries Hurez à Cambrai et Vanackère à Lille », *B.H.A.O.*, 1965, p. 115-136.
12. P. Casselle, « Recherches sur les marchands d'estampe parisiens d'origine cotentinoise à la fin de l'Ancien régime », B.H.M.C., 1978, p. 75-93.
13. J. Adhémar, *L'imagerie populaire française,* Paris, 1968 et R. Saulnier, *L'imagerie populaire du Val de Loire*, Angers, 1945.

En examinant dans ses albums les cachets et les vignettes révolutionnaires et en ajoutant ceux que nous avons rencontrés, ici et là, dans les archives départementales, nous constatons qu'il a travaillé pour une douzaine de départements de l'Ouest (du Finistère jusqu'à la Seine-et-Oise) puis, pour les Ardennes et le Nord lors de son enrôlement patriotique. Il eut des commandes des districts de Nantes, Guérande et La Flèche, de diverses municipalités, corps judiciaires, hôpitaux et convois militaires ou encore de l'inspection des Eaux et Forêts des Deux-Nèthes à Anvers. Son activité ne s'est pas limitée à graver les nouveaux emblèmes du pouvoir pour les administrations publiques. Il a également composé la vignette du club de Domfront, après celle d'Alençon et les encadrements des sociétés populaires de Nantes et de La Flèche. L'artiste Godard resta toujours un ouvrier : à la différence de J.B. Letourmy, éditeur et marchand à Orléans, qui reconvertit dès 1789 son importante fabrique d'images populaires, essentiellement religieuses, en un exceptionnel centre provincial d'imagerie révolutionnaire, le jacobin Godard ne travailla jamais que sur commande. Aussi ne trouve-t-on dans ses albums que peu d'estampes consacrées à l'actualité politique : une prise de la Bastille, la colonne de la Liberté élevée à Nantes en 1790, un portrait de Marat, puis à son retour de l'armée, une gravure de Perrine Dugué, la sainte-républicaine [14]. En tout cas, l'oeuvre gravée du fondateur du club d'Alençon permet de suivre la mutation des goûts et des formes dans leur consommation sociale et l'adaptation de l'artiste au nouveau marché de l'imprimerie.

Nombre d'imprimeurs de l'Ouest se retrouvent parmi les fondateurs des sociétés patriotiques, tel le frère et ami de Godard à Alençon, Malassis fils ; d'autres adhèrent dès les premiers mois comme Monnoyer fils et Pivron au Mans, Bouquet à Falaise, Clamorgam à Cherbourg et, sans doute, Chalopin à Caen. L'intérêt commercial n'est certes pas le seul qui les pousse à obtenir le brevet d'imprimeur de la Société des Amis de la Constitution ; mais il est indéniable que l'impression des statuts, brochures et adresses représente un marché envié pour ceux qui n'ont pu obtenir le titre d'imprimeur du département comme c'est le cas pour Abel Pivron, fils de boulanger et dernier reçu dans la corporation des maîtres-imprimeurs de la capitale du Maine.

Suivons la participation à la vie du club d'un imprimeur-libraire, comme Delaunay à Lisieux, dans une ville moyenne du XVIIIème siècle. Dotée d'une loge maçonnique en sommeil dès 1778, d'une imprimerie et d'un libraire qui a procuré une vingtaine de souscriptions à *L'Encyclopédie*, la cité épiscopale est devenue chef-lieu de district. Peuplée de 10.000 habitants dont près des deux-tiers vivent du commerce de gros draps et de toiles cretonnes, elle a créé son club en juillet 1790 avec une participation exceptionnelle de 70 personnes. Située dans un district où se tiennent d'importantes foires et marchés, elle mérite, pense-t-on au club en septembre, d'avoir un tribunal de commerce. Une bourgeoisie soucieuse de procurer du travail aux malheureux comme de surveiller les compagnons a proposé au club, ce même mois, la création d'une manufacture et d'un passeport ouvrier, visé par la municipalité. Celle-ci a interdit à tout imprimeur de donner du « Monseigneur » et de représenter les armoiries des ci-devant seigneurs sur des vignettes ; enfin, le maire est patriote et membre influent du club.

La première tâche de Delaunay a été l'impression des brevets individuels de réception à la société ainsi que, vraisemblablement, son règlement. Le travail ordi-

---

14. Peyrard « Perrine Dugué dans l'imagerie populaire », *B.S.A.S.*, 1983, p 33-49 et « Gloire des martyrs et culte des héros : des Bienheureux de Laval à Perrine Dugué, la Sainte-Patriote », *L'événement*, Aix-en-Provence, 1986.

naire de l'imprimeur du club, si l'on en juge par son activité semestrielle, est l'édition d'une brochure mensuelle dont le tirage varie entre 200 à 2000 exemplaires. En novembre, c'est le discours au prône d'un curé-clubiste ; en décembre, l'avis d'un curé caennais ; en janvier 1791, une adresse à l'Assemblée nationale sur l'égalité des partages ; en février, une circulaire aux sociétés affiliées contre le monopole de la correspondance par le journal de Laclos ; en mars, une adresse aux habitants de la campagne diffusée dans toutes les communes du district...Par ailleurs, la lecture au club d'un numéro du *Père Duchesne* qui a « paru du premier comique mais plein d'esprit » a décidé l'imprimeur, en septembre 1790, à l'éditer pour son compte : l'emprunt d'un journal de la société a été exceptionnellement autorisé à la condition de fournir un exemplaire à chaque membre. Enfin, le club décida en novembre d'éditer à ses frais un *Almanach du district de Lisieux* et de vendre les 2000 exemplaires au profit des pauvres de la ville. Quatre commissaires furent nommés pour le composer, faire insérer l'instruction politique envoyée par une autre société et surveiller la qualité de l'édition avec le libraire. Delaunay ne vendit que 400 exemplaires de l'ouvrage dont le prix avait été fixé à 7 sous en gros et 8 au détail et le stock restant fut partagé en mars 1791 entre les membres du club.

La libération du marché de la presse suppose désormais l'acceptation de la loi de l'offre et de la demande ou une modification de la consommation sociale pour rendre effective la révolution culturelle.

Le public des clubs

Les pratiques de la lecture connaissent, avec la Révolution, une mutation décisive avec la multiplication des lieux de lecture, la modification de la clientèle et les sollicitations politiques qui favorisent l'émergence d'un nouveau public.

L'abondance et la succession à rythme soutenu des nouvelles politiques constituent la spécificité de l'époque révolutionnaire et consacrent le journal au titre d'informateur privilégié. La cherté des périodiques qui a favorisé le goût de la sociabilité et la pratique de l'abonnement collectif au cours des dernières décennies d'Ancien Régime constituent encore, avec la multiplicité de leurs titres, une des raisons majeures de l'association. Certes, le public des clubs ne constitue pas toute la clientèle des journaux de même qu'on ne peut réduire le club à son cabinet de lecture, mais leur histoire parallèle rend nécessaire l'examen des relations entre publicistes et clubistes [15].

Ce sont, d'abord, des rapports de producteurs à consommateurs que nous pouvons étudier à partir des souscriptions du club de Cherbourg. Dans ce modeste chef-lieu de district de 8000 habitants, tourné vers les activités militaires et marchandes du port, le club s'abonne à vingt journaux en 1790. Parmi les titres choisis, une seule gazette d'Ancien Régime, *Le Journal de Paris* : le premier quotidien français conservait encore une belle audience avec un tirage de 12.000 numéros [16]. En souscrivant à 13 journaux lancés en 1789 et à six nouveaux titres de l'année, où quotidiens et hebdomadaires ont part à peu près égale, le club du district s'ancre dans la modernité.

15. Kennedy (200).
16. D'après Godechot (194) p 464.

Les deux premiers journaux auxquels le club s'est abonné, *Les Révolutions de Paris* et *Les Révolutions de France et de Brabant* (Desmoulins), représentent l'opinion d'extrême-gauche. Au fur et à mesure que le club reçoit de nouveaux adhérents et dispose d'un budget plus important, il peut se permettre d'offrir à ses adhérents un panorama quasi-complet de la France politique, à l'exception de l'opinion d'extrême-droite. On peut classer, avec J. Godechot, comme organes de la presse contre-révolutionnaire modérée *Le Journal de Paris* et *La Gazette Universelle*, comme exemples de journaux révolutionnaires modérés *Le Courrier de Provence* de Mirabeau, *Le Patriote français* de Brissot, *Les Annales Patriotiques et Littéraires* de Mercier et Carra, *Le Courrier* de Gorsas ainsi que le *Journal des Amis de la Constitution* de Choderlos de Laclos ; comme journaux d'information *Le Moniteur*, *Le Point du Jour* de Barère, *Le Bulletin* de Mme de Beaumont, *Le Journal des Décrets de l'Assemblée nationale* et *La Feuille Villageoise* de Cérutti. Ainsi, le club de Cherbourg s'est abonné, au moins pour trois mois, à tous les grands titres de la presse parisienne.

Au large éventail de la première année, succède en 1791 une politique de réabonnement. Malgré un accroissement notable du budget qui passe à quelques 350 livres, la fidélité à une dizaine de feuilles empêche la tentation novatrice représentée seulement par *Le Journal des Amis de la Constitution de Lyon* et *L'Ami des Citoyens*, conseillé par les Jacobins. L'opinion d'extrême-gauche perd, en juin 1791, deux de ses tribuns avec le non-renouvellement du journal de Camille Desmoulins et celui de Robert, *Le Mercure National*, tandis que l'opinion conservatrice maintient ses deux organes. Comme dans les autres clubs, les démocrates ont peu d'influence et *Le Moniteur* apparaît comme le journal officiel. La lecture préférée devient celle des partisans modérés du nouveau régime dont on cite souvent les feuilles en les accompagnant du nom, devenu familier, du rédacteur à savoir Mercier ou Carra, Laclos, Gorsas et Brissot. Ainsi, se forme une opinion dominante.

Le nombre de prospectus ou exemplaires de journaux envoyés dans les clubs montre bien l'importance prise par ces nouveaux consommateurs. Mais dans la meilleure chambre de lecture de la ville, le public avide d'information est aussi exigeant et critique. Les clubistes guettent l'arrivée de la poste, somment le concierge d'agir avec la plus grande célérité, déplorent les mauvaises relations de la ville avec la capitale et apprécient la lecture publique d'une feuille nouvelle, surtout quand le rédacteur fait, comme Dorfeuil, la tournée des clubs pour présenter sa *Lanterne magique*. Membre des sociétés de Bayonne et Toulouse, il se fait recevoir à celle du Mans le 3 septembre 1791 grâce à son talent oratoire et sa motion de faire porter à Paris, pour la prochaine Fédération, le coeur d'Henri IV dont les reliques sont à La Flèche. Le lendemain le club sarthois achète 200 exemplaires de son journal, auquel la société de Cherbourg s'était abonnée dès le mois d'août 1790. Le 6 septembre, il est à Alençon où « sa déclamation excessive et vigoureuse » charme tant le public qu'on lui demande de rester le lendemain car on estime qu'il « a le double mérite d'instruire et d'amuser en propageant les principes du plus pur patriotisme » [17].

La médiation journalistique est trop importante pour ne pas susciter la vigilance critique de ce public politisé qui fait rectifier un article paru dans la presse nationale, étudie le contenu des journaux avant de souscrire et sanctionne son désaccord par un non-réabonnement trimestriel. Toutefois, si dès 1790 on parle de journaux « orthodoxes » et de « l'infâme Royou », c'est progressivement que l'âpreté des conflits

---

17. A.D.O. L 5095. Registre de délibérations des Amis Réunis à Alençon.

politiques va susciter une sélection des périodiques, transformant la mentalité patriotique en option politique fortement structurée. Pour l'heure, en mettant la presse nationale à la disposition d'une centaine de lecteurs et d'un nombre beaucoup plus grand d'auditeurs, le club qui, en juin 1791, a fait le plein dans le milieu des bourgeoisies de négoce et de talents dans les villes moyennes, participe activement à l'essor de la presse et à la politisation de son public.

Naissance de la presse patriote dans les départements

Avec le décalage d'une année par rapport à la capitale, les journaux font leur apparition à l'époque de la réorganisation administrative de la France. L'intérêt nouveau porté à la variété et la profusion des formes discursives dans « la révolution du journal » [18] a contribué à doter cette source classique de l'historiographie d'analyses pluridisciplinaires, à inventorier avec une grande rigueur méthodologique les titres de presse et à donner de solides études régionales mais présente le risque d'autonomiser le champ journalistique du champ de production culturelle et politique d'une époque.

Les premiers périodiques politiques apparaissent en 1790 dans le Calvados, l'Orne et la Manche dans des conditions différentes. A Caen où l'existence d'une *Gazette* est mentionnée dès 1732 et où ont paru bi-mensuellement des *Nouvelles Littéraires* de 1740 à 1744 [19] avant les *Affiches, Annonces et Avis divers de la Basse-Normandie*, trois imprimeurs sont en situation de concurrence : G. Le Roy « seul imprimeur du Roi à Caen », sort des *Nouvelles* qui, au vu des rares numéros conservés, semblent n'être que des réimpressions de feuilles parisiennes ; J.L. Poisson, déjà imprimeur des *Affiches*, édite en janvier le *Journal Patriotique de Basse-Normandie*, rédigé par un avocat qui abandonnera le journalisme trois mois plus tard sans que les abonnés connaissent le nom de son succeseur ; enfin, P. Chalopin imprime à partir de la même date *Le Courier des Cinq-Jours* qui, après l'élimination de ses concurrents en août devient *Le Courier des Cinq-Jours ou du Département du Calvados*, puis en janvier 1791 *Le Courrier du Calvados*.

A Coutances, il est clair que la nouvelle géographie administrative en émancipant la Manche du cadre provincial d'hier a joué un rôle décisif dans l'apparition du premier journal au chef-lieu : *L'Argus ou Journal du département de la Manche* qui, rédigé par un futur professeur au collège de la ville au printemps 1791, lors du remplacement des prêtres réfractaires, et fondateur du club des Amis de la Liberté et de l'Egalité, sort des presses de G. Joubert, « imprimeur du département ». A Alençon, après l'échec en janvier 1789 des *Affiches* et le projet avorté d'un *Journal des Assemblées Provinciales du Royaume* proposé par le publiciste et futur conventionnel Dufriche-Valazé, J.Z. Malassis publie *Le Journal du département d'Alençon* avant de l'intituler en mai *Journal du département de l'Orne* [20].

Si le format du livre, l'in octavo, s'impose à tous les imprimeurs, la périodicité de la feuille est très variable comme le coût de l'abonnement : de l'ambitieux quotidien caennais à 3 livres par mois à l'hebdomadaire ornais à 6 livres par an, en passant par

18. Labrosse et Rétat (202, 203), Rétat (220, 221), Gough (196), Popkin (217), Wauters (299).
19. D'après Frère, *Manuel du Bibliographe normand*, Caen, 1858 et J. Quéniart (296).
20. L. de la Sicotière, *Bibliographie des journaux de l'Orne*, Le Mans, 1894, Lavalley (291), Jouanne (290) P. Blin « Tableau chronologique des journaux de la Sarthe », *B.S.A.S.*, 1932.

la publication tous les cinq jours avec un nombre variable de pages selon l'actualité et un tarif trimestriel de 2 livres 8 sous ou annuel à 7 livres 4 sous.

L'analyse de contenu permet de dégager les grands traits de la comunication politique à l'aube du journalisme départemental. Le résumé des séances de l'Assemblée nationale, qu'il occupe ou non les premières pages, est une rubrique essentielle par son volume (1/5ème ou 1/4 du journal) et par sa permanence. Sous la monarchie constitutionnelle, le lieu de références est déjà le pouvoir législatif dont l'intense activité structure toute la vie politique. Le pouvoir exécutif n'est pas ignoré, il est de fait marginalisé. Les autorités locales n'ont pas la cote médiatique dans le Calvados (et ne l'auront d'ailleurs curieusement jamais) alors qu'il y a un véritable intérêt dans les départements voisins pour les actes des nouvelles administrations. De même, l'existence des Sociétés des Amis de la Constitution n'en fait pas un espace politique incontournable. Les nouvelles nationales, surtout, constituent la majeure part de l'information. Enfin, la correspondance avec les abonnés, plus souvent réels que fictifs, est un moyen de diversifier agréablement le journal grâce à l'envoi de lettres, de discours ou de poèmes et, aussi, de conférer au simple citoyen le droit à l'expression. Cette période d'apprentissage de la presse politique locale est très vite dépassée dans le Calvados où surgit d'emblée, dans une situation de concurrence, une presse d'opinion consacrant une large part de ses feuilles au commentaire de l'actualité politique.

Le Courrier du Calvados : *un journal à la recherche de son public*

C'est aux « intrépides amis de la liberté et de la loi » que le journal s'adresse en janvier 1790 en définissant son public : « Nos lecteurs (sont) dans la classe privilégiée, c'est-à-dire parmi ces hommes dont le tact est sûr et dont les coeurs sont enflammés par l'amour du bien public ». A défaut d'autre source pour connaître la composition de ce public, il faut analyser l'image qu'en donne ce journal dont la forme et le fond sont étonnamment anticipatrices de la presse républicaine.

La création d'un public imaginaire passe par la constitution de personnages qui établissent une communication immédiate par l'emploi du « Je ». Les journalistes, d'abord, ne sont pas typés physiquement comme « le vieux Jean Bart » auquel il est fait une fois référence ; mais des différences de tempérament soulignent les signatures : le bouillant Ariste s'oppose à ses confrères plus pondérés que sont Théodore et Eugène, le Directeur intervenant peu. Dans le secret entourant le nom du ou des rédacteurs, un dialogue parfois contradictoire peut s'engager entre ces archétypes comme entre deux hommes de la rue tandis que les conversations de salons ou chez un libraire sont toujours dépréciées. Ensuite, le journal se voulant collectif est accueillant aux suggestions de lecteurs représentatifs d'une nation nouvelle : François, garçon menuisier, touchant 15 sols par jour qui propose le recensement de tous les citoyens actifs du district et la publication de leur imposition ; Bonaventure, soldat national, qui suggère la démolition du château de Caen ou Julie qui réclame une loi sur le divorce pour sortir les femmes de leur condition « d'enfant » ou de « poupée ». La pédagogie à l'oeuvre dans la diversité de l'expression formelle est poursuivie dans le traitement de l'information. La comparaison avec *Le Journal Patriotique de Basse-Normandie* dont le rédacteur se définit dans le prospectus comme « un écrivain impartial » est éclairante sur deux sujets d'actualité en ce premier trimestre de l'année : le problème colonial et les interventions populaires.

Dès son premier numéro, *Le Courrier* annonce la bonne nouvelle de l'abolition de la traite des nègres dans le Bengale et les poursuites contre les trafiquants et les propriétaires d'esclaves. Les circonstances ne modifieront pas son point de vue philosophique. Le soulèvement de St-Domingue est imputable aux « préjugés détestables, fruits d'une éducation vicieuse, qui ont été la base de l'administration de ce pays » et « aux traitements horribles exercés contre les Nègres » (n° 7). Pour *Le Journal Patriotique*, la révolte est une « sédition » et un « crime ». A la Martinique, la condamnation à la roue et la potence des chefs de la « conspiration » (n° 12) ou à St-Domingue la décollation de Ferrand de Baudières, instigateur du « complot des mulâtres » (n° 61) apparaissent comme le gage du rétablissement de la tranquillité. Au contraire, *Le Courrier* qui présente Ferrand comme « le premier martyr du patriotisme et de la raison » (n° 7) et explique « l'esprit d'indépendance » des colonies comme « un effet du despotisme » (n° 13), continue à dénoncer l'esclavage dans son information sur les colonies (n° 51).

La même opposition se manifeste autour de la notion de peuple. Aux observations péjoratives du *Journal Patriotique* sur, par exemple, les défenseurs de Marat faisant partie de « ces classes de citoyens qu'un plus haut degré d'instruction aurait dû garantir de l'erreur » (n° 29) ou sur les briseurs de bancs seigneuriaux qui, confrontés à « une brave et courageuse baronne », n'osèrent plus réclamer les titres féodaux et redevinrent de simples « vassaux » (n° 7), le *Courrier* oppose un langage régénéré. L'homme nouveau bannit le terme de « populace » de son vocabulaire (n° 1) et parle « d'insurrection de la multitude » pour décrire une émotion populaire avant de la justifier. Quand le peuple manifeste contre les accapareurs, c'est qu'« il a été tant de fois trompé » (n° 27) ; quand il incendie le château d'un ci-devant, c'est que celui-ci était un « criminel » qui avait tiré sur la patrouille envoyée par la municipalité (n° 58). Toutefois, « le peuple n'entend pas toujours raison » (n° 24), il y a « des foules aveugles que des perturbateurs peuvent exciter », il est donc impératif que « la France reste armée » pour faire apparaître ce « peuple nouveau » (n° 6). Or, dans cette régénération nationale, le spectacle quotidien de la misère afflige l'homme sensible et pousse le citoyen-journaliste, à l'époque du débat législatif sur la mendicité, à proposer une sorte d'amendement aux droits de l'homme : « Tout citoyen qui nait sans propriété a droit d'exiger que la société s'occupe des moyens de pourvoir à sa subsistance. Il lui doit ses bras et son travail ; mais elle est obligée de l'employer », avant d'énumérer les moyens -tableau exact par canton, avance des matières premières, règlement du salaire et primes d'émulation (n° 17, 26 mars 1790). Substituer l'Etat-Providence à la Providence divine est un thème majeur de ce journal anticlérical.

Dans le second semestre de l'année, quand son concurrent a cessé de paraître, le journal reste attentif au public qui le soutient et consacre une dizaine de numéros à la législation relative à la question féodale, réclamée par ses lecteurs (n° 25). En 1791, il modifie sa parution qui devient bi-hebdomadaire et son format à la demande de plusieurs souscripteurs. *Le Courrier*, rédigé par « des gens de lettres », est indépendant de la Société des Amis de la Constitution de Caen et consacre peu de place à la diffusion des adresses du club. Son autonomie acquise par sa réussite commerciale et politique, il se propose désormais « de concilier, autant qu'il est possible, les sentiments des adversaires de la révolution et ses partisans ». Pari difficile à l'époque de la grande campagne idéologique sur la constitution civile du clergé dans laquelle le journal du Calvados s'engage totalement. Pour s'opposer aux libelles anonymes diffusés par les adversaires, il n'a de cesse depuis sa création de composer un portrait-charge du clergé opulent et égoïste et de dénoncer le fanatisme religieux, en ayant soin de relever des exceptions dans le clergé bas-normand, de proposer une conception plus épurée du christianisme et de promouvoir la liberté des cultes. Si l'on tente de mesurer l'influence du journal d'après les résultats de la prestation du serment constitutionnel qui donnent 22 % de jureurs dans le district de Caen et 39 % dans le département, on mesure le faible pouvoir des publicistes et l'espoir qu'ils placent dans l'arrivée du nouvel évêque Claude Fauchet.

Pendant que le journal continue son combat, un autre périodique voit le jour dans le département sans bénéficier de la moindre publicité du *Courrier du Calvados*.

Le Courrier des Campagnes *ou le journal à un sou*

La parution, en janvier 1791, d'un hebdomadaire dans la petite ville de Vire (8000 habitants) qui ne possédait pas d'imprimerie au XVIIIème siècle, est d'autant plus remarquable qu'il est édité par une société typographique, créée à cet effet. L'originalité de ce journal qui parait le vendredi réside, ensuite, dans son exclusive vente au numéro. En se privant du soutien financier des abonnés, le journal soutenu par la très active Société des Amis de la Constitution comptant, au printemps 1791, 254 membres dont 183 virois, espère toucher le public rural auquel il s'adresse pour la modique somme d'un sou. Un journal à la portée du peuple, également par la clarté de sa présentation et la simplicité de l'écriture. Composé de trois grandes rubriques, il présente le compte-rendu des travaux de l'Assemblée nationale, un sujet de nouvelles et le commentaire du journaliste. Pas de références savantes à l'Antiquité ni de locutions latines, mais de nombreuses « maximes morales et politiques » à faire sourire les habitués des gazettes.

Le rédacteur du *Courrier des Campagnes* nous est bien connu grâce aux travaux de P. Nicolle [21]. Le normand Jacques Malo (1757-1801 ?) était garçon-meunier avant d'entrer à 21 ans dans la communauté des Cordeliers de Vire. Frère-quêteur au sein de ce clergé plébéien qui ne manifesta pas de résistance lors de l'abolition des voeux monastiques, il sortit de l'ordre en février 1790 et fut nommé gardien de l'enclos jusqu'à l'aliénation de l'immeuble. Membre du club depuis sa fondation le 6 juin 1790, il fonde alors, à 34 ans, la société typographique avec un associé. Unique exemple de journaliste plébéien, il veut montrer au peuple les bienfaits de la Révolution : la « terre affranchie », la réforme judiciaire ou la fin de l'absolutisme monarchique. Dans la controverse religieuse du printemps, le clerc défroqué bataille ferme pour la vente des biens nationaux, la prestation du serment et l'acceptation du nouveau clergé.

La fuite à Varennes le porte à s'engager parmi les premiers volontaires et, après son départ en novembre 1791 dans le second bataillon du Calvados, le journal cesse de paraître. La carrière militaire s'ouvre alors au fils du peuple qui gagne à l'Armée du Nord ses galons de capitaine. Au printemps 1793, dans l'Armée des Côtes de Cherbourg, l'admirateur de Wimpfen fait partie de l'armée qui marche sur Paris. Dans la débâcle fédéraliste, il suit Barbaroux jusqu'à Bordeaux où il est incarcéré avant d'être acquitté en germinal an II. Il quitte l'Armée des Pyrénées Orientales, où il végétait comme simple cavalier, pour regagner son grade à Paris en combattant l'insurrection populaire de prairial an III. Le chef d'escadron charge ensuite les

---

21. Nicolle (251).

émeutiers au Camp de Grenelle en fructidor an IV. Nommé général de brigade, après avoir infiltré et déjoué un complot royaliste, il est destitué en fructidor an V par le Directoire qui le trouve trop compromettant. Cet itinéraire en révolution s'achève dans une mort obscure.

C'est dans des conditions bien différentes que sont publiés les premiers journaux sarthois.

Les Affiches de La Flèche *ou un journal local d'information nationale*

Les Affiches de La Flèche ou Journal National du District, par des membres d'un club patriotique paraissent deux fois par semaine, en janvier 1791, dans la seconde ville du département. Offrant une compilation équilibrée des séances de l'Assemblée et des nouvelles nationales, c'est un journal d'une étonnante constance dans les options clairement définies dans le premier numéro : peu d'informations locales, de correspondance ou de commentaires politiques. L'érudition qui se manifeste dans l'extrait d'une épitre d'Horace ou d'une fable de Phèdre placées en épigraphes et le goût récurrent de citations latines sont de bon aloi dans une cité qui s'honore du brillant passé culturel de son collège. Le choix d'un résumé austère de l'information, sans fioritures anecdotiques ni débordement passionnel, et le refus conséquent de toute forme explicative ou pédagogique permettent de circonscrire un public homogène, cultivé et déjà constitué : celui des chambres de lecture.

C'est donc dans la tradition socio-culturelle des Lumières que s'inscrivent les rédacteurs anonymes, membres d'un « club vraiment patriotique », orné au printemps d'un buste de Mirabeau « le Régénérateur de la France ». Les héritiers de la gazette manuscrite qui circulait d'une société littéraire à l'autre, comme à Laval par exemple [22], ne renoncent pas complètement à cette pratique ; ainsi, le 28 janvier, ils signalent le remplacement de « quelques pamphlets ou annonces » figurant dans le bulletin des nouvelles par « les décrets les plus intéressants » à la demande de plusieurs abonnés, mais proposent à ceux qui le souhaitent, moyennant 24 livres par an (soit le double de l'abonnement), de donner une copie manuscrite de la première forme. L'autre tradition des Lumières est celle des *Affiches* : il y a une évidente substitution des édits royaux, tels qu'ils étaient reproduits dans les *Affiches du Mans* en particulier, par les lois nouvelles.

L'enfantement révolutionnaire du premier journal fléchois justifie son premier sous-titre qui témoigne de son attachement au nouveau régime. Mais c'est surtout dans le traitement de l'information que ces partisans d'une monarchie constitutionnelle manifestent leur conception de la chose publique. Les compte-rendus des séances de l'Assemblée nationale sont dépouillés des débats conflictuels qui précèdent le vote des lois comme de toute forme de personnalisation, à de rares exceptions près. L'Assemblée dit la Loi, que le Roi sanctionne. Dans ce journal où le commentaire politique est absent, même si les sources des confrères parisiens privilégient le point de vue conservateur, la seule prise de position claire concerne l'accueil favorable à la constitution civile du clergé. Tout en ayant le souci de ménager les consciences individuelles face au serment exigé des fonctionnaires publics, les rédacteurs redoutent que le fanatisme religieux des « bigotes » et réfractaires ne

---

22. « Le Bulletin », gazette manuscrite du Grand Jardin à Laval, eut beaucoup de succès au moment de l'expulsion des Jésuites d'Espagne, d'après Richard (297).

déclenche une guerre civile. Leur campagne civique n'a pas eu grand succès avec 34 % de jureurs dans le district, soit le plus mauvais résultat du département.

Cette contribution patriotique à rendre la Loi souveraine, en dégageant le texte des lois des prises de position des législateurs, et la Nation souveraine, en exposant les nouvelles du royaume sans commentaire journalistique, est toutefois ébranlée par la création d'une Société des Amis de la Constitution qui l'oblige, en juillet, à changer son sous-titre au profit de « Recueil de Nouvelles intéressantes ». La conception du périodique ne varie pas : il reste toujours le bulletin officiel pour sa clientèle qui lui reste fidèle jusqu'en décembre 1792 tandis que les clubistes fléchois font publier leurs informations dans le nouveau journal manceau.

Le Journal Général du département de la Sarthe *ou les espoirs d'un noble libéral*

C'est une toute autre conception de la presse départementale que manifeste, à partir de mars 1791, cet hebdomadaire qui mérite bien son titre. La priorité accordée aux nouvelles locales et au commentaire de la vie politique sarthoise, est tout à fait novatrice. Non seulement le journal s'informe auprès du directoire du département et de la municipalité mancelle, mais il est le premier à mettre en place un réseau de correspondants dans tous les districts. Cette capacité de production autonome de l'information caractérise le premier journal politique manceau qui sort des presses de Monnoyer, un éditeur déjà expérimenté puisqu'il continue de publier les *Affiches*.

Dès ses premiers numéros, le journal rencontre l'hostilité de la Société des Amis de la Constitution du Mans qui avait tant souhaité voir paraître « un journal patriotique à portée du peuple ». A l'ordre du jour de plusieurs séances en décembre 1790, sa conception est l'objet de débats où les partisans d'un journal indépendant de la société, dans lequel les rédacteurs restent « maîtres de leur plume », s'opposent à ceux qui auraient préféré confier la rédaction de « La Semaine Patriotique » aux membres du club. Un compromis est trouvé avec le projet du « Journal du département de la Sarthe » où la société n'apposerait pas son veto, mais pourrait insérer des articles en les signant. En janvier 1791, un rédacteur non-clubiste annonce sa prochaine parution et ajoute que « son intention n'est pas de se déclarer le rival de la société » [23]. Or, très vite, dès la fin-avril, celle-ci va demander à Charles Monnoyer, de ne plus prêter son concours au journal. Comme il refuse de choisir entre sa qualité de sociétaire et son entreprise de presse, on parle désormais de « l'affaire Monnoyer ». Appuyés par la Société fraternelle, les Amis de la Constitution considèrent, le 15 mai, que le journal « n'offre qu'un tissu d'impostures et de calomnies soit contre la garde nationale et le peuple en général, soit en particulier contre les citoyens qui professent hautement les principes de la Révolution » et déclarent « qu'il y a incompatibilité absolue entre la qualité de co-rédacteur et imprimeur d'un pareil libelle et celle de membre de la Société des Amis de la Constitution ». Se refusant toutefois à l'exclure, elle lui interdit de participer aux séances jusqu'à ce qu'il reconnaisse « les erreurs où il a été entraîné par un vil folliculaire ».

Le journal n'est pas un libelle contre-révolutionnaire et il est loin d'épouser les vues du côté droit de l'Assemblée. Dans la ligne constitutionnelle, il prône la soumission aux lois dans la question religieuse comme, aussi, dans les mouvements

---

23. A.C. Le Mans 1006. Registre de la Société des Amis de la Constitution.

populaires. Certes, ses sources d'information nationale ne proviennent pas de la presse radicale : sur la dizaine de titres mentionnés, sa préférence va au *Mercure Universel* et il n'hésite pas à faire de la publicité pour *La Rocambole de Journaux*, au nom de la liberté des opinions, même aristocratiques.

Mais la grande question, au printemps 1791 au Mans, est celle de la direction de la force publique. Dans la garde nationale, l'Etat-Major, composé de ci-devants, a été contraint à la démission ; et, désormais, la présence du régiment de Chartres-Dragons dans la ville est l'objet d'une vive polémique sur laquelle le journal est contraint de se taire en mai 1791. Une campagne de pétitions oppose les notables de la ville, partisans du maintien de la force armée, aux démocrates du club et de la garde nationale qui s'appuient sur un important mouvement populaire pour obtenir son départ. La victoire populaire va nourrir les préventions des électeurs du département contre le chef-lieu, au moment des élections à l'Assemblée législative [24].

Le « folliculaire » en question est un ci-devant dont la consonance patronymique avec « le traître Bouillé » appellera des justifications généalogiques après la fuite à Varennes. Né à Monhoudou (dans le nord de la Sarthe), François-Georges Le Bouyer de Saint-Gervais, seigneur de Monhoudou, capitaine des chasseurs et poète à ses heures, a fait paraître dans les *Affiches du Mans*, de 1783 à 1789, diverses pièces de vers. En 1789, il assista à l'assemblée de la noblesse du Maine et, en 1790, « à la fois soldat, acteur et patriote » il fit jouer au théâtre du Mans sa pièce, « la Mort de César », inspirée du Brutus de Voltaire. L'année suivante donc, il entreprend la rédaction de ce journal qui reste sa contribution majeure à la diffusion des idées nouvelles puisqu'il sera inscrit sur la liste des émigrés dont il se fera rayer en 1803, avant de mourir à Bonnétable en 1826 [25].

Le témoignage d'un noble libéral, qui entend assurer son rôle de « citoyen libre » et de « publiciste impartial » et invoque « la publicité, comme sauvegarde du peuple », est particulièrement précieux à cette époque charnière. Le journal mesure la place prise par le club manceau, au fil des événements de l'année 1791, en constatant d'abord que « l'affluence du peuple est ordinairement très nombreuse » (13 mars), en critiquant ensuite « l'esprit de parti » qui le caractérise (15 mai) et, surtout, en appelant les électeurs « honnêtes et éclairés » à ne pas se laisser intimider dans les assemblées primaires par « les citoyens des villes qui ont tout l'avantage sur les habitants des campagnes » (19 juin). Après la fuite du roi et le schisme des Feuillants, le publiciste souligne le discrédit des Jacobins à Paris (24 juillet) et conseille « aux citoyens estimables par leurs connaissances et leurs lumières » de s'agréger à la nouvelle société de La Flèche afin d'éviter qu'elle ne se forme « dans la classe la moins instruite des citoyens » et qu'elle ne « s'ancre dans l'opinion populaire ». Enfin, le 16 octobre, il revient sur la question conflictuelle de la force armée en déplorant les résultats de l'élection des officiers de la garde nationale mancelle, après l'éviction des chevaliers de St-Louis, imputable à « un système d'égalité mal conçu » et à « une opinion publique dirigée par les clubs », avant de dénoncer en décembre « la fureur des piques ». En souhaitant l'avènement « d'un esprit public pour le bonheur de l'humanité, le bien de la patrie et la réussite de la révolution », le journaliste qui « n'est d'aucune société » partage la conviction révolutionnaire de la nécessité d'« une éducation publique bien organisée » afin « d'éclairer le

---

24. Bois (49), p 248-251. L'historien a beaucoup utilisé *Le Journal Général de la Sarthe* comme source pour la pratique électorale.

25. Desportes, *Bibliographie du Maine*, Le Mans, 1844 ; C. Girault, *La noblesse émigrée et ses pertes foncières dans la Sarthe*, Laval, 1957.

peuple » dans le cadre constitutionnel d'un régime où « l'anarchie serait totalement détruite » (23 octobre). C'est, sans doute, l'échec de la politique feuillante qui explique l'arrêt de la publication de son journal. Le 26 février 1792, l'imprimeur annonce, sans autre explication, que les souscripteurs recevront désormais à la place *Le Défenseur de la Vérité* « qui s'imprime chez nous depuis trois semaines et auquel nous avons joint celui du *Département de la Sarthe* ». Véritable patron de presse, Monnoyer sanctionne la ligne politique d'un journal qui ne représente plus une opinion influente à Paris.

Il est dommage qu'on ignore les réactions de la clientèle à la lecture du compte-rendu par Pierre Philippeaux, le nouveau rédacteur, de la séance du 20 juin aux Tuileries ! Car les quelques 300 abonnés au *Journal Général*, connus seulement par leur lieu de résidence [26], offrent une répartition géographique assez singulière.

La carte des abonnés au journal monarchiste constitutionnel couvre assez bien le département puisque 29 % des communes comptent au moins un lecteur et offre un semis dense dans le nord et l'ouest sarthois qui s'oppose au maillage plus large de l'Est et du Sud, rappelant celle des options politiques sous le Directoire, dessinée par P. Bois. Un autre caractère est la majoritaire présence du monde rural avec un tiers d'abonnés dans des communes inférieures à 1000 habitants et un quart dans celles comprises entre 1000 et 2000 habitants. S'il y a une cinquantaine d'abonnements au Mans (dont trois pour l'administration départementale), les villes du Nord boudent le journal du châtelain du pays à la différence des campagnes : Mamers n'a que trois souscripteurs et Fresnay est le seul chef-lieu de district à ne pas figurer dans la liste des communes. La Flèche arrive logiquement en deuxième position avec douze abonnés mais, ensuite, la hiérarchie des villes n'intervient plus guère car, dans les communes de l'Est qui comptent une bonne demie-douzaine d'abonnés, Bonnétable n'a pas de fonction administrative et Château-du-Loir et Saint-Calais n'ont pas trois mille habitants.

Le public des lecteurs n'est pas exclusivement sarthois : des communes plus ou moins proches dans l'Orne et la Mayenne reçoivent le journal. La présence de la capitale et des villes régionales comme Alençon, Angers, Caen, Laval, Nantes et Tours peut être expliquée par la mise en place de correspondances journalistiques comme les références au *Courrier du Calvados* le laissent penser.

Assurément, la supposition serait plus audacieuse si l'on estimait que les abonnés ruraux du journal étaient, d'abord, le noble et le curé du lieu. Favorable à l'œuvre religieuse de la Constituante, mais dans le respect de la liberté religieuse proclamée en 1789, l'hebdomadaire pouvait bien circuler dans les presbytères et la remarquable information sur les dévastations des propriétés nobiliaires, consécutives à la fuite du roi, permet de penser que les châtelains étaient bien représentés dans la clientèle de Le Bouyer de Monhoudou.

*   *   *

L'étude du champ politique et culturel de la presse révolutionnaire est essentielle à sa compréhension. Les conditions d'émergence d'une presse provinciale sont liées à plusieurs facteurs. Le retard de l'Ouest dans la révolution de la presse s'explique

---

26. A.D.S. L 1960. « Table réelle du *Journal Général* ».

par la politique de la monarchie absolutiste au XVIIIème siècle. Plus que la proclamation de la liberté d'expression en août 1789, qui va aussitôt créer les conditions de diffusion de la presse nationale par l'abonnement collectif aux journaux et favoriser le développement de la sociabilité politique, c'est l'organisation départementale de la France qui va contribuer à libérer le marché éditorial en province. Les positions acquises antérieurement, tant par les imprimeurs que par les villes d'édition, jouent assurément un rôle et expliquent l'absence de journaux dans l'Eure et la Mayenne. Mais le mouvement révolutionnaire bouleverse déjà les données culturelles, en imposant la société typographique de Vire dans le monde de l'édition, et ébranle les préjugés sociaux, en promouvant un autre public pour faire l'opinion que celui des chambres de lecture.

Le contenu de l'information politique est, dans l'Ouest, ancré dans la modernité : les partisans de l'Ancien Régime ne se font pas publicistes. La presse qui naît dans les départements est une presse patriote qui se veut, d'abord, informative.

La mise en place d'un régime constitutionnel consacre un lieu de légitimité : l'Assemblée nationale, dont le compte-rendu des lois occupe une place privilégiée. Mais, très vite, le travail journalistique ne se limite pas à résumer les textes législatifs et les principales nouvelles, d'après les articles parisiens ou les correspondances entre confrères. La communication politique se trouve confrontée à plusieurs dynamiques. L'une est externe, c'est la dynamique révolutionnaire. Elle ouvre d'autres champs à l'investigation journalistique : l'application des lois, les manifestations populaires, l'influence du club ou des prêtres par exemple ; elle impose d'autres acteurs en introduisant un nouveau langage politique ; elle modifie le rapport des forces en entraînant, sans cesse, de nouveaux positionnements dans le jeu politique. L'autre est la dynamique interne. Difficile à apprécier en raison de la rapide rotation des titres de journaux, elle concerne le rapport entre le public des lecteurs, l'imprimeur ou l'éditeur et les rédacteurs. Dans ce microcosme où producteurs et consommateurs sont partie prenante d'un univers social qui redéfinit le sens des demandes, le journal devient un outil pour transformer le rapport des forces et le journalisme, une pratique majeure de la révolution culturelle et politique.

CHAPITRE CINQUIÈME

UNE SITUATION D'OPINION PUBLIQUE : LA FUITE DU ROI

La rupture introduite dans la vie politique par la fuite à Varennes est trop essentielle pour ne pas donner lieu à l'analyse des diverses manifestations qu'elle a suscitées. Car l'événement crée une situation dans laquelle la communication des opinions, l'affrontement des idées et l'engagement d'actions autorisent un examen de l'opinion publique. Le concept, apparu en France au milieu du siècle avec la socialisation de la pensée des Lumières [1], connait alors une grande vogue grâce à la liberté de presse et d'association. Connotée tour à tour positivement par les uns, tel Saint-Martin de la Rigaudière père qui, à sa sortie de prison en 1790, l'invoque comme « cour d'appel » à la sentence prononcée contre lui, et négativement par d'autres, comme Le Bouyer de Monhoudou qui dénonce l'emprise des clubs, l'opinion publique revêt d'emblée une double acception, celle d'un contre-pouvoir et d'un lieu de manipulation. Aujourd'hui encore, sociologues et historiens soulignent les difficultés inhérentes à l'analyse des phénomènes d'opinion [2]. Toutefois, l'analyse des conditions qui permettent d'expliquer cet engouement pour le terme reste en partie vaine si elle ne tente pas de cerner, au printemps 1791, la place et la réalité de la nouvelle culture politique des Français.

---

1. Après les travaux fondateurs de J. Habermas, ceux des historiens M. Ozouf (60) p 21-53, R. Chartier (177) p 32-52.
2. Voir Bourdieu (51) p 222-236, J. Padioleau (61), JJ Becker « L'opinion » (56) p 161-185 ; P. Laborie (59), P. Champagne (54).

La peur et l'organisation de la nation

La nouvelle du départ du roi des Français mit trois jours à se répandre dans la région. Les uns l'apprirent pas le courrier officiel de l'Assemblée nationale. Ainsi, la municipalité du Mans fit annoncer le soir du 22 juin, à tous les carrefours, « la fâcheuse nouvelle de la fuite du Restaurateur de notre liberté » en interdisant aux citoyens de s'attrouper, en donnant l'ordre d'illuminer les maisons pendant trois nuits et établissant des corps de garde dans toutes les avenues. Les Lavallois connurent la nouvelle le lendemain, en pleine procession de la Fête-Dieu, ce qui entraîna un beau tumulte. Les jacobins de Lisieux apprirent, en même temps, la fuite et l'arrestation du roi, le 23 juin, par un émissaire du club de Bernay, comme ceux de Pont-l'Evêque par un clubiste de Honfleur. Enfin, au bout du Cotentin, ceux de Cherbourg connurent l'information, le 24 juin, en lisant le journal de Gorsas. Que la presse écrite parisienne parvienne avant la rumeur publique, deux ans après la Grande Peur, et transmette l'idée de « fuite » et non d'« enlèvement », traduit le niveau de la communication politique. L'hypothèse de l'enlèvement, reprise dans un seul club, celui d'Alençon, avait pourtant été soulevée par les Jacobins de Paris dans leur circulaire de mai aux sociétés affiliées pour réunir une force départementale afin de « protéger le roi et s'opposer à son enlèvement si les ennemis du bien public parvenaient à l'arracher de la capitale ».

Aussitôt, la peur de l'invasion étrangère fait procéder à l'application d'un des premiers décrets de l'Assemblée constituante et exécutive, depuis le 21 juin, concernant la mise en activité de la garde nationale et la levée des volontaires. C'est « au nom de la Patrie » que la municipalité de La Ferté-Bernard appelle le 22 juin les citoyens à s'unir et se tenir prêts pour repousser l'ennemi. Mais la peur de l'étranger, c'est aussi celle de tout voyageur et la municipalité du Mans oblige hôtes et particuliers à déclarer leur nom et qualité. Ainsi, l'accusateur public Juteau-Duhoux signale la présence chez lui du ci-devant marquis de Dreux-Brézé dont il a été le chargé d'affaires. Entré dans l'Histoire par l'apostrophe de Mirabeau en juin 1789, le ci-devant maître de cérémonies de la Cour, fuyant la capitale en même temps que son roi, est un suspect de choix pour la municipalité qui, en attendant l'ordre de l'Assemblée, appose les scellés sur ses papiers, et l'assigne à résidence chez ce fonctionnaire, clubiste et lieutenant de la garde nationale, après s'être fait confirmer que son intention n'était pas de rejoindre son régiment en Alsace mais ses terres du Maine [3]. La peur du désordre pousse la municipalité de Château-Gontier à anticiper les événements par des mesures de salut public : censure du courrier, désarmement de citoyens et emprisonnement des prêtres réfractaires [4]. Car les manifestations spontanées ont eu lieu dans les rues, un peu partout, même à La Flèche, ville alors dépourvue de société politique et réputée tranquille : « Les cris de fouet et de lanterne se sont fait entendre des différentes parties de la ville contre ceux que le peuple appelle les aristocrates et un vicaire rétracté a dû partir » [5]. A Laval, dès le 24, un rassemblement s'est formé contre les prêtres insermentés ; au Mans, contre les soeurs et l'administration de

---

3. A.D.S. L 270. Délibérations des 23 et 24 juin 1791 de la municipalité du Mans. C'est sur des terres plus paisibles qu'après le 10 août se réfugiera le citoyen Dreux, vite considéré comme un émigré dans les districts d'Evron et de Sillé où l'on vendra une partie de ses terres et du mobilier de son château de La Lucassière, avant d'apprendre sa radiation de la liste des émigrés.

4. A.N. F7 3682/10

5. D'après *Le Journal Général de la Sarthe*, 10 juillet 1791.

l'hôpital. Partout, les municipalités doivent expulser ou faire arrêter les réfractaires, désignés comme les ennemis du bien public.

La plupart des clubs tiennent des séances extraordinaires et décrètent même la permanence, comme à Cherbourg ou Argentan. On renouvelle à Lisieux ou Alençon le serment de *Vivre libre ou mourir*. Le club de Falaise propose à l'Assemblée nationale dans sa pétition du 24 juin de faire déclarer *La Patrie en danger*. La société de Château-du-Loir réclame le 29 la confiscation des biens d'émigrés et leur distribution aux soldats de la nation. On félicite de Valognes, Bernay, Argentan ou Laval la municipalité de Varennes [6]. Partout, on se mobilise pour la défense de la ville : le 23 juin, le club d'Argentan réclame des canons à celui de Falaise et lui signale les perquisitions des voitures et l'ouverture du courrier des habitants ; le lendemain, le club de Honfleur appelle les citoyens de la campagne à s'armer dans une brochure diffusée à 3000 exemplaires et sollicite des canons à celui du Havre tandis que le clubiste de Lisieux ou de Cherbourg s'engage à faire en personne son service de garde national.

C'est l'époque aussi où plusieurs clubs sont créés comme celui de Mortagne dans l'Orne. Dans ce chef-lieu de district de quelques 6.000 habitants où les ci-devant nobles sont à la tête des corps constitués, une douzaine de personnes se réunissent, en juin 1791, dans la maison d'un « ancien cuisinier » qui sert de local au club. Les nouveaux clubistes, dont l'influence grandit avec les circonstances, auraient affirmé que « les nobles et les prêtres avaient fourni de l'argent pour le départ du roi et opérer la contre-révolution » [7]. L'organisation, avec l'aide d'officiers municipaux et de gardes nationaux, du désarmement de tous les nobles de l'état-major et des perquisitions chez les riches propriétaires de la ville et des environs instaure alors un nouveau lieu de légitimité révolutionnaire.

Partout, le contrôle de la force armée est à l'ordre du jour dans les clubs. A Granville comme à Honfleur, on désarme les officiers de la garde nationale qui n'ont pas fait acte de patriotisme. A Cherbourg, on forme un Conseil de guerre national pour chercher des armes et surveiller les côtes. Au Mans, il n'y eut pas de délibérations pendant la semaine troublée, un Conseil d'administration militaire de la garde nationale, transformé en instance à la fois exécutive et délibérante, ayant occupé le local. L'action conjointe des deux clubs de la ville et de la garde nationale s'acheva par une adresse commune pour réclamer, le 19 juillet, l'amnistie générale pour les actes de patriotisme et de violence commis dans les châteaux sarthois. Car la fuite du roi n'a pas seulement mis en branle les institutions créées par la Révolution, renforcé leur unité et créé une dynamique unitaire : elle a été aussi, comme Aulard l'a bien souligné, l'un de ces rares événements nationaux » qui, connus de tous, émurent la Nation entière [8].

Les mouvements populaires dans les campagnes

L'inquiétude suscitée par la fuite du roi a réveillé de vieilles peurs : malgré l'abolition, certes partielle, de la féodalité, la suppresion de la noblesse (juin 1790) et la

---

6. Reinhard (116) p 431 et 454.
7. A.N. F7 3684/3. « Mémoire relatif à l'état de Mortagne, aux causes de l'anarchie effrayante sous laquelle gémissent les bons citoyens et aux moyens que le pouvoir exécutif pourrait utiliser ».
8. Aulard (67).

reconversion, parfois réussie, des ci-devant seigneurs en propriétaires terriens assujettis à l'impôt, le complot aristocratique hante toujours l'imaginaire paysan.

Les formes nouvelles d'intervention politique restent peu pratiquées dans les campagnes : les clubs, à quelques exceptions près, déjà signalées, ne s'implantent guère sous la monarchie constitutionnelle ; les pétitions à l'Assemblée nationale sont peu nombreuses. L'étude des adresses au comité des Droits Féodaux montre le faible usage de cette pratique politique de 1789 à 1792. Une vingtaine d'adresses seulement viennent des départements normands plus alphabétisés que ceux du Maine où moins d'une dizaine ont été conservées ; mieux encore, la majorité n'émanent pas des communautés rurales, mais de simples particuliers. La pétition collective, il est vrai, n'a guère les faveurs d'une révolution libérale [9].

Les municipalités ou « les habitants de la commune » qui parviennent à se faire entendre ne sont pas ceux qui se sont soulevés dans le bocage normand ou le Maine en juillet 1789. Nulle revendication n'est exprimée par les municipalités de la Sarthe ou de la Mayenne ; celles de l'Orne, peu nombreuses, se contentent de demander des explications ou de réclamer, comme les officiers municipaux de Couterne, les droits de péage sur les ponts. On dénonce, ailleurs, les prétentions du ci-devant seigneur : ainsi, le 7 septembre 1790, quatorze « paroisses » du canton de Moyaux, dans le Calvados, invoquent le droit naturel pour critiquer son refus de la déduction de l'impôt des vingtièmes sur les rentes foncières. Si on revendique surtout les biens communaux, les communes de Cambremer, Beuvron, Bonnebosq et Crévecoeur (proches de ce foyer de jacobins ruraux) s'associeront en avril 1792 pour demander la suppression des droits du treizième denier et la modification des tarifs du rachat des droits féodaux [10].

Mais les plus nombreux à demander des explications sur les droits rachetables ou abolis, à protester ou à revendiquer sont, en fait, des nobles ; ensuite, viennent à titre professionnel les avocats ; dans le groupe silencieux des paysans émergent quelques laboureurs et meuniers qui se préoccupent de la cherté des impôts subsistants ou du devenir de leur moulin banal ; enfin, des syndics, procureurs, prêtres, marchands ou anonymes complètent le lot des pétititionnaires [11]. Le double recours à l'écrit et à l'Assemblée nationale suppose une acculturation des masses populaires aux formes nouvelles de la vie politique. Ces voix paysannes qui ne se font entendre que par la médiation communautaire ou municipale, nous les retrouvons pendant l'été 1791 dans leurs pratiques spécifiques d'intervention politique.

Dès l'annonce de la fuite du roi, dans l'après-midi du 23 juin, une foule qui rassemble toute la population masculine, en âge de porter les armes, des communes de La Motte-Fouquet et Magny-le-Désert avec à leur tête le maire de celle-ci, se porte comme en 1789 au château du ci-devant marquis de Falconer. La perquisition du château ornais s'est faite « sans aucun acte de malhonnêteté », les armes livrés aussitôt et les gardes-forestiers désarmés le lendemain [12]. A Laval, le 24 juin, c'est le

9. Décret des 10, 18 et 22 mai 1791, rapporté par Le Chapelier le 9 mai : « Le droit de pétition appartient à tout individu et ne peut être délégué. En conséquence, il ne pourra être exercé en nom collectif par les corps électoraux, judiciaires, administratifs ni municipaux, par les sections des communes, ni les sociétés de citoyens ». Cité par Aulard (35), p XCIII.

10. D'après P. Caron et Ph. Sagnac, *Le Comité des Droits Féodaux et de Législation et l'abolition du régime seigneurial,* Paris, 1907, p 197.

11. A.N. DXIV 2/3/5/6/8 et 10. Les pétitions au Comité des Droits Féodaux sont classées par départements.

12. A.D.O. L 2613. Le châtelain de La Motte-Fouquet, en « citoyen opprimé », porte plainte le 4 juillet auprès des autorités départementales de l'Orne qui lui rendront justice en condamnant cet acte de violence et en lui faisant rendre ses armes.

département qui envoie un détachement de gardes nationaux au château de Lancheneil à Nuillé-sur-Vicoin où la rumeur a signalé un dépôt d'armes. A Argentan, le 29, c'est le club qui fait réquisitionner les canons du château de Rabondanges. Mais ce sont plus souvent les municipalités rurales et leur garde nationale qui sont sollicitées pour fouiller les châteaux. Dans la Mayenne, on se porte au château d'Hauteville à Charchigné, déjà attaqué en 1789 ; à celui d'Oisseau comme à celui d'Evron où la garde nationale réquisitionne les armes et les pièces de canon. Le départ de certains châtelains, comme ceux de Niafles, est interprêté comme une désertion et une trahison : la garde nationale de Craon arrête leurs voitures et les interne dans une maison pendant six semaines [13]. Dans la Sarthe, on signale au rédacteur du *Journal Général* que tous les châteaux des environs de Mamers ont été fouillés et leurs occupants contraints de se rendre en ville pour être placés sous surveillance. Le châtelain de St-Côme, quoique muni d'un passeport, a même été arrêté par la garde nationale de Rémalard avant d'être relâché sur ordre du département de l'Orne. Puis, d'autres troubles sont signalés dans le district de Sablé et du Mans où, notamment, les officiers municipaux et la garde nationale de Ballon ont procédé en bon ordre à la visite des châteaux des environs.

Sur fond de vieilles luttes antiseigneuriales, les manifestations immédiates et spontanées des citoyens des campagnes s'inscrivent dans la prise de conscience générale qui modèle les comportements collectifs : la municipalisation des dépôts d'armes, au nom de la patrie en danger, est bien un mot d'ordre qui parcourt alors villes et campagnes. L'événement du 25 juin dans la Mayenne met en lumière un autre trait des mentalités populaires dans une société révolutionnée.

C'est jour de foire à Cuillé, modeste chef-lieu de canton du district de Craon, quand la nouvelle de la fuite du roi se répand et l'on dira, ensuite, que la responsabilité de l'affaire incombe à une multitude de Bretons [14]. Le château de Cuillé appartient à un ci-devant parlementaire de Bretagne, De Farcy, qui réside ordinairement dans son hôtel de Rennes. L'après-midi, son château est investi par la foule et pillé de fond en comble : on s'empare des miroirs de toilette et des chandeliers, on boit le vin et le cidre et tous les jeunes gens et jeunes femmes se parent de fleurs ou de branches d'orangers. C'est la fête au château pour tous ceux qui se disent « bons citoyens ». La garde nationale de Gennes intervient trop tard, après l'incendie du château qui a lieu dans la soirée. L'information judiciaire, conduite du 30 juillet au 15 septembre par Esnue de Lavallée, futur conventionnel, aboutit à l'arrestation de 25 complices dont l'âge moyen est de 28 ans. Cette jeunesse rurale qui célèbre dans la joie l'arrestation de Varennes est originaire des communes voisines d'une douzaine de kilomètres à la ronde. C'est en famille qu'ils sont venus à la foire et, à la fête, frères et sœurs, parents et enfants se sont retrouvés. Ce sont tous des salariés du monde rural qui ne savent pas signer leur nom ou qui l'écrivent avec beaucoup de difficultés [15].

---

13. D'après V. Duchemin et R. Triger, *Les premiers troubles de la Révolution dans la Mayenne*, 1888.
14. A.N. F7 3682/10. Le 26 juin 1791, un arrêté du département de la Mayenne annonce l'arrivée de « brigands de Bretagne » qui viennent incendier les châteaux. Celui de Martigné-Ferchaud a été également brûlé. Voir Abbé Gaugain, *Histoire de la Révolution dans la Mayenne*, Laval, 1917, t 1, p 240 et R. Dupuy (85) p 243.
15. A.D.M. L 2001. Le 21 septembre 1791 sont maintenus en prison un garçon-tisserand de Cuillé pour avoir mis le feu avec un cierge à la chapelle, deux sœurs travaillant dans un cabaret de Rannée pour avoir commencé le pillage, les cabaretiers père et fils de ce même village breton, un garçon-laboureur de Méral, un tisserand et un garçon-charpentier de Gennes pour avoir cassé les meubles. Le 12 janvier 1792, de Farcy récupère les objets volés.

Dans cette histoire de gestes qui est muette sur l'événement qui la suscite, la fête des villageois au château de Cuillé s'inscrit dans la vieille lutte sociale contre les gens du château [16]. Que l'historien l'interprète comme la première fête républicaine ou comme une fête carnavalesque d'ancien style est sans importance au regard du rêve égalitaire qui se matérialise à l'annonce de la disparition du roi, vécue comme une bonne nouvelle.

La peur de juin 1791 n'a pas l'ampleur de celle de 89 ni de 92 ; on ne peut suivre de cheminement à partir d'épicentres ; les manifestations connues sont éloignées de centres urbains et jacobins et ont lieu dans des districts réfractaires au serment constitutionnel. Mais la mobilisation des campagnes se poursuit dans la première quinzaine de juillet. Le journal sarthois recense avec indignation les perquisitions de châteaux qu'ignore son confrère du Calvados. Dans l'ouest de la Sarthe, les habitants de plusieurs communes se réunissent le 3 juillet pour chercher des armes. Ainsi, 400 hommes armés, effrayant avec leurs moustaches et leurs hâches, obligent un notaire à marcher à leur tête vers le château de Chemiré-le-Gaudin, puis celui de Louplande, déjà visité quelques jours plus tôt par les habitants de Souligné. Le château est dévasté : les orangers ont été saccagés, les armoires et les malles ont été ouvertes, les chartriers bouleversés ainsi que tous les vieux parchemins. Lorsque le juge arrive pour établir le procès-verbal des dégradations, le tocsin rassemble tous les habitants qui contraignent le fonctionnaire à rebrousser chemin. Le même jour, à l'est du département, les municipalités et gardes nationales de Montfort, Lombron et La Chapelle-Saint-Rémy perquisitionnent dans le château du colonel de la garde nationale de Connerré [17].

Les fêtes offrent, enfin, un autre cadre de rassemblement patriotique. Dans l'Orne, à Saint-Pierre-la Rivière, c'est le jour du 14 juillet qu'on casse les bancs de l'église et qu'on promène à l'envers sur un âne trois notables de la commune [18]. Dans la Sarthe, à Bouloire, c'est le lendemain de la fête nationale que la foule, encadrée par la garde nationale, se porte vers le château dont le régisseur et ancien feudiste est le procureur de la commune. La confrontation permanente entre la municipalité et la garde nationale, soutenue par le peuple, devient alors conflit ouvert : la foule déménage ses meubles et sa famille vers Le Mans tandis que le procureur fait ouvrir une enquête judiciaire qui aboutit au décret d'arrestation des officiers de la garde. L'huissier, chargé de l'exécution de la sentence, accompagné pourtant d'un détachement de gendarmes et gardes nationaux de Saint-Calais, est réduit à l'impuissance devant la mobilisation de toute la population. Enfin, c'est au moment de l'annonce de l'acceptation de la constitution par le roi que des troubles éclatent dans le district de Mamers où le châtelain de La Perrière doit venir se réfugier en ville [19].

Ainsi, la pétition, la presse et le club n'ont pas détrôné la rue, la fête et la foire comme lieux d'expression de l'opinion. Pourtant, l'absence de maîtrise du langage politique va écarter la masse rurale du débat idéologique qui va s'organiser autour du sort du roi. Avant de le présenter, il est important de donner à la fête de Cuillé

---

16. Déjà, lors de la crise frumentaire du printemps 1790, les châteaux voisins, dans le district d'Ernée, avaient été visités par les villageois à la recherche de grains qui ont été réquisitionnés et taxés (A.D.M. B 1723).

17. *Journal du département de la Sarthe,* 17 juillet 1791. Menacé de meurtre et d'incendie, Menjot d'Elbenne porte plainte et la renouvelle le 15 juillet sans aboutir, en vertu de la loi d'amnistie du 15 septembre. Il récupère ses armes le 12 novembre.

18. A.D.O. L 6125.

19.*Journal de la Sarthe,* 4 et 25 septembre 1791.

toute sa place dans l'imaginaire politique des populations du bocage et de souligner, dans le vide laissé par l'absence du roi, que la Nation prend corps en désignant comme bouc-émissaire de la crise les anciens privilégiés, en municipalisant les dépôts d'armes et en assurant le pouvoir exécutif. Une « Nation orpheline » selon Aulard, singulièrement mûre pour la République.

Le roi et 25 millions de Français

Lorsque Vire organise la levée générale et proclame que « l'enlèvement du roi ne saurait changer le sort de 25 millions d'hommes » [20], la cité du Calvados donne le cadre du débat politique de l'été 1791. Débat nouveau qui sollicite la publicité des opinions sur le régime politique de la France.

Le « républicanisme » dont se défend Robespierre est encore une idée neuve et équivoque dans les clubs de l'Ouest. Aucune parution ne permet, comme Aulard a pu le faire à Paris, de prendre acte de la naissance à la fin de 1790 d'un « parti républicain » [21]. Si ses organes de presse sont lus dans les clubs, les délibérations de juillet 1791 ne permettent pas à l'opinion républicaine de se développer. Pourtant, c'est l'époque où la question de la déchéance du roi est posée parallèlement à celle de l'extension du suffrage qui revient avec plus d'acuité dans les débats. Mais au Mans comme à Cherbourg ou Argentan, l'avant-garde politique essuie un échec. La motion du 30 juin contre l'inamovibilité et l'hérédité du « premier fonctionnaire public » a été ajournée et définitivement repoussée le 10 juillet dans le chef-lieu de la Sarthe. Celle de la déchéance du roi et l'élection d'un régent qui finit par aboutir le 15 juillet à Cherbourg provoque de nombreuses démissions dont le club tiendra compte en choisissant, une semaine plus tard, d'adhérer aux Feuillants pour réintégrer les démissionnaires. L'adresse du club d'Argentan demandant le 19 juillet à l'Assemblée nationale la mise en jugement du roi est aussitôt suspendue sur les conseils du frère et ami Goupil-Préfelm.

Néanmoins, la fuite à Varennes marque un incontestable tournant dans l'opinion dominante dont la presse sarthoise est un bon reflet. Jusqu'à cette date, les *Affiches de la Flèche* qui entouraient Louis XVI des marques de respect attachées au corps du roi et à ses fonctions, hésitant ainsi entre « Sa Majesté » et le « Roi des Français », ne cachent pas leur consternation. Seule, l'intervention de la « populace » parisienne au Champ de Mars justifie le maintien du chef de l'exécutif, au nom de la constitution. Dès lors, le terme « républicain » apparait, connoté négativement comme « une faction », « des suppôts », « un fanatisme » ou « un système imbécile ». Toutefois, le journal témoigne aussi qu'au cours de cette année décisive l'amour de la Loi a remplacé l'amour du Roi.

Accablé par une telle faute politique, *Le Journal de la Sarthe* se félicite d'abord que la fuite du « premier citoyen » n'ait suspendu aucune affaire d'ordre privé ou publique, comme la vente des biens nationaux. S'il s'enthousiasme devant les premiers enrôlements de volontaires et l'ardeur patriotique des habitants de la campagne, il les met ensuite en garde contre la violation des propriétés et le désarmement des riches habitants. Déchiré par l'imposant silence fait, pendant la fête de la Fédération, autour du nom du « malheureux Bourbon », il apostrophe son roi en

---

20. Reinhard, op. cité, p 88.
21. Aulard (66)

le tutoyant pour expliquer qu'« un premier fonctionnaire » ne peut être « un maître » et que s'impose la clémence pour un peuple libre et souverain.

Mais le Calvados offre, à cette époque de censure de la presse, une situation plus originale qui tient en partie au rôle médiatique de son évêque.

Un évêque républicain : Claude Fauchet

L'abbé Fauchet, quand il est élu à 47 ans évêque du Calvados est, déjà, un personnage. Prédicateur du roi, indisposant la Cour par la liberté de son langage, il avait tout d'un « Fénelon révolutionnaire » [22]. Sa soutane trouée par les balles, le 14 juillet 1789, le consacra apôtre parmi les vainqueurs de la Bastille. Mais bientôt le voici oracle au Palais Royal, au sein de la Confédération des Amis de la Vérité. Procureur général du Cercle Social, il annonce une philosophie nouvelle en collaborant avec N. de Bonneville à *La Bouche de Fer* [23]. Consacré évêque constitutionnel, voici Claude Fauchet parcourant à partir du mois de mai sa terre de mission. Précédé par l'adresse élogieuse de la Société Fraternelle des anciens membres de la Commune de Paris que la société du chef-lieu diffusa dans le Calvados, ses prêches dans les églises comme ses discours à la tribune des clubs de Lisieux le 10 mai, de Caen les 11 et 13, de Bayeux le 14, de Caen les 20 et 21, de Honfleur le 26, de Lisieux les 28 et 29 où il annonce la création d'une société à Pont-l'Evêque, fondent sa réputation de nouveau Chrysostome.

Si les sources des clubs précisent le contenu de ses discours - comme celui du 28 mai à Lisieux où il réfuta la crainte d'un gouvernement républicain en montrant, à partir des derniers décrets, que celle de « voir renaître le despotisme » et d'être « la victime des folies d'un roi » était beaucoup plus grande- *Le Courrier du Calvados* qui, pourtant, ne tarit pas d'éloge sur « l'infatigable M. Fauchet », reste fort évasif. L'évêque, lié au milieu républicain de Paris, ne s'est pas contenté de prêcher « l'amour de Dieu et de la Patrie » après la fuite du roi. Mais sa mission républicaine est difficile à évaluer tant le journal patriote de Caen semble boycotter tout événement ou prise de position compromettant. On sait l'indignation que le petit club de Condé-sur-Noireau manifesta dans son adresse du 2 juillet à l'Assemblée nationale et reproduite dans le *Journal des Amis de la Constitution* : « Louis XVI est généralement regardé comme un traître et un parjure. Nous désirons que l'Assemblée nationale venge au plus tôt l'outrage qui vient d'être fait au peuple français ! ». Et, à défaut de sources clubistes à Bayeux et Caen, on connait par la presse nationale les événements qui ont eu lieu le 4 juillet dans le chef-lieu du département où la statue de Louis XIV a été renversée aux cris de « Plus de Louis ! » et le 20 juillet à Bayeux où les inscriptions de « Place Louis XVI » et « Rue Royale » ont été arrachées. Après l'arrestation de clubistes, dont le président de la société de Bayeux, le vicaire épiscopal Chaix d'Est-Ange, la municipalité de cette ville porta plainte contre l'évêque et son vicaire, accusés de prêcher la République dans les clubs. On sait que l'Assemblée nationale s'empara de cette pétition pour justifier son réquisitoire contre les clubs, rédigé par Le Chapelier un ancien du Club breton [24].

---

22. Aulard, « Claude Fauchet », *La Grande Encyclopédie*.

23.Ph. Le Harivel, *Nicolas de Bonneville, préromantique et révolutionnaire (1760-1828),* Strasbourg, 1923.

24. *La Gazette de Paris,* du 5 juillet, y voit l'oeuvre « d'infâmes jacobites » puis, le 5 août, impute aux protestants la responsabilité du déboulonnage de la statue du révocateur de l'Édit de Nantes. Voir aussi, le *Journal des Clubs ou Sociétés patriotiques* du 24 août 1791 et Aulard (35), p XCIV.

Le vainqueur de la Bastille qui a vu naître la souveraineté nationale juge que la fuite du roi fait avancer l'infaillible destinée du peuple dans son discours épiscopal, le 14 juillet 1791, devant l'autel de la Patrie à Caen. Son commentaire, adapté aux circonstances, de l'Evangile selon St-Luc rappelle que le Libérateur du genre humain avait en horreur les despotes dont il fut la victime et qu'il a donné, avec ses premiers disciples, le modèle d'une république qui doit servir d'exemple universel [25]. Enfin, sa Prière à la Nation française que *Le Courrier du Calvados* n'a pas plus reproduite, se place sous l'invocation du Seul Souverain que l'homme d'Eglise reconnaisse et qui a déposé les puissants pour élever les humbles. L'adresse de la société de Caen témoigne des mêmes réticences aux discours de son évêque puisqu'elle approuve les décrets des 15 et 16 juillet de l'Assemblée nationale en ajoutant : « Nos devoirs sont de désabuser nos frères égarés par les principes d'un républicanisme plus pernicieux encore qu'il n'est exécutable ». Toutefois, elle réserve un acceuil chaleureux à sa personne lorsqu'elle apprend le nombre de ses ennemis à Bayeux.

Le 24 août, alors qu'une campagne de presse nationale prélude à l'instruction d'une procédure par le ministère de la Justice, l'évêque du Calvados, président de la société des Amis de la Constitution de Caen, adresse une circulaire à tous les curés de son diocèse et à tous les clubs du département dans laquelle il dénonce l'arrivée massive à Caen d'aristocrates et appelle les gardes nationaux à venir prêter main forte à ceux du chef-lieu [26]. Toujours président du club le mois suivant, son élection triomphale à l'Assemblée Législative, alors qu'il est frappé d'un décret de prise de corps, couronne le pugnace « prédicateur de l'égalité » [27].

Apparition d'une presse pamphlétaire en Normandie

Alors que *Le Courrier du Calvados* veut ignorer toute manifestation répulicaine et consacre tous ses éditoriaux de juillet à convaincre ses lecteurs que Louis XVI n'est ni parjure ni déserteur, une presse pamphlétaire surgit pour contester l'ordre du discours dominant et la censure gouvernementale.

On ne connait pas les auteurs des *Epîtres de Jean Bart aux habitants du Calvados*, de *Duchesne-Boudant à ceux de Caen* et du *Redoutable Père Jean de Domfront* qui paraissent dans l'été 1791. Toutefois, les deux premiers sont imprimés à Caen par les presses du *Courrier du Calvados* qui, par ailleurs, en assure la publicité auprès de ses abonnés. Le dernier, quoiqu'imprimé à Paris, était l'oeuvre d'un Domfrontais dont le grand érudit Léon de la Sicotière n'a pas voulu dévoiler le nom. Le surgissement d'une forme d'expression qui utilise l'arme du rire dans le contexte historique de la fuite du roi mérite un examen d'autant plus attentif qu'il n'a guère de précédent et sera sans lendemain.

L'appropriation de la culture révolutionnaire de la capitale est d'abord à souligner. Les personnages qui permettent aux publicistes normands de jouer fictivement du « Je » sont des héros popularisés à Paris depuis 1790 : Jean Bart, l'ancien marin, fume la pipe, jure à tout bout de champ et boit chopine avec le père Duchesne, marchand de fourneaux ; le père Jean, fils de tonnelier, a passé sa vie à voyager avec ses

---

25. B.N. 8° Lk 7/1510.
26. B.N. 8° Ld 4/8010. Entre temps, le 10 août, le club de Caen, sous la présidence de Fauchet, s'était prononcée pour le maintien de l'union avec les Jacobins, « notre premier point de ralliement ».
27. D'après un article de *La Bouche de Fer,* cité par Aulard.

compères Mathieu et Don Diego. Du bas de l'échelle sociale d'où ils sont issus, ils ont conservé le langage familier et utilisent volontiers, à Caen comme à Paris, les expressions injurieuses à caractère sexuel. Du haut où leurs humanités ou leurs voyages les ont placés, ils sont capables d'éclaircir les débats politiques en faisant, comme le Père Jean, de savantes références à l'histoire antique. Ces médiateurs culturels sont de bons patriotes. Le bois gravé qui orne la une de *Jean de Domfront* le présente un sabre à la main droite, deux pistolets à la ceinture et une pique coiffée du bonnet phrygien à la main gauche ; derrière lui, la Bastille d'un côté et, de l'autre, le couvent où il a laissé son habit de capucin ; à ses côtés, une table garnie d'un pichet et d'une chope. Enfin, Jean Bart et le Père Jean se réclament du *Père Duchesne* dont la lecture déchainait les éclats de rire au club d'Alençon, ville natale de son principal rédacteur.

Les événements qui ont donné l'occasion aux pamphlétaires normands d'un commentaire à chaud de l'actualité sont : la convocation des assemblées primaires (1ère épître de J. Bart), la fuite du roi (2ème épître), la démolition de la statue de Louis XIV à Caen (Duchesne-Boudant), les décrets des 15 et 16 juillet (3ème épître), la fusillade du Champ de Mars (1er numéro du Père Jean) et les menaces de guerre d'août 1791 (3ème numéro). En réponse à ces grands événements nationaux ou locaux, entrent en scène des personnages issus des tréteaux de foire qui manient le vocabulaire de la place publique. La dérision carnavalesque, qui correspond à la suspension du pouvoir monarchique, et l'intrusion du rire qui succède à la peur permettent d'établir une communication entre plusieurs publics reconnaissant dans Jean Bart le bonimenteur des jours de foire ou dans le Père Jean le héros picaresque du siècle des Lumières. Car c'est une vieille tradition littéraire que la révolution politise. En témoigne surtout la continuation des aventures de Jean de Domfront, emprunté à l'ouvrage licencieux de Du Laurens, *Le Compère Mathieu ou les Bigarrures de l'esprit humain* (1766), dont l'auteur anonyme du pamphlet de l'été 1791 rappelle la longue histoire aventureuse dans le premier numéro pour faire de ce héros un grand patriote du faubourg St-Antoine. L'imaginaire politique puise à de multiples sources, à la fois populaires - c'est l'image naïve du graveur sur bois et la saveur des expressions familières dans le langage du porte-parole - et érudites, dans la formalisation savante du grotesque et l'élaboration claire du discours politique.

Au delà des points communs qui tiennent à la contestation de l'ordre du discours, les trois séries de pamphlets se distinguent par le choix des événements qui motivent la prise de parole. Jean Bart s'adresse aux habitants du Calvados, avant les élections prévues pour le mois de juin, parce que c'est le département « le plus gangrené de l'empire ». La première lettre marque l'entrée dans la campagne électorale en reprochant aux habitants « leurs courbettes aux ci-devant », en fustigeant le choix des « coqs de paroisse » et autres « gros bonnets » qui ne font pas appliquer les décrets pour conseiller l'élection « d'hommes neufs » et de « bonnets de laine ». La seconde est consacrée à la fuite de Louis XVI, « un triste sire qu'on croyait bon homme ». Bien documenté sur la réquisition des poudres et canons, sur le rôle de l'évêque, « un solide particulier qui ne ménage personne et a raison » dont « une femme me disait l'autre jour qu'il convertirait le diable », Jean Bart appelle à la surveillance des aristocrates toujours redoutables, malgré « leur figure renversée » et dont « les calotins » feraient bien de se tenir éloignés. Enfin, J. Bart pense que l'Assemblée nationale a eu raison de considérer « l'escapade royale comme un quart de foutaise » et de faire du roi « le centre d'unité pour faire exécuter la loi » car ceux qui veulent « culbuter la royauté ne sont que des cerveaux estropiés, des tas d'aboyeurs et des bougres de tribuns incapables de s'entendre entre-eux ». Une quatrième épître est mentionnée dans *Le Courrier du Calvados* du 1er septembre, dans le nouveau contexte électoral. C'est l'instruction judiciaire relative à la démolition de la statue royale qui motive l'intervention du Père Duchesne. La mise à terre de l'effigie royale à Caen est traitée comme un fait divers sans portée politique qui ridiculise l'accusateur public, manipulé par les aristocrates, tout en contestant une justice qui cherche à compromettre « les habits bleus » au moment où elle libère « le fanatique prêtre, perturbateur de l'ordre ».

A la différence de ces deux séries de pamphlets qui partagent l'opinion des journalistes caennais qui ont pris la défense de Claude Fauchet et ont opté pour le compromis politique de la Constituante, le pamphlet, imprimé à Paris, se situe dans la mouvance cordelière qui n'est pas structurée en province. Le Père Jean de Domfront prend la parole, en effet, après « le carnage du 17 juillet qui n'aurait jamais dû salir la belle révolution française ». S'engageant à succéder « au véritable Père Duchesne, tué très illégalement », il réclame « la liberté de penser, de parler et d'écrire ». Liberté, égalité, fraternité, patrie, union sont les grandes valeurs qu'il ne cesse de marteler pour réfuter l'épithète de « factieux » qui court désormais à Paris et dans les départements. Les menaces de guerre l'engagent, dans le troisème numéro, à militer pour le rassemblement de tous les patriotes en demandant aux législateurs de mettre fin à la distinction entre citoyens actifs et passifs, de s'occuper des pauvres qui sauront vaincre ou mourir si l'on s'occupe de leur travail et de leur salaire et, enfin, de créer les bases d'une « fédération universelle des peuples ». Pas d'allusion à la vie locale de sa contrée d'origine, pas un mot non plus sur le premier fonctionnaire public. En revanche, la prédominance du thème social dans le pamphlet parisien souligne les différences avec les représentations provinciales de la vie politique, telles qu'elles se sont exprimées dans l'imprimerie du *Courrier du Calvados* : la subversion formelle de l'ordre du discours, dans les pamphlets caennais, n'implique pas une révolution du champ politique.

Le bastion royaliste normand

Entre la consternation provoquée par l'arrestation du roi et son acceptation de la constitution, il n'est pas facile de saisir les manifestations royalistes pendant l'été 1791.

Si *Le Courrier du Calvados* mentionne la joie des abonnés caennais à l'arrivée de la poste, quand reparait *L'Ami du Roi* de l'abbé Royou, et nous informe que certains cafés de la ville leur servaient de lieux de rencontre, on ne connait pas de structures associatives qui, ailleurs, ont été signalées. On ne sait si c'est une Société des Amis de la Paix, ou un cercle pour lire *La Gazette de Paris* qui était projeté à Falaise [28] et, aussitôt, dénoncé par la société des Amis de la Constitution qui n'a pas toléré la création d'un club monarchique dans la ville le 18 septembre 1791. De fait, l'opinion royaliste normande n'a occupé qu'une place mineure dans l'espace public. Il est évidemment difficile d'apprécier l'influence des prêtres non-conformistes, dont se préoccupe beaucoup la presse patriote, dans ces départements globalement réfractaires au serment constitutionnel, à l'exception de l'Eure et de la Manche.

---

28. Voir A. Challamel, *Les clubs contre révolutionnaires,* Paris, 1895, p 171 et L. Coudart, « Les lecteurs de *la Gazette de Paris* », (98) p 211-221.

Les papiers mis sous séquestre en août 1792 de B. Farmain du Rozoi restent le principal indicateur d'une opinion royaliste déclarée et publique, malgré le caractère très fragmentaire des registres d'abonnement à *La Gazette de Paris* qui ne livrent que quelques centaines de noms et adresses, alors que le tirage du journal variait de 2 à 5.000 exemplaires. Or, l'un des quotidiens les plus hostiles à la Révolution compte dans ces départements, de 1790 à 1792, 73 abonnés, soit le dixième de ses lecteurs connus. Le Calvados est le département classé au premier rang des abonnés provinciaux [29]. Mis à part la dizaine d'abonnés caennais, les lecteurs sont surtout des ruraux (45 %). La grande majorité des abonnés sont, comme dans le reste de la France, des ci-devants (57 %). Ils font adresser leur quotidien soit dans leur hôtel en ville, soit dans leur château à la campagne ; mais nombreux sont ceux qui donnent l'adresse d'un voisin en ville. Surtout, et c'est très original dans la presse révolutionnaire, plus de la moitié sont des femmes (53 %). Les imprimeurs Le Roy à Caen, Bouquet à Falaise, Gomont à St-Lô comme les libraires Le Baron à Caen, Mistral à Lisieux, Chérier au Mans ont peut-être tenu un cabinet de lecture. Les curés ne représentent qu'une infime proportion d'abonnés (7 %), inférieure de moitié à la moyenne nationale. On en trouve un dans les villes de Caen et Argentan, les trois autres dans les campagnes du Calvados et de la Mayenne. Mais il faut signaler que la profession de 19 % des abonnés n'est pas signalée. Enfin, trois marchands (à Bernay, Flers et Alençon), un boulanger (Alençon), un receveur (Bayeux) et un homme de loi (Craon) complètent la liste des lecteurs attitrés.

Mais l'audience du journal ne se réduit pas au nombre de ses abonnés : la campagne préparée par Du Rozoi le 11 juillet 1791 le montre bien. Le recrutement de volontaires qui s'offrent en « otages » pour obtenir la pleine liberté du roi obtient un succès public en Normandie et, surtout, dans le Calvados, avec près de 200 réponses dans l'été, soit environ 5 % du résultat national. C'est le 14 juillet que le journal lance son projet de « Pacte de Famille » pour contrer la Fédération dite « républicaine » et « imaginée au XVIème siècle par la secte du protestantisme ». Il propose de célébrer en ce jour la fête de « l'amour filial », réunissant toute la famille autour de son chef « Sa Majesté Catholique ». Parmi les premiers à s'inscrire dans ce pacte, on rencontre le nom du futur chef de l'armée fédéraliste, avant d'être celui des émigrés, le comte de Puisaye qui déclare : « Je jure sur mille ans de noblesse, sur l'honneur de ma race, sur mon épée, en face du Dieu que j'adore, d'être à jamais fidèle à mon Roi et à ma Souveraine » [30].

Succès public ? Assurément, même si ceux qui répondent massivement sont des jeunes nobles, des femmes et des curés. Toutefois, la mobilisation nationale des royalistes marque ses limites si on la rapporte à l'engagement de quelques 600 volontaires par département pour défendre la Patrie et qui fut beaucoup plus massif dans les départements côtiers, particulièrement dans le Calvados [31].

La crise feuillante

La décision de l'Assemblée nationale de redonner au corps du roi le caractère sacré d'antan, par le décret sur l'inviolabilité du 15 juillet, en le régénérant par un

---

29. Godechot (194), p 480. A.N. C 207 et C 210.
30. B.N. 4° Lc 2/255. *La Gazette de Paris,* le 14 juillet 1791.
31.Bertaud (36) p 16.

nouveau serment civique, ouvre une grande crise dans le mouvement jacobin. La scission des Feuillants, le 16 juillet, révèle aux provinciaux les difficultés du compromis politique dans la capitale [32]. Le 18, au lendemain de la Fusillade du Champ de Mars, Thomas Lindet, constituant et évêque d'Evreux, écrit à son frère dans l'Eure : « L'opinion était formée dans Paris ; ce n'était pas celle de quelques factieux, ce n'était pas une opinion factice : il ne restait plus de traces du nom du roi effacé partout ; on voulait voir abolir la chose... La haine du roi faisait vouloir l'abolition de la royauté ; la crainte du désordre va réconcilier avec la royauté et peut-être avec le roi » [33]. L'analyse des réactions des clubs de l'Ouest à la scission de la société-mère permet d'éclaircir les conditions de formation et d'évolution des opinions collectives.

La surprise et la consternation caractérisent les adresses des clubs de Bernay, Louviers et Verneuil (Eure), d'Alençon, Argentan et Bellême (Orne) et de Bayeux (Calvados) qui réclament l'union de tous les patriotes. Mais les sociétés des Amis de la Constitution du Mans (Sarthe), d'Honfleur (Calvados), de Cherbourg, St-Lô et Valognes (Manche) soutiennent la scission alors qu'aucune ne manifeste sa fidélité à la vieille maison. Que l'opinion modérée règne sans partage, dans la première quinzaine de juillet, n'est pas une surprise après les prises de position conformistes du Mans et de Cherbourg, notamment, sur la question du suffrage et de la forme de gouvernement.

Car il faut souligner l'influence des Feuillants dans les départements. Grâce aux archives qu'ils ont déménagées au moment de la scission et au journal de la société, ils maîtrisent la correspondance avec les sociétés affiliées. Contrairement à ce qui a pu être rapidement écrit [34], les Feuillants ont déployé une tactique conforme à leur stratégie de suspicion vis à vis des démocrates parisiens. C'est, d'abord, la circulaire du 16 juillet qui tranquillise aussitôt le club de Valognes comme celui de Saint-Lô et leur fait approuver la dénonciation des séances tumultueuses et l'attachement à l'Assemblée nationale. C'est, ensuite, l'accélération des affiliations demandées en supprimant, le 29 juillet, les conditions nécessaires auparavant ; ainsi, ont été affiliées les sociétés de Moyaux (Calvados), Château-Gontier (Mayenne), Granville et Thorigni (Manche). C'est, enfin, le rôle joué par les députés qui, à de rares exceptions près, ont tous opté pour le compromis politique [35]. Leur influence a été plus ou moins importante selon qu'ils entretenaient une correspondance suivie ou pas avec le club de leur ville. C'est le cas de Bécherel, l'évêque de la Manche, avec le club de Cherbourg dont le portrait ornait même le local. Le club qui ne se prononce pas à la réception, le 20 juillet, de la circulaire des Feuillants car il attend un courrier des Jacobins qui n'arrivera que le 26, décide aussitôt reçue la lettre de Bécherel, le 22, de s'affilier aux Feuillants. C'est le cas, aussi, de Mollien à Honfleur et de Livré au Mans, dont les correspondances sont moins décisives puisque le club du Calvados s'est prononcé sur les conseils d'un autre membre influent alors à Paris, Taveau (futur conventionnel) et celui de la Sarthe a décidé la scission trois jours avant de recevoir la lettre de son député faisant l'apologie des Feuillants.

---

32. Maintenant (102).

33. Correspondance des frères Lindet publiée par Montier, *Société d'Histoire de la Révolution française*, 1899.

34. R. Halévi, « Feuillants », (89) p 366-372.

35. B.N. 8° Lb 40/805. Dans la liste des membres du club des Feuillants figurent Besnard-Duchêne (Valognes), Bécherel (Cherbourg), Vieillard (St-Lô), Angot (St-Sauveur) Pouret (Périers), Mollien (Honfleur), Le Roy (Bayeux), Pain (Caen), Enjubault de la Roche (Laval), Maupetit (Mayenne), Goupil de Préfelm (Argentan), Livré et Ménard-Lagroye (Le Mans), Buschey-Desnoër (Bernay).

D'autres Constituants étaient les fondateurs du club de leur ville. Si l'on peut penser que l'influence de Buschey à Bernay a été équilibrée par celle de Thomas Lindet, en revanche le prestige de Goupil-Préfelm n'a pas été déterminante sur le club d'Argentan. Orateur redoutable, il défendit le 10 juillet, devant les Jacobins hostiles, le principe de l'inviolabilité du roi ; à la tribune de l'Assemblée, le 15 juillet, il dénonça les sociétés patriotiques en assurant qu'« on voulait substituer la clubocratie à l'aristocratie ». A la réception de la lettre de leur compatriote, devenu président du club des Feuillants, les clubistes qui venaient de se prononcer pour la mise en jugement du roi choisirent d'envoyer, le 23 juillet, une lettre favorable à la réunification. Puis, leur adhésion aux Jacobins, le 18 août, après la lettre de Robespierre, montre les limites de l'influence que peut exercer un tel député dans un modeste club provincial et révèle la force d'un mouvement d'opinion qui contraint le prestigieux ex-constituant à justifier, le 9 octobre, sa conduite devant ses compatriotes. L'attitude du club d'Alençon, chef-lieu du département, sera encore plus intransigeante en refusant d'admettre l'ex-Feuillant dans le local de ses séances, le 20 novembre et en proposant, une semaine plus tard, de rayer des sociétés affiliées le club d'Argentan qui a pardonné les erreurs de Goupil-Préfelm, après son amende honorable, en le choisissant comme président.

Le rapport de forces se modifie, en effet, dès la première quinzaine du mois d'août où comme Alençon, Vimoutiers (Orne), Le Mans (Sarthe), Caen, Lisieux (Calvados), Avranches (Manche), Evreux, Pont-de-L'Arche (Eure) optent pour les Jacobins. Le premier club à se prononcer en leur faveur, le 3 août, est celui du bourg de Vimoutiers. Déjà, le 23 juillet, il s'était élevé contre « la pusillanimité de l'Assemblée nationale » en ajoutant : « Nous sommes vraiment découragés du peu de fermeté que montrent nos Représentants au sujet du roi », mais il admirait autant, alors, Robespierre que Barnave. Puis, le 7 août, c'est la Société Fraternelle du Mans, installée dans le faubourg populaire, où fabricants et marchands cotoient cordonniers et jardiniers, où on fait fi de la distinction entre citoyens actifs et passifs qui conseille celle des Amis de la Constitution, siégeant dans la ville haute, de maintenir son affiliation aux Jacobins. Dans ce « berceau de la sans-culotterie » [36] mancelle, la soixantaine de membres qui signent la pétition du 24 août pour solliciter directement du club parisien leur affiliation, dénoncent la persécution des « plus zélés défenseurs de nos droits » et ajoutent : « Quel était l'espoir de nos ennemis ? Craignent-ils, à leur aspect, de voir renaître dans nos climats les vertus austères de Rome libre ?...Bientôt, au milieu de nous, rentrés dans la classe de simples citoyens, nous les traduirons devant le tribunal de l'opinion publique. L'aspect d'un parti nombreux et puissant ne pourra jamais nous ébranler ; imbus de vos principes, sortis de votre exemple, nous serons incorruptibles comme vous. Comme vous, bravant la calomnie, nous péririons intacts ou nous vivrons libres ! » [37]. Sous leur pression, la principale société mancelle va décider, le 14 août, de renouer la correspondance puis, le 28, de maintenir l'affiliation aux Jacobins.

Le principe de la double correspondance est le compromis utilisé dans les clubs qui avaient fait allégeance aux Feuillants. Celui d'Honfleur, par exemple, écrit le 10 août aux Jacobins, aux Feuillants et au frère et ami Taveau. Aux premiers, il dit sa réticence devant les « démocrates affectés » ; aux seconds, il reproche la pérennité de « l'esprit de faction » ; au dernier, il indique son revirement par la nécessité de

---

36. Mathiez (104 et 105)
37. A.C. Le Mans, 1007.

l'union. La rupture avec les Feuillants n'est consommée qu'à la fin octobre, comme à Cherbourg où, après un semestre de luttes intestines, les pro-jacobins l'ont emporté le jour où le club a pris connaissance du décret du 9 octobre 1791 rapporté par Le Chapelier, au nom du Comité de constitution, limitant son intervention publique.

Plus que l'efficacité de la propagande jacobine, c'est bien le débat politique en cours qui modifie l'opinion provinciale sur la scission. Au club d'Alençon, c'est le renforcement des conditions censitaires d'accès à l'électorat qui, le 8 août, motive à la fois sa pétition à l'Assemblée nationale contre le marc d'argent et sa demande d'affiliation aux Jacobins ; à Cherbourg, c'est le réquisitoire de l'illustre Feuillant contre l'existence politique des sociétés patriotiques qui provoque la prise de conscience de l'enjeu politique de la scission. La formation d'une opinion collective est trop complexe pour être réduite au concept de manipulation : la politique feuillante a échoué, non par l'inefficacité de sa propagande, mais parce que l'expérience concrète d'un été républicain a transformé la communication politique.

Certes, la participation clubiste au débat politique n'est pas uniforme : un tiers des clubs n'ont pas pris position sur la scission ; mais elle se développe avec la création d'une douzaine de clubs, dont huit dans le seul mois de juillet [38]. Non seulement le roi a perdu toute considération depuis Varennes, mais la représentation nationale au sein d'une Assemblée qui a opté pour le compromis avec la Cour, n'est plus seule gardienne de la légitimité révolutionnaire.

* * *

En multipliant les sources d'analyse sur la perception de la fuite du roi, nous avons montré la grande variété non seulement des attitudes politiques et leur impact respectif sur la population (défense du régime constitutionnel contre la propagande républicaine ou monarchique), mais aussi les lieux et mécanismes de formation de l'opinion politique. La pétition, le journal et le club, c'est-à-dire les formes modernes de la culture politique, ne détrônent pas dans une France rurale les méthodes d'action directe de la communauté villageoise, même si elles se moulent dans les cadres institutionnels nouveaux de la municipalité ou de la garde nationale.

Cette coexistence de différents niveaux de prise de conscience se traduit dans l'inventaire des formes d'expression politique. Une fête carnavalesque dans un bocage noir de prêtres réfractaires, le prêche républicain d'un évêque en mission dans le département le plus royaliste de France, un légalisme prudent dans un Cotentin optant pour la constitution civile du clergé et pour le parti feuillant et faisant sienne la devise proposée par le club cherbourgeois « Liberté d'opinions, liberté d'expression et soumission à la loi », une critique de la représentation parlementaire par les « sans-culottes » manceaux au nom de la souveraineté populaire constituent autant de représentations constitutives d'une réalité historique dans sa complexité sociale.

L'attention portée aux mentalités collectives souligne, tout autant que l'offensive contre les clubs inscrite dans le rapport Le Chapelier, l'importance du puissant mouvement d'opinion qui transforme, dans la crise de l'été 1791, l'association patriotique en une force politique nationale : la conquête de son autonomie dans le champ politique est devenue une donnée essentielle de la culture révolutionnaire.

---

38. Les nouveaux clubs : Périers, Thorigny-sur-Vire, St-Hilaire du Harcouet (Manche), Sablé et La Flèche (Sarthe), St-Pierre-sur-Dives (Calvados), Ginai (Orne), Château-Gontier (Mayenne).

DEUXIÈME PARTIE

MOUVEMENTS POPULAIRES
DANS LES CAMPAGNES
ET SOCIABILITÉ RÉVOLUTIONNAIRE

1792, année creuse de la sociabilité révolutionnaire dans l'Ouest, est l'année des grandes foules. Alors que le mouvement de création des clubs s'essouffle dans ces départements, où toutes les villes notables sont désormais pourvues d'une société des Amis de la Constitution, leurs « frères, les habitants des campagnes » se réunissent à leur tour à l'occasion des troubles frumentaires, religieux ou antiseigneuriaux.

L'étude des pratiques politiques mises en oeuvre pendant l'année de tous les troubles, dans la diversité des situations conflictuelles et des sociétés rurales, est un des moyens d'aborder la question de la participation des campagnes au mouvement politique. La complexité de cette question impose, aujourd'hui, une étude de cas à partir et autour des événements survenus en 1792. Au printemps, ce sont les grands mouvements taxateurs dont l'exemple du district de Verneuil permet d'approfondir les caractères de cette rébellion sociale. Pendant l'été de la chute de la monarchie, la violence populaire dans le département de l'Orne constitue une étape dans la prise de conscience politique. A l'automne, la Sarthe connait à son tour une grande flambée taxatrice qui nous incite à réfléchir aux relations ville-campagne. Ces formes d'action collective nous conduiront à un chapitre conclusif sur le jacobinisme rural dans l'Ouest.

CHAPITRE SIXIÈME

LES TAXATEURS ET LES SANS-CULOTTES
DU DISTRICT DE VERNEUIL (EURE)

Lieu de naissance du premier mouvement taxateur de subsistances au printemps 1792 [1], le district de Verneuil dans l'Eure connait une insurrection quasi-générale du 27 février au 7 mars qui mérite un examen particulier. Est-ce une révolte de communautés rurales hostiles au mouvement d'émancipation libérale de 1789 ? Son organisation, son idéologie et ses porte-parole peuvent-ils s'adapter aux institutions nouvelles et traduire dans la langue du droit les aspirations démocratiques d'une rébellion primitive ?

Un district patriote

Dans ce district rural, où les chefs-lieux de canton ne rassemblent pas 2000 habitants, la seule ville peuplée de 4000 habitants est Verneuil qui a vu s'établir très tôt une société des Amis de la Constitution en novembre 1790.

Au centre du district, Breteuil, chef-lieu de bailliage en 1789, rivalise en patriotisme avec son chef-lieu en donnant naissance, le 8 août 1790, à une Agrégation de Filles Citoyennes [2]. Dans le mouvement des fédérations des gardes nationales, les filles de Breteuil, « égales en droits et sœurs d'esprit et de cœur », se cotisent pour donner à la ville un drapeau blanc. Cette « consorité », placée sous le signe du patriotime avec le serment de maintenir la constitution, n'a nul équivalent ailleurs. Les statuts précisent la fonction de cette réunion de filles, parfois mineures, qui ont obtenu le consentement de leurs parents ou tuteurs. A défaut de pouvoir manier les armes, elles entendent pratiquer toutes les vertus - tant civiques (amour des lois, respect des magistrats) que privées (bonnes mœurs, paix et concorde entre tous) - dont le drapeau blanc est le symbole. Cette association égalitaire et laïque (la référence à Dieu

---

1. Vovelle (165) p. 230-276.
2. A.D.Eure : 236 L 8.

LES MOUVEMENTS TAXATEURS DANS LE DISTRICT DE VERNEUIL (Eure)

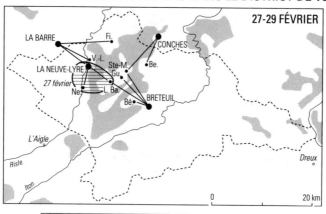

27-29 FÉVRIER

LA BARRE   Fi.   CONCHES   V.-L.   Ste-M.   Be.   LA NEUVE-LYRE   Gu   27 février   Ne.   L. Ba.   Bé   BRETEUIL   L'Aigle   Risle   Iton   Dreux   0   20 km

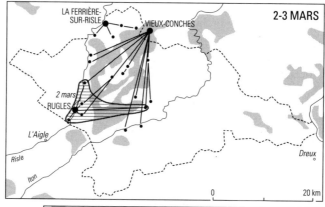

2-3 MARS

LA FERRIÈRE-SUR-RISLE   VIEUX-CONCHES   2 mars   RUGLES   L'Aigle   Risle   Iton   Dreux   0   20 km

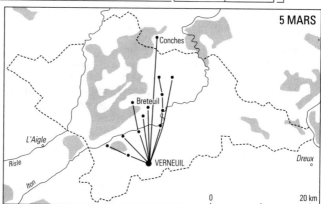

5 MARS

Conches   Breteuil   L'Aigle   Risle   Iton   VERNEUIL   Dreux   0   20 km

● Marché taxé
• Commune impliquée dans les troubles   Forêts

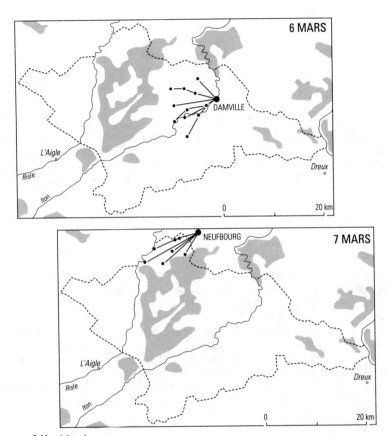

● Marché taxé
• Commune impliquée dans les troubles

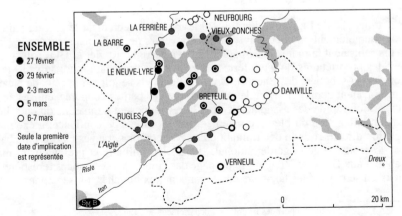

a toutefois été rajoutée à la fin de l'article 2) est dirigée par la doyenne d'âge qui préside et convoque les assemblées, un greffier et la trésorière. L'autorisation municipale lui permet de revendiquer son rang dans les cérémonies publiques. Cette corporation féminine qui s'organise à Breteuil est ouverte aux filles du canton et même aux « étrangères de quelque district ou département qu'elles puissent être » ; toutefois, elles payeront « le double au moins de celles qui auront payé le moins », n'auront qu'une voix consultative et porteront « le ruban ou la ceinture d'une autre manière que celles de la ville ou du canton ». Sa principale fonction est d'accompagner en cortège à l'église les soeurs qui se marieront : ce rituel, tout en valorisant avec originalité une classe d'âge, apparente l'Agrégation des Filles citoyennes aux confréries, particulièrement répandues dans l'Eure. Le mariage, rite de passage célébré solennellement par une députation de la jeunesse féminine du canton, rangée sous la bannière virginale, met un terme à la consorité : au lendemain de ses noces, la nouvelle mariée est complimentée par ses ex-soeurs qui viennent lui offrir le bouquet des « filles au drapeau blanc » ainsi qu'une comptine les appelle.

Un autre test du patriotisme du district de Verneuil est l'acceptation massive de la constitution civile du clergé par les prêtres : avec 70 % de jureurs en avril 1791, c'est le score le plus élevé de tout le département et de tout l'Ouest intérieur, à l'exception de Château-du-Loir dans la Sarthe.

Le nord du district, d'où partent les troubles en 1792, est occupé par les forêts de Conches et de Breteuil. Selon le général Grimoard, à la tête de l'armée de pacification, « elles sont d'une grande étendue, d'un abord très difficile et coupées seulement par des routes étroites, bordées de bois, boueuses, escarpées dans beaucoup d'endroits et qui peuvent se comparer aux plus mauvais chemins de traverse ». La marche de l'armée, partie d'Evreux, jusqu'à Conches a été « longue, difficile et fatigante, au milieu des neiges et des désagréments de l'hiver ». A milieu hostile, population farouche et rebelle : les hommes des bois, « forgerons, abatteurs de bois, sabotiers et braconniers » sont définis comme « des gens endurcis aux travaux les plus pénibles, misérables et mutins dans tous les temps » [3]. C'est au coeur de la forêt que le mouvement a commencé par les troubles de subsistance.

L'insurrection de février-mars 1792

Au marché de La Neuve-Lyre, le 20 février, non seulement le prix du pain avait considérablement renchéri, ravivant les souvenirs de 1789, mais encore les laboureurs refusaient la monnaie de papier émise à L'Aigle, Rugles et Glos sous prétexte que les propriétaires de leurs fermes n'en voulaient pas. Le lundi suivant, les ferronniers et sabotiers des Baux-de-Breteuil, auxquels se joignirent ceux de Neaufles, qui n'avaient comme moyen de paiement que ces petites coupures, émises après la disparition rapide des assignats de cinq livres, imposent au marché du chef-lieu de canton la taxation du blé et le paiement par les billets de confiance. L'exemple de l'action directe et de la détermination des 200 hommes, rangés en ordre de bataille par le capitaine de la garde nationale, un ancien militaire et présentement maître-sabotier aux Baux-de-Breteuil, se propage dans toutes les communes forestières. Les lieux où se portent les taxateurs correspondent aux marchés qui se tiennent ce jour-

---

3. A.D.E. : 12 L 20. Rapport des troubles du département de l'Eure.

là car ce lieu de rassemblement est aussi le lieu de prise de conscience de l'exploitation des travailleurs.

Les porte-parole sont issus des rangs de ces communautés rurales. Par exemple, le 29 au marché de La Barre, c'est un chapelier, membre de la garde nationale, qui dit que « leur intention était de mettre une fixation égale dans tous les marchés non seulement du blé, mais encore de toute autre denrée telle que fer, bois, cidre et autres marchandises et que, si l'Assemblée nationale ne décrétait pas au plus tôt une égalité de mesure et une fixation générale du blé, on verrait sous peu couler des ruisseaux de sang ; que les fermiers qui se plaindraient de la cherté de leurs fermes, ils pourraient les remettre au terme d'un décret » [4].

D'emblée donc, les revendications dépassent le cadre des subsistances : il ne convient pas seulement de contrôler tous les marchés pour imposer la traditionnelle « économie morale des subsistances », selon l'expression d'E.P.Thompson, mais de militer aussi pour une nouvelle organisation économique et sociale. Certes, des laboureurs sont dénoncés pour mettre deux prix à leur blé : « un prix ordinaire, en payant en argent monnayé, un prix supérieur et excessif en payant avec des assignats » [5]. Mais la volonté unitaire du mouvement oblige à considérer les intérêts des paysans. Ainsi, au cabaret du Chêne, quelques jours plus tard, un tourneur essaie de convaincre un laboureur de participer à l'action en lui soumettant l'idée d'une réduction de moitié du prix de ses fermes ; au scepticisme du paysan qui argue que son propriétaire est bien trop loin et trop influent, le taxateur répond que la force collective du mouvement contraindra son agent à signer le nouveau contrat des baux. Si un laboureur des Essarts est écroué à Evreux pour avoir proposé la taxe de l'avoine et des sabots à Damville, au retour de l'expédition de Verneuil, la présence des paysans reste toutefois faible (7 % dans les procédures engagées par les juges de paix des cantons et ceux du tribunal criminel d'Evreux, présidé par Buzot).

La plupart des inculpés appartiennent, ainsi que M. Vovelle l'a souligné, au prolétariat rural. Ce sont les salariés, les premières victimes d'une crise tout autant financière et industrielle que frumentaire. Parmi ces marcheurs, on distingue dans les interrogatoires ceux qui doutent : « ce ne seraient que les malheureux qui marcheraient et jamais les riches » ; ceux qui n'ont pas d'espoir : « j'ai perdu une journée, moi qui suis pauvre » ou qui n'y voient qu'« une corvée » de plus, et ceux qui restent riches de leur révolte : « il avait perdu sa semaine mais il n'avait pas de regret, il serait récompensé par le blé et les fers qu'il avait fait diminuer » [6].

Mais, aux côtés des journaliers, des compagnons de l'artisanat, des salariés du textile, de la métallurgie et des milieux forestiers, on rencontre dans une proportion presque équivalente tout l'éventail des métiers traditionnels de « l'échoppe et de la boutique ». Il y a en effet autant de marchands que de journaliers, de tailleurs que de saboticrs, de cabaretiers ou de cordonniers que d'ouvriers des forges, de maîtres que de compagnons et d'apprentis. La trentaine de métiers recensés, valorisant bien sûr les métiers du bois et du fer (33 %), montre surtout la profonde diversité de la société rurale. Notons, enfin, que la proportion des hommes de loi et des médecins est égale à celle des fermiers. Cette « large participation de la petite bourgeoisie et notamment

---

4. A.D.E. : 12 L 20. Procès-verbal des troubles et émeutes populaires du 29 février par la municipalité de St-André la Barre, le 4 mars 1792.

5. Ibid. Interrogatoire de la municipalité des Baux, le 18 mars, par les commissaires civils du département auprès du Q.G. de l'armée.

6. Les interrogatoires devant les différentes juridictions ont été réunis dans le même dossier. Voir aussi L. Boivin-Champeaux (234) p. 242-257.

de l'artisanat », dont parlait M. Vovelle, s'explique autant par les caractères du mouvement que par les conditions socio-économiques.

Le mouvement taxateur est organisé selon le modèle communautaire de contestation sociale, caractéristique de l'Ancien Régime, que nous avons rencontré dans le Bocage Normand en 1789 et qui était aussi celui des taxateurs de 1775 [7]. Il exclut la participation féminine qui ne s'exprime que dans la révolte immédiate. Les participants sont tous les hommes de la « paroisse » qui, en entendant sonner le tocsin et, surtout, battre la générale prennent leurs armes et se regroupent au sein de leur garde nationale : c'est la part de nouveauté, déjà soulignée par Jaurès. Les officiers municipaux sont prévenus par des billets manuscrits, leur enjoignant de se retrouver en tel lieu à telle heure : la municipalité des Baux entretenait ainsi toute une correspondance, mais elle n'était pas la seule. Les notables de la communauté marchent, ainsi, bon gré mal gré avec les attroupés qui forment des détachements de plusieurs centaines d'hommes dans des communes très peu peuplées. La solidarité communautaire est souvent exemplaire. A Francheville, tandis que le procureur de la commune, un marchand-ferronnier, se chargeait d'écrire les billets de convocation, le curé comptait les hommes de sa paroisse à Verneuil, le 5 mars, en leur réservant un bon accueil car ceux qui avaient refusé de marcher, le 3, à Conches avaient été arrêtés, enfermés dans la grange de sa cure et durent payer au maire de dix sols à trois livres, selon les cas, en échange de leur libération. Mais l'exemple le plus révélateur est celui de Breteuil.

Averti du rassemblement qui aurait lieu à Breteuil le lendemain, le Conseil général de la commune écrit le 28 février aux administrateurs du district. En se référant aux Droits de l'Homme, en soutenant « l'opinion publique » et en mettant en cause « la libre circulation confiée à l'égoïsme du commerce » pour déclarer que « la subsistance est due à tous les individus », il donne au mouvement populaire une légitimité politique. Après avoir mis en garde le district contre l'emploi de la force publique pour réprimer les atttroupements, la municipalité de Breteuil apporte, les jours suivants, des compléments à son manifeste démocratique. Le libéralisme économique n'étant favorable qu'aux accapareurs et spéculateurs, l'Assemblée nationale doit reconnaître « le droit à l'existence », décréter « la taxe universelle du prix du blé » et veiller à établir « l'équilibre entre le prix des subsistances journalières et celui de la journée de travail » [8]. La radicalité du manifeste communal n'est pas purement théorique : Breteuil devient la plaque-tournante du mouvement taxateur.

Les inculpations devant le juge de paix de Verneuil, suite au mouvement du 5 mars, permettent de mesurer la mobilisation communautaire ou communaliste qui s'est faite, là aussi, sous la pression des circonstances puisqu'on avait emprisonné et libéré sous caution ceux qui n'étaient pas allés à Conches. Parmi la vingtaine d'inculpés de la ville dont l'âge moyen est de 44 ans, on relève trois hommes de loi, un receveur de l'enregistrement, quatre marchands, trois tailleurs, un boucher, un sellier, un serrurier, un tapissier, deux salariés des fourneaux et un domestique tandis que quatre autres se déclarent citoyens actifs. Six d'entre-eux seront membres de la société populaire en l'an II (l'avoué, deux marchands, un tailleur, le tapissier et le serrurier). Les structures économiques de la région, basées sur l'industrie métallurgique, expliquent la médiocrité de la présence paysanne dans ces communes riveraines de la forêt. L'enquête de 1788 montre l'importante densité des forges dans l'ancienne généralité d'Alençon et, notamment, dans ce qui est devenu le district de

7. Voir supra et Rudé (159 et 160).
8. A.D.E. : 12 L 20. Procès-verbal de délibérations de la municipalité de Breteuil.

Verneuil [9]. Même si le nombre d'ouvriers employés dans chacune d'elles n'atteint pas la concentration de certaines forges du Perche ou du Bocage Normand, les retombées d'une activité métallurgique aussi dense sont déterminantes pour la grosse quincaillerie (avec les cloutiers et autres artisans si présents dans les troubles) ou la tréfilerie : par exemple, les marchands d'épingle de L'Aigle qui vont s'opposer au mouvement taxateur employaient plus de huit mille personnes, des ouvrières surtout, dont les trois-quart habitaient dans ces communes insurgées [10].

C'est pourquoi l'idée de la taxe du bois et du fer naît chez les maîtres-ferronniers et les maîtres-sabotiers des Baux-de-Breteuil tout aussi rapidement que celle du pain chez les journaliers rémunérés à quinze sols la journée ou chez les ouvriers des forges qui ne gagnent guère plus. De même, les hommes de loi s'impliquent dans la question vitale de l'exploitation des forêts. On voit ainsi un juge, de réputation anti-constitutionnelle, lecteur de mauvais journaux (quoiqu'il ne soit pas mentionné comme abonné à *La Gazette de Paris*), M. de Girancourt se mêler à la foule des taxateurs après avoir déclaré chez un huissier de Breteuil qu'il faut réclamer les bois d'usage pour les usines du pays.

Ainsi, tandis que le mouvement de taxe des subistances sur les marchés continue à se développer, un rassemblement de 7 à 8000 personnes est organisé le 3 mars à Breteuil dont le maire est un important maître de forges. Après avoir obtenu de celui-ci la taxe de son fer, le cortège des communes riveraines de la forêt se rend aux forges des Vaugouins, dans le Vieux-Conches, pour taxer le fer, le charbon et le bois de son principal concurrent. Car l'accapareur le plus inquiétant de la région, c'est le capitaliste et horsain Caroillon qui vient d'acquérir du propriétaire, Godefroi de Bouillon de la Tour d'Auvergne, grand seigneur libéral, le monopole de l'exploitation des bois du district.

Les officiers municipaux des Baux-de-Breteuil expliquent, le 18 mars, devant les commissaires civils du département de l'Eure, les motifs de cette expédition : « On n'a pas idée du despotisme et de la tyrannie qu'exercent journellement MM. Caroillon sur la classe indigente du peuple. Rien ne peut arrêter le succès de leur ambition : ils ont triplé le prix des marchandises, diminué celui des salaires, changé à leur gré les ouvriers, refusé de vendre à quelque prix que ce soit à des particuliers lorsqu'ils croient avoir des sujets de mécontentement contre eux en les privant d'ouvrage. Ce moyen est facile à MM Caroillon en ce qu'ils ont accaparé tous les bois des forêts et encore ceux des particuliers : ils tiennent de fait dans leurs mains l'existence de tous les journaliers des cantons de Lyre, Breteuil, Rugles, Verneuil, Conches, Evreux, Pacy, La Ferrière et autres » [11].

Il est donc essentiel de connaître plus profondément les intérêts économiques en jeu dans la région pour comprendre le rôle de leader d'opinion qu'a joué le maire de Breteuil.

---

9. A.D.Orne : C 46. Enquête de 1788 sur les manufactures et industries des forges.
10. A.D.E. : 6 M 1239. Lettre au préfet du maire de Rugles, 5 germinal an XIII. La tentative d'apporter la taxe à L'Aigle avorta grâce à la mobilisation patronale et à son contrôle de la garde nationale.
11. A.D.E. : 12 L 20.

Jean-Louis Levacher, ci-devant, capitaliste et sans-culotte

Jean-Louis Levacher, le sexagénaire maire de Breteuil, est l'exemple-type du bourgeois conquérant dont l'ascension familiale s'est faite durant « le beau XVIIIème siècle ».

Son père avait acquis en 1704, à titre de fief perpétuel, les usines de Breteuil et de Condé qui, d'ailleurs, resteront dans la famille pendant plus d'un siècle. Jean-Louis, l'aîné, hérite en 1758 de la forge de Condé-sur-Iton qui en 1789 emploie 55 ouvriers, tandis qu'à son frère, François-Antoine, échoit celle de Breteuil (70 ouvriers). A cette même date, l'héritage paternel a considérablement fructifié. La famille Le Vacher exploite la forge et le fourneau de Bourth (110 ouvriers), le fourneau de Rugles (60 ouvriers) et les fourneaux de La Guéroulde (58 ouvriers). Tandis que François-Antoine acquiert la forge de Bérou, l'entreprise prend surtout de l'extension dans la subdélégation de Mortagne où Jean-Louis se rend propriétaire des forges, fourneaux et fonderies à Randonnai, qui occupent plus de 250 ouvriers, et à Tourouvre ; il les fait valoir en même temps que le fourneau de La Ventrouze dont il n'est que l'exploitant [12]. Aussi, G. Richard a pu écrire que « l'entreprise Levacher constituait en 1789 l'une des toutes premières entreprises sidérurgiques du royaume » et même qu'« elle soutenait la comparaison avec un Diétrich en Alsace ou un Wendel en Lorraine » [13].

L'anoblissement couronne leur ascension sociale : François achète une charge de conseiller-secrétaire du roi en 1768 et, après avoir acquis de nombreuses terres, devient seigneur de Grandmaison et autres lieux. Jean-Louis fait de même en 1779 et ajoute à son patronyme le nom de Perla dont il est seigneur, plutôt que celui de la terre de Randonnai. A ce titre, il participe à l'assemblée de la noblesse du bailliage de Verneuil en 1789. Quoiqu'il ait laissé l'exploitation de ses établissements du district de Verneuil à ses fils, en formant avec eux une société, pour se consacrer à la direction de ceux du district de Mortagne et de l'Aigle, c'est en effet à Breteuil qu'il réside. Maire dès 1789 comme, plus tard, sous la République jacobine, la Révolution accentue l'emprise du clan Levacher sur la région [14]. Celle-ci se manifeste, une première fois, lors de l'insurrection de février-mars 1792 qui est sous-tendue par la rivalité industrielle avec d'autres maîtres de forges : les frères Caroillon.

Fils d'un épicier de Langres, devenu entrepreneur de la manufacture de tabac, ceux-ci augmentèrent la fortune paternelle par l'acquisition des forges de la ville et par leur mariage avec de riches héritières [15]. Constitués en société, les frères Caroillon investissent leur capital dans des entreprises métallurgiques du Berry et du Perche. En 1773, dans cette région, c'est l'exploitation des forges de Dampierre et Senonches, appartenant à Monsieur, frère du roi ; en 1786, c'est l'acquisition de la forge des Vaugoins à Conches. Ces maîtres de forges, par ailleurs fermiers généraux, sont, comme les Levacher, anoblis à la veille de la Révolution. Ces « nobles d'affaires » sont très éloignés de l'exploitation féodale traditionnelle, basée sur le droit de forge et de fourneau dans les forêts seigneuriales et l'affermage à un exploitant.

---

12. A.D.Orne : C38.
13. Richard (158), (276), (277), Woronoff (280).
14. Par ailleurs, un autre Levacher, Félix Omer Gratien, est député à l'Assemblée Constituante, puis administrateur du district et membre de la société populaire de Breteuil.
15. D'après les travaux de G. Richard, op. cité.

Dès leur arrivée dans le pays, les frères de Caroillon s'associent avec le plus gros maître de forges normand et son frère, Le Vacher de Grandmaison, pour se porter adjudicataire en 1786 des forêts du comte d'Evreux, constituant ainsi un oligopole sur la matière première indispensable à l'activité métallurgique. L'année précédente, Caroillon de Tillières et Le Vacher de Grandmaison s'étaient portés ensemble en justice contre les propriétaires des forges qu'ils faisaient valoir au sujet du paiement des redevances féodales. Le Vacher de Perla demanda, à cette occasion, à l'intendant d'Alençon de porter l'affaire devant le Conseil du roi, en espérant le maintien de l'ancien prix de la mine tel qu'il avait été fixé en 1680, sans tenir compte de la valeur marchande nouvelle [16]. La Révolution ouvre de de vastes perspectives à Caroillon de Tillières, notamment, l'ancien fermier général de Monsieur, propriétaire des forges et fourneaux de Conches, qui passait pour l'un des grands financiers de son temps. La mise en vente des biens nationaux est l'occasion d'acheter la forge de l'abbaye de Lyre en 1791 ; ce qui, avec l'exploitation de celle de la Ferrière, en association avec Mathard, constitue une redoutable concurrence pour les Levacher. Plus avisés que ces derniers, ils prévoient l'expiration du bail de six ans avec M. de Bouillon, concluent l'affaire avec lui en octobre 1791 et se réservent la totalité de la coupe des forêts d'Evreux, Conches et Breteuil. L'obtention de ce monopole sur la fourniture du charbon de bois, réduisant les autres maîtres de forges du district à une étroite dépendance, explique la mobilisation du clan Levacher au printemps 1792.

Le maire de Breteuil ou le parrain du clan Levacher est l'un des principaux inculpés du mouvement taxateur. Il a été dénoncé comme l'instigateur du mouvement par les citoyens de L'Aigle notamment, suite à l'article paru dans les *Annales Patriotiques et Littéraires* de Gautier, secrétaire de la municipalité de Breteuil, qui contestait la version officielle du « brigandage des taxateurs » pour donner au soulèvement populaire une légitimité nationale [17]. Jean-Louis Levacher, écroué à Evreux du 12 mars au 7 mai, organise sa défense en publiant un mémoire judiciaire, précédé d'un « précis historique des causes qui ont donné lieu aux troubles du département » [18]. Expliquant que ses forges, situés dans les forêts du Perche, n'ont aucun besoin des bois de M. de Bouillon et qu'à 63 ans il n'aspire qu'à la retraite, il veut être disculpé de l'expédition taxatrice contre les Caroillon et innocenter tous les autres maîtres de forges du district. La force du mouvement populaire résidait uniquement dans l'inquiétude légitime de manquer du pain (à cause de la dépréciation des billets patriotiques) et du fer (par l'accaparement des bois) qui s'est développée « dans les anciennes et nombreuses manufactures de quincaillerie, clouterie, taillanderie, bouclerie etc ». La défense du maire a été organisée aussi à Breteuil, dès le 19 mars par la pétition notariée des notables du chef-lieu, recouverte de 54 noms, et par celle de la garde nationale qui recueille 94 signatures [19].

Son élargissement provisoire, le 7 mai, en attente de la décision du Corps législatif, ne désarme pas le clan Levacher. Le 28 mai, à Paris, la veuve Narbonne, propriétaire des forges de La Guéroulde et de Rugles, exploitées par les Levacher, proteste contre les « Caroillon, Mathard, Fontenay, négociant à Rouen, et Compagnie » qui

---

16. A.D.Orne : C 50.
17. A.D.Orne : L 2786. Lettre adressée au département de l'Eure, le 27 mars 1792, par « les citoyens de l'Aigle amis et défenseurs de la constitution » qui se sont opposés à « la horde de brigands ». *Annales Patriotiques et Littéraires*, supplément au n° 83 : la lettre de Gautier « citoyen de Breteuil, électeur du département de l'Eure », datée du 8 mars, est un droit de réponse à l'article paru dans le n° 67 du journal de Carra.
18. A.N. : DXL 9 (26).
19. A.D.E. : 12 L 20.

refusent de lui vendre des bois. Cette « Cie dont l'esprit paraît être de s'enrichir des dépouilles d'autrui » est cause de « la misère d'une foule immense d'ouvriers » par suite de « l'inaction forcée des usines » [20]. En juin, de nouveaux troubles sont signalés sur les marchés à cause du refus de la monnaie de papier par les laboureurs. Aussi, le 29 juin 1792, le maire de Breteuil et son Conseil adressent un mémoire à l'Assemblée nationale. Pendant que les jacobins des villes célèbrent la fête de la Loi en l'honneur de Simonneau, le maire d'Etampes abattu par les taxateurs, le Conseil général de la commune de Breteuil proclame que « le salut du peuple est la première Loi » et développe les arguments démocratiques d'un programme politique :

« ... Le peuple est la partie la plus nombreuse de la population de cet empire ; il est aussi la portion la plus laborieuse et la plus utile ; il est encore la portion la moins salariée. Si, dans cet état, il n'est pas assuré de la subsistance du lendemain, s'il peut même concevoir des inquiétudes à ce sujet, quel sera le lien qui pourra le retenir au contrat social ? C'est donc sur l'article important de ce contrat que ceux à qui l'exécution en est confiée doivent avoir une continuelle sollicitude : l'équitable distribution des subsistances à portée de tous les individus est une mesure indispensable.

L'Assemblée Constituante a pourvu par son décret sur la libre circulation des grains au maintien de la liberté du commerce. Mais a-t-elle prévu l'abus que l'égoïsme, la cupidité, l'avarice, la malveillance introduisaient dans ce mode d'exécution ? La constitution défend-elle d'y remédier, de l'amender, de le modifier ? Si les agents de la libre circulation sont corrompus par les passions, si leur administration, loin de remplir le but de la loi, aggrave le mal dont elle devrait être le remède pourrait-il être douteux qu'il fallût changer le mode d'opération ?

Sans doute, et nous devons l'espérer, un temps viendra où l'esprit public, suite de nos lois nouvelles, animera tous les citoyens, où l'égoïsme, l'agiotage seront des mots inutiles dans notre langue. Alors, chaque citoyen sera fortement persuadé que son bonheur n'aura de base solide que dans le bonheur de ses semblables. Mais, hélas ! nous ne faisons qu'entrevoir l'aurore de ces temps heureux. »[21]

Il n'est peut-être pas sans paradoxe de conclure que les aspirations démocratiques des communautés rurales sont portées, après la répression de l'insurrection, par un ci-devant et l'un des plus gros acquéreurs de biens nationaux du département [22] et que le plus constant porte-parole des revendications populaires reste le patron des forges. L'hégémonie politique et culturelle du clan Levacher dans la région de Breteuil se manifeste avec clarté en 1793.

La société populaire de Breteuil et le clan Levacher

Le 11 août 1793, quatorze citoyens, dont J.L. Levacher, réunis dans la salle de l'auditoire de l'ancien bailliage, fondent la société des Amis de la Constitution Républicaine de Breteuil. Autour du maire, deux officiers municipaux, l'agent national, son substitut et un administrateur du district ; autour du négociant, cinq marchands, quatre hommes de loi, le percepteur des contributions, un boulanger, un employé au parc de construction des convois militaires et son caissier. La bourgeoi-

---

20. A.N. : DXL 9 (26). Précis de C.T.M.Dupuis, veuve Narbonne, contre la Cie adjudicataire des forêts d'Evreux.
21. A.D.E., op. cité.
22. Bodinier (266).

sie urbaine se dote d'un club après la chute des Girondins et l'échec du fédéralisme ; elle donne lecture pendant un mois de la lettre de Payan, insérée dans le *Journal Républicain* ; elle coiffe son président du bonnet rouge décoré de la cocarde ; elle projette de s'affilier à la société des Jacobins de Paris ; elle s'abonne au *Batave ou Journal des Sans-Culottes* ; elle brûle les effigies de Louis XIV, Necker et La Fayette dans la salle de ses séances ; elle fait donner aux rues de Breteuil les noms des grands hommes Rousseau et Voltaire, des héros Le Peletier, Marat et les Sans-Culottes, des valeurs révolutionnaires Tolérance (puis, Raison pour l'ancienne rue aux Juifs), Droits de l'Homme, Loi, Liberté, Egalité, Fraternité, Union, Patrie et Montagne [23].

Pourtant quelques notoires habitants se sont compromis dans l'aventure fédéraliste avant de s'intégrer dans le club. Le médecin Pierre Gautier et l'un des fils de Levacher, résidant à Verneuil, se sont rendus le 6 juin à Evreux, au Conseil général du département, en compagnie d'un des Caroillon, président du district, pour répondre à la convocation du conventionnel Buzot, ancien président du tribunal criminel de l'Eure en 1792. Malgré leur rétractation rapide, leur arrestation en même temps que celle d'un membre fondateur, soupçonné d'accaparement, est longuement discuté en frimaire an II au club. Tandis que la municipalité de Verneuil juge sévèrement Levacher fils dans l'été 1793 comme « notoirement suspect d'incivisme et d'aristocratie » [24], les amis de P. Gautier sont nombreux à Breteuil où ils plaident longuement sa cause de républicain égaré l'espace d'un jour, mais revêtu depuis de la confiance des habitants du canton qui l'ont choisi pour porter leur acceptation de la constitution le 10 août à Paris et qui est un des clubistes les plus actifs. Malgré l'approbation donnée, le 6 nivôse, à la motion du curé de Breteuil de rayer son nom de la liste des membres et au souhait des clubistes de discuter de « l'intérêt général et non de personnalités », la société populaire n'oubliera pas dans sa prison de Verneuil ce patriote opprimé et proposera même aux autorités une assignation à résidence dans sa ville. Toutefois, l'épisode n'a pas marqué cette jeune société qui ouvre toutes ses séances aux cris répétés de « Vive la République ! vive la Montagne ! »

Le succès du jacobinisme à Breteuil se manifeste par la régularité des séances de la société chaque quintidi et décadi comme par l'accroissement continu des adhérents. Avec plus de 140 adhésions d'août 1793 à floréal an III, soit 7 % de membres par rapport à la population totale, le club est bien implanté dans la ville. Les sociétaires qui acquittent une cotisation fixée à trois livres sont, surtout, des bourgeois (16 % de propriétaires et professions libérales, 11 % d'entrepreneurs, maîtres et agents des forges, 14 % de marchands). Le club exerce une attraction forte sur les artisans et boutiquiers de la ville (30 %) et faible sur les paysans du canton (8 %). La cotisation relativement élevée dans le district écarte manifestement la très grande majorité des ouvriers et employés des forges et fourneaux de Breteuil (9 %) et la totalité de ceux de La Guéroulde ; le reste des effectifs de la société populaire est constitué en ventôse an II de divers employés, instituteurs et garde-forestiers.

La famille Levacher est au complet : les négociants Jean-Louis et François-Antoine avec leurs fils (trois maîtres de forge, un agent des fourneaux, un médecin et un marchand) ; sans doute, aussi, celle des Blanchet (le père, maître de forge, et les fils, entrepreneur d'armes et agent du fourneau). La bourgeoisie industrielle qui

---

23. A.D.E. : 236 L 2, 3 et 4. Archives de la société populaire de Breteuil.
24. V. Miguet : *Verneuil pendant la Révolution*, thèse dactylographiée, Ecole des Chartes, 1976-77.
25. A.D.E. : 236 L 5. Liste des adhérents de la société populaire de Breteuil.

rassemble autour d'elle ses principaux commensaux est partie prenante dans la politique jacobine de défense nationale.

Les commissaires du pouvoir exécutif ont conclu notamment avec François-Antoine Levacher de Grandmaison, en 1792, un traité de fourniture d'armements. Le fourneau de Breteuil dont il est le propriétaire fournit ainsi de septembre à novembre 1792 un total de 21.000 boulets de canon de divers calibres [26], comme en pluviôse an II, à l'époque où le représentant du peuple Etienne Deydier est chargé par la Convention de la fabrication des canons dans les fonderies de l'Eure et de l'Orne. Le mois suivant, François-Antoine et son fils François-Robert rejoignent à la société populaire leur autre fils ou frère, François-Louis, qui avait adhéré au moment de la grande vague d'adhésion de brumaire. Quoique la présence du conventionnel en mission ait été plusieurs fois signalée de germinal à messidor, il ne parait pas avoir exercé une particulière influence dans le club, à la différence de certains commissaires parisiens du pouvoir exécutif envoyés à Breteuil dans la fonderie de canons.

Le fer, le pain et les communaux

Les questions économiques et sociales qui sont débattues au sein de la société ne concernent pas plus ici qu'ailleurs la vente des biens nationaux, mais se concentrent sur les questions toujours essentielles des forges et des subsistances, auxquelles s'ajoute celle des biens communaux.

Le premier projet d'adresse à la Convention, le 19 septembre 1793, alors que la société populaire ne compte que 26 membres, est pour demander la fixation du prix des fers qui ne cesse d'augmenter. De la taxe au maximum, la bourgeoisie de Breteuil persévère dans son attitude antilibérale. Pour autant, d'autres documents montrent que le directeur des forges de Randonnai a une autre attitude que le maire de Breteuil.

Ainsi, le 26 prairial an II, J.L. Levacher conteste le maximum du prix des fers tel qu'il vient d'être fixé par les énergiques patriotes du district de Mortagne dans l'Orne. Partisan du premier maximum qui fut établi d'après les relevés effectués chez tous les marchands de fer, il estime avoir suffisamment fait de sacrifices pour la chose publique depuis le début de la Révolution pour avoir le droit de contester l'application du maximum général. Arguant du fait que les mines de fer n'ont pas le même rendement dans toute la République et que le prix du bois varie selon les localités, le maître des forges de l'Orne apparait ainsi comme un opposant au contrôle étatique après avoir été un adversaire du capitalisme sauvage. Il s'estime lésé vis à vis non seulement de ses concurrents de la Nièvre, du Cher, de la Loire-Inférieure et de l'Ille-et-Villaine, vu la médiocre valeur de leurs fers, mais encore vis à vis de ses ouvriers dont le salaire est augmenté de moitié par rapport à celui de 1790 alors que le prix maximé du fer n'est relevé que d'un tiers. Aussi donne-t-il aux administrateurs de Mortagne l'exemple de ceux de Verneuil qui n'ont pas changé le prix du fer du premier maximum. Bon gré, mal gré le directeur des forges de Randonnai s'est plié à ce qu'il appelle lui-même, dans sa lettre du 26 vendémiaire an III, « le service public » [27].

---

26. A.D.E. : 188 L 23.
27. A.D.Orne : L 2948. Correspondance du directeur des forges de Randonnai avec le district de Mortagne.

D'autant plus facilement que la politique de l'an II est créatrice de nombreux emplois dans la région. A l'invitation du Comité de sûreté générale, deux commissaires de la société populaire de Breteuil sont choisis pour rechercher, à la fin de ventôse, des ouvriers pour la fabrique d'armes. En prairial, les canonniers révolutionnaires parisiens, dépêchés par le Comité de salut public, demandent à fraterniser avec les clubistes. Ils donnent lecture du recueil des actions héroïques et civiques des Républicains français, montrent les avantages du nouveau calendrier ou donnent une instruction militaire aux enfants de la commune. Lorsqu'il est question en nivôse an III de déplacer le parc de construction des convois militaires, il se trouve encore 69 clubistes pour signer la pétition tendant à conserver l'entreprise qui occupe tant d'employés et d'ouvriers dans la ville.

C'est aussi ce même mois qu'on établit le constat désillusionné que le rapport fait à la société populaire pour le partage des biens communaux n'a servi à rien puisque l'agent national de la commune, un des fondateurs du club, ne l'a pas mis à exécution. L'application de la loi sur le partage des biens communaux avait été portée à l'ordre du jour d'une dizaine de séances à partir d'octobre 1793, mais ses partisans rencontrèrent d'incessantes temporisations des élus. En germinal an II, à la veille du scrutin épuratoire de la société, un nouveau rapport est présenté aboutissant à la décision d'exclure les clubistes qui refuseraient de restituer les biens communaux dont ils se prétendent propriétaires. Un des membres fondateurs, responsable du parc de constructions militaires, présente sa démission quelques jours plus tard ; mais, en prairial, il est élu président. Les partageux présentent leur dernier rapport le 10 thermidor en invitant l'agent national à convoquer tous les habitants, propriétaires et non-propriétaires, pour examiner le travail de la commission. Le clubiste démissionnaire et réintégré observe que la plupart des titres de ces biens qui ont été nationalisés sont difficiles à se procurer et « qu'il faut prendre des précautions pour ne pas compromettre la société » ; ce qui met un point final à la discussion.

La question frumentaire est tout aussi révélatrice du fonctionnement de la démocratie communale. Dans un club où les consommateurs forment l'écrasante majorité, les critiques contre les laboureurs et les fermiers s'expriment plus facilement que celles portant sur la gestion municipale. Mais la seule unanimité qui se concrétise en arrêté de la société populaire, affiché dans tous les lieux publics, est la dénonciation comme suspects, en brumaire an II, des délinquants de la forêt et de tous ceux qui violent les propriétés d'autrui. La présence de paysans dans le club, quoique minoritaire, tend à établir un compromis : on les incite à respecter la loi ou à s'adonner à la culture des pommes de terre dans les jachères pour éviter une nouvelle disette, réelle ou factice ; à son arrivée dans le club, François-Antoine Levacher offre ainsi généreusement de donner dix boisseaux à ceux qui voudraient tenter l'expérience. Au printemps 1794, l'inquiétude sur les subsistances occupe régulièrement les séances par des pétitions à la municipalité, au district, au représentant du peuple pour demander des secours et depêcher des commissaires vers les régions productrices. C'est à cette époque que la société apprend avec stupéfaction la nouvelle de l'arrestation du maire, d'un membre du comité de surveillance et d'un autre clubiste, propriétaire à Breteuil.

La seconde arrestation de Jean-Louis Levacher mobilise pendant plusieurs jours, en séances extraordinaires, la société populaire qu'il a fondée. Celle-ci rédige un long rapport sur le patriotisme du maire de Breteuil, dépêche deux commissaires dans chacune des treize municipalités du canton ainsi qu'au chef-lieu de district et nomme ceux qui vont apporter les témoignages de son civisme au Comité de sûreté générale de la Convention. La période d'incarcération de Levacher à Paris, du 23 messidor au 18 thermidor, est celle où malgré le certificat attestant qu'il n'a montré aucune négligence pour les subsistances, la critique de la gestion communale peut se faire entendre dans la société. On reproche ainsi à la municipalité sa décision de délivrer le blé aux boulangers pour distribuer du pain de mauvaise qualité ; on dénonce la fabrication du pain mollet pour les privilégiés tandis que la classe indigente n'a droit qu'à une nourriture malsaine et insuffisante ; on critique l'injustice de la répartition qui n'est pas proportionnée aux besoins de ceux qui effectuent des travaux pénibles. Cette protestation pour le pain de l'égalité qui continue à se faire entendre au début de l'an III et dont la municipalité doit prendre acte est, peut-être, le seul succès des milieux populaires dans le club de Breteuil.

Dénoncé par un canonnier révolutionnaire, J.L.Levacher est arrêté par les membres du comité de surveillance d'Evreux et d'Anet qui saisirent chez lui une très importante somme d'argent avant d'aller se divertir au billard de l'auberge, au grand scandale des habitants [28]. Suspect en raison de sa fortune aux yeux des militants de la sans-culotterie parisienne, le maire de Breteuil est, pour ses concitoyens, un républicain exemplaire : celui qui a fait un don patriotique conséquent, qui a généreusement ouvert sa bourse aux volontaires nationaux, qui a largement contribué à l'emprunt volontaire, qui a secouru les nécessiteux de sa commune et qui a assisté à toutes les fêtes, notamment à celle de l'Etre Suprême, malgré le décès de son épouse deux jours plus tôt. Le suspect d'intelligence avec l'ennemi est libéré par le 9 thermidor qui est présenté au club par un autre canonnier parisien comme la chute de « l'hydre effroyable » dont il importe de couper toutes les têtes. La queue de Robespierre à Breteuil, c'est son collègue Binet, canonnier aux armées, membre de la société populaire de la section Brutus à Paris et qui sera décrété d'arrestation en prairial an III dans la capitale et dénoncé en l'an IX comme motionnaire forcené [29]. Après l'avoir confronté le 30 thermidor au ci-devant suspect et avoir demandé à Gautier de confirmer la dénonciation, la société populaire de Breteuil chasse Binet de son sein, réintègre le ci-devant fédéraliste et continue de tenir ses séances jusqu'au printemps 1795.

Breteuil et le réseau des sociétés populaires du district de Verneuil en l'an II

Dès le 19 septembre 1793, la société populaire de Breteuil a appelé les autres communes du district à suivre son exemple et invité les républicains du canton à assister à ses séances.

Parmi ses adhérents, on ne relève toutefois que vingt citoyens résidant dans les communes proches (La Guéroulde et Les Essarts, surtout) ou affiliés au nouveau club de Rugles ou à celui de Verneuil. Son rayonnement cantonal est donc faible, malgré la création du club de Condé-sur-Iton le 30 nivôse sous les auspices, en fait, de trois députés de la société du chef-lieu de district [30]. Hors du canton, les sans-culottes de Breteuil ne sont entrés en relation épistolaire qu'avec une douzaine de sociétés voisines, principalement, L'Aigle, Verneuil, Bourth et Rugles. Avec un budget de quelques quatre-cents livres provenant des cotisations annuelles, ils n'ont pu

---

28. A.D.E. : 236 L 6. Registre de correspondance de la société de Breteuil : lettre à la société populaire d'Anet le 3O fructidor.
29. Soboul-Monnier (45), p. 165.
30. A.D.E. : 236 L 9. Registre de délibérations de la société populaire de Condé-sur-Iton.

LE RÉSEAU DE LA SOCIÉTÉ POPULAIRE DE BRETEUIL, an II

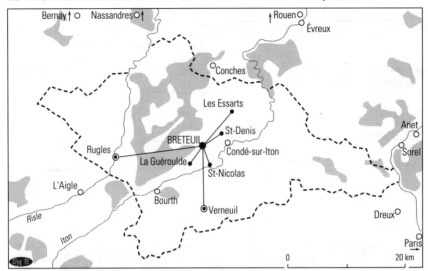

● Clubistes à la société populaire de Breteuil
○ Clubs correspondants avec la société populaire de Breteuil

qu'aménager la chapelle de l'Hôtel-Dieu comme local du club, assurer le bon fonctionnement des séances et s'abonner à un seul journal [31]. Mais afin d'assurer une propagande orale de la culture républicaine, leur Comité d'instruction publique organisa plusieurs conférences. L'explication du mouvement céleste et l'origine de la terre était le sujet du 21 brumaire qui a tant passionné l'auditoire qu'il fut continué le 10 frimaire par la formation de la terre et l'origine des plantes ; le 6 nivôse, une discussion générale fut menée autour de trois thèmes : « Qu'est-ce que la Patrie ? un patriote ? qu'elle est la meilleure forme de gouvernement ? ». Mais en pluviôse, la société de Breteuil est dénoncée par celle de Bourth auprès des autres sociétés du district pour conserver des prêtres dont l'influence sur les opinions et l'administration publique est jugée pernicieuse. Le club de Rugles qui, le mois précédent, avait pris pourtant la décision de rejeter tout prêtre non déprêtrisé ou non marié, estima pour sa part que « Breteuil était maître dans ses foyers » [32].

Certes, en germinal, le Christ de la salle des séances de Breteuil a été remplacé par une flamme tricolore avec la devise « Liberté, Egalité, Fraternité ou la Mort » mais la « proclamation de l'existence de l'Eternel et de l'immortalité de l'âme » ravit la société qui félicita la Convention le 5 prairial. L'influence du maire de Breteuil dans la société populaire a été surtout sensible sur la question de l'instruction de la jeunesse : en prairial, il pressa la société de recruter des instituteurs, il encouragea les timides à se manifester et expliqua l'importance des écoles primaires.

---

31. A.D.E. : 236 L7. Comptes du trésorier de la société de Breteuil ans II-III.
32. A.D.E. : 236 L 14. Registre de délibérations de la société de Rugles. La question de l'exclusion des nobles y a soulevé de vifs débats en nivôse et ventôse an II alors qu'à Breteuil elle n'a pas été posée.

Tandis que Breteuil est alors mobilisée par la réflexion pédagogique, on constate que les communes forestières qui se sont insurgées au printemps 1792 ne se sont pas intégrées au réseau des sociétés populaires de l'an II. La Neuve-Lyre, où débuta le mouvement taxateur, est ainsi le seul chef-lieu de canton dépourvu de club dans ce district malgré l'essor de la sociabilité politique et l'exemple de Breteuil, suivi par six autres chefs-lieux de canton et quatre autres communes. Les aspirations démocratiques du mouvement populaire n'ont donc pas toutes été récupérées par la République jacobine.

Bilan et épilogue

Lieu d'intégration à la culture républicaine, la société populaire a joué pleinement son rôle là où les détenteurs du pouvoir économique et, donc, politique dans les bourgs se sont engagés dans la voie révolutionnaire. Le rôle des maîtres de forge de la région a été déterminant. A défaut des archives du club de Verneuil qui nous manquent pour apprécier celui de ce missionnaire patriote qu'est le jacobin Caroillon en l'an II, les registres des abonnés du *Journal de la Montagne* mentionnent les noms d'autres maîtres de forges que nous avons déjà rencontrés comme Blanchet à Verneuil ou Mathard à Bernay, issus des rangs du Tiers-Etat. On ne peut manquer de rapprocher la position économique et politique de Levacher à Breteuil de celle du citoyen Oberkampf, ce grand manufacturier fondateur de la société populaire de Jouy-en-Josas [33].

En élargissant notre champ d'observation au cadre de l'ancienne généralité d'Alençon, on ne constate nulle part ailleurs une pareille concentration capitaliste des forges que celle réalisée dans le pays d'Ouche et le Perche par la famille Levacher. La moindre dépendance économique vis à vis des maîtres de forge peut expliquer, en partie du moins, la résistance à l'acculturation politique jacobine dans le Domfrontais par exemple où la population paysanne est particulièrement importante. Les travaux de F. Dornic ont montré le clivage politique entre les ouvriers des forges dans le Maine et les troupes paysannes de Jean Chouan [34].

Dans cette révolution où la bourgeoisie industrielle est, partout, partie prenante il convient de suivre la destinée de ces remarquables intermédiaires sociaux que sont les Levacher, à la fois propriétaires et exploitants, issus du Tiers-Etat et anoblis à la fin de l'Ancien Régime, capitalistes et sans-culottes, aristocrates suspects et républicains exemplaires.

Peut-on dire que la République a été la grande période du clan Levacher ? Tandis que J.L. Levacher sera confronté aux graves troubles frumentaires de l'an III, non comme maire, mais comme patron paternaliste dans le district de Mortagne, François-Antoine, associé avec ses deux fils, signe en vendémiaire an III un contrat avec la République pour exploiter à Breteuil une fonderie de canons. Le contrat stipule une avance de 20.000 livres contre l'engagement de fournir 445 canons, payés au tarif du Maximum, en utilisant les fourneaux de Breteuil, Condé et Lallier ; il préconise d'assurer une formation aux ouvriers en les envoyant en stage au Creusot et prévoit la mise à la disposition d'arpents de bois dans la forêt de Breteuil, un appro-

---

33. Voir S. Chassagne : *Oberkampf. Un entrepreneur capitaliste au siècle des Lumières*, Paris, 1980, p. 171-176.
34. Dornic (269).

visionnement en charbon aux mines de Littry dans le Calvados et la réquisition d'hommes, chevaux et matériel nécessaires [35]. Mais la fonderie nationale pour l'artillerie de la marine n'a pas fonctionné durablement : en messidor an VII, ses bâtiments ont été mis en vente [36].

En l'an VI, pour le renouvellement de l'adjudication des coupes de bois dans la forêt appartenant à l'héritier de Bouillon de La Tour d'Auvergne, les frères Levacher, avec cinq autres propriétaires ou exploitants de forges et fourneaux (dont l'ex-jacobin Blanchet) adressent un mémoire au ministre de l'Intérieur. Ils revendiquent l'usage ancestral des bois pour les usines de la région (on reconnaît l'influence de Girancourt, devenu exploitant de forges, qui se manifeste dans le rappel des obligations d'Ancien Régime) ; ils dénoncent le racket des adjudicataires, propriétaires et fermiers du quart des usines du canton, qui sont maîtres du prix du bois ; ils soulignent les conséquences économiques désastreuses : non seulement les maîtres de forge ne peuvent plus être concurrentiels, mais encore les ferronniers et les sabotiers sont réduits au chômage. Mais le rapport des commissaires du pouvoir exécutif n'est pas favorable au clan Levacher : on les accuse de « vouloir renouveler les scènes d'il y a six ans » et « d'avoir pris des engagements avec La Tour d'Auvergne au moment où ils signaient le mémoire en question » [37]. L'administration départementale prend toutefois des renseignements auprès des municipalités cantonales ; celle de Rugles confirme, chiffres à l'appui, le mémoire des Levacher et brosse un tableau sombre de l'économie régionale avec la ruine des maîtres de forge, la paralysie du commerce du fer et le pillage de la forêt car « le peuple est réduit à l'impossibilité absolue d'acheter du bois à brûler, à bâtir et à travailler » [38].

Six ans après l'insurrection de 1792, la transition du féodalisme au capitalisme s'effectue sans alternative politique : la Cie Caroillon, où Roy prend de plus en plus d'importance, se fait adjuger à nouveau l'exploitation de la forêt. Jean-Louis Levacher meurt en 1800 ; François-Antoine fait faillite en 1802 [39] et vend la forge de Breteuil à Roy et Caroillon en 1804. Au début du XIXème siècle, la mairie de Breteuil et celle de Condé sont encore aux mains des fils Levacher. Levacher d'Urclé, héritier de Jean-Louis, maître de forges de Condé et gros acquéreur de biens nationaux lui-même, résiste jusqu'aux années vingt à cette impitoyable concurrence. Pour l'enquête ministérielle de 1811, le dernier des Levacher dresse le bilan économique et social de la période : « sur une dizaine de maîtres de forges qui ont fait valoir depuis la Révolution, les deux-tiers au moins ont fait faillite ou se sont retirés après avoir perdu plusieurs centaines de mille francs de leur fortune ». Les « marchés paisibles » sont devenus des « arènes » où triomphent les spéculateurs. L'Ancien Régime apparaît comme l'âge d'or de l'exploitation familiale car les propriétaires s'arrangeaient, lors des enchères, pour vendre aux exploitants solvables et le prix des coupes de bois était favorable aux maîtres de forges. La Révolution a ins-

35. A.D.E. : 188 L 23. Registre des visas, enregistrements des marchés avec la République et autres particuliers.
36. A.D.Sarthe : 1 Mi II. Archives du château de Monhoudou. Forges de Breteuil (1783-1810) Famille de Martel.
37. A.D.E. : 38 L 4. Forêt domaniale de l'Eure. Affaires contentieuses (1793-an VI). Mémoire adressé au ministre de l'Intérieur le 26 ventôse an VI par les maîtres de forges, propriétaires ou exploitants.
38. A.D.E. : 38 L 4. Lettre de l'administration municipale du canton de Rugles à l'administration centrale de l'Eure le 17 germinal an V.
39. A.D.Sarthe, op. cité. La famille de Martel possèdait une partie de la correspondance d'affaires de Levacher de Grandmaison. De Martel, signataire du mémoire de l'an VI avec les Levacher était propriétaire d'un fourneau dans le district de Breteuil.

tauré la sordide loi du profit qui a poussé, d'une part, la compagnie adjudicataire des forêts à une exploitation maximale en anticipant de nombreuses coupes de bois et, d'autre part, a incité les riverains à dévaster les forêts en faisant paître leurs bestiaux qui ont mangé les repousses de bois et en enlevant ce qui leur était nécessaire pour vivre et travailler [40].

En 1818, le fils de Jean-Louis Levacher n'exploite plus que trois usines et, en 1827, il vend sa dernière propriété, la forge et le fourneau de Condé, à la Cie Roy et Duval. En accélérant la concentration capitaliste que combattaient le mouvement taxateur de 1792 et le clan Levacher, la Révolution a bel et bien été le tournant économique majeur de cette région.

---

40. A.D.E., op. cité. Questions et réponses de M. Levacher d'Urclé, maître de forges du fourneau de Condé, le 10 décembre 1811.

CHAPITRE SEPTIÈME

L'ORNE EN RÉVOLUTION : TERREUR POPULAIRE ET SOCIABILITÉS RURALES

Les troubles qui agitent tous les districts de l'Orne en 1792 sont liés aux grands événements nationaux. La proclamation de la patrie en danger et la chute de la monarchie entraînent, d'abord et partout, une guerre aux châteaux et aux aristocrates qui prend une ampleur exceptionnelle. Anticipant les massacres de septembre à Paris, les meurtres politiques de l'été dans la campagne ornaise présentent un cas de violence populaire qui s'inscrit dans la première terreur. La suppression des confréries fait naître également une grande inquiétude qui entraîne la mobilisation de leurs partisans. Quel sera l'héritage de ces diverses formes de contestation sous la République jacobine ?

Guerre aux châteaux, paix aux chaumières

A l'origine de la nouvelle Grande Peur qui secoue le département à partir de la mi-août jusqu'à la fin septembre, il y a la même vacance de pouvoir qu'en 1789, l'insurrection populaire contre la trahison du roi et les mesures prises pour défendre la patrie par l'Assemblée législative. Du 15 août, date du premier meurtre, à la troisième semaine de septembre, époque des derniers pillages de châteaux, se déroule dans l'Orne la levée des volontaires de 1792.

Les volontaires de cette dernière levée ne partagent pas l'enthousiasme de ceux de 1791 car la situation militaire depuis l'entrée en guerre est catastrophique [1]. Le recrutement a suscité des troubles dans le district de Domfront ; à La Lande-Patry, les témoins interrogés confirment le 21 août que les amis des prêtres réfractaires s'opposent au recrutement [2]. Dans l'Ouest intérieur, l'inquiétude d'une invasion étrangère est beaucoup moins forte que dans les départements côtiers de la Manche

---

1. Bertaud (36).
2. A.D.O. L 6494.

et du Calvados qui fournissent, comme l'année précédente de nombreux bataillons. Pour exciter le zèle patriotique des citoyens de l'Orne, il fallut d'ailleurs compter avec la mission de deux députés de l'Assemblée législative, Lecointre et Albitte. Chargés de l'application du décret du 26 août, concernant la levée immédiate de 30.000 hommes dans l'Ouest, c'est le fameux 6 septembre qu'ils convoquent les Alençonnais sur la place d'armes.

Les citoyens ornais qui s'engagent pour défendre la patrie ne sont donc pas de fervents sans-culottes. La propagande révolutionnaire est alors très faible : l'Orne ne compte pas dix sociétés politiques, ce qui classe le département dans la région Maine-Normandie à l'avant-dernier rang pour l'implantation des clubs, juste devant la Mayenne qui connaît également un été chaud. On aurait tendance à conclure que la civilité républicaine pratiquée dans les sociétés des Amis de la Constitution constitue le rempart le plus efficace contre la violence populaire qui s'est manifestée avec le plus d'ampleur dans les deux départements où le nombre des bataillons levés et celui des sociétés est le plus faible dans l'été 1792. Toutefois, les clubs n'ont pas le monopole de la propagande politique. Dans ces premières années de la Révolution, l'instrument de la politisation dans les campagnes réside assurément dans les gardes nationales [3]. Le printemps 92 a été le temps fort des incursions de gardes nationaux de la plaine de Caen au bocage mayennais ; les expéditions contre les prêtres réfractaires qui ont donné lieu aux troubles les plus importants, de mars à mai, sont ceux des districts de Valognes et d'Avranches (Manche), de Caen (Calvados), de Laval, Mayenne, Craon, Evron (Mayenne) et de Domfront (Orne) [4]. Des perquisitions et voies de fait sont signalées aussi dans les districts d'Argentan et d'Alençon ; à Champosoult et Bailleul, en mars, des bandes de trois cents personnes se réclament de « la Nation, de la Loi et de leur Volonté » ; à Damigni, on coupe les cheveux d'un « aristocrate » refusant d'être grenadier ; à Alençon et à Sées, les partisans des prêtres réfractaires sont molestés, tondus et promenés sur des ânes. Or, la loi des 22 et 25 juillet, sur le complément de l'armée de ligne et des volontaires déjà levés, s'applique à ces gardes nationales dont le sixième est réquisitionné ainsi que la moitié des grenadiers et des chasseurs.

Dans la représentation collective du suspect, la mentalité populaire associe désormais le réfractaire au noble tandis que dans la représentation clubiste, que l'on peut étudier à partir des pétitions de l'été, le roi traître et son épouse autrichienne forment le couple infernal. Ainsi, le club de Mortagne manifeste très tôt son inquiétude d'une nouvelle trahison du « premier fonctionnaire public, dirigé par le chef femelle du cabinet autrichien ». Les 185 signataires de la pétition réclament, le 12 juillet, le décret sur la Patrie en danger et des mesures de salut public, en conseillant l'Assemblée nationale de profiter de « la belle occasion » de la marche des fédérés vers Paris ; ils exigent la mise en accusation de La Fayette et de ses complices, le renvoi des ministres, le changement de l'état-major, la destitution du directoire de Paris, la vente des biens d'émigrés, la déportation des réfractaires et la suppression des tribunaux de district. Le 31 juillet, deux-cents citoyens d'Alençon considèrent que « le roi des Français est un traître » et demandent la déchéance de Louis XVI. Le 18 août, la commune de Mortagne et les 80 clubistes de Domfront sont les premiers à adhérer à la journée du 10 Août. Cinq jours plus tard, 92 Amis de la Liberté et de l'Egalité de L'Aigle félicitent, à leur tour, l'Assemblée en soulignant que les

---

3. Dupuy (84).
4. A.N. F7 3661/1 (Caen), 3684/3 (Domfront), 3682/10 et DXL 3/51 (Mayenne), DXL 12 (Manche)

administrateurs des districts sont « la plupart imprégnés d'aristocratie » ; ce que les huit employés du district confirment à leur manière en estimant que « depuis 1789, la liberté et l'égalité n'avaient pour ainsi dire existé que dans la Déclaration de nos Droits ». Enfin, alors que le directoire du département, qui avait condamné la journée du 20 juin, s'abstient de tout commentaire, le tribunal criminel de l'Orne rejoint le mouvement le 30 août [5]. C'est dans ce contexte de radicalisation de la vie politique que s'effectue la levée des volontaires de l'Orne.

Les massacres de l'été 1792

Les travaux minutieux de P. Nicolle [6] permettent de reconstituer la mentalité collective de ces rassemblements au chef-lieu du canton des volontaires, accompagnés de leur famille avant leur départ aux frontières.

Les quatre premières victimes d'août sont des nobles : le 15, au Sap (district de L'Aigle), la mise à mort par la foule du hobereau du bourg, dont les frères et les fils ont émigré, fait suite à son refus de payer à boire aux volontaires ; lors de la proclamation de la Patrie en danger, la semaine précédente, il figurait en première place dans la liste des suspects à désarmer. Le meurtre du lendemain, à La Chapelle-Moche (district de Domfront), est le seul à ne pas être imputable aux volontaires : c'est à l'occasion d'un marché, fréquenté par la population des forges et verreries d'Andaine, que la foule massacre sur la place publique un écuyer, frère d'un curé réfractaire. Cet événement est peut-être à relier à l'assassinat d'un patriote au printemps dans une commune voisine et riveraine de la forêt. Les prêtres réfractaires furent soupçonnés d'être les instigateurs de sa mort et huit-cents gardes nationaux firent une battue dans la région où ils saccagèrent plusieurs maisons pour rechercher, en vain, le meurtrier [7]. Le 18 août, dans le district d'Argentan, un vicaire insermenté, rentré dans son château, est arrêté par les gardes nationaux de deux petites communes des environs de Putanges et conduit au chef-lieu de canton ; le lendemain, les volontaires le tuent, après l'avoir fait sortir de prison. Le même jour, à Bellême, un noble qui avait été autrefois curé et qui avait joué un rôle dans la rétractation de certains prêtres du district, est massacré par les volontaires des campagnes et leur famille. L'annonce d'une « nouvelle Glacière » se répand dans la ville où plusieurs demeures sont attaquées et dévastées durant tout l'après-midi ; le soir, un officier municipal de la campagne apporte les effets pillés à la commune. Ce n'était pas la première fois que le chef-lieu du district, le seul dépourvu alors de club, était troublé par un rassemblement populaire. Le 14 juillet, les sabotiers et bûcherons de la forêt et les membres de la garde nationale du Vieux-Bellême avaient insulté les administrateurs du district, cassé les vitres de leur maison et donné des coups de sabre contre leurs portes parce qu'ils ne les avaient pas invités à la fête de la prise de la Bastille : alors que les frais s'élevaient, selon eux, à 10.000 livres, seules vingt-cinq personnes avaient eu droit au feu de joie, après le Te Deum [8].

Ces massacres collectifs rappellent davantage ceux du jeudi fou de Ballon qu'ils n'annoncent les massacres parisiens de septembre. Si le contexte est identique, il n'y

---

5. A.N. DXL 14/59.
6. Nicolle (252)
7. A.N. F7 3684/3. F. Guérin, la victime du meurtre commis à l'auberge de La Ferrière, a été inhumé le 29 mars 1792 par les administrateurs du district qui inspectaient les forges de Champsecret.
8. A.D.O. L 6313.

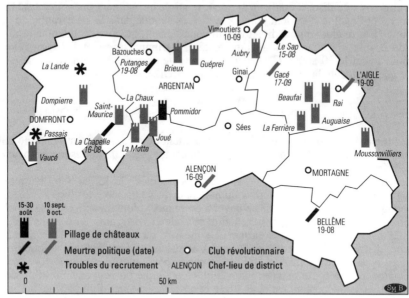

LA GRANDE PEUR DE L'ÉTÉ 1792 DANS L'ORNE (mi-août-début octobre)

a pas eu communication directe de la rumeur. Dans des lieux très éloignés les uns des autres, les citoyens de la campagne donnent l'exemple de la justice populaire : après la mise à mort collective, les ennemis du peuple sont décapités et leurs têtes promenées en cortège, au bout d'une pique, aux cris de « Vive la Nation ! ».

Les sept autres mises à mort qui ont lieu le 6 septembre à Alençon, le 9 à L'Aigle et à Gacé, le 10 à Vimoutiers sont celles de prêtres réfractaires. A Alençon et à L'Aigle, le jour de la levée Lecointre-Albitte, le capucin de 28 ans et le curé de 60 ans sont extraits de leur prison respective, où ils avaient été conduits la veille, pour être jugés par le peuple sur la place publique. Le premier, rentré dans sa famille, pratiquait un culte clandestin tandis que le curé des environs de l'Aigle avait enlevé et caché les vases sacrés de son église. Les quatre mises à mort de Gacé et celle de Vimoutiers diffèrent en ce sens que les réfractaires qui passaient dans le bourg étaient des inconnus. Ils ont signé leur acte de mort en refusant de crier : « Vive la Nation ! » et de prêter le serment sous la pression de la foule ; en se soumettant aux exigences des volontaires, bien d'autres prêtres avaient eu la vie sauve.

La terreur populaire n'est pas aveugle : elle se déchaîne chaque fois dans une circonstance précise et frappe, dans un procès expéditif, celui qui est jugé responsable du départ des jeunes gens du pays et qui présente une menace pour l'arrière. C'est la même réaction punitive qui est à l'origine du massacre du duc de La Rochefoucauld, le 5 septembre, à Gisors dans l'Eure. L'ordre du comité de surveillance de Paris d'arrêter le président du département a désigné le suspect aux volontaires de l'Orne et de la Sarthe. La protection de la municipalité a été aussi inefficace ici qu'à L'Aigle pour le curé réfractaire qui venait chercher son passeport ; en revanche, les citoyens du canton de Quillebeuf n'ont pu mettre à exécution leur projet de noyade d'une centaine de réfractaires, jugés « cause de la guerre civile », dont le navire accostait le port[9].

Les mouvements populaires de l'été 1792 ne se réduisent pas à ces événements tragiques qui accompagnent la prise de possession et de contrôle des châteaux par des communes insurrectionnelles.

La commune contre le château

Dès le 30 août, dans le village déjà déchristianisé de Pommidor-sur-le-Don (anciennement Ste-Marie-la-Robert), des rumeurs mettent la garde nationale sous les armes. Le bruit circule que le châtelain, Paul Le Veneur « ci-devant lieutenant général de La Fayette a émigré avec ce dernier depuis peu », qu'un complot couve au château où des aristocrates sont réfugiés et qu'un attroupement se prépare à tout briser et brûler. Pour prévenir une telle dévastation, les officiers municipaux décident une perquisition. Le concierge assiste à la mise des scellés sur les coffres fermés à clef et à la confiscation des armes non déclarées. Paul Le Veneur, administrateur du département, déjà molesté par les volontaires de 1791 à Alençon après la fuite du roi, n'a pas émigré avec La Fayette comme l'affirmait la rumeur ; quelques semaines après, il demande la levée des scellés et la remise des clefs à son concierge et homme de confiance. Mais la municipalité refuse, le 4 octobre, d'obtempérer car elle a déclaré suspect le-dit concierge, l'a désarmé le 16 septembre et le maintiendra en prison pendant une année.

C'est surtout pendant la troisième semaine de septembre que l'Orne va connaître un puissant mouvement anti-seigneurial consécutif à l'application des lois du 18 juin et 25 août 1792 qui subordonnent l'exigibilité des droits féodaux à la présentation du titre primitif.

A l'Est, dans les districts constitutionnels de L'Aigle et de Mortagne, les pillages de châteaux s'apparentent beaucoup à la révolte agraire de 1789 qui avait surtout gagné la partie ouest du département.

Le 16 septembre, la lecture au prône dominical de la lettre de Deshayes demandant aux ci-devant vassaux une surséance pour remettre les titres féodaux provoque dans l'église de Bonnefoi de violentes réactions. On murmure qu'« il n'a jamais voulu faire comme les autres » ; on invective le ci-devant seigneur : « Tu nous as bernés pour aujourd'hui, c'est une défaite que tu veux nous donner ! » ; on lance un : « Nous voulons y aller ! ». Dans le cimetière, les officiers municipaux tentent en vain de calmer l'agitation. Les habitants de Bonnefoi sont rejoints au château de La Grimonnière, à La Ferrière-au-Doyen, par ceux d'une douzaine de communes des environs qui marchent au rythme de la générale. Armées de fusils, hallebardes, haches, outils de sabotiers, fourches et autres instruments, quelques deux-cents personnes forcent les domestiques à pénétrer dans le chartrier pour brûler les titres féodaux. Ne les trouvant pas, ils enfoncent portes et croisées et cassent tout le mobilier. Les sabotiers donnent les ordres : « Mes bons gars, il faut casser. Pillez et bayonnez tout ! » ou encore : « Messieurs, la Liberté est arrivée, il faut travailler et piller cette maison ! ». La mise à sac continua les jours suivants puisque l'un des inculpés dira qu'il n'a été à La Grimonnière que 23 septembre, jour où le colombier fut brûlé et le moulin détruit. On tua les pigeons, but le vin, cassa les bouteilles, coupa les

---

9. A.N. DXL 9/26.

arbres. Le ci-devant seigneur, par ailleurs maire patriote d'une commune de l'Eure, fit estimer les dégâts par son chargé d'affaires à 60.000 livres. L'information judiciaire commence en octobre avec la déposition d'une soixantaine de témoins devant le juge de paix qui inculpe 72 hommes du peuple. Devant le tribunal du district, sept d'entre-eux seulement sont interrogés en janvier 1793, les autres n'ayant pu être trouvés. Les prisonniers, âgés de 34 ans en moyenne, transférés à la prison d'Alençon pour être traduits devant le tribunal criminel du département, sont six sabotiers de Bonnefoi, surtout, dont le capitaine de la garde nationale âgé de 47 ans, et le garçon-meunier de Bonsmoulins. L'amnistie décrétée par la Convention mécontente le propriétaire qui réclame, en mars 1793, une indemnité aux incendiaires pour le dédommager de ses pertes [10].

Dans le district de L'Aigle, l'effervescence est en fait générale. La municipalité dénonce d'autres dévastations de châteaux : celle du sieur de Saint-Aignan d'Auguaise, mais aussi à Rai, Beaufai et signale avec inquiétude, après l'assassinat du curé réfractaire, les pétitions des habitants de L'Aigle contre le châtelain. Le 1er octobre, elle juge « impolitique de déployer actuellement la force publique contre les citoyens de la campagne qui pourraient s'attrouper et se porter sur la ville », mais attend de la Convention un décret improuvant pareille conduite.

Après avoir dévasté le château de Rai, les habitants de ce village et de Corsei séquestrent, le 23 septembre, l'épouse de l'ancien baron pour obtenir la remise des titres féodaux. Le lendemain, la municipalité de Rai dépêche douze commissaires à Rouen où le sieur Desdouits, son mari se trouvait alors, en faisant payer leur voyage par le notaire du châtelain, pour obliger celui-ci à se rendre sous huitaine dans son ancienne baronnie avec non seulement les titres, mais aussi « les frais des procédures anciennement faites pour droits féodaux par ses prédécesseurs ». Prudemment retiré dans son domicile parisien, Desdouits préfère écrire, le 30 septembre, au ministre de l'Intérieur et implorer sa protection pour faire libérer sa femme, gardée en permanence chez son fermier par douze hommes armés, plutôt que de se soumettre à ses anciens vassaux [11].

La recherche des titres de propriété intéresse également les officiers municipaux de Moussonvilliers qui écrivent leur requête, le 18 septembre, au procureur du district de Mortagne. Un mois plus tard, escortés de la garde nationale de St-Maurice-les-Charencey, ils réquisitionnent une bonne centaine de liasses au domicile du ci-devant seigneur. Un procès l'opposait à la communauté depuis plusieurs années et était toujours pendant à Chartres au sujet des biens communaux. On disait que le châtelain détenait tous les titres de propriété et d'usage dans la paroisse et que les notaires n'avaient conservé aucune minute. Non seulement Allard de la Coudraye usurpait les biens communaux et n'avait jamais voulu remettre ses titres de seigneurie, mais encore il était père d'enfants émigrés et refusait de vendre son blé aux halles de Saint-Maurice préférant le faire porter à celles de Chennebrun, La Ferté, Longny ou Verneuil. Réfugié dans cette ville, il porte plainte, en « citoyen opprimé », pour cette violation flagrante des droits de l'homme (notamment de propriété) et des lois (liberté du commerce et usage de la force publique). Le district de Mortagne condamne le 22 mai, puis le 15 juillet 1793 cet abus de pouvoir des autorités locales et ordonne la restitution des papiers à son propriétaire [12].

---

10. A.D.O. L 5165.
11. A.N. F7 3684/3.
12. A.D.O. L 2933.

Dans l'ouest du département qui avait connu une révolte généralisée en 1789, les mouvements sont d'une autre nature.

Par crainte justifiée d'une agitation populaire, les administrateurs du district de Domfront avaient décidé, le 1er août, de faire incarcérer tous les prêtres réfractaires, considérés comme « ennemis de l'intérieur ». Surtout, ils proposent le 22 août à l'Assemblée d'assurer « l'exercice des droits imprescriptibles de l'homme », en partageant les biens des émigrés et les terres communales au profit des citoyens sans terres ou petits propriétaires [13]. S'il est difficile de mesurer l'écho de cette proposition dans le district et ses environs, c'est bien d'un esprit partageux que témoigne la guerre aux châteaux dans le Domfrontais.

Le 17 septembre, à Vaucé, dans le sud du district, à l'occasion de la vente publique des meubles de l'émigré Tauquerel, quatorze volontaires du village saccagent le château en lançant : « Nous allons voir ceux qui vont enchérir sur nous ! ». Les portes du château sont forcées, le linge haché à coups de sabre, les bouteilles de vin et de cidre brisées, sans doute après avoir été vidées, ce que ne précise pas le procès-verbal qui ajoute toutefois que le gibier et les volailles ont été tués et mangés. En octobre, on ne peut interroger que deux des inculpés, les autres étant partis aux frontières. Il s'agit de deux gardes nationaux, le maître d'école de 23 ans et un tailleur d'habits de 24 ans. La procédure est anéantie par la lettre du district du 14 novembre 1792 [14].

Le 17 septembre également, le château de M. des Rotours, ci-devant seigneur de la paroisse de La Chaux est pillé. Le maire, les officiers municipaux, le capitaine et le lieutenant de la garde nationale assemblent les citoyens au son de la caisse et conduisent le rassemblement au château. En présence du garde, ils signent un procès-verbal de tous les meubles qu'ils ont réquisitionnés, les font transporter sur deux charrettes au village où le partage a été effectué. Semblable procédure a été suivie par les habitants de La Motte-Fouquet et de St-Patrice-du-Désert au château de M. Falconer, considéré lui aussi comme un émigré, et dont ils avaient brûlé les titres en 1789 [15]. Mais à La Chaux, la plainte du chargé d'affaires du châtelain conduit à ouvrir une information judiciaire un mois plus tard. Au tribunal du district d'Alençon, le maire (un boulanger de 58 ans) et un officier municipal (un laboureur de 38 ans) sont accusés, le 19 novembre, de complicité de brigandage et conduits à la maison d'arrêt du chef-lieu. La procédure est poursuivie par le tribunal criminel de l'Orne qui devait rendre son jugement le 16 février 1793 mais qui nous est inconnu [16].

La mise à sac du château de Dompierre a lieu le 19 septembre. La grille de fer a été enlevée, la rampe d'escalier du jardin arrachée, le cadran solaire abattu, les échelles des charmilles enlevées, les vitres et les contrevents brisés, le trumeau de la cheminée démoli, les tapisseries arrachées, les armoires enfoncées, les serrures cassées, la chapelle saccagée, la cuisine dévastée : les casseurs de Dompierre et Champsecret s'en sont donnés à coeur joie. Pendant trois jours, ils ont fait ripaille

13. Cité par P. Nicolle, « Notes et glanes », *A.H.R.F*, sept-oct. 1928.

14. A.D.O. L 6498.

15. Le citoyen Falconer n'émigrera pas mais c'est un nouvel épisode des rapports de force dans ce village après les procès sous l'Ancien Régime entre le seigneur de La Motte-Fouquet et la communauté rurale, la révolte agraire de juillet 1789 et la condamnation à mort de deux participants au brûlement du chartrier, la perquisition du château après la fuite du roi et la condamnation de la violence populaire par le district d'Alençon, enfin la rétractation individuelle devant la municipalité en avril 1792 de la déclaration notariée de novembre 1790, concernant la destruction en 1789 de tous les titres seigneuriaux. Le registre de délibérations de la commune est muet sur cet épisode de pillage comme sur la loi du 17 juillet 1793, réglant définitivement la question féodale.

16. A.D.O. L 5166.

avec les légumes du jardin, les viandes de la cuisine et les poissons de l'étang qu'ils ont fait cuire au château. Les quinze gardes nationaux de Domfront, envoyés pour dissiper « la bande de brigands qui s'en prenait à l'étang », ont été contraints au repli stratégique devant les 150 personnes qui, averties par le tocsin sonné dans les deux villages, les ont poursuivis. L'enquête aboutit à l'arrestation de trois hommes le 26 octobre : un maçon de 25 ans, un bûcheron de 42 ans et un jeune tisserand analphabète de 18 ans. L'affaire ne semble pas aboutir, le tribunal criminel s'étant déchargé sur le juge de paix du canton [17].

Le même jour, c'est une troupe de 200 personnes armées de fusils et de sabres qui force les officiers municipaux de St-Maurice-du-Désert à venir, décorés de leur écharpe, faire des perquisitions chez tous les suspects du bourg. La maison occupée auparavant par les prêtres réfractaires est la première visitée. Ensuite, le rassemblement se porte au château où l'on s'empare de plusieurs potées de beurre, des quelques 200 bouteilles de vin, en négligeant toutefois le tonneau de cidre. Tandis que certains restent à pêcher dans l'étang, d'autres reviennent au bourg en exigeant de la municipalité un réquisitoire pour enlever les armes « et autres effets » des émigrés et des suspects. On réquisitionne ainsi deux tonneaux de cidre « chez les réfractaires », un tonneau de poiré chez le maire, une douzaine de poules chez sa veuve. La fête dura de 9 heures du matin jusqu'à 8 heures du soir. La troupe partit ensuite à Tessé, dans un village proche, où le cidre et le poiré furent déchargés au pied de l'arbre de la liberté. L'information ouverte par le juge de paix de La Ferté-Macé, le 23 septembre, aboutit à l'arrestation de neuf personnes, âgées de 24 à 48 ans, à savoir un laboureur, deux journaliers, deux cordonniers, un boucher, un charpentier, un voiturier des forges et un garde de la forêt d'Andaine. Transférés à la prison d'Alençon « à cause de l'insurrection qui existe dans plusieurs paroisses du district », ces pères de famille de Lonlay-le-Tesson, La Ferte-Macé, Juvigny et Tessé réclament, deux mois plus tard, leur libération et leur grâce tandis que l'on recherche le capitaine de la garde nationale et trois officiers municipaux de St-Maurice-du-Désert, le commandant de la garde de Tessé et d'autres habitants de ces communes et de La Sauvagère. Le tribunal du district en libère cinq, le 6 décembre, mais maintient l'acte d'accusation contre les plus âgés, c'est à dire le boucher de La Ferté-Macé, le garde forestier de Juvigny, le journalier et le charpentier de Tessé. La procédure s'interrompt avec l'audition de nouveaux témoins en janvier 1793 [18].

La dernière affaire que nous connaissons, celle de Joué-du-Bois, concernant le pillage du château du Bel et autres propriétés d'émigrés n'a été instruite que sous la réaction thermidorienne, comme d'ailleurs la plupart des affaires de meurtres de prêtres réfractaires. Le tribunal criminel de l'Orne enregistre, le 2 ventôse an III, la déposition de quarante témoins sur les événements qui se sont produits deux ans et demi auparavant et ordonne l'arrestation de douze citoyens, âgés de 26 à 62 ans. En septembre 1792, ces deux propriétaires, ces quatre cultivateurs, ce marchand laboureur, ce marchand tanneur, cet instituteur et ce journalier dirigeaient la commune en tant que maire, procureur, greffier, officiers municipaux, notables ou encore capitaines de la garde nationale. Le plus jeune n'a pas de profession indiquée : on retient surtout qu'il était l'agent national du district en l'an II et l'on ajoute, pour les autres, leurs fonctions municipales en 1793 et 1794. Car leur procès n'est en fait qu'une vengeance politique contre les anciens terroristes du bourg. Malgré la loi d'amnistie

---

17. A.D.O. L 6496.
18. A.D.O. L 6497.

du 22 vendémiaire an IV qui les libère après huit mois de prison, on s'acharne encore contre trois d'entre-eux à qui on reproche d'avoir coopéré aux dévastations de septembre. La restauration solennelle du droit de propriété condamne la grande fête populaire au château, au cours de laquelle on a bu vin et cidre, pêché dans les douves et les étangs, tué vaches et veaux et distribué les meubles aux volontaires de 1792, avant de taxer en 1793 tous les contribuables, proportionnellement à leur fortune, pour donner 300 livres à chacun des 22 citoyens-soldats de Joué-du-Bois, appelés pour former le contingent des 300.000 hommes [19].

Au delà de la condamnation de tout le mouvement populaire en révolution, ce dernier procès permet de mesurer toute l'importance de l'occupation des châteaux en septembre 1792, non seulement à titre symbolique, mais comme une étape fondatrice dans l'exercice populaire du pouvoir en 1793 et 1794. Si l'époque de la Terreur a été bienveillante pour les volontaires nationaux et les casseurs de l'automne 1792, qu'en a-t-il été pour les partisans des confréries ?

La défense des charités percheronnes par les communautés rurales

Le décret du 18 août 1792 par lequel l'Assemblée législative supprima les confréries au nom de la liberté individuelle, dans la ligne des lois Allarde et Le Chapelier, rencontra une vive résistance dans la partie orientale de l'Orne où ces associations laïques étaient particulièrement nombreuses.

Cette sociabilité d'Ancien Régime, transmise des villes vers les campagnes, à la belle époque du catholicisme tridentin, est moins conquérante au XVIIIème siècle où les fondations s'essoufflent en Normandie à partir de 1740 [20]. Toutefois, le déclin de cette forme de vie sociale est plus apparent dans les villes, pendant les deux décennies prérévolutionnaires où l'on assiste alors à l'essor de la sociabilité des Lumières, que dans les campagnes qui apparaissent comme le conservatoire de la sociabilité religieuse, au vu des effectifs stables dans la longue durée [21]. C'est bien de cet enracinement et de cette vitalité que témoigne le mouvement de défense des charités, organisé dans le Perche, pendant l'hiver 1792-93.

La quarantaine de pétitions, présentées en janvier 1793 à la Convention nationale, émanent de trois départements : l'Eure, l'Eure-et-Loir et l'Orne et recouvrent trois anciens diocèses (Evreux, Chartres et Sées). La géographie de ce mouvement protestataire ne se confond pas avec une région naturelle, historique ou culturelle car elle ne représente qu'une faible partie de l'aire des charités normandes ; elle valorise, en fait, les communes des districts de Mortagne et de Bellême dans l'Orne, tout en entraînant des communes riveraines ou relativement proches dans les districts d'Alençon, Verneuil, Chateauneuf et Chartres. Cette géographie témoigne d'un « espace vécu », cher à A. Frémont. Dans ce pays de collines et d'habitat dispersé, les confréries de charités sont bien implantées (une commune sur trois environ) alors qu'elles sont très peu nombreuses dans le Bocage normand et quasi-inexistante dans le Maine [22].

---

19. A.D.O. L 5170.
20. Voir E. Sevestre : *Les problèmes religieux de la Révolution et de l'Empire en Normandie*, 1924, Y Nédelec : *Le diocèse de Lisieux au XVIIIème siècle (1715-1784)*, 1954, et J. Fournée : *La piété populaire en France, t1, La Normandie*, 1984.
21. Bée (281), (282).
22. Flament (288).

Les raisons de leur succès tiennent à l'adhésion aux principes de cette confraternité que rappelle le *Précis sur l'institution des Charités* édité en 1792 à Mortagne. L'assistance funéraire, accompagnée de l'intercession religieuse et l'aide aux malheureux sont des services publics d'une grande utilité dans un pays où les habitations sont très éloignées de l'église et du cimetière et où les citoyens pauvres sont très nombreux. L'attachement à cette solidarité institutionnalisée par l'Église catholique n'implique pas une contestation des valeurs de la Révolution. Dans ces districts où, dès le printemps 1791, les prêtres ont prêté majoritairement le serment constitutionnel, le manifeste affiche un loyalisme républicain. Pour contester l'assimilation des charités aux corporations qui génèrent les privilèges ou entravent la liberté individuelle, les communautés rurales menacées dans leur solidarité coutumière savent se couler dans le moule du discours révolutionnaire. Le manifeste pour la liberté du culte catholique s'intègre au débat national d'opinions en pressant les Conventionnels de « déjouer les intrigues des malveillants qui répandent dans les campagnes que vous voulez anéantir la religion catholique ». Il porte la contradiction aux athées des villes en acceptant la nationalisation des biens des charités, en reconnaissant le pluralisme religieux et en affirmant le caractère populaire du catholicisme. Enfin, la réaction communautaire n'est pas exclusivement conservatrice, mais témoigne bien de l'état d'esprit des campagnes ornaises après le 10 août 1792 : « On rougit de vous le dire, Législateurs ! Votre toute puissance a humilié l'orgueil, confondu la vanité de la noblesse, renversé le trône mais ne s'est point étendue encore sur les besoins du pauvre ! » [23].

La protestation des partisans d'une religion populaire, vécue dans le réseau confraternel des charités, s'inscrit d'autant plus aisément dans l'espace public créé par la Révolution que la vie associative les a préparés à délibérer et à agir. On le mesure bien dans l'organisation de cette campagne.

Le mouvement protestataire part du bourg de Longny en octobre 1792. Un formulaire imprimé est distribué avec le *Précis des Charités*, le mois suivant, dans les alentours pour convoquer une réunion du Conseil général de la commune afin de choisir deux commissaires qui porteront la pétition à Paris. Une quarantaine de communes ont rendu leur adresse signée avant la mi-décembre, date du départ des commissaires vers la Convention. Elles ne regroupent pas toutes les paroisses pourvues d'une confrérie, mais les communes gagnées au mouvement dessinent bien un espace de sociabilité coutumière sur lequel se greffent quatre communes d'Eure-et-Loir. Le nombre de signataires varie beaucoup, de trois citoyens seulement à 112 pour Longny, avec en moyenne 36 personnes par localité ; cinq d'entre elles précisent que « les autres ne savent pas signer ». Sachant que ces communes comptent mille habitants en moyenne, on est loin toutefois des cent mille signataires dont les commissaires se diront les porte-parole. Dans un cas sur trois, le maire a signé la pétition ; dans une proportion moindre, on rencontre ensuite le procureur de la commune et le curé, puis les officiers municipaux et le greffier, enfin, le Conseil général, l'échevin, le prévôt et les frères servants. Même si toutes les pétitions ne sont pas aussi précises sur les qualités des signataires, la défense politique des charités s'inscrit dans une prise de position municipale.

Le formulaire adressé à l'administration communale précise que le but de la revendication n'est pas de s'opposer à la nationalisation des biens de la confrérie mais de conserver l'exercice de ses fonctions. Il ajoute que la nomination des dépu-

---

23. A.N. C 245.

tés de la paroisse pourra être effectuée éventuellement par « les frères et amis de Longny ». C'est ainsi que le nom de Pierre-Henry Rousseville s'impose dans une pétition sur deux. Ce marchand de Longny est né dans le bourg il y a trente-deux ans ; sa contribution fiscale d'une trentaine de livres le classe dans le quart supérieur des contribuables du chef-lieu de canton. Toutefois, le séjour parisien est coûteux et il écrit au président de la Convention l'avant-veille d'être admis à la barre : « L'argent nous manque, nous sommes forcés de nous en aller et nous mourons de douleur de le faire sans avoir été entendus ». Malgré l'échec de sa mission, Rousseville va être quelques mois plus tard l'un des fondateurs de la société populaire de Longny, avec quatre autres organisateurs du mouvement de défense des charités (le juge de paix et trois officiers municipaux). Le maire de 1792 et le greffier les rejoignent au club en prairial an II quand Rousseville devient membre du comité de surveillance et que la société populaire organise la fête en l'honneur de l'Etre Suprême.

L'exemple de Longny mérite un élargissement de perspective. Dans les districts de Bellême et de Mortagne comme à l'échelle du département, on observe, en effet, que les trois quarts des clubs ont été établis dans des communes ayant en 1789 une charité. L'exemple ornais permet de retrouver la thèse de M. Agulhon selon laquelle les structures de sociabilité des confréries méridionales ont frayé la voie à la sociabilité politique. Ainsi, le bourg de Vimoutiers qui a vu naître la première société des Amis de la Constitution du département en 1790 ne comptait alors pas moins de neuf confréries ; leur vitalité, attestée par M. Bée, a sans doute contribué à l'éclosion prompte d'un club. On constate une implantation plus réussie des clubs révolutionnaires dans la partie Est de l'Orne, là où une sociabilité en partie laïque imprégnait déjà les relations sociales. Ainsi, le district de Bellême forme avec celui de Domfront [24] un net contraste :

Tableau comparatif des charités et des clubs dans l'Orne

District	% de la population en l'an III	% de charités par commune	% de clubs par commune	% de clubs dans les communes ayant eu une charité
Alençon	17,4 %	14,7 %	5,5 %	100 %
Argentan	19,7 %	6,3 %	4,7 %	66,7 %
Bellême	12,2 %	33,3 %	11,1 %	83,3 %
Domfront	27,3 %	4 %	3 %	66,7 %
L'Aigle	12,4 %	15,4 %	7,2 %	57,1 %
Mortagne	11 %	30,7 %	5,1 %	75 %
Orne	100 %	14 %	5,5 %	74 %.

Au delà de cette frontière de sociabilité, le bilan départemental manifeste s'il en était besoin que l'Ouest n'est pas le Midi et que l'engagement civique n'a gagné en cinq ans de révolution que le tiers des communes ralliées, pendant de nombreuses décennies, à la fraternité caritative. Reste toutefois le constat global de l'importante densité des sociétés populaires en l'an II dans le Nord-Est de la Normandie où les confréries étaient particulièrement nombreuses à l'est de la Touques.

---

24. Voir J.C.Martin (274).

Rendre compte de cette inflexion de la sociabilité, c'est s'interroger sur la fonction intégratrice de la société populaire, du gros bourg au minuscule village ; autrement dit, comment une culture politique qui se veut démocratique s'incarne dans la pratique sociale ?

Les clubistes de Longny-au-Perche

La seconde commune du district de Mortagne, peuplée de 2440 habitants en 1791, que l'on appelle « un bourg » à l'époque, n'ayant aucune fonction administrative sous l'Ancien Régime et n'exerçant que celle de chef-lieu de canton sous la Révolution, offre, grâce à la richesse de ses sources, un bon exemple de ces gros bourgs de l'Ouest.

Le rôle fiscal de 1790 permet d'établir la hiérarchie pyramidale des contribuables de Longny, en incluant les ci-devant privilégiés. Cette contribution essentiellement foncière, plus facile à fixer par « les députés de l'assemblée générale de la paroisse » que celle portant sur les revenus mobiliers, avait pour but d'atteindre le revenu de la terre, jugé fondamental par les constituants et les physiocrates. Signée par Rousseville, syndic municipal, elle s'élève à 16.817 livres, avec une moyenne de cotes de 29 livres pour les quelques 580 contribuables [25].

En tête du rôle et au sommet de la pyramide, figure le marquis de Goutaud « seigneur et baron de Longny », taxé à 3095 livres soit le cinquième des impositions du bourg. Au dessous de lui, H.F.Duriez, son employé, qui fait valoir depuis plusieurs années le complexe industriel de Longny, composé d'une forge, d'un haut-fourneau et d'une fonderie employant, d'après l'enquête de 1788, 280 employés. Comme ses voisins du district de Verneuil, le quinquagénaire maître de forges dont la contribution s'élève à 807 livres est un adhérent du club. Il sera confronté à une grande grève de ses ouvriers, dirigée par les voituriers de charbon, en frimaire an IV ; soutenu par la municipalité, au nom du « service public », le patron obtiendra avec l'aide de la gendarmerie la réquisition des ouvriers, employés dans l'artillerie [26]. Ensuite, vient L.F. Guérin, meunier à Longny depuis quinze ans, imposé à 619 livres ; membre de la société populaire depuis sa création, il cumule plusieurs fonctions sous la Révolution, celle d'assesseur du juge de paix, de membre du conseil général et du comité de surveillance. Dans la même tranche fiscale, supérieure à 200 livres, on peut ranger aussi une congrégation religieuse, le prieur-curé et un laboureur.

Les riches habitants de Longny, payant de 50 à 200 livres d'impôt, sont au nombre d'une soixantaine : on en retrouve un tiers dans la société populaire. Ce sont surtout des laboureurs qui habitent généralement dans les écarts et les plus riches marchands du bourg, fabricants d'étoffes et aubergistes. Dans le monde paysan, minoritaire à Longny, ce sont les laboureurs qui sont jacobins.

Les classes moyennes du bourg, acquittant au moins, les dix journées de travail pour être électeurs, représentent le tiers des contribuables (les revenus de la confrérie de charité appartiennent à cette tranche fiscale). La moitié des « bourgeois » y figurent avec 38 % des paysans et 27 % seulement des artisans et marchands. Tous

---

25. A.D.O. C 1280. Dans le rôle fiscal de Longny, il y a une douzaine d'étrangers au bourg qui possèdent un modeste logement ou de grandes propriétés et, plus regrettable, une centaine de personnes dont on ignore la profession.

26. M. Leroux, « Longny, centre industriel », *Société Percheronne d'Histoire et d'Archéologie*, 1928, t. XXVI.

les hommes de loi, les chirurgiens et ceux qui se définissent comme bourgeois ainsi que les trois-quarts des maîtres de l'échoppe et de la boutique sont adhérents au club que ne fréquente, en revanche, aucun des paysans.

Enfin, plus de la moitié des contribuables (55 %) appartiennent aux classes populaires sur lesquelles il convient de nous attarder. Le peuple de Longny se caractérise par une grande diversité de métiers. En rencontrant parmi eux, au dessous du cens électoral, aussi bien des bourgeois auto-définis, des chirurgiens, des huissiers ou des marchands que des journaliers, et même en supposant que certains bourgeois possèdent ailleurs des propriétés plus considérables, on mesure la complexité de la réalité sociale et la difficulté d'établir une grille socio-professionnelle. A la base de la pyramide sociale, il est important de distinguer ceux qui sont taxés à moins de 7 L 10 sols et ceux qui ont une contribution inférieure à 2 L 5 sols ; sachant qu'à Longny la journée de travail est fixée à 15 sols, on peut ainsi établir le nombre de citoyens actifs qui ne peuvent être électeurs et celui des citoyens passifs.

Les premiers représentent près du tiers des contribuables. Parmi eux, le clergé plébéien : les vicaires, le sacristain et aussi le principal du collège. Il y aussi les cultivateurs que l'on désigne encore sous le terme féodal d'« hostager », c'est à dire de tenancier ; certains d'entre eux sont répertoriés dans la tranche fiscale supérieure, aux côtés des bordagers et des laboureurs. Si l'on n'en trouve qu'un au club, il faut ajouter que certains, quatre ans plus tard, se sont reconvertis, comme les membres du clergé, dans les petits métiers du bourg. L'étiquette, classique depuis les travaux d'A. Soboul, de l'« échoppe et de la boutique » convient mieux dans les campagnes que la distinction faite par P. Bois, notamment, entre artisans et marchands. Le caractère vague de l'expression permet de mieux rendre compte de la diversité professionnelle et sociale qu'une précision conceptuelle qui se révèle factice à Longny : de nombreux marchands se retrouvent au bas de l'échelle sociale. On observe, enfin, que de très nombreux journaliers sont citoyens actifs ainsi d'ailleurs que deux compagnons. C'est dans cette tranche fiscale qu'on relève la proportion la plus faible de clubistes.

Les citoyens passifs dont la cote fiscale est inférieure aux journées de travail prévues par la loi pour avoir le droit de vote représentent près du quart des contribuables. Les paysans sont très peu nombreux ; ce sont surtout les journaliers et les ouvriers du textile qui sont privés, sous la monarchie constitutionnelle, de droits politiques. Il est incontestable que pour un tiers de ces cardeurs, tisserands, ouvriers en laine, marchands, bourreliers, charpentiers et journaliers qui adhèrent à la société populaire en l'an II, la possibilité d'en faire partie et d'y prendre la parole signifie la reconnaissance d'une dignité personnelle si longtemps bafouée. S'il est impossible de connaître le nombre de citoyens qui ne figurent pas au rôle des contributions, il faut toutefois mentionner qu'une vingtaine de clubistes, soit près de 10 % des effectifs de la société populaire en brumaire an III [27], habitaient le bourg en 1790, avaient l'âge d'exercer leurs droits civiques et étaient manifestement trop pauvres pour payer des impôts. Ainsi, d'une part l'estimation de 30 % de citoyens passifs faite par P. Bois dans la ville de Mamers [28] trouve dans le bourg de Longny une confirmation et, d'autre part, 17 % des membres de la société populaire étaient de « vrais passifs », écartés des urnes en raison de leur pauvreté.

Les 214 clubistes, soit 9 % de la population du bourg, offrent une assez bonne représentation de la société civile comme de la structure interclassiste de l'associa-

---

27. A.D.O. L 5113.
28. Bois (49), p. 224-241.

tion politique sous la République jacobine avec la faible présence des paysans et des journaliers, la forte participation des artisans et des boutiquiers et la quasi-totale adhésion des bourgeois. L'étroitesse de la base de la pyramide sociale des clubistes est imputable surtout à l'absence des journaliers et des paysans pauvres ; seulement 10 % des journaliers de 1790, encore journaliers en 1794, sont devenus jacobins alors que le monde de l'échoppe et de la boutique, malgré la misère de certains membres, est beaucoup plus intégré à la vie politique du bourg. Dans les activités du textile, du bois, du fer ou du cuir, du marchand-fabricant à l'ouvrier, on devine les relations de dépendance économique et de proximité familière qui favorisent l'intégration sociale dans la structure clubiste. Les cordonniers, tisserands, tailleurs d'habits, incapables de payer trois journées de travail au fisc, ont à Longny comme ailleurs, le même comportement politique que les bourgeois : en partageant le même enthousiasme civique, ils entrent en masse dans le club.

L'examen du registre complet de délibérations de la société populaire, à laquelle adhèrent toutes les classes sociales du bourg, permet de préciser le contenu de la fraternité républicaine, fraternité fondée sur d'autres principes que la solidarité de classe.

La confraternité jacobine à Longny-au-Perche

La société populaire peut être définie à Longny comme l'assemblée générale de la commune, une école publique et laïque et comme un club de loisirs.

Les réunions ont lieu un soir sur deux, après le travail, et attirent beaucoup de monde, notamment les femmes qui ici comme ailleurs posent beaucoup de problèmes, malgré l'aménagement des tribunes et la nomination de censeurs. L'un d'eux refuse même, le 12 vendémiaire an III, de faire la police en objectant qu'« il ne veut pas courir le risque de devenir aveugle ! ». Il explique que « les citoyennes se permettent de manger des noix, malgré ses observations, de lui jeter ensuite les coques au nez, que quelques unes d'entre-elles n'en ayant pas en ont ramassé par terre avec du sable et lui ont jeté l'un et l'autre aux yeux. Le même censeur a observé que les citoyennes veulent rester à l'entrée de la porte de la société pour y jaser plus à leur aise ». Comme on n'est pas à la veillée, une motion en quatre points est aussitôt proposée : ne pas manger pendant les séances, ne pas stationner à la porte, ne pas rester debout et ne pas parler. Elle est contestée par un membre au nom de la liberté en général et de celle, en particulier, de « choisir sa place car, même à la Convention, on va çà et là, sans opposition ». La réfutation de cette assertion, le vote de la motion en arrêté de la société, la question de savoir si l'admission des membres se fera comme d'habitude avec les fèves noires et blanches ou bien à haute voix, si on parlera désormais d'une tribune comme à la ville alors qu'on a toujours été entendu en parlant de sa place, occupent bien la soirée. Ce même mois, le refus de l'épuration des clubistes, au nom de la solidarité communautaire, est un autre exemple de la volonté d'autonomie communale que nous avons déjà relevée dans les sociétés rurales du district de Verneuil.

Le consensus se réalise autour de l'adhésion aux grandes valeurs républicaines qui s'exprime dans de fréquentes manifestations comme si le rassemblement des citoyens était déjà une fête, particulièrement le décadi. La séance du 20 messidor ainsi a « été entièrement consacrée à des chants patriotiques. Elle a servi de point de ralliement pour se reporter en masse au ci-devant château où une danse générale a signalé la joie publique ». La veille, la lecture d'une lettre d'« un brave défenseur de la République », originaire de Longny, annonçant la prise d'Ypres, puis celle d'Ostende avait conduit la société à « improviser une fête en mémoire de la consternation qu'inspirent les incroyables effets du courage français aux satellites des despotes coalisés ». De même, le 10 vendémiaire, la séance de lecture des nouvelles a été renvoyée au lendemain parce que la joie des jeunes gens, envahissant le local pour danser et chanter, a été contagieuse bien que la fête en l'honneur des victoires fût programmée par la Convention pour le 30. La spontanéité festive des gens de Longny ne leur fait pas négliger les cérémonies officielles.

Ainsi, la fête de l'Etre Suprême a connu une semaine d'intenses préparatifs : les citoyennes confectionnant les bouquets de fleurs et les banderoles, les musiciens préparant les concerts publics, les élus changeant les noms des rues comme celle de l'Eglise pour la rue de l'Egalité, Ste-Anne pour celle de l'Humanité ou encore St-Hubert au profit des Sans-Culottes sans oublier la République, la Fraternité, les Droits de l'Homme, la Liberté, l'Union, la Montagne, les Piques, Marat et Le Peletier. Le syncrétisme religieux et civique de la fête du 20 prairial était de nature à rallier à « la sainte Révolution » les zélés défenseurs des charités qui, à Longny, se retrouvent au club dans la proportion des deux-tiers. Le programme de la fête, adopté par la société populaire, prévoit une cérémonie civique le matin, marquée par le discours du maire à la tribune du temple de l'Etre Suprême, en présence des autorités du bourg, des gardes nationaux en uniforme, des citoyennes vêtues de blanc, un bouquet tricolore à la main, et du peuple qui doit crier : « Honneur à l'Etre Suprême ! » ; puis, par groupes de six personnes se tenant par le bras « à l'instar des sections de Paris », le cortège doit se rendre devant l'arbre de la liberté ; sur les gradins aménagés autour, les groupes de l'enfance, l'adolescence, l'âge viril et de la vieillesse prennent place au son de la musique pendant que les citoyennes jettent des fleurs. Après l'hymne dédié à l'Etre Suprême dont le refrain est repris en choeur par le peuple, les cris de « Vive la République ! », le crépitement des armes, la Marseillaise, une danse générale et une salve d'artillerie doivent terminer la cérémonie du matin.

L'après-midi a lieu le défilé. La statue de la Liberté, « cette déesse des républicains », est promenée avec les musiciens dans le chariot du ci-devant château, tiré par deux chevaux. Entourée par la garde nationale, elle est précédée du drapeau et des groupes composant l'âge viril et l'adolescence, défenseurs actuels et futurs de « notre divinité désormais tutélaire » et suivie par « les époques les plus faibles et les plus respectables de la vie » pour toucher les âmes républicaines. En tête de la marche, « pour faire oublier à jamais les figures aussi ridicules que mal dessinées qui décoraient jadis nos processions et pour prouver surtout au peuple qu'en détruisant ces divinités subalternes, la Convention n'a jamais prétendu attenter à la seule divinité qui sera l'objet de notre culte épuré, sera portée solennellement l'inscription figurée qui doit être placée sur le frontispice du temple dédié à l'Etre Suprême ; à chaque pause, le citoyen-maire en lira la légende au peuple et, par une courte observation, il lui fera remarquer que, reconnaissant l'existence de l'Etre Suprême et de l'immortalité de l'âme, nos législateurs ont obéi aux lois de la véritable morale » [29]. Une fois le tableau accroché à la porte du temple et la statue placée sur un piédestal, à côté de la déclaration des Droits de l'Homme, dans le local de la société populaire, la fête s'achève par des danses publiques.

L'intégration des valeurs révolutionnaires à la culture populaire traditionnelle, marquée tout autant par la transformation du château en salle de fêtes villageoise

---

29. A.D.O. L 5112.

(comme pour la fête anniversaire du 10 Août) que par la récupération des processions religieuses, n'est pas le seul caractère des manifestations festives. Le 30 vendémiaire, il y a par exemple une représentation théâtrale. Les auteurs de la pièce patriotique sont deux fondateurs et ex-présidents de la société : l'un est notaire, l'autre postillon depuis trois ans ; l'un acquittait 68 livres d'impôt en 1790, l'autre une livre. Simon Goitard, qui a été receveur du droit d'Enregistrement pendant dix-huit mois, est à 37 ans, procureur de la commune et membre du Conseil général. Pierre Bourdon a 40 ans et, avant d'être postillon, était cordonnier. Les personnages de leur pièce sont interprétés par eux-mêmes et trois autres clubistes : Louis Collivet, le fils du juge de paix, âgé de 30 ans, qui est greffier de la municipalité, administrateur du district de Mortagne et membre du club depuis six mois tandis que les deux autres en sont des fondateurs : François Feuillard, un menuisier de 29 ans et commandant du bataillon de la garde nationale de Longny et Jacques Groustel, un tailleur d'habits de 26 ans et adjudant dans la garde nationale. Ce n'est pas un exemple unique de théâtre populaire en 1794 ; mais l'écriture collective d'une pièce par un notaire et un cordonnier, un électeur et un citoyen passif de 1790, est à coup sûr plus originale. Cette fraternité républicaine qui gomme les distinctions sociales, se nourrit d'une culture nationale et patriotique et assure cette entente de classes est, sans nul doute, basée sur le sentiment encore très vif d'appartenance au Tiers-État dans la communauté de Longny.

La question sociale a été néanmoins posée à plusieurs occasions. Une séance extraordinaire a été décidée, le 6 messidor, pour « faire connaître à la société le superbe rapport de Barère sur la manière dont on devait détruire la mendicité dans l'étendue de la République ». Aussitôt, des sociétaires protestent contre l'objet dérisoire de la réunion. Le citoyen qui avait convoqué la séance s'est alors « livré à son enthousiasme patriotique au point de déclarer qu'il regarderait comme mauvais citoyen tout individu qui s'opposerait à la lecture d'un rapport qui intéresse la classe la plus respectable de la République ». Aux partisans de la municipalité qui redoutent une critique de négligence dans l'application de cette loi, s'opposent deux jacobins radicaux qui font admettre le rôle de « tribunal sévère » que doit exercer la société populaire et qui obligent le maire à reconnaître le bien-fondé de leurs critiques.

Le rappel des cotisations est à l'ordre du jour de la séance du 30 thermidor. Sur l'observation d'un membre que les retardataires sont « les plus aisés de la société », une motion propose de diviser les sociétaires en trois classes et une cotisation différenciée de 40, 20 et 10 sols. Le lendemain, le président Bourdon estime que cette division est contraire au principe de l'égalité. C'est le percepteur des impôts, électeur en 1790, qui répond au ci-devant citoyen passif que « tous les individus ne sont pas égaux en fortune, qu'il serait infiniment injuste que le pauvre paie autant que le riche, que d'ailleurs les riches n'ont donné que dix sols et qu'il y a lieu de penser que si le minimum avait été de cinq sols, ils n'eussent pas donné plus » : sans accorder pour cela quelque privilège de préséance aux citoyens de la première classe « il faut corriger cet abus ». Mais l'attachement à la forme égalitaire l'emporte sur ces arguments de futile trésorerie et la société se contente de fixer un minimum de dix sols en espérant que « les riches se feront un devoir de l'outrepasser ».

Ce sentiment d'égalité fraternelle se manifeste également lorsque la société reçoit les adresses de clubs voisins, notamment celui de Mortagne. Ainsi expédie-t-elle le 17 thermidor sa réponse au club du chef-lieu du district sur la question des subsistances et de l'approvisionnement du Paris révolutionnaire : « L'esprit de fraternité et, surtout, d'égalité ne permet point à une société populaire de se croire une supériorité quelconque sur la société qui l'avoisine et que, s'arroger le droit de recommander à cette même société un acte qui, quand il dépendrait d'elle, deviendrait le plus urgent et le plus sacré des devoirs, c'est annoncer d'avance qu'elle n'est pas présumée capable de l'accomplir de son propre mouvement ».

La lecture des papiers-nouvelles par des secrétaires qui ne sont pas toujours de « bons lecteurs » soulève, d'une autre manière, la question sensible de l'égalité citoyenne dans une société où le renouvellement mensuel du bureau est original (le vice-président assume la présidence le mois suivant et le secrétaire devient vice-président) et assure, malgré la prépondérance des hommes de loi, une réelle participation des couches populaires à sa direction. La motion de désigner un ou deux lecteurs attitrés provoque le trouble en vendémiaire an III. Le président, accusé de remplir plusieurs fonctions à la fois, se justifie en répondant que « les secrétaires se trouvaient quelquefois fatigués par la mauvaise impression des papiers-nouvelles et, souvent, dans l'impossibilité de lire pour cette raison ». Le secrétaire, blessé par cette motion, suggère de nommer désormais « pour secrétaires de bons lecteurs ». Le motionnaire précise alors que son intention n'était pas « d'offenser directement son collègue » mais qu'à Mortagne c'était une pratique courante. La discussion se poursuit à la séance suivante où un membre dénonce comme « attentatoire aux principes de la liberté » la nomination au bureau de la société de « personnes sachant parfaitement lire ; lesquelles, en raison du petit nombre de bons lecteurs, se trouveraient toujours à composer le bureau alors qu'il est de très bons républicains qui, quoique lecteurs inférieurs, ne méritent pas moins qu'eux, par leur civisme et leurs vertus, d'être promus à la présidence ou autre grade ». Finalement, la société retient « la possibilité pour le bureau d'inviter un sociétaire, reconnu bon lecteur, à lire les papiers-nouvelles et d'établir une tribune, déjà sollicitée, pour mettre la société à portée de mieux entendre et le lecteur d'être entendu sans forcer sa voix ».

Les délibérations des premiers mois de l'an III témoignent surtout du changement des valeurs politiques dans les mentalités clubistes : le temps des fêtes est passé et la préoccupation des subsistances devient dominante même si ce n'est que le 3 prairial qu'on prend acte de « tant de froideur » pour mettre fin à l'existence de la société. En floréal, la commune avait désarmé les partisans de Robespierre, trois clubistes et petits contribuables[30]. Le 23 pluviôse, la municipalité avait envoyé au club le buste de Marat qui ornait la salle communale en lui demandant de faire justice ; deux jours plus tard, on brûla également sur la place publique le buste de Chalier. En ventôse, la société avait soutenu la pétition de ceux qui voulaient professer librement le culte catholique et demandé à la municipalité de faire ouvrir la chapelle.

Les cultes révolutionnaires et civiques, vécus de façon consensuelle, par les défenseurs des charités percheronnes, sont désormais passés de mode. Après avoir fait accompagner les défunts au « champ du repos » par un officier public, souvent absorbé par d'autres tâches, après avoir transformé le temple de l'Etre Suprême en atelier de salpêtre et débaptisé en temple de la Raison en vendémiaire an III, la société populaire délibère, en germinal, sur l'opportunité d'un ministre du culte catholique : la révolution culturelle s'achève sur un nouveau conformisme. Cette société montagnarde n'entretint aucune relation avec les Jacobins de Paris, mentionna rarement sa correspondance avec d'autres clubs et manifesta parfois le souci de se démarquer de la société du chef-lieu de district. Le jacobinisme de Longny-au-Perche, bien représentatif des campagnes républicaines de l'Ouest, n'a pas été vécu

---

30. A.D.O. L 2932.

sur le mode du centralisme démocratique mais de l'autonomie communale dans les principes de la Convention.

La sociabilité cantonale et la sociabilité villageoise

La sociabilité révolutionnaire dans les campagnes de l'Ouest ne se réduit pas au modèle du gros bourg ; du reste, dans l'Orne, comme dans la Mayenne voisine, le phénomène associatif touche à peine un de ces bourgs sur deux alors qu'il est nettement majoritaire dans les autres départements. Les exemples d'une modeste bourgade de 1400 habitants et d'un village de moins de 500 personnes permettent de faire le tour des associations politiques en milieu rural. L'originalité de la « société populaire des Sans-Culottes de Trun-la-Montagne » est d'avoir été créée, le 30 nivôse an II, tant par les habitants du chef-lieu de canton que par ceux de huit autres communes faiblement peuplées ; celle de Maurice-du-Bon-Air (ci-devant St-Maurice-les-Charencey) est d'être implantée, en germinal an II, dans une petite commune qui ne possèdait pas, elle, de confrérie de charité.

La sociabilité cantonale connait en l'an II son plein développement : l'Orne jacobine est celle des chefs-lieux de canton. Alors que dans le Calvados et la Mayenne, le chef-lieu de canton, cette unité administrative sans fonction politique, ne réussit pas globalement à être le lieu de création d'un club, ce département voit s'établir une société populaire dans la moitié des chefs-lieux de moins de 2000 habitants et se classe en seconde position derrière l'Eure où s'épanouit à plus de 80 % la mode associative. Quant à la sociabilité villageoise, c'est un phénomène exceptionnel dans l'Ouest en général et dans l'Orne, en particulier, avec seulement 6 % des communes dotées d'un club.

Le conformisme politique des sociétés populaires, créées en l'an II, est évident. Directement inspirées par le pouvoir politique en place, elles sont les auxiliaires du Gouvernement révolutionnaire quoique leur création tardive puisse aussi s'expliquer par la progressive diffusion rurale d'un modèle urbain de sociabilité.

Dans la société de Trun, les principes montagnards sont manifestes dans le règlement, préparé en commission en pluviôse et adopté, après amendements et modifications, en germinal an II [31]. Au chef-lieu de canton, situé à une quinzaine de kilomètres d'Argentan (chef-lieu de district) comme de Falaise, les clubistes se retrouvent d'abord chaque dimanche et chaque jeudi, jour de marché, puis chaque décadi et quintidi, dans un édifice religieux dont le confessionnal, les tableaux de l'autel et la bannière de la confrérie ont été enlevés. Ce local, désormais décoré de la Déclaration des Droits de l'Homme (sans doute, celle de 1793), d'un drapeau tricolore et du buste de Marat, est entretenu par un concierge, rémunéré à dix livres par mois. Abonnée au *Journal de la Montagne*, la société qui donne aussi souvent lecture des décrets de la Convention, des arrêtés du comité de Salut Public ou du Recueil des Actions Héroïques, s'applique à suivre les directives nationales.

La politique déchristianisatrice rencontre, de pluviôse à prairial, une manifeste adhésion. Le 30 pluviôse, pour la fête de la Raison, après avoir planté l'arbre de la fraternité devant la porte du club et prêté un serment, les sociétaires ont consacré l'après-midi à chanter, discuter, rédiger une pétition à la municipalité pour « l'inviter à envoyer à la Convention nationale les hochets du fanatisme et tous les restes des dépouilles du mensonge et de la superstition » et à nommer des commissaires

---

31. A.D.O. L 5119.

pour la diffuser dans les autres communes du canton. La société populaire dont le cachet est décoré « au centre d'une femme, représentant la déesse de la Liberté », décide six jours après de « se transporter en masse dans tous les lieux où ces signes du fanatisme existent encore pour les faire enlever » en expliquant que cela ne signifie point « la destruction de la religion », car celle-ci « ne doit exister que dans les coeurs et que cet enlèvement est une preuve de la Raison que nous commençons à retrouver ». Quoique la descente des cloches pose quelques problèmes à Trun, la lettre d'abdication des fonctions curiales de l'ancien curé est chaleureusement applaudie, le 5 floréal, et, après avoir décidé d'exclure tous les nobles de son sein, la société se dit prête à admettre le curé abdicataire. Le 10 prairial, elle demande à la municipalité de ne pas accorder de passeports aux prêtres qui n'ont pas remis leurs lettres de prêtrise. Dix jours plus tard, après l'épuration de ses membres et l'exclusion de quatre adhérents, la société populaire célèbre, sans y voir la moindre contradiction, la fête de l'Etre Suprême qui, sans doute, a été la plus belle fête du canton sous la Révolution.

En dehors de l'organisation des manifestations festives, le cercle cantonal n'est pas seulement le lieu de l'éducation populaire « aux droits de l'homme et à la morale républicaine » des fonctionnaires de la République qui viennent au club accompagnés de cultivateurs du canton. Son action concrète porte surtout sur la surveillance de l'application du Maximum et de la confection du salpêtre. L'action conjuguée des comités de surveillance et des sociétés populaires dans le district, la nomination de commissaires pour surveiller les marchés et obliger les propriétaires à vendre leurs grains, bref, la mobilisation des jacobins a empêché toute disette en l'an II. Mais dès le 20 vendémiaire an III, la société populaire écrit à la Convention pour lui exposer « la violation pour ainsi dire absolue de la loi du Maximum » et déplorer qu'elle soit tombée en désuétude après l'avoir félicitée, en thermidor, pour la chute de Robespierre. Les séances vont pratiquement s'achever en brumaire et les comptes du trésorier un mois plus tôt car, sans le ressort du grand Comité de Salut Public, ce club n'a plus guère de raison d'exister. Le registre du trésorier montre que l'essentiel des dépenses a été consacré à rémunérer un employé pour l'extraction du salpêtre, à raison de 50 sols par jour [32]. Son budget qui s'élève pour huit mois à près de 500 livres, provient des contributions volontaires des adhérents ; certains ont donné dix livres, d'autres quelques sous ; le plus grand nombre, comme ce jeune marchand vendéen, réfugié à Trun, a donné une ou trois livres. Ainsi, l'abonnement au journal, l'impression des deux cents diplômes de membre de la société et la fabrication du cachet n'ont pas représenté un dixième des dépenses. Mis à part, la rémunération du concierge et l'entretien du local des séances, les cotisations des sans-culottes de Trun ont servi à fournir du salpêtre pour la République.

Les républicains de l'an II

Ces clubistes qui militent pour « vivre libres ou mourir », qui sont-ils dans le canton de Trun-la-Montagne et le village de Maurice-du-Bon-Air ?

Le jacobin du village ressemble comme un frère au sans-culotte parisien : c'est un quadragénaire qui travaille dans une échoppe ou une boutique (52 % des clubistes à Trun, 38 % à Maurice) ou qui laboure son champ (respectivement 18 % et 17 %) [33].

---

32. A.D.O. L 5109.

33. A.D.O. L 5113 (Longny), 5118 (Maurice) et 5119 (Trun). Les dits cultivateurs du canton de Trun en l'an III ne sont pas vraiment des paysans ; certains sont des anciens feudistes, des marchands ou des

Parfois, il est journalier (12 % à Maurice), employé, gendarme ou instituteur (20 % et 15 %) ou est notaire, huissier ou médecin s'il ne vit pas bourgeoisement (10 et 14 %). On adhère au club de 19 à 79 ans ; si l'âge moyen est de 42 ans, la tranche d'âge la plus importante est celle des 30-39 ans. Les militants sont toujours une minorité : les 76 clubistes de Trun ne représentent pas 6 % de la population du bourg et 2 % de celle du canton, avec les 24 adhérents des autres communes. Toutefois, avec ses 48 membres la « société populaire et fraternelle » de Maurice accueille pratiquement les deux-tiers des citoyens de ce petit village et reproduit le modèle communautaire.

Jusqu'à quel point ? La médiocrité de la participation paysanne dans les sociétés populaires de l'Orne, non seulement dans le gros bourg de Longny, mais même dans ces petites communes rurales, devient problématique. La société populaire qui agrège gros et petits contribuables, ci-devant citoyens actifs et passifs à Trun comme à Longny, est-elle un bon reflet de la communauté rurale ? L'étude des rôles fiscaux, celui de 1793 pour la commune de Trun qui, malgré ses insuffisances, est le plus complet de la période et celui de 1791 pour la petite commune de Malétable, proche de St-Maurice, à défaut d'avoir sa contribution mobilière et foncière, permet de poser le problème [34].

Tableau socio-professionnel des communes et des clubs

Contribution fiscale à	Longny	Trun	Malétable	
PAYSANS				
% dans la commune	18,8 %	5 %	35	%
% dans le club	11,1 %	50 %		
JOURNALIERS				
% dans la commune	13,6 %	7 %	26,5 %	
% dans le club	15,4 %	0 %		
ARTISANS ET BOUTIQUIERS				
% dans la commune	40,6 %	37 %	9	%
% dans le club	62,4 %	34 %		
BOURGEOIS				
% dans la commune	4 %	6 %	1	%
% dans le club	84,2 %	58 %		
CLERGE ET NOBLESSE				
% dans la commune	2,3 %	-	2,5 %	
INCONNUS				
% dans la commune	20,7 %	45 %	26	%
MOYENNE DE L'IMPOSITION	29L	36L	14L	

Malgré la forte proportion de professions inconnues, près de la moitié des contribuables à Trun ne se définissent pas comme paysans. L'exemple de Malétable, com-

---

hommes de loi, reconvertis dans l'agriculture depuis sans doute l'acquisition de biens nationaux ; il y a également ceux qui exercent une autre profession et se déclarent aussi aubergistes ou marchands. Les cultivateurs qui l'étaient avant 1789 et qui n'ont pas d'autre occupation déclarée ne sont plus alors que 11 % des clubistes.

34. A.D.O. Pour les documents fiscaux de Longny C 1280 (1790), de Trun, C 1270 (1790), L 2045 (1791), L 2056 (1793) et de Malétable, L 2959.

mune de moins de 500 habitants comme Maurice, permet de nuancer ce tableau d'une société rurale, sinon sans paysans, du moins où les cultivateurs se cachent : ici les deux-tiers de la communauté sont de riches fermiers, des laboureurs aisés ou modestes, des petits bordagers et « autagers », attachés à la glèbe. La profonde diversité de la société rurale, dont témoignait l'étude des inculpés dans les mouvements populaires de 1792, rend peu crédible le concept de « révolution paysanne », stricto sensu, tant le brassage social est manifeste même dans les petites bourgades. De même, la communauté rurale n'est pas un monde clos sur lui-même.

La communauté politique de base sous la République jacobine reproduit la stratification sociale de la communauté rurale en accueillant, comme à Trun, le bordager, un volontaire de 55 ans revenu au bourg avec son congé, dont la contribution foncière est de 7 livres et le laboureur qui acquitte plus de 300 livres d'impôt, le perruquier ou le cabaretier dont le revenu est vingt fois moindre que celui du juge de paix. Mais ce rassemblement interprofessionnel ne réalise que partiellement la volonté jacobine d'alliances car la réelle présence paysanne ne masque pas l'hypertrophie de la bourgeoisie rurale dont la représentation à la société populaire est le double de celle qu'elle a dans la société civile.

L'étude de l'origine géographique des adhérents montre également que plus de la moitié des clubistes de Longny (55 %) et de Maurice (58 %), sinon de Trun (33 %), ne sont pas nés dans la commune ou le canton. De plus, nombreux sont ceux qui, dans les petits villages, ont changé de résidence : un quart seulement des clubistes de Maurice n'ont pas été affectés par la mobilité géographique avant ou après 1789 et un peu plus de la moitié dans le canton de Trun (58 %). La relative stabilité des résidents de Longny (66 %) est contrebalancée par une grande mobilité professionnelle : 10 % déclarent avoir changé d'emploi depuis 1789, proportion que l'on peut doubler d'après le rôle fiscal. Au delà des emplois supprimés ou proposés par le nouveau régime, les reconversions les plus nombreuses affectent les classes populaires, sans épargner les autres.

Sans doute, le miroir des adhérents du club cantonal ou villageois déforme l'image de la société rurale. Ces républicains prononcés de l'an II, d'origine géographique diverse et concernés par la mobilité professionnelle, pouvaient participer davantage que les autres habitants au décloisonnement de la société traditionnelle dans le club où était offerte une nouvelle forme de communication et d'échange social.

*   *   *

En tout cas, l'étude sociale des sociétés populaires dans les campagnes ornaises permet de dégager plusieurs constats.

C'est, d'abord, le net contraste entre l'intense mobilisation populaire de l'été 1792 et le réseau rural des clubs en l'an II. La mentalité révolutionnaire des campagnes qui surgit avec force à l'époque de la chute de la monarchie ne s'est exprimée que faiblement dans le cadre associatif républicain.

C'est, ensuite, l'assimilation rapide de la culture politique par les porte-parole et les partisans des confréries de charités. Le transfert culturel vers l'association politique de la Révolution s'est opéré plus facilement dans les communautés villageoises, familiarisées antérieurement avec l'association caritative et laïque.

C'est, enfin, l'adhésion aux valeurs de la République partagée par les riches et les pauvres du bourg, du canton ou du village. Ni salon de lecture d'Ancien Régime, ni cercle de la France bourgeoise, le club jacobin a été un lieu d'intégration de toutes les classes sociales à la culture révolutionnaire, c'est-à-dire la première école de la République.

CHAPITRE HUITIÈME

LA SARTHE DES MOUVEMENTS POPULAIRES
ET DES SOCIÉTÉS POLITIQUES

L'opposition si célèbre depuis les travaux de Paul Bois entre les villageois pauvres de l'est du département, ouverts à l'esprit citadin par le commerce des bourgeois et ralliés à la cause républicaine, et les paysans riches de l'Ouest, floués par les bourgeois conquérants des villes dans leurs opérations foncières et devenus leurs adversaires politiques, se manifeste-t-elle avec tant de clarté dans le temps court des événements révolutionnaires ? Les mouvements populaires opposent-ils l'Est à l'Ouest ? L'Est républicain, radical et libre penseur a-t-il vu fleurir les sociétés politiques ? Les options politiques des villes diffèrent-elles de celles de la campagne ?

La force du mouvement populaire et de l'idée révolutionnaire :
le mouvement taxateur de l'automne 1792

Le soulèvement de novembre 1792 est le plus important mouvement populaire de la Sarthe pendant la Révolution et a mobilisé des groupes de centaines, voire de milliers d'habitants pendant plusieurs jours comme durant l'été de la Grande Peur. Cette révolte frumentaire s'inscrit dans la plus grande série de troubles qui ont affecté la Sarthe, relativement peu touchée par le soulèvement anti-nobiliaire qui vient d'enflammer l'Orne voisine, même si le départ des volontaires, deux mois plus tôt, a suscité une réaction comparable à celle qu'avait provoquée la fuite du roi : perquisition de châteaux, menaces de pillage et voies de fait contre des particuliers suspects d'aristocratie.

C'est dans le cadre politique de l'après 10 Août qu'il convient d'analyser ce mouvement taxateur qui affecte l'ensemble des régions entre Seine et Loire [1]. C'est dans l'espace départemental que nous allons tenter de suivre quelques unes des pistes tra-

---

1. Vovelle (165), p. 230-276.

cées par Michel Vovelle, en cherchant d'abord à comprendre le temps court des attitudes, des paroles et des actes des hommes sous la Révolution.

« Révolte frumentaire et conflit politique »

Les aspects économique et politique paraissent intimement liés dans les revendications de ces foules armées de fusils, piques ou bâtons, au nombre de cinq-cents, quinze cents ou cinq mille qui se portent « dès la pointe du jour » comme à La Ferté-Bernard, le 20 novembre, pour marcher vers Bonnétable, distante d'environ quinze kilomètres, ou se réunissent à deux heures du matin, comme à Sillé le 29, pour aller à Evron en Mayenne ou encore se rassemblent le soir même de la taxe au Mans pour être à Château-du-Loir, à une soixantaine de kilomètres, à l'heure du marché [2]. « L'inquiétude et l'espérance », comme pendant l'été 89, animent ces marcheurs.

Inquiétude économique devant le prix du pain qui ne cesse de monter, qui alarme les femmes, toujours présentes dans ce type de rassemblement, qui mobilise « les classes indigentes, souffrant depuis trop longtemps de la disette des grains et du pain » [3]. Inquiétude financière, causée par la dépréciation de l'assignat, sans parler des « mauvais billets patriotiques » que méprisent ou refusent les cultivateurs sur les marchés. Jamais depuis le printemps 1789, le pain n'avait été aussi rare et cher au Mans. Est-ce à dire que la peur de la famine mobilise les foules pareillement sous la monarchie absolue que sous la toute nouvelle République ?

Ce serait passer sous silence la joie de ceux que l'on n'appelle pas les émeutiers, mais « les insurgents ». Joie qui éclate au Mans lorsque les attroupés de Bonnétable, aux portes de la ville, sont finalement reçus par les autorités constituées, prévenues contre « des brigands » et découvrant « un rassemblement de citoyens ». Joie qui s'exprime dans les cris et les danses qui s'organisent spontanément sur la place publique après la taxation du blé et du pain. Joie que l'on veut partager en allant dire aux habitants d'une autre ville ou bourgade : « N'êtes-vous pas heureux que nous venions vous faire le pain moins cher ? »

L'attachement à la règlementation économique, manifeste dans la Sarthe comme elle l'était dans le district de Verneuil au printemps, implique la critique du libéralisme économique comme idéologie dominante et politique gouvernementale. Cette révolte des consommateurs contre les producteurs, révélée à l'origine même du soulèvement par la place des bûcherons et ouvriers des verreries de la forêt de Vibraye, ne se contente pas de proposer une forme d'action directe, partout reproduite pour imposer la taxe sur le marché. Elle définit aussi la nature politique du conflit. Il ne s'agit pas de causer du tort aux petits fermiers et métayers chez lesquels les taxateurs se portent ensuite, élargissant ainsi le cadre urbain de la révolte, mais de changer la vie : « s'ils faisaient diminuer le prix du grain, ils feraient aussi diminuer le prix des fermes » [4]. Les propriétaires l'ont bien compris et vont dénoncer ceux qui, tel ce chirurgien de Bonnétable est alllé inventorier, avec des journaliers et

---

2. Les sources principales sont les procédures judiciaires (A.D.S. L 320) et les registres de délibérations des districts de La Ferté-Bernard (L 263), Château-du-Loir (L 413), La Flèche (L 459), St-Calais (L 385), Mamers (L 479), Fresnay (L 462), Sillé (L 584), Sablé (L 579), Le Mans (L 529) et du directoire de département (L 255).

3. Registre de délibératons de La Ferté-Bernard, 19 novembre 1792.

4. Déposition de Louise Grison, femme d'un cultivateur de St-Mars-sous-Ballon, le 23 janvier 1793. La mention de la réduction des baux se retrouve aussi dans le registre de délibérations de Mamers.

LE MOUVEMENT TAXATEUR ET LES CLUBS SARTHOIS
DE NOVEMBRE 1792

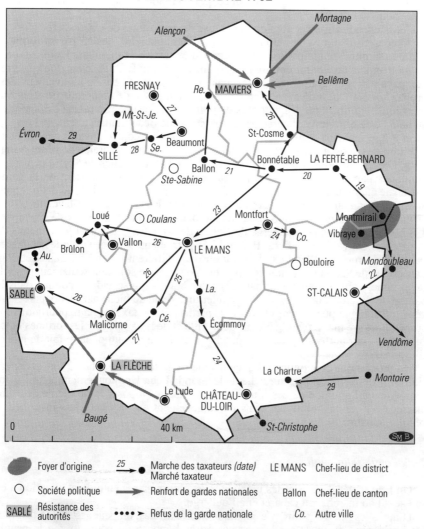

des bordagers, les greniers des environs de Ballon et organiser la vente des boisseaux de blé découverts au prix de la taxe du jour [5]. Le boulanger n'est pas soupçonné d'accaparement ; ce boutiquier, victime comme le peuple de la rareté du grain,

---

5. Information contre Lécuyer, chirugien à Bonnétable, accusé d'avoir pris part à l'insurrection de
Ballon pour la taxe des grains.

est signalé parfois, comme à Laigné-en-Belin, comme étant de ceux qui se portent chez les fermiers « au nom de la loi » pour acheter au prix de la taxe et « avec de mauvais patriotes, parce que c'est tout ce qu'on lui donne » le blé nécessaire au ravitaillement du bourg [6].

Cette revendication économique, porteuse de ce postulat de classes, crée alors un vaste consensus qui rallie autour du programme populaire, ancien par sa forme et son but, la plus grande partie des communautés rurales et urbaines. La géographie du mouvement taxateur n'oppose pas, comme le croyait P. Bois, les régions pauvres aux pays riches en grains : né, certes, das l'est du département, le mouvement s'est propagé dans l'Ouest où avaient eu lieu, au printemps 89, de nombreux troubles frumentaires, légitimés par les autorités de police et de justice. La taxe a été apportée au marché de Sillé-le-Guillaume par les habitants de Beaumont et, avant, de Fresnay, c'est-à-dire les deux villes, derrière Mamers, les plus constamment agitées par la question des subsistances. Le lendemain, les communautés rurales de Mont-Saint-Jean, Grez, Saint-Rémy, Pezé et, hors du canton de Sillé, celles de Segrie et Vernie, conduites par leurs élus en écharpe, encadrées par leur commandant de la garde nationale et emmenant parfois leur curé, se sont réunies au chef-lieu du district pour aller, en pleine nuit, porter la taxe du département dans celui de la Mayenne [7].

La politisation des Sarthois est évidente dans ce grand branle-bas de novembre 1792. On parle dans telle auberge de Ballon de « mettre à la raison les ennemis de la patrie ». On vante à La Ferté-Bernard le « patriotisme » de ceux qui les engagent par leur exemple à aller faire la taxation dans différents marchés. Sans cet élan patriotique de 92, on ne saurait comprendre pourquoi ce sont non seulement des villages entiers qui se soulèvent, mais aussi des bourgs qui se vident, comme dans le canton de Sillé où l'on est obligé d'annuler une vente de biens nationaux parce que ceux qui auraient pu enchérir étaient tous partis à Evron taxer le pain, pourquoi s'insurgent bon gré mal gré les habitants de la ville et de la campagne, les fortunés et les indigents, pour porter de proche en proche le message révolutionnaire fait de joie et d'espoir.

Un programme économique d'ancien style : « la taxe sans délai ». Une propagation de la nouvelle calquée sur celle de la Grande Peur. Un mouvement organisé qui témoigne de l'aptitude de ces foules révolutionnaires à poser le problème des subsistances en termes politiques dans un soulèvement qui devient alors insurrection révolutionnaire.

La loi ou le salut public

On peut tenter d'aborder les mentalités révolutionnaires en prêtant attention à ce qui se dit au marché, au cabaret et à l'auberge.

D'après les interrogatoires de ceux qui ont été arrêtés, on peut assez bien restituer les bruits qui ont couru sur le marché. Après l'énoncé du pourquoi : « le peuple souffre. Nous voulons le soulager. Le pain vaut 40 sols les douze livres, si vous vou-

---

6. Déclaration du maire et des officiers municipaux de Laigné-en-Belin le 10 décembre 1792 et information du juge de paix du canton d'Ecommoy le 11 janvier 1793.

7. Le dossier relatif aux troubles des grains à Sillé, montrant l'adhésion des communautés rurales de l'Ouest au mouvement taxateur, a été retrouvé, par le hasard de nos recherches, dans un autre carton d'archives n'ayant point trait aux mouvements frumentaires et replacé depuis avec les autres informations judiciaires.

lez le manger à 20, joignez-vous à nous ! », on raconte le comment : « il y a eu d'autres rassemblements qui avaient eu lieu depuis Paris et il y avait lieu de croire que cela aurait lieu également dans toute la France ». Mais on donne d'autres versions : « cette taxe avait commencé à Versailles et il était malheureux que, si proche d'elle, la Convention nationale ne l'ait pas arrêtée et l'ait laissée venir jusqu'au Mans » ou bien : « il y avait un décret de la Convention » ou encore : » cela pouvait venir du parti de Marat ou de la verrerie de Montmirail ». En tout cas, une chose est sûre : « il faut faire ailleurs comme Bonnétable a fait ici : c'est une boule jouée, il faut la pousser ! »[8].

On se retrouve au cabaret pour en discuter ; on en dénombre une dizaine au Mans dont un est plus particulièrement fréquenté. On y reste parfois des heures ou l'on y passe tout l'après-midi pour convaincre les hésitants. L'auberge est, pour ces marcheurs, une étape où l'on s'arrête pour se rafraîchir, pour annoncer les nouvelles et diffuser les mots d'ordre même si les aubergistes de Ballon, Ecommoy ou Château-du-Loir ne sont guère bavards avec les juges de paix.

Les lieux et formes de la communication restent si traditionnels, consacrant la rumeur comme première source d'information, qu'on s'interroge sur le rôle joué par les nouveaux vecteurs de l'opinion, promus par la Révolution.

A la société des Amis de la Constitution du Mans, la question de la misère du peuple, abordée dès l'époque de sa création dans les termes traditionnels de l'assistance due aux pauvres, est soulevée au printemps 1792 sous la pression populaire. La réponse politique fournie alors par les leaders du club, Levasseur et Philippeaux, ne déroge pas à la pensée libérale commune en prêchant la soumission la plus entière aux lois et en condamnant l'insurrection voisine[9]. Quant aux rédacteurs du *Courrier Patriote du département de la Sarthe* qui pensent que « le peuple ne s'éclaire pas en un instant », ils accueillent sans doute favorablement dans le journal du club, le 27 mai, le discours conservateur de l'ordre social de Roland, ministre de l'Intérieur. Toutefois, depuis février 1792, le club manceau s'est démocratisé en intégrant les membres de la Société Fraternelle et en siégeant dans le quartier populaire. Aussi, après l'insurrection taxatrice, la prégnance des idées sans-culottes dans « le temple de l'Egalité » sera mise en cause. Si le club n'est pas le lieu où s'élaborent les idées taxatrices, il offre néanmoins le cadre d'un débat d'idées dont témoigne l'éditorial du 25 novembre dans *Le Courrier Patriote*. Après avoir dénoncé l'influence des désorganisateurs, anarchistes et maratistes chez les Jacobins de Paris en reprenant les idées dominantes véhiculées par la presse nationale, les journalistes manceaux analysent les causes de l'agitation frumentaire et concluent que : « dans des circonstances critiques, la seule loi à consulter c'est le salut du peuple ». Non seulement la taxe adoptée par la ville du Mans est la seule solution, mais il est nécessaire qu'« elle se propage dans toute la République car autrement le blatier mènerait son blé où il le vendrait plus cher ». Même si cet éditorial, comme ses rédacteurs le diront six mois plus tard, « nous fit beaucoup d'ennemis », le rôle de la presse locale se borne à enregistrer un phénomène d'opinion.

Car le mouvement taxateur, riche de la pratique qu'il met en oeuvre, touchant aussi bien les villes que les campagnes, les régions productrices de céréales que les

---

8. Interrogatoire de Marin Reuvazé, marchand-fabricant de toiles du Mans, le 24 janvier 1793. Alors capitaine de la garde nationale du quartier populaire, il a été membre de la société fraternelle, membre associé de celle des Amis de la Constitution en 1791 et sera un militant de base du jacobinisme manceau en 1793 et 1794 et fera partie du comité de surveillance en germinal et prairial an II.
9. A.C.Le Mans 1006, séance du 4 mars 1792.

terres pauvres, les communes politisées par l'existence d'un club que les autres, se veut légal : la loi, depuis le 10 Août, est celle « du peuple souverain ». C'est bien cette loi que les attroupés font appliquer lorsqu'ils exigent, partout où ils passent, la promulgation de la taxe par les autorités constituées. Munis de ce papier officiel qui, au Mans, sera doublé par l'arrêté du département, fixant « la taxe pour toujours », les taxateurs font proclamer sur le marché par un officier municipal le nouveau prix du pain et du grain.

Le sentiment que le salut public commande le peuple souverain dans son entreprise taxatrice est largement répandu : la force armée légale prend fait et cause pour l'insurrection. Les gardes nationaux de La Ferté-Bernard répondent aux autorités de la ville, prévenues la veille de la marche des taxateurs, que « loin d'empêcher ceux qui devaient venir taxer les grains, ils se disposaient au contraire à bien les recevoir ». On signale aussi la fraternisation des volontaires, casernés dans la ville, avec les attroupés. Quand les autorités de Sablé demandent du renfort aux gardes nationales voisines, le procureur de la commune d'Auvers-le-Hamon leur fait savoir que « s'il donnait un réquisitoire, ce serait au contraire pour aller les aider à entrer dans Sablé et y établir une taxe que les administrateurs pervers refusaient de recevoir » [10]. Le soulèvement populaire aboutit à une subversion totale des autorités et de la force armée car le tocsin que l'on fait sonner partout et la générale que l'on fait battre entraînent le citoyen « animé du désir de servir sa patrie » à « prendre son uniforme et son sabre », s'il en a un, pour se ranger en ordre de bataille sur la place d'armes [11].

Evidemment, il y a des réticents à qui, au Mans, on répond : « Il n'était jamais d'accord parce qu'il mangeait tout son saoul et qu'il n'avait jamais que de la loi à parler ». A un autre que l'on va chercher chez lui : « F.M., n'entends-tu pas battre la générale ? tu vas te lever ! Si c'était pour aller chercher les grains pour la municipalité à neuf livres par jour, tu te levais bien et comme c'est pour le faire diminuer tu ne veux pas venir ! ». On invective : « C'est un aristocrate ! ». On menace un autre : « C'est un scélérat ! Il ne veut jamais le bien du peuple ! Il faut lui couper le col ! » ou, dans un autre style : « Le premier qui ne partirait pas aurait affaire aux femmes ! ». Mais celui-là ne s'est pas présenté et Le Mans devient le centre des raids taxateurs. Plus que ces menaces, c'est la présence d'un officier municipal et de l'adjudant général de la garde nationale, à la tête du rassemblement manceau, qui rassure les timorés.

La garde nationale, armée nouvelle ? Ce n'est pas la première fois que la milice citoyenne se range du côté des insurgés. Celle de Bonnétable, en lutte permanente avec la municipalité, a un caractère mutin prononcé. Celle des quartiers populaires du Mans s'est insurgée dès l'automne 89 et « la fureur des piques », notée par le journaliste sarthois, a conduit à l'expulsion du régiment des Dragons au printemps 1791. La démocratisation de l'ancienne milice bourgeoise et la révolution parisienne de l'égalité lui donnent un caractère nouveau. Sans doute, ne doit-on pas attacher plus d'importance qu'il n'en faut aux réponses de ceux qui, arrêtés en janvier 1793, dirent d'une seule voix : « Il ne vit personne commander la troupe en chef ». Mais on doit être attentif aux paroles et comportements qui traduisent la mentalité désormais républicaine de la garde nationale. Par exemple, au cabaretier-passementier, commandant du bataillon de St-Benoît au Mans, qui prétexta pour ne pas partir qu'« il ne pouvait quitter son poste, étant commandant de service », les attroupés

---

10. Registre de délibérations de Sablé, le 19 décembre 1792.
11. Déclaration de M. Huet, marchand au Mans, le 12 janvier 1793 devant le juge de paix de Château-du-Loir. Le lieutenant de la garde nationale du Mans est un jacobin de 1793 et de 1794.

répliquèrent : « Foutre ! il n'y a pas de commandant ici. Nous sommes tous égaux. Il faut marcher ! » A ce sous-lieutenant que les taxateurs allèrent chercher chez lui et qui, contraint et forcé, « prit son uniforme et sortit », ils lui dirent une fois dans la rue « qu'il ne fallait point d'épaulettes d'officier », et les lui ôtèrent en disant : « Portez cela chez vous ! » [12]. Parce que « la générale bat de par la voix du peuple » et que désormais « c'était le règne de l'égalité », les citoyens-soldats doivent mettre bas leurs épaulettes même si l'on a besoin de ceux qui « connaissent le service » pour régler la marche des taxateurs.

« Ces enragés, à chaque pas cette étude nous les découvre » écrit M. Vovelle : que sait-on sur eux ?

Les enragés sarthois

Les procédures judiciaires, instruites par les juges de paix du canton où se sont produits les troubles, se révèlent très lacunaires. Les 130 inculpés dont les interrogatoires ont pu être retrouvés, sont originaires surtout des cantons de Bonnétable, Beaumont, Sillé et Le Mans, c'est-à-dire une faible partie des zones insurgées [13]. Dans les villages comme dans les bourgs ou les villes, ce sont les cadres institutionnels (élus municipaux ou officiers de la garde nationale) qui sont appelés à rendre des comptes. Par ailleurs, si le juge de Château-du-Loir nous instruit jusqu'à la couleur de l'habit, du gilet, des bas et la forme des culottes des taxateurs manceaux, celui du canton de Sillé expédie si vite les interrogatoires en décembre qu'il ne laisse pas même le temps aux prévenus de décliner leur identité complète car le bruit court dans la ville que la Convention prépare un décret d'amnistie et qu'il serait bon d'être circonspect avec les notables du canton.

Le taxateur manceau est, en revanche, bien connu. Socialement, il appartient au monde de l'échoppe et de la boutique. Il a 37 ans, il habite dans le faubourg populaire, il porte habit et culottes, rarement le bonnet rouge et il sait signer son nom. Dans un cas sur trois, il est officier de la garde nationale. Dans un cas sur deux, il est membre de la société populaire et a été clubiste aussi bien dans l'ancienne société des Amis de la Constitution que dans l'ancienne société Fraternelle. En l'an II, les deux-tiers seront inscrits sur la liste des Sans-Culottes dévoués au maintien des lois et cinq d'entre-eux seront encore des adhérents de l'an III alors que les autres auront été victimes des épurations de la société en Germinal et Thermidor, à l'image des deux anciens secrétaires de la société qu'il convient de présenter.

Les citoyens Valtrambert et Potier de la Morandière jouent, en effet, un rôle déterminant dans le mouvement taxateur. Le premier, chef d'un bataillon manceau, a conduit la marche des gardes nationaux du chef-lieu du département vers le bourg de Loué où il a fait proclamer la taxe sur le marché. Membre de la société depuis le mois de mars, il s'y est fait remarquer par son zèle patriotique qui le fait élire secrétaire deux mois plus tard. Antiféderaliste en 1793, il est conservé membre de la

---

12. Interrogatoire de J. Hoguin marchand au Mans, le 17 janvier. Reconnu non coupable, le sous-lieutenant de la garde nationale, ancien membre de la société fraternelle en 1791, n'apparaît plus dans le mouvement révolutionnaire manceau.

13. Ainsi, les cadres de l'insurrection de l'Est sarthois nous restent en grande partie inconnus. Sur la famille Duval à Montmirail, voir l'article de Vovelle et la thèse de Bois.

société, après l'épuration de l'été, quoiqu'il réside alors à Paris. Promu commissaire à la Guerre, l'Enragé de 1792 devient naturellement Hébertiste en l'an II [14].

La figure majeure du mouvement populaire de novembre 1792 dans la Sarthe est celle de l'administrateur du département et adjudant général de la garde nationale mancelle qui mérite bien une enquête biographique. Pierre, Alexandre, Henry Potier de la Morandière (1761-1829) appartiendrait à une famille d'ancienne noblesse, fournissant dès le XVème siècle d'illustres magistrats au Parlement de Paris [15] et qui aurait, dans ce cas, dérogé depuis le XVIIIème siècle au moins. En effet, son grand-père paternel est mentionné comme teinturier à Paris et son père, Pierre Henry Potier, lieutenant de la Louveterie du Roi, seigneur de Noyau, s'établit au Mans comme marchand-teinturier. Après le décès de sa première femme qui lui donna dix enfants, dont deux moururent sans doute en bas âge, il se remaria l'année suivante, en 1758, avec Anne Caillon, fille d'un marchand épicier manceau et ancien juge-consul comme lui. Leur fils, Pierre-Alexandre-Henry naquit le 25 juillet 1761 [16].

Entre la carrière du négoce qui occupa les deux aînés, Jean-Pierre, seigneur de Noyau et François-Louis, seigneur des Fourneaux, tous deux maîtres-teinturiers dans le faubourg populaire du Mans, la filière administrative qui conduisit Pierre-François Potier du Boulay à devenir contrôleur ambulant de la Régie générale de Tours, puis receveur des aides à Bourgueil et contrôleur de la Régie à Chinon, la vocation religieuse qui fut celle des quatrième et huitième enfants du premier mariage et, enfin, la carrière des armes qui attira le sixième, Pierre Potier de la Formandière, à Saint-Pétersbourg où, d'ailleurs, il s'établit, c'est à cette dernière voie qu'était sans-doute destiné le dernier fils du second lit. P.A.H. Potier, seigneur de la Morandière, était en effet lieutenant des Chasseurs du Roi en 1786, à l'époque de son mariage. La fortune paternelle, évalué à 139.000 livres au moment de son décès, permit de marier les deux filles avec un contrôleur des vingtièmes dans la généralité de Tours et un contrôleur du grenier à sel du Lude.

A la mort de son père en 1775, le futur leader des Enragés manceaux hérita de 7.600 livres que lui versa, à sa majorité, son parrain et demi-frère, l'aîné des Potier qui garda la terre de Noyau [17]. Après avoir résidé à Caen et Paris, dans le faubourg St-Germain, quand il était officier de chasses de la Louveterie, c'est à Blois qu'il trouva son épouse, Marie-Adélaïde Dubin, fille d'un bourgeois de la ville. C'est au Mans que le jeune couple s'installe ; leur premier fils mourut un an après sa naissance et le second naquit en juillet 1789 mais il causa la mort de sa mère, âgée de 20 ans.

Dans ce milieu du négoce manceau où les Potier sont bien intégrés comme le prouvent la charge consulaire et les alliances familiales [18], les aspirations révolutionnaires se manifestent avec force dans le cahier des doléances des juges-consuls du Mans, parmi lesquelles on peut retenir la suppression de la féodalité et l'égalité

---

14. Sur le rôle de l'hébertiste parisien en l'an II, se reporter en particulier à A. Tuetey : *Répertoire général des sources manuscrites de l'Histoire de Paris pendant la Révolution*, Paris, 1889-1914, t. XII, p. 335.

15. De la Chenaye-Desbois, *Dictionnaire de la noblesse*, Paris, 1776. R. de Warren, *Grand Armorial de France*, Paris, rééd. 1975.

16. La généalogie de Potier-Morandière a été dressée à partir du dépouillement des registres des paroisses du Pré et de St-Jean au Mans. Dans la série 2 E 191 ont été utilisés les registres 32, 34, 35, 60, 62, 63 et 191.

17. Voir le fonds 108 J 286 rassemblant les documents notariés relatifs à la succession de son père, provenant de plusieurs notaires manceaux, parisiens et un extrait du registre de la chancellerie du consulat général de France en Russie.

18. Le parrain de François-Louis Potier, notamment, est l'honorable François Véron-Duverger, un des grands notables du négoce manceau.

fiscale, la représentation politique et la liberté de la presse, l'accès des membres du tiers-état à tous les emplois et la possibilité « pour la noblesse, sans déroger, de faire toute espèce de commerce, soit en gros soit en détail » [19].

Ce « noble dévoyé », dont parlait P. Bois [20], se dit « bourgeois » quand il entre dans le Comité permanent de la ville du Mans, constitué pendant la révolution de juillet [21]. Le sous-lieutenant de la milice citoyenne d'octobre 1789 confirme cet engagement de première heure en adhérant à la société des Amis de la Constitution, un mois après sa création. En mars 1791, il forme une « association patriotique » dont le but est de réunir des patriotes pour « voler au secours de la patrie en danger » [22]. Six mois plus tard, un membre l'accuse d'avoir déserté son poste de volontaire et propose de le rayer du tableau de la société, ce qui nourrit, d'une manière acerbe, les colonnes du *Journal Général de la Sarthe*. En février 1792, il est secrétaire de la nouvelle société, qui résulte de la fusion des deux précédentes, dont R. Levasseur est le président. Le 30 août 1792, l'adjudant général de la garde nationale mancelle, nouvellement élu par ses camarades, propose à la société une motion qui est adoptée et diffusée dans la ville, invitant les fabriquants à augmenter le salaire de leurs ouvriers, vu la cherté du pain.

En novembre 1792, administrateur du département, il fait voter par le directoire « la taxe pour toujours » ; officier de la garde nationale, il convainc les hésitants à se porter vers Sablé, Loué, La Flèche et Château-du-Loir. Parti à « l'avant-garde » du mouvement, il raconte aux élus du district et de la ville de Château-du-Loir que trois à quatre mille hommes, munis de pièces de canon, vont assiéger la ville si la taxe n'est pas promulguée. Interrogé sur les raisons de l'ampleur du soulèvement, il dit au juge que « les attroupés marchaient au nom de la souveraineté du peuple et que, quant à lui, il pensait que cela pouvait venir du parti de Marat et de Robespierre » [23]. D'où la question posée par le juge de paix à tous les inculpés : « Si cela venait du parti de Marat et de Robespierre », à laquelle tous répondent négativement. Longuement questionné sur sa propre présence, il la justifie par la pression populaire et l'arrêté du département. En février 1793, quand le tribunal délivre un mandat d'amener, il n'est pas chez lui et sa mère ignore où il se trouve.

Pour Potier de la Morandière, maire du Mans en 1793, commissaire de la guerre en l'an II, dirigeant jacobin traduit devant le Tribunal révolutionnaire en germinal, ennemi public n° 1 dans la Sarthe en l'an III, ce n'est que le début de sa carrière révolutionnaire. Pour le mouvement taxateur, la présence et le rôle de tels militants politiques expliquent, en partie, son ampleur à une époque où la société populaire jure haine aux anarchistes et où les Girondins dirigent la Convention. Ce contexte politique permet d'expliquer aussi les résistances que les taxateurs ont rencontrées dans la Sarthe.

---

19. Sur les familles consulaires du Maine, se reporter aux articles de P. Planche « La juridiction royale des Consuls du Maine (1710-1791) », *Province du Maine*, 1986-87. Voir également, lors de la suppression de la compagnie des juges-consuls, les extraits de délibérations de 1762 et celles de leurs héritiers en l'an II dont certains, comme Potier et Bazin, sont les leaders jacobins de la ville, A.D.S. L 315.
20. Bois et M. Auffret « La période révolutionnaire », *Histoire du Mans*, s. d. F. Dornic, 1975, p. 211.
21. A.C.Le Mans 239.
22. A.C. Le Mans 1006.
23. Interrogatoire de Potier-Morandière devant le juge de paix de Château-du-Loir, 27 décembre 1792.

L'esprit public en décembre 1792

Dans un chef-lieu de district producteur de grains comme Sablé, dans celui de La Flèche qui n'a, pour ainsi dire, jamais été troublé par une émotion frumentaire, mais aussi à Mamers où les troubles de subsistance sont quasi permanents, on constate la même résistance des autorités, attachées à l'ordre public.

La grande peur des possèdants a affecté aussi bien l'ouest du département que l'Est. Les administrateurs de Sablé et de Mamers ont dénoncé cette « insurrection criminelle, attentatoire au droit de propriété », fait appel aux gardes nationales voisines, nommé des commissaires pour haranguer les citoyens et réclamé le déploiement de la force militaire. « La force armée étrangère » est jugée nécessaire à Sablé où l'on va caserner le 1er décembre « 200 frères d'armes de Laval » et demander au département d'y établir « une garnison de 50 hommes de cavalerie, aux ordres du district, pour porter secours là où elle serait requise » [24].

Cette armée au service des bons citoyens est la préoccupation majeure, aux lendemains de l'insurrection, des commissaires de la Convention qui arrivent le 30 novembre dans la Sarthe. Dès le 7 décembre, Lehardi, Couppé et Mathieu décident de licencier la garde nationale du Mans et de désarmer tous les citoyens qui ont « provoqué ouvertement l'infraction à la loi » [25]. Le 23 décembre, l'état-major de la garde nationale mancelle est entièrement renouvelé [26]. Les conventionnels en mission chargent, ensuite, les administrateurs sarthois d'une enquête sur la situation de la force armée, le civisme des chefs et l'esprit d'obéissance des gardes nationaux. Les réponses de sept districts permettent d'établir l'état de l'opinion publique [27].

Dans l'est du département, où est née l'insurrection, la subversion de la force armée est totale. Après avoir jugé son esprit civique très douteux, les administrateurs de La Ferté-Bernard et Saint-Calais se prononcent pour le licenciement de la garde nationale dans leur district ; ceux de St-Calais réclament, en outre, la présence des commissaires de la Convention et une force armée étrangère. Dans le district voisin de Château-du-Loir, où l'influence d'une trentaine de citoyens est jugée dangereuse, leur présence est également souhaitée. Cette enquête donne du bastion républicain sarthois une image contradictoire : ce mauvais pays, où « les têtes exaltées » et « les caractères indociles » ont beaucoup d'influence, est aussi celui où les citoyens s'engagent massivement dans la garde nationale d'après les effectifs donnés notamment par les districts de St-Calais et Château-du-Loir.

Dans le Nord et l'Ouest, l'esprit civique des officiers n'est pas exempt de critiques. Les Saboliens dénoncent les mauvais principes du bataillon de Brûlon et les Mamertins réclament le licenciement du bataillon de St-Cosme, proche de Bonnétable et de La Ferté-Bernard, qu'ils ont désarmé le 26 novembre. L'épuration leur paraît nécessaire, quoique dangereuse ou impolitique. Les administrateurs de

---

24. A.D.S. L 579.
25. A.D.S. L 270.
26. A.D.S. L 322. D'après les procès-verbaux de nomination des chefs de la garde nationale du district du Mans, les 5 août et 23 décembre 1792, Guillemaux de Montbrais, ancien colonel de la garde nationale en 1789, est élu chef de légion par 35 voix sur 89 ; il remplace le taxateur Girard qui, en août, avait obtenu 89 voix sur 198 votants. Succède à Potier-Morandière comme adjudant-général, un certain Bérard recueille 30 voix sur 50.
27. A.D.S. L 322. Etat des demandes, formulées par les commissaires du département le 7 décembre 1792, sur la situation de la force armée dans les chefs-lieux de district et dans les lieux de foire et de marché.

Mamers réclament une force armée étrangère dont ne veulent plus ceux de Sablé, après le casernement pendant quinze jours des Lavallois.

Au sud, le district de La Flèche se singularise par le civisme et l'obéissance des officiers, la subordination de la troupe et la satisfaction de son armement : l'îlot sarthois de la force tranquille n'a aucun voeu à émettre.

Munis de cette enquête, les commissaires de la Convention se déplacent alors dans les districts qui les ont sollicités ; à Mamers, dès le 10 décembre, ils élargissent un grand nombre de détenus et à Château-du-Loir, cinq jours plus tard, décident d'envoyer un renfort de soixante gardes nationaux à la foire de Lucé pour « maintenir la tranquillité menacée », à la satisfaction de l'opinion générale. Mais à Saint-Calais, les citoyens-soldats ont refusé de les accueillir ; à défaut d'inspecter la garde nationale, les administrateurs ont proposé à Lehardi de visiter l'Hôtel-Dieu en attendant de développer devant le peuple assemblé, dans la société des Amis de la Liberté et de l'Egalité, la nocivité de la taxation et les avantages de la politique gouvernementale. Pour briser la fronde collective, le conventionnel girondin déplaça habilement dans son discours la question de la cherté des subsistances et du conflit entre producteur et consommateur à un problème salarial entre patron et ouvriers, insuffisamment rémunérés.

Les commissaires de la Convention girondine ne se contentent pas de licencier les gardes nationales, d'éliminer les meneurs et de porter la parole dans les clubs. Ils critiquent, au Mans, le lieu de réunion des Jacobins, dans la vieille ville populaire, « véritable antre souterrain » et responsable de l'éloignement des bons citoyens. Ils installent la société dans un nouveau local, incontestablement plus éclairé, sur la place des Halles où résident les bourgeois. Quant à ceux qui crient à la scission, on leur explique que la société ne réside pas dans les murs de son enceinte et, « pour couper court à toute chicane » que la cotisation ne serait pas majorée car le but n'est pas « d'exclure l'indigence de son sein » [28]. Point de vue qui ne sera pas celui des clubistes de l'an II estimant que « les sans-culottes, opprimés par les jugements et les décisions infamantes des trois représentants, privés de leurs droits de citoyens, avilis à leurs propres yeux, n'osaient plus lever leur tête abattue sous le poids de l'humiliation ni porter leur pas dans l'enceinte de l'Egalité » [29]. En janvier 1793, Simier et Bazin, les jeunes secrétaires du club dont nous reparlerons, appellent pourtant à une réconciliation générale. En février, les Amis de la Liberté et de l'Egalité du Mans adressent une pétition à la Convention pour réclamer l'amnistie des « citoyens égarés dans l'affaire des grains » et remercient ensuite particulièrement Levasseur et Philippeaux, les deux députés manceaux, qui ont proposé le décret.

A court terme, le triomphe de la loi sur la libre circulation des marchandises, en dépit des interventions de Robespierre pour faire reconnaître le droit à l'existence, se traduit par un envol des prix du grain et du pain sur le marché du Mans. Le décret sur la levée en masse se produit au pire moment : jamais, ni en juillet 1789, ni même en novembre 1792, le prix du pain n'était monté aussi haut qu'en mars 1793.

A plus long terme, « la boule poussée » en novembre 92 dans la Sarthe n'a pas fini d'être jouée. Ce grand branle-bas, impulsé par les ouvriers et maîtres-verriers de Montmirail, trouvant des relais dans tous les districts pendant dix jours, faisant jouer la vieille action communautaire comme dans le district rural de Sillé ou subvertis-

---

28. A.D.S. L 270. Pétition de la société des Amis de la Liberté et de l'Egalité du Mans au district, le 10 décembre 1792 et *Courrier Patriote de la Sarthe*.
29. A.D.S. 1 J 60. Adresse de la société populaire du Mans, 12 ventôse an II.

sant les institutions nouvelles comme dans le chef-lieu du département, ne permet pas seulement d'illustrer la prégnance de la mentalité révolutionnaire dans les campagnes comme dans les villes, à l'Est comme à l'Ouest. Les revendications populaires, combattues politiquement par ceux qui ont fixé les lois à la défense des propriétés et défendues à la tribune de la Convention par les Montagnards manceaux qui prennent alors conscience de la force politique du mouvement populaire [30], aboutissent en mai 1793 au compromis sur la règlementation du marché. En juin 1793, le prix du pain a considérablement baissé ; la Sarthe ne sera pas fédéraliste et ne s'apitoyera pas sur le sort de Lehardi.

Au terme de cette analyse, on ne peut retenir l'idée d'une politisation différentielle des masses populaires, proposée par P. Bois. Néanmoins, dans l'affrontement politique entre deux conceptions de la République, où la souveraineté du peuple est opposée à la souveraineté de la loi, la répression de décembre 1792 met en jour une option d'emblée radicale de l'Est sarthois. Peut-elle être confirmée par d'autres recherches ?

Les mouvements populaires dans la Sarthe de 1789 à 1793

A plusieurs reprises dans sa thèse P. Bois évoque la question de la géographie des troubles pendant les premières années révolutionnaires, comme d'ailleurs celle des clubs, qu'il renonce à étudier devant l'ampleur du sujet, somme toute subsidiaire pour son enquête des structures socio-économiques. Empruntant cette voie laissée ouverte et qui, par ailleurs, suscite de nouvelles recherches aujourd'hui [31], cette étude systématique, sinon totalement exhaustive, présente les données essentielles avant de déboucher sur un questionnement interprétatif.

Le recensement des troubles sur la voie publique d'après les registres délibératifs du département et des neuf districts, les fonds divers des communes, les procédures judiciaires et les compte-rendus journalistiques a permis de mettre à jour quelques deux cents mouvements populaires effectifs. Leur typologie met en valeur les affaires de subsistance (43 % des troubles) qui éclipsent par leur importance et leur permanence les autres motifs d'inquiétude. Le mouvement antiseigneurial est ici très faible (10 %) explicable par la faiblesse du prélèvement féodal [32] et de la protestation seigneuriale : en effet, la plupart des perquisitions de châteaux en 1791 et 1792 ne sont connues que par les articles de presse. En juillet 1789, les nobles portent la cocarde tricolore ; en 1792, ils paient à boire aux volontaires. Les troubles fiscaux affectent essentiellement le nord du département ; limités dans le temps et numériquement faibles (7 %), ils ne dénotent pas dans la Sarthe une hostilité marquée à la fiscalité d'Ancien Régime, sauf à Mamers, bastion de toutes les révoltes.

---

30. *Mémoires de Levasseur de la Sarthe*, éd. 1989, p. 81-82.. Après avoir critiqué dans son journal (26) le 16 février 1793 « la multitude aveugle qui crût pouvoir diminuer les grains par des taxes arbitraires », Philippeaux constate 28 avril que « le France est comme une ville assiégée », qu'il ne s'agit plus de « suivre les routes ordinaires et de s'épuiser en lieux communs sur les conséquences fausses du droit de propriété » et propose la fixation d'un prix maximum des denrées. La loi du 4 mai fait sienne une partie du projet de Philippeaux.

31.Nicolas (152), (153). Voir aussi l'approche de G. Ikni : « La critique paysanne radicale et le libéralisme économique pendant la Révolution » (157) p. 507-520.

32. Outre les travaux de P. Bois, voir aussi J.L. Ormières : « Le régime seigneurial dans l'Ouest » (157) p. 31-40.

Les grandes réformes politiques nourrissent, dès 1790, d'autres types de contestation qu'il est malaisé de ranger sous une seule rubrique. La question religieuse est, à cet égard, significative. Les conflits entre le curé et la municipalité, entre le curé et le vicaire, entre le curé jureur ou réfractaire et leurs adversaires constituent près de 30 % des troubles publics. Ceux-ci ne peuvent être définis comme une preuve d'hostilité à la politique religieuse des assemblées révolutionnaires, mais plutôt comme une résistance d'une partie de la population débouchant sur des manifestations parfois conservatrices, parfois patriotiques ou franchement anticléricales. De même, les bris de bancs d'église ne sont signalés que là où le rejet du symbole des privilèges est contesté par une partie de la communauté. Cette résistance peut ne manifester qu'un aspect religieux secondaire : le curé est aussi un décimateur qui provoque le soulèvement des habitants de Segrie ou de St-Georges à la fin de 1790 ou un producteur contre lequel les gens de Fyé s'insurgent en février 1791 parce qu'il vend sa paille trop cher.

Les conflits de pouvoir entre la municipalité et la garde nationale, entre celle-ci et la force militaire d'Ancien Régime, comme les charivaris contre des particuliers sont d'autres aspects de ces troubles qui accompagnent la création du nouveau régime. Enfin, les troubles suscités par le recrutement militaire constituent la dernière rubrique des mouvements populaires recensés dans la Sarthe.

Les années des grandes foules sont les quatre premières années de la Révolution. Peut-on parler de démobilisation pour les suivantes ? Incontestablement, « la force anarchique du mouvement populaire » dont parlait R. Levasseur dans ses *Mémoires*, a été « poussée contre l'étranger ». A partir de 1793, à la mobilisation générale contre les forces de la coalition s'ajoutent la guerre contre les Vendéens, puis l'interminable guérilla sous le Directoire. La manifestation populaire traditionnelle a, par ailleurs, trouvé d'autres relais en l'an II dans la culture politique révolutionnaire et n'est plus le seul moyen d'expression et de revendication des masses. Enfin, à partir de l'an III, l'enquête sur les mouvements populaires est d'une autre nature. Les classiques émotions populaires d'Ancien Régime ou les troubles révolutionnaires disparaissent quasi-complètement pour laisser la place aux actions punitives et taxatrices des bandes chouannes dans les fermes, les hameaux et les villages où il n'y a pas de force armée et, par ricochet, aux incursions des gardes nationales urbaines ou de l'armée nationale dans les campagnes. Les commandos terroristes et la lutte contre la guérilla ne peuvent entrer dans le cadre de cette étude. Ainsi, le mouvement populaire sous la Révolution connait manifestement deux phases dont 1792 marque l'apogée et 1793 l'année charnière.

Les mouvements frumentaires

Les revendications pour les subsistances constituent le principal ferment de l'agitation populaire. Il n'y a pas d'année heureuse ni même de district privilégié. La cartographie des troubles ne laisse pas apparaître une quelconque opposition entre l'Ouest et l'Est. Dès 1789, des émotions éclatent dans les pays producteurs de grains comme dans les régions pauvres. Si une frontière se dessine alors, elle oppose davantage les localités émeutières situées au nord de l'Huisne et de la Sarthe à celles du Sud, occasionnellement touchées. Mais cette géographie évolue au fil des années au point de gommer tous les contrastes dans le bilan quinquennal.

La carte qui apparait alors est celle des villes et des marchés sarthois. Toutes les villes ont été sensibilisées par leur prolétariat à la question frumentaire, à la seule exception de La Flèche qui n'a été agitée que par les taxateurs manceaux : Mamers, en revanche, la ville ouvrière des tisserands, est en constante effervescence. Tous les marchés, sauf deux (Pontvallain dans le district de La Flèche et Bessé-sur-Braye dans celui de St-Calais) ont été au moins une fois troublés par l'émeute ou la taxation. Enfin, dix communes, autant dans l'Est que dans l'Ouest, ont subi des arrestations de convois de grains ou des visites de greniers.

Ce semis de troubles nous amène à envisager la classique opposition des villes et des campagnes dans les pays de bocage sous un autre angle. Le lieu de l'affrontement social est donc le marché qu'il soit urbain ou rural. Partout, dans la Sarthe, les consommateurs protestent contre la cherté des grains des fermiers, contre la spéculation des accapareurs, contre la libre-circulation des denrées de première nécessité. La grande ville consommatrice, Le Mans, est relativement épargnée : après le départ du régiment de Dragons, la politique municipale d'approvisionnement, l'action de la force publique (ces 400 gardes nationaux et 20 gendarmes envoyés, par exemple, à Courcemont en mars 1792, suite à l'arrestation par les femmes du bourg d'une charretée de blés destinée au chef-lieu du département), la création d'emplois par une politique de grands travaux (l'entretien des routes, l'embellissement de la ville), la reconnaissance, enfin, par les laboureurs des billets patriotiques manceaux sont, sans doute, des facteurs d'explication.

Dans les campagnes, la force publique ne prend pas toujours le parti de la loi. Dans le gros bourg de Bonnétable, la garde nationale a toujours refusé d'intervenir contre les émeutiers et se mêle, en mars 1792, de donner des conseils à la municipalité [33]. Au Grand-Lucé, les mêmes démêlés constants entre les deux pouvoirs nécessitent l'envoi d'un médiateur par le département en juillet 1792 car, depuis le printemps, le bourg loge chaque mercredi des troupes de Château-du-Loir pour assurer la tranquillité du marché. Le 21 mars, jour de l'émeute, la municipalité est accusée de loger les détachements chez les pauvres et la garde nationale, chargée le lendemain du transfert des détenus vers le chef-lieu du district, ne résiste pas à l'agression des femmes de St-Vincent du Lorouer et laisse évader les émeutiers arrêtés [34]. Ceux de St-Jean-d'Assé, chef-lieu de canton de 1200 habitants, qui ont pillé, le 27 juin, les voitures de grains allant au Mans ont pu être identifiés par le juge de paix de La Bazoge. Cette trentaine de consommateurs ruraux qui, armés de fusils, haches, fourches, piques et bâtons, ont procédé au partage des boisseaux sous la direction des femmes sont douze journaliers, sept tisserands et sept artisans divers (maçons, savetiers, boucher, charron et scieur de long). Trois journaliers et le scieur de long, âgés de 30 à 60 ans, tous analphabètes, sont seuls à comparaître le 1er juillet et relâchés seulement le 16 octobre 1792 [35].

La protestation du prolétariat urbain et rural ne trouve pas qu'en novembre 1792 un écho dans les couches bourgeoises. Le 13 mai 1793, Nicolas Froger, huissier à Auvers-le-Hamon, - commune de 2000 habitants qui avait refusé d'envoyer sa garde nationale contre les taxateurs de novembre 1792 - est le porte-parole du mouvement populaire au marché de Sablé. Accusant la municipalité et le district de n'être composés que « d'aristocrates et d'accapareurs, tous marchands de blés » et de tenir cachée la loi de la Convention pour ne pas la faire exécuter, il fait circuler à l'auberge la loi du 4 mai qu'il avait promulguée déjà dans sa commune. Puis, il décide de demander sur le marché et auprès des autorités constituées une diminution du prix

---

33. A.D.S. L 72 et 104.
34. A.D.S. L 268.
35. A.D.S. L 320.

du grain de 40 sols par boisseau, proposée d'ailleurs par un producteur mayennais à la halle de Sablé. Cinq jours plus tard, l'avant-veille du marché hebdomadaire, la municipalité de Sablé le fait arrêter et le district organise aussitôt le transfert du prisonnier au Mans par crainte d'un attroupement. Malgré la protestation d'une cinquantaine d'habitants d'Auvers dont le maire, les officiers municipaux, les notables, le juge de paix et les officiers de la garde nationale, « l'agitateur dangereux », marié et père de famille, est condamné à un mois et demi de prison par le tribunal de police correctionnelle de Sablé [36]. Cet exemple dans l'Ouest sarthois révèle toute l'influence du lobby des producteurs dans l'appareil administratif et judiciaire. On mesure l'importance d'une étude sur la composition des municipalités, comme l'a réalisée J.P. Jessenne dans le nord de la France, pour mettre à jour « la fermocratie » [37] du bocage.

Les troubles religieux

La nature complexe des troubles religieux ne permet pas d'établir une cartographie rigoureuse. La confrontation avec la carte du serment constitutionnel n'autorise aucune analogie simple : un district jureur connait autant de troubles qu'un district réfractaire. Néanmoins, les prêtres constitutionnels menacés sont signalés dans les districts non-conformistes (à Auvers-le-Hamon encore et Solesmes dans celui de Sablé ou à St-Jean-de-la Motte dans celui de La Flèche) ainsi que les principales manifestations des partisans des réfractaires (à Montreuil et St-Symphorien dans le district de Sillé) tandis que, dans le district constitutionnel de Fresnay, les ruraux qui protestent contre la dîme et le privilège du banc à l'église ne créent pas de problèmes lors de l'installation des jureurs. Le constat qui s'impose est davantage celui de la ruralité des troubles religieux quelle que soit leur origine.

Mais l'importance du clivage religieux se manifeste d'une autre manière, à la campagne comme à la ville, par le charivari. La majorité des troubles contre des particuliers sont des manifestations organisées contre les déviants de la communauté, ceux en l'occurence qui ne vont pas à la messe du jureur. La jeunesse rurale ou citadine prend alors toute sa place dans ce traditionnel rituel festif.

Aux portes du Mans, à Yvré-l'Evêque, le dimanche des Rameaux de 1792 a été troublé par des incidents. Dans la soirée, à la sortie de l'auberge, une bande de jeunes, entrainant avec eux l'idiot du village qui criait : « Nous ne sommes point des aristocrates ! », sont allés casser les vitres de plusieurs maisons du bourg. Ces quinze charivariseurs sont des jeunes travailleurs agricoles d'Yvré dont un seul sait signer son nom. Arrêtés le 2 mai et conduits à la prison du Mans, un vaste rassemblement a lieu trois semaines plus tard pour exiger vainement leur libération puisqu'ils ne seront relâchés que le 7 août par le tribunal du district [38].

A Sceaux, en mai 1792, ce sont les gardes nationaux du lieu et des communes voisines qui abattent le mai, érigé devant la maison du maire, réputé « aristocrate » [39]. L'érection d'un mai devant la maison des notables était une pratique honorifique courante dans la Sarthe. En abattant le mai épiscopal en mai 1791, deux dragons

---

36. A.D.S. L 321.
37. Jessenne (144) et « Continuités et ruptures dans la détention des fonctions locales en Artois (1789-1800) » (157), p. 397-412.
38. A.D.S. L 272.
39. A.D.S. L 279.

éméchés avaient provoqué l'indignation des patriotes manceaux. En une heure, la place des Jacobins était couverte de citoyens rédigeant un pétition pour demander le renvoi du régiment royal. La garde nationale, convoquée pour arrêter le peuple, s'était ralliée aux manifestants et la municipalité dut se résoudre à exiger le départ immédiat du régiment des dragons, à défaut de pouvoir proclamer la loi martiale puique la garde nationale était en insurrection [40].

La politisation du folklore s'observe aussi dans les villes. A Mamers, la promenade sur l'âne d'un marchand-drapier qui a refusé de faire baptiser son enfant par le curé constitutionnel en novembre 1791 a été annoncée la veille par le tapage d'une multitude, excitée par le son d'un clairon. Le charivari s'est poursuivi par la tentative de promener aussi la marraine dans les rues de la ville, mais les attroupés ont préféré s'occuper le lendemain de la vente à l'encan de charretées de bois, saisies par les gardes de la forêt de Perseigne, en chassant l'huissier et la garde et en se partageant le butin [41]. En avril 1792, la rumeur de messes nocturnes, célébrées par des réfractaires chez le même particulier, est à l'origine d'une nouvelle émeute. Sa maison est investie par la foule qui l'enlève de force avec sa femme, l'enfant et deux employés. Sur la place publique, leurs cheveux ont été coupés. Puis, placés dans un tombereau, ils ont été promenés dans les rues de la ville, sous les huées et les insultes. Les administrateurs du district ont condamné cette « scène scandaleuse » et dénoncé cette « violation des droits de l'homme » ; mais il ne semble pas y avoir eu de poursuites judiciaires [42].

Au chef-lieu du département, des scènes identiques se sont produites le 17 septembre 1792, au moment du passage des volontaires du Maine-et-Loire. Une quinzaine de personnes sont dénoncées comme « aristocrates » par leurs voisins aux citoyens-soldats. A la différence de l'Orne, ce ne sont ni des nobles ni des prêtres car, le mois précédent, un grand rassemblement populaire où les femmes étaient particulièrement virulentes avait exigé des autorités départementales la déportation immédiate et effective des prêtres réfractaires [43]. Aussi, les personnes agressées par la foule et les volontaires sont supposées être des partisans des réfractaires puisqu'elles ne vont pas à la messe : ce sont des femmes du peuple surtout. Avec elles, deux hommes dont l'un quoique clubiste de la première heure est dénoncé aux Angevins parce qu'il s'était porté volontaire et n'avait pas eu le courage à 44 ans de partir aux frontières. Malgré l'intervention de sa femme montrant sa carte du club, il est promené comme les autres dans une brouette et conduit jusqu'à la place des halles où tous sont insultés et tondus [44].

Les troubles antinobiliaires

La Sarthe n'a pas connu de mouvement antiseigneurial comparable à celui de l'Orne et même de la Mayenne. Les troubles contre les châteaux n'ont entraîné de mobilisation communautaire qu'aux époques de crise politique : la Grande Peur, la fuite à Varennes et la levée des volontaires à l'automne 1792. Des incidents ponc-

---

40. A.D.S. L 31 bis.
41. A.D.S. L 72.
42. A.D.S. L 269.
43. A.D.S. L 29. Rassemblement du 27 août 1792.
44. A.D.S. L 272. L'information judiciaire, ouverte sur la requête du clubiste faisant attester par certificat médical les coups et blessures et une incapacité temporaire de travail, débouche le mois suivant sur la mise en accusation des volontaires et la responsabilité de Valframbert, commandant d'un bataillon de la garde nationale.

tuels ont éclaté pour réclamer les armes au seigneur (Courcelles, juillet 1790) ou pour rechercher des prêtres réfractaires (Ste-Cérotte, février 1792, Louvigny en mars ou La Fontaine en septembre). Le rassemblement s'est parfois terminé par une grande fête comme au château de Louvigny où les gardes nationaux d'Ancinnes, Rouessé-Fontaine et Fyé ont forcé tous les gens du château à danser avec eux [45].

De cette apparente accalmie, après le massacre collectif de Ballon en 1789, faut-il conclure à la faiblesse du sentiment antinobiliaire dans la Sarthe ? Ce serait ignorer les mesures de contrôle municipal prises après le 10 Août car le château, comme symbole d'un monde inquiétant et redoutable, imprègne fortement les mentalités populaires. Si le compte-rendu par le district de Mamers de l'insurrection au château de Louvigny le 11 mars 1792 tend à minimiser l'événement, la plainte de la propriétaire fait davantage ressortir l'animosité des attroupés qui la soupçonnaient d'accaparement et de détentions d'armes [46].

Cette inquiétude, essentiellement politique, explique que les troubles contre les châteaux aient lieu au moment des fortes tensions nationales et, aussi, qu'ils ne se produisent pas particulièrement dans les lieux de grande propriété nobiliaire [47]. Le départ des volontaires en septembre 1792 ne suscite pas des troubles majeurs : certes, ceux-ci réquisitionnent bien les chevaux dans les châteaux des environs du Mans et les soldats-citoyens réunis à Beaumont taxent les châtelains de 100 à 800 livres pour s'habiller et se nourrir [48]. Toutefois, à Lucé-sous-Ballon, les propriétés de Mme Godard d'Assé ont été menacées de pillage pour la contraindre à acquitter dans les 24 heures 1200 livres pour les volontaires qui se dévouent au service de la patrie.

Les deux seuls mouvements de caractère antiféodal se produisent dans le nord-ouest de la Sarthe, à Rouez et Fresnay, où la menace de brûler les titres féodaux en octobre 1792 aboutit à des pillages [49]. Là encore, il n'y a pas de corrélation avec l'importance de la propriété nobiliaire. Il convient donc davantage de parler de mouvements antinobiliaires que de mouvements antiseigneuriaux.

Les troubles de la réquisition

L'opposition au recrutement militaire qui est à l'origine du soulèvement vendéen mérite, enfin, un dernier développement.

En mars 1793, avec le décret de la levée en masse, les premiers troubles des « gens de la campagne » se produisent au Mans et se propagent ensuite dans quatre autres districts : trois à l'Est, un à l'Ouest. Mieux encore, dès 1792, St-Calais, à l'Est, connaît la première manifestation d'opposition au recrutement le 17 août, (suivi par Lavardin le 15 septembre), lorsqu'il est question de compléter l'armée de ligne en réunissant les gardes nationales du canton [50]. Si ce n'était l'inquiétude justifiée des administrateurs du district de Sablé d'une insurrection générale, en mai 1793, on aurait tendance à conclure que les paysans de l'Ouest manifestent plus de patriotisme que les villageois de l'Est.

---

45. A.D.S. L 267.
46. A.D.S. L 128 et 155.
47. Bois, op. cité, p. 327. La carte de corrélation entre les mouvements antinobiliaires et la propriété de la noblesse n'est, en effet, pas significative. Il y a autant de mouvements populaires dans les zones de grande implantation nobiliaire que dans celles où elle est inférieure à la moyenne nationale.
48. A.D.S. L 29.
49. A.D.S. L 29 et 471.
50. A.D.S. L 128 et 29.

Sur cette question politiquement sensible, il est intéressant de revenir en arrière, c'est-à-dire à la première levée de volontaires en 1791, considérée comme la plus authentique. Le bataillon sarthois des 574 volontaires nationaux est formée de huit compagnies de 71 hommes chacune (plus les grenadiers). Assemblés au Mans le 2 septembre 1791, leur départ est retardé d'au moins quinze jours car les neuf-dixièmes n'ont pas de culottes, les 7/10èmes n'ont ni veste ni souliers, les 6/10èmes n'ont ni chemise ni habit et les 4/10èmes n'ont pas de chapeau [51]. Le bataillon de la Sarthe, à différence de celui du Maine-et-Loire, est un bataillon de pauvres auxquels il faut distribuer, en outre, fusils et cocardes.

La carte des premiers soldats de la Révolution, d'après leur origine géographique, coupe la Sarthe en deux : l'Ouest se lève pour défendre la patrie en danger ; l'Est boude le recrutement. Le district du Mans, deux à trois fois plus peuplé que les autres, fournit trois compagnies ; ceux de Mamers, La Flèche et Sablé forment chacun une compagnie ; Fresnay et Sillé s'associent pour en lever une ; quant au futur bastion républicain sarthois, il rassemble péniblement une compagnie en recrutant dans trois districts. Or, le district de Château-du-Loir est aussi peuplé que celui de La Flèche, celui de La Ferté-Bernard autant que celui de Mamers et le district de St-Calais n'a pas une population moindre que celui de Sablé. Ainsi, les districts réfractaires au serment des prêtres (Le Mans, Sablé, La Flèche) sont volontaires pour le service militaire alors que les districts constitutionnels (Château-du-Loir, La Ferté, Fresnay et St-Calais) y sont réfractaires. La géographie des troubles de 1793 apparaît moins surprenante.

Les révoltés de 1793 se recrutent dans les milieux populaires des campagnes. A Jupilles, le tumulte dans l'église où la municipalité faisait donner lecture de la loi par les commissaires du district de Château-du-Loir, a été provoqué par deux hommes de 30 et 35 ans, analphabètes, ouvriers dans le forêt de Jupilles et condamnés le 16 juin à six mois de prison [52]. A Mamers, les troubles ont éclaté en octobre, à l'assemblée des réquisitionnaires du district, déjà constitués en bataillons pour partir sur le front vendéen dans le Maine-et-Loire. On relève plusieurs causes de malaise : la ville est incapable d'assurer leur subsistance ; le district ne peut leur fournir ni armes, ni habits ; enfin, les exemptions sont dénoncées. Le conflit oppose nettement la ville à la campagne ; la garde nationale de Mamers est désarmée par les insurgés mais une quarantaine d'entre-eux sont néanmoins arrêtés. C'est le comité de surveillance de Mamers qui mène l'enquête dès le lendemain.

Le réfractaire à la réquisition est âgé de 18 à 22 ans (le seul quinquagénaire est un père venu accompagner ses deux fils au chef-lieu du district). Il habite les petites communes qui entourent la forêt de Perseigne, dans le canton de La Fresnaye. C'est un paysan dans un cas sur deux ou alors il est domestique ou artisan. Un sur quatre sait signer son nom. Les commissaires, nommés pour rechercher les conspirateurs dans ce canton, procèdent à l'arrestation du ci-devant d'Aillières, dans la commune qui porte son nom, convaincu d'incivisme et suspect d'intelligence avec l'ennemi. Quant aux jeunes gens de la réquisition, ils sont tous reconnus non coupables et élargis une semaine plus tard [53].

---

51. A.D.S. L 326. Voir Petitfrère (112).
52. A.D.S. L 266.
53. A.D.S. L 600.

La géopolitique des mouvements populaires dans la Sarthe

Interpréter les manifestations populaires, dans le temps court de la Révolution, oblige à sérier les questions.

Peut-on parler de mouvements paysans ?
La définition de la paysannerie n'a pas entraîné de débat historiographique aussi passionné que celui consacré à la bourgeoisie. Pourtant, on mesure bien qu'il y a une définition stricto-sensu, « celui dont le travail exclusif ou principal est l'exploitation de la terre », selon P. Bois, et une définition élargie : celui qui vit des travaux campagnards (journalier, bûcheron, cloutier, forgeron…) ou celui qui réside à la campagne (tisserand, cordonnier, cabaretier…).
Si l'on adopte une définition stricte, on ne peut pas qualifier les deux-cents mouvements populaires sarthois de mouvements paysans. Quelle que soit la typologie des troubles, les artisans, les marchands et les bourgeois sont constamment mêlés à l'agitation. Il est clair, toutefois, que la source judiciaire contribue à valoriser la représentation des notables, poussés en avant par la pression populaire. Par ailleurs, hormis certains troubles ponctuels qui permettent à certaines catégories socio-professionnelles d'émerger plus particulièrement (mais ce sont rarement des paysans à proprement parler), les grandes manifestations sont très nettement communautaires faisant ainsi apparaître l'extrême diversité de la société rurale.

Peut-on parler d'action autonome des masses rurales ?
L'idée communément acceptée dans l'Ouest d'une opposition catégorique de la ville et de la campagne ne ressort pas de l'analyse des mouvements populaires dans la Sarthe.
Il ne s'agit pas de nier la méfiance des ruraux pour les gens de la ville (méfiance, d'ailleurs, réciproque) qui apparait avec clarté dans les troubles de la réquisition. Mais il ne convient pas de la surévaluer. Des villes assaillies par les campagnes, nous en avons rencontrées car la ville est un lieu de pouvoir administratif, judiciaire et politique. Des troubles essentiellement ruraux, également. Mais la très grande majorité des mouvements recensés dans les premières années de la Révolution montrent, au contraire, la grande complicité entre campagnards et citadins car la ville est aussi un lieu de rencontres où les idées circulent, un lieu de marché hebdomadaire, un lieu de rassemblement des gardes nationales ou des volontaires. La diversité de la société urbaine permet la réceptivité aux mots d'ordre des ruraux comme le montre le soulèvement des quartiers populaires manceaux, en novembre 1792, relayant les taxateurs de la forêt de Vibraye.
C'est, sans doute, la chouannerie qui a tendu à figer la représentation de deux mondes antagonistes : la guérilla tient la campagne, mais échoue dans la ville, où elle se heurte à une force armée suffisante, comme dans le bourg, où peut s'opérer un rassemblement populaire. Certes, les troubles religieux de 1791 et 1792 comme ceux de la réquisition en 1793 ont une nette dominante rurale qui peut constituer un terrain favorable à une action armée contre-révolutionnaire. Mais on ne peut pas parler dans la Sarthe de « véritable guerre des campagnes contre l'insolente oppression des cités » [54].

---

54. Selon l'expression d'Y.M. Bercé (131) p145.

Peut-on parler de comportements différents entre l'Est et l'Ouest ?

La géographie des mouvements populaires ne laisse rien apparaître de ce clivage de la Sarthe en options politiques si tranchées, contrairement à ce qu'affirmait P. Bois. Certes, les deux grandes insurrections de juillet 89 et de novembre 92 partent de l'Est, mais l'Ouest ne les boude pas. Dans les troubles de subsistance, la moitié riche et la moitié pauvre font jeu égal. Dans les troubles de la réquisition, l'Est est encore à l'avant-garde de la protestation, mais les troubles dans le district de Sablé seront, il est vrai, d'une exceptionnelle ampleur.

Peut-on parler de pérennité des comportements populaires ?

L'historien des jacqueries d'Ancien Régime retrouve un terrain familier dans l'observation des mouvements révolutionnaires. L'engagement communautaire est, en effet, une forme d'action majeure, caratéristique du puissant mouvement antiseigneurial dans l'Orne, de la grande Peur dans le Maine, des grands mouvements taxateurs de l'Eure au printemps 1792 et de la Sarthe à l'automne. L'intérêt personnel ou l'opinion individuelle d'un membre de la communauté villageoise sont balayés par la volonté générale des habitants. Le maire, les élus municipaux et les officiers de la garde nationale occupent le rang des syndic, curé et notaire autrefois.

Mais il est essentiel de souligner la mutation qui s'opère avec l'organisation du peuple en armes : la protestation populaire dans le cadre des institutions révolutionnaires n'est pas purement formelle. Les nombreux conflits qui opposent la municipalité à la garde nationale, au curé ou au district signalent la vivacité des luttes politiques au village comme au bourg et la rivalité pour le pouvoir local. La politisation, ensuite, n'est pas une spécificité des masses urbaines ; la perquisition des châteaux pendant la Grande Peur, puis à l'époque de la fuite du roi et après la prise des Tuileries, montre bien l'intense mobilisation des ruraux. Surtout, la démocratisation de la garde nationale, précédant celle des sociétés politiques, assure une force exécutive aux revendications populaires qui tend même à devenir délibérante dans les moments critiques. Enfin, l'existence de tant de foules de 1789 à 1793 traduit bien le relai de la tradition émeutière par la manifestation où la violence n'est pas une fin, mais un moyen d'expression civique ; manifestation qui est clairement comprise par les dominés comme une force politique et par les gouvernants comme une composante de l'opinion publique.

Si tout s'enchevêtre -l'ancien et le nouveau, les paysans et les autres, les campagnards et les citadins, l'Est et l'Ouest- rendant à cette société révolutionnée toute sa complexité mentale, sociale et politique, n'est-ce pas le signe manifeste que l'étude des mouvements populaires constitue la meilleure approche de la politisation des campagnes ? Mais, apprécier l'entrée en politique du monde rural ne se réduit pas à étudier les formes d'action directe. Dans l'apprentissage de l'action représentative, une place majeure doit être accordée à la réunion publique et à l'association politique.

La géopolitique du jacobinisme sarthois

L'étude du réseau des sociétés populaires comme un test de l'engagement politique et du rayonnement culturel et social des Jacobins permet de nourrir la réflexion sur la politisation des campagnes pendant la Révolution.

Répartition des sociétés populaires dans la Sarthe

La grande enquête du Bicentenaire a permis de mettre à jour une quarantaine de clubs révolutionnaires dans la Sarthe, dépassant largement la quinzaine de sociétés inventoriées auparavant [55]. Pourtant, aucune enquête, aussi exhaustive soit elle, ne peut prétendre à l'infaillibilité. La quasi-absence de registres de délibérations a limité nécessairement les découvertes dans ce département. De cette lacune archivistique, il ne convient pas de conclure, comme le faisait rapidement P. Bois, qu'en dehors du chef-lieu du département le jacobinisme sarthois était inexistant car avec 8,6 % de clubs par rapport au nombre de communes, le département a un réseau de sociétés populaires relativement étoffé dans l'Ouest français. Il est vrai que la cartographie obtenue ne s'intègre pas plus que celle des mouvements populaires à la problématique de sa thèse : le mouvement jacobin n'oppose pas l'Est à l'Ouest, ni la ville à la campagne. Il y eut même davantage de créations de clubs dans l'ouest de la Sarthe.

La corrélation de la carte de la chouannerie sous le Directoire, dressée par P. Bois, avec celle de la sociabilité politique de l'an II montre, en effet, que les trois-quarts des « mauvais » ou « très mauvais cantons », à recrutement chouan facile, ont eu un club dans les premières années de la Révolution tandis que les deux-tiers seulement des cantons républicains ont connu, à cette époque, l'association politique. Dans ce qui deviendra les meilleurs cantons républicains (Mayet, Le Grand-Lucé, Tresson) on n'a pas trouvé trace de l'existence d'une société populaire ; Bouloire, seul, faisant exception. On ne peut donc guère suivre l'historien des *Paysans de l'Ouest* lorsqu'il affirme : « A partir de 1793, les clubs n'intéressent plus directement notre recherche, les prises de position ayant déjà eu lieu ».

Par ailleurs, des clubs ruraux ont été créés bien avant des clubs urbains. C'est le cas, par exemple, de Malicorne, Montfort-le-Rotrou (avril 1791) et de Bouloire (juin) établis avant celui de La Flèche ; de Ste-Sabine (février 1792) et Vallon-sur-Gée (mars) avant ceux de trois chefs-lieux de district (Fresnay, La Ferté-Bernard et Sillé-le-Guillaume). La géographie des sociétés politiques confirme, en revanche, l'étude des mouvements populaires : l'engagement révolutionnaire ne se réduit pas au militantisme urbain.

Mis à part l'engagement précurseur du Mans et de St-Calais (seule ville à ériger, en 1889, une Marianne devant l'Hôtel de Ville « en l'honneur de la Révolution française »), la floraison des clubs en 1791 s'inscrit dans la bataille idéologique autour de la constitution civile du clergé. Le rôle des « prêtres-citoyens » est dès lors fondamental. On en compte une vingtaine parmi les adhérents de la société des Amis de la Constitution du Mans, au début de l'année 1792. En terre réfractaire, leur mission s'avère difficile comme à Etival-lès-Le Mans pour l'abbé Jourdain à qui son collègue et ami clubiste Haloppé donne le conseil suivant en février 1793 : « Abstiens-toi de leur parler révolution. Prêche-leur la morale la plus simple : ce sera le meilleur moyen de faire tomber les préventions [56] ».

Certains ont soutenu la politique religieuse de l'Assemblée nationale en créant un club, comme l'abbé Monrocq, à Coulans-sur-Gée et en l'affiliant à celui du Mans. Il devra s'en justifier en l'an V dans les colonnes des *Affiches du Mans* : « Vous me faites le fondateur d'un club sanguinocrate à Coulans. Or, il n'a jamais existé qu'une

---

55. Voir Aulard (35) t1, p. LXXXIX, les enquêtes de Chobaut et de Cardénal sur le nombre des clubs *A.H.R.F*, 1927 (p78-79, 163), 1931 (p 250), 1939 (p266-67) et Bois, op. cité, p. 289 (note 1).
56. A.N. W 356. Correspondance, saisie en germinal an II, de Marat-Jourdain.

société de paisibles cultivateurs qui s'assemblèrent dans ma salle le dimanche après les vêpres pour lire les nouvelles et la collection des décrets. Cela a duré tout l'hiver 1791… » [57].

Si l'on mesure ici l'importance de ce petit club rural dans la mémoire locale, il est difficile de présumer de la durée de ces sociétés patriotiques qu'on ne connait parfois que par une pétition à une Assemblée révolutionnaire, une adresse à une autre société ou une mention dans un registre de correspondance ou dans un journal. En l'occurence, le club de Coulans n'a pas cessé ses réunions en 1791 puisqu'un procès-verbal de délibérations de la Société des Bons Citoyens de Coulans atteste sa vitalité en juin 1793 [58]. Toutefois, certaines sociétés sont tombées en sommeil pendant plusieurs semaines comme celles de Saint-Calais, ranimée en août 1793 pour faire front à l'insurrection vendéenne, ou encore de Mamers, fondée au printemps 1791 et recréée en septembre 1792, sous les auspices de l'avignonnais Peyre, commissaire du pouvoir exécutif [59]. Les Mamertins élisent alors, après son passage, comme président de la société des Amis de la Liberté et de l'Egalité, la plus illustre figure intellectuelle de la Sarthe, le collaborateur de Diderot à l'*Encyclopédie*, l'économiste Véron de Forbonnais [60].

Les sociétés populaires du Nord et de l'Ouest ne nous sont pratiquement connues que par leur correspondance avec les sociétés de l'Orne et de la Mayenne. C'est le cas de Fresnay et de Beaumont, par la correspondance d'Alençon en décembre 1792 ; de Conlie et de Loué, par l'affiliation avec celle de Mayenne, en germinal an II, « quand les patriotes, chassés de leur ville par les brigands, se sont rendus (chez eux) » [61]. Quant à Sillé et Epineu-le-Chevreuil, c'est en juin 1793, au moment de la crise fédéraliste et de la Virée de Galerne, « pour s'occuper des mesures à prendre sur la situation politique de notre gouvernement », que leurs procès-verbaux de délibérations nous les font connaître.

La comparaison du réseau des sociétés populaires avec la carte des prêtres jureurs en 1792 s'avère peu convaincante. Les districts les plus constitutionnels sont ceux où le pourcentage des clubs rapporté au nombre des communes est le plus faible. L'insociabilité du district de Mont-sur-Loir (ci-devant Château-du-Loir, avec 5,3 % de sociétés populaires) qui a accueilli avec enthousiasme la constitution civile du clergé (78 % de jureurs) se vérifie aussi à La Ferté-Bernard (60 % de jureurs et 6,5 % de clubs) et Fresnay (59 % de jureurs et 4,2 % de clubs). Ce sont les districts les plus réfractaires au serment des prêtres qui ont établi une réseau plus dense de sociétés populaires. La « sociabilité naturelle » des Fléchois (11,8 % de clubs et 34 % de jureurs) se retrouve non seulement dans le district du Mans (11 % de clubs et 37 % de jureurs) mais aussi à Sillé-la-Montagne (12,9 % de clubs et 46 % de jureurs). Il semblerait donc que la réunion jacobine ait été ressentie comme une nécessité dans l'Ouest sarthois pour contrecarrer les résistances à la Révolution.

---

57. *Affiches du Mans*, 3o vendémiaire an V.

58. A.D.S. L 202.

59. Voir H. Chobaut : « Un révolutionnaire avignonnais A.P.Peyre (1743-1796) », *A.H.R.F.*, jan-mars 1931, p. 31-41.Démocrate de la première heure, il fut élu pour porter en juin 1790 la revendication du peuple avignonnais à disposer de lui-même. L'avocat méridional s'acclimata à Paris, fréquentant les clubs des Jacobins et, surtout, des Cordeliers dont il fut un des présidents, notamment, en juillet 1791. Envoyé après le 10 août dans les départements pour prêcher la république et l'engagement patriotique, il parcourut l'Eure, l'Orne et la Mayenne avant d'être envoyé sur le front vendéen.

60. Voir Fleury (237), Peyrard (257).

61. A.D.Mayenne L 1631.

Mais cette hypothèse ne doit pas masquer le fait majeur : la non-réductibilité du phénomène associatif à des conformismes politiques ou religieux.

Malgré le rôle des prêtres-citoyens, confrontés les premiers à l'ampleur de la tâche pédagogique dans ces anciens pays de mission et placés bien souvent à l'avant-garde du mouvement associatif dans les campagnes, le jacobinisme sarthois présente de nettes caractéristiques urbaines en touchant 76 % des chefs-lieux de canton de plus de 2000 habitants pour seulement 5 % des communes rurales. Mais la corrélation de la sociabilité politique avec la carte des marchés, urbains et ruraux, montre le rayonnement du jacobinisme dans la Sarthe.

Dans pratiquement toutes les bourgades, en effet (à l'exception de six), où se tient au moins un marché hebdomadaire, une société populaire est implantée en l'an II. Il n'est pas exagéré de parler d'hégémonie jacobine [62] quand, après la conquête des lieux décisifs de la vie politique, c'est-à-dire les chefs-lieux de district, sont gagnés à l'association politique la très grande majorité des gros bourgs bocagers où se nouent les échanges économiques entre la ville et la campagne. On a déjà souligné, en étudiant les mouvements frumentaires, l'importance dans l'économie rurale de ce lieu qui favorise les médiations sociales et la communication politique.

Prenons l'exemple d'un de ces bourgs où la société des Amis de la Constitution prend l'initiative, le 20 mars 1792, d'une campagne de pétitions. Malicorne, modeste chef-lieu de canton de 1500 habitants environ, a été la première commune du district de La Flèche à se doter d'un club, six mois avant le chef-lieu du district. Elle envoie à toutes les municipalités des communes riveraines de la Sarthe un formulaire imprimé demandant la réunion du Conseil général de la commune afin de se prononcer pour « l'abolition de ce souvenir de la féodalité » qu'est le droit exclusif de pêche [63]. En citant les décrets du 4 août 1789 et du 10 octobre 1791 relatif à l'abolition de ce privilège, la société de Malicorne revendique « le droit naturel de pêche », à l'égal de celui de chasse. Une douzaine de communes (Moulins, St-Georges, Montreuil, Montbizot, La Guierche, La Bazoge, Neuville, Spay, La Suze, Fercé, Noyen, Parcé et Sablé), essentiellement des communes rurales et dépourvues d'association politique (celle de Sablé sera créée en juillet) ont signé cette pétition. Les villes se sont abstenues. Ainsi, au printemps 1792, les ruraux de l'Ouest sarthois sont familiarisés avec la langue du droit [64] qui légitime leur activité pétitionnaire et consacre leur citoyenneté.

Si cet exemple illustre bien la politisation des campagnes, il est nécessaire d'apprécier le rôle de la société du chef-lieu du département dans le champ politique. Car la situation géographique du Mans, au cœur de la Sarthe, et son poids démographique lui confèrent une importance plus grande qu'ailleurs.

Le rayonnement des jacobins manceaux dans le département

Tout en nous réservant d'étudier plus loin la sociabilité et la presse mancelles, il convient de présenter le prestige ou l'ascendant des Jacobins manceaux sur le réseau associatif et le mouvement politique et social du département.

Le réseau des sociétés affiliées en août 1792, à l'époque où se termine son premier registre de délibérations et le seul conservé, montre l'influence géopolitique du

---

62. Voir Mazauric (106) p. 90-107.
63. A.N. F 10/320.
64. Guilhaumou (93) p. 9-27.

Mans dans cinq districts sur neuf, situés dans la moitié sud. La douzaine de communes qui établissent un club recherchent d'emblée, en 1791 comme en 1792, à l'exception toutefois de Mamers, l'affiliation avec la société-mère du département. Seules deux sociétés (St-Calais et Malicorne) ont reçu une distinction plus grande et sont affiliées aux Jacobins de Paris. Le Nord qui échappe alors au rayonnement manceau est, l'année suivante, particulièrement bien représenté dans la mouvance du chef-lieu : le club manceau accueille une quinzaine d'adhérents de Mamers et quelques frères et amis de Fresnay, Sillé ou Montmirail sans compter une demi-douzaine de républicains du district, autant et de Mayet et une dizaine de Parisiens.

Au delà des frères et amis sarthois, quelle a été l'influence des Jacobins sur les électeurs du département ? Peut-on soutenir encore que les clubs fonctionnent comme des « machines électorales » alors même que l'on reconnaît que l'enjeu électoral ne domine pas la vie politique de cette période ? [65]. Mais, prenons l'exemple de l'élection des députés à la Convention qui, dans la Sarthe, est particulièrement significatif puisque les électeurs du second degré ont fait confiance, pour la première fois, aux citadins.

Notons, d'abord, que l'assemblée électorale s'est réunie, non au Mans, mais à Saint-Calais, du 2 au 10 septembre 1792. Remarquons, ensuite, que la représentation électorale défavorise les villes et, singulièrement, Le Mans (0,1 % d'électeurs rapporté à la population urbaine totale) à la différence des cantons ruraux comme celui de St-Jean, dans le district de La Flèche (8,3 %) : les 21 électeurs manceaux ne représentent ainsi qu'une infime minorité dans le collège électoral (3,8 % des 548 électeurs sarthois). Ajoutons, enfin, l'assiduité des électeurs à toutes les journées de scrutin puisque le nombre de présents au choix des députés varia seulement de 541 pour l'élection de Boutroue à 515 pour celle du troisième suppléant [66].

Certes, les jacobins manceaux exercent alors une hégémonie sur la presse départementale et les assemblées primaires dans le chef-lieu ont vu un triomphe des clubistes avec leurs 18 élus. Dès la formation de l'assemblée électorale à St-Calais, deux des leurs, Philippeaux et Levasseur, sont choisis aux postes-clés de président et de secrétaire du bureau où celui-ci donna lecture des circulaires officielles et des adresses de la société des Jacobins de Paris et celle du Mans.

L'origine géographique de tous les députés élus ensuite à la Convention (10 députés, 4 suppléants et une élection supplémentaire à cause du refus de Condorcet) mérite examen. Malgré la suppression de la règle de représentation de chaque district qui a permis l'élection de deux grands intellectuels parisiens (Sieyès et Condorcet), chaque district a eu au moins un élu, à l'exception de celui de Château-du-Loir animé pourtant par le club du chef-lieu depuis mars 1791 ; or, il est peu de départements qui comptent autant de districts. Ensuite, si les ruraux qui forment la très grande majorité des électeurs ont élu neuf citadins, dont trois jacobins manceaux, ils ont tout de même porté à la députation six des leurs. Enfin, si l'on tient compte de la population du district du Mans, trois fois plus élevée que celle des autres, sa représentation paraît nettement moins dominante.

Il reste néanmoins le fait relevé par P. Bois que cette assemblée électorale rurale, élue théoriquement pour la première fois au suffrage universel masculin, fait désormais confiance aux Jacobins. La moitié des conventionnels sarthois se feront inscrire au club parisien : Levasseur, Philippeaux, Letourneur (du Mans), Boutroue (de

---

65. Voir P. Gueniffey, *Le nombre et la raison, La Révolution française et les élections*, Paris, 1993.
66. A.D.S. L 199.

Greez-sur-Roc) et Richard (de la Flèche). On ignore, dans ce dernier cas comme dans celui de François-Primaudière (Sablé) et de Froger (Saint-Calais), s'ils étaient clubistes dans leur ville : en revanche, on sait que Lehault était membre de celui de Mamers [67].

On ne peut pas déduire de l'influence réelle des Jacobins manceaux sur l'opinion des électeurs après la chute du trône que le club est une machine électorale : c'est le confondre avec le cercle constitutionnel du Directoire, autrement dit un anachronisme. Dans les délibérations des sociétés des Amis de la Constitution (de 1791) ou dans celles des Amis de la Liberté et de l'Egalité comme dans les articles de journaux, la question électorale est un sujet extrêmement mineur. D'ailleurs, les élections administratives du mois suivant n'ont pas été particulièrement favorables aux citadins et aux clubistes.

Mais lorsque s'ouvre un conflit politique national, comme au printemps 1793, l'influence des Jacobins locaux est à nouveau déterminante.

Résolument antifédéraliste, le club manceau qui a organisé la première manifestation politique moderne, avec banderoles et chansons, dans les rues de la ville pour condamner l'action des administrateurs, élus en novembre, a refusé logiquement de déléguer un commissaire à la réunion organisée par le Conseil général du département. Parmi les treize autres sociétés populaires alors en activité, cinq d'entre-elles n'ont pas envoyé de délégués (Mamers, Fresnay, Sablé, La Ferté-Bernard ; le cas de Bonnétable est problématique car le délégué de la municipalité prétend représenter aussi le club). Certains corps administratifs et judiciaires également n'ont pas répondu à la convocation : le district et les corps judiciaires de La Ferté-Bernard, les corps judiciaires de Château-du-Loir ; le bureau de conciliation de La Flèche, Sablé, Fresnay, Mamers ne sont pas non plus représentés ni seize municipalités de chefs-lieux de canton.

L'engagement aux côtés des fédéralistes est, toutefois, massif puisque 89 % des districts, 70 % des municipalités et 57 % des sociétés populaires annoncent leur participation. Le but de la réunion est, il est vrai, très vague : les députés sont « chargés d'étudier avec l'administration centrale les mesures à prendre en raison de la situation politique du gouvernement » [68]. Toutefois, les procès-verbaux des séances du 25 au 30 juin 1793 signalent des défections dans les rangs des délégués des sociétés populaires. Le professeur de mathématiques du collège de La Flèche n'est pas venu au Mans. Le vicaire de Vallon et le délégué de Château-du-Loir n'ont assisté qu'à deux séances. D'ailleurs, la société de cette ville avait donné un mandat précis à son commissaire : « concourir au bien général ; réprimer des propos factieux tendant à ruiner le bonheur public, à encourager l'anarchie et à rappeler le despotisme ; ne consentir, en aucune manière, à la création d'une force armée dans la Sarthe dont la destination ne serait pas la destruction des rebelles de la Vendée ou tous autres contre lesquels la Convention appellera ; et protester contre cette création si elle a lieu et faire connaître sa protestation et les motifs qui la dicteront ». Le 1er juillet, la société Républicaine de Château-du-Loir réitère son refus de toute mesure fédéraliste et précise que son délégué n'est pas mandaté pour délibérer « sur la situation politique de notre gouvernement qui est confiée à la Convention nationale qui, seule, peut s'en occuper » [69].

---

67. Peyrard (258).
68. A.D.S. L 202. Procès-verbaux des séances de l'assemblée départementale.
69. A.D.S. L 202.

Il est néanmoins des députés-clubistes qui ont assisté à une demi-douzaine de séances de l'assemblée départementale (Sillé, Epineu-le-Chevreuil, Malicorne et Saint-Calais). Le remboursement des frais de déplacement de tous les commissaires permet de classer les délégations de Saint-Calais et de Sillé parmi les plus assidues, même si elles ne peuvent rivaliser avec le représentant du district de Fresnay qui fait figure de permanent de l'assemblée. Tout le district de La Ferté-Bernard a manifestement boycotté la réunion et celui de Château-du-Loir paraît très réservé. S'il n'y avait cette forte présence des délégués du district de Saint-Calais, cette géographie des options fédéralistes, rappellerait beaucoup la carte de la répression du mouvement taxateur en décembre 1792 et celle des options politiques sous le Directoire.

Mais la prise de position des autorités constituées n'est pas hégémonique. L'opinion de la société populaire du Mans, en dépit de l'arrestation de ses leaders, entraîne majoritairement celle des autres et l'opinion de la grande majorité des députés sarthois à la Convention fait vaciller l'autorité politique du département. Entre l'insurrection vendéenne et l'insurrection normande, Le Mans est un pôle de résistance qui fait de la Sarthe un bastion montagnard.

Son emprise sur le mouvement populaire en l'an II en témoigne.

Si la question des subsistances n'est plus prioritaire parce qu'une législation de salut public, correspondant aux objectifs du mouvement taxateur, a été votée par la Convention montagnarde et aussi parce que la Sarthe est confrontée à la Virée de Galerne mobilisant toutes les énergies, elle reste particulièrement sensible. Le mouvement populaire n'inscrit plus son action, sauf rares exceptions, dans le cadre protestataire qui était le sien jusqu'alors. On ne relève que deux manifestations traditionnelles sur une quinzaine de troubles frumentaires. Le 22 frimaire an II, un attroupement des habitants de Mont-Saint-Jean, armés de bâtons, se porte au marché de Sillé sur les conseils de leur maire, meunier de la commune, pour prendre le grain destiné à l'armée [70]. Le 25 ventôse, ce sont les femmes de Mamers qui investissent tous les locaux administratifs pour réclamer « le pain à 3 sols la livre comme à Paris, La Ferté-Bernard et Bonnétable », une taxe sur « les gens riches qui regorgent ici d'assignats » et une seule sorte de pain dans la ville car « on fait manger le son ». Les administrateurs parleront du droit à l'existence, des lois bienfaisantes de la Convention en faveur des indigents et de l'impossibilité de lever un impôt forcé d'après la loi du 14 frimaire ; ils obtiendront le lendemain l'envoi de 6000 quintaux de grains pour le district [71].

Les autres formes d'action qui ont donné lieu à une information judiciaire relèvent de l'application du programme social du gouvernement [72].

Avant même, vraisemblablement, que soit connu à Mamers le décret du 17 août 1793 sur la réquisition des récoltes, un « détachement de sans-culottes » opère, trois jours après, le recensement des grains partout dans la ville et découvre un prêtre réfractaire qu'il fait arrêter ; son évasion fait naître un attroupement considérable contre le maire, accusé de complicité, et sauvé de la fureur populaire par l'intervention du district [73]. Dans le district du Mans, le 11 septembre, la municipalité de St-Mars-la-Brière découvre, au cours de sa visite de recensement, qu'un bordager a dissimulé la moitié de sa récolte dans la crainte « que son blé, qu'il entendait vendre à

---

70. A.D.S. L 321.
71. A.D.S. L 483.
72. Voir Gauthier-Ikni (139).

Noël, ne lui fut enlevé ». Conduit en prison au Mans, il est relâché le 1er novembre, la municipalité se portant garante de son patriotisme.

Les dénonciations civiques font l'objet des autres informations judiciaires. A Parigné-l'Evêque, dans le district du Mans, un garçon-tisserand entend dire, le 26 septembre, qu'un fermier faisait manger du grain à ses bestiaux. Aussitôt, quatre tisserands, deux journaliers, deux menuisiers, un serger et un cordonnier, âgés de 17 à 68 ans, la plupart analphabètes, vont vérifier les allégations et avertissent les autorités. Le bordager de 69 ans expliqua au juge de paix que les grains, trouvés dans l'auge à cochons, n'étaient « qu'une tisane » pour son cochon malade qui refusait même de prendre « une motte de pain avec du beurre » ou « du pain rôti trempé dans du cidre ». Arrêté le 4 octobre, il bénéficia d'une pétition favorable d'une trentaine de citoyens du bourg, sachant tous signer. Le 20 brumaire, le comité de surveillance d'Yvré-sur-Huisne (ci-devant Yvré-l'Evêque) procède à l'arrestation d'un fermier, accusé de fausse déclaration de grains, en découvrant une fraude de 140 boisseaux de blé ; le juré d'accusation n'ayant pas reconnu sa culpabilité, il est libéré le 19 nivôse. Au Mans, une dénonciation à la société populaire d'accaparement des denrées conduit à perquisitionner la maison d'une veuve chez qui on trouve 21 potées de beurre alors que « les pauvres de la ville n'en avaient pas pour faire leur soupe ». Le même jour, 2 frimaire, le comité de surveillance fait arrêter deux ci-devants, « prévenus d'avoir refusé d'ensemencer leurs terres dans un moment de disette » ; la procédure, interrompue par les menaces d'invasion des Vendéens, reprend le 9 nivôse et aboutit, trois jours plus tard, à l'élargissement des inculpés, le témoignage de la fermière n'ayant pas été confirmé par les autres témoins.

Ici, c'est la municipalité de Chemiré-le-Gaudin qui révèle, en germinal, le rôle du meunier qui dissimulait dans ses moulins plusieurs centaines de boisseaux de blé appartenant à des habitants d'une dizaine de communes alentour, dans le district du Mans et de Sablé. Là, c'est la société populaire de La Ferté-Bernard qui, le 12 thermidor, dénonce les contraventions à la loi du Maximum à Bonnétable où le marché est bien approvisionné alors que celui de La Ferté est déserté parce qu'on n'y tolère pas la vente au dessus du prix maximum ni les ventes illicites hors des marchés publics.

La lutte contre le marché noir et la surveillance de l'application des lois par les municipalités, les comités de surveillance et les simples citoyens ne sont pas les seules fonctions du mouvement populaire. Les pétitions qui se multiplient en 1793 et 1794 témoignent, d'une autre manière, de la vivacité des luttes de classes au village et de l'opposition de la paysannerie productrice à l'intervention de l'Etat dans l'économie.

La question agraire avait déjà été posée par certains cahiers de doléances, tel celui de Boessé-le-Sec, village de l'Est, accusant le fermier général de considérer « les sous-fermiers comme des nègres qui ne doivent travailler que pour l'enrichir » [74]. Elle est relancée en 1793 dans la même région. Lors du plébiscite de l'été, les non-propriétaires du canton de Vibraye critiquent le principe de liberté de culture, car l'extension des prés et des bois implique une suppression de main d'oeuvre [75]. En octobre, 45 fermiers de Tuffé, menacés d'expropriation par le fermier général de la terre de Bonnétable qui vient de signer un bail avec la propriétaire parisienne, récla-

---

73. A.D.S. L 269.
74. Cité par Lefebvre (148) p. 135.
75. idem, p. 159.

ment la suppression des fermiers-généraux et le retour de « leur maîtresse » sur ses terres [76]. Très vite, les administrateurs et les représentants du peuple font part à la Convention de l'attitude négative des producteurs vis-à-vis de la politique de salut public. C'est le procureur général syndic de la Sarthe qui, le 5 septembre, expose ses craintes de voir les fermiers élever des bestiaux plutôt que de produire des céréales, afin de se soustraire au maximum [77]. C'est le conventionnel François (de la Primaudière) qui déplore, le 9 frimaire, les friches agricoles et la recherche du profit individuel [78].

Dans les sociétés populaires urbaines où les paysans sont très minoritaires, l'attaque est frontale contre « les gros cultivateurs, gangrenés pour la majeure partie d'aristocratie, d'égoïsme et d'avarice ». Celle du Mans, présidée par R. Bazin, propose le 2 octobre des lois sévères contre ceux qui, « voyant la taxe établie, se disposent à ne point ensemencer leurs terres ou les mettre en herbages », à savoir l'obligation d'une culture céréalière sous la responsabilité municipale, la nationalisation des récoltes des contrevenants et la confiscation de leurs biens s'ils sont propriétaires ou la résiliation de leur bail s'ils sont exploitants [79]. Elle ne faisait pourtant que relayer la pétition que lui avait adressée la société populaire de Bessé-sur-Braye (district de Saint-Calais) qui avait proposé le 29 septembre une règlementation des cultures sur les conseils du juge de paix du canton, un propriétaire aisé, critiquant « les égoïstes qui, depuis qu'ils ne font plus la loi sur les marchés, ont laissé le tiers ou le quart de leurs terres ensemencer en trèfles parce que c'est d'un plus gros rapport » [80]. Finalement, la pétition de la société populaire de La Ferté-Bernard du 14 ventôse an II résume bien le sentiment général dans le Maine et la Normandie, c'est-à-dire l'impuissance des patriotes devant la reconversion des terres labourables en prairies permanentes puisqu'aucun arrêté du Comité de salut public n'a touché à la liberté du propriétaire [81].

La géographie du mouvement protestataire sous le Gouvernement révolutionnaire de l'an II privilégie le district du Mans où sont signalées la moitié des interventions populaires. Les revendications agraires, portées par des citoyens ou des sociétés populaires, émanent toutes de l'Est sarthois. Au Comité d'agriculture de la Convention, il ne parvient de l'Ouest que le rapport de l'agent national du district de Sablé signalant, en pluviôse, les conséquences néfastes pour l'agriculture de l'arrestation des 900 citoyens des alentours de Brûlon, transférés dans les prisons de Chartres et de Pontoise à la suite de l'insurrection vendéenne [82]. Mobilisés sur le front patriotique, les jacobins de l'Ouest sarthois ne peuvent guère, sans doute, ouvrir un front de classes.

Il est clair que le mouvement social ne peut être détaché du contexte politique et, qu'à ce titre, 1793 est un tournant : celui de la fin des mouvements de foule.

L'ancrage sociologique du jacobinisme rural constitue, enfin, le dernier axe de cette recherche.

76. A.N. F 10/284.
77. A.N. F 10/264.
78. A.N. F 10/320.
79. A.N. F 10/285.
80. A.N. F 10/320.
81. A.N. F 10/233.
82. A.N. F 10/320.

La citoyenneté jacobine

L'analyse socioprofessionnelle des clubistes peut être menée dans quatre communes du nord de la Sarthe qui, par leur population, peuvent être considérées comme des bourgs, plus ou moins urbanisés. Parmi elles, toutefois, deux villes administratives d'Ancien Régime qui ont eu leur club dès 1792, Beaumont (2200 habitants) et Fresnay (2000 habitants), chef-lieu de district ; les deux bourgs ruraux, Ballon (3400 habitants) et Savigné (2200 habitants), dans le district du Mans, ont créé leur société populaire en l'an II.

Les jacobins en l'an III sont peu nombreux dans ces petites communes sarthoises, leur proportion oscillant entre 2 et 4 % de la population totale [83]. L'étude montre, s'il en était besoin, l'importance des fonctions administratives pour modifier la composition sociale d'un bourg : plus il est urbanisé, plus la place des paysans est réduite. Alors qu'à Savigné ils représentent plus du tiers des effectifs de la société populaire (34 %), leur proportion est seulement de 13 % à Ballon et, surtout, tombe à 4 % à Fresnay et Beaumont. Corrélativement, les bourgeois, les professions libérales et les emplois du secteur tertiaire, si on ne craint pas l'anachronisme, sont plus nombreux : 51 % à Beaumont (où 11 % des professions nous sont inconnues), 33 % à Fresnay, 16 % à Ballon et 12 % à Savigné. La place des travailleurs du secteur secondaire est toujours la plus forte : 34 % à Beaumont, 54 % à Savigné, 63 % à Fresnay et 71 % à Ballon. C'est dans l'industrie textile, prédominante dans la Sarthe, que se recrutent la majorité des clubistes, de l'employé au patron.

Si on ne peut comparer ici les professions des adhérents et celles des habitants, en revanche il est très utile de confronter ces tableaux d'adhérents de brumaire an III aux listes électorales de 1790 [84].

La proportion des clubistes de 1794 parmi les citoyens actifs est très variable ; dérisoire dans un bourg rural, dépourvu de marché, comme Savigné (5 %), elle s'élève à 15,5 % à Fresnay sans que l'on puisse voir une relation de cause à effet car dans la ville de Beaumont elle est de 7,5 % et de 11 % à Ballon. Le pourcentage de citoyens actifs dans ces quatre communes, plus important à Savigné (17 %) qu'à Fresnay (13 %) est de 15 %, celui de la moyenne sarthoise et nationale. Toutefois, P. Bois estimait que cette proportion devait être corrigée par une méthode de calcul augmentant d'un point et demi le nombre des actifs et diminuant le nombre des citoyens passifs (ramené ainsi de 10 à 6 %), en raison d'une forte natalité et de probables négligences [85].

Il est certain que la confection des listes électorales laissait aux municipalités une grande latitude dans l'application de la loi. L'exemple de Fresnay le montre bien. La liste de 1790 précise, en effet, le montant de la taille de chaque citoyen actif et on constate qu'au dessous du seuil fiscal des trois journées de travail, il y a des citoyens actifs (18,5 %) et même quelques éligibles. Dans une ville pauvre ou faiblement imposée, avec une cote fiscale moyenne de 11 livres alors qu'elle oscille entre 30 et 40 livres dans la Sarthe, la majorité des citoyens actifs n'acquittent pas 5L10 au fisc (58,5 %), 29 % paient moins de 20 livres, 7 % moins de 50 livres et le faible reste moins de 200 livres. S'il est difficile de se faire une idée claire du prélèvement fis-

---

83. A.D.S. L 284 et 265. Le tableau des membres de la société populaire de Beaumont a été publié dans *La Révolution dans le Maine*, 1936, p. 238-240.

84. A.D.S. L 198 bis.

85. Bois, op. cité, p. 224-227. Guéniffey, op. cité, p. 89-105.

cal complet à Fresnay et du nombre des non-imposés, reste le constat d'une large acception de la notion de citoyen actif, d'après la mention de la cote de taille, en dépit d'un médiocre résultat global. Comme à Longny, les clubistes de ce chef-lieu de district se répartissent assez bien dans toutes les tranches fiscales.

Si la majorité des clubistes, à Fresnay comme ailleurs, étaient citoyens actifs en 1790, une proportion, partout très forte (43 à 49 %), d'adhérents à la société populaire ne l'était pas.

Répartition des adhérents des sociétés populaires
selon les conditions du cens électoral de 1790

Communes	Ballon	Fresnay	Beaumont	Savigné
Citoyens actifs électeurs	13 (14,5 %)	10 (12,8 %)	16 (34 %)	3 (8,5 %)
Citoyens actifs éligibles	40 (44,5 %)	30 (38,4 %)	11 (23,5 %)	17 (48,5 %)
Moins de 25 ans en 1790	3 (3,3 %)	12 (15,3 %)	5 (10,5 %)	?
Nouveaux résidents	3 (3,3 %)	10 (13 %)	1 (2 %)	?
Résidents extérieurs	2 (2,2 %)	0	4 (8,5 %)	?
Citoyens passifs ou reste	29 (32,2 %)	16 (20,5 %)	10 (21,5 %)	?
Total	90 (100 %)	78 (100 %)	47 (100 %)	35 (100 %)

Certains adhérents étaient trop jeunes à l'époque, d'autres ne résidaient pas dans le bourg et certains ne résident pas dans la commune. Mais il convient de reconnaître dans le reste, les citoyens passifs de 1790 qui représentent le cinquième des jacobins de Beaumont et de Fresnay et le tiers de ceux de Ballon ; l'imprécision de la liste de Savigné ne permet pas de procéder à cette évaluation. Ce ne sont pas d'anciens domestiques (sauf un, à Ballon) ; certes, certains pouvaient être fils majeurs dans le foyer paternel, vu leur âge, mais globalement, ce sont de vrais pauvres. Les parias de la monarchie constitutionnelle dont l'existence est reconnue dans les villes (Mamers, Fresnay…) existent aussi dans les bourgs de Ballon, Beaumont et Savigné.

Ces clubistes, non recensés dans les listes électorales, sont surtout des tisserands (un quart à Ballon, un tiers à Fresnay) ; ensuite, viennent dans l'ordre des marchands, cordonniers, tailleurs, charpentiers, journaliers, instituteurs et cordiers. Le recours aux listes d'adhérents des sociétés populaires permet donc de contester la vision de P. Bois d'un suffrage censitaire qui aurait offert une représentation, somme toute, démocratique de la nation française. Sans qu'on puisse fixer le nombre exact de citoyens passifs, sa méthode de calcul sous-évalue manifestement leur proportion dans la population rurale. C'est sous la république jacobine qu'ils accèdent à la citoyenneté.

*   *   *

L'étude des comportements politiques, dans le temps court de la Révolution, montre que la mise en pratique des idées révolutionnaires, dans le mouvement populaire comme dans l'association jacobine, est effective dans tout le monde rural sarthois, à l'Est comme à l'Ouest. La diversité de la société rurale bocagère est une réalité incontournable donnant à l'échoppe et à la boutique le rôle de médiation sociale, politique et culturelle entre la paysannerie et la bourgeoisie. La volonté jacobine d'alliance politique entre les classes sociales et entre les villes et les campagnes atténue, sans doute, cette tripartition de la société civile, si elle ne parvient pas à masquer des luttes sociales plus radicales. Ne serait-elle qu'une illusion, la fraternité républicaine est bien une idée neuve qui ne fait pas de la Révolution un épisode anecdotique dans le temps historique.

CHAPITRE NEUVIÈME

LE JACOBINISME RURAL DANS L'OUEST

Notre recherche a montré la diffusion de l'idéologie et de la pratique jacobine dans les campagnes et l'appropriation d'une forme associative nouvelle par le monde rural. Les études de cas ont apprécié, également, la sociologie des médiateurs du jacobinisme dans les pays bocagers. Il convient de conclure sur les aspects majeurs de cette acculturation politique dans l'ensemble régional.

Peut-on parler de jacobinisme rural dans l'Ouest ?

Pour l'ensemble des six départements, correspondant au Maine et à la Basse-Normandie, la cartographie des sociétés populaires rurales révèle d'emblée la faiblesse de l'implantation du jacobinisme dans les communes de moins de 2000 habitants. En effet, dans plus de la moitié des districts, la proportion des clubs ruraux est inférieure à 5 % des communes ; dans un tiers, elle est comprise entre 5 et 10 % (Lisieux et Bayeux dans le Calvados, Coutances et Cherbourg dans la Manche, L'Aigle et Bellême dans l'Orne, Le Mans, La Flèche, Saint-Calais et Mamers dans la Sarthe, Pont-Audemer et Evreux dans l'Eure) ; enfin, dans cinq districts seulement, elle est supérieure à 10 % (Les Andelys, Louviers, Bernay, Verneuil dans l'Eure et Sillé dans la Sarthe).

D'André Siegfried décrivant, au début de ce siècle, le Bas-Normand comme « étranger aux formes superficielles de la vie politique »[1] à Armand Frémont, aujourd'hui, peignant cette société « fixée sur la famille et le proche voisinage » qui « tourne l'espace de sa vie dans une gravitation d'une douzaine de kilomètres autour d'une église, d'une étude de notaire et d'un cabinet de médecin »[2], l'analyse géopolitique a toujours mis en valeur le conservatisme de ces pays d'habitat globalement dispersé.

---

1. A. Siegfried, *Tableau politique de la France de l'Ouest sous la IIIème République*, Paris, 1913, p. 346.
2. A. Frémont, « La Basse-Normandie », *Géopolitiques des régions françaises*, Paris, 1986, t. 2, p. 25.

Dans ces campagnes de l'Ouest, rétives à la sociabilité politique, il convient de mettre à part celles de l'Eure qui, quoique tardivement gagnées par le mouvement associatif, lui manifestent une plus franche adhésion. Ainsi, dans un département profondément rural, où les communes de moins de 500 habitants rassemblent les deux-tiers de la population, le test de la politisation des campagnes se révèle positif en l'an II. La proximité de la capitale l'explique en grande partie. L'aire de ravitaillement de Paris devient une zone de conformisme politique à l'époque de l'économie dirigée. La brève existence de ces sociétés populaires, dont nombre d'entre elles ne nous sont connues que par des mentions isolées, ne doit pas illusionner le chercheur sur la profondeur de l'engagement politique. L'appropriation de la culture politique par le peuple qui fréquenta ou milita dans ces clubs révolutionnaires, créés bien souvent comme des comités de surveillance, c'est-à-dire des administrations auxiliaires, est un vaste problème que l'on se doit de poser.

Les pourcentages de sociétés populaires dans les chefs-lieux de canton ruraux apportent une autre perception du phénomène. Cette unité administrative est aussi un lieu de regroupement des villageois à l'occasion des marchés et, donc, la cellule économique essentielle dans le monde rural. Il n'est pas sans importance de constater que la moitié des chefs-lieux de canton ont vu s'établir un club. La géographie ne valorise plus seulement les districts de l'Eure qui, à l'exception de celui de Louviers, connaissent une implantation réussie dans plus des deux-tiers de ces communes, mais aussi ceux de la Sarthe (avec Sillé, Le Mans, Calais-sur-Anille, La Flèche et Mamers) et ceux de Bayeux, Domfront et Alençon. Ce dernier district tient la vedette puisque tous les chefs-lieux de moins de 2000 habitants, déjà familiarisés avec l'association laïque par les confréries de charité, ont connu cet espace public de délibérations.

La signification, là encore, est problématique. Dans le département de la Sarthe, c'est le district de Sillé-la-Montagne qui obtient le meilleur score (75 %) alors que, dans ceux de La Ferté-Bernard ou de Mont-sur-Loir, ci-devant Château-du-Loir, les patriotes ne sentent pas la nécessité de se regrouper dans un chef-lieu rural de canton (33 % seulement). Dans l'Orne, c'est le district de Domfront, bientôt chouan lui aussi, qui détient une des meilleures proportions du département. On peut donc parler d'une sociabilité de résistance dans ces régions, traversées par l'Armée catholique et royale, qui se dotent en 1793 et 1794 d'une société populaire.

L'analyse chronologique est, à cet égard, fondamentale. Mises à part quelques exceptions de clubs ruraux dans le Calvados dès 1790 ou anticipations (les 17 % et 20 % des clubs de la Mayenne et de la Sarthe créés en 1791), l'association jacobine en milieu rural est diffusée trois ans après la création des clubs urbains : les deux-tiers ou les trois-quarts sont les sociétés populaires fondées en l'an II, à l'exception de la Sarthe. La volonté politique nationale conduit à une ramification géographique à partir des chefs-lieux de district, puis des chefs-lieux de canton. Mais la transformation d'une pratique culturelle élitaire en une pratique populaire est une opération lente : ainsi s'expliquent les quelques créations tardives de l'an III.

Sans prétendre renouveler l'histoire sociale de la Révolution française, il convient de faire le bilan sociologique de l'adhésion aux valeurs jacobines.

Les acteurs sociaux de la politisation des campagnes

Le millier d'adhérents à une société populaire en milieu rural que nous avons présentés au cours de ces chapitres, constitue une base solide pour une étude socioprofessionnelle. La compilation des données dans les quatorze clubs ruraux de l'Eure, du Calvados, de l'Orne et de la Sarthe pour lesquels les listes d'adhérents de brumaire an III ont été conservées, donne les résultats suivants :

Bilan socioprofessionnel des adhérents ruraux aux sociétés populaires

Activités professionnelles	pourcentage minimum et maximum	total des effectifs et en pourcentage
Paysans ou secteur primaire	de 4 % à 64 %	208 soit 20 %
Artisans-boutiquiers ou secteur secondaire avec les marchands	de 8 % à 75 %	548 soit 53 %
Bourgeois et divers ou secteur tertiaire sans les marchands	de 3 % à 47 %	230 soit 22 %
Inconnus	de 0 % à 25 %	53 soit 5 %
Total		1027 soit 100 %.

L'engagement politique dans l'Ouest a été massif pour les bourgeoisies rurales comme pour les autres professions du secteur tertiaire, si l'on accepte l'anachronisme. Le recrutement prédominant s'effectue dans le milieu de l'échoppe et de la boutique, qui n'est pas celui du secteur secondaire stricto sensu car les professions du petit commerce comme du négoce y sont représentées. A côté de ces milieux si constamment présents dans les mouvements populaires, la paysannerie proprement dite ne représente qu'une force d'appoint, certes, non négligeable mais qui n'est déterminante que dans certaines localités.

La représentation de la société rurale qu'offre la composition des sociétés populaires a des allures de structure urbaine et rend compte de la politique jacobine d'alliances entre la ville et la campagne, dans ses succès comme dans ses limites.

Cet inventaire du jacobinisme rural, saisi dans ses structures de sociabilité et dans ses acteurs, nous invite à nous interroger sur les formes de la politisation rurale et les contenus sociaux de cette pratique politique.

Les voies diverses de l'action politique

Que la communauté villageoise, moins structurée dans l'Ouest que dans le Midi, n'ait pu devenir un lieu de sociabilité révolutionnaire ne signifie pas pour autant qu'elle soit restée à l'écart de la politisation de masse. Ses aspirations démocratiques, étudiées dans le mouvement populaire, n'ont pas toutes débouché sur le modèle culturel du civisme républicain qui, pourtant, a donné lieu à de multiples usages.

La société populaire n'est pas réductible à sa structure institutionnelle. Elle est une cellule vivante du corps social et, à ce titre, elle véhicule les composantes et les tensions d'une société révolutionnée.

Les citoyens de Colleville-sur-Mer dans le district de Bayeux, par exemple [3], n'ont pas attendu le 10 août parisien pour revendiquer leurs droits sociaux. Du camp

---

3. Voir Ch. Peyrard, « Peut-on parler de jacobinisme rural dans l'Ouest ? » (157) p. 373-375.

des exclus de la représentation politique est montée l'exigence de la démocratie au village. Leur éphémère société populaire est condamnée par les autorités constituées comme une corporation partisane, dressant une partie de la communauté villageoise contre celle qui détient le pouvoir économique et politique. Le syndicat des journaliers de Colleville, pour brève qu'ait été son existence, montre non seulement un des usages de la réunion et de la délibération collectives, mais aussi la réalité de la lutte des classes au village.

Moins anticipateur des luttes prolétariennes, mais profondément révélateur de la société rurale du XIXème siècle, le modèle patronal de la société populaire de Breteuil révèle la grande influence de la bourgeoisie dans les campagnes industrialisées. A la tête du mouvement populaire et à l'avant-garde du mouvement révolutionnaire, le maître des forges de la région, pourtant impliqué dans des formes capitalistes de développement, participe à une critique du libéralisme économique et à une réflexion collective sur le rôle régulateur de l'Etat dans l'économie qui ne font pas que reproduire les critiques formulées dès l'Ancien Régime par les communautés rurales [4].

Plus répandu, sans doute, est le modèle consensuel de la République au village, tel que le bourg de Longny nous renvoie l'image. Dans l'organisation de veillées ou de fêtes républicaines où toute la population participe, la société populaire offre une représentation de la vie communautaire où les disparités sociales et les rapports de force sont quasiment occultés. Transparence de la vie civique, utopie d'un monde fraternel, rêve d'une société idéale : le club de l'an II communiquait l'espérance en un monde meilleur.

Mais dans le monde imaginaire, tous ne se sont pas laissés entraîner. Les dizaines de militants qui se regroupent en pleine bataille idéologique autour de la question religieuse en 1791, qui fondent un club dans la tourmente fédéraliste et vendéenne comme dans l'Ouest sarthois ou à Lassay dans la Mayenne, dont nous reparlerons, n'ont pas connu les rivages enchantés de l'utopie réalisée. Sur le front de l'Ouest, la société populaire a offert le cadre de réunion à un groupe minoritaire, préfigurant le parti politique.

Enfin, dans cet apprentissage de la vie politique, il y a les exclus. Ceux dont les aspirations démocratiques n'ont pu se concrétiser comme telles et qui, faute d'une culture démocratique vécue, vont se retourner vers « la rébellion primitive » [5]. Dans cet état des lieux du jacobinisme rural en l'an II, on peut comprendre comment la revendication du droit à l'existence qui mobilisait tant de foules en 1792 peut se retourner en son contraire et déboucher, ensuite, sur l'expression récurrente de la violence. L'équilibre traditionnel des sociétés rurales a été rompu sans avoir changé la vie du plus grand nombre. Le repli sur les valeurs communautaires qui scelle alors l'antagonisme entre les villes et les campagnes est la conséquence culturelle d'un affrontement politique.

---

4. Voir D. Margairaz, « La Révolution et l'intégration des paysans à une économie marchande », (157), p. 165-182.
5. Hobsbawm (142).

TROISIÈME PARTIE

JACOBINISME ET
MOUVEMENT RÉVOLUTIONNAIRE URBAIN

1793 et 1794 sont les grandes années de la sociabilité révolutionnaire dans l'Ouest. Au fur et à mesure que la révolution se radicalise, le mouvement associatif se développe tant géographiquement, en atteignant toutes les petites villes et en pénétrant plus ou moins largement dans les campagnes, que politiquement, en acquérant une influence décisive sous l'impulsion girondine et un statut officiel sous la Convention montagnarde. Le droit à l'association, garanti à nouveau constitutionnellement le 24 juin 1793, consolide le principe acquis du forum dans la cité où l'éducation civique est dispensée, la surveillance populaire confirmée, la propagande républicaine établie et consacre, par là-même, l'existence politique, longtemps contestée, des sociétés populaires.

Cette place à la fois conquise dans l'espace public et attribuée par le Gouvernement révolutionnaire dans les circonstances de 1793 nécessite une analyse globale. Certes, la chronologie politique est fondamentale pour expliquer l'essor de cette force politique comme ses crises et recompositions. Loin de la négliger, nous lui accorderons toute sa place dans l'analyse du fonctionnement et de la composition sociale des sociétés populaires. Mais elle ne saurait suffire à rendre compte du phénomène majeur de la Révolution française qu'est la politisation de masse. Pour restituer la vitalité du jacobinisme comme un fait social et culturel autant que politique, trois axes de recherche vont être empruntés : une situation conflictuelle, d'abord, avec la grande crise fédéraliste puis, une analyse des porte-parole avec l'essor du journalisme et, enfin, l'étude des relations sociales autour des sympathisants, adhérents et militants jacobins dans les villes de l'Ouest.

CHAPITRE DIXIÈME

LE FÉDÉRALISME EN NORMANDIE

Avec une ampleur beaucoup plus grande que pendant la crise feuillante, des opinions contradictoires s'affrontent dans le champ politique. Comprendre le fédéralisme comme un mouvement d'opinion implique une analyse critique du jacobinisme car la récupération royaliste de l'insurrection, dans certains sites stratégiques, ne doit pas obscurcir le sens de l'événement : la contestation provinciale de l'hégémonie parisienne s'est déroulée dans les sociétés populaires avant que les conseils généraux de département ne lui offrent un cadre de légitimation.

Y-a-t-il une généalogie du fédéralisme normand ?

L'insurrection du printemps 1793 dans les départements normands s'explique-t-elle par une tendance régionaliste, une pensée ou une pratique fédérative, une option politique différente de la capitale, bref, une autre conception du mouvement révolutionnaire ?

L'idée d'un régionalisme vivant à la fin du XVIIIème siècle a toujours été avancée dans l'historiographie pour expliquer la géographie d'une insurrection qui embrase les provinces à la périphérie de la France [1]. Mais, à la suite de M. Ozouf, nous ne pouvons que souligner ses faibles traces archivistiques [2]. L'allusion aux « fiers Normands » que l'on peut rechercher patiemment n'est qu'une figure de rhétorique utilisée, d'ailleurs, par des représentants en mission pour stimuler l'enrôlement des volontaires alors que, d'emblée, s'impose le sentiment national dans tout le mouvement associatif, révélé notamment par les relations épistolaires des clubs. La guerre patriotique ne pouvait que développer son importance avec le départ de nombreux adhérents dont les lettres du front enflamment l'auditoire et avec le pas-

---

1. Wallon (127) ; L. Dubreuil, « L'idée régionaliste sous la Révolution », *Annales révolutionnaires,* 1919 ; Cardenal (76), (77) ; Dupuy (83) ; A. Forrest « Le fédéralisme et l'image de la révolution parisienne », *L'image de la Révolution française,* Paris, 1989, t 1, p. 65-72.
2. M. Ozouf, « Fédéralisme » (89), p. 85-95.

LA CORRESPONDANCE DE LA SOCIÉTÉ DE CHERBOURG

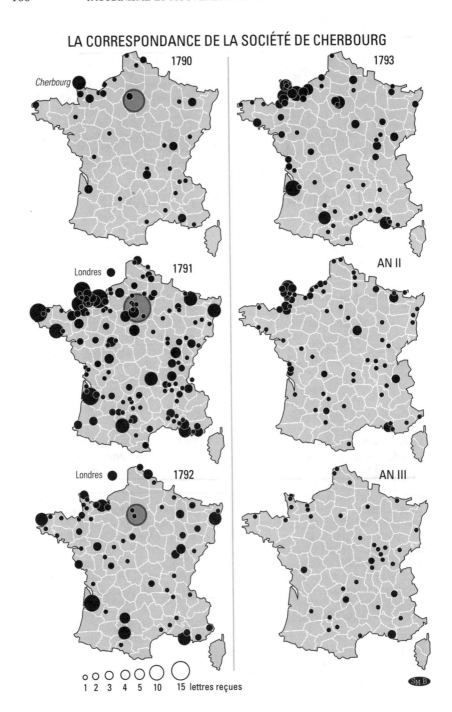

sage des soldats-citoyens de toutes les provinces. La société d'Alençon reçoit ainsi des membres d'une douzaine de bataillons passant dans la ville de mars à août 1792 et conçoit l'idée « d'élever sur la place d'armes de cette ville une pyramide sur laquelle seraient gravés les noms des volontaires-citoyens de notre ville qui seraient morts pour la défense de la patrie » [3].

Aussi, les principes d'unité et d'indivisibilité, proclamés par la République, faisaient déjà largement partie des idées reçues dans les clubs. La seule idéologie, comme pensée claire, est l'idéologie nationale. Encore faut-il l'entendre dans une acception non xénophobe car la correspondance avec les clubs anglais est très répandue en Normandie. A Cherbourg, par exemple, il ne se passe pas de mois, du moins jusqu'à la déclaration de guerre, sans qu'un Anglais fraîchement débarqué soit reçu dans la société ou sans correspondance avec le club de Londres, même si ce courrier ne représente qu'1 % du volume global en 1791 et 3 % en 1792. Dans cet échange d'un millier de lettres de 1790 à l'an III avec les autres sociétés, 1793 n'est qu'une année ordinaire à Cherbourg. La grande année épistolaire a été 1791 où le club reçut plus de trois-cents lettres alors qu'il n'en enregistra que la moitié dans les années suivantes. La rupture avec les Jacobins en 1793 n'apparait que comme une péripétie dans un mouvement de longue durée où la part de la société-mère, initiatrice en 1790 (28 %), diminue progressivement au fil des ans jusqu'en l'an II (2 %) avant de disparaître logiquement l'année suivante. Si la régénération de la société, sous la République jacobine, n'entraîne aucune hégémonie parisienne dans la correspondance de la société populaire de Cherbourg, les échanges grandissent avec tous les clubs qui se multiplient alors dans le département.

La géographie épistolaire du club normand valorise, dès 1791, la périphérie de la France. Les grandes villes ne sont pas les mieux représentées : le courrier de Lyon est moindre que celui de Châlon-sur-Saône, celui de Rennes ou Nantes moindre que celui de Brest ou Lorient. La carte des clubs affiliés à Cherbourg est, bien sûr, celle des ports mais, dès 1792, Toulouse, Strasbourg et le réseau bourguignon contrebalancent la prépondérance maritime dans ce réseau épistolaire tandis que le comité de correspondance de Bordeaux concurrence celui de Paris. Dans les circonstances de 1793, les relations avec les clubs régionaux passent de 10 à 15 % même si Caen s'efface alors au profit de Bayeux et d'Honfleur ; Paris disparait au profit de Bordeaux, mais Toulouse maintient son influence comme, d'ailleurs, Marseille. En l'an II, la guerre favorise le renforcement des relations avec tous les ports, particulièrement, ceux des côtes de la Manche et développe l'intérêt pour les villes frontalières du Nord et de l'Est. La France de l'intérieur, curieusement, en l'an III est prédominante : c'est, déjà, une autre époque, celle des bastions jacobins bourguignon et toulousain. La vision manichéenne d'un jacobinisme centralisateur, préfigurant les totalitarismes à venir, est tout autant anachronique que l'idée régionaliste. Le fait majeur, à toutes les années, est la correspondance nationale.

C'est à H. Chobaut, archiviste méridional, que revient le mérite d'avoir su dépasser les débats, sans grande portée, sur un mouvement sans idéologie fédéraliste ni sentiment régionaliste, pour mettre l'accent sur un sujet plus prometteur : l'organisation fédérative des sociétés politiques, antérieure au printemps 1793. Sous un titre

---

3. A.D.O. L 5095. Registre des Amis Réunis d'Alençon. La motion, toujours ajournée, a été proposé par Cimaroli le 22 mai, puis le 2 juin 1792.

sainement provocateur, des recherches récentes ont renouvelé cette approche de la diversité des formes de la politisation provinciale [4].

L'initiative politique d'une fédération clubiste, prise par des militants méridionaux de base, sous l'impulsion vraisemblable du ministère « rolandin » [5], était connue dans les sociétés de l'Ouest comme à Alençon ou à Cherbourg, au cours de l'été 1792 sans entraîner ailleurs que dans celle des Amis de la Constitution de Caen le désir de la suivre. Le club de Honfleur reçut, ainsi, le 24 juillet son invitation à former un comité central des clubs du Calvados afin « d'établir entre les sociétés un accord plus parfait et, surtout, de mettre plus d'uniformité dans les demandes qu'il conviendra de faire au Corps législatif ». Mais sous l'influence d'un des dirigeants du club, Louis Taveau, la question fut ajournée et ne se reposa pas. Les registres de délibérations de Falaise et de Lisieux, comme la presse départementale, ne font pas mention de ce Comité central des sociétés populaires à Caen qui, vraisemblablement, ne s'est pas réuni.

En confirmant l'absence du grand Ouest de la cartographie des congrès des clubs, il est important de constater que la propagande « brissotine » en faveur de cette structure fédérative du jacobinisme provincial, telle que M. Dorigny l'a définie, n'eut pas de succès dans ces départements qui fourniront un grand nombre de députés girondins.

Les clubs normands et la chute de la monarchie

Ce légalisme des sociétés normandes traduirait-il un devoir de réserve devant la représentation nationale, seule à être légitimée par le suffrage, et une méfiance devant les options de plus en plus radicales du mouvement révolutionnaire et, particulièrement, celui de la capitale ?

La propagande en faveur des sociétés populaires, sous l'influence du ministère rolandin, au printemps 1792 ne semble guère donner de résultats. Confrontés au premier mouvement taxateur, les clubs aux options politiques aussi différentes le printemps suivant que Bernay ou Le Mans et Lisieux ou Argentan condamnent d'une même voix l'insurrection populaire. Ce décalage entre les aspirations des taxateurs et le comportement légaliste des Amis de la Constitution peut expliquer le peu de succès des associations patriotiques dans les campagnes et les plaintes répétées sur le petit nombre des présents aux séances publiques dans la plupart des sociétés. Pourtant, les pétitions adressées au pouvoir législatif dans les mois qui précèdent la chute de la monarchie montrent la détermination des clubs constitués [6].

Une quarantaine d'adresses, signées individuellement par les citoyens d'une vingtaine de communes pour éluder l'interdiction des pétitions en nom collectif, traduisent le cheminement de la conscience politique depuis la fuite à Varennes : le citoyen-clubiste ne se contente plus d'approuver la représentation nationale et de saluer ses grandes lois fondatrices, mais donne désormais son opinion sur la marche de la Révolution. A une exception près, celle de Bayeux où 400 citoyens condam-

---

4. Voir A.M.Duport, « Les Congrès des sociétés populaires et la question du pouvoir exécutif révolutionnaire », *AHRF*, sep-oct. 1986, p. 518-519 ; M. Dorigny « Fédéralisme », (121) p. 437-438 et les contributions de J. Bernet, A.M.Duport, J. Guillaumou, F. Wartelle (86). Voir également G. Guibal, *Le mouvement fédéraliste en Provence en 1793,* Paris, 1908.

5. Voir M. Dorigny, « Les congrès des sociétés populaires de 1792 en Bourgogne » (86), p. 91-113.

6. A.N. Comité des Pétitions. Calvados DXL 1 (13), 5 (13), 7 (13). Eure DXL 2 (26), 9 (26). Manche DXL 3 (48), 12 (48). Mayenne DXL 13 (51). Orne DXL 3 (59), 14 (59). Sarthe DXL 4 (71), 15 (71).

nent la journée du 20 juin 1792, toutes les adresses collectives interviennent dans le même sens que le mouvement populaire parisien. Le club sarthois de Château-du-Loir, dans le district le plus constitutionnel de l'Ouest, n'a pas attendu le renvoi des ministres jacobins (le 12 juin) et les menaces de La Fayette contre les sociétés populaires pour protester contre l'utilisation du veto royal. Dès le 15 janvier, les quelques 80 clubistes s'indignaient de l'opposition du pouvoir exécutif au décret sur les prêtres réfractaires. Dans une adresse reçue le 8 juillet, ils appellent les législateurs à « frapper un grand coup » car « le moment est venu qu'un exemple frappant apprenne à respecter dans un peuple souverain la volonté générale bien manifestée ». La veille, le club du chef-lieu du département avait posé le même ultimatum aux députés : « Il est temps de déclarer que la Patrie est en danger et le salut du Peuple la suprême loi » [7]. De même, une centaine de citoyens de Valognes (Manche) réclament, le 27 juin, l'abdication du roi après avoir proclamé que « la souveraineté est une et appartient à la Nation » [8]. Tout aussi explicitement, les 185 signatures réunies par le club de Mortagne (Orne) le 12 juillet assurent « qu'un peuple qui a juré de vivre libre ne doit rien craindre de la rage désespérée du tyran » et que « jamais l'Assemblée nationale ne trouvera une plus belle occasion » qu'avec « l'approche des Fédérés » [9].

Ainsi, la révolution du 10 août a été clairement souhaitée par des petits clubs de province et applaudie dans tous les clubs normands dont on possède les registres de délibérations. Mais c'est incontestablement le Calvados qui offre la plus large mobilisation populaire d'abord, parce qu'une dizaine de sociétés populaires prennent la parole ; ensuite, parce que le nombre de signataires dépasse le nombre des clubistes, enfin, parce que les sections deviennent un lieu de politisation de masse.

Le flot de pétitions débute le 21 juin par celle du petit club de Moyaux qui accuse le Comité autrichien de tromper le roi. Le lendemain, 900 citoyens de Caen condamnent le renvoi des ministres, sur lequel la municipalité s'était déjà prononcée deux jours auparavant. Le 23, la pétition de Falaise qui recueille 411 signatures, réclame l'abolition du veto et la réintégration « illico des ministres qui avaient la confiance de la nation », accuse « le roi des Français de faire un mauvais usage de la pension énorme que lui a accordée la générosité du peuple français » et donne pour finir ce conseil aux députés : « Si vous pensez que la constitution vous lie les mains à cet égard, convoquez le peuple en assemblées primaires et vous verrez, par ses réponses énergiques, qu'il n'a pas oublié qu'il est le souverain » [10]. Le lendemain, 150 citoyens de Honfleur se prononcent également contre le veto et le renvoi des ministres. Tandis que le département du Calvados condamne la journée du 20 juin, en suivant la prise de position des citoyens de Bayeux, 60 clubistes de Vire rédigent, le 1er juillet, un manifeste en faveur des sociétés populaires.

En juillet, le mouvement protestataire durcit ses positions. Ce sont « 50 citoyens libres du canton de Moyaux » qui critiquent, le 10, « une administration départementale gangrenée », le rôle peu glorieux de La Fayette et « un roi parjure ». En constatant que « la défense de la patrie est confiée à ses ennemis et celle de la constitution à des conspirateurs », ils réclament la proclamation de la patrie en danger [11]. Le 16, 130 citoyens de Honfleur demandent la suspension du pouvoir exécutif. Ce

---

7. A.N. DXL 15 (71).
8. A.N. DXL 12 (48).
9. A.N. DXL 14 (59).
10. A.N. DXL 14 (59). La pétition de Falaise a été classée avec celles du département de l'Orne.
11. Sauf mentions contraires, les pétitions du Calvados se trouvent dans le carton DXL 7 (13).

sont 1600 Caennais qui signent la pétition du 21 juillet contre le roi et « le général traître » et invitent les législateurs à ne pas attendre « qu'on vienne jusque dans nos bras égorger nos femmes et nos enfants ». Le lendemain, au nom de « la souveraineté du peuple », 50 citoyens des cantons de Cambremer, Beaumont, Beuvron et Bonnebosq condamnent « la volonté arbitraire d'un seul ». Puis, 339 citoyens de Condé-sur-Noireau, assemblés dans les sections le 29, exigent la destitution de Louis XVI ; 250 citoyens de la première section de Falaise demandent le 31 la convocation des sections et la déchéance du pouvoir exécutif en condamnant « un roi traître et parjure » ; le 4 août, les cinq sections réunies à Caen se prononcent pour la déchéance du roi et sont suivies, le 9, par les citoyens de St-Pierre-sur-Dives. Enfin, tandis que la société populaire de Honfleur organise spontanément une cérémonie civique et religieuse « en mémoire de nos frères morts au Champ d'Honneur » et décerne, en présence de toutes les autorités constituées, les honneurs funèbres aux « braves Parisiens et à tous les braves fédérés tombés le 10 du mois en défendant la cause de la liberté », il revient aux 54 citoyens de Moyaux de conclure le 19 août : « Louis XVI a creusé le tombeau des rois : c'est le seul bien qu'il ait fait au genre humain » [12]. C'est, donc, dans une parfaite union avec le mouvement révolutionnaire parisien, auquel les Calvadossiens empruntent l'utilisation des sections comme tribunes politiques, que l'avènement de la République est vécu, puis fêté dans les clubs normands [13].

Le changement de régime politique n'a pas conduit à la rédaction de nouveaux statuts ni à l'amendement de leur règlement interne. C'est de manière empirique que les problèmes de la participation populaire ont été résolus par chaque société. Après la grande effervescence estivale pendant laquelle on avait, à Bernay organisé la lecture des papiers-publics tous les soirs, transformé à Honfleur les séances en « assemblées populaires » et constaté à Alençon que la plupart de ses membres s'étaient enrôlés dans la levée des volontaires, l'automne 1792 marque une nouvelle étape dans la propagande jacobine [14].

Le club de Honfleur a voulu maîtriser, dès le mois d'octobre, la politisation de masse qu'il avait organisée. Après avoir constaté que « dans les séances publiques, les membres ne pouvaient émettre leurs opinions sans crainte d'être conspués » et qu'il était « urgent d'arrêter les différentes motions et pétitions qui, se succédant rapidement, mettaient ou pourraient mettre le trouble dans la ville », il rejette la distinction entre les séances publiques, uniquement consacrées à la lecture des nouvelles, et les débats à huis-clos entre sociétaires de même que le privilège d'une enceinte réservée aux membres et opte pour une assemblée générale sous la direction d'un bureau, chargé de contrôler à l'avance les motions écrites, de nommer les censeurs et de n'accorder la parole qu'aux seuls adhérents. En novembre, le club renforce sa propagande en confiant aux citoyens-clubistes comme à ceux des tri-

---

12. A.N. DXL 5 (13).

13. Les registres de délibérations conservées pour la période du printemps 1792 au printemps 1793 sont ceux d'Alençon, Argentan, Bernay, Honfleur, Falaise et Lisieux auxquels s'ajoutent ceux de Bayeux et Laval à partir de septembre 1793.

14. La première autodéfinition jacobine que l'on rencontre dans les clubs remonte en juin 1792 sous la plume du journaliste de la société de Coutances, lecteur de Lanthenas et Carra. Sous le titre « Aux bons citoyens, P.C.F. Mithois, vengeur des sociétés populaires. Les Sociétés ou la Mort », il oppose le Feuillant au vrai patriote pour conclure : « Soyons tous Jacobins, chauds, énergiques, vrais amis du peuple. Aimons passionnément la Liberté et sacrifions tout pour elle » (B.N. Lb40/2657).

bunes la mission de parcourir les campagnes des alentours pour lire son adresse sur le ravitaillement de la ville et en nommant des commissaires dans chaque quartier de la ville pour unir plus fermement les citoyens à la société populaire.

Progressivement, une identité républicaine se construit dans laquelle se mêlent les références historiques et les principes de la révolution de l'Egalité. Ainsi, la même société, en janvier 1793 « invite les citoyens à ne point afficher dans leur toilette un éclat scandaleux et une pompe contradictoire avec la modestie des nouveaux principes qui feront notre félicité » et opte pour le tutoiement en « considérant que des républicains doivent adopter les vertus, l'austérité des moeurs républicaines et la simplicité de langage du républicanisme ». Toutefois, l'usage ancien des « distinctions absurdes » est justifié quelques jours plus tard par un principe révolutionnaire qui ne saurait être oublié : « La liberté étant indéfinie, les mots tu et vous seront employés à volonté ».

Parallèlement à cette inflexion progressive du comportement des clubistes, la chute de la monarchie a donné une vigueur nouvelle au mouvement associatif dans trois départements surtout : le Calvados, avec 22 communes dotées d'une société populaire, la Sarthe et la Manche avec vingt ; les districts de Lisieux, Bayeux, Le Mans et Valognes sont particulièrement en pointe avec six sociétés politiques. En revanche, l'Orne, l'Eure et la Mayenne ont des résultats modestes avec respectivement treize, dix et neuf clubs. En juin 1793, le réseau clubiste dans l'Ouest intérieur reste un réseau urbain : quatorze districts n'ont qu'une société politique, généralement celle du chef-lieu. Alors que le jacobinisme est entré dans sa phase militante dans les villes, les campagnes n'ont pas vu se multiplier les clubs, comme l'espéraient les Jacobins en mars 1792, puisqu'un tiers des sociétés seulement est implanté en milieu rural. Pour autant, la mentalité clubiste n'est pas différente de celle du Paris révolutionnaire dans les mois qui précèdent l'insurrection normande. Il reste à comprendre comment a évolué la politisation des sociétés populaires après la réunion de la Convention nationale.

Les clubs dans le champ du pouvoir

Les prises de position collectives, à travers l'étude des pétitions adressées à la Convention dont le nombre s'enfle de janvier à juin 1793, permettent de cerner les rapports entre les clubs provinciaux, les pouvoirs locaux et la représentation nationale. La place majeure occupée dans l'espace public par les sociétés populaires se traduit par l'usage, désormais consacré sous la République, de la lecture du courrier à la tribune de la Convention nationale : la moitié des quelques deux-cents adresses, reçues des six départements, émane des clubs et l'autre moitié des administrations de département, de district et de commune en laissant un faible reste aux lettres particulières [15].

Le premier sujet qui a mobilisé l'attention et l'opinion des clubs, dès la réunion de la Convention, a été le procès du roi.

Après les félicitations de la Société des Amis de la Liberté et de l'Egalité de Sablé - ainsi s'intitulent la plupart des clubs depuis le 10 Août - pour l'abolition de la royauté le 2 octobre, la première prise de position sur le procès de Louis XVI vient

---

15. A.N. Comité des Pétitions : DXL 19 (Calvados, Eure), 21 (Manche), 22 (Mayenne, Orne), 23 (Sarthe). Pièces annexes aux procès-verbaux de la Convention, classées chronologiquement : C 243, 245, 246, 247, 249, 250, 252, 254, 255, 257, 258, 260.

de Bayeux où une pétition condamnant la journée du 20 juin 1792 avait eu un réel succès. Le 13 décembre, la société populaire, présidée par Le Tual, déclare : « Nous vous le répétons : plus de roi, voilà notre voeu ; punition du crime, voilà ce que la Loi vous ordonne. Oui, citoyens, vous anéantirez le dernier des tyrans ! Et, par un grand exemple de justice envers le plus coupable des hommes (s'il est déclaré tel), vous allez ôter à tout intrigant l'envie de s'élever sur les débris du trône... » [16]. Pendant le long procès du roi, les adresses clubistes sont unanimes à condamner l'appel au peuple. Celle de Laval du 9 janvier reconnait, après avoir hésité, que la convocation des assemblées primaires était un piège ; celle d'Avranches du 10 invite les députés à assumer leurs fonctions et celle de La Haye-Pesnel, signée par une cinquantaine d'Amis de la Liberté et de l'Egalité de ce petit club de la Manche, désavoue par avance le 18 janvier les députés qui voteraient « l'appel au peuple, préparé par les amis de la royauté » [17].

Après le 21 janvier, les félicitations accordées à la Convention sont générales. Dans le club du chef-lieu de la Sarthe, elles sont immédiates et attendues puisque huit députés sur dix ont voté la mort du roi : dès le 23 janvier, la société des Amis de la République du Mans, présidée par Bazin, en profite pour réclamer « une constitution où la loi ne transige pas avec les principes » [18]. Dans les petits clubs, comme au Lude dans la Sarthe, on décide le 5 février d'organiser une fête pour célébrer l'événement et de le commémorer chaque année ; quant à la Société d'Instruction de la Carneille dans l'Orne, présidée par le juge de paix, qui recueille 110 signatures pour sa première pétition le 1er février et se croit obligée de faire certifier son authenticité et l'enthousiasme général par le conseil municipal, l'annonce de la mort du « populicide Louis Capet » est le symbole d'un monde nouveau : « Vous avez donné vie à la République en décrétant la mort du tyran (…) Maintenant, nous voyons, nous sentons l'égalité, nous la comprenons » [19].

Dans le courant des mois de février et mars, ce sont les clubs du Calvados qui se distinguent dans l'activité pétitionnaire avec les félicitations des Amis de la République de Moyaux, des Amis de la Liberté et de l'Egalité de Vire, des Carabots Sans-Culottes de Caen, des Amis de la République Une et Indivisible de Caen, de la société populaire de Condé-sur-Noireau et celle de Falaise. Pourtant, seuls deux députés sur treize ont voté la mort sans sursis.

Mais un consensus républicain s'établit, comme à Honfleur, après le vote de la Convention. Lorsque le député Taveau lui avait demandé son opinion sur le procès du roi, la société de Honfleur avait dit, en décembre, sa confiance dans le jugement de la Convention et ajoutait « dans le cas où ce jugement porterait contre lui la peine de mort, la majorité bien prononcée de la société est qu'il serait digne des sentiments d'humanité et de fierté des véritables républicains de laisser la vie à Louis Capet ». Au début de janvier, elle décida de « garder le plus profond silence sur le jugement de Louis-le-Dernier » et adopta la question préalable sur la motion de l'abolition de la peine de mort. Quant à Louis Taveau, il vota l'appel au peuple et la mort avec sursis. Or, en février, cette même société reprocha à un autre élu du Calvados, Claude Fauchet qui avait exprimé pourtant une même sensibilité politique à la Convention,

---

16. A.N. DXL 19. Sauf mention contraire, pour les pétitions du Calvados.
17. A.N. DXL 21 (Manche). A Avranches, une scission va alors s'opérer opposant la Société des Amis de la République à celle des Amis de la Liberté et de l'Egalité. Réunis le 4 janvier 1793, les clubistes se diviseront à nouveau en juin.
18. A.N. DXL 23 (Sarthe).
19. A.N. C 247 (366-368).

de manquer à la discipline républicaine dans son *Journal des Amis* [20]. La vive polémique avec l'évêque-député-journaliste sur le jugement du roi, faisant suite à celle sur sa lettre pastorale condamnant le divorce et le mariage des prêtres, aboutit au discrédit total de celui qu'hier encore les clubistes de Honfleur appelaient « l'infatigable Fauchet » [21]. Par ailleurs, le vote des députés du Calvados a été sévèrement critiqué dans certains clubs. Ainsi, les clubistes de Vire dénoncent, le 17 février, « les ruses de Cour pour détourner de la peine de mort » et les Carabots de Caen, deux jours plus tard, « les astuces de l'appel au peuple ». Surtout, et nous y reviendrons, ces derniers sont les seuls dans l'Ouest à féliciter particulièrement « les braves et généreux Montagnards ».

Concurremment au procès du roi, un autre procès est engagé dans les départements : celui des anarchistes parisiens. Brisant le consensus républicain qui s'établit par le vote majoritaire de la Convention sur Louis XVI, un discours anti-parisien, anti-jacobin et anti-maratiste construit, au fil des pétitions, l'hégémonie girondine dans les clubs de l'Ouest.

Ce discours, fortement structuré, apparaît très tôt dans les sociétés normandes. Alors que les clubs sarthois en sont encore à fêter l'abolition de la royauté, la Société des Amis de la République française, universelle et indivisible de la Manche, section de Coutances, est la première à énoncer dans son adresse, reçue le 23 novembre 1792, son inquiétude devant les divisions de la Convention, sa conviction : « Marat et ses sectaires tentent tous les moyens de ramener l'anarchie », son verdict : « Foudroyez, écrasez cette tête infâme, anéantissez le monstre » et sa proposition : « Avez-vous besoin d'une force armée pour écraser le maratisme ? ». Deux thèmes majeurs du discours fédéraliste - l'antimaratisme et l'appel à la garde départementale- sont déjà constitués ; l'extrême violence des propos contre l'élu du peuple de Paris ne condamne pas encore la population parisienne puiqu'il est question de se réunir aux « valeureux Marseillais et Parisiens du 10 Août » afin « d'exterminer les assassins du Deux Septembre et leurs orateurs » [22]. Au fur et à mesure que la condamnation du roi devient inéluctable, cette opinion s'amplifie dans les clubs de la Manche où cinq députés sur treize seulement vont voter la mort du roi sans réserve ni sursis. Le 2 janvier 1793, c'est le club de Granville qui communique les bruits qui courent dans le port : « On parle dans Paris de nous donner un dictateur » et déclare adhérer à l'adresse de « nos braves frères de Marseille ». Celui de Valognes soutient, le 4 janvier, la demande du département du Finistère de lever une garde départementale. La légitimité acquise par les fédérés marseillais aux Tuileries permet de contester progressivement le rôle du Paris révolutionnaire. « La République est Une ; le peuple de Paris (...) ne peut s'arroger le droit de dicter vos lois » écrivent le 10 janvier les clubistes de Saint-Lô et les citoyens de Périers signent massivement une pétition municipale « pour faire tomber les têtes ». Car le langage maratiste est utilisé en province par ses adversaires : « Qu'un exemple ter-

20. Sur la polémique entre Fauchet et le club de Honfleur, voir *Le Journal des Amis,* n° 8, 23 février 1793, p. 338-341.
21. La réponse sarcastique de Cl. Fauchet, toisant d'un égal mépris les clubistes de Honfleur et les vociférateurs des tribunes parisiennes, n'a pas été sans conséquence sur l'évolution du club normand. Le 26 février 1793, la société arrête, à l'unanimité et par appel nominal, que Fauchet a perdu sa confiance, qu'elle cesse toute correspondance avec « ce journaliste » et en informe les clubs du Calvados, les journaux nationaux et la Commune de Paris.
22. A.N. DXL 21, sauf mention contraire, pour les pétitions de la Manche.

rible, mais salutaire, frappe les agitateurs et les factieux d'épouvante ! ». Bouc-émissaire des événements de septembre, le député-journaliste de Paris constitue la figure repoussante du « provocateur au meurtre » ou du « cannibale » et incarne « une faction toute dégouttante de sang, cause de tous nos maux ». La protestation contre les crimes de septembre est un appel à expier dans le sang ce macule originel, alors même que la députation de la Manche hésite à condamner le roi.

Au contraire, dans la Sarthe qui dispose de sa propre presse et d'une information contradictoire sur la capitale fournie par ses députés, la propagande girondine, par son bureau d'esprit public [23], limite son influence à la seule administration départementale. Elle ne rencontre guère d'obstacles dans les clubs du Calvados, où l'administration départementale, vice-présidée par Le Normand, avec le procureur général syndic Bougon, avait écrit le 2 janvier aux conventionnels : « On vous peint comme exposés sous la hache des bourreaux ; Paris, le berceau de la liberté est rempli d'agitateurs orgueilleux et sanguinaires » et assuré que « les citoyens du Calvados sont levés (…) et veulent partir » deux jours avant que la municipalité de Caen ne vienne confirmer cette appréciation. C'est le 6 février que le club de Lisieux annonce sa rupture avec les Jacobins en rejetant leurs « principes anarchiques et liberticides » et en déplorant l'exclusion des membres qui étaient « républicains avant qu'il fut permis de l'être ». La personnalité de Robespierre est la première à surgir aux côtés de Marat, en attendant Danton pour former le « triumvirat » dans cette adresse comme dans celle du club voisin de Moyaux [24]. Toutefois, les deux sociétés du district de Vire ne participent pas à ce courant d'opinion : les clubistes de Vire dénoncent « les motifs de politique » qui ont tenté d'empêcher « le décret de mort que la loi de l'égalité et le salut de la République exigeaient » et réclament, le 17 février, une Education nationale, une constitution et des canons face aux Anglais [25]. De même, ceux de Condé-sur-Noireau s'inquiètent de l'état de la force armée sur les côtes tout en adhérant aux décrets de la Convention et en exprimant leur douleur pour la mort de Le Peletier. L'absence de députés de la région à la Convention éloigne, sans doute, ces sociétés de la propagande girondine qui, ailleurs, est décisive. Le 15 mars, c'est la société de Falaise, fondée notamment par deux hommes de loi, Legot et Henry-Larivière, et en relation épistolaire avec deux autres conventionnels (Dubois-Dubais et Vardon, surtout, natif de la ville) qui accable de son mépris « un parti sanguinaire que la France déteste ». Le 27, c'est la société de Bayeux, présidée alors par Delarue, qui déclare : « Que la tête du coupable tombe, que la liberté illimitée de la presse n'en puisse pas exempter celui qui osera prêcher le meurtre et le pillage. Les citoyens ne doivent plus s'insurger, la Révolution est faite ».

A cette date, le portrait-charge de Marat est délaissé dans le journal du club de Laval. De la réunion de la Convention à la rupture avec les Jacobins, les leaders du club du chef-lieu de la Mayenne ont transmis, à travers l'image de sa désorganisation physique et mentale, une représentation du Paris qui l'a élu, des Jacobins qui le soutiennent et de la Convention qu'il discrédite par sa seule présence. Mais le discours girondin est contesté après le jugement du roi et le journal donne alors la parole à ceux qui dans la ville sont calomniés sous l'épithète de « factieux », « homme sanguinaire » ou « correspondant du parti Marat ». En mars 1793, la lutte pour la reconnaissance d'une opinion différente aboutit à une auto-désignation : « Je

---

23. Voir Caron (172), Perroud (213).
24. A.N. C 247 (364-365).
25. A.N. C 250 (405).

suis jacobin ». Les rédacteurs qui ont pris désormais leur distance avec les nouvelles en provenance de la capitale, introduisent de nouveaux acteurs- Robespierre, la Montagne, les Sans-Culottes- et leurs revendications sociales.

Aux lendemains de l'acquittement de Marat par le Tribunal révolutionnaire, la Convention ne reçoit plus guère d'adresses contre les « anarchistes, les maratistes et les tribunes » (Moyaux) ou « les prédicateurs éternels de pillage » (Sées). Sans doute, c'est la société d'Alençon qui a eu le plus de mal à admettre le triomphe parisien de celui qui avait surnommé « chef de la faction des hommes d'Etat » Dufriche-Valazé, député de l'Orne, chez qui se réunissaient la plupart des Girondins. Le 30 avril, elle réprouve encore ce « monstre enfanté pour le malheur du genre humain, horreur des vrais patriotes » et ce « fléau dangereux et désorganisateur perfide » en l'associant, pour la circonstance, à d'Orléans et Dumouriez [26]. Enfin, le 20 mai, la société des Républicains de Falaise réclame la démission du maire et de la Commune de Paris ; le 24, celle de Caen, présidée par Le Normand, jure avec Bordeaux « haine éternelle aux anarchistes qui veulent perdre la République » [27].

Mais, à cette époque, le thème s'est usé. La représentation girondine du débat politique parisien n'est plus hégémonique dans les clubs car un autre discours réclamant l'union de la Convention, une constitution et une Education nationale s'affirme avec plus de force.

L'appel à l'union de la Convention se manifeste dès janvier 1793, surtout après l'assassinat du conventionnel régicide Le Peletier, et émane, à l'exception du club du Mans, de municipalités. C'est celle de Beaumont-sur-Sarthe (ci-devant le-Vicomte) qui met sur le même plan « la faction girondine » et « la faction maratiste », celle de Laval, sous l'influence du clubiste Bescher, qui valorise la Convention comme « centre d'unité auquel doivent se rallier tous les membres du corps politique », celle de Château-Gontier qui tient à opposer les républicains aux royalistes comme les deux véritables partis en présence ou celle de Villiers-en-Désoeuvre, dans l'Eure, qui réclame « des lois contre l'accaparement » car les « tyrans » ne sont pas à Paris, contrairement à ce qu'affirme alors le directoire du département, mais au milieu d'eux : ce sont « les prêtres, les ci-devant nobles, leurs agents et tous les gros laboureurs et les gros marchands » qui discréditent les assignats, provoquent le renchérissement des prix et « tiennent de beaux discours philosophiques » [28].

Ce n'est pas encore le divorce entre les municipalités et l'administration départementale, comme ce sera très nettement le cas dans l'Eure en juin 1793, mais le débat politique évolue vite avec les circonstances. Pour les « républicains sans-culottes » de Coutances, c'est la législation sociale qui motive leur pétition de mars : les clubistes réclament une loi qui établisse, au nom du droit naturel, « la sainte égalité parmi les enfants d'un même père », une éducation nationale en prenant l'avis de « tous les philosophes de l'univers » et, avant tout, l'assurance du droit à l'existence de tous les Français car « la vie est le premier des droits ». Puis, en mai et en juin, cette dernière filiale des Jacobins dans la Manche ne cessera de marteler un même mot d'ordre dans ses pétitions : « Nous voulons une Constitution ». Pour les « bons sans-culottes » du Lude, les citoyens de Verneuil ou les clubistes de Honfleur, c'est

26. A.N. DXL 22 (Orne).
27. A.N. C 258 (528).
28. A. N. DXL 19 (Eure).

le péril extérieur qui, en avril, crée les conditions d'un appel à l'union. Pour la société des Amis de la Liberté et de l'Egalité de Laval, présidée alors par Bescher, c'est la crainte d'une guerre civile qui l'amène, le 27 avril, à critiquer l'attitude irresponsable des représentants du peuple français [29]. Au mois de mai, le discours partisan est désavoué, le langage unitaire étant devenu dominant. Tandis que les clubistes, de toutes parts, essaient de conjurer l'issue fatale, des pétitions étonnantes de fraîcheur arrivent à la Convention comme celle des « enfants de la Liberté et de l'Egalité de l'école de Ballée dans la Mayenne », soussignée par l'instituteur ou celle de la petite société populaire de Champeaux dans la Manche qui annonce avec plaisir sa création.

De cet état de l'opinion publique que livrent les pétitions, on ne peut qu'être sensible à l'évolution du rapport des forces et juger insatisfaisante une quelconque statistique des clubs girondins et montagnards. Des études de cas permettent de mettre en valeur le fonctionnement interne des clubs dans la diversité des situations locales.

Argentan, un club dirigé par les anciens Feuillants

Le chef-lieu de ce district de l'Orne offre l'exemple d'une société qui a partagé le discours girondin, mais qui a refusé en juin 1793 de participer à l'insurrection fédéraliste.

Affilié aux Jacobins le 25 mars 1791, avant même d'avoir tenu sa première réunion, grâce à la diligence de son député Goupil de Préfelm, le club connait alors une très grande vogue : plus de deux cents citoyens adhèrent à la société des Amis de la Constitution en 1791, dont une trentaine de curés et vicaires de cette ville de moins de 6000 habitants et des environs. Les séances très suivies ont lieu tous les deux jours, c'est à dire que le club a adopté, dès sa création, le rythme militant des sociétés populaires de l'an II. Depuis la réunion de l'Assemblée législative, l'ancien avocat d'Argentan et député du Tiers-Etat qui réclamait en 1789 l'abolition de la noblesse héréditaire [30] est devenu président du tribunal du district. Depuis son amende honorable au club, Goupil-Préfelm a découvert les satisfactions de la « clubocratie » locale puisqu'il a été le plus constamment élu pour présider la société (novembre 1791, mai 1792, janvier et août 1793). Il n'est pas toutefois le seul ancien Constituant dans le club, car son gendre Belzais de Courmenil, maire de la ville depuis la séparation de la prestigieuse assemblée, en fait également partie. Mais, par son âge comme par ses fréquentes interventions, le rayonnement du beau-père est incontestablement plus grand. Ainsi, le 20 novembre 1791, son discours sur « les classes qui composent l'empire français » dans lequel il oppose la « classe oiseuse » aux classes « productive » (les cultivateurs), « industrieuse » (les artisans et ouvriers) et auxiliaire » (les juges, astronomes, navigateurs et géomètres) occupe toute la séance publique. Ce discours électoral a appris aux Argentanais le vote de classe : les élus du peuple- administrateurs ou juges- doivent être choisis dans « la classe qui nourrit, dans celle qui fournit les instruments et dans la classe qui est la boussole des deux premières ».

---

29. A.N. DXL 22 (Mayenne).
30. Goupil de Préfelm, *Notions recueillies, relatives aux Affaires présentes, par un citoyen d'Argentan,* 1789. Sur la carrière politique du Constituant, voir le recueil de ses papiers à la B.M. d'Alençon, Ms 1162.

A partir du printemps 1792, au moment où le mouvement révolutionnaire se radicalise ailleurs, il semble s'essoufler à Argentan. Le club n'enregistre qu'une vingtaine d'adhésions et se réunit moins souvent. Les démêlés de son leader avec le journal de Gorsas sont évoqués en mai 1792 ; l'avant-veille du 10 août, la motion pour la déchéance de Louis XVI est violemment combattue par Goupil-Préfelm qui la juge « inconstitutionnelle, source de grands maux et de nouvelles divisions » ; enfin, le 21 septembre la dissolution de la société est évoquée car les séances, de plus en plus rares, sont aussi « désertes » aux dires du secrétaire, rappelant avec nostalgie combien elle était « autrefois redoutable aux ennemis de la patrie ». Le fils de l'ancien président des Feuillants, membre du club d'Argentan et, surtout, du directoire départemental, exprime clairement l'opinion moyenne lorsqu'il écrit au ministre de l'Intérieur, le 28 septembre : « Je n'espérais pas être le témoin d'une seconde révolution »[31]. Le résultat de cette attitude est que son père et son beau-frère sont éliminés comme « feuillants » du corps électoral à l'automne 1792. La République n'entraîne pas les foules au club puisque, de la réunion de la Convention à juin 1793, seize citoyens seulement sont reçus membres. C'est dans cette période de déliquescence que la société adopte, en novembre, la motion pour la garde départementale et pour la rupture avec les Jacobins si « Marat et ses complices ne sont pas renvoyés ».

C'est là qu'il est légitime de s'interroger sur la représentation des massacres des 2 et 3 septembre à Paris dans un département qui a connu sa propre terreur populaire. Car si les séances sont désertées au club d'Argentan dans l'été 1792 c'est bien parce que l'Orne est en révolution. Les meurtres politiques précèdent l'arrivée des commissaires exécutifs, Peyre et Vincent, membre de la Commune de Paris, à qui les propriétaires fonciers de l'Orne imputent, pourtant, la responsabilité des manifestations antiseigneuriales et des discours sur le partage des terres. Ce spectre de la loi agraire et des maratistes ressurgit, en novembre, avec le mouvement taxateur sarthois qui a été repoussé par la garde nationale de Bellême et des environs. Au club des Amis de la République et des Lois, on ne parle jamais « des gros riches » et, rarement, des accapareurs. On croit plus volontiers aux bruits de brigands qui parcourent la campagne en demandant aux bergers et aux enfants s'il existe des riches propriétaires ou fermiers et qui sont sûrement les complices de ceux qui ont été arrêtés pour pillages de châteaux. En janvier 1793, on admet, après réflexion et avis de la municipalité, que surveiller les transactions des céréales risquerait d'éloigner les vendeurs de la halle d'Argentan et la même réticence municipale se manifeste en mai pour appliquer la loi sur la taxe des grains. Après avoir lacéré et brûlé en avril l'adresse des Jacobins, signée de Marat, la société répond au Conventionnel Dufriche-Valazé, qu'« elle n'a jamais cru aux calomnies lancées contre lui ».

Pourtant, le mois suivant, le club reste dans l'expectative, partagé qu'il est entre sa prévention contre les anarchistes parisiens et sa crainte de l'insurrection vendéenne, alors que le directoire de l'Orne s'est lancé dans l'aventure fédéraliste. Invité à se rendre à l'assemblée départementaliste, le 20 juin à Alençon, il charge son commissaire, Goupil-Préfelm fils, de « concourir à toutes les mesures qui pourront tendre au bien de la patrie, à l'affermissement de la concorde entre toutes les parties du territoire de la République et à l'extinction des troubles qui auraient commencé » mais aussi de « n'adopter aucune mesure contraire à l'unité et à l'indivisibilité de la

31. Cité par P. Nicolle (253).

République ou favorable au royalisme, ni à l'établissement d'aucun pouvoir incompatible avec la liberté, l'égalité, la souveraineté ou l'indépendance du peuple français ». Le compte-rendu de la séance du 22, présidée par le commissaire-député, ne commente pas l'échec subi par les fédéralistes, malgré la présence de Joseph de Puisaye et Louis Caille au chef-lieu du département. Le 3 juillet, la société présidée par Goupil-Préfelm père, en l'absence du fils, dénonce « les progrès liberticides du Calvados » et décide une « réquisition permanente de tous les sociétaires, les armes à la main ». Dans la nuit, on accuse le club de Falaise, où Puisaye est souverain depuis qu'il a établi son quartier-général dans cette ville, de complicité dans le vol d'une quarantaine de chevaux à Argentan. Le 4 septembre, un commissaire du pouvoir exécutif qui est passé par Evreux où « le dégoût et l'insouciance sont grands parmi le peuple », par Lisieux où « c'est encore pis » et par Caen où « les corps administratifs sont encore fédéralistes, mais la masse du peuple et des sans-culottes, prête à voler à la défense de la patrie », se félicite de trouver, enfin, à Argentan des « frères ». Le président explique que « sans eux, le département de l'Orne aurait consenti à la coalition départementale et aurait été, en cela, bientôt imité par celui de la Sarthe, ce qui aurait favorisé la communication avec les rebelles de la Vendée » [32].

Dans cette société dirigée par les notables de la ville, le discours contre les anarchistes parisiens ne signifiait pas allégeance aux Girondins qui, du temps où ils étaient jacobins, les avaient dénoncés comme feuillants. Dans ce département où le mouvement populaire de l'été et de l'automne 1792 avait mobilisé tant de foules contre les propriétés des nobles et les prêtres réfractaires, les fédéralistes n'ont été, selon l'expression de P. Nicolle, que « des chefs sans troupes ».

Un club d'option girondine

A la différence des clubs girondins de Falaise ou de Lisieux qui ont connu, comme celui d'Argentan, une baisse d'activité avec la réunion de la Convention, le club de Cherbourg a maintenu, depuis sa création précoce en avril 1790, son rythme de réunion trois fois par semaine. Pendant la crise fédéraliste, comme au moment de la fuite à Varennes ou de la chute de la monarchie, les clubistes se réunissent, en moyenne mensuelle, tous les deux jours.

La société a envoyé siéger à la Convention deux de ses anciens membres. Etienne Le Tourneur était capitaine au corps municipal du génie lorsqu'il adhéra au club en juillet 1790. Quoiqu'il y fut effacé, le député à la Législative fut réélu à la Convention où il vota pour l'appel au peuple, pour la mort et contre le sursis avant de partir en mission pendant tout le premier semestre de 1793 sur les côtes de la Méditerranée. Son collègue, Bon Ribet, négociant et armateur anobli à la fin de l'Ancien Régime, entra au club un mois plus tôt et fut élu à trois reprises secrétaire ou président. Administrateur du département, député suppléant à la Législative, il manifesta au sein de la Convention la même aptitude que son frère et ami à faire carrière dans le Comité de la marine puis, dans les autres assemblées. A la réception de leurs lettres, le club décida le 21 octobre 1792 de brûler, séance tenante, le journal de Marat et d'envoyer ses cendres à la Convention, à Brissot, Carra et Gorsas.

---

32. BM Alençon. Ms 612. Registre de délibérations de la société d'Argentan.

La familiarité du nom des journalistes girondins dit mieux que les statistiques l'influence de leur presse. Les journaux qui comptent le plus grand nombre d'abonnés et de lecteurs dans les clubs de l'Ouest sont alors *Les Annales Patriotiques* de Carra et Mercier (Argentan, Bayeux, Bernay, Cherbourg, Lisieux), *Le Patriote Français* de Brissot et Girey-Dupré (Cherbourg, Honfleur, Lisieux), *Le Courrier Français* de Gorsas (Argentan, Cherbourg, Falaise), *La Chronique de Paris* de Millin et Noël (Bernay, Honfleur, Cherbourg). Les deux autres titres très appréciés sont *Le Moniteur* (Argentan, Falaise, Honfleur) et *La Feuille Villageoise* (Argentan, Cherbourg, Honfleur). La presse montagnarde, qui ne bénéficie pas des subventions gouvernementales, n'est guère mentionnée à cette date.

La correspondance avec les sociétés affiliées constitue la troisième source d'information et d'opinion. L'adresse de Marseille contre Marat décide le club à réclamer, le 26 octobre 1792, une garde départementale ; la pétition de Lisieux contre les agitateurs parisiens fait revendiquer, le 9 novembre, une loi contre les provocateurs au meurtre et à l'anarchie ; la circulaire de Bordeaux enjoignant la Convention d'exclure « les membres qui la déshonorent tels que Chabot, Merlin, Panis, Danton, Robespierre, Marat et autres anarchistes du même genre » amène le club de Cherbourg, le 25 décembre, à cesser toute correspondance avec les Jacobins « jusqu'à ce qu'ils aient chassé de leur sein tous les désorganisateurs du bien public tels que Marat, Robespierre, Danton, Chabot et autres » [33]. Toutefois, cette information est pluraliste : on lit aussi, le 23 novembre, la lettre de Toulouse soutenant que « la Convention n'a pas besoin de s'entourer d'une force armée pour faire respecter les lois, mais seulement de la confiance publique » ou bien, le 15 janvier 1793, celle de Mâcon où sont réunis les clubs de Saône-et-Loire. Bien que la date ne soit pas mentionnée, il s'agit vraisemblablement du 5ème Congrès des sociétés populaires de ce département [34]. Toujours est-il que ce congrès n'est plus girondin et que l'hypothèse émise par M. Dorigny sur « un possible contre-pouvoir face à une hégémonie parisienne » ne se vérifie pas. Le secrétaire cherbourgeois note, en effet, qu'« il regarde l'envoi d'une force départementale comme contraire aux principes d'unité et d'indivisibilité et comme conduisant nécessairement au fédéralisme » et qu'il souhaite un ralliement général aux Jacobins. Un clubiste demande que cette lettre soit brûlée, un autre que la censure du courrier soit établie par les secrétaires, mais la société décide seulement de faire connaître aux Mâconnais sa prise de position et sa rupture avec les Jacobins. Mais, une semaine après, elle préfère passer à l'ordre du jour sur l'adresse des Sans-Culottes de Strasbourg en remarquant la ressemblance avec celle de Mâcon.

C'est l'arrivée de J.B. Le Carpentier, un des rares conventionnels montagnards de la Manche, fondateur de la société voisine de Valognes et en mission dans le département, qui amène la société de Cherbourg à reconsidérer, le 31 mars, son option politique. Le rétablissement de la correspondance avec les Jacobins est, ainsi, mis à l'ordre du jour de la séance du 7 avril à laquelle assistèrent trois autres représentants en mission Rochegude, Defermon et le montagnard Prieur de la Côte-d'Or, accompagnés du général Wimpfen, commandant de l'armée des Côtes de Cherbourg. Alors que tous les orateurs du club parlèrent contre la réunion, Defermon qui avait été violemment apostrophé par Marat et d'autres Jacobins pendant le procès du roi et qui

---

33. AC Cherbourg : 2 I 115.
34. Si l'on suppose une périodicité bi-mensuelle, ce congrès a dû se tenir en décembre à Macon, après ceux d'Autun en avril, Châlon-sur-Saône en juin, Charolles en août et Louhans en octobre. Voir note 5.

sera mis hors-la-loi après la chute des Girondins, les interrompit pour parler avec Prieur le langage de l'unité patriotique. Au milieu des applaudissements, le club inscrivit sur le registre de ses membres les noms des quatre citoyens aux destinées bien divergentes et laissa la question partisane en suspens.

Mais, désormais, le débat politique est lancé et ne nuit pas au rayonnement de la société qui accueille une quarantaine de nouveaux membres en mai 1793 et une cinquantaine, le mois suivant. Le 3 mai, un horloger de la ville et adhérent d'août 1792, Pierre Fossard, demande la fin de l'abonnement au journal de Gorsas. Augustin Jubé, un des dignitaires de la société à cette date puisqu'il a été élu quatre fois à son bureau, qu'il dirige son journal et rédige la plupart de ses adresses, doit déployer tout son talent oratoire pour renouveler la confiance du club envers le rédacteur du *Courrier Français*. Le 17 mai, l'adresse antigirondine de Metz, recevant des applaudissements, provoque une nouvelle discussion. A la fin mai, le discours dominant reste progirondin et la nouvelle du 31 mai parisien suscite l'indignation collective. En présence d'un Carabot de Caen, la discussion s'ouvre sur l'adresse de Bordeaux appelant à venger l'attentat commis contre la Convention et les clubistes vont vivre à l'heure des assemblées générales où l'on fait l'Histoire. Une dizaine de motions et de contre-motions se succèdent à chaque séance car les partisans du fédéralisme, qui ne se recrutaient pas particulièrement dans « l'oligarchie mercantile », mise en cause par Danton, sont confrontés à une vive opposition interne. Au fil des séances, l'indignation contre le coup d'Etat est remplacée par la condamnation de l'arrestation des représentants du peuple à Bayeux par les Carabots de Caen. L'attitude de l'avocat Duprey, membre fondateur, élu trois fois président ou secrétaire, est à cet égard significative. Après avoir partagé le discours antimaratiste, le voici qui, dès le 3 juin, se range aux côtés de Fossard - se félicitant, lui, de la révolution parisienne - pour se rallier aux décrets de la Convention. Aux côtés de Jubé, c'est Ferregeau, ingénieur des Ponts et Chaussées, ancien membre de la société Littéraire de Cherbourg, adhérent du club en septembre 1790, élu secrétaire puis, président en mai 1793, qui dénonce l'avilissement de la Convention et propose sa réunion à Bourges.

Pour répondre à la convocation par la Société Républicaine d'Avranches d'une assemblée générale des sociétés populaires, prévue à Coutances le 9 juin, le club choisit la veille au soir de nommer Ferregeau et Duprey comme ses porte-parole, après avoir délimité leur mandat aux revendications suivantes : la formation pour juger les 32 conventionnels arrêtés, d'un tribunal composé d'un citoyen par département, installé à 40 lieues au moins de Paris et la punition de celui qui, le premier, avait osé faire tirer à Paris le canon d'alarme. A la différence de Goupil-Préfelm fils à Argentan, ils ont dû rendre compte de leur mission, s'exposer aux critiques et rédiger un rapport écrit. Rapport qui est un récit haut en couleurs de l'échec du fédéralisme dans la Manche. C'est, d'abord, la rencontre matinale à l'hôtel de Coutances avec les représentants du peuple Prieur de la Marne et Lecointre, la réception fraternelle de Prieur qui désapprouva le quatrième article de leur mandat, puis la discussion passionnée sur Marat, les Jacobins, la Montagne et « le côté droit » qui convertit presque l'ingénieur cherbourgeois. C'est, ensuite, le déroulement de la réunion qui préluda par une invitation à la société du chef-lieu du département, important bastion jacobin, pour rejoindre le mouvement et qui, finalement, eut lieu avec toutes les autorités civiles et militaires de la ville. Ce changement du caractère de l'assemblée incita les clubistes de Cherbourg à participer en simples citoyens et non en délégués de la société. Leur méfiance s'accrut lorsque le procureur général syndic donna lecture, une fois les représentants du peuple introduits dans l'assemblée générale, de l'arrêté du Calvados qui mettait en état d'arrestation Romme et Prieur de la Côte-d'Or et invitait le département de la Manche à prendre la même mesure. La discussion enfiévrée qui s'ensuivit, remarquablement dirigée par Prieur de la Marne qui batailla ferme toute la nuit, apprit aux députés de l'Orne qui arrivaient le lendemain matin que la Manche ne s'aventurerait pas dans la cause fédéraliste.

Lors de la seconde réunion départementale à la fin du mois de juin, organisée par la jeune Société des Carabots de Coutances (créée sous l'influence des Caennais devant l'irréductibilité des jacobins du chef-lieu) le clan antifédéraliste de la société populaire de Cherbourg, mené par Duprey et Fossard, tenta de donner un mandat impératif aux deux députés cherbourgeois qui firent seulement leur profession de foi républicaine en « repoussant avec horreur la seule idée de se séparer de la Convention nationale ». Cette nouvelle assemblée générale, mieux préparée avec les « courses civiques » des Carabots dans la plupart des clubs du département et avec le renfort d'une forte députation caennaise, conduite par Caille et Chaix d'Est-Ange, aboutit à l'expulsion manu-militari, dans la soirée du 26 juin, des représentants en mission. Ce modeste succès des fédéralistes dans la Manche aboutit dans le club de Cherbourg à accumuler des ressentiments entre les différentes options politiques jusqu'à l'épuration des membres en septembre. Mais Cherbourg qui n'aimait pas Marat resta une cité républicaine.

Un club conquis à la cause fédéraliste : la Société des Carabots de Caen

L'absence d'archives associatives, autres que fragmentaires, rend difficile toute entreprise explicative du fédéralisme et du jacobinisme dans le chef-lieu du Calvados [35]. Pourtant, le mouvement associatif n'a pas peu contribué à faire de Caen une capitale régionale de la rébellion ou de la résistance à l'oppression.

La société populaire de Caen qui, sous le nom des Amis de la Constitution, a été présidée par Lomont et Fauchet en 1791, Doulcet de Pontécoulant en 1792 et dont firent vraisemblablement partie deux autres conventionnels caennais, Cussy et Bonnet de Meautry, a rompu avec les Jacobins sur les conseils de la députation du Calvados à la Convention dont Bonnet se désolidarisa le 1er janvier 1793 [36]. Même si sa correspondance ne pouvait guère rivaliser avec l'abondant courrier antijacobin de Cussy [37], le député montagnard demanda aux clubistes le 12 février 1793 si la société, dont il n'avait plus de nouvelle, existait toujours. La perte de vitalité du club, imputable autant sans doute à l'émancipation des Jacobins qu'au départ de ses leaders, contraste singulièrement avec l'activisme de l'administration du département qui multiplie alors les adresses à la Convention contre Marat, Robespierre et Danton. Cette société maintiendra toutefois son existence malgré la création d'un nouveau club.

D'après le journal de Victor Dufour, l'initiative a été lancée par la société elle-même : « Dimanche 10 février 1793. On affiche un arrêté du club des Jacobins qui

35. Voir Grall (242), (243), Goodwin (241), Patry (255), Hanson (244).
36. AC Caen : I 275.
37. AC Caen : I 33 et 34.

invite les anciens et les nouveaux carabots à s'assembler aujourd'hui en la ci-devant église des Jacobins, à 9h du matin, pour délibérer comment passer les trois journées de carnaval ». D'après celui de L. Esnault, cette réunion est due à une scission ; « Ceux qui ne trouvaient plus leur compte dans ce repos s'avisèrent de former une nouvelle société sous le nom de carabots ou confrères de la mort ; cette société se composa de clubistes qui s'ennuyaient de n'entendre que de vaines paroles et trouvaient mieux leur bénéfice dans les actions » [38].

« Carabot » est utilisé en Normandie pour désigner les portefaix ; le terme a une connotation péjorative en juillet 1789, ce sont les séditieux qui sèment la révolte populaire, des « perturbateurs venus de la capitale » pour les uns ou des « repris de justice » pour d'autres, en tout cas des « hommes sans aveu » dans la tradition orale locale [39]. Pour G. Lefebvre qui a rencontré également l'expression en Picardie, ce sont des « errants » que la rumeur va transformer en « brigands » dans l'été de la Grande Peur. Mais il est une autre acception du terme, exclusivement caennaise selon F. Vaultier où, lors de la prise de la bastille locale, on nomma ainsi par dérision les gens pauvres qui s'étaient armés des fusils de l'arsenal et vêtus des uniformes de garde-côtes [40] et qui constituèrent une milice populaire jusqu'à l'exclusion des « caporaux-carabots » de la garde nationale. Aussi, lors de la diffusion provinciale du terme de « sans-culotte », l'épithète burlesque locale est clairement revendiquée dans le procès-verbal de la réunion des Carabots de Caen le 12 février 1793 [41].

Leur première apparition publique, le jour de mardi gras et de la traditionnelle sortie des masques, « dédommagea » -écrit perfidement Esnault- la bourgeoisie caennaise de la privation du carnaval depuis la Révolution. Car leur défilé dans la ville avec les tambours et la musique de la garde nationale, leur bannière de taffetas noir avec une tête de mort et deux os en sautoir, leur brassard identique et leur sabre à la main marquaient l'originalité de ce club dont le porte-parole est, ce jour-là, le chef de la légion de Caen. L'organisation para-militaire est renforcée par le serment suivant, prêté sur la place publique : « Je jure de maintenir la République une, indivisible et populaire, la liberté, l'égalité ; d'observer les lois qui auront pour bases ces principes et d'exterminer tous ceux qui voudraient un autre gouvernement ». L'adhésion des membres des autorités constituées à ce club, qui éclipsa très vite l'ancien par son autorité dans la ville, ne rassura pas entièrement le chroniqueur caennais. Pour lui, ce club était « plus dangereux que le premier parce qu'il était armé » et qu'il agissait comme « un tribunal inquisitorial » : il « se mêlait de la police, de l'administration, de l'exécution des lois, de tout enfin. Lorsqu'il était nécessaire, on battait leur générale particulière, les membres s'assemblaient, délibéraient et agissaient de suite » [42].

Dans une ville qui est représentée à la Convention par des députés modérés, la création d'un pouvoir exécutif révolutionnaire qui proclame la République populaire, après l'exécution du roi, est souvent occultée. L'adresse des Carabots sans-

---

38. Les journaux de L. Esnault et V. Dufour ont été publiés dans *Episodes de la Révolution à Caen, racontés par un bourgeois et un homme du peuple,* annotés par L. Lesage, Caen, 1926.
39. Mancel (247), Renard (260), F. Vaultier, *Souvenirs de l'insurrection normande dite du Fédéralisme,* présentés par G. Mancel, Caen, 1858. Voir aussi A. Mathiez, « Les Carabots », *Annales révolutionnaires,* 1913, t. VI, p. 106, 160 et G. Lefebvre (147) p. 25.
40. Voir F. Vaultier (1772-1843), secrétaire de la section de la Liberté à Caen en 1793, puis professeur à la faculté, op. cit., p. 9.10.
41. A.N. DXL 19 (Calvados) ou ADC. L 10121 « Procès-verbal de la réunion des Carabots de Caen, le 12 février 1793, l'an deuxième de la République française ».
42. L. Esnault, op. cit., p. 102.

culottes de Caen du 19 février, qui reçut la mention honorable et l'insertion dans le *Bulletin de la Convention*, également. Composée de phrases très courtes, utilisant un vocabulaire simple, proche du langage parlé, où le verbe ne s'embarrasse pas de compléments, elle est la seule dans l'Ouest à féliciter « les braves et généreux Montagnards, aux principes toujours purs » pour leur rôle dans le procès du roi, non sans avoir dénigré au passage « l'astuce de l'appel au peuple ». C'est à eux qu'ils « offrent l'hommage de la fédération qu'ils viennent de faire et du serment qu'ils ont prêté devant l'arbre de la liberté »[43]. Le même jour, « le carabot Lemarchand, jeune et brave officier, qui se dévoue tout entier au service de la République » explique à la barre de la Convention les précautions qu'ils ont « prises pour assurer et mainte-nir l'exécution de la loi ». Une semaine plus tard, la Société des Amis de la République une et indivisible de Caen applaudit à son tour aux décrets contre « le tyran ».

Les interventions concrètes des Carabots, en mars et en avril, par lesquelles ils transcrivent en actes leurs proclamations révolutionnaires, concernent la répression des troubles au moment de la levée en masse et la réquisition des grains dans les campagnes. L'étroite collaboration avec les autorités locales pousse, semble-t-il, le directoire du département à féliciter la Convention, le 10 mars 1793, pour la créa-tion du Tribunal révolutionnaire et la taxe sur les riches, en lui recommandant « pas d'autre gouvernement que celui de la République populaire » et en lui demandant - quoique le passage ait été raturé - « la fixation d'un Maximum du prix des grains dans toute l'étendue de la République »[44]. Le 16 mars, c'est Bougon-Longrais, pro-cureur-général syndic du Calvados et bientôt leader de l'insurrection fédéraliste, qui cherche à communiquer son enthousiasme à la Convention pour « les braves sans-culottes » qui composent la « fédération républicaine et guerrière » des Carabots. Sous leur pression, dès la fin-février, le district et la municipalité de Caen envoyè-rent des détachements de gardes nationaux pour « assurer la sécurité des cultivateurs qui n'apportaient pas leurs grains à la halle ». En mars, devant l'ampleur des cri-tiques et des craintes d'accaparement, des commissaires ont été chargés d'inspecter les halles d'Argences et de Dives[45]. Puis, en avril, ce sont les Carabots qui organi-sent les réquisitions de grains, en faisant dresser un procès-verbal dans toutes les communes où ils opèrent, pour les vendre eux-mêmes à la halle de Caen. Alors, les partisans de la liberté économique et les autorités chargés de l'application des lois interviennent pour rappeler, comme Louis Caille, procureur-syndic du district de Caen, la loi du 8 décembre 1792 sur la libre circulation des denrées, pour se démar-quer des Carabots, comme la municipalité de Caen qui avait accepté de lire en public leurs procès-verbaux et qui conseille, ensuite, aux propriétaires de se trouver à la halle pour vendre leurs grains, ou comme le club girondin de Lisieux, pour condam-ner cette entrave à la libre-circulation et demander, le 28 avril, « l'anéantissement de cette société » auprès du département et de la Convention.

A partir de cette date jusqu'au 30 mai 1793, on ignore l'évolution des Carabots. Il n'est pas fait mention de leur approbation à l'adresse du Conseil général du Calvados contre « les factieux Marat, Robespierre et Danton » qui a été signée, dans

---

43. A.N. C 250 (407). La publication, le 5 mars, dans le *Bulletin de la Convention nationale* mentionne seulement que « les Carabots sans-culottes de Caen adhèrent aux décrets de la Convention et expriment leurs regrets sur la mort de Le Peletier ».
44. A.N. C 250 (403).
45. ADC. 1L381. Registre du district de Caen, 19 mars 1793.

une séance publique le 20 avril, par la société populaire de Caen, présidée par Le Normand, mais dont la lecture à la barre de la Convention a été déconseillée par un notable de Caen, à la suite de l'acquittement triomphal de Marat. Cette rétractation a été vivement reprochée par les députés Lomont, Fauchet, Delleville, Doulcet, Vardon et Dumont qui écrivent à la Société Républicaine, le 4 mai : « Votre courage pouvait en imposer aux ambitieux et aux scélérats. Quand vous lirez la présente, peut-être les crimes abominables qu'ils méditent seront consommés » [46]. Aussi, s'empresse-t-elle, le 24 mai, de faire sienne l'adresse de Bordeaux et de « jurer haine éternelle aux anarchistes » [47]. Quant à la société des Carabots, qui le 26 a accueilli les Conventionnels en mission, Prieur et Lecointre, elle ne ressurgit sur la scène publique qu'au moment de l'insurrection.

Le 30 mai, le procureur-syndic du district, à l'annonce des nouvelles alarmantes de la capitale, requiert la convocation des sections tandis que la municipalité fait battre « la carabotte ». Le procès-verbal de la section du Civisme, dans le centre-ville, présidée par V. Féron, mentionne que la séance est peu nombreuse ; celui de la section de l'Unité, dans le faubourg, indique seulement la nomination de deux commissaires au Conseil du département. Dans la nuit, il est décidé d'envoyer dix délégués à la Convention, représentant les cinq sections de Caen, la société populaire, celle des Carabots, la commune, le district et le département. Désormais, les prises de position des Carabots se confondent avec celles de l'Assemblée Centrale de résistance à l'oppression ainsi que va s'appeler, en juin, le Comité central des autorités constituées, des sections et des clubs. Une délibération particulière, non datée mais antérieure au 2 juin, indique clairement l'option fédéraliste des Carabots qui réclament le rappel immédiat des députés du Calvados, la création d'un tribunal pour juger les maratistes, l'établissement d'un comité de surveillance, la formation d'une force armée et annoncent l'arrestation de tous les courriers de la Convention [48].

Après son coup d'éclat du 9 juin à Bayeux, où elle procéda à l'arrestation des représentants du peuple, la société des Carabots, force exécutive révolutionnaire, ne se distingue plus guère de la force armée levée dans le département. D'abord, parce que le 22 juin la plupart de ses membres vont s'enrôler dans le premier contingent de l'armée fédéraliste, ensuite, parce qu'ils se rangent, avec leur bannière, sous le commandement des autorités insurrectionnelles. Autorité délibérante encore le 28 juin, elle députe des commissaires pour faire approvisionner la halle de Caen à l'Assemblée Centrale qui prend, le lendemain, des mesures exceptionnelles car la ville est en état de siège. Toutefois, on ne relève qu'un seul carabot parmi les 18 commissaires, dépêchés dans chaque canton du district pour réquisitionner les grains [49]. Par ailleurs, si le rayonnement des Carabots s'étend dans les départements voisins jusque dans la Sarthe, si leurs porte-paroles se font entendre dans les clubs de Cherbourg et de Laval, si leur mission est couronnée de quelques succès, momentanés ou partiels, à Bayeux et à Coutances, leurs émissaires se confondent avec ceux du Calvados. La substitution du caennocentrisme à l'hégémonie parisienne tant critiquée n'est pas le moindre des paradoxes de l'insurrection contre le coup d'Etat parisien.

Après la déroute de Brécourt, une partie des Carabots abandonnent la cause fédéraliste et acceptent l'acte constitutionnel le 19 juillet [50]. Le témoignage de Wimpfen

46. AC Caen : I 33 et I 276.
47. BN. Lb 40/2618.
48. AC Caen : I 36. Copie d'une délibération de la société des Carabots.
49. ADC. 1L382.

confirme le changement d'opinion dans les clubs : « L'armée de retour à Caen, nous trouvâmes que le parti de la Montagne y avait fait de si grands progrès qu'on manqua de venir aux mains à la société populaire » [51]. Le 6 août, un décret de la Convention met fin à cette « association monstrueuse et armée, existant à Caen et autres lieux » à la demande des Conventionnels, emprisonnés plus d'un mois au château de Caen. Toutefois, s'ils condamnent le principe d'une force exécutive et armée, les Montagnards Romme et Prieur de la Côte-d'Or ajoutent qu'ils ne souhaitent pas la suppression de la société délibérante composée aussi de bons patriotes. Cette clémence vis à vis de ceux qui les ont arrêtés inaugure celle de tous les députés accompagnant l'armée de pacification [52].

Fédéralisme et jacobinisme

Soutenir que le fédéralisme a été « un monstre polémique fabriqué par le jacobinisme », c'est renouer avec le langage incantatoire des acteurs de la Révolution que l'on reproche ordinairement aux historiens jacobins. C'est oublier, aussi, la virulence du langage girondin et la traduction du député de Paris devant le Tribunal révolutionnaire. Toutefois, on admet volontiers avec Mona Ozouf que le vocabulaire de la lutte pour le pouvoir n'implique pas toujours une adéquation profonde à la philosophie politique des protagonistes. Les acteurs du mouvement fédéraliste en Normandie n'avaient d'autre credo que la République une et indivisible et les jacobins locaux ne rêvaient nullement, au gré des épithètes contradictoires, de dictature ou d'anarchie. L'utilisation d'un autre néologisme comme « départementalisme » [53], qui a le mérite de valoriser la fédération des forces civiles et militaires départementales au début de l'insurrection, n'est guère satisfaisante pour la généalogie du mouvement. Celle de « fédéralisme jacobin » est, surtout, une invitation à une étude critique de l'association révolutionnaire ; car, si la pratique fédérative des sociétés populaires n'a pas été expérimentée dans l'Ouest, l'homologie entre jacobinisme et centralisation y paraît bien superficielle. L'analyse de l'opinion clubiste pendant cette longue période conflictuelle permet de mettre en relief, surtout, l'ambivalence de l'association politique sous la Révolution. Cette ambivalence tient à sa situation dans le champ du pouvoir, c'est-à-dire au rôle effectif et attribué aux sociétés populaires, et à sa structure interne, autrement dit son fonctionnement concret.

Dans le champ du pouvoir, les sociétés populaires ont conquis par leur lutte contre la monarchie une place essentielle. La campagne de pétitions du printemps et de l'été 1792 marque une étape décisive. D'une part, le premier ministère « jacobin », « rolandin » ou « brissotin » a largement contribué à cette évolution du rapport de forces en appelant le mouvement associatif à se développer et à soutenir sa politique. D'autre part, les clubistes ne se contentent plus de propager les idées neuves en van-

50. ADC. 2L17. « La Société des Vrais Carabots opprimés pour avoir accepté l'acte constitutionnel » dénonce, le 22 juillet 1793, « la croisade » prêchée contre elle.

51. AN. F7 3446. F. Wimpfen (1744-1814) précise, le 9 thermidor an IV, que « l'insurrection n'a point dépassé la salle du département (du Calvados) et une partie de la société populaire. Elle n'était point surtout dans les districts, et les campagnes étaient à la glace. Mais, comme le crime d'alors est devenu une vertu, beaucoup de gens prétendent avoir été insurgés ».

52. Voir les travaux de J. Grall, op. cités. Comme F. Wimpfen, Louis Caille (1767-1848) resurgira après Thermidor. Seul parmi les principaux leaders, Bougon-Longrais, ayant rallié le parti vendéen sera guillotiné à Rennes en janvier 1794.

53. L'expression est de R. Dupuy (83).

tant les mérites de la constitution civile du clergé et des droits de l'homme. La pétition du 27 juin d'une centaine d'adhérents du club de Valognes, réclamant l'abdication du roi, est significative à cet égard. L'auxiliaire du nouveau régime devient le
lieu de contestation d'un pouvoir constitutionnel qui bafoue le droit révolutionnaire
de la nation souveraine. L'héritage est donc double : la crise de la représentation
politique précède la réunion de la Convention nationale et la société populaire, sans
cesser d'être un forum civique au niveau local, est devenue, par la pratique pétitionnaire qu'on lui a contestée, un nouvel espace de légitimité révolutionnaire. Le conflit
politique de septembre 1792 à juillet 1793 montre bien l'impossibilité de réduire
l'association à l'une ou l'autre de ses fonctions.

Le mouvement de contestation dans la sphère du pouvoir contre l'hégémonie parisienne (députation, Commune et club des Jacobins) a certes utilisé les directoires de
département et les clubs provinciaux comme moyens de reconquête du leadership
révolutionnaire. Les Girondins qui ont tant animé l'activité jacobine dans le printemps et l'été 1792, qui disposent des organes de presse les plus lus dans les clubs
et qui entretiennent souvent de bonnes relations avec leurs électeurs dans les sociétés populaires bas-normandes, ont cru que l'association politique de base pouvait
leur servir de contre-pouvoir. Et, comme courroie de transmission au service d'un
clan politique, la Société des Amis de la Liberté et de l'Egalité qui rompt avec le club
des Jacobins de Paris, au début de l'année 1793, pour s'intituler souvent Société
Républicaine a bien fonctionné de Caen à Cherbourg, de Lisieux à Argentan ou de
Falaise à St-Lô.

Cet espace et ce pôle de dissidence n'est pas antijacobin, au sens organisationnel
et politique du terme. La rupture avec la société-mère n'induit pas une critique libérale du jacobinisme, telle que Le Chapelier l'avait précédemment énoncée. C'est
bien devant le forum démocratique des militants que les Girondins portent leurs
plaintes et leurs revendications. C'est bien cette caisse de résonance qu'ils font fonctionner par la circulation des mêmes mots d'ordre dans les clubs et les pétitions. La
reconquête d'une légitimité révolutionnaire que Paris leur conteste passe par le
contrôle du réseau provincial des sociétés populaires. Telle est bien la finalité de la
déconstruction du Paris héroïque du 14 Juillet et du 10 Août et de la diffusion inlas-
sable du Paris septembriseur.

Lors de l'insurrection fédéraliste, les pratiques politiques qui apparaissent (politisation des sections, envois d'émissaires-clubistes, création de sociétés concurrentes,
assemblée générale départementale et régionale des corps administratifs et des
clubs) ne relèvent pas d'un mouvement centrifuge : c'est la substitution d'un caennocentrisme au pariscentrisme tant vilipendé. De même, les pouvoirs exceptionnels
des représentants du peuple en mission dans les départements ou auprès de l'armée
ne sont pas l'objet de critiques avant l'insurrection en Normandie : la crainte des
Anglais était beaucoup trop présente pour bricoler une polémique sur « les proconsuls », entourés qu'ils étaient encore au mois de mai dans le club de Bayeux, par
exemple [54], du respect des principaux chefs de l'insurrection.

---

54. La société qui, au printemps 1793, correspond autant avec le député de la ville Ph. Delleville
qu'avec les Jacobins de Paris, qui se réunit sous le buste de Cl. Fauchet sans se soucier de la suspicion
propagée par le club de Honfleur, qui est flattée de compter Wimpfen parmi ses membres fondateurs et
de le recevoir quand la rumeur de Thionville se répand, accueille alors tous les protagonistes de l'insurrection. Mobilisée par l'organisation de l'Armée des Côtes de Cherbourg, elle agrège à la société jacobine les chefs militaires dont J. Puisaye, elle charge un clubiste caennais V. Féron de rédiger une adresse
à la Convention, et salue avec eux les commissaires de la Convention, Prieur de la Marne, Lecointre,
Romme et Prieur de la Côte d'Or, sous le terme flatteur de « Montagnards ».

L'échec du fédéralisme a empêché la société populaire, en voie d'instrumentalisation par les Girondins, de se transformer en parti politique. L'analyse des situations locales montre, en effet, que les relations objectives qui lient le club au pouvoir politique ne sont pas suffisantes pour expliquer les divergences de prises de position. Certes, le parti pris pour les thèses girondines à Caen, Lisieux et Cherbourg ou, pour celles des Montagnards à Bernay, Le Mans voire Honfleur est d'autant plus net que la société populaire est intimement liée à ses délégués à la Convention par une correspondance confiante et régulière ou par une médiation journalistique : la presse du Calvados est, par exemple, entièrement girondine et celle de la Sarthe, montagnarde. Par ailleurs, le départ pour la capitale des leaders locaux a parfois anémié l'association politique locale, comme à Lisieux ou Bernay, et favorisé le ralliement aux options des anciens dirigeants. Toutefois, le fonctionnement d'une société populaire n'est pas celui d'une « machine », mais bien d'une cellule vivante d'un corps social.

À ce titre, d'abord, elle ne peut être figée dans une position immuable. L'adoption d'une ou de plusieurs motions contre Marat et les tribunes parisiennes n'implique pas à Bayeux une rupture avec les Jacobins ; l'intervention de députés en mission, comme à Cherbourg, de soldats ou d'émissaires de sociétés voisines, ailleurs, peut remettre en question l'opinion de la société ; l'absence de certains leaders aux séances du club peut contribuer, comme à Laval, au renversement d'une opinion dominante et à la reprise de la correspondance avec les Jacobins ; ou, tout simplement, un nouveau contexte politique peut modifier la stratégie d'une société comme Argentan où les ex-Feuillants soutiennent le discours conservateur des Girondins, tant qu'ils constituent un rempart contre la terreur populaire locale, mais opposent leur veto à la levée d'une force armée départementale au moment de l'insurrection anarchique de leurs anciens adversaires politiques.

Ensuite, la société populaire reste un vivier de militants. Le dynamisme de certains clubs comme Cherbourg ou Le Mans contraste avec l'affaiblissement de ceux de Caen ou de Falaise. La cohésion du groupe dirigeant éclate, parfois comme à Laval, avec la radicalisation de la vie politique. Plus souvent, l'autorité des anciens leaders est confrontée à celle de nouveaux venus comme l'horloger Fossard, futur lecteur de Babeuf à Cherbourg, comme le jeune Rigomer Bazin au Mans ou comme l'avocat St-Martin, inculpé dans les troubles agraires du Bocage normand en 1789, qui fonde un club à Lassay pour s'opposer aux directives du département de la Mayenne. Mais à Bayeux, c'est un membre de l'ancienne Société Littéraire, le médecin quadragénaire Le Tual du Manoir qui, après avoir défendu les Montagnards, organise la résistance au mouvement sectionnaire et carabotique.

Enfin, l'enfantement clubiste se poursuit. Dans les villes, de nouvelles couches sociales revendiquent le droit d'association, s'agrègent aux anciennes comme au Mans ou imposent, comme à Caen, un pouvoir exécutif révolutionnaire dans la ville girondine avant de servir de fer de lance à l'insurrection fédéraliste. Par ailleurs, les clubs ruraux commencent en 1793 à faire leur percée en attendant leur âge d'or en l'an II. La politisation des campagnes se fait à l'écart des luttes fratricides qui déchirent la Convention, à de rares exceptions près, et suppose la valorisation des thèmes consensuels.

La dynamique interne du club ne se limite pas, pour autant, à l'arrivée d'une nouvelle génération de militants que les patriotes de 89 appelleront avec quelque mépris, y compris Robespierre, les républicains de 93. Les options prises pendant toute la durée de la crise fédéraliste invitent à prendre en considération l'autonomie politique des clubs. L'inventaire des choix possibles -suivre un mot d'ordre ou résister au discours dominant ; opiner ou s'abstenir ; diffuser sa prise de position ou appeler la Convention à l'union - montre l'efficace de la dynamique associative. S'il y a des clubs enrégimentés dans la propagande girondine, ils n'en sont pas prisonniers ; quant aux Montagnards qui n'ont pas alors le pouvoir, la seule société qui valorise leur action est - et ce n'est pas vraiment un paradoxe - celle des Carabots de Caen et, un peu plus tard, celle des Sans-Culottes de Montebourg, c'est-à-dire les clubs dont le capital symbolique est le plus faible. En fait, les vieilles sociétés dont la dynamique n'est pas usée puisent leurs références de pensée et d'action dans leur propre champ historique. Car, avant d'être républicain et, bientôt, sans-culotte, le clubiste est citoyen.

La culture civique est celle qui a le plus profondément imprégné les mentalités jacobines en imposant, d'emblée, la subordination de l'intérêt particulier à la volonté générale exprimée par la loi positive. Le patriotisme de 1792 a renforcé le décri rousseauiste des corps intermédiaires dont le jeu des luttes partisanes fait obstacle à la transparence de la vie démocratique. La discipline républicaine que les clubistes de Honfleur exigent de leur député-évêque-journaliste après le procès du roi n'est que la conséquence de cette conception citoyenne de la chose publique. Dans la crise politique du premier semestre à la Convention, elle s'exprime par deux mots d'ordre - constitution et éducation nationale - qui vont l'emporter en Normandie sur ceux de la propagande girondine. Après l'échec du fédéralisme, le mouvement jacobin forge son unité sur le consensus à la politique gouvernementale ou, plus exactement, sur le ralliement à la Convention, en hypothéquant son autonomie politique.

Toutefois, le mouvement révolutionnaire a donné un héritage contradictoire au jacobinisme. Il a aussi revêtu de caractère sacré l'insurrection, en donnant raison souvent à la minorité sur la majorité ; il a décrété la souveraineté de la nation, en mettant en cause toute représentation politique et la traduction de Marat devant le Tribunal révolutionnaire est un redoutable précédent que l'on sait rappeler à Lassay en juin 1793 ; il a invoqué, enfin, les droits naturels, en discréditant toute loi positive au profit du salut public. Les contradictions de la culture politique jacobine ne datent pas de 1793, mais de 1789. Elles ouvrent toutes grandes les portes du mouvement revendicatif et rendent vaines les objurgations sur la fin de la Révolution : le mouvement sans-culotte est là, en 1793, pour régénérer le jacobinisme. Enfin, elles ne disparaissent pas en l'an II, comme nous allons le voir ; car, en participant à l'extension des pouvoirs de l'État, l'association jacobine ne s'est pas dissoute dans l'appareil d'État.

Dans les fortunes et infortunes du mot jacobin, on a oublié peut-être de parler de l'essentiel, c'est-à-dire d'une structure complexe, animée par des leaders d'opinion périodiquement remis en question, impulsée par un idéal fondateur sur lequel se greffent de nouvelles idées, disposant d'une autonomie d'action qui peut servir d'auxiliaire ou de contre-pouvoir : une association volontaire d'hommes qui expérimentent la démocratie.

CHAPITRE ONZIÈME

LA PRESSE ET L'HÉGÉMONIE JACOBINE

Alors que le *journalisme* n'entre pas encore dans les dictionnaires, la pratique quotidienne ou hebdomadaire de la lecture de la presse est installée dans les moeurs révolutionnaires. Consultés dans le cabinet de lecture attenant à la salle de délibérations du club, lus à haute voix dans les assemblées publiques, placardés sur les murs par les autorités départementales et municipales, au moment de la crise fédéraliste notamment, les journaux s'imposent comme vecteurs essentiels de la communication. Moyens d'information, de propagande et de contre-pouvoir, ils participent au même titre que les sociétés populaires à la politisation de masse.

Cette étude cherchera à mettre en évidence les changements dans la communication politique qui permettent l'épanouissement de la presse provinciale, à situer la place du champ journalistique dans le processus révolutionnaire et à présenter les journalistes de ces grandes années militantes.

Les conditions nouvelles

C'est une nouvelle période qui s'ouvre incontestablement dans l'histoire de la presse provinciale lorsque les sociétés populaires éditent leurs propres journaux. Anticipé par la Société des Amis de la Constitution de Vire en 1791, le phénomène se généralise l'année suivante à Caen, Le Mans, Laval et L'Aigle. Cette naissance de la presse militante dans les chefs-lieux de département ou de district se situe au printemps 1792, c'est-à-dire au moment où le mouvement jacobin est à la recherche de son autonomie politique. En créant la première feuille de la ville ou de la région, en remplaçant un journal modéré ou en ajoutant sa tribune à celles déjà existantes, le club local qui a tant contribué à la diffusion de la presse nationale par ses abonnements et par ses lectures publiques, devient désormais le principal émetteur d'informations.

Cette conquête de l'opinion publique par les Jacobins de l'Ouest n'est pas réductible à une chronologie politique étroitement conçue. Car l'histoire de la presse provinciale ne se confond pas avec la chronique de la presse nationale où le 10 Août marque une période de repli [1]. Au contraire, 1792 et 1793 sont les années où se créent et où circulent le plus grand nombre de journaux dans ces départements. C'est pourquoi une étude de la presse qui autonomiserait son objet d'études, sans l'inscrire dans les réalités économiques, sociales et culturelles de la révolution en province, court le risque d'être purement formelle.

Parmi celles-ci, il y a d'abord la transformation du marché éditorial. En l'absence de statistiques nationales, résultant de la liberté de publier, on peut recenser de manière empirique les imprimeurs qui ont édité des brochures ou des feuilles locales. Leur nombre a au moins triplé sous la Révolution [2]. L'activité éditoriale profite aux grandes villes comme Caen ou Le Mans où la concurrence devient importante, même si les imprimeurs qui avaient pignon sur rue en 1789 ont suivi la voie traditionnelle en s'assurant l'impression des actes de l'administration départementale, par l'obtention du titre d'imprimeur du département. Ces fonctions administratives sont nouvelles pour Evreux, Coutances ou Laval qui attirent alors des producteurs. Mais le phénomène le plus notable est la promotion de chefs-lieux de district au rang de ville culturelle. Certes, Avranches, Bayeux, Lisieux, Falaise, Vire, La Flèche et Mamers avaient déjà été dotées d'une imprimerie au cours du XVIIIème siècle. Des imprimeurs s'établissent aussi à Cherbourg, Saint-Lô, Pont-l'Evêque, Bernay, L'Aigle, Mortagne et Bellême, sans oublier Honfleur, Gisors voire Bourth, modeste chef-lieu de canton de 1600 habitants. La moitié, au moins, des villes administratives sont dotées d'une imprimerie sous la Révolution. Les faibles contraintes financières et techniques permettent cet élargissement considérable du marché éditorial, car une presse suffit pour sortir un journal dont le tirage ne devait pas souvent excéder les 500 exemplaires. Ainsi, la libération de la production éditoriale va offrir à une cinquantaine de citoyens au moins la possibilité de se faire imprimeur : créneau dans lequel vont s'investir nombre de militants politiques pour une période, il est vrai, souvent aussi éphémère que leurs feuilles.

La réussite d'une entreprise éditoriale est, ensuite, soumise à l'existence de lecteurs qui, par leurs abonnements, font vivre le journal. L'essor de la presse jacobine est incontestablement lié au public que le club réunit régulièrement. La diffusion du *Journal de la Montagne* [3] permet d'en rendre compte.

Parmi les 120 abonnés en l'an II, dans l'Ouest intérieur, il y a 34 sociétés populaires. Leur cartographie très contrastée n'est pas, évidemment, sans rappeler le réseau des clubs à cette époque : très dense dans l'aire d'influence parisienne, notamment dans l'Eure et les districts voisins de l'Orne et du Calvados, elle s'étiole au delà (c'est le grand désert mayennais), tout en préservant le Cotentin. Ce sont des sociétés populaires aux trois-quarts rurales qui s'abonnent exclusivement, souvent,

---

1. Godechot (194) p 501-517.
2.Ces imprimeurs sont : Malassis fils, Vve Malassis aîné, Malassis-Cussonière, Jouenne fils (Alençon), Le Court (Avranches), Vve Nicolle (Bayeux), Philippe frères (Bernay), Lacroix, Thubeuf (Bourth), Le Roy, Poisson, Chalopin, Robillard, Boullay-Malassis (Caen) Clamorgam, Giguet (Cherbourg), Joubert, Agnès (Coutances), Dariot (Domfront), Ancelle, Chaumont frères, Lalande, Lanoë, Magner, Touquet (Evreux), Bouquet (Falaise), Vasse (Honfleur), Coesnon-Pellerin, Glaçon (L'Aigle), La Fosse (La Flèche), Dariot, Faur (Laval), Monnoyer, Pivron, Bazin, Maudet, Toulippe, Bouquin, Merruau (Le Mans), Delaunay (Lisieux), Boulanger (Mamers), Marre (Mortagne), Dauge (Pont-l'Evêque), Gomont (Saint-Lô), Société typographique (Vire). Voir Veuclin (298) pour les imprimeries citées de Gisors et Les Andelys.
3. A.N. T 1495 A et B.

en raison de leur faible budget, au journal gouvernemental. Cette manifestation de conformisme politique n'affecte pas que des clubs créés sous le grand Comité de Salut Public. Parmi la dizaine de clubs installés dans les chefs-lieux de district ou de département, on trouve ceux de Coutances et du Mans qui ont joué un grand rôle dans l'échec du fédéralisme. En revanche, Bernay et Bayeux n'apparaissent pas, ni encore Honfleur ou Lassay qui ont eu une attitude comparable. L'absence des anciennes cités fédéralistes comme Caen, Falaise, Lisieux, Alençon ou Evreux n'implique pas ainsi un désaveu politique. L'abonnement des clubs jeunes et ruraux souligne davantage l'élargissement du public des lecteurs aux auditeurs : on se rappelle les discussions qu'a fait naître à Longny le choix des « bons lecteurs ».

La répartition géographique des abonnés particuliers corrige celle des clubs. Dans ce réseau diffus, le bocage de Normandie et du Maine ne se distingue plus comme une zone réfractaire aux idées dominantes, même si les 4 abonnés de la Mayenne ne peuvent rivaliser avec les 29 de l'Eure. Surtout, la diffusion est différente du reste de la France [4] : ici près des deux-tiers des abonnés sont des ruraux, mais ce ne sont pas des paysans. Parmi les professions indiquées, qui ne représentent que la moitié des lecteurs attitrés, on ne relève que deux cultivateurs. A côté de la dizaine de professions libérales et autant d'employés de l'administration, les abonnés sont trois maîtres de forges, deux négociants, onze marchands, trois employés des forges et deux artisans. Quant aux six femmes mentionnées, elles ne peuvent contrebalancer l'influence qu'avait La Gazette royaliste auprès des lectrices. Le prix élevé de la souscription annuelle faisait préférer le fractionnement trimestriel par tous ces travailleurs du monde rural et incitait parfois à l'abonnement collectif comme à Louviers où trois citoyens se cotisent pour faire venir le journal. Par ailleurs, les militants politiques qui dirigent les sociétés populaires ne sont pas personnellement abonnés au Journal de la Montagne, à deux exceptions près (Mélouin, administrateur de la Mayenne et Le Bastard à Coutances).

L'existence de ce public, constitué dans les sociétés populaires et composé de lecteurs résidant dans de modestes bourgades où il n'y a pas de club, expliquent tout autant que les conditions matérielles de l'édition à la fin du XVIIIème siècle la vitalité du marché éditorial et la croissance numérique des journaux locaux. Toutefois, pour expliquer celle-ci à une époque où l'intervention de l'Etat limite la liberté d'information dans la capitale et dans la nation, il est essentiel de mettre à jour les conditions culturelles spécifiques de la révolution en province.

Loin du modèle parisien élaboré par R. Darnton, montrant une « bohème littéraire » constitué sous l'Ancien Régime qui prend le pouvoir en 1789, l'exemple de l'Ouest montre l'importance de la sociabilité révolutionnaire pour faire émerger un milieu de porte-parole. La place prise par la société populaire dans le champ politique ne peut être disjointe de son rôle de vivier intellectuel dans la production éditoriale comme dans la nouvelle conception du journalisme.

L'engagement des imprimeurs dans la vie politique est un des faits majeurs de la presse révolutionnaire. En 1792, par exemple, cinq villes voient naître un nouveau journal : si Caen et Le Mans ne surprennent guère, en revanche Laval, Cherbourg et L'Aigle sont une grande nouveauté. A Laval, l'imprimeur du Patriote du département de la Mayenne est un ariégeois de 35 ans. Michel Faur a travaillé comme imprimeur à Paris, Orléans, puis à Angers où il résidait en 1789. Après y avoir arboré, un

---

4. Voir Gough (195).

des premiers, la cocarde tricolore selon ses dires [5], il est venu travailler à Laval en mai 1790 et s'est ensuite installé à son compte. Membre de la société populaire, l'imprimeur sera nommé en l'an II membre du Comité révolutionnaire et officier municipal par les représentants du peuple Thirion et Esnue-Lavallée. L'année suivante, son engagement jacobin le conduira en prison. Cherbourg bénéficie du changement de résidence de l'imprimeur-libraire de Valognes. G. Lefebvre signalait qu'en 1780 Pierre Clamorgam n'avait qu'une presse « qu'il tenait de ses pères qui l'avaient depuis plus d'un siècle ». On disait que « leurs moyens sont si médiocres que les livres de classe, de piété et un très petit nombre d'exemplaires d'histoire de la plus mauvaise édition font tout leur commerce » [6]. A partir de 1790, le club dont il est membre depuis le mois d'août lui permet d'élargir l'éventail de ses publications aux brochures politiques puis, en 1792, à son journal *Les Entretiens Patriotiques destinés aux habitants de la campagne*. L'imprimeur du *Journal du district de L'Aigle ou le Club des Familiers* qui est d'une toute autre notoriété en est aussi le rédacteur.

A Caen, Pierre-Jean Chalopin, imprimeur de la commune et du *Courrier du Calvados*, sort de ses presses au printemps 1792 le *Journal des Débats de la Société Patriotique de Caen*. Après l'échec du fédéralisme, l'imprimeur et membre de la Société Républicaine doit justifier devant le Tribunal révolutionnaire les appels à l'insurrection qu'il a fait paraître. Le 17 frimaire an II, les scellés ont été posés par deux commissaires du comité de Sûreté générale sur son imprimerie, située au troisième étage de la rue Froide, au centre ville, là où se trouvaient « tous les ouvriers ». Les papiers du magasin, installé au second étage, ont été saisis, notamment, une adresse du club appelant à venger l'arrestation des députés girondins par une insurrection armée contre la Convention et un billet manuscrit de Barbaroux qui, après correction des épreuves, conseillait « le citoyen imprimeur » sur la couleur du papier et le tirage pour le lendemain de deux cents affiches, destinées aux « divers districts et départements de la Normandie » [7].

Au Mans, Abel Pivron, adhérent du club depuis son origine jusqu'à sa suppression, considéré comme un bon sans-culotte en l'an II et, dix ans plus tard, membre de la Société Littéraire et du Commerce, imprime à 48 ans *Le Courrier Patriote du département de la Sarthe*. L'éditeur du journal du club diffuse ensuite, pendant l'été 1793, le *Bulletin du département de la Sarthe*, c'est-à-dire les placards officiels de l'administration départementale. Quant à son frère et ami, Charles Monnoyer, qui imprime toujours les *Affiches du Mans*, il publie le journal du clubiste P. Philippeaux jusqu'à la réunion de la Convention.

Cette évolution de la politique éditoriale engendre une autre conception du journalisme. Faire connaître les décisions des pouvoirs politiques locaux, en même temps que les actes du pouvoir législatif et exécutif, est une préoccupation nouvelle et particulièrement forte dans la Sarthe. Ensuite, les nouvelles que l'on communique ne sont plus seulement nationales car une correspondance s'établit au niveau départemental pour rendre compte des événements locaux. Enfin, des rubriques apparaissent ou s'étoffent comme le courrier des lecteurs, les délibérations ou les discussions du club et les commentaires de l'actualité par les rédacteurs. Ne se contentant plus d'être l'écho de la capitale, la feuille locale forge un nouveau style journalistique dans lequel le résumé de l'information cède de plus en plus la place à d'autres modes

---

5. ADM. L 1861. Interrogatoire de Michel Faur, le 25 frimaire an III.
6. Lefebvre (272) p 98.
7. AN. W 42/2865.

d'expression comme les lettres, les discours, les éditoriaux, les dialogues et les chansons ou poèmes. Quand le champ politique ne se limite plus à l'Assemblée nationale, les prises de parole sont multiples, faites pour être dites ou chantées autant que lues, écrites pour poursuivre ou préparer le débat oral de la société populaire. Témoin de cette transformation de l'espace public, le journal local en est aussi le médiateur privilégié. Des chambres de lecture, la politique est passée dans la rue où l'on écoute le discours du représentant du peuple, où l'on chante autour de l'arbre de la liberté le dernier air à la mode que l'on a répété au club, désormais ouvert au public. Le journaliste n'est plus l'homme de cabinet qui dépouille la presse nationale pour faire son compte-rendu, il est le reporter qui suit les délibérations du conseil général de la commune, du district ou du département, participe aux débats du club jacobin et enquête sur les manifestations populaires.

Portrait collectif des journalistes

A l'exception de l'Eure, tous les départements voient l'émergence d'une presse militante en 1792. Cette conscience collective qui mobilise les intellectuels révolutionnaires nous invite à présenter leur itinéraire. Même si de nombreux journaux ne mentionnent pas le nom de leurs rédacteurs, au début comme à la fin de la Révolution, notamment dans le Calvados, on s'est plus souvent honoré du titre de journaliste en ne redoutant pas l'investissement dans la vie publique et ses conséquences. A partir d'une quinzaine de ces journalistes connus, on peut brosser le portrait-type du journaliste provincial en 1792-93.

C'est, d'abord, un homme jeune qui n'a pas trente ans. Le seul quadragénaire connu, en dehors du doyen Claude Fauchet qui est exclu alors des Jacobins de Paris, est l'imprimeur Coesnon-Pellerin. Les plus jeunes sont des collaborateurs de Rabard au *Sans-Culotte de la Mayenne*, des instituteurs lavallois de 20 ans en 1793. Le journaliste n'est pas né dans la ville où il publie sa feuille. La majorité est même originaire de régions éloignées (trois viennent du Sud-Ouest, trois de la région parisienne, un des Vosges et un de la Touraine). Même ceux qui sont originaires du département ont été amenés à se déplacer pour suivre des études à Angers ou à Paris. Ensuite, leur origine sociale est très diverse. De l'ordre de la noblesse sont issus Pierre-Jean Sourdille et Louis-Florent de Sallet. Les doctrinaires sont également représentés avec Philippe Séguela, Joseph Laban et Dominique Rabard. La majorité des journalistes de 1792 étaient toutefois issus des milieux de l'artisanat ou de la bourgeoisie, composant le Tiers-Etat en 1789. Le journalisme n'étant pas encore un métier, tous ces porte-parole de leur club exercent une profession. Les enseignants dominent largement (six journalistes attitrés et trois occasionnels). On relève aussi deux avocats, un greffier au tribunal, un imprimeur, un commis de la marine, un employé au ministère de la guerre. Enfin, on connaît autant d'hommes mariés que de célibataires.

Au total, le portrait de groupe des rédacteurs-clubistes est surtout représentatif de la génération qui a eu 20 ou 30 ans en 1789. Au delà de la diversité sociale qui les a fait naître pauvres ou riches, roturiers ou privilégiés, ruraux ou citadins, ce qui les rassemble est l'aventure révolutionnaire. Précocement engagés dans les luttes politiques, les meilleurs de cette génération eurent, dans cette phase de forte accélération de l'Histoire, la volonté de marquer vite et fort leur temps. Leur engagement permet de mettre en valeur deux grands types de pratique journalistique soit individuelle, soit collective qui caractérisent la presse révolutionnaire.

Le missionnaire patriote ou le journaliste du club

Le journal, oeuvre d'un homme qui peut se faire pour la circonstance imprimeur, n'est pas une nouveauté : dès 1791, Jacques Malo avait donné l'exemple à Vire. Mais, au printemps 1792, les clubs de Caen, Cherbourg et L'Aigle répondent au mot d'ordre des Jacobins de propager la culture révolutionnaire. Au bon apôtre succède le missionnaire patriote qui, dans l'Ouest, est plus un homme de l'écrit que la parole [8].

Ainsi, Victor Féron rédige le *Journal des Débats de la Société Patriotique de Caen* du 31 mars au 27 mai 1792, après avoir écrit de nombreuses adresses, diffusées par le club, l'année précédente. Le nouvel hebdomadaire caennais est édité par le comité de correspondance de la société des Amis de la Constitution qui tient le registre des abonnements et il se diffuse également au numéro dans un café de la ville. Comme il consacre les trois-quarts de sa surface au compte-rendu des séances du club, il constitue une sorte de supplément au *Courrier du Calvados*. La création du journal a lieu après une série de vifs affrontements qui ont opposé les patriotes aux royalistes et, ensuite, aux administrateurs du département [9]. Cette tribune de discussions politiques, destinée à renforcer la propagande des clubistes, ne semble pas avoir dépassé le neuvième numéro. Le jacobin-journaliste qui truffe ses commentaires de références à l'Antiquité nous est très mal connu. On le retrouve pourtant, en septembre 1792, commissaire du pouvoir exécutif, nommé par Roland, ministre de l'Intérieur, pour assurer l'enrôlement des volontaires [10]. Toujours porte-parole, il intervient dans le club jacobin de Bayeux en avril-mai 1793 avant de présider la section du Civisme à Caen, le 30 mai, dans les circonstances qui préludent à l'insurrection fédéraliste. Avant qu'on perde ensuite sa trace, il est, le mois suivant, adjudant de la place de Granville dans la Manche.

Le rédacteur du journal du club de Cherbourg nous est beaucoup mieux connu. Auguste Jubé est né le 12 mai 1764 à Vert-le-Petit, en Seine-et-Oise, où son père était régisseur de terres seigneuriales, son parrain, avocat en Parlement et conseiller du roi, et sa marraine, l'épouse d'un bourgeois de Paris. De sa mère, Charlotte Curry de la Pérelle, il portera le nom quand il sera fait baron sous l'Empire, en revendiquant le titre de son aïeul, chevalier de Saint-Louis [11].

Le futur baron de la Pérelle qui ne conservera dans ses archives aucune trace de l'activisme révolutionnaire de sa jeunesse et, donc, aucun exemplaire de ses *Entretiens Patriotiques destinés aux Habitants des Campagnes*, est en 1786 un simple bachelier qui est nommé commis dans les bureaux de la marine à Cherbourg, aux appointements de mille livres par an. Patriote de 1789, il est secrétaire de la Société Littéraire des Amis de la Constitution de Cherbourg dès sa création et fera

---

8. A la différence, sans doute, du Midi. Voir J. Guilhaumou, *Marseille républicaine (1791-93)*, Paris, 1992, p 41-89.

9. La confrontation publique entre royalistes et patriotes, le 5 novembre 1791, aboutit à « l'affaire des 84 », arrêtés par la garde natinale de Caen, emprisonnés au château pour complots contre-révolutionnaires et libérés en février1792 sur ordre de l'Assemblée Législative. Le 23 janvier 1792, c'est la composition du juré du tribunal criminel qui soulève le club contre le directoire départemental, accusé de donner une écrasante majorité aux « aristocrates ».

10. Caron (80), t 2, p 20.

11. AN. 140 AP 1 (Archives privées de Jubé de la pérelle) et F1bI 174 (7) pour son dossier préfectoral.

partie du bureau de la société une bonne demi-douzaine de fois jusqu'à l'épuration de septembre 1793. C'est en mai 1792 qu'il propose à ses frères et amis de diffuser dans les campagnes du district « l'esprit de tolérance et d'obéissance à la loi » par le biais d'un journal dont le bénéfice irait aux « soldats, combattants de la liberté ». Le club soutient son entreprise et y fait insérer de nombreux articles.

D'après les rares exemplaires conservés, le premier hebdomadaire de Cherbourg s'apparente, par son style paternaliste au Père Gérard lorsqu'il s'entretient avec un paysan. L'entretien diffère par la forme de l'*Almanach* de Collot d'Herbois, dans le premier numéro du 6 mai 1792, car il se réduit à un monologue moralisateur (« Obéissez à la Loi ») et conservateur (« N'attaquons jamais les propriétés »). Le rédacteur explique qu'il ne peut « entrer dans de grands détails » car il compose cet entretien pendant la nuit et donne ses feuilles à l'imprimeur « à mesure qu'elles sont écrites » [12]. Relativement onéreux pour la matière qu'il offre, ce journal composé en décembre soit d'un long éditorial pour condamner les mouvements taxateurs, soit d'un procès-verbal d'une séance du club, a connu un succès certain puisqu'en mars 1793 le registre de délibérations de la société de Cherbourg y fait encore allusion.

Le mois suivant, l'écrivain de la marine, appointé à 1200 livres depuis le 1er octobre 1792, chef de légion de la garde nationale depuis 1791, est promu inspecteur des Côtes de Cherbourg par le général Wimpfen. En juin, le clubiste toujours très actif soutient des motions plus ou moins contradictoires, tantôt pro-girondines, tantôt pro-conventionnelles. On ignore les « écrits liberticides » dont les représentants Garnier de Saintes et Le Carpentier font état, le 3 octobre 1793, pour le suspendre de ses fonctions ; on connait, en revanche, toute la bonne volonté qu'il a manifestée depuis le 28 juillet où il évoqua « le traître Wimpfen » à la société populaire. Celle-ci ne suffit pas à lui éviter un séjour d'un trimestre à la maison d'arrêt de Cherbourg, jusqu'à ce que son club, estimant en germinal an II que « Jubé avait bien servi la chose publique et qu'il pouvait la servir encore par ses talents et ses lumières », intervienne avec succès auprès du représentant du peuple Bouret pour sa libération.

Lorsqu'au début de brumaire an III, les-dits « terroristes » sont exclus de la société, Auguste Jubé, inspecteur général des côtes depuis le mois précédent, est alors réintégré, comme une quinzaine d'autres, dans le club thermidorien. Désormais, la préoccupation n'est plus à porter la parole aux habitants des campagnes, quoique l'ancien journaliste commette à l'occasion des couplets patriotiques, mais à faire carrière. Promu adjudant général en pluviôse an IV, puis, chef d'état-major, il se mit en vedette dans ses nouvelles fonctions et fut nommé commandant en second de la garde du Directoire exécutif en vendémiaire an V. Il se distingua le 18 Brumaire et devint, quatre jours après, chef d'état-major de la garde des Conseils. Le premier suppléant de la Manche à la Convention entra au Tribunat le 10 nivôse jusqu'à sa suppression. C'est l'époque où, fait commandant de la Légion d'Honneur, il épouse la soeur du comte de Lacépède, divorcée du général Brouard, dont il aura quatre enfants. Grâce à ses états de service et à son ambition, dont on dit qu'elle décupla avec les intrigues de sa femme, A. Jubé passa de la carrière militaire à l'administration préfectorale. Préfet de la Doire, il vécut dans le Piémont de juillet 1808 jusqu'en mars 1813, quand il devint brièvement préfet du Gers.

---

12. BN. 8°Lb 39/10567. *Aux Habitants du district de Cherbourg. Premier Entretien Patriotique* (6 mai 1792). L'hebdomadaire de Jubé, dont la souscription est de 6L/an est composé d'environ 8000 signes. A titre de comparaison, *Le Courrier Patriote de la Sarthe* est composé de 20. 000 signes pour une souscription annuelle identique.

Pourtant, l'écriture journalistique tenta à nouveau l'historiographe du ministère de la Guerre et il donna des articles à *L'Indépendant* et au *Censeur Européen*. Le « préfet de Bonaparte » dont la carrière s'arrêta avec la chute de Napoléon qui l'avait fait baron en 1808 et doté de 4000 F en 1809, eut sa maison pillée en 1814 et perdit sa fortune. S'il commit quelque ouvrage de circonstance en faveur de la Restauration, le baron de la Pérelle conserva, dit-on, des idées libérales avant de mourir en 1824.

De Charles Coesnon-Pellerin, le rédacteur et imprimeur du *Journal du district de L'Aigle ou le Club des Familiers*, on connait surtout le militant républicain à Paris sous le Directoire [13]. Localement, seules les archives post-thermidoriennes ont survécu et livrent un portrait-charge du « désorganisateur de l'ordre social » du chef-lieu de district. Notable de la commune, on lui reproche son manque d'assiduité aux séances du conseil général pour préférer « faire gémir sa presse de ses infâmes productions ». Membre du Comité de surveillance, il est accusé avec ses collègues d'avoir taxé les riches habitants, procédé à des arrestations arbitraires, réquisitionné les denrées chez les cultivateurs, surveillé les marchés et excité dans les campagnes les esprits contre les riches. Imprimeur du district depuis, sans doute, septembre 1792, il est celui qui « enfante laborieusement des libelles diffamatoires ». Rédacteur du premier journal de L'Aigle, il « copiait indécemment les modèles infâmes du traître, du scélérat Hébert dont il encensait les vices » [14].
Un journal hébertiste de province aurait été bien intéressant à étudier, mais l'unique exemplaire d'octobre 1793 et 107ème numéro a disparu. Au printemps, on le mentionnait souvent dans un club voisin de l'Eure, car le maire de Rugles - un conventionnel démissionnaire- y réfutait les accusations de fédéralisme portées par le journaliste. D'après Almagro, Coesnon-Pellerin travaillait dans son imprimerie avec deux autres clubistes : l'ouvrier-imprimeur Jouenne et l'« artiste-typographe » Thubeuf qui s'installera ensuite à Bourth. Exclu du club de L'Aigle immédiatement après le 9 Thermidor, « l'agent et guide des sectateurs zélés de l'infâme Robespierre » est emprisonné en l'an III. Malgré son départ pour la capitale après la loi d'amnistie, son activité républicaine le fait resurgir sur la scène politique de l'Orne [15].
Les années militantes du jacobinisme provincial font émerger également une conception collective du journal, illustrée par de belles sources, dans les clubs du Mans et de Laval.

13. Rédacteur de *L'Ami de la Patrie*, quotidien de germinal an IV à sa suppression, le journaliste néo-jacobin est présenté comme « un républicain franc et désintéressé » et comme « un homme pressé par la misère » dans les rapports de police. Subventionné après le 18 fructidor par le Directoire exécutif, le journal est d'abord suspendu pour avoir dénoncé « les fils de famille » qui siègent au Conseil des Anciens et « la poignée de perpétuels qui regardent la République comme leur domaine bientôt héréditaire », puis supprimé par le gouvernement en germinal an VI. Coesnon-Pellerin sort également de ses presses, rue St-Nicaise, *La Résurrection du Véritable Père Duchesne, Foutre !*, à partir de pluviôse an V, trois fois par décade pendant un trimestre, dans lequel est dénoncé le procès de Babeuf. Le titre sera repris en l'an VI. Voir Mathiez (208) et Woloch (129) p 291.
14. ADO. L 2775 et 5111. La brochure de la société thermidorienne servira à un journaliste du siècle dernier, A. Almagro, pour rédiger un feuilleton sur le journalisme à Laigle dans *Le Glaneur de l'Orne et l'Eure*, du 15 juillet au 21 octobre 1877.
15. AN F7/3450. Voir *La Renommée de Mortagne* du 11 ventôse an V. Cet article entraînera un procès en diffamation dans lequel le défenseur officieux de Coesnon-Pellerin sera le commissaire du Directoire exécutif de Mortagne, déplorant « l'esprit de fanatisme » de ce journal.

Le journal des jacobins manceaux

A partir du 5 février 1792 et jusqu'au 28 juillet 1793, parait *Le Courrier Patriote du Département de la Sarthe*. Le nouvel hebdomadaire dominical adopte la même présentation et le même tarif d'abonnement annuel (à savoir un cahier de huit pages, in octavo, à pagination continue, augmenté parfois d'un supplément de quatre pages, pour six livres au Mans) que *Le Journal Général du Département de la Sarthe*.

C'est avec beaucoup de mépris pour celui-ci, qui continue de paraître jusqu'à la fin du mois, que le prospectus du journal du club affirme : « Un journal patriote manquait à notre département. Ceux de nos concitoyens qui s'intéressent sincèrement à la chose publique gémissaient de ne pouvoir consigner leurs réflexions dans une feuille politique où les règles de la saine critique et du langage fussent respectées, où les faits fussent consignés avec une fidélité impartiale. Il n'existait aucune voie périodique pour faire connaître aux citoyens la véritable situation de ce département et les progrès de son administration, pour dissiper les soupçons qu'on affecte d'y répandre afin de rendre odieux au peuple et le gouvernement actuel, et ses agents ». Grâce aux encouragements prodigués par « plusieurs membres du directoire de département » dont il se prévaut, le prospectus assure ensuite le public que des informations de source sûre seront recueillies, des correspondants établis dans tous les districts et que seront publiées les discussions des sociétés patriotiques.

Ce n'est qu'en septembre, au moment où apparaît en épigraphe « La Liberté et l'Egalité ne périront jamais », que les rédacteurs apposent leurs signatures en fin de journal. Louis-Florent Sallet, Michel Boyer et Philippe-Augustin Simier dont l'origine, la trajectoire sociale et l'itinéraire politique sont bien différents appartiennent à la génération qui a eu 20 ans en 1789.

Louis-Florent de Sallet est issu d'une famille d'ancienne noblesse normande. Né le 21 février 1769 à Nogent-le-Bernard de « messire François de Sallet, écuyer, seigneur des Loges et de dame Henriette-Louise de Boisguyon », il est clerc tonsuré au mariage de son frère aîné, seigneur de Hauteclair. En 1789, alors que sa mère est décédée, que son père et son frère assistent à l'assemblée de la noblesse du Maine, il est boursier au collège Louis-le-Grand à Paris, depuis octobre 1788, et correspond avec Robespierre dont il gardera une lettre dans ses papiers. Après avoir relaté épistolairement la fuite manquée du roi à ses concitoyens de Nogent, il quitte la capitale en novembre 1791 pour occuper la chaire de philosophie au collège du Mans. D'après M. Reinhard, le jeune professeur dont le cours fut éphémère enseignait, en français, la philosophie de Condillac et voulait ajouter un cours de morale et même d'économie politique, anticipant dans son plan d'enseignement la matière du cours de législation qui n'apparaîtra qu'à l'Ecole Centrale [16]. Parmi ses nouveaux collègues, appelés à remplacer les Oratoriens qui ont refusé de prêter le serment constitutionnel, figurent les deux autres futurs rédacteurs du *Courrier Patriote*.

Philippe-Augustin Simier est né le 14 avril 1769 à Yvré-l'Evêque, près du Mans. Le registre paroissial ne mentionne pas la profession de ses parents, apparemment de milieu modeste, d'après la laborieuse signature du père et des parrains. C'est à Paris qu'il acheva ses études, comme élève boursier à l'Université, avant d'être

---

16. Reinhard (261) p 491. Voir aussi ADS. L 134, L 270 et, pour leur carrière professorale, T1/2 et T47/1.

maître de conférences de philosophie jusqu'en 1791. A l'automne, il prête serment comme professeur d'humanités au collège du Mans.

Michel Boyer naquit à Tours en 1767 et y fut élève des Oratoriens avant de s'installer au Mans en 1784, comme organiste de l'église collégiale, et de terminer ses humanités au collège où il fut nommé professeur de troisième en 1791, puis de seconde en 1793 et de rhétorique en l'an II [17]. Le fils de boulanger tourangeau qui songea à prendre l'état ecclésiastique avant la Révolution s'adonnait, alors, à de nombreuses activités musicales en donnant des cours et des concerts. Son engagement politique ne mit pas fin à son goût musical puisque la fouille de son appartement en 1794 signale l'existence d'un clavecin. Dès le mois de février 1791, il manifeste ses convictions patriotiques en se faisant admettre à la société des Amis de la Constitution où il prononce l'éloge funèbre de Mirabeau. L'année suivante, ses jeunes collègues y entraient à leur tour.

Pour étudier les prises de parti des journalistes jacobins, qui ne sont pas des leaders d'opinion dans leur club, comme l'est Pierre Philippeaux qui publie concurremment *Le Défenseur de la Vérité*, il importe d'analyser le champ des positions que manifeste Le *Courrier Patriote* dans son information. L'analyse quantitative de son contenu pendant un an et demi montre qu'il a consacré 9 % de sa surface au pouvoir central, 13 % aux pouvoirs locaux, 19 % aux nouvelles nationales (y compris les informations venant des frontières), 23 % aux nouvelles locales, 9 % au courrier des lecteurs, 7 % aux séances du club et 20 % à leur propre commentaire politique. La place consacrée aux diverses rubriques illustre sa stratégie éditoriale qui lui fait écrire dans le prospectus pour l'année 1793 : « Les parties qui doivent intéresser le plus nos abonnés sont, sans doute, celles de l'administration et des nouvelles de ce département ». A l'époque où un club urbain est abonné, depuis deux ans, à une dizaine de journaux nationaux, le créneau local est ici valorisé dans la continuité avec le journal de Le Bouyer de Monhoudou, tant critiqué dans le club manceau, mais en opposition avec *Le Courrier du Calvados*, par exemple. On peut ajouter que journal jacobin sarthois accorde deux fois moins de place aux actes du gouvernement que le journal feuillant précédent et trois fois plus aux autorités locales que le journal girondin du Calvados.

Intéressons-nous, d'abord, à l'information nationale. Même si, à l'aube du journalisme provincial, le pillage des informations données par des confrères s'effectue sans vergogne, il arrive que le journal cite ses sources ou encourage même la diffusion de certains périodiques. Les journaux de référence pour les rédacteurs manceaux sont *La Feuille Villageoise*, *Le Patriote français* (de Brissot), *La Sentinelle* (de Louvet) et *Le Bulletin des Amis de la Vérité* (de Bonneville) dont des extraits sont publiés. En juin 1792, ils vantent les mérites du journal de Louvet qui ne parait que depuis le mois précédent et qui est une des feuilles lancées et financées par le ministre de l'Intérieur. Roland, il est vrai, bénéficie d'un préjugé favorable dans tous les milieux jacobins provinciaux et c'est, pratiquement, la seule personnalité politique dont le journal sarthois publiera des extraits de discours. Même après sa disgrâce, aucune figure montagnarde en 1793- pas même les députés manceaux qui ont fondé leur club - n'a eu l'honneur de l'impression dans *Le Courrier Patriote*. En

17. J.R. Pesche, *Biographie... du département de la Sarthe* (S'arrête à Bro), Paris, 1828, ainsi que son *Dictionnaire... de la province et diocèse du Mans*, 1829-1842, t. 1, p CCCII. Desportes, *Bibliographie du Maine*, Le Mans, 1844, Edom, « Notice sur la vie et les écrits de M. Boyer », *BSASAS*, 1860. M. Vanmackelberg « M. Boyer et la baronne Dudevant (1789-1841) *Province du Maine*, jan. 1984.

septembre 1792, c'est Brissot, le républicain avant la République, qui fait figure de modèle pour les professeurs-journalistes du Mans. L'influence girondine dans le jacobinisme provincial, du printemps à l'automne 1792, tient manifestement aux efforts de propagande de son fameux bureau « d'esprit public ». Lanthenas avait personnellement écrit, le 13 juin, aux rédacteurs manceaux pour les encourager dans leur tâche militante.

La promotion des journaux girondins est remplacée en février 1793 par celle, dans une mouvance proche, du nouveau journal de Nicolas de Bonneville. Les relations intellectuelles ou commerciales avec l'imprimerie du Cercle Social sont, en fait, plus anciennes. Tous les livres recommandés par les journalistes ou bien l'imprimeur, Abel Pivron qui est aussi libraire, sont éditées par elle, qu'il s'agisse des ouvrages de Mercier, Bonneville ou ceux de La Vicomterie ou Lamarck par exemple. Quant à la presse d'extrême-gauche ou pro-montagnarde ou pro-jacobine, elle est, comme le journal du frère et ami Philippeaux, complètement ignorée.

Ajoutons que, mis à part les mois d'août et de septembre 1792, où les événements parisiens et nationaux prennent plus d'importance et gonflent la rubrique « pouvoir central » à 15 %, le premier semestre de 1793 ne modifie pas les données globales, au contraire même car elle chute à 2 % au cours des mois de mai et de juin. Cette distance avec le pouvoir central et les événements parisiens n'est pas le moindre enseignement de l'étude d'un journal jacobin de province. Plus que « l'impartialité » dont se targuent les rédacteurs manceaux dans leur publicité, le choix journalistique du *Courrier Patriote du département de la Sarthe* lui donne une autonomie politique plus grande qu'aux feuilles politiques locales qui utilisent abondamment les informations de la presse nationale. Quelque peu d'estime qu'ils aient pour Marat, ils ne reproduisent pas ainsi son portrait-charge, ni l'image d'un Paris-populacier ou d'une Convention soumise au pouvoir des tribunes.

Mais, passons à l'étude du champ politique local. Le journal sarthois n'a pas usurpé son titre, même si Le Mans représente près d'un quart des lieux d'émission des nouvelles et si l'existence de « correspondants » dans chaque district n'est guère probante, au vu du silence de Sillé ou La Ferté. Dans cet hebdomadaire clairement présenté, remarquablement écrit, proposant une solide information générale, la couverture des événements locaux est privilégiée. A des moments particulièrement intenses de la vie politique sarthoise, l'insurrection populaire de novembre 1792, celle de mars 1793 et le mouvement fédéraliste de 1793, on peut suivre les rapports des journalistes avec les autorités constituées, le club manceau et l'opinion publique.

Le journal qui diffuse les déclarations municipales et départementales et les délibérations de la société politique témoigne au printemps 1792 d'une méfiance certaine vis à vis des mouvements populaires. Partisan du régime constitutionnel, il condamne tout aussi vigoureusement les rassemblements de « fanatiques » attachés à leurs bons prêtres que les dévastations des cercles bourgeois par « les manoeuvres et les journaliers ». Ainsi, relate-t-il avec beaucoup de mépris l'intervention au club, le 22 avril 1792, d'un « ouvrier de la ville » sur une matière aussi délicate que l'approvisionnement en grains. Dans les trois numéros précédents, il avait condamné les entraves à Bonnétable et Lucé, puis dans d'autres marchés du département et, enfin, affirmé que, seule, la libre circulation pouvait « maintenir le prix des grains à un taux modéré ». Aussi, la contradiction apportée par François Cormier, futur clubiste sans-culotte en l'an II, qui menace la société des Amis de la Constitution de « l'abandon et même de la haine du peuple, si elle ne faisait pas baisser le prix du pain » jette le trouble dans le club qui, se définissant comme « une simple réunion de citoyens sans aucun caractère politique », se dénie toute « autorité publique » [18].

Il faut attendre le grand mouvement taxateur de l'automne pour faire changer d'opinion les journalistes. Dans le numéro du 25 novembre, ils considèrent que la taxe, adoptée par la municipalité du Mans, est « le seul remède à la cherté des grains ». Les manifestants de Bonnétable, Savigné et autres lieux voisins qui demandaient l'entrée dans la ville n'étaient pas des brigands, mais des citoyens accompagnés du corps électoral. Les rédacteurs font remarquer, toutefois, que la taxe a été fixée à un trop bas prix qui risque de léser le cultivateur en le mettant dans « l'impossibilité d'acquitter sa ferme ». Aussi, souhaitent-ils qu'elle soit établie dans toute la République pour accorder les intérêts particuliers avec l'intérêt public.

L'idée selon laquelle « Le peuple fait toujours le bien quand il agit en masse », n'est toutefois pas communément partagée par tous les abonnés. Dans le numéro suivant, après la publication de l'adresse des administrateurs de la Sarthe condamnant la politique taxatrice au nom de la liberté et de la loi, le journal fait sien un autre adage : « Quand le peuple s'égare, il agit toujours contre son propre intérêt » et rend compte des résistances opposées au mouvement à Sablé et, surtout, à La Flèche. Les journalistes doivent même insérer la note rectificative suivante : « Nous n'avons point approuvé la mesure illégale de la taxe : nous avons seulement cherché à excuser nos frères égarés et dit que la taxe générale pouvait être une mesure nécessaire ; mais il était facile de voir que nous entendions que ce n'était qu'autant que la Convention la fixerait elle-même ». Toutefois, une polémique s'engage, le 9 décembre, avec le rédacteur des *Affiches de La Flèche* sur le sens du mouvement populaire. Les « brigands » n'étaient pas les taxateurs manceaux qui marchaient sur La Flèche « sans intention hostile puisqu'ayant appris, dès Foulletourte, qu'on ne voulait pas les recevoir ils ont, sur le champ, décidé qu'ils ne passeraient pas outre », mais « les Fléchois et une partie des troupes qu'ils avaient demandées puisque, non contents d'arracher de la table (de l'auberge de Foulletourte) ou de leurs lits des citoyens paisibles et désarmés, ils les ont pillés. Des montres, des boucles d'argent, des portefeuilles ont été enlevés ; des citoyens ont été maltraités sur la route et même pendant leur détention ». Bref, les Manceaux n'ont pas de leçons à recevoir de ces « intrépides défenseurs des lois qu'ils ont eux-mêmes indignement violées ! »

Partagé entre son respect des lois et le salut public, le journal des clubistes manceaux réserve, ensuite, un bon accueil aux commissaires de la Convention venus licencier la garde nationale du Mans pour en éliminer « les anarchistes » et prêcher au club la bonne parole gouvernementale sur le sens exact de la souveraineté populaire. Le changement de local de la société est ainsi justifié pour cause d'« incommodité » et d'« insalubrité », en dépit de la forte opposition à ce transfert vers la ville haute dont le journal fait état : les habitants du quartier populaire « regrettent la commodité du voisinage » et certains « crient à la scission ». Pour couper court à la rumeur publique, la Société des Amis de la République fait annoncer par le journal que « son but n'est pas d'exclure l'indigence de son sein », que la cotisation serait toujours de « six livres seulement » (soit le coût de l'abonnement annuel à l'hebdomadaire) et qu'elle se réjouirait de voir se joindre à elle « des ouvriers estimables par leurs mœurs et leur patriotisme ».

Les relations des journalistes avec le club peuvent être approfondies avec les événements de 1793. Que le journal ne s'attache ni à soutenir les dirigeants jacobins ni

---

18. *Le Courrier Patriote*, n° 13, 29 avril 1792, p 105.

à défendre la société parisienne des attaques dont elle est l'objet, n'est pas pour nous étonner après avoir mis en valeur la conception citoyenne, établie à son origine, du jacobinisme de 1793. Dans le club jacobin comme dans le journal, le refus de personnaliser le débat d'opinions conduit, d'une part, à apporter la même réponse au discours antimarariste, antijacobin et antiparisien en exigeant de la Convention une éducation nationale, une constitution républicaine et l'organisation de la défense patriotique et, d'autre part, à n'accorder aucune publicité aux discours de leurs frères et amis qui défendent ces mêmes thèmes à la Convention à la différence, par exemple du *Courrier du Calvados*. Seule, la question des subsistances amène le journal à mentionner le rôle de Levasseur et de Philippeaux dans le décret d'amnistie pour les taxateurs en février et dans celui du maximum en mai. A cette occasion, les rédacteurs se contentent de ce bref rappel aux lecteurs : « Lors de l'insurrection qui eût lieu dans notre ville, nous émîmes notre voeu sur la taxe des grains, que nous croyions dès lors la seule mesure propre à mettre un frein à l'avarice de quelques cultivateurs. Cette opinion nous fit alors beaucoup d'ennemis. C'est cependant une taxe modifiée que vient d'adopter la Convention ».

L'événement politique décisif pour les Jacobins manceaux n'est ni le procès du roi, ni la mise en accusation ou l'acquittement de Marat, ni les journées des 31 mai et 2 juin, c'est l'insurrection dans l'Ouest contre la levée des 300.000 hommes. Le soulèvement de mars 1793 modifie, en effet, le rapport des forces politiques dans le département car les violentes manifestations au chef-lieu, où on a crié « A bas le club ! », ont été canalisées par la garde nationale des quartiers populaires. Après s'être désolidarisée de celle-ci pendant tout l'hiver, pour son rôle essentiel dans les raids taxateurs de novembre 1792, ses exactions commises contre des particuliers qui n'allaient pas à la messe des curés-jureurs et son hostilité à l'épuration de ses membres, la bourgeoisie révolutionnaire qui compose les autorités, anime le club et inspire le journal reconnait alors « la générosité et la bravoure des sans-culottes ». Sans plus tergiverser, la directoire du département décide aussitôt la réintégration dans sa force armée des dits-anarchistes de décembre qui deviennent « les plus zélés défenseurs des lois » ; le journal reconnait l'importance stratégique des piques et l'oppression dont ont été victimes les sans-culottes ; le club réclame à la Convention, le 7 avril, une taxe sur les riches au profit des défenseurs de la Révolution.
Parmi les volontaires du bataillon manceau, l'un des rédacteurs est parti, le 20 mars, « combattre les brigands fanatiques du Maine-et-Loire ». Dès lors, les lecteurs du *Courrier Patriote* reçoivent, chaque dimanche, les nouvelles du front vendéen transmises par le citoyen-journaliste qui invente le reportage de guerre. Du cantonnement de Beaulieu, près d'Angers, Sallet décrit l'état des forces en présence, raconte les opérations militaires à laquelle il a assisté et oppose les convictions républicaines des bataillons sarthois à la propagande intégriste dont sont victimes les rebelles de Vendée pendant que son collègue Boyer écrit une pièce versifiée, sur le thème de la défense de la Patrie et de la Révolution, que les élèves du collège vont jouer dans l'été 1793 au Mans.
Ce contexte est, évidemment, essentiel à la compréhension de la résistance jacobine au fédéralisme qui anime le club manceau et son journal. Les éditoriaux du 12 mai (« Quelques réflexions sur la désunion des Patriotes »), du 26 (« De l'indépendance de l'opinion ») et du 9 juin (« Sur les dangers de la République ») offrent un bon témoignage de la réflexion jacobine provinciale. Cette prise de parole sur l'actualité qui est, rappelons-le, une des composantes essentielles des rubriques du jour-

nal, se caractérise par le refus du langage taxinomique, la critique du parlementa-risme et l'argumentation unitaire.

En exposant les courants d'opinion qui agitent, alors, le mouvement républicain, *Le Courrier Patriote* refuse l'emploi d'expressions ou d'épithètes qui cristalise-raient les opinions politiques. Certes, il existe des hommes dont « la passion du bien public ne se montre peut-être pas quelquefois à la hauteur des circonstances », d'autres qui « sont intolérants dans leurs opinions et croient que toute opposition à leurs vues sur le bien général est une perfidie » et, enfin, ceux qui « ne sont patriotes que de noms et n'ont en vue que leur intérêt personnel ». Mais le journal s'adresse à tous les républicains pour conseiller le sacrifice d'opinions particulières sur l'au-tel de la patrie. Le 26 mai, le journal reprend l'argumentation unitaire en déplorant que la rhétorique ait pris le pas sur la philosophie. Les jeunes intellectuels se sou-viennent du temps d'avant 1789 où : « On lisait volontiers les philosophes, on était de leur avis dans le cabinet ; mais on y laissait, avec les livres, la raison et la bonne foi. Hors de là, c'était un tout autre langage ; et les sottises de la chicane, les gri-maces de la superstition reprenaient leur cours ordinaire : l'on devenait orgueilleux avec le noble, fanatique avec le prêtre, absurde avec l'homme du barreau ; puis, on retournait lire Jean-Jacques. » Aussi, se montrent-ils d'autant plus déçus par le nou-veau régime qu'il n'a su que privilégier l'art oratoire et l'éloquence tribunicienne au détriment de la rigueur analytique et de la réflexion personnelle : les rhéteurs ont fait de la Convention « une tour de Babel » et créé autant de factions qu'il existait, jadis, de sectes religieuses. Or, la liberté pleine et entière de l'individu est menacée par le pluralisme politique et l'esprit de système : « Des factions parmi des Républicains ! Ces deux idées sont grandement contradictoires. Parmi de vrais républicains, il n'existe point de parti, parce que de vrais républicains pensent par eux-mêmes. Un homme qui adopte un parti et qui jure fidélité à ce parti est nécessairement un igno-rant, un homme servile ou dominé par de grandes passions ; et un républicain ne doit rien être de tout cela : il doit être soi, rien autre chose, et faire passer toutes les idées qu'il énonce au creuset de sa propre raison. »

En refusant d'aliéner sa conscience individuelle à l'esprit de secte qui caractérise les factions et qui déchire la Convention, le jacobin-rousseauiste de base n'entend pas fuir ses responsabilités citoyennes. En proclamant que tout citoyen est détenteur d'un langage de vérité et que sa liberté se réalise seulement dans la volonté générale, c'est au consensus politique sur les grands principes qu'appelle l'hebdomadaire jacobin : « Partisans des mesures vigoureuses, sans être Enragés, pendant que la liberté est menacée, de même que, sans être Modérés, nous désirons le retour de la tranquillité pour que nous puissions, au sein de la paix, apprendre aux autres nations à se rendre heureuses par de bonnes lois, nous continuerons toujours de ne recon-naître d'autre parti que celui de la République une et indivisible, fondée sur les bases inébranlables de la liberté et de l'égalité ».

C'est toujours à cette hauteur de vues que le journal du club convie ses lecteurs le 9 juin, à partir d'un commentaire de *L'Esprit des Lois*. En rappelant la description des forces qui, selon Montesquieu, constituent les différents régimes politiques, il veut reconstruire la République à partir de son ressort essentiel : la vertu, c'est-à-dire l'amour de la patrie. Quand la dictature militaire ou l'invasion étrangère sont les deux grands périls qui menacent la France, il convient de se débarrasser des senti-ments de crainte et de faux honneur et privilégier l'intérêt de la patrie. Sans avoir jamais personnalisé le débat politique, mais en ayant critiqué la concurrence des par-tis du régime représentatif dans les circonstances de 1793 et, notamment, ceux « qui crient sans cesse contre l'anarchie » et jettent « les premiers de nouvelles pommes de discorde », l'éditorial se termine par un appel à la vertu républicaine des Conventionnels.

Ce mode de raisonnement fait perdre au *Courrier Patriote* l'appui de l'administration départementale qui va s'engager dans le mouvement fédéraliste et, aussi, de nombreux lecteurs qui ne renouvelleront pas leur abonnement. Les deux derniers mois du journal sont marqués par les nouvelles inquiétantes de Vendée : l'annonce de la prise de Saumur, le récit des massacres de Machecoul, la peur panique de l'arrivée des fanatiques dans la Sarthe. Le journal du club qui a choisi de soutenir la Convention et la nouvelle constitution républicaine ne mentionne pas les travaux fédéralistes des autorités départementales réunies dans le chef-lieu, préférant donner la version clubiste de l'expulsion des Carabots caennais du local des séances le 16 juin. Après l'arrivée de Philippeaux, commissaire de la Convention pour condamner le fédéralisme et réconcilier les patriotes sarthois, l'acceptation de la constitution par les citoyens du Mans est la dernière contribution des journalistes de la Société Républicaine. Dès le 14 juillet, ils expliquaient ainsi leur échec : « Nous aimons à croire que ce n'est point la manifestation de nos principes, notre attachement à la République une et indivisible, notre exécration pour le fédéralisme qui font abandonner notre journal. On ne veut que des nouvelles politiques et de département. On trouve les unes dans les papiers de Paris et les autres dans le *Bulletin de la Sarthe*, et on juge que notre feuille n'a plus d'utilité ». Malgré ce dernier appel aux patriotes pour couvrir seulement les frais de papier et d'impression, les jeunes clubistes qui ne peuvent offrir que « leur temps et leurs soins » au journal et n'ont aucune « idée sordide de gain » prennent acte de la situation le 28 juillet en annonçant, ainsi, la fin du journal : « *Le Bulletin du département de la Sarthe*, donnant tous les jours des nouvelles fraîches et intéressantes, éclairant l'esprit public, remplit le but que nous nous étions proposés en rédigeant *Le Courrier Patriote* ».

Tandis que nos allons retrouver bientôt Mucius-Scaevola Sallet et Regulus Boyer dans le groupe dirigeant de la société populaire, la personnalité de Simier s'efface progressivement. Professeur de latin au collège national de l'an II, il est connu comme un bon sans-culotte. Mais quand ses collègues et amis sont traduits devant le Tribunal révolutionnaire en germinal, il se garde de déposer en leur faveur devant le comité de surveillance où il assure qu'il ne fréquente plus le club depuis que les personnalités l'ont emporté sur les principes. Pourtant, c'est à lui que Sallet adresse de sa prison parisienne une lettre pleine de noblesse républicaine et charge de faire parvenir à son amie une missive confidentielle. En brumaire an III, l'instituteur Simier est considéré comme un franc républicain par le club thermidorien qui refuse ses anciens amis. Il peut, dès lors, continuer sa carrière professorale au Mans dans la classe de rhétorique ou des belles-lettres, en dépit d'une suspension en l'an IV et d'une nomination provisoire en l'an VI. Lors de la création de l'Ecole Centrale en pluviôse an VI, c'est lui qui prononce le discours d'inauguration, en l'émaillant de références à Locke et Condillac. Les interventions écrites du ci-devant Jacobin sont celles d'un enseignant rédigeant un drame, en un acte, pour la fin de l'année scolaire et un discours de distribution de prix en l'an IX. Quand l'Histoire le rattrape, le 29 juillet 1830, c'est le jour de sa mort.

La longue vie de Michel Boyer lui aura permis de connaître deux autres révolutions puisqu'elle s'achève en 1858 ; mais les convictions républicaines du jeune Regulus, marié à Vérité-Victoire Biou en novembre 1793, s'étaient dissipées depuis longtemps. Libéré de sa prison en thermidor an II, où le nouveau Regulus n'a pas fait preuve de la même fermeté de caractère que son modèle historique, Boyer fait partie des élèves désignés par le district du Mans pour suivre les premiers cours de l'Ecole Normale. Après avoir été maître de pension ou instituteur particulier dans la capitale, il revient au Mans en 1804 où il retrouve son ancien collège, après la suppression de l'Ecole Centrale, pour enseigner aux élèves de seconde et de rhétorique jusqu'en 1836 un tout autre programme. L'ardent ami de la Raison qui avait écrit à la Convention sa profession de foi républicaine et pédagogique, lui valant les honneurs de la mention honorable et l'insertion au *Bulletin* en août 1793, était, en effet, devenu un partisan du trône et de l'autel. Son premier biographe manceau, J.R. Pesche qui, jeune gavroche en 1793, défendait la ville républicaine contre l'Armée catholique et royale, ne tarissait pas de sarcasmes à l'égard cet ex-Jacobin devenu le thuriféraire de la royauté et de l'éducation religieuse. Avec plus de mesure dans l'appréciation de ses divers opuscules sous la Restauration, disons que l'homme de la maturité qui « remerciait Dieu de lui avoir donné l'amour de la médiocrité en tout » avait conservé de sa jeunesse la porosité à l'événement qui fait les bons journalistes.

Quant à Louis-Florent de Sallet, on perd trop vite sa trace après sa grande époque militante. Volontaire en mars 1793 pour défendre la Révolution, il obtient une permission de retourner au Mans en avril du général Menou qui, du Q.G. de Beaulieu, loue son patriotisme. En juin, le département le nomme commissaire pour mobiliser les gardes nationales dans le nord de la Sarthe en vue de préparer la défense du Mans contre les Vendéens. En frimaire an II, Vincent lui confie une mission de commissaire de guerre dans la Mayenne et la Sarthe. Toujours rétribué comme professeur jusqu'en nivôse an II, il devient alors fonctionnaire du nouveau régime ; déjà nommé notable, le représentant en mission Garnier de Saintes le fait receveur du timbre extraordinaire au Mans. En germinal an II, Mucius-Scaevola Sallet qui loge toujours dans une chambre du collège, est un des premiers clubistes, à être arrêté sur ordre du même représentant. A la différence de Boyer, les prisons du Plessis, puis la Conciergerie n'ébranlent pas ses convictions politiques. Un an plus tard, son nom figure en quatrième position sur la liste des « terroristes » manceaux à arrêter, mais le partisan de la république démocratique n'habite plus la ville et la police, comme l'historien, perdent sa trace à Paris. En revanche, les demoiselles de Sallet sont de célèbres amazones de la chouannerie à Nogent-le-Bernard et Pesche signalait que l'Etat-major royaliste se réunissait, pendant les Cent-jours, au château de M. de Sallet avec une vingtaine de chouans.

L'équipe rédactionnelle du club de Laval

A la différence du Courrier Patriote, où les journalistes signaient collectivement chaque numéro, le journal du club de Laval est l'oeuvre d'une équipe rédactionnelle plus diversifiée. Le premier journal de Laval dont la création a été soutenue par les frères et amis manceaux parait au début du mois de mai 1792. *Le Patriote du Département de la Mayenne* est un hebdomadaire de 16 pages in 8° qui sort des presses de Faur et Cie, chaque samedi et dont la souscription annuelle est de 10 livres au chef-lieu et 12 livres ailleurs. La première épigraphe : « Respectons les lois et disons la vérité » sera complétée, à partir du 29 septembre, par la formule « et chérissons la République ».

C'est au club que se sont rencontrés l'imprimeur et les cinq rédacteurs, propriétaires du journal. Si l'un d'entre-eux, Rabard, reçoit le courrier, s'occupe de la rubrique des nouvelles locales et assume la coordination générale, chaque rédacteur est responsable de sa rubrique. Cette direction collégiale ou autogestionnaire, qui permet de réunir des compétences variées et des sensibilités différentes, dure du printemps à l'hiver 1792. Ainsi, Sourdille, élu au directoire du département, rédige la rubrique administrative ainsi que les compte-rendus des séances de l'Assemblée nationale ; Bescher, greffier du tribunal criminel, traite toutes les questions judiciaires ; Séguela, professeur d'éloquence, se charge de l'instruction aux habitants des campagnes. Laban ne signe pas ses articles mais on aurait tendance à confier au futur bibliothécaire de l'Ecole centrale de la Mayenne la compilation des Nouvelles, sans savoir s'il assurait aussi les compte-rendus du club lavallois.

L'équipe rédactionnelle est composée d'un noyau d'enseignants méridionaux qui ont quitté, depuis plusieurs années, leur midi natal pour les brumes de l'Ouest. Philippe Séguela est né à Montauban, Joseph-Dominique Laban à Toulouse en 1756 et Dominique Rabard à Tarbes en 1761. C'est au collège de La Flèche, dirigé par les pères de la Doctrine Chrétienne depuis 1776, et dont le principal, dix ans plus tard, est Noël Villar, un autre toulousain, que commence la carrière professionnelle des doctrinaires. Après l'élection de leur ancien principal comme évêque constitutionnel de la Mayenne, ses vicaires épiscopaux s'installent à Laval. Professeur d'éloquence et de poésie, Séguela fit paraître à La Flèche en 1790 un discours versifié sur *La liberté de la presse*. Laban était professeur de rhétorique, puis, un temps, principal avant d'administrer le collège de Laval. Rabard enseignait dans les classes de seconde et de rhétorique avant d'être nommé principal du collège de Laval en décembre 1791. Nouveaux venus dans la ville, ces « prêtres-philosophes » bien intégrés dans leurs nouveaux postes, se lient avec deux Mayennais d'origine sociale différente et vont diriger le mouvement révolutionnaire du chef-lieu.

Pierre-Jean Sourdille est né à Château-Gontier le 11 décembre 1761. Son père est, à sa naissance, seigneur de Lavalette, écuyer et ancien garde de corps du roi. Son grand-père paternel et parrain est conseiller du roi à l'élection de la ville. Son grand-père maternel est Pierre Enjubault de la Roche, également conseiller du roi et premier avocat au siège présidial. Héritier brillant, le petit-fils est en 1786 avocat du roi dans sa ville natale ; marié et père de famille, il remplit dès le début de la Révolution des fonctions prestigieuses. Sa « brillante élocution, son air imposant et ses influences familiales »[19] l'imposent à la présidence de l'assemblée électorale du département en 1790 et 1791, à la présidence de la société des Amis de la Constitution de Laval et à la fonction d'administrateur de la Mayenne.

René-François Bescher est également né à Château-Gontier, le 2 février 1763. Son père, marchand-teinturier, signe avec aisance son acte de baptême comme d'ailleurs sa marraine et son parrain, marchand-cirier. Issu d'un milieu relativement aisé puisque le contrat de mariage de son père évalue ses biens mobiliers à 15.000 livres, il commence ses études à Laval et fait sa philosophie au séminaire d'Angers. Il entre dans la vie active comme praticien chez son cousin et homonyme, avocat en Parlement et procureur du roi au grenier à sel de Château-Gontier. Celui-ci, devenu juge sous la Révolution et jacobin notoire, sera exécuté par les Vendéens en octobre 1793. Ensuite, le jeune Bescher s'engage dans le régiment de Turenne et achète son congé après 26 mois de services. Il revient dans sa ville où il travaille dans l'étude d'un autre avocat. Encore praticien, avant de devenir premier clerc, il se marie en 1788 avec Françoise-Renée Buisneau dont il aura deux enfants en 1789 et 1790.

« Le Patriote de 1789 », ainsi qu'il se nommera dans son autobiographie en 1830, est nommé notable par ses concitoyens et lieutenant de la garde nationale, puis, pro-

---

19. Abbé Angot, *Dictionnaire... de la Mayenne*, Laval, 1902.

cureur de sa commune. Mais « le vieillard » qui explique la Grande Révolution à son petit-fils, après celle de Juillet, et dédie son opuscule « aux mânes de ses amis qui errent sur Grenelle et sur une des côtes sauvages de l'Afrique » [20], ne retrace pas complètement son propre itinéraire. Cette mémoire, précieuse mais trop sélective, ne retient pas en particulier son activité journalistique, pourtant, très riche et qui ne fait que commencer avec Le Patriote de la Mayenne. Mais il tient à signaler que, dans sa première fonction administrative, il réussit à faire rentrer la commune « dans ses propriétés, usurpées par les seigneurs ». Promu, ensuite, greffier au tribunal criminel de la Mayenne, il s'installe à Laval à la même époque que les vicaires épiscopaux et l'administrateur du département. C'est naturellement à la Société des Amis de la Constitution que se retrouve cette génération dont la Révolution a infléchi la trajectoire sociale.

D'emblée, le pluralisme d'opinions caractérise la rédaction du journal. Ainsi, les processions religieuses fournissent, dès les premiers numéros, un vif sujet de discussions. L'époque est aux grandes manifestations publiques des prêtres insermentés qui réunissent, avec leurs ouailles des paroisses rurales, plusieurs milliers de personnes [21]. Aussi, la participation des corps constitués à la procession de la Fête-Dieu, le 7 juin 1792, a embarrassé Sourdille. L'administrateur y est allé, mais le juriste constitutionnel exprime son malaise dans son compte-rendu en considérant qu'« il est temps de prouver qu'aucune religion n'est dominante », qu'« on peut être bon administrateur et protestant » et qu'« on ne doit pas exiger l'adhésion des juifs et des mahométans ». En exprimant le voeu d'une séparation de l'Eglise et de l'Etat et d'une pratique religieuse limitée aux lieux de culte, l'avocat issu de la noblesse mayennaise estime que la neutralité religieuse est la seule garantie contre « l'intolérance bien connue de la religion catholique ». Le vicaire épiscopal Rabard, originaire comme ses collègues d'une région où les protestants sont nombreux, intervient dans le numéro suivant pour défendre la liberté de conscience et de religion et considérer que l'abolition des processions serait « une intolérance civile en matière religieuse ». Le 30 juin, Bescher qui, lui, n'est pas allé à la procession tient à réfuter l'opinion de Rabard. Ouvrant Rousseau comme d'autres ouvrent la Bible, le greffier du tribunal puise de nombreux extraits dans l'oeuvre de « l'immortel auteur du Contrat Social », invoqué déjà par le principal du collège, pour démontrer que la religion de l'homme doit se borner au culte purement intérieur du Dieu Suprême et que celle du citoyen reste à inventer : « Citoyens, mes frères, substituons à toutes ces processions qui sont, pour le moins, inutiles des fêtes nationales qui resserrent entre nous les liens de la fraternité, accélèrent le développement de l'esprit public et fortifient notre liberté encore chancelante et attaquée par des ennemis puissants ; mais, souvenons-nous que la superstition fut toujours le code des esclaves ».

Alors que l'idée laïque gagne de plus en plus la bourgeoisie révolutionnaire et que la religion traditionnelle mobilise les ruraux, les « Instructions aux habitants des campagnes » tentent de valoriser le rôle de médiation culturelle et politique joué par le curé patriote dans la communauté villageoise. Pour Roland, ministre de l'Intérieur, à qui les premiers numéros du journal ont été envoyés, ces instructions sont « une idée heureuse » qu'il conviendrait de diffuser largement. Rédigeant plus

---

20. BN. Lb51/325. R.F.Bescher, Le Patriote de 1789, Paris 1830.
21. Dans son numéro du 16 juin 1792, le journal donne le texte de la pétition présentée au district d'Evron par un ecclésiastique au nom de 8 à 9000 hommes armés, exigeant le remplacement des prêtres « intrus » et la suppression des clubs jacobins.

de trente articles, consacrés à l'explication pédagogique des droits de l'homme et du citoyen, le montalbanais Séguela met en scène, sous une forme dialoguée, le curé de Gerfeuil et ses paroissiens.

Tout en situant ses entretiens à l'automne 1789 et dans une paroisse où il existe une communauté protestante, le rédacteur intervient sans cesse dans le débat politique de 1792. Au printemps, il prêche le respect des lois pour condamner les mouvements populaires, dénoncer l'ancienne oppression du clergé et distinguer « la religion de l'Evangile » de celle « des prêtres imposteurs ». Refusant d'admettre Voltaire dans son Panthéon des grands hommes, le curé-philosophe préfère pratiquer l'oecuménisme en invitant le pasteur dans son église paroissiale où son discours, émaillé de références à Montesquieu, Locke, Mably et Rousseau, a fortement impressionné l'auditoire. Après la révolution du 10 août, les paroissiens de Gerfeuil comme les lecteurs du journal, apprennent surtout à bien connaître « l'illustre apôtre de la liberté des nations », « l'ardent ami de l'humanité », « l'homme de bien et de génie » qu'est l'auteur du *Contrat Social*. Le commentaire pédagogique de l'article 6 de la déclaration de 1789 arrive à un moment particulièrement favorable : de la question de la représentation de la volonté générale à celle de la mise en place d'un régime républicain, Rousseau est l'indispensable référence des Jacobins provinciaux dans cette période de transition. Dans l'été 1792, le cours d'éducation civique du curé patriote approfondit la réflexion politique de ses concitoyens en rendant familière et naturelle l'idée neuve de République : « Vous parlerais-je des droits de l'homme, mes amis, si je n'étais pas républicain ? » (18 août) ; en faisant envisager une conséquence possible : « Le roi lui-même, mes enfants, s'il trahissait la nation porterait sa tête sur l'échafaud » (25 août) et en soulignant l'importance de l'enjeu électoral : « Les droits de l'homme ne seraient qu'une paperasse si, par des lois claires et positives, nos représentants n'en assuraient l'exécution » (7 septembre).

Le *Patriote de la Mayenne*, qui salue la révolution du 10 août comme le couronnement des grands principes de 1789, voit son influence se concrétiser au moment des élections. D'abord, celles du 26 août 1792, à Laval où Rabard, Bescher, Sourdille et Séguela sont nommés électeurs. Puis, à la fin de l'assemblée électorale, après la nomination des députés à la Convention, se distinguent Bescher et Séguela qui combattent la motion de limiter les pouvoirs des députés tandis que Séguela exige d'eux le serment de « ne consentir aucune loi attentatoire à la propriété ». Enfin, en novembre, Rabard est élu à nouveau président de l'assemblée électorale qui siége à Lassay pour le choix des administrateurs et qui adresse à la Convention sa réprobation des maratistes de la capitale. Bescher y est réélu membre du tribunal criminel tandis que Sourdille devient procureur-syndic du district de Laval. Aussitôt, celui-ci annonce à Rabard dans une lettre-ouverte publiée le 24 novembre que l'importance de ses fonctions nouvelles lui impose de mettre un terme à sa collaboration régulière au journal. L'avènement du nouveau régime va provoquer, en fait, la désunion de l'équipe rédactionnelle.

Ce sont de fortes personnalités dans la société populaire qui rédigent l'hebdomadaire lavallois. Pendant les premiers mois de la Convention, celui-ci se fait l'écho de l'opinion dominante, c'est-à-dire pro-girondine, et diffuse largement sa condamnation de Marat et des agitateurs parisiens comme celle des taxateurs qui entravent la libre-circulation des grains. Toutefois, le journal se nourrit, comme le club, d'opinions plurielles. Dans le compte-rendu de la séance du club du 2 décembre, Rabard se plaint d'avoir été calomnié : « L'on m'a fait un crime d'avoir osé dire, dans votre dernière séance, qu'il fallait plutôt chercher à éclairer qu'à massacrer ces troupes nombreuses de citoyens en insurrection qui servent, sans le savoir, la cause de leurs ennemis ». Bescher souligne ensuite la réalité de la crise sociale : « Il ne suffit pas que le gain abonde dans nos marchés, il faut encore que tous les citoyens puissent en acheter ». Le club charge un comité d'un rapport pour assurer la subsistance du peuple et faciliter la circulation des denrées. Un semblable compromis politique résulte des discussions sur le procès du roi. Tandis que le curé de Gerfeuil se prononce contre l'abolition de la peine de mort : « La mort d'un assassin est un acte d'humanité envers la société entière » (8 décembre), Laban, partisan de l'appel au peuple pour juger le roi, et Bescher, adversaire de cette « tactique visant à sauver le coupable de la peine de mort », affrontent leurs points de vue au club. L'indécision de Rabard pousse Séguela à proposer une adresse pour demander que Louis Capet soit jugé par un juré composé de citoyens choisis dans les 84 départements.

Au fur et à mesure que s'aggrave le conflit entre la Gironde et la Montagne, le journal dans lequel Séguela fait dire au curé-patriote, le 16 janvier 1793, qu'« il n'y a de liberté d'opinions que pour ceux qui cajolent le peuple », va devenir progressivement la tribune des leaders minoritaires dans le club. Le 29 janvier, le jacobin Noyer demande à Rabard de publier sa réponse à ceux qui l'ont calomnié en le traitant de « perturbateur, ameuteur de peuple », ou « correspondant du parti Marat ». Le 2 mars, dans la Société des Amis de la République de Laval qui a rompu avec la société-mère, Rabard tente de faire respecter la dite liberté d'opinions : « J'ai une opinion différente de la vôtre, pourquoi voulez-vous me traiter de factieux, d'homme sanguinaire ? Combattez mes opinions, respectez ma personne et nous serons bons amis. L'on ne cesse de me demander pourquoi je tiens si fortement à la Société des jacobins de Paris. Je n'ai d'autre réponse à faire que celle-ci : les jacobins veulent l'unité de la République, le respect des personnes et des propriétés et, surtout, une constitution populaire. Ils veulent une révolution fondée sur les bases de l'égalité. Alors, il n'y aura plus d'esclaves, et le citoyen, vivant à son aise du fruit de son industrie, jettera un regard de mépris sur les vastes domaines du riche propriétaire. Je conclus de tous ces principes que je suis jacobin ».

Ce jour-là, le journal qui réservait aux discours d'Isnard, Vergniaud ou Roland le privilège de l'impression donne, pour la première fois, la parole à Robespierre. Désormais, sans qu'on sache les conditions de son retrait, Séguela ne rédige plus aucun article dans *Le Patriote de la Mayenne*. L'hebdomadaire s'engage, lors des troubles du sucre à Paris, dans une critique sociale radicale. Contre le sens commun qui « ne cesse, lorsqu'il arrive une émeute, de répéter jusqu'à satiété que le peuple est en insurrection contre les propriétaires » et contre la plupart des publicistes qui « perpétuent les forfaits du riche et les malheurs du pauvre et prolongent entre ces deux classes rivales une lutte nuisible à la félicité commune », l'organe jacobin de la Mayenne considère, le 13 mars, qu'il est temps d'écrire : « Les riches sont en continuellement en insurrection contre le peuple et non l'inverse », en mettant en garde « nos modernes Crassus : ce peuple que vous calomniez, dont vous contestez l'existence politique (...) vous le verrez fouler aux pieds l'aristocratie des riches comme il a déjà réduit au néant le despotisme des nobles et des prêtres ».

Le 13 avril, le journal s'intitule désormais *Le Sans-Culotte du département de la Mayenne* avec, en épigraphe, une phrase de Mably : « C'est en défendant avec courage la dignité du Peuple, qu'on prépare la fortune d'un Etat ». Seul rédacteur officiel, Dominique Rabard a tenu compte des voeux des souscripteurs en réduisant le nombre des caractères par page et en portant le nombre de pages à 24 pour faciliter la lecture, sans augmenter le tarif de l'abonnement car « le rédacteur ne veut retirer que les frais d'impression ».

Ayant accepté sa nomination, à la fin du mois, comme principal du collège national de Château-Gontier, il recourt à des collaborateurs, comme Augustin Garot, pour suivre les séances du club de Laval. Aux côtés de cet ancien clerc tonsuré, nommé à 21 ans, en janvier 1792, au collège du chef-lieu qui intervient souvent à la société populaire dès le début de l'année 1793, d'autres jeunes instituteurs ont dû apporter leur contribution, quoique les articles du journal ne sont pas signés, comme ces disciples et collègues qui vont suivre Rabard, nouvellement marié, à Chateau-Gontier : René Cordier (1774-1793), secrétaire du club de Laval en février 1793, et François Huchedé (1769-1821) qui a retrouvé à Laval les ex-doctrinaires de La Flèche qui ont été ses maîtres. Par ailleurs, on retrouve dans *Le Sans-Culotte* R.F. Bescher qui anime à Laval la résistance aux autorités fédéralistes, le graveur Leroux et l'instituteur et notable de la ville, Geoffroy Noyer, qui s'était défendu d'être « un anarchiste ». Grâce à ce noyau de militants lavallois, le journal continue la publication des séances de la société populaire du chef-lieu et non celle de Château-Gontier.

Les relations entre la nouvelle équipe rédactionnelle et le club sont complexes. Bescher, élu président en avril, quitte souvent son fauteuil présidentiel pour prendre la parole en faveur des Jacobins comme du Paris révolutionnaire, auquel Rabard avait consacré sa dernière intervention, en louant les mérites des sans-culottes et des héros du faubourg St-Antoine. Pourtant, ces militants jacobins sont désavoués par la société qui décide, à la fin du mois, de ne correspondre avec aucune société de la République. C'est à une lettre-ouverte qu'est réduit Bescher, suivi par Leroux, pour condamner cette décision obscurantiste qui porte ateinte aux « intérêts du peuple ». Mis en minorité, ils continuent de fréquenter la société populaire et de publier des morceaux choisis de ses séances.

La cohabitation est facilitée par la publicité que le journal donne aux interventions de Marat et de Robespierre à la Convention tandis que « la clique brissotine » n'a droit qu'à un résumé aussi partisan que celui réservé aux Montagnards au début de la Convention. Le 18 mai, le projet de déclaration des Droits de l'Homme de Robespierre du 24 avril est, ainsi, intégralement publié. Par ailleurs, la crise sociale du printemps 1793 trouve un vif écho dans *Le Sans-Culotte*, que ce soit dans les interventins de Bescher au club contre « les gros riches qui sont les ennemis naturels du peuple » ou dans l'éditorial de Rabard du 25 mai qui dénonce la politique du gouvernement trop favorable à « la ligue des banquiers, des gros marchands, des riches propriétaires et des agioteurs ».

L'insurrection fédéraliste entraîne la rupture entre l'aile gauche et la majorité du club. Pendant trois mois, de juin à août, le journal ne rend plus compte des séances de la société populaire de Laval. L'organe jacobin ne fait aucune allusion aux activités locales ni aux hommes qui dirigent le mouvement contre la Convention, au premier rang desquels se trouvent Sourdille et Séguela. Il se contente de publier les informations gouvernementales, les adresses des clubs anti-fédéralistes et diverses chansons à la gloire des sans-culottes. Dans les numéro d'août, il signale tardivement le ralliement de la société de Mayenne à la constitution républicaine et la déclaration antifédéraliste du club de Lassay. Il faut attendre le 14 septembre pour voir réapparaître la rubrique des séances de la société populaire de Laval.

Entre temps, l'hégémonie jacobine a été concurrencée par un nouveau journal, édité par le même et unique imprimeur, *Le Bulletin du Département de la Mayenne*. Du 2 au 20 juillet 1793, l'affiche des autorités réunies au département depuis le 7 juin, destinée à être placardée est rédigée par Séguela trois fois par semaine et prend fin le 26 juillet. Le journaliste qui offre un reportage des derniers événements oscille entre l'emploi des verbes au passé et l'utilisation du présent qui engage à la poursuite de l'action. Rédacteur engagé, il montre le rayonnement régional de la cause insurrectionnelle et communique les décisions prises dans la Mayenne de lever une force départementale et de ne pas reconnaître « les proconsuls » de la Convention.

La succesion rapide des événements commande une écriture de l'urgence, bien différente de la rhétorique que déployait le professeur de collège pour expliquer pédagogiquement les droits de l'homme dans le *Patriote de la Mayenne*. On la retrouve, pourtant, dans le numéro du 16 juillet dont la moitié des colonnes est consacrée à un dialogue entre un Parisien et un Bordelais, où celui-ci réfute comme calomnieuses les accusations de fédéralisme et de haine de Paris. Le militant anti-maratiste qui avait affirmé, dès le premier numéro, l'attachement formel à la République une et indivisible des départements insurgés, est contraint, le 20 juillet, de fournir une autojustification politique. Devant l'échec patent de la mobilisation et de l'insurrection, le rédacteur explique que son but était seulement de « faire connaître au public l'impression provoquée par les journées des 31 mai et 2 juin » et renvoie ses lecteurs à la lecture critique du *Bulletin de la Convention nationale*, tout en manifestant le désir d'une acceptation de la constitution dans le département. Dans son dernier numéro, il peut donc se féliciter de la quasi-unanimité qu'elle a obtenue à Laval comme de la fraternisation avec les citoyens de Paris. Cette rétractation, en nom collectif, met un terme à la feuille départementale, qui n'a pas plus entretenu que *Le Sans-Culotte* une polémique entre les anciens frères et amis.

Il n'y a nul triomphalisme dans les derniers numéros du « journal de Rabard », ainsi qu'on l'appelle. Le derniers grands éditoriaux des 17 et 24 août, rédigés sans doute par Bescher, sont plutôt un bilan amer et critique de cinq ans de révolution. Le militant jacobin, affligé par la misère du peuple, réclame une autre politique, basée sur l'intervention des pouvoirs publics dans l'économie et la reconnaissance de droits économiques et sociaux (droit au travail journalier, aux secours publics, à la santé, à la subsistance). Il propose, aussi, de demander à la Convention que les frais des sociétés populaires soient payés par la nation. Cette adresse du club reconstitué paraîtra dans le numéro du 21 septembre 1793 que le rédacteur du *Sans-Culotte de la Mayenne* ne verra pas imprimé car Dominique Rabard, comme René Cordier, vont être tués à Beaulieu dans la bataille contre les Vendéens. L'aventure s'est achevée tragiquement aussi pour le procureur-syndic Sourdille, le plus actif organisateur de la résistance armée dans la Mayenne, qui va être arrêté à Compiègne en nivôse an II et guillotiné le mois suivant. Quant à Séguela, il partit pour Rouen après la parution de son dernier texte et mourut, dit-on, de chagrin en mars 1794.

Une époque s'achève pour les militants révolutionnaires en 1793 dans l'Ouest. Perceptible tant dans les attentes des abonnés sarthois au journal du club que dans les propos du dernier rédacteur lavallois, le temps de la propagande pour les droits de l'homme et du citoyen doit céder la place à celui de leur mise en oeuvre concrète. C'est dans l'encadrement de l'action politique que nous allons retrouver nombre de journalistes jacobins.

Le champ journalistique du printemps 1792 à l'hiver 1793

Ces grandes années militantes de 1792 et 1793 sont la belle époque du journalisme dans l'Ouest. Le décalage dans la floraison des journaux par rapport à la capitale montre que l'on ne peut plus écrire une histoire de la presse en se fondant sur les seules mesures gouvernementales car la politique déborde le champ du pouvoir national.

La décentralisation de la France révolutionnaire est, à cet égard, une des données majeures et consacre l'espace départemental comme champ politique et éditorial. La création des chefs-lieux de département et de district a donné une très vive impulsion au marché éditorial que renforce la publicité des actes de tout corps administratif. Les imprimeurs qui se multiplient dans ces villes comme dans de petites localités deviennent des médiateurs si influents que la profession va tenter plus d'un révolutionnaire, à commencer par Coesnon-Pellerin à L'Aigle. Ces producteurs indépendants, par les sollicitations dont ils font l'objet et par les engagements qu'ils prennent, occupent une position variable selon les lieux. Incontestablement, leur marge de manoeuvre est faible chez les éditeurs de la Manche qui semblent n'être que de simples exécutants que ce soit Clamorgam, l'imprimeur du club de Cherbourg, ou G. Joubert, l'imprimeur du département qui publie un nouveau périodique, en janvier 1793, à Coutances, le *Journal du département de la Manche* [22]. De même, l'unique imprimeur lavallois ne peut refuser d'éditer le journal des autotités départementales fédéralistes tout en continuant de publier l'hebdomadaire jacobin. La situation est différente dans les vieux centres d'édition où les éditeurs d'*Affiches* d'Ancien Régime, quoique concurrencés par de nouveaux imprimeurs, maintiennent leur production et leur réseau d'abonnés [23].

Prenons, d'abord, l'exemple du Calvados. C'est le cas de Poisson à Caen qui se contente de modifier le titre de sa feuille d'*Affiches* en novembre 1793 ainsi que sa ligne politique, dès l'échec du fédéralisme, en prétextant un changement rédactionnel [24]. Cette position sociale fait quelquefois des émules, comme Chalopin, l'imprimeur du *Courrier du Calvados* qui parvient, par la longévité de son journal d'opinion et la fidélité de son public, à affirmer son autonomie dans le champ de production. Le phénomène, qui reste rare à l'époque des révolutions, mérite d'être souligné. L'ancien *Courrier des Cinq-Jours*, devenu le *Courrier du Calvados*, avant de s'intituler en janvier 1793 le *Courrier républicain du Calvados* est, depuis 1790, l'organe des « patriotes » du chef-lieu. Les thèmes traités dans le supplément dominical qu'est le *Journal des débats de la société patriotique de Caen*, au printemps 1792, sont ceux que le bi-hebdomadaire popularise depuis plusieurs années.
L'analyse de contenu montre toutefois une évolution certaine : les séances de l'Assemblée Législative, puis, de la Convention ne donnent pas lieu à des compte-rendus aussi fournis que celles de la Constituante. Réduisant l'espace consacré au pouvoir central, les journalistes qui sont restés dans l'anonymat développent leurs commentaires de l'actualité. Par ailleurs, la mince rubrique consacrée au club

---

22. Si on n'a pas trouvé trace du *Bulletin de l'Eure*, il ne subsiste qu'un exemplaire du *Journal du département de la Manche*, imprimé à Coutances par Joubert, à partir de janvier 1793. Le deuxième numéro ne contient pas d'allusion à la situation conflictuelle des républicains au pouvoir et renvoie à ses lecteurs l'image du consensus politique sur les grands principes de la Révolution.
23. Toutefois, Alençon qui publiait les *Affiches du Perche* en 1788 perd son monopole éditorial dans l'Orne et s'efface, même, dès 1792 au profit de L'Aigle, puis de Mortagne.
24. Le journal d'*Affiches, annonces et avis divers de Basse-Normandie* (jan 1786-Nov 1793), après avoir fait cause commune avec tous les autres titres de presse et annoncé, le 15 juin, qu'il ne rendrait compte désormais des débats législatifs que sous la rubrique « la soi-disant Convention nationale », avait prudemment annoncé, après la défaite militaire de Pacy-sur-Eure, un changement rédactionnel et s'était rallié, dès le 25 juillet, à la nouvelle ligne officielle en s'intitulant *Echo politique, annonces et avis divers du département du Calvados* (nov 1793-juil 1796).

explique la création du journal de Féron. Ainsi, le journal prenant ses distances avec deux des instances politiques majeures, sans conférer de l'importance aux autorités locales [25], fait partager à ses abonnés l'idée valorisante d'une autonomie de la presse dans le champ politique. Cette inflexion s'observe, également, dans l'expression formelle. Le résumé n'occupe plus en 1792 la place majeure qu'il détenait lors des deux premières années. Si les lettres-ouvertes comme les dialogues avec des personnages fictifs ont toujours constitué une écriture journalistique, les discours et proclamations prennent de plus en plus d'importance : le document brut et l'analyse rédactionnelle prévalent désormais sur la compilation des nouvelles, plus largement répandues il est vrai qu'au début de la Révolution.

Le discours politique que tient en 1792 *Le Courrier du Calvados* mêle des audaces voltairiennes à des positions plus conformistes. Nulle part ailleurs, l'opposition entre les « patriotes », bientôt républicains, et les « aristocrates » ne s'exprime avec autant de force. Les adversaires de la Révolution que l'on brocarde volontiers, en souvenir de Jean Bart, sous les termes d' « aristobètes » ou d' « aristobuches », sont incontestablement nombreux à Caen. Socialement, ce sont les anciens privilégiés dont on dénigre la citoyenneté en les désignant comme « les jeunes Messieurs », en faisant allusion aux « jupons de soie », en se gaussant d' « un marquis revenu en haillons de Coblentz » ou en reprenant, avec des guillemets, leur auto-désignation « les honnêtes gens » quand celle de la « canaille » n'est pas utilisée. Néanmoins, les ex-nobles dont on pense, au printemps, qu'ils « ne seront jamais convertis » mais auxquels on offre, à l'automne « paix et amitié », ne composent pas seuls cette nébuleuse socio-politique. La cible principale du journal est « le fanatisme sacerdotal ». Les insultes et les menaces dont sont victimes les curés constitutionnels dans les campagnes offrent l'occasion de développer un thème central : l'anticléricalisme. Aucun organe officiel d'un club ne peut se permettre de dénoncer avec une telle violence « l'esprit du sacerdoce » comme fondement du fanatisme religieux : « Toujours les prêtres ! », titre ainsi l'éditorial du 1er avril 1792 [26]. Les patriotes, en revanche, ne se définissent pas par des intérêts particuliers à défendre, mais par leur conception citoyenne de la chose publique. Aussi, est-il déconseillé d'afficher des différences d'opinion politique ou de situation sociale : lorsqu'on « dira aux uns, vous êtes le peuple ; aux autres, vous êtes les bourgeois », on ne fera que susciter des factions dangereuses pour l'unité du mouvement révolutionnaire. Le journal qui dresse l'apologie des Jacobins au printemps 1792 se félicite de la création des sociétés patriotiques dans les campagnes parce qu'elles font avancer « l'esprit public ». Toutefois, les clubs ne sont pas les seuls lieux où les citoyens peuvent acquérir et propager cette conception désintéressée de la vie publique, capable d'engendrer un consensus d'opinion et de fournir une assise au régime constitutionnel. Il y a aussi les cafés, et particulièrement celui du Waxhall qui « n'a jamais été empoisonné des vapeurs méphitiques de l'aristocratie », dont les portes sont décorées du bonnet de la liberté, posé sur une pique, avec l'inscription « Vivre libres ou mourir ».

Mais *Le Courrier du Calvados* n'apporte aucune information sur la réunion des sections de Caen dont l'activité politique a été pourtant essentielle à partir de juin

---

25. En 1792, *Le Courrier du Calvados* consacre 7 % de sa surface au pouvoir central, 6 % aux pouvoirs locaux, 1 % au club, 21 % aux nouvelles nationales, 16 % aux nouvelles locales, 11 % à la correspondance et 38 % à son commentaire de l'actualité.
26. Le 13 mai, c'est la description de Bayeux : « Autrefois, elle était l'étable d'une centaine de porcs, appelés chanoines ; aujourd'hui, elle est devenue le repaire de singes de toutes sortes. Ces animaux sont connus sous le nom de réfractaires ». Le 27 mai, il est question de « ces cadavres pourris, revêtus d'une soutane » ou encore de « ces hommes noirs à rabats qu'il faut enchaîner comme des dogues enragés ».

1792. Il semblerait, donc, que la constitution d'un public de lecteurs, façonnés par l'idéologie des Lumières et la propagande du Tiers-Etat, qui assure la liberté d'expression du journal contribue, en retour, à limiter la capacité subversive du discours politique. Timide sur la question d'opportunité de la République au printemps 1792, silencieux ensuite sur la démocratie sectionnaire, le journal caennais devient hostile, à l'automne 1792, à l'émergence d'une nouvelle force politique et sociale dans le Paris révolutionnaire. Bien que l'innovation ne vienne pas du champ journalistique - aucun journal sans-culotte ou carabot ne paraît à Caen - *Le Courrier du Calvados* se sent menacé dans sa fonction idéologique par le nouveau rapport de forces politiques, dès la réunion de la Convention, et s'attache alors à dévaluer la surenchère de la nouvelle avant-garde.

Le journal des jacobins anticléricaux de Caen devient l'organe de la députation girondine du Calvados, renforcé à partir de janvier 1793 par *Le Journal des Amis* de Claude Fauchet puis, en juin et juillet, par *Le Bulletin des Autorités constituées réunies à Caen*. Paris n'est plus que « le cloaque de la France », Robespierre « celui qu'on avait appelé le vertueux, l'incorruptible » n'est qu'un « aboyeur sous le nom d'avocat en Artois, sans talents réels et sans génie » tandis que le discours de Louvet fait la une de quatre numéros en novembre, en attendant la publication intégrale de celui de Vardon en décembre. Parallèlement, les mouvements populaires sont moins excusables et ceux des taxateurs, condamnés sans réserves. Les quelques exemplaires conservés de l'année 1793 ne permettent pas d'étudier l'attitude de la rédaction, confrontée à la fois à l'épreuve du pouvoir avec le gouvernement girondin et à l'émergence des Carabots sans-culottes de Caen. Engagé résolument dans l'insurrection fédéraliste, il déplore le 20 juin l'inefficacité de sa tâche : « En vain, le ci-devant Dauphiné, la Provence, le Languedoc et la Bretagne se sont ébranlés pour voler au secours de Paris. Nous avons ici des gens qui tâchent d'égarer l'opinion. Le malveillant parle et le lâche écoute avec avidité. Je croyais mes concitoyens dignes de la République. Il est douloureux de m'être trompé ». Le 14 juillet 1793, le journal vante les mérites du projet de Condorcet comparé au « chiffon constitutionnel » et dénonce « le cloaque qui s'intitule Convention ». Pourtant, dans le dossier de l'imprimeur traduit devant le Tribunal révolutionnaire pour avoir imprimé les proclamations de la commune de Caen, il n'est pas question du *Courrier du Calvados* qui s'achève, vraisemblablement à cette date.

Du 6 janvier au 16 juin 1793, l'évêque du Calvados publie donc dans la capitale un volume de ses chroniques dont la périodicité des numéros, théoriquement hebdomadaire, est tout aussi variable que le nombre de ses pages. *Le Journal des Amis*, relativement onéreux (9 livres par trimestre en province), est un substitut de la chaire et de la tribune pour Claude Fauchet qui renoue ainsi avec le journalisme parisien. Homme public, l'évêque-député entend assumer ses responsabilités morales et politiques non dans les joutes partisanes du débat démocratique à la Convention, mais dans le journalisme indépendant. Attaché à son indépendance tant politique que financière, le journaliste ne s'adresse ni à ses électeurs ni à ses ouailles diocésaines, mais aux « amis de la nature, de la société, de la patrie, de la liberté véritable, de la véritable égalité, de la religion et de la morale ». Cette quête de légitimité extra-départementale s'explique par le décri dont est victime le responsable politique dans le Calvados. La très faible correspondance avec les clubs du département est nourrie de critiques plus ou moins acerbes même, par exemple, dans sa réponse à la société de Falaise qui lui présentait des objections « fraternelles et civiques » et faisait état des doutes émis sur son républicanisme d'Honfleur à St-Pierre-sur-Dives.

Le publiciste se flatte, ainsi, du nombre et de la qualité de ses lecteurs dans la capitale et, notamment, dans la Convention.

Mais, à l'heure des bilans, le résultat est sans doute décevant. A l'annonce du décret du 9 mars, consécutif à la mise à sac des imprimeries des journaux girondins à laquelle *Le Journal des Amis* échappa, et qui imposait aux membres de la Convention de choisir entre « la qualité de folliculaire et celle de représentant du peuple », Claude Fauchet choisissait son fauteuil de député. Après la révocation du décret le 2 avril, le journaliste faisait ses comptes : « Le premier trimestre n'a pas fourni en souscriptions la moitié de la dépense de l'impression et de l'envoi : j'en suis pour dix-huit cents livres du mien, en ce moment. J'engage mes souscripteurs, s'ils veulent que mon ouvrage continue, à renouveler leur abonnement et à me procurer au moins un autre abonné chacun. Je n'en ai que deux-cents ; il en faut cinq-cents pour couvrit mes avances. Je veux bien perdre pour être utile, mais je ne veux pas dépasser la mesure de mes facultés. Aucune liste civile ne vient à mon secours ». Le tirage à mille exemplaires d'un hebdomadaire à la parution irrégulière et aux informations, à la fois peu nombreuses et datées, se révélait ambitieux car la vente au numéro chez l'auteur et les libraires ne pouvait compenser le manque d'abonnés. L'échec éditorial n'entamait pas sa détermination : « Jusqu'à ce que je puisse être au niveau de mes moyens, au lieu de 48 pages par numéro, je n'en fournirai que 32. Il me reste six à sept-cents exemplaires du premier trimestre ; je pourrai donc en fournir aux nouveaux souscripteurs qui voudront avoir la totalité de l'ouvrage : il peut avoir du prix par son ensemble. Je continuerai à me montrer avec intrépidité le vengeur de la liberté républicaine et religieuse » [27].

Les critiques de ses lecteurs n'atteignent pas celui qui prophétise, comme Marat, son propre destin. A contre-courant de l'opinion publique, Fauchet ne cherche pas à plaire à son auditoire mais à témoigner devant l'Histoire. Le dernier message de celui dont la Commune de Paris demandait l'arrestation le 20 avril et qui partagea le sort tragique des Girondins le 31 octobre 1793, est un violent réquisitoire contre la Convention et le Paris révolutionnaire. Le travail législatif ne préoccupe guère le député qui fait rédiger le compte-rendu des séances de la Convention par un de ses secrétaires ou employé anonyme, occupant une loge de journaliste à l'assemblée. Comme les nouvelles nationales ou internationales n'occupent qu'une portion congrue, son journal est un long éditorial auquel sont joints des discours politiques comme documents. Totalement discrédités à ses yeux par le vote sur le sort du roi, ses collègues sont désignés par les épithètes suivantes : « cannibales, ivres de sang humain », « monstres », « bouchers de chair humaine », « anthropophages » et « buveurs de sang ». Ses anciens frères et amis des Jacobins sont « les plus odieux scélérats qu'ait vomi l'enfer » ou encore « les dominateurs cannibales de l'opinion ». A leur tête, Robespierre « la vipère d'Arras », « la mouche enragée » ou « le dieu des sans-culottes », Marat « le Pluton de l'éloquence » et Danton caractérisé par « sa bouche torse et sa voix de taureau ». Mais sa plume n'épargne pas les seconds rôles comme Chabot («avant de le voir, on le sent ») ou Philippe-Egalité («tu me dois 1200 livres depuis l'oraison funèbre que j'ai faite de ton père »). Enfin, Paris c'est « la ville des 2, 3 et 4 septembre » dont « l'opinion est dépravée », à cause de « la licence effrénée de la presse » et de la toute puissance des sans-culottes qui empêchent « un philanthrope » de prendre la parole et de se faire entendre.

---

27. *Le Journal des Amis*, n°12, p 543.

En contrepoint, les discours de ses collègues favorables à l'appel au peuple et à l'emprisonnement du roi comme ceux de Paine, Vardon, Lomont, Buzot, Brissot et Kersaint se succèdent pendant tout le premier trimestre. Quant au testament de Louis Capet, c'est un document historique publié intégralement le 9 février parce qu'il « offre, dans toute sa vérité, le caractère du dernier roi des Français ».

Le prophète qui annonce, en janvier, son décret d'accusation et sa mort sur l'échafaud, méprise les critiques ; mais le rhéteur aime à débusquer « les principes de la nouvelle tyrannie » dans les réactions du public. C'est ainsi qu'est présentée la fameuse lettre de la société populaire de Honfleur priant « le législateur » de quitter « le métier de journaliste, ou plutôt de libelliste ». L'interpellation républicaine du simple « délégué » par les clubistes du petit club normand, tout autant choqués par sa lettre pastorale contre le mariage des prêtres que par « sa collection d'injures, lancées contre la majorité de nos représentants, qui révoltent l'homme le moins délicat », n'est pas faite pour ébranler les convictions du ci-devant prédicateur du roi qui, à 49 ans, s'est aguerri dans de nombreux combats politiques. Repoussant avec moins de dédain les critiques des frères et amis de Falaise, le député justifie sa politique d'alliance objective avec « les aristocrates qui me haïssaient si violemment autrefois ». Estimant que la situation actuelle avait rendu caducs les motifs de leur haine, aussi bien l'espoir ruiné du rétablissement de l'ancien régime monarchique que la crainte vaine de la ruine de la religion, le vrai républicain considère désormais qu'une alliance de bon sens lie ceux qui veulent « échapper à l'anarchie et voir le règne des lois assurer les propriétés, les libertés et les personnes » [28].

Enfin, l'évêque du Calvados, malgré l'estime pour la personne de Roland et celle de Bonneville, ne peut s'empêcher de se démarquer de la politique anti-catholique de l'un et de la philosophie maçonnique de l'autre. Sa leçon de l'Evangile («le christianisme est par nature républicain » [29]) comme sa condamnation du matérialisme («la morale des brutes ») et de l'irréligion («la dissociabilité ») le conduisent à privilégier le clergé comme seul rempart contre la désorganisation sociale. L'époque semble lointaine où le missionnaire-patriote débarquait à Colleville-sur-Mer pour soutenir les journaliers sans terre dans leurs revendications des jouissances terrestres. Associé aux Girondins, dont il reconnaissait qu'ils n'avaient pas la stature d'hommes d'Etat, Claude Fauchet tenait davantage du combattant solitaire qui rédigeait dans *Le Journal des Amis* sa dernière confession.

Au cours de cette année 1793 où le plus grand nombre de feuilles locales sont mises en circulation et révèlent le pouvoir attribué à ce vecteur de l'opinion par tous ceux qui exercent une fonction publique, les émetteurs de journaux se multiplient : la presse des clubs est concurrencée non seulement par celle des députés à la Convention, mais aussi par celle de l'administration départementale et de l'armée républicaine. L'intervention dans le débat public d'un nouvel espace politique, celui des autorités constituées dans les départements, ne saurait être négligée dans le Calvados fédéraliste. Le seul journal révolutionnaire provincial à avoir eu les honneurs de la réédition est *Le Bulletin des Autorités constituées réunies à Caen* qui a, sans nul doute, connu le plus fort tirage régional. Son éditeur de 1875 signalait les éditions parallèles, avec quelques variantes, sous la forme de placards ou sous la forme usuelle de cahiers de huit à douze pages, tirés à 1500 exemplaires, destinés

---

28. idem, n° 10, p 455.
29. idem, n° 7, p 295.

aux districts et municipalités avec mission de les faire lire au prône dominical [30]. Comme dans la Mayenne et dans la Sarthe, le directoire du département utilise les fonds publics pour diffuser sa propagande dans toutes les communes par la voie administrative et en ajoutant celle de l'Eglise constitutionnelle. La feuille qui s'est appelée également *Bulletin de l'Assemblée Générale réunie au chef-lieu du Calvados* a connu une diffusion régionale. Même si Le Roy à Caen a édité la collection la plus complète, du 24 juin au 17 juillet, Ancelle un imprimeur d'Evreux a publié au moins un cahier et deux placards du *Bulletin* avec l'avancée de l'armée fédéraliste. Le compte-rendu tous les trois jours des séances des autorités insurgées est agrémenté des nouvelles des départements favorables à la cause commune car la « Marseille du Nord » n'est pas isolée dans son soutien aux députés proscrits. Le mouvement insurrectionnel qui se dote d'un comité de rédaction, dont les membres sont restés dans l'anonymat, explique que le boycottage des informations de Paris et de la Convention ne signifie pas un abandon des principes républicains : la République est Une et Indivisible.

Le drame du fédéralisme est tout entier dans la contradiction entre un attachement formel à l'idéologie révolutionnaire, nationale et unitaire, et l'action fédérative des corps intermédiaires qui désagrège l'unité nationale ; entre un discours politique contre l'anarchie et une stratégie de désorganisation de la République ; entre une défense républicaine de la représentation nationale dans son intégrité et la traque de tous « les maratistes ». Car ils sont partout. Ici, sous l'uniforme national - c'est le neveu de Danton ou le frère du Montagnard Duhem qui sont dénoncés et arrêtés en raison de leur parenté illustre ; là, c'est leur influence pernicieuse dans les clubs de Moyaux ou de Condé-sur-Noireau qui est mise à jour. Dans l'Eure, c'est la progression de l'avant-garde qui est entravée par les maratistes de Bernay, de Pacy ou de Vernon. Mais, à l'arrière, on les débusque même à Alençon ; à Bayeux, les Carabots caennais ont pu en arrêter une douzaine ; mais à Mortain, dans la Manche, on ne peut rien faire : « la ville est archimaratisée ». Et la mort de Marat, annoncée dans le dernier numéro, ne met pas fin à la croisade contre les anarchistes normands qui reste à l'ordre du jour du *Bulletin*.

L'influence de l'ensemble de la presse fédéraliste du Calvados motiva la création d'un journal de reconquête montagnarde de l'opinion. A l'initiative de Robert Lindet, en mission dans la zone insurgée, un service de propagande est affecté à « l'armée de pacification ». L'autonomie de « l'imprimerie de la guerre suivant l'armée » permet, ici comme ailleurs [31], de publier les proclamations officielles et d'éditer un journal militaire. Le premier numéro du *Journal de l'Armée des Côtes-de-Cherbourg* parut à Evreux le 28 juillet 1793, à Lisieux le 30, puis à Caen à partir du 4 août jusqu'au 25 frimaire an II. J.J. Derché, son rédacteur, a été employé au ministère des Affaires étrangères et, avant de retrouver cet emploi en l'an IV, occupe les fonctions de journaliste auprès du ministère de la Guerre. Le journal ne s'adresse pas uniquement aux soldats-volontaires, en majorité parisiens, de l'armée républicaine mais, aussi, au public normand. Ainsi, après l'ordre du jour militaire, une large part est consacrée à rendre compte des séances de la société populaire de Caen. Dans une ville placée sous le contrôle de l'armée, les délibérations du club tiennent davantage du monologue du fonctionnaire jacobin, par ailleurs originaire des Vosges et en mission en Angleterre en 1792, que de débats républicains. Mais les préventions contre

---

30. *Bulletin des Autorités constituées réunies à Caen*, éd. Ch. Renard, Caen, 1875.
   31. Voir Martin (207) et Lavalley (291).

la force armée et son porte-parole se dissipèrent avec l'esprit de concorde qui présidait à la pacification de la Normandie. L'absence d'une politique de répression systématique fit, bien davantage que la propagande journalistique, affluer au club un si grand nombre de citoyens que l'on envisagea un changement de local au début de l'an II. La politique jacobine d'éducation populaire par la diffusion du journal officiel dans chaque commune et la création des sociétés populaires cantonales allait se poursuivre sans l'aide du journaliste. Le quotidien, dont la parution avait été irrégulière depuis le remplacement de Lindet par le représentant Laplanche, annonça à ses lecteurs le 15 décembre 1793 la fin de sa publication. La reconquête de l'opinion était achevée.

La situation politique et éditoriale est différente dans la Sarthe. Au Mans, Monnoyer se comporte en véritable patron de presse en continuant la publication paternelle des *Affiches*, en diversifiant sa production dès 1791 et, surtout, en remplaçant le journal feuillant par un journal jacobin en février 1792 quand le club manceau décide de publier sa feuille chez un concurrent. L'époque où les bourgeois de la Société des Amis de la Constitution se réunissent aux citoyens de la Société Fraternelle qui ont brûlé sur la place publique des exemplaires de son *Journal Général*, incite à un changement de stratégie éditoriale. En assurant à son public d'abonnés, majoritairement ruraux, que la nouvelle formule sera beaucoup plus intéressante, il fait ainsi paraître *Le Défenseur de la Vérité ou l'Ami du Genre Humain* de Pierre Philippeaux, membre influent du club, dont le premier numéro sort trois jours avant celui du *Courrier Patriote*, édité par Pivron. Les considérations politiques locales ne sont peut-être pas seulement dictées par les circonstances ; Charles Monnoyer, qui a eu maille à partir avec le club manceau dont il a été adhérent dès la première année, fera partie de la société populaire après l'épuration d'août 1793 et, si on ne le trouve pas assis aux côtés des thermidoriens en l'an III, il figurera avec tous les anciens jacobins dans la liste des membres de la Société littéraire et commerciale de 1803, interdite par le préfet. Ainsi, jusqu'à la fin du mois de février 1792, l'éditeur envoie gratuitement à ses abonnés du *Journal Général*, son nouvel organe de presse dont le coût d'abonnement est identique à celui du *Courrier patriote* dans le département, mais moins onéreux encore pour le chef-lieu.

Son rédacteur est Pierre Philippeaux. L'avocat au présidial, installé au Mans depuis 1785, marié et père de famille, avait entrepris dès 1789 « un grand ouvrage sur la législation civile » mais, dès la fin de l'année, le citoyen estimait « qu'avant de s'occuper du bonheur plus parfait des propriétaires, il est d'une justice rigoureuse d'adoucir le sort de ceux qui n'ont rien du tout » [32]. L'engagement politique de Philippeaux est dès lors fixé [33]. Officier municipal au Mans, il fait partie des membres fondateurs de la société des Amis de la Constitution et acquiert quelques biens nationaux comme tous les patriotes ; juge au tribunal du district, il est toutefois battu lors de l'élection en septembre 1791 à la présidence du tribunal criminel du département. Du 2 février 1792 au 27 brumaire an II, Pierre Philippeaux se veut le *Défenseur de la Vérité ou l'Ami du genre humain*. Les quelques numéros conservés de l'année 1792, avant la réunion de la Convention, révèlent la primeur du com-

32. Philippeaux, *Moyen de faire cesser la misère du peuple, d'assurer son bonheur et de remédier, pour toujours aux brigandages et à la mendicité qui désolent la France*, Le Mans 1789.
33. Voir Mautouchet (249, 250), Peyrard (258).

mentaire politique auquel les trois-quarts des pages sont consacrées, sur l'information nationale ou locale. C'est « un cours d'instruction » qu'il propose en expliquant, chaque jeudi, dans un cahier de huit pages in 8°, la portée et le sens des événements écoulés. L'engagement militant est clairement affiché dès le premier numéro où il invite « les hommes libres », débarrassés des chaînes de l'Ancien Régime, à défendre, pique à la main, les conquêtes de la Révolution. Son analyse des événements du 20 juin où il dénonçait les intentions perfides du roi et les manoeuvres de la Cour lui valut, ainsi, une comparution en justice à la demande du ministre de la Justice. Un juge de paix manceau se contenta d'enregistrer la brillante plaidoirie du juge du district, basée sur l'article 10 de la Déclaration des droits de l'homme et du citoyen. L'affaire, évidemment close par le 10 août, n'empêcha pas le journaliste de revenir alors sur « la scène scandaleuse du 20 juin où Louis XVI embrassant le peuple lui préparait le même sort que Charles IX à l'amiral Coligny »[34]. Incontestablement, *Le Défenseur de la Vérité* exprime les idées les plus radicales en province à cette époque. Son éditorial du 6 septembre est consacré à valoriser l'action des Jacobins dans le contexte électoral en les opposant aux partisans de l'Ancien Régime et aux modérés « qui veulent la constitution pourvu que les riches propriétaires soient mis à la place de l'ancienne noblesse ». Elu à la présidence de l'assemblée électorale du département, dont les séances commençaient à six heures du matin et se terminaient à dix heures du soir, Philippeaux ne put sortir son numéro suivant que le 13 septembre. L'heureux élu à la Convention annonce à ses lecteurs qu'il les dédommage avec ce numéro double auquel il a travaillé pendant deux nuits et, aussi, qu'il a l'intention de continuer à Paris : « S'il m'est impossible d'y travailler le jour, j'y consacrerais quelques heures de la nuit pour concilier ce que je dois à la nation, comme député, avec le voeu que mon coeur a formé de ne quitter la plume littéraire que lorsque les lumières auront vivifié les campagnes, qu'il existera un club d'instruction dans chaque village et que les bons cultivateurs cesseront d'être dépendants des hommes plus instruits dont ils sont tributaires ».

Il ne lui fallut que trois semaines pour trouver un nouvel éditeur dans la capitale. En quittant Le Mans, il laissait à Monnoyer « le bénéfice éventuel du journal » et, surtout, la tâche de recevoir les abonnements. L'hebdomadaire qui parait régulièrement le samedi chez Chaudé à Paris a doublé le nombre de ses pages et son tarif d'abonnement. Toutefois, la lettre du député sarthois coûte quatre fois moins cher à ses commettants que celle de son collègue du Calvados Claude Fauchet. Membre assidu et actif de la Convention, le nouveau représentant du peuple consacre l'essentiel de ses pages au compte-rendu de ses séances qu'il rédige parfois sur place.

En arrivant à Paris, le clubiste manceau n'est pas allé aussitôt s'inscrire aux Jacobins comme son collègue Levasseur dont il partage, d'ailleurs, les mêmes préventions à l'égard de Marat. « Ne voulant faire de cour à personne », le député-journaliste se définit, en janvier 1793, comme « neutre et observateur impassible au milieu de cette tourmente ». C'est progressivement que « l'ami du genre humain » est amené à prendre position, en prenant pour seule boussole sa conscience. Répugnant à donner une version partisane des séances de la Convention, « le défenseur de la vérité » a toutefois une mission à remplir : le procès du roi est l'époque où Philippeaux choisit son camp. Après avoir soutenu l'appel au peuple, il note le 5 janvier : « Le fiel que Vergniaud et Gensonné ont distillé dans leurs discours sur

---

34. *Le Défenseur de la Vérité*, n°30, 23 août an IV de la Liberté.

Louis XVI a été plus nuisible que favorable au système qu'ils voulaient défendre ». Le 19, il déplore l'obstruction systématique de Buzot et de ses amis et dénonce « leur mauvaise foi » : « Il paraissait étrange que ces personnages prétendissent n'être pas libres, alors qu'ils avaient abusé, jusqu'à la fureur, de la liberté non seulement d'opiner mais de calomnier et d'outrager sans cesse ceux qu'ils affectaient de redouter ».

L'image qu'il donne de la Convention, par la bonne couverture des travaux constitutionnels et des délibérations législatives, est celle d'un digne aréopage où travaille quotidiennement une représentation exceptionnelle de talents et de vertus. Ce ne sont pas les tribunes qui pertubent les séances mais « les hommes d'Etat » ou « les amis des lois » dont certains sont de véritables « factieux ». Contre « les journalistes du parti » qui sont chargés de peindre un Paris aux couleurs lugubres, le jeune député provincial de 37 ans s'insurge tout autant. Il n'a de cesse de réfuter les calomnies « des gens riches » contre « les hommes laborieux et voisins de l'indigence », des « honnêtes gens » contre « les braves sans-culottes ». Le discours social qu'il tenait dès 1789 et qu'il retrouve dans le Paris révolutionnaire l'attache désormais à la cause montagnarde, partagée par la majorité de la délégation sarthoise à la Convention. Ainsi, il analyse et combat les arguments des Girondins et non leur personne, dans tous les numéros de juin 1793 au détriment de toute autre nouvelle jusqu'à la publication, le 29, de la nouvelle constitution.

Envoyé en mission dans les départements du Centre et de l'Ouest, où il joue notamment un rôle de conciliateur au Mans le 1er juillet entre les autorités départementales et les clubistes, Philippeaux continue néanmoins de faire paraître régulièrement son journal. Pendant tout l'été 1793, il arrive, on ne sait trop comment, à communiquer son éditorial hebdomadaire à son éditeur parisien qui publie également les rapports et décrets du gouvernement. Dans son premier numéro, l'éditorialiste annonçait un texte essentiel pour lui dans le contexte politique de l'Ouest, que le représentant en mission réédite alors à Nantes : son *Catéchisme moral et religieux* que Saint-Just jugera « ridicule » dans son rapport du 11 germinal. Son déisme n'était pas non plus du goût des prêtres constitutionnels de la société populaire mancelle car ses attaques anticléricales, même ciblées sur le pape et les prêtres imposteurs, ne les épargnaient guère. Par ailleurs, son retour au texte biblique s'apparentait davantage au protestantisme et sa présentation de Jésus-Christ, premier militant des droits de l'homme, annonçait le culte du « sans-culotte Jésus »[35].

Alors que le public sarthois n'a plus d'autre alternative que la lecture du *Bulletin du département de la Sarthe*, c'est-à-dire les proclamations de l'administration départementale relatives à l'organisation de la défense républicaine contre l'armée catholique et royale[36], et la feuille du Montagnard qui paraît jusqu'à la fin-

---

35. Dans son numéro 33, Philippeaux répond au curé constitutionnel qui lui reprocha au club son « langage hétérodoxe et hérétique » et à la campagne menée contre lui par les prêtres électeurs : « Il est vrai que je n'aime pas beaucoup les prêtres parce qu'ils ont toujours fait du mal aux hommes. Jésus-Christ ne les aimait pas non plus, lui qui était venu pour les détruire et qu'ils ont immolé à leur vengeance en le crucifiant. L'amour de Dieu et des prêtres sont deux choses inconciliables ». Si le président de l'assemblée électorale de septembre 1792 a été flatté d'annoncer à l'abbé Sieyès le choix des électeurs sarthois, dans le numéro du 9 mars 1794, le conventionnel critiqua violemment le mandement épiscopal de Claude Fauchet « où il anathémise tout prêtre qui aura la probité de s'unir à une honnête femme, au lieu d'aller porter la corruption et le désordre dans les ménages d'autrui ».

36. *Le Bulletin du département de la Sarthe* a dû paraître à partir de mars 1793 et de manière irrégulière jusqu'en frimaire an II, c'est-à-dire durant la période de mobilisation des Sarthois pour la défense républicaine contre l'Armée catholique et royale. Les seuls numéros conservés ont trait à la guerre de Vendée, avant comme après le renouvellement des autorités départementales.

novembre, celle-ci se dote alors d'une nouvelle rubrique qui va briser la carrière et la vie de Pierre Philippeaux : son compte-rendu de mission sur le front vendéen. Après la parution de son compte-rendu officiel à la Convention, *Le Défenseur de la Vérité* publie les notes du correspondant de guerre à partir du 24 août. Le journaliste livre ainsi les impressions et analyses du député en mission sur les échecs et carences de l'armée républicaine. D'emblée, il dénonce le général Ronsin et « sa cour nombreuse d'épauletiers qui environnent son petit trône » avec ces « généraux de fraîche date, se vautrant avec dix ou douze comédiennes ». Pendant un trimestre, il ne cesse de s'indigner de « la Cour de Saumur » et de critiquer le commandement militaire et le gouvernement. Toutefois, dans son dernier numéro, il laisse sa tribune à Robespierre en publiant son rapport du 27 brumaire. Son combat journalistique, qu'il n'avait pourtant pas l'intention d'abandonner, se poursuit ensuite à la tribune de la Convention où il tente de faire la lumière sur les raisons de l'interminable guerre de Vendée qui ne sont pas imputables, selon lui, au seul rapport de forces entre l'armée et la guérilla. On a beaucoup retourné alors contre le journaliste-député l'argument qu'il avait utilisé contre les Girondins un an plus tôt : « Le législateur doit sacrifier tout sentiment de vanité ou d'amour-propre au salut public ». Critiqué à Paris tant par ses collègues que par les porte-parole de l'armée révolutionnaire, Philippeaux choisit en germinal an II de sacrifier sa vie pour la défense d'une vérité [37].

*   *   *

Si la presse jacobine est fondamentalement marquée par les conditions locales de la production, elle n'évolue pas de manière autonome dans le champ politique. La formation d'un milieu culturel, de consommateurs et de producteurs, est l'autre donnée décisive pour faire émerger des porte-parole journalistiques. C'est, en effet, au club que se forment le goût et l'ambition de rédiger un journal, que se rencontrent imprimeurs et gens de plumes, que se décide la création d'un organe de presse. L'histoire de la presse révolutionnaire et celle de l'association politique ne sont pas dissociables : l'autonomisation d'un de ces champs d'études est préjudiciable à la compréhension de la révolurion culturelle. La sociabilité révolutionnaire est le produit d'un double héritage : oral, c'est celui du forum antique ; écrit, c'est celui de la république des lettres - qui se manifeste dans la publicité des séances et la diffusion des imprimés.

L'expression d'une opinion journalistique est le produit complexe de plusieurs facteurs. La maturation d'un mouvement politique national qui, au printemps 1792, veut affirmer son existence autonome en consacrant, notamment, par le compte-rendu des séances du club la réalité d'un nouvel espace public est, sans nul doute, le principe commun à la création des journaux jacobins. Mais les prises de position sont également dépendantes du contexte local : rédacteurs et imprimeurs entretiennent des relations complexes avec le public des lecteurs qui ne se réduit pas à celui des abonnés.

Le journal est une marchandise dont le produit peut être désavoué par les lecteurs : le non-renouvellement des abonnements cause la disparition du *Courrier Patriote de*

---

37. Sa veuve publiera, l'année suivante, la *Réponse de Philippeaux à tous les défenseurs officieux des bourreaux de nos frères de la Vendée*, c'est-à-dire le dernier texte d'un journaliste républicain.

la Sarthe dans le contexte de la guerre de Vendée ; mais, par ailleurs, l'insuffisance du nombre de souscripteurs n'empêche pas la parution du *Journal des Amis* de Fauchet. Le journal est, aussi, un lieu de consécration d'une opinion qui suscite une lutte politique : l'activisme des lecteurs manceaux a contribué à ruiner la carrière du *Journal Général de la Sarthe* dont la légitimité à dire vrai est contestée.

Le soutien d'un groupe politique organisé est vital dans ces années militantes et explique l'hégémonie culturelle du jacobinisme. Toutefois, celle-ci n'est pas mono-lithique : elle est l'expression d'un corps social extrêmement diversifié d'un club à l'autre. La reproduction culturelle de formes d'expression dominante s'opère dans une grande diversité en 1792. L'orthodoxie de la feuille de Cherbourg - diffusion du message éclairé vers les campagnes et conservatisme social - contraste avec l'avant-gardisme du journal caennais dans son anticléricalisme militant ou des feuilles man-celles dans leur radicalisme social et politique. Les positions hétérodoxes sont plus faciles à occuper dans les milieux culturels plus riches d'expériences tant culturelles que politiques. Ainsi, peut être mieux comprise l'indépendance d'opinions manifes-tée par le *Courrier du Calvados* sur la question religieuse qui, dans les sociétés populaires où figurent nombre de prêtres jureurs, est l'objet de mesures concilia-trices. Toutefois, un franc-tireur comme Coesnon-Pellerin à L'Aigle peut apporter sa propre représentation du monde vécu parmi les dominés, sans être disqualifié par le contrôle social qui pèse plus lourdement dans les villes culturelles.

La crise de la représentation politique qui, en 1793, affecte fortement le mouve-ment jacobin oblige à une redéfinition du rôle de la presse. L'enjeu de la communi-cation politique se resserre autour de la lutte pour consacrer la légitimité d'un dis-cours révolutionnaire, passe désormais par la conquête de l'opinion clubiste et contraint les journalistes à prendre position. Ceux-ci, progirondins dans le Calvados et promontagnards dans la Sarthe, sont dans la Mayenne partagés et vivent la contra-diction au sein même de l'équipe rédactionnelle. La contestation de l'ordre du dis-cours girondin impose une rupture d'autant plus nette qu'elle est difficile : *Le Patriote de la Mayenne*, diffusant l'image du Paris-septembriseur et du Marat-terro-riste, devient en avril 1793 *Le Sans-Culotte de la Mayenne*, favorable à l'Ami du peuple et propagandiste des oeuvres de Robespierre. La marginalisation de leur parole dans le club de Laval pousse les rédacteurs à occuper une position d'avant-garde et à gauchir le discours unitaire du jacobinisme. Porte-parole des sans-voix qui n'ont rien obtenu après cinq ans de révolution et ne peuvent pas plus payer les frais d'abonnement au journal que de cotisation à la société, ils cherchent à asseoir leur légitimité sur ces nouvelles catégories sociales qui sont dans les tribunes en dis-créditant « les gros riches ».

Le sans-culottisme lavallois du printemps 1793 est une réponse politique, fondée sur un projet de révolution sociale, à la crise de la République. Son idéologie ne le différencie pas du jacobinisme : le gauchissement du discours jacobin répond à la radicalisation du mouvement révolutionnaire. Les sources philosophiques restent les mêmes : Rousseau, bien-sûr, mais aussi Mably et, à l'occasion, Montesquieu. Les circonstances locales - la Vendée toute proche - expliquent également, et plus encore dans la Sarthe que dans la Mayenne, la réussite provinciale de la greffe sans-culotte : l'idéologie populiste qui régénère discours et pratique politique apparaît comme la seule solution pour défendre les conquêtes de la Révolution.

Tandis que le journalisme jacobin de l'ancienne province du Maine capte à son profit une vision contestataire de l'ordre social, qui ne se réduit pas à la transmission d'une mode parisienne en province, de nouveaux éditeurs font leur apparition et contribuent à diversifier le journalisme en 1793. La quête de la légitimité politique tout autant que la propagande auprès de la population favorisent la multiplication des journaux et les types de publicistes : apparaissent ainsi le journaliste-député, le journaliste-fonctionnaire, le journaliste de l'armée qui, après le journaliste du club, échapperont à la plume sarcastique de Balzac [38].

Le silence provincial de la presse en l'an II interroge l'historien du mouvement social car la contradiction entre l'essor du mouvement associatif et le déclin de la presse n'est pas facile à résoudre. Nombre de ceux qui ont pris la plume ont disparu : soit ils ont été guillotinés, soit ils ont été tués sur le champ de bataille par les Vendéens, soit on perd leur trace. La majorité d'entre-eux s'est reconvertie dans la fonction publique : les missionnaires-patriotes sont devenus les cadres de la République jacobine. Mais il n'y a pas de nouveaux journalistes. Dans la Sarthe, ce n'est pas le gouvernement de salut public qui impose la censure sur la presse : c'est le public qui, antérieurement à sa mise en place, a exigé des faits, non des discours. Le discrédit de la presse locale dans ses luttes partisanes est un constat au même titre que l'orthodoxie de pensée imposée dans le Calvados. Incontestablement dans l'Ouest, les luttes fratricides de la Convention en 1793 ont discrédité autant le contre-pouvoir politique de la presse que celui des clubs. La pluralité des opinions y a été combattue à la fois dans le discours girondin qui réclamait l'expulsion des anarchistes de la Convention et déniait à Marat la liberté d'expression et, aussi, dans le discours jacobin qui n'a cessé de prêcher l'unité nationale et fait désormais de la Convention, malgré son décri, son seul point de ralliement. Avant de parler de rupture dans le processus d'autonomisation du mouvement associatif, il convient d'examiner le fonctionnement de l'association dans son espace social.

---

38. H. de Balzac, *Les journalistes* (1843), rééd. Paris, 1991.

CHAPITRE DOUZIÈME

SOCIABILITÉ POLITIQUE ET SOCIÉTÉS URBAINES

L'analyse sociologique du club dans la cité ne se réduit pas à une analyse socio-professionnelle des adhérents qui, certes, est indispensable à la connaissance des réalités vécues localement. Le mode d'organisation de la démocratie de base implique, d'abord, de prendre en considération tous les aspects de son fonctionnement sous la République jacobine. Cette première expérimentation d'une organisation de masse qui a suscité autant de critiques que de vibrantes plaidoiries mérite une analyse sans complaisance, notamment du phénomène des épurations politiques *note* auquel sera consacré le dernier développement.

La séance publique ou la Liberté à l'antique

La publicité officielle des séances de la société populaire contribue à lui donner des allures de forum antique. Ecole civique pour tous les citoyens, y compris les citoyennes, elle est le lieu d'élaboration de l'esprit public où le peuple manifeste sa souveraineté en surveillant l'application des lois. Cette nouvelle fonction, attribuée *?* à la société populaire résulte de son incorporation à l'Etat. L'association politique devient, en droit, pendant l'été 1793 et, effectivement, à partir de l'automne un des rouages du gouvernement révolutionnaire. La spécificité de l'an II qui se traduit par la floraison des clubs est-elle aussi manifeste dans la réunion des clubistes ?

La périodicité des séances

Le dépouillement d'une cinquantaine de registres de délibérations offre une base quantitative sérieuse pour analyser le phénomène associatif. En vue d'ensemble, sur la période 1790-1795, la moyenne globale dans les six départements est de huit séances par mois, soit deux séances hebdomadaires. Deux années se distinguent avec une moyenne supérieure, l'an II bien sûr, mais aussi 1791. Ainsi, au cours de l'année qui a suivi la mise en place de l'association, un rythme de réunions très fréquentes s'est imposé à tous les sociétaires. La fuite à Varennes a provoqué un activisme politique qui évolue ensuite de façon très diversifiée. Les crises politiques des années 1792 et 1793 se traduisent par des variations mensuelles très fortes du nombre de réunions. Durant l'été de la chute de la monarchie, la mobilisation citoyenne s'effectue plus souvent dans la garde nationale que dans une société délibérante ; le printemps fédéraliste voit se développer dans certains départements l'activité sectionnaire ; l'été 93 marque une faiblesse de la vie associative après l'échec de l'insurrection. L'an II est partout, sauf dans le Calvados, la grande époque associative. Nombreux sont alors les clubs à tenir une séance journalière, en général, après le travail. La vie familiale ou simplement privée cède alors la place à la vie publique. La veillée au club dans les campagnes a son équivalent en ville où la société particulière de 1790 est devenue, quatre ans plus tard, la maison commune. La chute de Robespierre qui provoque la plus grande fréquence de réunions en fructidor, ne met pas fin aux réunions coutumières, mais entraîne leur lent déclin jusqu'à la dissolution des sociétés populaires au printemps suivant.

Au delà de cette vue générale, les courbes départementales et locales manifestent une grande diversité. Les clubs urbains de la Manche et, notamment, celui de Cherbourg se distinguent très nettement avec une moyenne d'une séance tous les deux jours d'avril 1790 à thermidor an III. Tandis qu'au dessous de la barre médiane des huit séances mensuelles, on trouve les sociétés de l'Eure, majoritairement rurales, et celles des villes de la Mayenne qui ne totalisent que cinq réunions par mois. Le département le mieux pourvu en associations politiques et celui qui est le plus démuni se trouvent ainsi associés au plan du faible investissement militant qu'implique cette périodicité effective des séances. Cette diversité est souvent statutaire. Les réunions seulement bidécadaires sont fréquentes dans les règlements des petits clubs urbains comme Evron dans la Mayenne, Mortagne dans l'Orne ou dans les campagnes de l'Eure, comme à Beaumesnil, et ont lieu à 5 ou 6 heures du soir. Dans les sociétés populaires cantonales, comme à Trun, la réunion est fixée le décadi et le jour du marché en début d'après-midi pour profiter de la disponibilité et de l'afflux des citoyens vers le chef-lieu de canton. Le décadi est presque toujours choisi pour chômer convivialement le jour du repos du calendier révolutionnaire. Pourtant, à Carentan (Manche) c'est l'option inverse qui a été choisi en fixant la réunion tous les jours de travail et en faisant relâche le dixième jour. Au delà de la contrainte du nouveau calendrier, l'an II n'a pas modifié partout les possibilités de réunions des citoyens.

Les nouveaux statuts ou l'autoreprésentation jacobine

Les règlements des sociétés régénérées à partir de l'automne 1793 ou des sociétés nouvelles de l'an II permettent de faire, d'abord, le point sur le vocabulaire politique. L'autoreprésentation jacobine reste celle de citoyens, de sociétaires, d'associés, de frères ou de membres de l'assemblée. Les mots nouveaux de 1793 sont ceux de républicains, de sans-culottes et de montagnards pour désigner l'association. Le terme de républicain, quoique particulièrement utilisé par les clubs qui avaient rompu avec les Jacobins, reste très utilisé que ce soit dans la Société régénérée des Républicains de la commune de Mayenne à la fin de l'année ou la Société Républicaine du Rocher de Mortagne en germinal an II. En milieu rural, le terme de Sans-Culottes connait une grande vogue. A Alençon, en septembre 1793, on préfère une formule de compromis avec la Société des Sans-Culottes Amis de la

Constitution. Le groupe dirigeant de la Convention a de nombreux adeptes comme la Société des Montagnards de Carentan ou la Société populaire et montagnarde de Mamers. Toutefois, il est des expressions plus sobres, c'est la Société populaire d'Evron ou, plus originales, c'est la Société des Droits de l'Homme de Valognes en l'an II. En bref, il n'y a plus d'expression uniforme.

Les valeurs auxquelles font référence les nouveaux statuts sont tellement identiques aux précédentes qu'on ne se donne pas la peine, à Carentan ou Mamers, de les mentionner à nouveau. Toutefois, la triade républicaine s'impose dans une dizaine de règlements de l'an II. La Liberté arrive en tête en nombre d'occurrences, sans avoir même recours à l'adjectif ; seule, la République une et indivisible est capable de faire jeu égal avec la valeur fondatrice de 1789. L'Egalité, que l'on plaçait en tête après le 10 août 1792, arrive en seconde position ; mais dans le club de Mayenne, on lui préfère le respect des propriétés et on valorise les droits de l'homme sur ceux du citoyen, contrairement aux idées dominantes. Enfin, la Fraternité n'est pas seulement dûe aux membres de l'assemblée, elle est un droit social pleinement reconnue dans les clubs urbains comme celui d'Alençon, considèrant qu'« offrir des secours à l'humanité souffrante, aux infortunés et des soulagements aux malheureux » fait partie des obligations de la société.

Cet esprit de sociabilité, défini clairement dans le chef-lieu de l'Orne aussi bien au niveau des principes que des sentiments, implique une prise de conscience tant politique que morale. Le sociétaire prête serment et engage sa fidélité, son dévouement et son courage. Le texte varie d'un club à l'autre mais, partout, le clubiste est appelé à être un militant comme à Beaumesnil : « Je me déclare ami de la constitution ; je jure de tout mon pouvoir à la maintenir et à propager les principes sur lesquels elle est fondée et de me conformer aux statuts de la société » (ventôse an II) ou encore à Evron : « Je jure de maintenir de tout mon pouvoir l'unité et l'indivisibilité de la République française, de dénoncer avec courage tous les abus, même ceux qui s'en rendraient coupables, de prendre les armes aux cris de la patrie en danger et de les porter partout où le besoin sera contre les ennemis du dehors et du dedans. Vive la République ! » (messidor an II). S'il n'y a nulle part un oubli du droit public révolutionnaire, la prestation du serment qui n'est un vieux rituel dans les clubs n'est pas partout exigée ; à Trun-la-Montagne, la devise de la société des Sans-Culottes du canton est suffisante : « Paix, union, fraternité, vaincre ou mourir, accueil à tous les vrais sans-culottes ».

Les conditions d'admissibilité ont changé. D'abord, le montant de la cotisation a considérablement baissé. A Mayenne, il y a toujours un droit d'entrée dans l'association, fixé à 40 sols, et une cotisation mensuelle de 10 sols. A Evron, les sociétaires doivent acquitter « 20 sols au moins », sans précision d'échéance. Les clubistes de Mortagne sont tenus à verser 30 sous par trimestre, mais seulement « s'ils sont en état de le faire ». A Mamers, chacun donne « selon sa bonne volonté ». Désormais, donc, le club est très largement ouvert, au plan pécuniaire, à toutes les catégories sociales.

Au plan civique, il en va autrement car la sélection politique des sociétaires est officielle. Les statuts d'Evron stipulent la non-admissibilité d'une part, des nobles, de leurs anciens agents et des prêtres et, d'autre part, de ceux qui ont manifesté leur sentiment monarchique au moment de la proclamation de la République ou de la mort de Louis Capet, en ajoutant des considérations morales diverses. Le règlement de Mortagne ne fixe pas d'autre condition d'admissibilité que l'examen public du civisme du candidat depuis 1789. Dans les cas douteux, un examen de rattrapage est prévu six mois plus tard de manière à établir « la certitude de son retour aux vrais principes ». Mais à Beaumesnil ou Mamers, l'examen des candidatures n'est pas public. La manière de sélectionner les adhérents est donc très variable.

Quant au fonctionnement des séances, désormais publiques partout, il n'a guère changé. Tous les statuts évoquent, en effet, l'enceinte réservée aux sociétaires car ceux-ci sont tenus d'assister aux réunions et de justifier leur absence s'ils ne veulent pas être censurés ou exclus. A Beaumesnil, ils doivent être coiffés du bonnet républicain ; à Mortagne, ils ont à épingler leur carte de sociétaire où est inscrit au centre « Mort aux tyrans ! ». Dans ce club, ils n'ont pas seuls le droit à la parole comme à Carentan par exemple, mais les citoyens des tribunes n'ont pas voix délibérative. La foule qui assiste aux séances fait l'objet de plusieurs articles, voire à Alençon d'une rubrique spéciale, intitulée « police extérieure ». A Carentan, on prévoit quatre inspecteurs de la salle pour faire en sorte que le passage vers l'enceinte des sociétaires ne soit pas obstrué, que le public ne s'asseoie pas sur les bancs des adhérents, à l'exception des femmes et des étrangers toutefois, et que les enfants ne dérangent pas l'assemblée par leurs jeux et leurs cris car on va désormais au club en famille.

Les statuts permettent, enfin, de définir les principales fonctions que s'attribuent, dans la diversité de leurs formulations, les sociétés populaires. Les fonctions pédagogiques sont reconnues comme essentielles. Eclairer (le peuple, les citoyens), propager (les principes républicains, la constitution), montrer (les droits et les devoirs), inspirer (l'amour des lois et de la constitution), instruire (tous les citoyens), diriger (l'opinion publique) sont les verbes les plus usités. Sa deuxième raison d'être est la surveillance. Sentinelle vigilante du peuple, le club doit aussi veiller (au maintien de la constitution, aux intérêts du peuple), dénoncer (les abus, les agents infidèles, les ennemis), démasquer (les traîtres), déjouer (les complots), détruire (les préjugés, les puissances coalisées), contribuer (à la paix, à l'ordre public), seconder (la Montagne, la Convention) et secourir (l'innocence opprimée, les indigents, les infirmes). Cette double fonction de la société populaire caractérise son rôle intégrateur en l'an II. Indéniablement, elle marque une étape dans l'histoire du mouvement associatif. Etape décisive dans la mesure où les clubs fleurissent et les jacobins sont confrontés à l'épreuve du pouvoir. Soutenir qu'elle implique « une bifurcation du jacobinisme » [1], c'est oublier que le mouvement jacobin a sa propre histoire. Sur un socle aux fondements anciens et durables, les jacobins de l'an II adaptent leur association au nouveau jeu politique. La principale contradiction à gérer est celle de la place d'une avant-garde, qui se refuse à se définir comme parti politique, dans un gouvernement qu'elle soutient.

L'autoreprésentation jacobine reste celle du citoyen qui s'exprime publiquement devant l'assemblée du peuple sur des sujets d'intérêt collectif, sans exercer d'autre pouvoir que la direction de l'opinion, par l'instruction et la surveillance civiques, et sans avoir d'autre point de ralliement que la Convention montagnarde. Cette conception de la citoyenneté, de la centralité législative et de la transparence de la vie politique est une idée neuve dans l'histoire de France, mais vieille de quelques années sous la République jacobine.

---

1. Jaume (95) p 359.

Centralité législative ou orthodoxie de pensée ?
Le rôle du Bulletin de la Convention

Parmi les pétitions reçues à la Convention, de mai 1793 à vendémiaire an IV, la demande d'un matériel de propagande est très forte et l'envoi gratuit du *Bulletin de la Convention* qui, plus encore que le *Journal de la Montagne*, fait figure de journal officiel est sollicité par une bonne centaine d'émetteurs de la Basse-Normandie et de la Sarthe [2].

C'est pendant l'insurrection fédéraliste qu'émanent les premières pétitions du Calvados et de l'Eure, surtout. Ce sont les municipalités qui, dans ce dernier département, animant la résistance aux autorités départementales protestent contre la censure du journal. Les pétitionnaires sont aussi des clubistes, comme ceux de Courtonne-la-Ville dans le district de Lisieux qui, le 23 juillet, signalent : « *Le Bulletin* ne nous parvient plus depuis la révolte des administrateurs du département. Ils nous envoient, en échange, des écrits incendiaires, des arrêtés liberticides ». Pour la société de Tilly-sur-Seules, dans le district de Caen, il est urgent de recevoir au moins un exemplaire du « livre de la vérité » car « le défaut d'instruction est l'arme la plus forte dont on s'est servi pour égarer le peuple ».

Parmi les particuliers qui revendiquent le droit à l'information, les curés sont les plus nombreux. C'est celui de St-Germain-des-Angles, près d'Evreux, qui conteste la relation des événements du 31 mai et 2 juin faite par les administrateurs de l'Eure ; c'est le desservant de la paroisse de Boissy, dans l'Orne, qui « de tout temps républicain » demande un journal pour sa commune ; c'est celui de Marcei, écrivant le 5 août son « respect pour l'immortelle Montagne », qui court toujours à Argentan « chercher la feuille de l'Assemblée » pour la lire au prône de sa messe paroissiale.

Ensuite, la diffusion du *Bulletin* va être systématique auprès non seulement des sociétés populaires, mais aussi des juges de paix qui, dans les campagnes, sont des intermédiaires privilégiés par le gouvernement (décret du 27 floréal). Pour bien des clubs ruraux, l'information est un problème soit parce qu'il n'y a pas de bureau de poste dans la commune, comme à La Barre-en-Ouche où l'on explique le retard à établir une association par « la difficulté à se procurer des nouvelles », soit parce que les journaux coûtent trop cher pour les citoyens qui viennent d'établir une société populaire au Cormier, près de Pacy-sur-Eure. Toutefois, celle de Rémalard, dans l'Orne, réclame le journal alors qu'elle est déjà abonnée à deux autres.

Ceux qui reçoivent le journal sont aussi les districts, leurs tribunaux et les comités de surveillance. Parmi ces derniers, celui de St-Gabriel (canton de Creuilly) explique, le 11 novembre, que « les citoyens peu fortunés n'ont pu se procurer les journaux qui paraissent ». De fait, le gouvernement révolutionnaire est amené à attacher une importance certaine à la formation de l'opinion publique dans les moindres communes car c'est du monde rural que montent ces pétitions en l'an II. Ainsi que le révélaient les statuts des clubs ruraux comme Trun, institué en particulier pour « seconder le travail de la Montagne » ou des clubs en position difficile, comme Evron dans le bocage mayennais, faisant du « mépris de la Convention nationale » une clause de non-admissibilité, la dépendance vis à vis du pouvoir législatif est beaucoup plus forte dans les sociétés populaires qui ne disposent pas d'autre légitimité que gouvernementale. Il en va tout autrement dans les clubs pourvus d'un capi-

---

2. A.N. DXL 24 (Calvados), 25 (Eure), 26 (Manche, Mayenne, Orne, Sarthe).

tal personnel de luttes politiques, sous d'autres gouvernements et d'autres assemblées législatives.

L'affiliation aux Jacobins en l'an II

L'étude des demandes d'affiliation et les réponses de la Société parisienne, qui
constitue un complément à l'analyse d'A. Soboul sur les prises de position de
Robespierre [3], est fondamentale pour le jacobinisme provincial. En l'an II, le problème de l'affiliation se pose pour deux types de sociétés : celles engagées dans le
mouvement fédéraliste qui avaient rompu avec la société-mère et toutes celles qui
ont été créées depuis juin 1793. Examinons la situation dans le Calvados et la
Mayenne.

La société de Falaise suit l'exemple donné deux jours plus tôt par celle de Caen,
en décidant le 20 septembre d'écrire aux Jacobins pour renouer correspondance et
solliciter son affiliation. Sa demande est renouvellée deux mois plus tard, mais
comme à l'ancien Q.G. de Puisaye, on refuse toute idée de scrutin épuratoire, il n'est
pas étonnant que le club parisien ne réponde pas. Cependant, même après que la
société populaire se soit conformée à la nouvelle règlementation, l'affiliation ne lui
parvient toujours pas. En germinal, elle députe un des ses membres vers la capitale
pour l'obtenir ; malgré toutes ses démarches et le certificat d'affiliation à la société
caennaise, celui-ci fait état des « difficultés sans nombre pour l'affiliation aux
Jacobins ». Sa société leur écrit une nouvelle fois : « Il nous manque votre affiliation. Nous gémissons d'être privés d'une correspondance aussi précieuse ». Le 29
floréal, elle renouvelle « son désir ardent » de s'affilier, c'est-à-dire huit mois après
sa première demande.

Les sociétés politiques plus promptes à manifester leur bonne volonté savaient,
dès le mois de brumaire comme à Laval, que les Jacobins exigeaient la caution de
deux sociétés déjà affiliées, l'envoi du règlement et le tableau des membres. Mais, à
Mayenne, on ne l'apprend qu'en ventôse. Il faut dire que, dans tout le département,
les clubistes avaient davantage été occupés par l'armée vendéenne que par la
recherche d'une distinction. Les séances de la société du chef-lieu ont d'ailleurs été
interrompues du 15 septembre au 9 janvier 1794 et la tenue régulière du registre des
délibérations ne reprend véritablement qu'en messidor an II. Aussi, quand la société
d'Ernée demande leur caution politique, seule la société de Laval est en mesure de
la lui donner car celle de Mayenne se désole de « n'avoir pu, nous-même, obtenir
cette affiliation malgré toutes nos demandes ». La plupart des clubs mayennais sont
d'autant plus heureux de recevoir, au printemps 1794, les demandes d'affiliation des
sociétés départementales ou voisines qu'elles ne sont guère nombreuses et que les
Parisiens ne répondent pas.

Ce n'est pas le cas à Lisieux où la société, visitée par les représentants Lindet et
Du Roy dès le 30 juillet 1793, a reçu une semaine plus tard du courrier des Jacobins
et a été affiliée après son épuration. Pendant le semestre qui va de frimaire à prairial
an II, elle doit répondre à la demande d'une douzaine de sociétés nouvelles dans son
district et des alentours qui veulent obtenir la même distinction nationale. La procédure suivie par les clubistes de Lisieux pour leur répondre est celle appliquée partout par les Jacobins. Mais pour des sociétés hors-district, comme celle La Ferté-
Fresnel dans l'Orne ou de Chambray dans l'Eure, ils décident de consulter les deux

---

3. Soboul (119).

sociétés qui les ont appuyées, à savoir respectivement L'Aigle et Bernay, la société des Lindet dont la réputation montagnarde est déjà éloquente. En nivôse, le mois suivant, l'affiliation de la société de St-Julien-le-Faucon soulève un débat car son secrétaire est un ex-noble. Et, comme partout dans l'Ouest où le problème a été posé, on considère que le passé des adhérents est moins important que le présent. Pourvu qu'il soit « bon républicain », un ci-devant n'entache pas de vilenie une société populaire de l'Ouest. D'ailleurs, comme on le fait remarquer alors, car il y en a un dans le club du chef-lieu, « il y a beaucoup de nobles à la Convention dont on connaît la probité ». La demande de la société de St-Pierre-sur-Dives, créée en 1791, d'appuyer son affiliation aux Jacobins fait surgir, en pluviôse, la question des prêtres non-abdicataires. A l'heure de la déchristianisation, il est exigé que le prêtre en question vienne déposer, d'abord, ses lettres de prêtrise au district tandis qu'un curé abdicataire de Lisieux est chargé de « réprimander fraternellement » la dite-société. Ainsi, les jacobins de Lisieux ont le souci de manifester la même rigueur républicaine que ceux de Paris, en étant élitaires pour tous. Quand ils apprennent la création des sociétés de Fervaques en pluviôse, de Courtonne-la-Ville, Courson ou Nassandres en prairial, ils décident de temporiser pour vérifier leurs principes républicains avant d'accorder leur affiliation.

Une anecdote est significative du comportement des Jacobins parisiens, privilégiant le rigorime des principes plutôt que la volonté de centralisation. En ventôse an II, la société de Lisieux n'a pas encore établi son nouveau règlement, en préparation depuis plusieurs semaines. Aussi, un clubiste de Bayeux propose dans une séance d'adopter celui de la société parisienne. Un mois plus tard, le 26 germinal, celle-ci répond qu'« elle n'envoie pas son règlement car elle observe qu'il ne peut servir en tout de base et elle invite la société de Lisieux à choisir elle-même ce qui est le plus sage pour la société ». Ce même jour, parvient la lettre d'un clubiste qui, à Paris même, n'a pu se procurer les statuts des Jacobins mais joint ceux d'une société sectionnaire, celle des Vertus Républicaines à l'Observatoire. Ainsi, au moment même où l'offensive contre les sociétés sectionnaires est lancée, les Jacobins de Paris refusent d'être les directeurs de conscience républicaine ou, plus simplement, le centre de propagande des jacobins provinciaux. Cette politique « janséniste » a été déplorée même dans les sociétés qui, telle Honfleur, avaient résisté à la propagande girondine. Pourtant affiliée, elle écrit le 1er, puis le 26 frimaire son « désir de renouer les noeuds de la fraternité avec les Jacobins ».

Vu de province, il est clair que ceux-ci n'ont pas joué en l'an II leur rôle d'organisateur collectif, en dépit de l'attente et de la pression de la base. L'image des Jacobins que renvoient toutes les sociétés de l'Ouest est inverse de celle, souvent retenue, d'un groupe dirigeant profondément centralisateur. Elle atteste, au contraire, leur effacement progressif en tant que mouvement associatif au profit d'une centralité législative et exécutive, émanant de la Convention.

L'adhésion dans les villes ou le militantisme moderne

Au delà de la multiplication des clubs en milieu rural en l'an II, que se passe-t-il dans les villes ?

Le tableau chronologique des adhésions dans sept clubs, aux archives suffisamment abondantes pour dresser un fichier nominatif des sociétaires, montre la continuelle attraction que suscite l'association au cours des cinq ou six années d'existence dans la cité. Il y a, bien sûr, des étapes décisives qui correspondent à celles déjà mises en évidence, c'est 1791 et l'an II.

On observe, en effet, qu'environ la moitié des adhésions au club ont eu lieu lors des deux premières années. Le tassement du nombre des adhésions est général en 1792. En cette année creuse au plan de la sociabilité, c'est-à-dire de la création des nouveaux clubs, la radicalisation de la vie politique se fait au sein de cette avant-garde qui tente, par la voie du journalisme dans l'Ouest, d'étendre son influence dans les campagnes. 1793 est une année contradictoire : si le mouvement associatif s'essouffle dans la plupart des villes moyennes, il prend une nouvelle vigueur dans les cités plus importantes comme Cherbourg ou Le Mans. Au moment où se développe la sociabilité révolutionnaire dans le monde rural, de nouvelles couches urbaines entrent massivement dans les sociétés politiques les plus anciennes. Après Thermidor, l'élan est visiblement brisé même si on enregistre encore de nouveaux membres.

Le total des adhésions montre bien le phénomène de politisation de masse. Certes, les clubistes ne représentent guère que 5 à 10 % de la population urbaine, mais en éliminant les femmes et les enfants, l'ampleur de la mode clubiste apparait clairement.

Tableau des adhésions dans les clubs urbains

Années	1790		1791		1792		1793		an II		an III		?		Total	
Le Mans*	91	9,5 %	122	12,5 %	41	4 %	279	29 %	392	41 %	37	4 %			962	100 %
Cherbourg	238	29,5 %	233	29 %	37	4,5 %	193	24 %	86	10,5 %	21	2,5 %			808	100 %
Lisieux*	134	27 %	55	? 11 %	28	? 6 %	6	1 %	276	55 %	?				499	100 %
Bernay	28	10 %	122	45 %	13	5 %	6	2 %	97	35 %	6	2 %			272	100 %
Honfleur			148	48 %	42	13,5 %	9	3 %	106	34 %	4	1 %			309	100 %
Falaise*			251	50 %	29	6 %	25	5 %	2	?	?		198	39 %	505	100 %
Argentan*			218	79 %	24	9 %	34	12 %	?		?				276	? 100 %
Total	491	13,5 %	1149	31,5 %	214	6 %	552	15 %	959	26,5 %	68	2 %	198	5,5 %	3631	100 %

(* Les chiffres au Mans ont été établis, à défaut de registres complets, à partir de listes qui ont tendance à être plus restrictives ; les registres de Lisieux de juin 1791 à novembre 1792 sont restés introuvables ; ceux d'Argentan manquent en l'an II et III, faussant les pourcentages).

La question des femmes

La participation des femmes à la vie politique dans le mouvement associatif n'a pas été, en revanche, un phénomène massif. Des revendications, pourtant, se sont exprimées ici et là. A Vire, des plaidoyers pour leur collaboration et leur inscription au club auraient été entendus dès juillet 1790 [4]. En juin 1792, on demanda que les veuves un peu fortunées montent la garde ou, du moins, la fassent monter. Ce devoir citoyen sans droit politique n'a pas été apprécié dans les tribunes où les femmes présentes rétorquèrent qu'elles monteraient la garde le jour où elles seraient admises dans la société. Mais à Vire, comme dans la très grande majorité des clubs, elles n'ont pu s'honorer du titre de membres.

---

4. Butet-Hamel (235). Les registres de délibérations de la société de Vire de juin 1790 à germinal an III ont été détruits pendant la dernière guerre.

La représentation politique de la femme pour le sociétaire est, d'abord, celle de la compagne qui doit soutenir le patriote et donner une bonne éducation à ses enfants. Le concours de récitation de la Déclaration des droits de l'homme et du citoyen, organisé au club du Mans en septembre 1791, est ouvert aux jeunes citoyens de moins de 15 ans et aux jeunes citoyennes de moins de 13 ans ; il accorde, d'ailleurs, les mêmes prix aux filles et aux garçons, à savoir *Le Contrat Social* de Rousseau et *Les Devoirs du Citoyen* de Mably. En décembre 1791, on aménage les tribunes pour mieux accueillir « les dames qui font l'honneur d'assister aux séances du club ». Mère et épouse, l'image de « la dame » est toute imprégnée de celle de la Vierge qui, placée sur un piédestal, veille par sa sollicitude sans avoir la moindre prérogative. La femme sous influence des prêtres, chère à Michelet et qui va inspirer à la pensée de gauche au XIXème siècle la crainte de donner une voix de plus au curé, en accordant le droit de vote aux femmes, est déjà présente dans le discours d'un citoyen de la campagne qui, en février 1792, fait état des « efforts des prêtres pour fanatiser les femmes crédules et porter le trouble dans les ménages »[5].

Mais les références vont changer. La première rupture se produit au printemps 1792, avec la déclaration de guerre. Pour la première fois, une députation de « citoyennes patriotes » du Mans demande et obtient la parole le 20 mars. « Fières de leurs origines, elles demandent à l'exemple des femmes des Gaulois, nos ancêtres, d'aller à la guerre ». Leur motion à la municipalité, consistant à obtenir « autant de piques qu'il y a de ménages patriotes afin que les femmes puissent être armées » obtient l'appui de la municipalité mancelle. Les « dames citoyennes » sont devenues, le 25 mars, des « héroïnes » qui reçoivent la cocarde tricolore et offrent « le bonnet de la liberté » au club. En mai, elles obtiennent de participer à la fête de la Fédération du 14 juillet en portant un drapeau à la tête de leur cortège et en prêtant le serment civique. L'exemple des Mancelles, aussitôt connu, est imité à Laval. La mobilisation patriotique a débouché, parfois, sur l'engagement militaire. Dans la Sarthe, comme dans d'autres départements, des femmes se sont engagées au moment de la levée en masse au printemps 1793.

La seconde étape dans l'Ouest a été l'avènement de la République. C'est en octobre 1792 que se place, en effet, la création d'une société de Citoyennes Républicaines à Mortain (Manche) sur laquelle on sait peu de choses. Avec l'abolition de la distinction entre citoyens actifs et passifs et au fur et à mesure que le club se démocratise, la place accordée aux femmes comme aux tribunes grandit. La question de leur rôle politique peut être posée en termes féministes dans le club du Mans lorsque la République affronte tous les périls, intérieur et extérieur, au cours de l'été 1793. Le brillant discours d'une citoyenne sur Marat, l'Ami du Peuple, lu à la tribune par un sociétaire dans la séance du 21 juillet décide les clubistes à la recevoir au nombre de ses membres : « Et, voulant enfin bannir ce reste d'inégalité et d'injustice qui fait que les hommes se regardent tellement supérieurs aux femmes, qu'ils cherchent à les réduire à une nullité absolue, la société a arrêté qu'elle recevrait dans son sein toutes les femmes dont l'énergie, les lumières et le civisme pourront être utiles à la patrie[6] ».

La réorganisation de la société populaire de Valognes, après le fédéralisme, conduit également à poser clairement la question des femmes. La publicité officielle des séances, depuis le décret de la Convention, est comprise comme impliquant l'in-

---

5. AC Le Mans 1006. Registre de la Société des Amis de la Constitution.
6. *Le Courrier Patriote du département de la Sarthe*, n°30, 28 juillet 1793.

tégration des spectateurs des tribunes quels que soient leur sexe ou leurs possibilités financières. Le 22 septembre 1793, la société du conventionnel jacobin et montagnard Le Carpentier devient une société mixte où 25 « Montagnardes » sont les premières à s'inscrire. Une semaine plus tard, une présidente est élue adjointe au président du club. Dès lors, les citoyennes participent aux travaux de la société en prêtant le serment civique et en étant reçues membres. Leur zèle à servir la patrie se manifeste surtout dans les tâches spécifiques. Ainsi, le 20 brumaire, il est décidé au club d'organiser le travail féminin pour préparer la charpie et les bandages au dessus du local pendant que les hommes discuteront politique. Aussitôt, les 26 adhérentes se mobilisent, sans y voir malice, pour faire la publicité chacune dans leur quartier et, à la satisfaction générale, elles réussissent à convaincre notamment quatre ci-devant religieuses à participer à leurs travaux patriotiques. Elles ne sont pas, toutefois, exclues du lieu de parole ni confiner dans les travaux manuels. Pour établir le tableau des besoins des mères et épouses des canonniers ou pour donner l'accolade fraternelle à Le Carpentier qui arrive dans la ville, le club choisit ses commissaires-députés à parité parmi les adhérents et adhérentes. Si une citoyenne propose une motion relative aux subsistances, la présence des femmes dans la société populaire s'affirme surtout dans les tâches caritatives. Ce sont des citoyennes qui se proposent pour faire la quête dans Valognes au profit d'une fermière victime d'un incendie, pour créer « un bureau de bienfaisance » afin de subvenir aux besoins des vieillards ou encore pour aller au district demander des toiles afin d'habiller les soldats [7]. Même si elles sont minoritaires dans la société, en représentant 13 % des effectifs en septembre 1793 comme à la fin de l'an II, elles ont pu se sentir politiquement exister pendant une année et contribuer à l'ancrage communautaire de la société populaire.

Dans la Mayenne, c'est également d'un modeste chef-lieu de district qu'est montée l'exigence d'ouverture aux femmes de l'association politique. Le registre de délibérations de la société d'Evron mentionne, le 25 germinal an II, que « les citoyennes qui désirent d'affilier à la société soient admises pareillement que les enfants depuis 12 ans seulement et qu'une enceinte soit faite pour les citoyennes et les jeunes gens » [8]. Le statut inférieur de la femme qui l'identifie politiquement aux gamins n'a pas découragé les militantes de la Révolution à Evron. Les adhérentes obtiennent, le 30 germinal, de déposer leur motion au moins une fois par mois ; c'est dire qu'elles sont admises collectivement, comme des membres affiliées, et non individuellement comme des égales en droit. En adoptant cet arrêté, la société populaire leur demande de contribuer, selon leur générosité, aux frais généraux. L'une d'elles est choisie, le 5 floréal, pour réclamer de la municipalité une mesure coercitive contre ceux qui refusent d'administrer des secours aux femmes pauvres lors des accouchements. Dans le tableau des membres de l'an II, les 25 citoyennes, dont la profession est rarement indiquée, représentent malgré tout 16 % des effectifs de la société populaire.

Les clubs mixtes de Valognes, d'Evron ainsi que celui d'Ecouis en milieu rural dans l'Eure, font figure d'exception dans le mouvement associatif révolutionnaire. Néanmoins, la participation politique des femmes peut se mesurer à d'autres critères, comme au Mans dans l'activité militante de la section. Pour les exclues de la

---

7. AC Valognes. Registre de délibérations de la Société Montagnarde (22 sept. 1793-20 messidor an II).

8. AD Mayenne. L 1625. Registre de la société populaire d'Evron.

citoyenneté politique, la source répressive offre, sous l'ancien comme sous le nouveau régime, la meilleure documentation. Nous y reviendrons.

Les adhérents : des hommes mûrs

La structure par âge des Jacobins de l'Ouest ne fait que confirmer le portrait du sans-culotte parisien. Dans les villes comme dans les campagnes, les quadragénaires sont ceux qui s'investissent le plus massivement dans l'activité politique. Plus de la moitié des clubistes ont entre 30 et 50 ans ; les trois-quarts des effectifs se répartissent dans trois décennies de 30 à 60 ans : l'engagement politique est celui de la maturité. L'activité professionnelle se prolongeant au delà de la soixantaine, la proportion des sexagénaires et, même, des octogénaires à Evreux est non négligeable.

Les classes d'âge dans les clubs urbains

Ages des clubistes	Falaise	Bayeux	Evreux	Bernay	Mamers	Le Mans	Total
Moins de 20 ans	3 1 %	3 1 %	6 1,5 %	5 3,5 %	1 1 %	2 1,5 %	20 1,5 %
De 20 à 29 ans	34 1 %	44 17 %	50 12 %	30 20,5 %	17 17 %	17 12 %	192 14 %
De 30 à 39 ans	96 30 %	67 25,5 %	111 26 %	33 22,5 %	36 36 %	41 29,5 %	384 27,5 %
De 40 à 49 ans	97 30,5 %	70 26,5 %	125 29 %	39 26,5 %	28 28 %	44 31,5 %	403 29 %
De 50 à 59 ans	56 17,5 %	55 21 %	82 19 %	32 22 %	11 11 %	27 19,5 %	263 19 %
De 60 à 69 ans	28 9 %	19 7 %	45 10,5 %	7 5 %	7 7 %	7 5 %	113 8 %
Plus de 70 ans	3 1 %	5 2 %	9 2 %	0 %	0 %	1 1 %	18 1 %
Total connu	317 100 %	263 100 %	428 100 %	146 100 %	100 100 %	139 100 %	1393 100 %
Age moyen	43 ans	44 ans	43,5	40 ans	39 ans	42 ans	
Le plus jeune	14 ans	18 ans	17 ans	17 ans	18 ans	17 ans	
Le plus vieux	78 ans	78 ans	86 ans	68 ans	67 ans	72 ans	

Les jeunes, en revanche, sont peu représentés. Les listes d'adhérents de brumaire an III mentionnent parfois les jeunes hommes, partis volontaires dans les bataillons départementaux : c'est le cas, par exemple, des deux benjamins de 17 ans à Bernay. Mais il est difficile de cerner avec précision l'importance de leur enrôlement patriotique. La jeunesse muscadine (le terme est employé dès 1792) qui fera des cafés, des promenades et des théâtres ses lieux de sociabilité dans le mouvement réactionnaire exprime, certes, une revanche idéologique. Toutefois, l'interprétation politique de la surreprésentation d'une classe d'âge n'est pas entièrement convaincante.

On observe, en effet, que l'âge d'admission dans les clubs, fixé d'abord à 21 ans, même s'il a été ensuite abaissé pour accueillir de rarissimes adolescents comme à Falaise, correspond à un seuil théorique. Dans la petite bourgeoisie provinciale, l'entrée dans la vie professionnelle est tout aussi tardive que l'âge au mariage. L'exemple du club de Bernay où les jeunes sont nombreux montre que la plupart d'entre-eux, désignés comme fils de famille ou étudiants en 1789, n'adhèrent à l'association qu'en l'an II, une fois installés dans la vie active. Le rajeunissement de la société populaire s'accompagne d'une modification socio-professionnelle, avec l'arrivée tardive des paysans et des rentiers, à la différence des marchands, artisans, professions libérales et employés qui, dans la proportion des deux-tiers, sont entrés très tôt au club. Enfin, au niveau des leaders politiques, le phénomène de classe d'âge ne se vérifie pas : le révolutionnaire jeune et célibataire est bien représenté dans certaines sociétés populaires.

La composition socio-professionnelle

Les professions déclarées par les adhérents de brumaire an III [9] permettent d'établir des tableaux clubistes comparatifs. Cette précieuse source a, néanmoins, ses limites : c'est une photographie à un moment donné. L'épuration politique est alors considérable dans le club du Mans qui ne compte plus qu'une centaine d'adhérents tandis que dans une ville moyenne, comme Bayeux, sont répertoriés les leaders de 1793 - le médecin Le Tual et le notaire Vautier. L'érosion des clubistes existe, certes, à Bernay et Evreux notamment, mais dans des proportions qui rendent fiable l'exploitation de ces listes post-thermidoriennes. Enfin, les difficultés de l'analyse socio-professionnelle dans les villes de l'époque moderne sont bien connues. Partagé entre le souci de respecter la profonde diversité des métiers et des fonctions et le souci d'aboutir à une représentation claire des groupes sociaux, l'historien n'évite jamais totalement le risque d'un catalogue-inventaire avant l'écueil d'un raccourci sommaire.

Les professions des clubistes en 1789 constituent une bonne approche sociale des milieux réceptifs aux changements révolutionnaires.

La faible mobilisation des paysans dans la sociabilité urbaine était attendue. Toutefois, elle n'est pas partout insignifiante : la ville de l'intérieur reste ouverte, non seulement aux jardiniers, mais aussi aux cultivateurs. D'ailleurs, à Bayeux en particulier, la double profession est répandue : un laboureur est également cocher et des cultivateurs sont aussi meuniers, comme dans les campagnes.

Les artisans et les marchands confondus représentent partout, sauf à Bayeux, le groupe dominant. Certes, c'est un monde extrêmement divers et le classement selon les branches professionnelles ne permet pas de distinguer les riches fabricants des modestes artisans et boutiquiers. Mais le terme de « marchands » est une catégorie trop fourre-tout, particulièrement à Bernay, pour être davantage mise en exergue. Cette solution classificatoire n'a pour seul mérite que d'ordonner les diverses activités économiques urbaines qui sont bien représentées dans la société populaire. Néanmoins, la rubrique « salariat » est un indicateur précieux : les journaliers, les apprentis, les compagnons ou les commis de marchands ne vont pas s'inscrire au club.

Le pôle économique de ces villes est l'activité textile qui marque, d'emblée, sa prépondérance politique. Des marchands-fabricants jusqu'aux humbles tisserands, des influents marchands-drapiers jusqu'aux fripiers, c'est en fait tout l'éventail des divers métiers du vêtement et de la toilette qui figure dans les clubs. Dans des villes moins spécialisées que Mamers dans l'industrie textile, on constate que nul secteur professionnel n'est en marge de l'activité patriotique. Certes, les aubergistes et les cafetiers sont partout nombreux à promouvoir la vie associative, mais les épiciers, les boulangers ou les bouchers sont également bien représentés. Les professions rares, celles du livre par exemple, cotoient les métiers les plus répandus, ceux de

---

9. Sauf à Falaise, dont le tableau date de nivôse an III. Il comprend les noms de tous ceux qui ont été membres du club, sans pouvoir fournir les renseignements sur l'âge, le domicile et la profession de 178 d'entre eux qui, depuis longtemps, n'ont pas été épurés comme Henry-Larivière.

tailleur, perruquier, cordonnier, menuisier ou tisserand qui constituent la grande masse des sociétaires. Le monde de l'échoppe et de la boutique est partie prenante en 1789 du changement révolutionnaire, sans pouvoir partout entrer encore dans le mouvement associatif.

Tableau socio-professionnel des clubistes

Profession des clubistes en 1789	Bayeux	Bernay	Evreux	Falaise	Le Mans	Mamers	Total
PAYSANS	16 **6 %**	3 **2 %**	23 **5 %**	10 **3 %**	1 **1 %**	4 **4 %**	57 **4 %**
dont laboureurs	3						3
cultivateurs	13	3	13	7	1	4	41
jardiniers			10	3			13
ARTISANS et MARCHANDS	107 **41 %**	80 **52 %**	241 **56 %**	205 **64 %**	75 **54 %**	60 **60 %**	768 **54,5 %**
dont marchands	16	53	17	14	12	2	114
secteur de l'alimentation	13	10	37	36	6	8	110
secteur du textile et toilette	31	6	62	76	22	35	232
secteur du cuir	13	4	36	18	10	4	85
secteur du bois, terre et pierre :	16	2	48	20	15	4	105
secteur du métal	7	2	17	22	3	5	56
divers	9	3	15	11	4	2	44
salariat	2		9	8	3		22
PROFESSIONS LIBERALES et EMPLOYÉS	113 **43 %**	43 **28 %**	146 **34 %**	73 **23 %**	49 **35 %**	34 **34 %**	458 **32,5 %**
dont avocat, notaire, h. de loi	38	14	30	26	18	9	135
clerc (justice)	7	1	13	2	1	8	32
médecin, chirurgien	5	1	6	7	1	1	21
fct. administratives sup.	8	10	16	9	5		48
fct adm. subalternes	4	2	19	14	14	3	56
armée	18	5	23		3	3	49
clergé	14	7	3	8	1	1	34
enseignement	9	1	6	4	2	5	27
emplois divers	5	2	14	2	4	3	30
domestique, h. de confiance	5		16	1		1	23
SANS PROFESSION	27 **10 %**	28 **18 %**	19 **5 %**	32 **10 %**	14 **10 %**	2 **2 %**	122 **9 %**
dont rentier	1	8	6	13	1	1	30
étudiant	25	7	10	13	12	1	68
fils de famille, sans état	1	13	3	6	1		24
TOTAL CONNU*	263 **100 %**	154 **100 %**	429 **100 %**	320 **100 %**	139 **100 %**	100 **100 %**	1405 **100 %**

* Il n'y a qu'une profession inconnue au Mans et trois à Evreux. Quant aux 178 autres membres, mentionnés sans renseignement à Falaise, ce sont ceux qui n'ont pas été épurés.

La présence d'un fort contingent de professions libérales et d'employés est également bien caractéristique. Partout, les hommes de loi se sont engagés massivement dans le nouveau régime. Les anciens militaires sont parfois plus nombreux, surtout parmi les adhérents de 1793, que les anciens percepteurs d'impôts ou autres employés de l'administration d'Ancien Régime. Dans l'ancienne cité épiscopale qu'était Bayeux, on note la forte mobilisation des curés ou des religieux. Si les domestiques, exclus du corps électoral, sont souvent restés à l'écart de la sociabilité révolutionnaire, les hommes de confiance ont été nombreux dans le club d'Evreux. Avec un ou plusieurs feudistes par club, la cité démocratique se construit aussi avec ces représentants de l'ancienne société.

Enfin, la population passive, au sens économique actuel du terme, est peu concernée. Les rentiers de 1789 ne sont pas bien nombreux à adhérer au club, surtout à Bayeux, alors que la jeunesse qui étudie son droit ou sa médecine est prête à prendre sa place dans l'association politique. Est-il besoin de préciser que la mention « ex-noble » n'apparaît jamais et que les anoblis de la veille, qui sont restés membres jusqu'à la fin de la société populaire, ne se sont pas auto-désignés ainsi ?

La nouvelle sociabilité, qui apparait en germe, est ainsi marquée par la prépondérance du monde du travail. Les changements professionnels, cinq ans plus tard, n'affectent pas le monde paysan dont les effectifs restent stables. En revanche, la proportion du groupe des artisans et marchands diminue (51 %), comme celle des passifs (5 %), au profit des employés et professions libérales (40 %).

Dans le monde de l'échoppe et de la boutique, ceux qui n'ont pas changé d'emploi en l'an III depuis 1789 sont ceux qui ont les métiers les plus qualifiés (orfèvres ou horlogers) ou les situations enviables (tout le secteur de l'alimentation). Les petits métiers (maçons, teinturiers, cordonniers ou couvreurs) font, comme les salariés, davantage l'objet de mutations professionnelles. Seule, la catégorie des « divers » connait une progression de ses effectifs avec le travail du salpêtre pour les besoins militaires.

La diminution des effectifs des « sans profession » en 1789 s'explique par l'entrée dans la vie active des jeunes, malgré l'arrivée de nouveaux « consommateurs » ou retraités qui viennent s'ajouter à ceux qui « vivaient de leurs biens ». Peu nombreux sont les étudiants ou les « fils de famille » qui ont pris l'activité paternelle dans l'exploitation agricole ou le commerce. On les retrouve exerçant la profession qu'ils préparaient ou à l'armée et, surtout, dans les emplois administratifs tandis qu'il ne reste plus que 25 jeunes « sans état ».

Les reconversions professionnelles concernent davantage le groupe des professions libérales et des employés. Trois secteurs sont devenus attractifs : celui de l'administration, de l'armée et, dans une moindre mesure, de l'enseignement. Autrement dit, le service public est le grand bénéficiaire de la Révolution. De nombreux hommes de loi et de médecins se sont engagés dans la direction administrative de la France révolutionnaire. Peut-on dire qu'ils sont devenus des bureaucrates en acceptant des fonctions administratives ? Le problème de ces listes réside, en effet, dans l'autodésignation des clubistes : on choisit plus volontiers d'indiquer sa responsabilité politique que sa position sociale. Pourtant, la rotation des cadres révolutionnaires est très grande dans les villes : on ne reste pas longtemps maire, agent national, administrateur de district ou de département. En mêlant ainsi les directeurs ou receveurs de l'Enregistrement, percepteurs ou archivistes aux fonctions temporaires des cadres politiques, on gonfle sans doute artificiellement cette rubrique (114 citoyens au lieu de 48 en 1789). Toutefois, elle témoigne symboliquement aussi d'une réalité sociale [10]. Quant aux emplois subalternes dont le nombre a triplé, il est indéniable que tous ces chef-lieux de district, voire de département pour Evreux et Le Mans, ont tiré profit de la nouvelle géographie administrative de la France en offrant une situation de commis à un grand nombre de citoyens.

Prenons l'exemple de la société populaire d'Evreux dont 65 adhérents sont des commis du département de l'Eure, du district d'Evreux ou de Vernon et divers employés des administrations. Seize d'entre-eux étaient déjà des employés administratifs en 1789, neuf faisaient leurs études et un jeune homme vivait chez son père.

---

10. Les mentions subsidiaires, données dans les listes d'adhérents, de notables, officier municipal ou de la garde nationale n'ont pas, toutefois, été prises en compte : à Bayeux, où ces distinctions ont été consignées, elles concernent plus du tiers des effectifs de la société populaire.

La reconversion professionnelle concerne les trois prêtres, huit clercs de notaire ou de procureur, cinq hommes de loi, six soldats, onze artisans ou boutiquiers, deux salariés, un feudiste, un maître musique, un cultivateur et un « littérateur » de 25 ans qui « a voyagé en Italie jusqu'en 1792 ».

L'engagement militaire est, d'après ces listes, moins attractif que le travail aux écritures dans les bureaux. Il est difficile de ne pas relier la fonctionnarisation de la société populaire avec les avantages obtenus par ces adhérents. Néanmoins, le nombre des citoyens-soldats a presque doublé. Par ailleurs, l'enregistrement des volontaires pour le front au début de l'an III ne tient pas compte de ceux qui l'ont été les années précédentes, qui sont rentrés ou disparus ni de la nécessaire présence médiatrice d'un parent ou ami pour donner les renseignements indispensables au secrétaire du club. Seule, en effet, la société populaire de Falaise porte les noms des absents, dont 28 membres « à l'armée ».

Enfin, l'enseignement enregistre une certaine progression, du moins dans la Sarthe. Si l'on néglige les maîtres de musique (deux à Falaise, Evreux et Bayeux dont une minorité a dû se reconvertir) pour se limiter aux instituteurs, leur nombre est passé de 21 à 25. L'autodésignation varie suivant les villes mais le terme d'instituteur tend à l'emporter sur celui de maître d'école, d'Ancien Régime. A la différence de Bayeux et du Mans où l'on se désigne démocratiquement sous ce terme généraliste, à Evreux on distingue les instituteurs des écoles primaires des professeurs de collège. Dans 70 % des cas, l'instituteur-clubiste est un ancien enseignant. Une minorité a quitté la profession dont trois à Bayeux : le sexagénaire « vit de sa fortune depuis la Révolution », un quadragénaire est entré dans l'administration tandis que le dernier, âgé de 28 ans, cherche sa voie en se faisant tanneur, après avoir été prêtre constitutionnel. Enfin, un instituteur parisien de 29 ans s'est mis à fabriquer des bas à Bernay. Mais le métier attire plus de citoyens qu'il n'en décourage. Au Mans, un jeune employé de l'administration provinciale et deux jeunes hommes, originaires l'un de la région, l'autre de Béthune ont, après leurs études à Paris, choisi d'être instituteurs. La carrière des nouveaux enseignants de Mamers est plus hétérodoxe : un fabricant de toile de 30 ans, un tisserand de 24 ans et un cultivateur de 41 ans se sont ainsi reconvertis en compagnie d'un quinquagénaire qui était à la fois « hôte, marchand de vin et maître d'école ».

Quant au clergé, les registres de Bernay et de Bayeux sont seuls à mentionner les abdicataires. Sur les quatorze ecclésiastiques qui ont adhéré au club de Bayeux, deux ont « remis leurs lettres » de prêtrise, six sont restés avec le titre de curés ou de vicaires épiscopaux. Quatre autres se sont orientés vers l'administration : un chanoine est devenu commissaire du département de Paris, un chapelain est désormais huissier du comité révolutionnaire, un curé est membre du comité de surveillance et « un ministre d'un culte », sans doute un pasteur, est employé comme commis au district. Enfin, un frère de l'Ecole chrétienne est devenu instituteur et un curé s'adonne à la culture des terres tout en étant procureur de la commune et assesseur du juge de paix.

Le grand remue-ménage que l'on observe en l'espace de ces cinq années est-il totalement imputable à la Révolution ? L'étude des lieux de naissance et de résidence antérieure à 1789 montre l'attraction de la ville et l'importante migration des hommes à la fin du XVIIIème siècle.   *note*

La moitié des clubistes n'étaient pas nés dans la ville où ils se sont installés. Un quart était originaire, toutefois, du département : ce n'est pas exactement la proportion de l'exode rural car beaucoup de Caennais, par exemple, ont choisi de vivre à Bayeux ou encore de Fléchois au Mans. Un dixième vient des départements limitrophes ; ce qui ne représente qu'un déplacement d'une centaine de kilomètres tout au plus. Mais on observe, surtout, que plus d'un clubiste sur dix est originaire du Nord, de l'Est, de Paris ou du Midi de la France. Enfin, on trouve des natifs de pays étrangers qui indiquent leur ville (Liège ou Luxembourg), leur région ou pays d'origine (Hollande, Westphalie, duché de Trêves, Suisse et Empire). Seul, le Suisse revendique sa nationalité. Pour deux militaires, les autres sont marchand, jardinier, vitrier, serrurier, sculpteur et corroyeur.

Origine géographique des clubistes

Lieu de naissance	Bayeux	Bernay	Evreux	Falaise	Le Mans	Mamers	Total
dans la ville	117 **45 %**	80 **54 %**	139 **35 %**	232 **73 %**	63 **45,5 %**	58 **58 %**	690 **50,5 %**
dans le département	73 **28 %**	37 **24,5 %**	139 **35 %**	51 **16 %**	39 **28 %**	28 **28 %**	367 **27 %**
départements proches	30 **11,5 %**	20 **13 %**	45 **11 %**	28 **9 %**	9 **6,5 %**	9 **9 %**	141 **10 %**
France entière	40 **15 %**	13 **8,5 %**	72 **18 %**	8 **2 %**	27 **19,5 %**	5 **5 %**	165 **12 %**
à l'étranger	2 **0,5 %**		5 **1 %**		1 **0,5 %**		8 **0,5 %**
Total connu	262 **100 %**	150 **100 %**	400 **100 %**	319 **100 %**	139 **100 %**	100 **100 %**	71 **100 %**
Lieu de résidence							
dans la ville	207 **79 %**	121 **80,5 %**	347 **87 %**	299 **93,5 %**	113 **81,5 %**	88 **88 %**	1175 **86 %**
dans le département	21 **8 %**	9 **6 %**	15 **4 %**	8 **2,5 %**	12 **8,5 %**	9 **9 %**	74 **5 %**
départements proches	8 **3 %**	3 **2 %**	5 **1 %**	7 **2 %**		1 **1 %**	24 **2 %**
France entière	22 **8,5 %**	12 **8 %**	17 **4 %**	4 **1,5 %**	10 **7 %**	2 **2 %**	67 **5 %**
à l'étranger, sur mer, à l'armée			1		1 **1 %**		2
sans domicile fixe	4 **1,5 %**	5 **3,5 %**	15 **4 %**	2 **0,5 %**	3 **2 %**		29 **2 %**

Ces clubistes ne sont pas des déracinés de fraîche date : la plupart sont résidents dans la ville depuis au moins 1789. La deuxième partie du tableau montre que la Révolution n'a pas provoqué, dans ces villes moyennes de l'intérieur, de grands mouvements migratoires durables. A leur très grande majorité, les clubistes étaient implantés dans la ville où ils ont adhéré au club. Néanmoins, près d'un dixième a voyagé. Les uns parce qu'ils étaient militaires, les autres « sans domicile fixe » parce qu'ils étaient marchands-forains ; deux originaux se promenaient, qui en Italie, qui en Amérique ; enfin, la majorité parce qu'ils étaient étudiants à Paris ou parce qu'ils ont changé de métier.

Il convient d'aller plus loin dans cette analyse sociale en confrontant la structure professionnelle de la société de Falaise, par exemple, avec celle de la population urbaine, en étudiant la sociabilité de quartiers dans l'espace de la grande ville, comme au Mans, et en suivant l'évolution des groupes sociaux dans le club de Cherbourg au fil des années.

Les jacobins à Falaise

Le dénombrement de l'an IV à Falaise, qui a fait l'objet d'une étude [11], permet de comparer les professions déclarées des clubistes en 1789 avec celles des habitants

---

11. M. Le Thuillier « Structures socio-professionnelles à Falaise au XVIIIème siècle », mémoire de maîtrise dactylographié, s.d. H. Neveux, Université de Caen, 1976.

de la ville. La confrontation des deux types de document, à quelques années d'intervalle, pose quelques problèmes comme le nombre d'étudiants, plus important dans la société populaire que dans la ville, mais en résout d'autres comme la question des volontaires nationaux. La difficulté plus générale est la détermination exacte de la place des femmes dans la population active.

Que constatons-nous d'après le tableau ?

Tableau socio-professionnel des clubistes et des habitants de Falaise

Professions	clubistes		habitants		pourcentages
Paysans	10	**3,1 %**	80	**2,6 %**	**12,5 %**
dont laboureurs			10		
cultivateurs	7		13		
fermiers, métayers			5		
jardiniers	3		47		
bergers			5		
Artisans et marchands	197	**61,5 %**	1112	**36,5 %**	**17,7 %**
dont marchands	15	**4,3 %**	105	**3,5 %**	**13,3 %**
secteur de l'alimentation	36	**11,2 %**	148	**4,8 %**	**24,3 %**
secteur du textile, vêtements, toilette	76	**23,7 %**	436	**14,3 %**	**17,4 %**
secteur du cuir	18	**5,6 %**	162	**5,3 %**	**11,1 %**
secteur du bois, terre, pierre, papier	20	**6,2 %**	114	**3,7 %**	**17,5 %**
secteur du fer et métal	22	**6,8 %**	86	**2,8 %**	**25,5 %**
divers	11	**3,4 %**	61	**2 %**	**18 %**
Salariat global	9	**2,5 %**	1014	**33,2 %**	**0,7 %**
Salariat masculin	9		355	**11,6 %**	**2,2 %**
dont journalier	1		227		
apprenti	1		4		
garçon, employé, commis de comptoir	6		29		
compagnon			21		
ouvrier			78		
Domesticité globale	1	**0,3 %**	250	**8,2 %**	**0,4 %**
Professions libérales et employés	72	**22,5 %**	182	**5,9 %**	**39,5 %**
dont secteur de la justice	28	**8,7 %**	39	**1,3 %**	**71,8 %**
secteur de la santé	7	**2,1 %**	20	**0,6 %**	**35 %**
secteur de l'administration	23	**7,1 %**	64	**2,1 %**	**36 %**
clergé	8	**2,5 %**	14	**0,4 %**	**57,1 %**
enseignement	4	**1,2 %**	23	**0,7 %**	**17,3 %**
divers	2	**0,6 %**	22	**0,7 %**	**9 %**
Sans profession	32	**10 %**	408	**13,3 %**	**7,8 %**
dont rentiers, vivant de leurs biens	13	**4 %**	233	**7,6 %**	**5,5 %**
étudiant	13	**4 %**	10	**0,3 %**	**130 %**
sans état ou vivant chez leur père	6	**2 %**	165	**5,4 %**	**3,6 %**
Total	320	**99,9 %**	3046	**99,7 %**	

Il y a des groupes socio-professionnels surreprésentés à la société populaire : c'est surtout l'ensemble des professions libérales et des employés. Minoritaire dans la ville (5,4 %), le groupe dirigeant du club - les hommes de loi et les médecins parmi lesquels se recrutent les présidents et secrétaires et où figurent les deux conventionnels Le Got et Henry-Larivière - constitue, si on leur adjoint les étudiants, plus du quart des effectifs. De l'ancien juge au bailliage jusqu'au maître d'école, l'engagement politique est important (39,5 %). Dans le détail, on observe que plus le capital intellectuel est élevé, plus l'adhésion est massive : elle s'élève à 71 % pour les avocats et autres hommes de loi et descend à 17 % pour les instituteurs dont la profession ne jouit pas d'une grande considération à l'époque moderne ; elle s'établit aux environs de 36 % pour les médecins et membres de l'administration d'Ancien Régime avec, dans cette dernière catégorie, une prime pour ceux qui ont des postes de responsabilité (47 %) par rapport à ceux qui détiennent des emplois subalternes (31 %).

Le groupe majoritaire dans la ville, celui des artisans et marchands (33,3 %), est hégémonique dans le club (61,5 %). L'engagement reste très fort avec une proportion globale d'un adhérent pour six travailleurs. Certaines professions sont mieux représentées : un clubiste pour quatre aubergistes, cafetiers ou tailleurs ; un pour trois épiciers, fripiers ou perruquiers ; un pour deux chapeliers, teinturiers ou tanneurs ; deux pour trois marchands de coton ; quatre pour cinq orfèvres ou horlogers.

L'appartenance à un corps de métier ne dit pas le statut économique avec la rigueur du document fiscal. Nous avons pu mesurer dans le campagnes l'extrême diversité qui se cache sous une appellation professionnelle. Mais l'on peut faire le constat que riches et pauvres cohabitent, également, dans la société populaire urbaine : les modestes fripiers s'engagent presqu'autant que les fortunés marchands de coton ; les petits métiers de rue sont représentés au club par les cordiers, couvreurs ou plafonneurs dans une proportion comparable à celle des « marchands ». Néanmoins, à Falaise, plus la qualification professionnelle est élevée, plus l'adhésion au club semble aisée. La forte présence des orfèvres, horlogers, apothicaires comme celle des tailleurs d'habits, ébénistes, sculpteurs peut être ainsi expliquée.

Contrairement à ce qu'on pourrait penser, la participation des paysans n'est pas médiocre puisqu'un agriculteur sur huit est devenu membre du club. Il est certain toutefois que les jardiniers ont un statut bien différent des laboureurs et fermiers, absents de la société populaire, et que le terme de cultivateurs peut cacher bien des conditions d'existence. Retenons, en tout cas, qu'ils ne sont pas écartés de la sociabilité urbaine.

Les groupes sous-représentés sans le club de Falaise sont, d'une part, les rentiers et, à l'autre extrémité de l'échelle sociale, les salariés et les domestiques. Ceux qui vivent de leurs biens restent en marge de l'action politique jacobine (à 95 %) ; ceux qui sont dépendants économiquement des autres, qu'ils soient journaliers ou employés de maison, sont exclus de fait de la vie démocratique.

Les clubistes manceaux dans l'espace social de la ville

Dans une ville où les affrontements politiques ont laissé le club exsangue après Germinal et Thermidor, il est préférable de travailler sur la liste des sans-culottes dévoués au maintien des lois de l'an II [12] plutôt que sur le tableau des maigres adhérents de l'an III. Elle a l'avantage, aussi, de localiser dans l'espace urbain les militants jacobins. L'étude du recensement de l'an VIII, tardif mais complet, permet de mener une approche très fine de la réalité sociale de la ville en faisant apparaître la diversité des quartiers du Mans [13]. Le chef-lieu de la Sarthe est divisé en quatre sections, dont celles de la Liberté et l'Egalité dans la ville haute, et celles de la

---

12. AC Le Mans. 1008. Liste des Sans-Culottes dévoués au maintien des lois.
13. AC Le Mans 1557. Recensement de l'an VIII. Voir également P. Bois (267).

Fraternité et l'Unité qui sont situées dans la ville basse, de part et d'autre de la Sarthe.

La section de la Liberté, dont le lieu de réunion des assemblées primaires est la ci-devant cathédrale St-Julien, est composée en l'an VIII de six cantons urbains, situés pour l'essentiel dans la vieille ville avec, au nord, un quartier plus récent autour de l'abbaye St-Vincent et du collège de l'Oratoire (collège national en l'an II ou Ecole Centrale en l'an VIII) et du plus important canton rural. 40 % de la population a un emploi et 25 % est salariée comme dans l'ensemble de l'agglomération. Toutefois, la part de ceux et, surtout, celles qu'on appelle plus communément, alors, salarié(e)s que domestiques est plus importante que la moyenne urbaine.

Dans cette section, comme dans celle de l'Egalité, dont les assemblées primaires se tiennent à La Couture, résident les rentiers, les professions libérales et les employés. La société des Amis de la Constitution s'est réunie, de mars 1790 à mai 1791 dans l'église des Minimes, donnant sur la place des Halles, puis jusqu'en février 1792 dans celle, plus vaste de La Couture, dans un quartier légérement excentré de la ville et d'urbanisation récente. Autour de la place des Halles, le nouveau foyer économique de l'époque moderne (place de la République aujourd'hui), se concentrent les négociants et les marchands qui, comme les propriétaires, les hommes de loi et les fonctionnaires du département entretiennent une nombreuse domesticité, tant féminine que masculine. La populeuse rue Basse de la section de l'Egalité vient, toutefois, ajouter un élément populaire à ce quartier bourgeois. De même que, toujours à la périphérie, la présence de l'hôpital apporte une population spécifique [14].

La première société politique mancelle s'est, ainsi, installée dans la ville haute, dans les quartiers bourgeois où résident la plupart des marchands, des avocats, des chirurgiens, des prêtres et, plus tard, des professeurs.

Les quartiers, riverains de la rivière, sont socialement très différents. La ville basse, c'est celle où les femmes ont majoritairement un emploi. Certes, les femmes définies par leur métier sont nombreuses et ont des professions très diverses, de la veuve du marchand jusqu'à l'humble fileuse, en passant par les ci-devant domestiques des maisonnées bourgeoises. Toutefois, dans les cantons ruraux, les femmes de paysans et leur nombreuse progéniture ne sont pas reconnues comme actives dans ce dénombrement de la population.

De l'autre côté de la Sarthe, dans la section de la Fraternité, ou section Marat en 1793, qui réunit ses électeurs dans l'église du Pré, les membres des professions libérales et les employés sont rares à se loger. Rares aussi, les boutiques de luxe et les grandes maisonnées où vivent les domestiques. Les rentiers sont davantage des « consommateurs », des artisans retraités en l'occurrence, que des « propriétaires ». C'est la section où les salariés sont les plus nombreux. Plus de la moitié des journaliers manceaux y demeurent et, environ, la moitié des fileuses de la ville : c'est le faubourg des prolétaires. Là résident aussi les tisserands, les maçons, les couvreurs, c'est-à-dire les artisans moins qualifiés. Là, s'est installée la Société Fraternelle en 1791 dans l'église St-Victeur. Là, aussi, se trouvent la plus forte proportion des Sans-Culottes sous la République jacobine. Toutefois, on observe que ce n'est pas dans les rues les plus prolétariennes, comme la rue St-Jean ou la rue St-Gilles où pra-

---

14. Ces vieillards qui « ne font rien », ces enfants employés souvent « à tricoter » et ces nombreux bébés placés en nourrice pour lesquels une pension est versée trimestriellement, ont été mis à part du tableau socio-professionnel.

Composition socio-professionnelle des sections du Mans

SECTIONS	LIBERTE	EGALITE	FRATERNITE	UNITE	LE MANS
Paysans	150 3 %	76 1,5 %	101 2 %	29 1 %	356 2 %
dont bordager	75	1	36		112
cultivateur	45	29	37	25	136
jardinier	30	46	24	3	103
Artisans et marchands	511 10,5 %	470 10 %	524 11,5 %	471 14,5 %	1976 11,5 %
dont négociant	1	11	8	3	23
marchand	33	29	10	7	79
secteur de l'alimentation	80	121	93	73	367
secteur du cuir	58	22	30	65	175
secteur du textile, toilette	113	108	182	114	517
secteur du bois, terre, pierre, papier	129	63	141	113	446
secteur du fer et métal	37	43	21	38	139
divers	60	73	39	58	230
Salariat	1197 24,5 %	963 20,5 %	1361 30 %	879 27 %	4400 25 %
– masculin	338 7 %	430 9 %	538 12 %	289 9 %	1595 9 %
dont apprenti, garçon, commis	95	96	17	52	260
compagnon	34	35	47	100	216
ouvrier	1	72	13	8	94
journalier, manoeuvre	136	61	390	107	694
salarié, domestique	72	166	71	22	337
– féminin	859 17,5 %	533 11,5 %	823 18 %	590 18 %	2805 16 %
dont fileuse	219	105	546	259	1129
lingère, tricoteuse	140	13	68	92	313
ouvrière	92	62	100	66	320
salariée, domestique	356	275	56	104	791
Professions libérales et employés	101 2 %	126 2,5 %	26 0,5 %	46 1,5 %	299 2 %
dont h. deloi, avocat, notaire, huissier	29	32	4	13	78
médecin, chirurgien	9	14	2	4	29
responsables administratifs	14	13		3	30
employés adm. subalternes	9	24	6	11	50
(ex) clergé	8	8	3	5	24
enseignant	13	8	6	4	31
Sans profession	2978 60 %	3066 65 %	2554 56 %	1837 56,5 %	10435 59,5 %
– Hommes	271 5,5 %	262 5,5 %	140 3 %	135 4 %	808 4,5 %
dont rentiers	38	84	11	17	150
étudiants, écoliers pension.	73	38	18	15	144
– Femmes	1197 24 %	833 18 %	725 16 %	696 21,5 %	3451 20 %
dont rentières	34	8	19	10	71
épouses	823	681	598	540	2535
(ex) religieuses	17	18		7	42
– Enfants	1485 30 %	1137 24 %	1675 36,5 %	976 30 %	5273 30 %
– Parentèle et charité	25 0,5 %	134 2,5 %	14 0,5 %	30 1 %	203 1 %
– Hospices civils		700 15 %			700 4 %
Total	4937 100 %	4701 100 %	4566 100 %	3262 100 %	17466 100 %

tiquement toutes les femmes sont fileuses, qu'habitent les militants mais, autour de
l'église du Pré où réside l'élite ouvrière.

Sur la rive gauche de la Sarthe, la section de l'Unité, appelée la Montagne en
1793, comprend quelques quartiers dela ville médiévale mais, surtout, les faubourgs
très populaires et d'habitat très dense, installés au bas de la muraille gallo-romaine
jusqu'à la rivière. Cette section, dont les assemblées électorales siègent dans l'église
St-Benoît, présente une structure sociale comparable à celle de la Fraternité ; les
hommes et les femmes sans profession y sont moins nombreux mais la population
active se compose surtout de salariés, d'artisans et de marchands. Sans spécialisa-
tion professionnelle marquée, on y rencontre tous les corps de métiers, dans une proportion supérieure à celle de toutes les autres sections, et près de la moitié des compagnons et des apprentis : c'est, surtout, le faubourg de l'échoppe et de la boutique.
C'est dans cette section que s'opère la réunion, en février 1792, des Amis de la
Constitution et des membres de la Société Fraternelle. Le nouveau local du club
jacobin manceau est alors l'église St-Hilaire jusqu'à ce que « cet antre souterrain »
soit jugé insalubre par les représentants girondins en mission dans la Sarthe en
décembre. Alors, l'église de la Visitation, place des Halles, est choisie comme nouveau local de la Société Républicaine au moment où les gardes nationaux du Pré et
de St-Benoît sont désarmés, à cause de leur participation au mouvement taxateur de
novembre. En l'an II, les sans-culottes, « dévoués au maintien des lois », sont particulièrement nombreux dans cette section. Et, quand l'ordre thermidorien s'installe,
les bas-quartiers manceaux sont ceux des classes dangereuses en l'an III.

La présentation d'un espace social relativement bien différencié dans une ville de
l'époque moderne de quelques 20.000 habitants peut ainsi offrir une meilleure compréhension des options politiques collectives.

Le brassage des adhérents dans le club de Cherbourg

A défaut du tableau des membres de l'an III, il est très intéressant de pouvoir
suivre annuellement l'évolution socio-professionnelle du club à partir d'un fichier
des 808 sociétaires qui, de la création du club jusqu'aux premières semaines de l'an
III, ont été enregistrés par les secrétaires dans les registres de délibérations, remarquablement bien tenus et bien conservés dans cette ville.

L'analyse chronologique des adhésions révèle l'importance des deux premières
années qui sont celles de l'entrée massive dans la société. Après sa fondation en avril
1790 par une trentaine de citoyens, c'est autant de membres qui, pendant un
semestre, viennent s'inscrire au club chaque mois. On constate une relative baisse
dans l'hiver où une dizaine de citoyens sont reçus mensuellement, mais le printemps
1791, marqué par la question du serment des prêtres et du schisme religieux, correspond à la plus grande poussée d'adhésions : on en enregistre 70 en avril, 60 en
mai. Ces premiers clubistes sont des actifs du secteur tertiaire qui, pour nombre
d'entre eux, ne sont installés à Cherbourg que pour un temps provisoire : celui d'une
expédition militaire de surveillance des côtes, d'une escale pour les marins ou même
pour les passagers d'un navire. La comparaison socio-professionnelle des clubistes
et des habitants permanents ne serait guère exploitable.

A partir de l'automne 1791 et pendant toute l'année suivante, les secrétaires n'en-
registrent plus guère d'adhésions. On observe, alors, que le groupe des artisans et
des marchands se renforce puisqu'il représente 27 % des effectifs à partir de 1792 et
jusqu'en l'an II compris. Une liste des Amis de la Constitution, établie pendant l'hi-

ver 1791-92, après le schisme des Feuillants, compte 322 membres soit les deux-tiers des effectifs théoriques de la société. Onze ont été rayés du tableau des membres et vingt-neuf sont considérés comme absents. La rotation rapide des clubistes et la pratique de l'auto-épuration sont des caractéristiques initiales.

Le mouvement d'adhésions repart dans l'hiver 1792-93 et culmine au printemps avec la crise fédéraliste. Ensuite, il est plus difficile de suivre l'évolution chronologique car les scrutins épuratoires modifient les conditions d'entrée dans la société populaire. Notons simplement qu'à Cherbourg, à la différence du Mans, il n'y a pas une grande poussée populaire en l'an II.

Adhérents de Cherbourg en	1790	1791	1792	1793	l'an II	l'an III	Total
Paysans				1 0,5 %			1 0 %
Artisans et marchands	44 18,5 %	15 6,5 %	10 27 %	51 27 %	23 27 %	2 9,5 %	145 18 %
dont négociant	7	1		5	1		14
entrepreneur, constructeur	14	2	1	2			19
capitaine de navire	8	3	3	21	4	1	40
marin				8	1		9
marchand	3		1	2	2		8
secteur de l'alimentation	1	1	1	8	3	1	15
secteur du textile, toilette	3	2		3	4		12
secteur du bois, terre, pierre	1	2	2	2	2		9
secteur du fer et métal	3	3	1		3		10
autres secteurs	3	1			3		7
salariat	1		1				2
Professions libérales et employés	124 52 %	158 68 %	18 49 %	99 51 %	41 48 %	6 28,5 %	446 55 %
dont avocat, notaire, h. de loi	8	6	1	7	2		24
clerc (de justice)	2			1			3
médecin, chirurgien	8			5	2		15
fct administrative sup.	23	6	3	11	2	1	46
fct adm. subalterne	21	5	4	8	5	1	44
officier de l'armée	45	65	6	50	26	4	196
soldat		64	2	5	1		72
clergé	8	8	2	4			22
divers	8	4		8	3		23
domestique, h. de confiance	1						1
Sans profession	2 1 %	3 1 %		1 1 %			6 1 %
dont rentier	1	3					4
étudiant, fils de famille	1			1			2
Profession inconnue	68 28,5 %	57 24,5 %	9 24 %	41 41 %	22 26 %	13 62 %	210 26 %
Total	238 100 %	233 100 %	37 100 %	193 100 %	86 100 %	21 100 %	808 100 %

L'analyse socio-professionnelle des clubistes marque l'originalité d'une ville militaire et portuaire.

Dans cette place militaire qui ne s'est développée que dans les années 1780, avec le lancement des grands travaux portuaires, la Société Littéraire et Patriotique de Cherbourg a accueilli, dès la première année, les officiers militaires et, l'année suivante, les soldats volontaires. Le renouvellement des effectifs s'explique, en grande partie, par la rotation des effectifs de l'armée. Ainsi, la première caractéristique de la société populaire de Cherbourg est d'avoir recruté un tiers au moins de ses adhérents pendant le séjour des différents bataillons ou corps d'armée.

La fonction portuaire de la ville apparaît nettement, ensuite, avec ces nombreux capitaines de navire, originaires ou pas de Cherbourg, qui ont accosté le port et fréquenté un temps le club, mais aussi ces entrepreneurs et constructeurs de navire, auxquels il faudrait ajouter les ingénieurs (classés dans la catégorie « divers ») et les commis de marine (catalogués avec les administrateurs subalternes) ; ce qui représente, environ, un cinquième des clubistes. Dans cette « auberge de la Manche » que prévoyait Vauban, la société s'est constituée en 1790 à partir des quelques négociants de la ville et de toutes les professions liées aux travaux d'aménagement du port militaire.

Ce n'est que sous la République que la société politique va accueillir les artisans de la ville. Mais l'échoppe et la boutique ne représentent pas 10 % des sociétaires dont la profession est connue. Nulle mention n'est faite, pour ainsi dire, de compagnons, d'apprentis ou de journaliers dans les registres du club. Tournée vers la mer, la cité ignore le monde rural : un seul laboureur a été répertorié et les habitants du district sont, par ailleurs, peu intégrés à la société urbaine. A l'époque de la déchristianisation, au printemps de l'an II, le club va organiser de nombreuses missions patriotiques dans les communes du district et des environs. Pour « lutter contre le fanatisme » et « les dimanchistes », une bonne cinquantaine de clubistes sont allés « éclairer nos frères des campagnes, en leur inspirant des discours civiques et l'amour du patriotisme », de ventôse jusqu'en fructidor an II ; une trentaine de communes au moins ont reçu ainsi la visite de deux jacobins du chef-lieu pendant ce semestre.

Enfin, la bourgeoisie rentière est pratiquement inexistante. Dans ce chef-lieu de district où la bourgeoisie intellectuelle des hommes de loi et des médecins comble sa faiblesse numérique par une surreprésentation au bureau de la société, les titulaires de fonctions administratives représentent un dixième des effectifs connus.

L'épuration des adhérents ou l'anticipation du parti politique de gouvernement ?

Le tournant de l'été 1793 dans le mouvement associatif réside essentiellement dans la mise en place d'une pratique nouvelle : « l'épurement » de la société populaire. Ce n'est pas tant le phénomène d'exclusion des membres qui est nouveau - dès 1791, chaque club est confronté au mouvement révolutionnaire qui entraîne rupture, désaveu ou lassitude des sociétaires - mais, davantage, le caractère systématique de la mise en cause individuelle et collective du principe d'adhésion libre et volontaire dans la réception des candidats. La sélection des adhérents sur des critères politiques constitue une première étape dans la transformation de l'association.

L'étude chronologique s'impose car les sociétés populaires ont pratiqué le scrutin épuratoire à trois grandes époques : après le fédéralisme, après la formation du gouvernement révolutionnaire et après Thermidor.

L'épuration après le fédéralisme

Après la ratification populaire de la constitution de 1793 qui consacre le droit d'association politique, le décret de la Convention du 25 juillet 1793 légitime le rôle des sociétés populaires dans la vie politique en prévoyant de poursuivre comme « coupable d'attentat contre la liberté », punissable de cinq ou dix années de fers, tout individu qui y ferait obstacle. Mais l'engagement de certains clubs dans le fédéralisme suscite la méfiance des Parisiens, tant au gouvernement qu'aux Jacobins. Ceux-ci s'attachent, d'abord, à se justifier des « calomnies répandues contre eux par la faction Brissot » par des circulaires aux sociétés affiliées (14 juin), puis à maîtriser l'information nationale par le biais journalistique (le 30 août, la société-mère propose l'abonnement au *Journal de la Montagne*) tandis que l'idée d'une nécessaire épuration des membres court d'un club à l'autre, pendant l'été, en Normandie. Ainsi, lorsque la société nouvelle de Caen demande son affiliation le 18 septembre, les réticences l'emportent à Paris sur le prosélytisme, tant sont fortes les craintes que « cette société ne se forme sur les débris de l'autre ».

C'est en brumaire an II que s'organise alors aux Jacobins le débat sur la croissance des sociétés populaires, la demande multipliée d'affiliations et la nécessité de leur épuration. Après avoir rejeté la motion peu égalitaire et peu réaliste d'une épuration des sociétés provinciales par le club parisien et reconnu ce droit exclusif aux sociétés locales, les Jacobins décident le 19 brumaire, après l'intervention de Robespierre, de n'accorder leur correspondance et affiliation qu'à celles qui « auraient subi rigoureusement cette épreuve du scrutin épuratoire ». A cette date, la plupart des clubs de l'Ouest ont déjà procédé à cette régénération, à l'exception de Lisieux et, surtout, de Falaise. Celle-ci se distingue par son refus de principe. Le 13 frimaire, le scrutin épuratoire y a été proposée par le président de la société populaire de Caen et une réunion de travail préparatoire a lieu le lendemain. Mais, la société arrête à l'unanimité, le 20, que « le scrutin épuratoire n'aura point lieu et qu'une pareille mesure pourrait troubler l'harmonie qui règne maintenant dans le sein de la société ».

Tandis qu'au plan national s'efface politiquement le club des Jacobins, dont le rôle se cantonne aux affiliations, l'autorité législative décrète la suppression des assemblées générales de section (9 septembre), autorise ses comités à correspondre directement avec les sociétés populaires (le comité d'instruction publique, le 28 septembre ou le comité d'aliénation des biens d'émigrés le 24 vendémiaire), enjoint à chaque clubiste de donner état de ce qu'il a été et fait depuis 1789 (24 vendémiaire), interdit les clubs de femmes et ordonne la publicité des séances des sociétés populaires (9 brumaire). Enfin, le 23 brumaire le comité de Salut Public s'adresse à elles pour fixer une de leurs tâches : le choix des fonctionnaires publics, en officialisant une pratique politique qui avait déjà cours. Par exemple, à Mayenne le 1er octobre le club invitait « les citoyens des galeries, au nombre de plus de quatre cents, à donner leur approbation pour la liste des six candidats à être administrateurs ». Les sociétés populaires sont donc appelées à être les auxiliaires du gouvernement, avant même d'en être reconnues dignes par les Jacobins. Ainsi, les clubistes de Falaise, sans être ni épurés ni affiliés, s'empressent de servir le nouveau pouvoir politique.

Les modalités de l'épuration ou de la régénération des clubs après le fédéralisme sont aussi variées que sont complexes les conditions de sa mise en place. Au Mans, où la tentative oppositionnelle de l'administration départementale s'est heurtée à la société pro-montagnarde et a rapidement avorté du fait de l'insurrection vendéenne, c'est très tôt, en août 1793, que la société confectionne une liste de ses membres sans que l'on sache le nombre des exclus. A Bernay, où la situation est comparable, le registre des délibérations ne mentionne pas plus l'existence de membres douteux que les modalités de ce scrutin. Il en va autrement dans la plupart des clubs du Calvados ou de la Manche.

A Cherbourg, où la rupture avec les Jacobins avait conduit le club à partager le discours girondin tout en suscitant un important débat au moment de l'insurrection, c'est à partir du 25 août qu'on parle d'une nécessaire épuration dont le convention-

SOCIABILITÉ POLITIQUE ET SOCIÉTÉS URBAINES

SOCIABILITÉ POLITIQUE ET SOCIÉTÉS URBAINES 247

nel Ribet fera, le premier, les frais. La politique de consensus, préconisée alors par A. Jubé, au nom de ceux qui « auraient prêché le fédéralisme et montré, depuis, une conduite civique » n'a pas survécu à la fête du 10 août aux lendemains de laquelle Fossard et ses amis jacobins démissionnent. L'arrivée du représentant du peuple Le Carpentier, en mission dans son département, modifie la situation. Après avoir refusé, d'abord, de venir dans l'enceinte d'une société non épurée, puis d'indiquer comme « Montagnard » le mode du scrutin épuratoire, il finit par céder à l'insistance de la société en choisissant vingt citoyens pour former le noyau épuratoire. Les membres du Conseil du représentant en mission qui comprennent, évidemment, les démissionnaires sont de vieux adhérents : 6 sont des membres fondateurs, 3 ont adhéré dans le mois de création de la société patriotique et 5 autres en 1790. Nul doute que ce critère d'ancienneté et, en quelque sorte, de légitimité ait été décisif même si le premier de la liste, le général de brigade Jacques Tilly, un ci-devant, a rejoint le club en mai 1793 comme 4 autres et si l'horloger Fossard est un adhérent d'août 1792. Les membres de l'échoppe et de la boutique sont minoritaires dans ce noyau épuratoire où dominent les hommes de loi, les médecins et les employés. Par ailleurs, les sociétaires qui n'ont jamais fait partie du bureau sont à parité avec ceux qui ont été élus, parfois à plusieurs reprises, au secrétariat ou à la présidence du club. Enfin, onze d'entre eux feront partie de la société en l'an III alors que cinq seront rejetés avec beaucoup d'éclat après Thermidor. Le Conseil, réuni autour de Le Carpentier, discute le 21 septembre du mode de scrutin et retient six considérants : « Les opinions seront ouvertes et à voix haute. Elles seront motivées. Il faudra obtenir les 3/4 des voix. Ceux qui n'obtiendraient que la moitié plus une jusqu'aux trois-quarts seront soumis à un nouveau scrutin à la fin de la séance. Chaque membre du Conseil parlera à son tout et ne témoignera sur les opinions de ses collègues ni approbation, ni improbation. Lorsqu'un seul membre connaîtra les qualités, bonnes ou mauvaises, du candidat, il sera ajourné sur délibération ». Le scrutin eut lieu, en l'absence du conventionnel qui déclina l'offre de présidence de séance.

Loin du modèle bureaucratique adopté à Cherbourg, la société voisine de Valognes mit l'épuration-régénération à l'ordre du jour de sa séance du 22 septembre. Sans la présence immédiate de Le Carpentier, son ancien fondateur, mais sous ses auspices vraisemblablement car il est le premier à être épuré, la séance est très animée. Des séries de motions sont proposées et adoptées dans l'enthousiasme général : que les citoyens qui ont suivi les séances de la société depuis qu'elles sont publiques soient admis et regardés comme membres de la société populaire ; que la même faveur soit consentie à leurs épouses et à leurs enfants ; que ceux qui auraient été membres de la société des Carabots se retirent ; que l'on « scrutine » selon le règlement de la société, à savoir par boules blanches, noires et rouges plutôt que selon le modèle proposé précédemment par oui ou par non. C'est en s'installant dans une église plus vaste pour accueillir tous les citoyens et les citoyennes que la société de Valognes s'est épurée.

A Honfleur, le scrutin épuratoire a duré plusieurs jours. Après en avoir adopté le principe le 29 vendémiaire, les sociétaires décident ensuite de voiler du tableau des membres les noms de ceux sur qui pèse la suspicion d'incivisme, en attendant d'avoir des preuves certaines pour les rayer. Aussitôt, le 3 brumaire, certains se récrient sur le dit incivisme d'un clubiste qui « n'a été induit en erreur qu'un moment, lors de l'insurrection départementale » et décident la société à faire parvenir sa justification aux sections de la ville. Pour le scrutin épuratoire qui commence le 13 du mois, la société s'érige en Comité général, avec un souci formaliste dont n'ont pas eu la moindre idée les adeptes de la démocratie directe à Valognes. Tout en continuant ses travaux, elle continue d'épurer ses membres pendant plusieurs séances jusqu'à la fin du mois de frimaire.

Dans la société de Lisieux, le scrutin épuratoire a eu lieu tardivement, mais en un seul tour, le 4 frimaire. Après discussions, la proposition « d'admettre le peuple à dénoncer et émettre son voeu sur chaque candidat, concurremment avec les membres » a été adoptée. Nul doute que certains sociétaires ne se soient pas présentés à ce scrutin public. La prestation du serment d'avoir accepté la nouvelle constitution, de vouloir la maintenir de tout son pouvoir ainsi que la liberté et l'égalité a été jugée indispensable après la réception de chaque membre. Enfin, la censure du peuple n'a pas paru complète sans la consultation des sections qui restent donc, dans le Calvados, une instance de la vie démocratique. La réponse épistolaire des trois sections de la ville, portant approbation du scrutin, parviendra à la société populaire le 11 frimaire.

Analyse des scrutins épuratoires après le fédéralisme

Membres depuis	1790	1791	1792	1793	début an II	Ajournés	Absents	Total
LE MANS août 1793	33 11 %	51 18 %	24 8 %	184 63 %		?	?	292 100 %
effectifs théoriques	91 36 %	122 42 %	41 59 %	279 66 %				533 55 %
CHERBOURG sept. 1793	50 18 %	24 9 %	12 4 %	84 30 %		68 25 %	40 14 %	278 100 %
effectifs théoriques	238 21 %	233 10 %	37 32 %	193 44 %				701 40 %
HONFLEUR brumaire		66 46 %	14 10 %	9 6 %	50 35 %	4 3 %	?	143 100 %
effectifs théoriques		148 45 %	42 33 %	9 100 %	50 100 %			249 57 %
BERNAY brumaire	19 14 %	74 55 %	9 7 %	5 4 %	27 20 %	?	?	134 100 %
effectifs théoriques	28 68 %	122 61 %	13 69 %	68 3 %	29 93 %			198 68 %
LISIEUX frimaire	63 23 %	21 8 %	14 5 %	4 2 %	164 61 %	3 1 %	?	269 100 %
effectifs théoriques	134 47 %	55 38 %	28 50 %	6 66 %	164 100 %			387 70 %
TOTAL	165 15 %	236 21 %	73 7 %	286 26 %	241 21 %	75 7 %	40 3 %	1116 100 %
effectifs théoriques	491 34 %	680 35 %	161 45 %	493 58 %	243 99 %			2068 54 %

(La première ligne du tableau indique le nombre des membres épurés dans chaque société populaire selon leur date d'adhésion, et leur pourcentage dans la société régénérée. Le nombre des effectifs théoriques permet de calculer la proportion des membres épurés par rapport aux sociétaires qui sont entrés dans le club la même année, jusqu'à la date du scrutin épuratoire.)

Le tableau du scrutin épuratoire dans cinq sociétés populaires, où les résultats, les dates et le nombre d'adhésions sont connus, permet de comparer des clubs aux options politiques précédentes différentes.

En termes quantitatifs, c'est à Cherbourg seulement que l'épuration est grande puisqu'un quart des adhérents, parmi lesquels le journaliste Jubé, ont été ajournés ou rejetés. La forte proportion des membres absents -due autant à la situation portuaire et militaire qu'à la méticulosité des secrétaires - ajoute un élément supplémentaire à la rigueur du scrutin. Avec 278 membres conservés, c'est seulement 40 % des effectifs théoriques de la société depuis sa création qui passent le cap de la vigilante épuration du Conseil du représentant en mission. Dans les autres sociétés, le score final est partout supérieur à 50 % : les clubs épurés ont conservé la majorité de ceux qui en ont été membres. Les meilleurs résultats sont obtenus à Bernay et Lisieux où plus des deux-tiers des adhérents se retrouvent dans une société régénérée. La continuité, dans un club montagnard et dans un club girondin, l'emporterait sur la dissidence si l'on ne prenait pas en considération la date d'adhésion : la société de Lisieux a été profondément renouvelée par les nouveaux adhérents. En l'espace de quelques semaines, les 164 recrues du début de l'an II représentent près de la moitié des sociétaires des quatre premières années. A Bernay, au contraire, c'est la fidélité des anciens membres qui est particulièrement remarquable.

Toutefois, au delà de la diversité qui existe d'une société à l'autre, il est important de souligner que, globalement, les sociétaires de la première heure représentent, en moyenne, le tiers des effectifs de la société populaire à la fin de l'année 1793. Dans le détail, mis à part le fait que les effectifs clubistes sont beaucoup plus stables dans les villes de l'intérieur que dans un port militaire où l'on voit passer beaucoup de monde, la société de Lisieux conserve davantage de vieux sociétaires de 1790 que celui du Mans.

Les résultats du scrutin épuratoire dans d'autres clubs, où l'analyse ne peut être aussi rigoureuse, confirment néanmoins la réussite de cette nouvelle pratique de présentation des candidats qui remplace avantageusement le droit d'entrée antérieur pour les citoyens des tribunes, c'est-à-dire les moins fortunés. C'est ainsi que dans une ville longtemps considérée comme « rebelle », en raison de l'accueil réservé aux députés « fugitifs », la Société des Sans-Culottes d'Evreux compte 230 membres après le scrutin des 13 et 15 brumaire an II. De même que la société populaire de Valognes totalise 204 adhérents en septembre 1793, grâce au contingent des 26 citoyennes.

Ce n'est guère qu'à Cherbourg qu'on puisse conduire une analyse sociale de l'épuration et du fédéralisme, en confrontant les 184 membres de la société régénérée (après la réintégration de 14 membres ajournés ou absents) aux 64 exclus et aux 33 absents, essentiellement des marins et des militaires.

On ne peut pas donner raison à l'argument de Danton, selon lequel « l'oligarchie mercantile » aurait été compromise dans l'insurrection. A Cherbourg, les trois-quarts des négociants et armateurs, membres du club, sont restés fidèles à la Convention. Certes, les artisans du port ne se sont pas engagés dans l'aventure fédéraliste qui n'a tenté que quelques aubergistes. En outre, la proportion des artisans et des marchands est plus forte dans la société épurée (34 %) que parmi les exclus (20 %) et les absents (9 %). Mais les avocats, hommes de loi et médecins se retrouvent à 85 % dans la société montagnarde. Nul front de classe n'a été ouvert dans le club de Cherbourg [15].

De même, l'interprétation critique de la Révolution selon laquelle une France maritime, plus libérale, s'opposerait à une France terrienne plus conservatrice ne se vérifie pas non plus. Le monde de la mer au bout du Cotentin, avec ses capitaines de navire et ses marins ne se distingue pas par une quelconque dissidence : au contraire, les quatre-cinquièmes sont épurés tandis qu'un dixième est en mer. La réalité à Cherbourg est plus complexe et ne peut se réduire à une formule brillante.

Ceux qui ont davantage été touchés par l'épuration étaient des fonctionnaires de la République. La justice épuratoire a été plus sévère pour ceux qui détenaient des fonctions de commandement dans le port militaire : 13 administrateurs (soit les 4/5ème), 6 employés ou commis de la marine (soit près de la moitié) et 8 officiers de l'armée (soit 1/5ème). Globalement, le groupe des professions libérales et des

---

15. Même si les professions inconnues s'élèvent respectivement à 14 %, 33 % et 14 %. Il faut ajouter les 3 % de rentiers et d'étudiants parmi les membres rejetés qui représentent 1 % dans la société épurée.

employés est plus important parmi les exclus (61 %) et les absents (58 %) que dans la société populaire (51 %). Notons également que le seul laboureur du club, qui avait adhéré quelques mois auparavant, n'a pas passé le cap du premier scrutin épuratoire. Enfin, les fédéralistes cherbourgeois sont davantage des adhérents de 1793 (34 soit 53 %) que des vieux militants (respectivement 30 %, 12 % et 5 % pour 1790, 1791 et 1792) : la moitié des membres exclus en septembre avaient rejoint la société républicaine lors de la grande vague d'adhésion du premier semestre de l'année.

L'épuration après la formation du Gouvernement révolutionnaire

Une deuxième vague d'épuration figure à l'ordre du jour des clubs lorsque se met en place, dans les départements, le gouvernement révolutionnaire. Le décret de la Convention du 14 frimaire ne précise pas la place des sociétés populaires dans ce nouveau dispositif gouvernemental, mais il leur interdit l'envoi de commissaires et la formation de congrès ou de comité central - interdictions qui, dans l'Ouest, ne tirent à aucune conséquence. Pourtant, la centralisation politique de la France a des conséquences majeures sur le fonctionnement du mouvement jacobin.

Dès le 6 nivôse, au lendemain de son célèbre discours à la Convention sur les principes du Gouvernement révolutionnaire où il justifiait la Terreur par l'état de guerre, Robespierre critique aux Jacobins les sociétés « prétendues populaires » [16]. La contradiction que les dirigeants de la Révolution ont à gérer est celle de l'existence d'organisations politiques de masse (les sociétés populaires dans près de 5500 communes) avec la conception du salut public qui implique la concentration des pouvoirs autour de la Convention, de son principal comité et de ses représentants en mission. Lucidement perçue par Robespierre dans son discours à la tribune de la Convention, bien au delà de la polémique entre Indulgents et Exagérés, il faisait appel à « la bonne foi » des agents responsables. Concrètement, elle se traduit dans la direction du mouvement associatif par un choix de l'élitisme républicain : les Jacobins refusent l'affiliation à une société sectionnaire parisienne, retirent leur affiliation aux sociétés fondées après le 31 mai [17] (qui sont pourtant, en province, les plus pro-gouvernementales) et demandent aux sociétés populaires de pratiquer leur auto-épuration.

Désormais, la société parisienne achève d'hypothéquer son autonomie politique en faisant sienne la politique de la Convention, « centre unique de l'impulsion du gouvernement », en transmettant à son comité de Salut Public la liste des sociétés affiliées [18] et en laissant à ce dernier la définition du rôle des sociétés populaires. La circulaire du 16 pluviôse, très bien mise en valeur par A. Soboul, leur assigne des fonctions de surveillance administrative et non de délibération et d'action politique.

---

16. «...La grande société populaire est le peuple français et celles qui portent la terreur dans l'âme des tyrans et des aristocrates est celle des Jacobins et des sociétés qui lui ressemblent, qui lui étaient affiliées depuis longtemps et qui ont, comme elle, commencé la Révolution. Les sociétés prétendues populaires, multipliées à l'infini depuis le 31 mai, sont des sociétés bâtardes, qui ne méritent pas ce nom sacré ». Extrait du discours de Robespierre du 6 nivôse an II, cité par Aulard (35).

17. Dans le débat aux Jacobins, le 8 pluviôse, Levasseur de la Sarthe est pourtant intervenu contre cette version : « Je ne puis révoquer en doute le patriotisme qu'ont montré quelques sociétés et quelques communes. Plusieurs départements, même éloignés, n'ont pas été les derniers à détruire les monuments honteux de la superstition. Je demande que la Société des Jacobins ne se déshonore pas en leur retirant son affiliation », cité par Aulard (35).

18. Le 29 frimaire, aux Jacobins, Hébert et Danton font accepter la demande d'« un comité qui a la confiance du peuple », malgré l'opposition de Dufourny.

C'est un tournant majeur : la traditionnelle fonction tribunicienne du club est remise en cause en même temps que la conception de la société populaire comme assemblée du peuple souverain. Revendiquées par les Cordeliers qui, un mois plus tard, voilent d'un crêpe funèbre la Déclaration des Droits de l'Homme et du Citoyen, elles le sont également dans les clubs jacobins de l'Ouest. La crise politique nationale, qui aboutit au « drame de Germinal », met en jeu à la fois l'organisation des pouvoirs et la ligne politique du gouvernement. La mise en place provinciale du Gouvernement révolutionnaire est effectuée par les représentants en mission : la centralité législative devient une centralisation administrative contestée notamment dans les clubs qui, par leur ancienneté et leur lutte contre le fédéralisme, disposent d'un prestigieux capital symbolique. C'est le cas du club du Mans qui oppose sa propre légitimité à celle du représentant de la Convention dans le département. Cette mise en place et, parfois, en question du Gouvernement révolutionnaire a lieu, par ailleurs, au moment où le comité de Salut Public définit sa politique sur la question religieuse. Sa circulaire du 23 pluviôse, concernant tous les fanatismes, avec cette fameuse phrase : « On ne commande point aux consciences », est largement discutée dans les sociétés régénérées de l'Ouest où les Exagérés, par la diffusion du *Père Duchesne* et les agents de l'armée révolutionnaire, ont bénéficié jusqu'alors d'une opinion favorable.

La dialectique entre mouvement associatif et gouvernement révolutionnaire finit de s'épuiser dans le rapport de Saint-Just du 23 ventôse contre les sociétés populaires, « autrefois, temples de l'Egalité » et maintenant envahies « d'êtres artificeux qui briguent leur élévation législative, ministérielle ou au généralat ». Entre les « factions » discréditées et le gouvernement légitime de la Convention, l'alternative dans laquelle la chute de Robespierre se prépare ne laisse aux sociétés populaires institutionnalisées que le choix du conformisme politique. Lorsque les Jacobins parisiens, le 23 floréal, invoquent la nécessaire centralisation jacobine sous l'égide de la société-mère, le débat est factice car, d'une part, le club parisien a abdiqué, de fait, son pouvoir politique depuis longtemps et, d'autre part, le « drame de germinal » a eu des conséquences désastreuses dans l'opinion des Jacobins de l'Ouest.

Les conditions de ce nouveau scrutin épuratoire, dont les modalités, restent confiées aux clubs, sont donc politiquement très complexes. C'est bien pour cela qu'il s'échelonne, pendant près de six mois dans l'Ouest, de la fin du mois de frimaire (dans le club de Valognes) à celui de floréal an II (à Ecouis ou Cherbourg). Il convient, d'abord, de présenter les procédures suivies et le rôle tenu par les représentants en mission, d'analyser les résultats de l'épuration et, enfin, de mettre en valeur la propagande cordelière dans les sociétés populaires.

A la fin du mois de frimaire et en nivôse, l'initiative appartient aux sociétés populaires. Est-ce sur les conseils de l'énergique Le Carpentier, auréolé de ses succès récents au siège de Granville, que la société de Valognes, après avoir fêté le retour de ses « braves canonniers », décide de pratiquer cette nouvelle épuration dès le 20 frimaire ? En relation permanente avec son député, même s'il ne pénètre pas dans son enceinte, la société élit alors un comité révolutionnaire de 18 membres qui procède à l'épuration six jours plus tard, mais ne consigne pas les résultats dans son registre de délibérations. De même, la société des Sans-Culottes d'Evreux décide, le 3 nivôse, qu'un comité permanent de douze membres est désormais chargé de la présentation des candidats et qu'il devra lui soumettre les raisons du refus d'admissibilité ou d'exclusion. Mais, des résultats de son activité, on ne connaît que le nombre des 418 adhérents mentionné, sept mois plus tard, dans son registre. Les délibérations, intégralement conservées, du club de Honfleur font état, le 16 nivôse, de la nomination de quinze membres pour former une commission épuratoire dont les travaux sont contestés au début du mois suivant par l'assemblée qui atteste le patriotisme d'un membre rejeté. Par ailleurs, ce club conseille celui de Pont-Audemer qui lui a demandé son appui pour obtenir l'affiliation des Jacobins de pratiquer sa propre épuration.

Mais, deux jours après l'arrivée du conventionnel Bouret, en mission dans le Calvados pour organiser le gouvernement révolutionnaire, on parle à nouveau du scrutin épuratoire sur le modèle de la société-mère qu'il a proposé. Ce jour-là, le 3 ventôse, cinquante membres ont subi le scrutin public en répondant aux questions suivantes : « Que faisais-tu avant la Révolution ? Qu'as-tu fait depuis ? Qu'as-tu fait pour la Révolution ? A quelle époque de la Révolution t'es-tu montré ? N'étais-tu ni noble, ni prêtre ? » L'épuration va se poursuivre au cours des séances suivantes jusqu'à la fin du mois de germinal.

C'est plus tôt que la société populaire de Falaise, qui avait refusé le premier scrutin épuratoire, va répondre aux voeux du gouvernement tout en se préoccupant du sort de ses adhérents, victimes d'une inculpation judiciaire, et en rayant parfois certains du « tableau d'infamie ». Consciente du « choc des passions » qui avait entravé sa marche et flattée d'accueillir le 7 pluviôse Frémanger, représentant en mission dans le département, ou de correspondre avec Bouret, le 12 du mois, elle décide d'organiser le scrutin épuratoire, par appel nominal et en assemblée plénière, dans les séances des 23 et 24 pluviôse. Il consiste à manifester « hautement, avec la loyauté et la fermeté républicaines, tous les faits d'incivisme ou d'insouciance qui pourraient être reprochés à chaque membre » et à se prononcer sur « le caractère moral, politique et révolutionnaire de chaque frère ». La majorité des suffrages suffit pour être épuré. On ne connait pas les résultats globaux, mais seulement les trois exclusions, les quatre sursis et les dix-huit censures pour absences trop fréquentes.

Dans la société populaire de Bernay, dans l'Eure, c'est la lecture de l'adresse du comité de Salut Public sur l'épuration des corps constitués qui motive, le 25 pluviôse, avant l'arrivée prévue du représentant du peuple, la création illico d'une commission de dix membres qui est invitée aussitôt à se retirer dans la Chambre littéraire pour délibérer et faire appeler successivement les frères et amis qui patientent agréablement en écoutant le dialogue entre un sans-culotte et un curé, mis en scène par deux clubistes. Le spectacle était si intéressant que l'on n'a pas pris la peine d'enregistrer le bilan de l'épuration. Quant à l'autre vieille société montagnarde, celle du Mans, on ignore à quelle date elle a établi la liste des quelques 650 « sans-culottes dévoués au maintien des lois ». Avant, en tout cas, le mois de germinal. Mais avant de développer le cas, particulièrement remarquable, du Mans, intéressons-nous d'abord aux modalités du scrutin dans les anciens clubs girondins de Lisieux et de Cherbourg.

Dans la société de Lisieux, de nombreuses discussions entre clubistes ont préparé le scrutin. A la séance du 23 nivôse, un sociétaire demande que « chacun soit interrogé sur ce qu'il avait fait pour être pendu si la Contre-Révolution avait lieu » et la société arrête que « chaque membre montera, l'un après l'autre, à la tribune pour rendre compte de sa conduite et répondre aux demandes qui lui seront faites ». Le 27, six commissaires sont élus pour recevoir les déclarations, prendre des renseignements et épurer les clubistes avec les vingt premiers membres reçus. Considérés comme des « terroristes » en l'an III, les membres de la commission épuratoire sont majoritairement des artisans et des boutiquiers et, paritairement, des jacobins de fraîche date et des vieux adhérents. Il est prévu, également, de rédiger un rapport circonstancié de l'épuration pour les Jacobins de Paris afin d'obtenir une nouvelle affiliation, de voter au scrutin individuel à l'aide des fèves et de proclamer l'admission d'un candidat s'il obtient les trois-quarts des fèves blanches, plus une. Le 29, il est ajouté que les deux-tiers au moins de la société doivent être réunis et que les absentéistes seront rayés du tableau. Dans une autre séance, l'ajournement est fixé à huit jours pour ceux qui n'obtiendraient pas le quorum. Enfin, la société considérant qu'elle est épurée le 18 pluviôse, décide de féliciter la Convention pour l'abolition de l'esclavage.

A Cherbourg, l'épurement a été tardif. C'est le 20 germinal qu'on consulte le représentant en mission, en l'occurence Bouret qui n'était même pas membre des Jacobins, mais qui donne la même procédure à suivre qu'à Honfleur. Le scrutin commence le 30, mais il est annulé à la séance du 2 floréal par l'arrivée d'un autre conventionnel, chargé de l'embrigadement à l'armée des Côtes de Cherbourg. Le jacobin Pomme, originaire d'Arles mais député de la Guyane, admis à la Convention trois jours avant de refuser de prendre part au vote sur la mise en accusation de Marat, en délicatesse avec Barras et Fréron lors de sa précédente mission à Marseille, fait alors part de son étonnement sur le mode d'admission des sociétaires. Ayant appris que les Cherbourgeois avaient traité de « monstre » l'Ami du Peuple, il critique le fait que pas un seul membre épuré n'ait eu la franchise d'avouer son erreur ou sa mauvaise foi et que pas un seul auditeur n'ait eu le courage de se manifester. Une épuration où, selon son expression, « un barbier rase l'autre » est nulle et non avenue. En conséquence, il invite la société à choisir sept commissaires, en se défiant de « ces nouveaux patriotes, de ces fougueux parleurs qui sont toujours aux tribunes et font retentir la salle de leur voix tonnante » pour préférer « des membres connus par leur principe invariable dans le chemin de la Révolution depuis 1789, des personnes fermes, justes et sévères, des hommes sans passion et sans partialité, des hommes vertueux et de bonne foi ». Chargée de vérifier, en particulier, les motions portées sur les registres de délibérations, la commission épuratoire soumettra son travail préparatoire à son collègue Bouret, lors de son retour au club. Le scrutin va durer tout le mois de floréal an II sous l'oeil vigilant des deux Conventionnels.

Scrutins épuratoires de l'an II

Membres depuis	1790		1791		1792		1793		an II*		Rejetés		Total	
LE MANS (avant germinal)	27	4 %	62	10 %	24	4 %	145	22 %	392	60 %	?		650	100 %
effectifs théoriques	91	30 %	122	51 %	41	59 %	279	52 %	392	100 %			925	70 %
LISIEUX (pluviôse)	32	20 %	10	6 %	13	8 %	3	2 %	94	57 %	11	7 %	163	100 %
effectifs théoriques	134	24 %	55	18 %	28	46 %	6	50 %	276	34 %			499	33 %
CHERBOURG (floréal)	34	23 %	18	12 %	14	10 %	40	28 %	40	27 %	?		146	100 %
effectifs théoriques	238	14 %	233	8 %	37	38 %	193	21 %	86	18 %			787	19 %
TOTAL	93	10 %	90	9 %	51	5 %	188	20 %	526	55 %	11	1 %	959	100 %
effectifs théoriques	463	20 %	410	22 %	106	48 %	478	39 %	754	70 %			2211	43 %

(* Les effectifs théoriques pour la société du Mans ne reposent que sur cette seule source ; pour Lisieux ont été retenues les adhésions jusqu'au mois de prairial, pour Cherbourg jusqu'en foréal, c'est-à-dire à la fin de leur scrutin épuratoire)

C'est à partir seulement de trois listes complètes de sociétés populaires épurées que l'on peut étudier ce deuxième scrutin. Deux cas de figure apparaissent nettement : celui de la société mancelle qui reconnait comme « dévoués au maintien des

254 JACOBINISME ET MOUVEMENT RÉVOLUTIONNAIRE URBAIN

lois » 650 sans-culottes, soit plus des deux-tiers de ses effectifs absolus. Aux côtés des vieux militants des premières années, figure une proportion majoritaire d'adhérents de l'an II, résidant dans les quartiers populaires de la ville. Après la terrible époque de la bataille du Mans contre l'armée vendéenne, la société qui reprend ses travaux a, au vu des résultats, le souci de créer un parti républicain de masse.

Le modèle qu'offrent les sociétés de Lisieux et de Cherbourg, différemment épurées pourtant, est tout autre : celui d'une avant-garde orthodoxe et minoritaire. Avec environ 150 membres retenus après une épuration respectant à la lettre les consignes gouvernementales ou sous les auspices des représentants en mission, les clubistes de ces chefs-lieux de district ne représentent alors que le tiers ou moins du cinquième des adhérents au club depuis l'année de création. Manifestement, la politique des sociétés populaires dans leur auto-recrutement, a été soumise à dure épreuve lors de la mise en place du gouvernement révolutionnaire. Or, la phase d'épuration des clubs n'est pas achevée lorsqu'éclatent les crises de ventôse et de germinal.

Les manifestations d'adhésion collective à la politique de la Convention sur les factions dénoncées, les complots déjoués et les cultes révolutionnaires ne doivent pas masquer les luttes politiques ni sous-estimer l'influence cordelière dans les clubs provinciaux. Par exemple, la société de Lisieux est abonnée, en nivôse, à sept journaux dont *Le Père Duchesne* et *Le Vieux Cordelier*, organes des Exagérés et des Indulgents qui s'opposent alors violemment dans la capitale. Dans son numéro du 16 nivôse, Camille Desmoulins accusait Hébert de recevoir l'argent du ministère de la Guerre pour son *Père Duchesne* ; ce qui lui valut une dénonciation aux Jacobins et une réprimande de Robespierre auquel le journaliste lança son fameux : « Brûler n'est pas répondre ». Le 23 nivôse, la société populaire qui commence ses séances aux cris de : « Vive la Convention nationale ! Vive la Montagne ! » décide de suspendre son abonnement aux deux journaux et passe à l'organisation du scrutin épuratoire. L'absence du *Bulletin de la Convention* ou du *Journal de la Montagne*, parmi ses lectures, ne signifie pas recherche d'hétérodoxie.

Pourtant, si la propagande des Indulgents reste sans écho dans les délibérations des clubs, à l'exception de celui du Mans, le rayonnement des Hébertistes est tout autre, en raison de leurs positions dans l'appareil d'État. Même si le journal d'Hébert était connu dans l'Ouest bien avant sa large diffusion par ledit ministère, il est incontestablement largement répandu dans les sociétés populaires par les citoyens-soldats de l'Armée révolutionnaire. Les idées qu'ils propagent par leur activité militante sont bien accueillies localement. R. Cobb a cité cette lettre du 26 ventôse où la société de Lisieux demande au général Vialle un détachement de 50 hommes pour forcer les accapareurs à suivre le mouvement révolutionnaire puisque « l'égoïsme l'emporte sur l'humanité, il faut que la terreur l'emporte sur l'égoïsme » [19]. À l'heure de la déchristianisation, leurs interventions à la tribune des clubs sont souvent consignées, même s'ils ne sont pas les seuls intervenants extérieurs. Il y a aussi un Jabobin de Paris, J.F. Bereytter, marchand de tableaux et originaire de Normandie, qui expose plusieurs fois en nivôse au club de Lisieux que « la véritable religion de la nature est celle de l'homme sans préjugés », ou encore un commissaire du comité de Salut Public qui préconise, le 8 ventôse, l'envoi de commissaires dans les campagnes pour extirper le fanatisme. Il y a, bien sûr, les représentants en mission qui écrivent, comme Garnier de Saintes, en faveur de la Raison ce qui décide la société

---

19. Cobb (82), t 2 p. 841.

en pluviôse de « rayer les sociétaires qui ne fermeraient pas leur boutique les jours de décade et qui fêteraient le dimanche », sans parler de la prodigieuse correspondance que le conventionel Albitte entretient avec tous les clubs qui reçoivent, en germinal, ses listes d'abdicataires et ses conseils de surveillance des prêtres. Il y a, enfin, les sociétés du district qui pétitionnent, comme celle de Moyaux le 27 ventôse pour faire incarcérer tous les prêtres non abdicataires ou qui invitent les clubistes du chef-lieu à venir dans leur canton « fanatisé » pour propager les principes républicains, comme celles de Courtonne-la-Ville et de Courson en germinal.

Dans la société de Falaise, « le combat à mort contre la redoutable superstition » est à l'ordre du jour de la plupart des séances de ventôse. Aussi, le numéro 347 du *Père Duchesne*, envoyé par un membre qui l'a reproduit à 300 exemplaires, aussitôt distribués dans la salle, a été lu avec une telle ferveur que la société, « considérant que les principes sont excellents et qu'ils peuvent faire échouer les efforts des cagots, des calotins et des intrigants qui trompent le peuple », décide le 18 ventôse de l'imprimer à deux mille exemplaires pour les distribuer dans les communes du district. La justification politique de son rédacteur, qui vient d'être arrêté à Paris, parvenue le 24 est aussitôt affichée dans le local du club. Mais trois jours plus tard, l'« intrépide défenseur des droits du peuple » devient « l'infâme Hébert » et sa justification brûlée lorsque le conventionnel Legot annonce la conspiration des Hébertistes en joignant le *Journal des Amis de la Liberté et de l'Egalité*. Aussitôt, l'agent national déclare avoir été trompé par le journaliste qui n'avait pas toutes les vertus de Marat et le président du club tire ensuite la conclusion politique qui s'impose : « en révolution, il ne faut jamais idolâtrer personne ». Au delà des prises de position conformistes, intéressons-nous aux conséquences de l'élimination de ladite faction.

La société de Lisieux qui correspond toujours, en germinal, avec le club parisien des Cordeliers comme avec celui des Jacobins, est heureuse d'apprendre que Bereytter, compromis dans le procès Chaumette, a été acquitté par le Tribunal révolutionnaire et en profite pour dénoncer les « aristocrates » qui l'ont fait inculper. Par ailleurs, elle accepte sans difficulté, le mois suivant, de transformer le Temple de la Raison en Temple de l'Etre Suprême. Dès le 1er germinal, elle avait rappelé au représentant en mission dans le département, Frémanger, sa promesse que le peuple ne manquerait pas de pain et l'avait invité à renouveler les municipalités rurales « en y mettant tous les vrais sans-culottes et non les richards ». Puis, les critiques contre les administrateurs et les autorités constituées vont se faire plus virulentes au point de motiver la dénonciation, auprès du comité de la Convention, d'un « parti anti-populaire » à Lisieux. A sa tête, quatre clubistes membres également du comité de surveillance, dont le procès aura lieu, en fait, en vendémiaire an III. La justification des inculpés dans la séance du 1er prairial suffit alors à la société populaire qui les soutient dans son adresse à la Convention.

A Cherbourg, où on a allumé un feu de joie, avec les feuilles du *Père Duchesne*, en apprenant le 28 ventôse la conspiration déjouée à Paris, les rapports deviennent tendus en germinal entre le Montagnard en mission Pomme et la société populaire. Après avoir critiqué l'épuration des clubistes, celui-ci se plaint le 3 germinal du ton de sommation sur lequel lui parlent ses commissaires et, particulièrement, Victor Le Fourdrey, un des dirigeants du club. Sous-lieutenant de la garde nationale, lors de son adhésion en mai 1790, officier municipal en 1793 quand il est choisi par Le Carpentier pour faire partie de son Conseil, directeur de la Poste-aux-lettres quand il est épuré ce même mois de germinal, Victor Le Fourdrey est un agent politique du gouvernement révolutionnaire qui sera exclu de la société thermidorienne en l'an III.

Président du club en brumaire, il a lancé un vaste programme déchristianisateur. Sa « Morale républicaine », ainsi qu'il intitule sa causerie du décadi, rencontre l'assentiment des clubistes qui, pendant tout l'an II, vont se mobiliser en faveur de l'abdication des prêtres, du seul culte de la Liberté, de l'Egalité et de la Raison qui n'exclut pas, d'ailleurs, les liturgies consacrées à Marat et autres martyrs de la Liberté pendant le mois de nivôse, en attendant les missions patriotiques dans les campagnes du printemps et de l'été. Selon le représentant du peuple, celui-ci s'exprime « avec le ton de sûreté d'un ci-devant noble ! ». Aussitôt, le militant se disculpe devant la société qui approuve sa plaidoirie dans laquelle il assure « qu'il n'a jamais manqué de respect à la représentation nationale et à un Montagnard aussi pur que le représentant en mission ». Le même jour, un conflit se produit avec un adjudant général qui traite le club de « société de désorganisateurs ». Deux jours plus tard, on apprend la destitution par le comité de Salut Public du frère de Victor, Augustin Le Fourdrey, adhérent au club depuis septembre 1790. La société écrit alors, le 18 germinal, à Bourdon de l'Oise que la destitution de Le Fourdrey, agent maritime à Cherbourg, « avait tellement abattu les patriotes qu'ils n'osaient plus se montrer ». Le 26, elle décide que la loi qui protège les sociétés populaires sera écrite en gros caractères à l'intérieur de la salle des séances. Le lendemain, elle fait ajouter un bandeau : « Une portion du Souverain est assemblé ici. Respect ! » pour rendre plus clair le message destiné au représentant en mission qui va imposer, deux jours plus tard, son mode d'épuration à la société populaire.

La chute des factions en germinal a d'autres conséquences que celles d'attiser les rivalités de pouvoir entre les Conventionnels et les clubistes, en attendant de faire surgir les thermidoriens. Par exemple, on reparla à Honfleur du système d'Hébert et de Ronsin pour lui imputer, en messidor, la déchristianisation radicale qui conduit à l'immoralité et à l'insensibilité, visibles en particulier dans les enterrements, confiés à « des mains mercenaires ». Aux lendemains de la fête de l'Etre Suprême, la société populaire, invitée par un membre à donner « à la cérémonie funèbre toute la pompe et la décence qui convient à un peuple régénéré », formalise le rite du dernier passage en mettant au point un cérémonial laïque, égalitaire et familial.

Ce n'est pas la mort héroïque qui, comme à Mamers, est valorisée pour inscrire la survie des soldats de l'an II dans la mémoire collective par la construction d'un monument aux morts dans la cité qui mobilise concrètement tous les clubistes pendant l'été 1794. C'est le deuil familial dont on s'occupe à Honfleur. Les services municipaux avaient pris le relai des confréries de charité et le noir d'usage avait été remplacé par le drap tricolore dans des inhumations « conformes à l'égalité ». Le rituel qu'imagine la société populaire tend à combler le vide laissé par l'éradication du culte catholique. Elle restaure l'usage du noir en confiant à la commune la charge de confectionner, pour les deux sections et leur cimetière, six manteaux de serge et six grands crêpes à attacher au chapeau que porteront les parents les plus proches du défunt. Le convoi funèbre et l'annonce des funérailles par la famille, conçue comme une marque essentielle de civilité, sont également restaurés. Quant aux condoléances, elles sont supprimées car la cérémonie doit rester silencieuse. Il s'agit « d'oublier les cérémonies ridicules que la vanité et la superstition faisaient pratiquer » en offrant un rituel républicain.

« L'affaire du Mans »

La vie militante des Jacobins provinciaux en l'an II est particulièrement intéressante à suivre dans le chef-lieu de la Sarthe. Car la résonance du « drame de germinal » a une grande amplitude avec les contestataires manceaux.

La séance inaugurale de « l'affaire » a lieu le 7 germinal à La Couture. Arrivé au Mans la veille au soir, Garnier de Saintes, le représentant en mission qui était déjà venu épurer les autorités constituées conformément à la loi du 14 frimaire, convoqua une assemblée populaire à dix heures du matin. Elle réunit trois mille personnes selon les témoins. D'après l'un l'eux, les protagonistes se placèrent à gauche comme « toutes les mauvaises têtes », et « les gens tranquilles, à droite ». Entouré des chefs de la force armée, le représentant du peuple monte à la tribune prononcer son réquisitoire, d'après les instructions du comité de Sûreté Générale, contre les leaders de la société populaire. Tandis que l'on commence à murmurer que « le citoyen Garnier ressemble à Dumouriez, entouré de l'état-major de Cobourg », Rigomer Bazin, agent national du district, et Charles Goyet, membre de l'administration du département, sont accusés de conspirer contre la Convention et mis en état d'arrestation. Aussitôt, des cris se font entendre : « C'est faux ! C'est abominable ! » ou encore « Cela ne se passera pas comme on croit ! » pendant que des femmes appellent à la révolte : « Les laisserons-nous aller en prison ? ». Le tumulte grandit, la foule se presse autour de Garnier, des coups de bâton sont échangés. Goyet monte alors à la tribune pour enjoindre au peuple de garder son calme, de respecter le député qui faisait son devoir et de laisser faire la justice républicaine qui ne manquerait pas de reconnaître leur innocence.

La dénonciation politique d'une conspiration au Mans émane de plusieurs sources. Celle du député, Levasseur de la Sarthe qui, depuis son élection à la Convention et ses nombreuses missions à l'Armée du Nord, n'a pas eu le loisir de revenir au Mans mais qui a conservé des frères et amis qui lui apprennent, notamment, sa radiation du club dont il était le fondateur [20] ; celle du représentant en mission, Garnier de Saintes qui, depuis une année, court de l'Armée des Côtes-de-la-Rochelle à celle de Brest en traversant tous les départements de l'Ouest et qui a nommé, comme agents politiques du gouvernement dans le chef-lieu de la Sarthe, les militants du club ; celle aussi, plus tardive, de l'accusateur public du tribunal Juteau-Duhoux, futur président de la société thermidorienne, qui rédige un rapport confidentiel.

L'enquête judiciaire menée par un juge de paix manceau, adhérent du club dès la première année, a été réalisée dans une totale indépendance vis à vis du pouvoir politique quelles qu'aient pu être les accusations de partialité. De l'audition de près de 70 témoins, il ressort clairement qu'à la tribune de la société populaire on a fait le procès du Gouvernement révolutionnaire [21]. On y a dit que « la Convention était usée

20. Dans sa correspondance avec son collègue François, en mission dans l'Ille-et-Vilaine, Levasseur écrit le 6 ventôse son embarras sur la situation dans le chef-lieu de leur département. Il est au courant du voyage à Paris de Garnier, « décidé à mettre à la raison ces scélérats qui se sont démasqués après l'avoir cruellement trompé » mais il juge « l'affaire très délicate s'il les met en état d'arrestation » car « ils se présenteront comme des patriotes opprimés pour avoir dénoncé les administrateurs fédéralistes et contre-révolutionnaires ». Il se montre « partisan de la prudence » et de la nécessité « de rendre justice à chacun » AD Sarthe. L 123.
21. A.N. W 356. Affaire du Mans.

et qu'il fallait en changer », qu'« il était dangereux de laisser trop longtemps le pouvoir dans les mains des mêmes personnes parce qu'accoutumées à manier ces pouvoirs, elles finissaient insensiblement par croire qu'ils étaient leur propriété », que « si les députés, disséminés dans les départements, y restaient trop longtemps ils y despotiseraient et, par là, feraient manquer notre révolution » et on a réclamé : « Plus de vizirs ! Plus de tyrans ! ». On a aussi avili la représentation nationale en dénonçant les Montagnards Levasseur et Garnier comme « ennemis du peuple » parce que l'un n'avait pas soutenu leur pétition sur les subsistances à la Convention et l'autre faisait relâcher les parents d'émigrés.

Les témoins qui dressent l'acte d'accusation critiquent surtout la dictature qui règnait dans la société populaire depuis que les inculpés en avaient pris la direction : « Ils tyrannisaient le club », « les opinions n'étaient pas libres », « on n'y instruisait plus le peuple », « on ne faisait monter à la tribune que ceux qui parlaient en leur sens » et, enfin, « on rayait de la société tous ceux qui refusaient de signer leurs adresses ». Parmi ces modérés, reprochant aux dirigeants du club leur exagération terroriste, se trouvent de vieux militants qui ont combattu à leurs côtés les administrateurs fédéralistes, comme Marat Roustel, le premier prêtre abdicataire de la Sarthe devenu commissaire des guerres au Mans, arrêté en juin 1793 comme maratiste et radié, lui aussi, du club.

Certains témoins ont dit aussi que « les accusés n'ont point trempé dans la conspiration d'Hébert et que s'ils ont avili la Convention et sa représentation, ce n'est que par un zèle outré, les ayant entendus se plaindre de l'élargissement de plusieurs individus détenus comme suspects ». Des partisans convaincus et fidèles ont même juré qu'ils n'avaient « jamais entendu de propos contre la Convention ou ses représentants ». D'autres ont tenu à rapporter les propos exacts de Bazin : « Garnier était un vrai Montagnard et un bon Sans-Culotte mais il était trompé par les gueux ou aristocrates qui l'entouraient » et « il n'avait pas le droit de dissoudre la société populaire d'Alençon comme il avait fait » car « en entrant dans la société, le représentant passait par dessous le niveau de l'égalité ».

D'emblée, le conflit politique au Mans n'est pas la reproduction du conflit national qui oppose, en ce printemps 1794, Exagérés et Indulgents ni celui qui dresse Levasseur contre Philippeaux même s'il va être interprété, d'abord, comme un complot hébertiste, puis, au fil des jours de germinal comme une conspiration philippotine.

Les Jacobins manceaux, après avoir longtemps refusé d'intervenir dans les querelles de personnes, ont pris position pour la véracité du rapport de Philippeaux sur la Vendée. Leur adresse du 26 pluviôse à la Convention nationale, au comité de Salut Public et à toutes les sociétés populaires, signée par 120 clubistes, dénonçait avec une vigueur égale à celle du *Défenseur de la Vérité* les généraux de l'Armée révolutionnaire.[22] Lorsque *Le Père Duchesne*, où Levasseur compte des amis, réagit avec une aussi grande virulence contre les « philippotins manceaux », les Sans-Culottes de la Société Républicaine du Mans répliquent le 12 ventôse dans un long historique du club, adressé à la fois aux Jacobins et aux Cordeliers. D'abord, ils renvoient dos à dos les deux Montagnards de la Convention qui, en 1791, rejetèrent l'idée d'un gouvernement républicain et la pétition sur l'abolition du fameux marc d'argent en rappelant que Philippeaux proposa l'affiliation aux Feuillants, sans susciter l'opposition de Levasseur, de Letourneur ni de Boutroue et que ce sont les sans-culottes de

---

22. AD Sarthe. 1 J 60. Papiers Monnoyer.

la Société fraternelle qui les ramenèrent dans la voie révolutionnaire. Ensuite, après l'analyse du mouvement taxateur et du rôle des clubistes dans l'échec du fédéralisme, Bazin et ses amis accusent la députation de la Sarthe, en bloc, de protéger les administrateurs fédéralistes, emprisonnés à Chartres, pourtant « prévenus de complicité avec les brigands de la Vendée ». Enfin, après avoir renvoyé Hébert à l'exactitude des faits avant d'écrire son journal, ils terminent par une profession de foi jacobine : « Quelques efforts que l'on fasse pour nous jeter dans des partis extrêmes, nous ne nous séparerons jamais du centre d'unité ».

L'influence cordelière, dans la lutte contre le modérantisme des Conventionnels ou dans la revendication de l'autonomie politique de la société populaire, n'est imputable ni au journal d'Hébert, ni « à la foule d'épauletiers, de muscadins parvenus qui, demain, croupiraient dans la plus vile nullité si la guerre (de Vendée) finissait et qui ne la prolongent que pour se perpétuer dans leurs places et leurs fortes pensions ». Il convient donc de valoriser l'expérience politique locale qui a forgé ces militants. Si l'on dresse le portrait collectif du groupe des militants qui, au nombre de dix finalement, sont traduits devant le Tribunal révolutionnaire, on est évidemment frappé par sa jeunesse. Les prétendus « vieux amis du peuple, qui n'avaient pas 24 ans » dont se gaussait Garnier de Saintes, n'ont effectivement pas 30 ans. Ajoutons, ensuite, que s'ils ont tous connu le scrutin épuratoire de 1793 et sont enracinés par leur famille dans la ville ou dans la région, ce ne sont pas des vieux adhérents du club. L'épithète de « patriotes de 93 » fait pourtant réagir Ch. Goyet, marchand à Montfort-le-Rotrou, qui comme son ami, avait 18 ans en 1789, en développant le militantisme dont a fait preuve dans sa commune depuis le début de la Révolution et les résultats positifs qu'il y a obtenus lors de la ratification populaire de la constitution. Incontestablement, il y a un conflit générationnel entre les jeunes « gauchistes » du club et leurs aînés de la Convention.

On trouve néanmoins, à leurs côtés, un adhérent de la première heure en la personne de P.A. Potier qui, illustrant un parcours classique d'Enragé de 1792 à Exagéré, est alors commissaire des guerres, après avoir été maire du Mans en 1793. Il y a aussi un ancien président de la Société fraternelle, Louis Le Faucheux qui, membre du comité de surveillance, est le doyen du groupe avec ses 52 ans. Mis à part le jeune Bazin qui a du attendre d'avoir 21 ans pour adhérer au club, sont entrés avec lui en 1791 les anciens journalistes Michel Boyer, officier municipal, et Louis-Florent Sallet, alors receveur du timbre, ainsi qu'un ancien vicaire constitutionnel du Mans de 33 ans, Alexis Jourdain, membre également de la société populaire de sa commune natale de Nogent-le-Rotrou et sous-chef de bureau au département. Les adhérents de 93 ne sont pas des manceaux. Outre Goyet, dont la femme est restée à Montfort s'occuper de leur commerce de toiles, Louis Guédon-Dubourg, un notaire de 34 ans loue une maison bourgeoise dans la section de l'Egalité depuis qu'il est devenu juge au tribunal de district tandis que François-René Delélée, receveur de l'Enregistrement, âgé de 25 ans et ancien clerc de procureur de Sainte-Suzanne, occupe une modeste chambre garnie de même que le benjamin, Pierre Turbat, un nivernais de 22 ans et demi, qui a été bénédictin puis employé à la municipalité de Paris avant de venir au Mans où il est secrétaire général de la commune.

Le mode de vie des jeunes gens, célibataires comme Bazin, Sallet, Turbat et Jourdain ou veuf comme Potier, et de leurs amis défraie un peu la chronique. Ils ont, en effet, l'habitude de prendre leurs repas ensemble chez deux ou trois traiteurs habituels. Ceux-ci et leurs servantes n'ont, toutefois, jamais entendu mal parler de la Convention même si la rumeur publique soutient que leurs clients y tiennent des conciliabules qui, sous la plume de Fouquier-Tinville, deviendront des « orgies ». A leur réputation de piliers de cabarets et de motionnaires forcenés, ils ajoutent celle de théâtreux. Créateurs au printemps de la Société Dramatique du Mans, les militants d'un théâtre d'agitation politique ont réservé un accueil très froid au riche négociant Le Prince, ci-devant de Claircigny, vénérable de la loge mancelle jusqu'en 1790 et adhérent de la société populaire depuis « l'invasion des Brigands » qui venait leur proposer de monter sa pièce, intitulée *Le Décadi*. Celui-ci reconnaît toutefois que son contenu « les avait un peu déridés ». Ensuite, Bazin et Potier lui avaient conservé un rôle dans son *Triomphe du Patriotisme*, et comme il craignait « d'avoir de la timidité sur le théâtre pour une première fois, ils lui dirent : Il te faudra boire une bouteille de bon vin, cela te donnera du courage, nous irons dîner chez toi ce jour-là ! ; qu'en effet, ils y vinrent, au nombre de neuf, tous acteurs, et qu'il ne fut question pendant tout le dîner que de comédie ».

En révolutionnaires conséquents de l'an II, la plupart délaissent leurs prénoms de baptême pour adopter les grands noms de l'Antiquité. Ainsi, les jeunes gens frais émoulus du collège comme Bazin, Boyer et Sallet ont choisi respectivement Timoléon, Regulus et Mucius Scaevola ; les hommes mûrs, traités de maratistes dans l'hiver 1792-93, ont adopté des prénoms doubles, ainsi Brutus-Marat Le Faucheux ou Marat-Cincinnatus Jourdain. Quant à Tell Goyet, il choisit un héros de l'époque féodale pour évoquer ses propres luttes contre le bailli de Montfort ; Potier semble s'être contenté de supprimer la suite féodale de son nom.

Prévenus de conspiration contre la Convention nationale, ils sont écroués, après quelques jours à la Conciergerie, dans une chambrée de dix à la prison du Plessis à l'exception, toutefois, de Boyer et de Turbat d'abord interrogés comme simples témoins par le juge de paix manceau, et de Guédon-Dubourg, vite transféré ailleurs pour raisons de santé. « Libres jusque dans les fers », comme l'écrivent Potier et Sallet, ceux qui attendent de comparaître devant le Tribunal révolutionnaire ont conservé, pour leurs parents (qu'ils vouvoient) ou leurs proches, un optimisme de bon aloi aussi pour les censeurs qui lisent le courrier avant de l'expédier : leur correspondance, privée ou collective, affiche la sérénité de républicains, sûrs de leur conscience, et fortifiée de fait par l'esprit de groupe. A la différence du pauvre Boyer, qui laisse tomber son masque de Regulus pour désavouer tous ses frères et amis en écrivant de la Conciergerie à Fouquier pour se démarquer de « la ramification, au Mans, de l'infâme conspiration d'Hébert » [23].

Les dix inculpés comparaissent le 9 floréal devant le Tribunal où l'accusateur public retient le crime de conspiration et réclame contre eux une peine de détention tandis que « les jurés réclament la parole pour les accusés et mettent les dix témoins manceaux en contradiction avec eux-mêmes », comme l'écrira le journaliste Bazin. Trois jours plus tard, le verdict du vice-président Coffinhal est l'acquittement car « il n'est point constant que, dans la commune du Mans, il ait existé une conspiration contre la liberté et la sûreté du peuple français tendant à dissoudre la représentation nationale, à anéantir le gouvernement républicain et à exciter la guerre civile en armant les citoyens les uns contre les autres et contre l'exercice de l'autorité légitime ».

L'annonce du verdict aussitôt connu dans la Sarthe suscite la fête dans les sections de Marat et de la Montagne où les femmes répandent la nouvelle de leur arrivée au Mans et d'où hommes et femmes partent le 14 floréal pour les accueillir sur la route

---

23. AN. Outre le carton W 356 pour leurs papiers saisis à leur domicile et non restitués, voir également W 178, 184,194 et 356 pour leur correspondance en prison.

de Paris « avec du fricot, du vin, de la liqueur et des démonstrations de joie et d'enthousiasme ». Mais, par ailleurs, Garnier de Saintes écrit son indignation à Billaud-Varenne et au comité de Salut Public le 15 floréal et deux témoins, présentés par l'accusation au procès, sollicitent un arrêté de la municipalité pour que les détenus restent incarcérés. La « joie énivrante » des habitants des quartiers populaires ne dure pas longtemps : après avoir attendu vainement, leurs lauriers et leurs palmes à la main, le retour des clubistes innocentés par le redoutable Tribunal, ils apprennent l'organisation d'un scrutin épuratoire à la société populaire. Le 22 floréal, en présence du représentant en mission, un clubiste et témoin à charge, Lebrun juge au tribunal de district, propose d'exclure définitivement les dix militants disculpés. Sa motion, malgré les cris et les huées des femmes dans les tribunes, est adoptée. Le lendemain, dans une séance privée, le président Roustel demande aux membres épurés de prêter le serment, par appel nominal et lettre alphabétique, « tel qu'il a été rédigé et sans observation ». Mais les premiers appelés refusèrent de jurer « de ne jamais recevoir parmi eux les dix détenus si, par hasard, ils sortaient de prison » : Garnier de Saintes était parti et la foule attendait devant la porte en criant que cet arrêté était « contraire aux droits de l'homme ».

Forts de ce succès, leurs partisans s'enhardissent les 28 et 29 floréal. Un clubiste de 1793, le traiteur manceau Coutard propose une adresse, bruyamment soutenue par les tribunes, qui désavoue les opérations de Garnier et réclame la libération des prisonniers. Pour mettre fin au tumulte, le président Juteau, ancien procureur au présidial et agent national de la commune, renvoie la discussion au lendemain. Le 29, le vice-président Le Prince, négociant et membre de la Société dramatique, fait retirer la motin et adopter une adresse de félicitations à la Convention pour son décret sur l'Etre Suprême et l'immortalité de l'âme. Mais la contestation n'est pas enrayée : d'autres clubistes, notamment Brossard, tireur d'étain de son métier, fait valoir que l'arrêté du 22 floréal est inconstitutionnel et fait adopter par les membres présents qu'une copie en soit faite et envoyée aux Jacobins et à la Convention. L'annulation postérieure de sa motion ne le décourage pas. Ses adversaires diront que les motions du modeste ouvrier étaient l'œuvre des frères Chauvel, notaire et employé au département, chez qui il passait tous les après-midi. Le 12 prairial, il en propose une autre que le président Le Prince ne peut que refuser de signer ; comme les secrétaires se rangent à ses côtés, le renouvellement du bureau est aussitôt décidé : Brossard et Coutard sont élus secrétaires et Pissot, un commis au département adhérent de janvier 1792, est porté à la présidence. L'adresse pouvant ainsi être signée en nom collectif, les clubistes décident d'organiser une quête dans toute la ville pour payer les frais du voyage à Paris de Coutard.

Dès le lendemain de son départ, une enquête est ouverte sur « les troubles occasionnés dans la société populaire » par le comité de surveillance du Mans dont les membres qui le composent, pour la plupart depuis le mois de vendémiaire, ont été épurés par Garnier ; rémunérés à trois livres par jour, ils sont, d'une part, largement issus du monde de l'échoppe et de la boutique et, d'autre part, ce sont de vieux clubistes. Leur enquête se poursuit, après une première série d'arrestations dans les milieux populaires, lorsqu'arrivent au Mans deux commissaires [24], membres des

---

24. Le principal porte-parole, J.P.Bonjour, est bien connu comme militant de la section du Bonnet Rouge à Paris. L'agent du comité de Sûreté Générale sera arrêté en Thermidor et libéré en brumaire an IV. Néojacobin en vue, il sera victime de la purge consécutive à l'explosion de la fameuse machine infernale et envoyé en résidence surveillée dans le Jura d'où il ne reviendra qu'en 1806. D'après Monnier-Soboul (45) p. 473.

Jacobins et envoyés par le comité de Sûreté Générale, au nom du comité de Salut Public. Le commissionnaire monté à Paris porter la pétition des clubistes a réussi à mettre en branle le pouvoir jacobin. Toute la ville est aussitôt en émoi, des membres du comité de surveillance leur rendent visite à l'auberge où ils sont descendus, suivis par des clubistes qui avaient fait apposer quelques jours auparavant les scellés sur les registres du club. Une foule considérable se presse le soir du 28 prairial à la société populaire. Après avoir présenté leurs diplômes et leurs pouvoirs au président Juteau, à défaut de Le Prince qui jouait au théâtre, ils réclament les arrêtés des séances des 22, 28 et 29 floréal, sous les applaudissements des tribunes. On parla aussi à cette séance qui se termina à 11 heures du soir de l'application du Maximum qui laissait à désirer, tandis que des discussions avec les partisans des détenus se prolongèrent à l'auberge jusqu'à trois heures du matin. Quand les commissaires quittent Le Mans, leur opinion est faite : aux partisans de Garnier dans le club, accusés par les autres d'être de son bord pour garder leurs places, ils ont clairement dit « qu'ils étaient des mous et des lâches de laisser opprimer des patriotes ».

Toutefois, dès le lendemain et jusqu'au 4 messidor, le comité de surveillance reprend ses auditions et interrogatoires de plus de 70 personnes, aboutissant à d'autres arrestations [25]. Le représentant du peuple près l'Armée de l'Ouest est venu entre-temps rétablir l'ordre au Mans. Le procès-verbal de l'assemblée populaire, tenue dans la fameuse enceinte de la La Couture le 1er messidor, dont les secrétaires sont Juteau et Le Prince, mentionne la présence de « quatorze mille individus qui étaient venus entourer de leur affection et reconnaissance » Garnier de Saintes. Toujours entouré de son état-major, mais aussi de la garde nationale et de tous les corps administratifs et judiciaires, le représentant du peuple « spécialement envoyé par le comité de Salut Public », après avoir tenu un discours « analogue aux circonstances » (c'est-à-dire imprégné du complot des prisons qui agite alors la capitale), donne la parole aux autorités mancelles qui, à tour de rôle, montent à la tribune pour dénoncer « le foyer de conspiration, formé par les détenus de Paris, qui se renouvelait depuis leur absence par l'entremise des agents qu'ils ont laissé après eux ». Soucieux d'établir le plus parfait consensus, sans se contenter des applaudissements qui ponctuent chaque discours, le représentant du peuple demande une relecture des prises de position officielles et sollicite l'opinion du peuple par un lever de mains ou de chapeaux. L'unanimité obtenue dans la séance publique, Garnier de Saintes décide le lendemain d'épurer une nouvelle fois la société populaire en précisant qu'il se réserve le droit, une fois la liste des membres établie par la commission épuratoire et ratifiée en assemblée générale, « d'en exclure ceux contre lesquels nous aurions des reproches connus et pertinents à opposer » [26]. Mais la veille de son départ, ayant appris le 9 messidor que « dans les bas-quartiers de cette commune où les factieux ont été le plus constamment rassemblés, on débite avec une criminelle complaisance qu'on a reçu de bonnes nouvelles de Paris », il décide l'exclusion de la société populaire de tout citoyen qui « sera convaincu, aux yeux du jury populaire, d'avoir eu des relations intimes avec la faction Bazin » et la non-admission de clubistes nouveaux.

Désormais, un néologisme est né dans la Sarthe : les Bazinistes. Le compte-rendu de mission des commissaires du comité de Sûreté Générale ne renverse pas le rapport de forces : l'agent national du district communique le 28 messidor, au comité

---

25. AD Sarthe L 604-606. Registres du Comité de surveillance du Mans.
26. AD Sarthe. L 123. Papiers relatifs aux troubles de la société populaire et L 1827. Registres d'écrou des prisons du Mans.

de surveillance du Mans l'ordre de celui-ci de poursuivre « tous les partisans de Bazin et Morandière ». Le 9 Thermidor a une résonance toute particulière au Mans car la rumeur, cette fois fondée, de la libération prochaine des détenus parisiens provoque, à la fin du mois, une grande effervescence. Au café d'un clubiste, on a entendu dire qu'« à l'arrivée de Bazin et Morandière, deux-cents têtes tomberaient ». Jacques Sargeuil, un marchand analphabète de 53 ans dont la femme est sous les verrous, est ainsi arrêté pour trouble à l'ordre public. Dans les rues « d'Outrepont et autres, connus sous le nom de bas-quartiers » le comité de surveillance apprend qu'« il se tient des propos incendiaires », que « plusieurs particuliers ont arrêté des passants pour leur demander s'ils étaient du parti de Morandière et autres et, sur l'affirmative, ils les laissaient passer » [27]. C'est le moment aussi où René Coutard, le commissaire de la société vers les Jacobins et le comité de Salut Public, revient au Mans et se fait arrêter comme robespierriste. Du complot des prisons à la conjuration de Thermidor, ce sont au total 23 « bazinistes » qui ont été arrêtés et emprisonnés au Mans.

Les partisans de la démocratie directe sont des hommes et des femmes du peuple, dont la grande majorité réside dans la section Marat. Ces quadragénaires, mariés et pères de famille sont pour les trois-quarts des membres de l'échoppe et de la boutique : trois cordonniers, deux charpentiers, deux marchands, un tisserand, un ouvrier en laine, un traiteur, un jardinier, un garde-magasin et un voiturier. Il y a aussi le notaire Chauvel, chez qui tous les républicains sous le Directoire signeront leurs contrats notariés, deux employés au département et deux ex-prêtres. Cette répression des troubles politiques, à connotation sociale marquée, semble vouloir signifier, juste avant thermidor, la rupture de l'alliance jacobine de la bourgeoisie et des classes populaires. Cinq femmes, parmi les premières arrêtées, sont des militantes de la révolution dans leur section et les tribunes du club. Les sans-culottes manceaux ne sont pas de vieux adhérents du club : s'il y a deux vieux compagnons de la Société Fraternelle d'Outrepont et un clubiste de 1792, neuf autres ne sont entrés à la société populaire qu'en 1793 et deux en l'an II. Un manceau détenu n'a jamais fréquenté que les tribunes ainsi que les ruraux de Parigné-le-Pôlin, Fresnay, Foulletourte et La Bazoge qui ont été poursuivis dans les ramifications départementales de la prétendue conspiration. Ils sont libérés de prison, le 4 fructidor, par Rigomer Bazin et Louis-Florent Sallet dès leur arrivée au Mans.

Le moment thermidorien n'est pas uniquement consacré aux retrouvailles des manceaux avec les ex-détenus et à leurs efforts pour obtenir leur réintégration civique dans le club et la ville car, avec la conspiration déjouée de Robespierre, ils vont devoir affronter les accusations de désorganisateurs et de terroristes. Pour l'instant, il est nécessaire de conclure sur les luttes partisanes du Mans. L'interprétation soboulienne d'une contradiction entre les aspirations de la sans-culotterie parisienne et la politique jacobine, pour être retenue, ne peut pas être comprise au Mans comme une opposition entre une double organisation. La contestation du gouvernement révolutionnaire de l'an II est conduite par les agents politiques de ce gouvernement qui utilisent la tribune du club jacobin pour asseoir leur hégémonie. Leur critique se nourrit autant de la mentalité républicaine qui postule l'égalité entre tous les citoyens, députés à la Convention compris, que de la conception jacobine de l'assemblée publique où le peuple est souverain. C'est la structure interne de l'associa-

---

27. AD Sarthe. Outre la correspondance du comité de surveillance, voir celle de l'administration du district avec la Convention (L 152) et ses registres de délibérations (L 546 et 538).

tion politique, et non une influence externe, qui a rendu possible la dissidence d'une société populaire dont les leaders, emplis de la fougue de leur jeunesse et revêtus du prestige d'avoir lutté aux avants-postes contre les fédéralistes et les Vendéens, avaient acquis une réelle audience dans les quartiers populaires.

L'épuration post-thermidorienne

La chute de Robespierre entraîne une dernière et nouvelle vague d'épurations. En apparence, le 9 thermidor ne modifie pas le mouvement associatif provincial qui réagit par la pratique, désormais, classique de l'auto-épuration à un nouveau tournant politique. L'événement n'a toutefois pas affecté de petites sociétés populaires comme Longny-au-Perche ou Mamers qui se sont contentés d'envoyer le tableau de leurs membres. La situation est bien différente dans les villes comme Falaise, où une nouvelle épuration est réclamée dès le 19 fructidor après la réapparition au club du Conventionnel Vardon qui votait avec les Girondins en 1793, ou encore Cherbourg dont le club est sollicité pour réintégrer, dès le 25, les membres précédemment exclus.

La reprise en main par la Convention du pouvoir politique, avec un gouvernement révolutionnaire instrumentalisé, n'a été effective que deux à trois mois après l'événement. Elle s'est traduite, d'abord, par l'envoi à toutes les sociétés populaires comme aux autorités constituées, de la proclamation du 18 vendémiaire an III, rappelant la centralité législative, la légitimité populaire du gouvernement représentatif et précisant qu'« aucune autorité particulière, aucune réunion n'est le peuple, aucune ne doit parler, ne doit agir en son nom ». Après cet avertissement aux « héritiers des crimes de Robespierre qui s'agitent en tout sens », la Convention nationale s'engage, par son décret du 25, dans une voie réactionnaire en interdisant toute affiliation, toute correspondance et toute pétition en nom collectif tout en demandant aux sociétés populaires d'établir et d'envoyer le tableau de leurs membres.

Le débat législatif qui commence alors pour s'achever le 6 fructidor, avec la dissolution des clubs et sociétés populaires, inaugure le long débat politique sur l'héritage toujours vivant de Robespierre : le jacobinisme. Les Thermidoriens y reprennent la critique libérale, faite sous la monarchie constitutionnelle et rapportée jadis par Le Chapelier, en dénonçant l'existence d'une puissance intermédiaire entre le peuple et ses représentants qui concurrence le pouvoir légitime du gouvernement représentatif. Quel que soit le courage des députés qui ont défendu alors à la tribune le droit d'association, comme « droit naturel et imprescriptible de l'homme et du citoyen » et rappelé l'histoire parallèle des clubs et de la Révolution, les Conventionnels qui, l'année précédente, avaient garanti constitutionnellement le droit à l'association politique, ajoutent pour actualiser le débat, que l'affiliation et la correspondance sont les principes du fédéralisme des sociétés populaires et que la surveillance des autorités relève de l'Inquisition. La coalition hétéroclite des Thermidoriens [28] dont la plupart ont été les membres fondateurs de la clubocratie locale et savent très bien que les sociétés populaires sont fermement tenues en main par les représentants en mission, n'a pas d'autre but alors que de supprimer l'héritage parisien de Robespierre. La fermeture du club des Jacobins, le 22 brumaire an III, est la conséquence à court terme de Thermidor. Motivée par le fait que

---

28. Brunel (75).

« Robespierre dominait dans les clubs de toute la République par l'organisation qu'il avait su donner au club des Jacobins de Paris », elle ne concerne pas les sociétés provinciales qu'il s'agit simplement, pour l'instant, de rallier au nouveau pouvoir.

Dans la société du Mans, tant de fois épurée par Garnier de Saintes, les membres de la société thermidorienne ne sont plus qu'une poignée. Dans celles d'Honfleur ou de Bernay, les clubistes se mettent en conformité avec la loi. A Honfleur, où on s'est plaint en fructidor « du modérantisme qui est à son comble dans la société », on s'est finalement prononcé le 19 vendémiaire an III pour féliciter la Convention et former un comité d'épuration. Les résultats du scrutin, achevé le 16 brumaire, restent inconnus. Le nombre des présents aux séances diminuent régulièrement et Taveau essaie d'expliquer aux Jacobins de sa ville qu'« ils se sont trompés sur les principes de la Convention et ont présumé, à tort, qu'en fermant la Société des Jacobins, elle avait l'intention d'anéantir les sociétés populaires » : c'est sur cette dernière intervention du conventionnel que s'achève, le 19 pluviôse an III, le registre de la société d'Honfleur. A Bernay, après avoir beaucoup discuté sur la perte d'énergie de l'esprit public, on applaudit le 10 vendémiaire le rapport sur l'état actuel de la République que fit Robert Lindet, avant de quitter le pouvoir, au nom des principaux comités de la Convention. Voulant conserver avec lui des illusions sur le sens du 9 thermidor, ses concitoyens trouvèrent « ses principes purs et consolateurs ». La rédaction du tableau des membres est effectuée le 18 brumaire, comme d'habitude, sans commentaires. La voie thermidoriene d'un ancien club montagnard se fait sans rupture avec le passé : on peut remarquer, en effet, que la perte de quelques vieux militants est largement compensée par la fidélité des derniers adhérents. C'est, tardivement, en nivôse an III, que la société des frères Lindet décide l'annulation des règles du scrutin épuratoire et l'admission des « citoyens qui se sont momentanément séparés de la société ». Mais on ignore le nombre et la qualité des citoyens réintégrés.

Dans les clubs de Falaise et de Cherbourg, les délibérations sont beaucoup plus précises et détaillées car c'est, bien sûr, l'heure de la revanche politique. A Cherbourg, où depuis Thermidor, on discute beaucoup et tout autant qu'en juin 1793, le conformisme idéologique est toujours de rigueur à l'heure de l'épuration. Le 3 brumaire, la société décide de réintégrer les exclus de 1793 et de réhabiliter le conventionnel Ribet puis, pendant une quinzaine de jours que dure le scrutin épuratoire, elle fait le procès des « complices de Robespierre », « agents de Pitt et de Cobourg » ou « de la faction héberticide » et rejette, notamment, l'horloger Fossard, le capitaine Rayebois et le directeur de la poste Victor Le Fourdrey. L'épuration est toutefois moins massive qu'en 1793. Socialement, on constate que les nouveaux exclus appartiennent davantage au milieu des artisans et marchands qu'à celui des fonctionnaires ou des professions libérales sans que la société thermidorienne soit modifiée dans sa structure socio-professionnelle par la perte d'un dixième de ses membres. Ces militants de la République jacobine qui ont tous joué un rôle essentiel en 1793 et 1794, soit en faisant partie du Conseil du représentant Le Carpentier, soit en étant membre du comité de surveillance, sont nombreux à être des clubistes de la première heure. Leurs anciens adversaires reviennent au club dans la proportion des deux-tiers, en comprenant la dizaine de ceux qui sont rentrés dès germinal an II. Le renouvellement des effectifs de la société populaire est considérable : la majorité des membres n'a subi, en brumaire an III, qu'un scrutin épuratoire alors que seulement une cinquantaine, moins du cinquième, ont été trois fois épurés et qu'un quart des effectifs a subi favorablement deux épurations.

De Falaise, vient toujours l'originalité. C'est de la société qui ne voulait pas recevoir les discours de Marat et de Robespierre en novembre 1792, rompit avec les

Jacobins en janvier 1793, se compromit dans le fédéralisme et refusa l'épuration consécutive que vint la reconnaissance de la grande popularité de Robespierre et la conscience de vivre en thermidor un tournant de la Révolution. Le discours du président Dupont, un homme de loi de Falaise, n'est pas émaillé des clichés et rumeurs qui circulent alors sur l'Incorruptible : en son nom propre comme au nom de la société qui, en ventôse, louait « notre digne représentant Robespierre » pour son discours sur les principes de morale politique ou qui, le mois suivant, évoquait son « sublime rapport » sur l'Etre Suprême, il impute sa tyrannie dénoncée à une « coupable idolâtrie » collective. En traduisant le malaise qui s'installe parmi les républicains et en s'interrogeant sur la confiance que l'on peut porter aux hommes politiques, il a été diversement compris puisque le vice-président, un huissier quinquagénaire l'« aurait métamorphosé en panégyriste de Robespierre ». Toujours sous le choc des « événements extraordinaires qui se sont passés à la Convention », la société accueille Vardon et parle aussitôt d'exclure certains clubistes. Puis, en vendémiaire, son correspondant régulier, le conventionnel Legot qui prêche le ralliement autour de la Convention s'inquiète des rumeurs d'une division de la société que certains imputent « aux continuateurs de Robespierre ».

Le 3 brumaire an III, l'épuration est mise à l'ordre du jour par un Caennais, s'étonnant que l'on « n'ait point encore procédé à l'expulsion des partisans de Robespierre dont l'existence publique est un crime liberticide ». Les Amis de la Convention de Falaise lui répondent leur répugnance à ce procédé et consacrent alors leur dernier débat politique à discuter, point par point, les modalités juridiques du scrutin. Par crainte explicite de l'arbitraire, la commission de dix membres, élus à bulletins secrets et à la pluralité relative, sera étroitement soumise au pouvoir de l'assemblée générale. Les dix élus doivent se soumettre eux-mêmes à l'épuration publique en exposant à la tribune leur conduite privée et publique. Leurs pouvoirs sont strictement limités à recevoir toutes les dénonciations du public, vérifier si elles sont fondées et les tenir secrètes jusqu'à l'assemblée générale. L'épuration se fera par appel nominal et dans l'ordre alphabétique autour de seize questions posées à chaque candidat.

La société de Falaise choisit comme commissaires-épurateurs des bourgeois, quadragénaires, natifs de la ville, adhérents de 1791 et membres à plusieurs reprises de son bureau. Prenons simplement le premier élu, F. Gachet, 37 ans, ancien officier de santé et juge au tribunal, dont la trajectoire politique éclaire le fonctionnement de la société : il a été choisi 18 fois comme président ou vice-président et 6 fois comme secrétaire, de septembre 1791 jusqu'en nivôse an III, en passant par le printemps 1793, l'automne et tout l'an II. Au cours du scrutin épuratoire qui dura jusqu'à la fin du mois de frimaire, on fit le procès de la terreur mais on refusa, comme après le fédéralisme, l'exclusion des Falaisiens radicaux. Seul, un horsain a été offert à la vindicte publique ainsi que quelques partisans des tribunes. La motion de réintégration d'Henry-Larivière au sein de la Convention, proposée le 25 frimaire, n'a pas eu de succès dans une société qui l'a considéré trop longtemps comme « un ennemi de la patrie ».

L'organisation de ce scrutin épuratoire est tout à fait remarquable. D'abord, parce qu'il n'y eut pour ainsi dire pas d'épuration : le modèle intégrateur de la société populaire a résisté à toutes les passions politiques. Ensuite, la mise en scène du scrutin a donné lieu à une défense du droit républicain : sans se démarquer des vainqueurs, après le 9 Thermidor comme après le 2 Juin, les sociétaires ont défendu les droits civiques des vaincus. Enfin, les séances de la société populaire après ce bilan ne sont plus ouvertes que pour la forme et sans ordre du jour. En nivôse, la société établit le tableau de tous ceux qui, historiquement, ont eu l'honneur d'en être membres, en y intégrant ceux qui, tel le républicain contesté Henry-Larivière, avaient été porté « sur un tableau d'infamie ».

Scrutins épuratoires de l'an III

Membres depuis	1790	1791	1792	1793	an II	an III	?	Rejetés	Total
LE MANS (brumaire)	33 22 %	11 7 %	12 8 %	31 21 %	27 18 %	37 24 %		?	151 100 %
effectifs théoriques	91 36 %	122 9 %	41 29 %	279 11 %	392 7 %	37 100 %			962 16 %
BERNAY (brumaire)	18 11 %	63 39 %	6 4 %	5 3 %	63 39 %	6 4 %		?	161 100 %
effectifs théoriques	28 64 %	122 52 %	13 46 %	6 83 %	97 65 %	6 100 %			272 59 %
BAYEUX (brumaire)	5 2 %	136 5 %	18 7 %	8 3 %	41 16 %	3 1 %	54 20 %	?	265 100 %
effectifs théoriques									inconnus
CHERBOURG (brumaire)	57 26 %	27 12 %	15 7 %	62 27 %	28 12 %	21 9 %	17 7 %		227 100 %
effectifs théoriques	238 24 %	233 12 %	37 41 %	193 32 %	86 33 %	21 100 %			808 28 %
FALAISE (nivôse)		249 50 %	28 6 %	22 4 %	2	?	198 40 %	1	500 100 %
effectifs théoriques		251 99 %	29 97 %	25 88 %	2 100 %?	?	198 100 %		505 99 %
TOTAL*	108 20 %	101 19 %	33 6 %	98 18 %	118 22 %	64 12 %	17 3 %		539 100 %
effectifs théoriques	357 30 %	477 21 %	91 36 %	478 21 %	575 21 %	64 100 %	17		2059 26 %

(*Le total a été effectué sans prendre en considération les données de Bayeux ni de Falaise. A Bayeux, où 5 membres se disent fondateurs de la première société, parce que les sources ne permettent pas d'établir un fichier des membres ; à Falaise, parce que les données de l'an II et III sont manifestement sous-évaluées).

Le tableau des scrutins épuratoires de brumaire montre, au delà de diversité des situations, la chute absolue ou relative des effectifs. En pourcentage, les clubistes qui sont restés des adhérents fidèles au bout de cinq années sont une minorité, sauf à Bernay qui illustre l'engagement thermidorien d'un club montagnard sous les auspices de Lindet. A l'opposé de ce modèle, il y a la société du chef-lieu de la Sarthe qui, à cette date, n'a pas encore réintégré Bazin et quelques-uns de ses amis, clubistes impénitents. Dans les clubs du Calvados et de la Manche, on peut remarquer que le scrutin thermidorien ne permet pas de retrouver l'apogée de 1793, même après la reconquête de l'opinion.

Toutefois, le scrutin de brumaire an III n'est pas le dernier bilan des effectifs clubistes dans certains clubs. Par exemple, à Mamers, après avoir confectionné le tableau des 100 adhérents en brumaire, conformément à la loi du 25 vendémiaire, sans procéder à une quelconque épuration politique mais en évoquant avec nostalgie les 160 clubistes précédents, un dernier tableau des 64 derniers membres est réalisé en nivôse an III. Les chiffres disent parfois mieux que les mots, l'incontestable désaffection du club dans les villes de l'Ouest après Thermidor. Le procédé de l'épurement, né d'une pression collective où l'aspiration à la transparence publique, exigible de chaque citoyen, rencontrait la volonté gouvernementale de contrôle de l'opinion, a plutôt mal résisté à ce troisième grand tour de scrutin. Si la pratique est entré dans les moeurs - mais avec quelle réticence à Falaise ! - la méthode laisse de plus en plus de déçus de la Liberté à l'Antique sur le bord de la route.

La fin d'un modèle ?

Il convient de faire le bilan de l'hégémonie jacobine de l'an II, avant que ne s'impose, durablement, la conception thermidorienne et libérale de l'association politique jacobine comme celle d'un pouvoir public faisant obstacle au pouvoir légitime des élus de la Nation.

La caractéristique majeure de cette « République démocratique » pour laquelle, nous allons le voir, les militants jacobins vont être poursuivis en justice, est la volonté politique, à la fois constitutionnelle et législative, de concilier le principe associatif et le principe représentatif. Depuis 1789, les Jacobins de Paris et de l'Ouest font de l'Assemblée nationale la référence suprême : avant comme après thermidor, la Convention est « le point de ralliement ». La reconnaissance de la légitimité du pouvoir représentatif ne passe néanmoins pas par la méconnaissance de la souveraineté populaire : c'est bien l'insurrection du 10 août qui fait naître la République. Cette tension entre les deux pôles de références révolutionnaires subsiste en l'an II, malgré l'institutionnalisation de la société populaire dans la cité.

La délimitation des fonctions des clubs, la modification de leur recrutement sociologique et le contrôle des représentants en mission sur leur activité a infléchi la culture jacobine vers une culture gouvernementale. En étudiant le fonctionnement de l'association locale, on a constaté toutefois une large gamme d'attitudes entre les clubs forcés à l'orthodoxie, quel que soit le gouvernement, dans le port militaire stratégique de Cherbourg par exemple, et ceux qui choisissent, tel le club de Falaise, de se soumettre ou d'adapter les consignes officielles. L'autonomie de la vie associative locale est revendiquée avec d'autant plus de force que les clubs ont derrière eux une longue histoire de luttes politiques, leur permettant de contester l'autorité législative et exécutive d'un représentant du peuple dans leur enceinte. L'exemple du Mans, en germinal, montre bien l'affrontement des deux légitimités : en haut, la loi qui instaure « le gouvernement révolutionnaire jusqu'à la paix » ; en bas, l'héritage antique du club comme assemblée du peuple souverain. C'est bien dans cette dialectique entre le mouvement politique national et le mouvement associatif local, riche de sa propre histoire, que réside la compréhension du jacobinisme.

Ensuite, l'avancée démocratique de l'an II est incontestable. La floraison des clubs dans les campagnes, l'entrée des ci-devant citoyens passifs dans les sociétés populaires, la reconnaissance certes partielle des droits des femmes à la politique sont loin d'être négligeables. En développant la parole du pouvoir, dans les manifestations d'adhésion collective à la politique de la Convention nationale, la République jacobine a tenu à consacrer aussi - il ne faudrait pas l'oublier - le pouvoir de la parole. D'autant plus facilement, certes, que Robespierre incarne à la Convention et aux Jacobins les deux légitimités. Mais faut-il déplorer que la conception démocratique de l'association politique soit alors celle du club et non celle du parti politique ? Car le magistère politique et moral de Robespierre n'explique ni l'incapacité des Jacobins à assumer un rôle politique autonome par rapport à la Convention ni l'élimination des factions, des Girondins aux Montagnards, par la représentation nationale. Société particulière ou société publique en l'an II, le club jacobin qui fonctionne comme un parti en édictant ses statuts, en imposant un serment à ses membres, en excluant les non-orthodoxes selon la ligne politique du moment, exclut l'idée partisane qui nuit à l'expression de la volonté générale. L'association politique des partisans du régime est, en même temps, une réunion publique où le citoyen des tribunes peut critiquer la gestion de ses représentants à tout moment, y compris au cours d'un scrutin épuratoire des adhérents. La conception jacobine du club, comme forum dans la cité ou réunion publique de la communauté villageoise, est historiquement datée. Mais, elle est une étape fondatrice de la pensée et de la pratique démocratique.

QUATRIÈME PARTIE

DÉJACOBINISATION ET NÉOJACOBINISME DANS L'OUEST

La chute de Robespierre est annoncée presque partout dans les sociétés populaires par les Conventionnels eux-mêmes : Taveau à Honfleur, Legot à Falaise, Lindet à Evreux et Bernay, Bouillerot à Bernay, en attendant que Le Carpentier ou Desgrouas confortent la version officielle dans les clubs de Cherbourg ou de Mortagne et que Levasseur écrive dans ses *Mémoires*, au nom des Montagnards : « Nous étions tous thermidoriens » [1]. Le refus de concevoir le réseau jacobin comme un possible contre-pouvoir politique à celui de la Convention est lourd de conséquences aux lendemains du 9 thermidor.

Alors que la déjacobinisation, mise à l'ordre du jour, favorise l'essor de la chouannerie dans l'Ouest, l'époque thermidorienne ouvre la voie à une grande recomposition politique et débouche sur un nouveau régime constitutionnel. Sa philosophie libérale condamne l'existence d'un pouvoir public autonome et parallèle à celui du pouvoir représentatif, mais ses principes républicains exigent qu'il recherche l'appui de l'opinion publique pour défendre les conquêtes de la Révolution. Nous présenterons, dans un premier temps, les divers aspects politiques et sociaux que la réaction thermidorienne a revêtus dans l'Ouest, puis les effets de la constitution du nouveau champ politique et, enfin, les conditions et les caractères que prend, dans ces départements, la résurgence de l'association politique et de la réunion publique à la fin de la décennie révolutionnaire.

---

1. *Mémoires de Levasseur de la Sarthe, ex-conventionnel*, éd. Ch. Peyrard, 1989, p. 595.

CHAPITRE TREIZIÈME

LES RÉACTIONS THERMIDORIENNES EN L'AN III

Au singulier, la réaction thermidorienne a un sens politique précis : celui d'une éradication des institutions populaires et des idées révolutionnaires. L'heure est à la déjacobinisation dans l'Ouest après les événements parisiens de germinal et prairial an III. Mais le changement de cap ayant été progressif, il convient d'étudier les manifestations contraires et opposées à la politique de l'an II qui caractérisent la période de transition qui s'ouvre après thermidor. Période complexe où de nouveaux suspects apparaissent : « les complices de Robespierre », « les buveurs de sang », « les terroristes » alors que subsistent les sociétés populaires et le gouvernement révolutionnaire.

L'esprit nouveau des institutions révolutionnaires

Le nouveau discours politique est, en effet, produit par les mêmes hommes et dans le cadre des mêmes institutions. Le gouvernement révolutionnaire, réorganisé par le décret du 7 fructidor (24 août 1794), est maintenu jusqu'à la fin de la Convention et la mise en place de la nouvelle constitution (27 oct. 1795). Par conséquent, les représentants en mission continuent de jouer un rôle déterminant dans les départements.

Prenons l'exemple de Boursault dans la Mayenne. Sur le front de l'Ouest, dans un département traversé à trois reprises par l'armée vendéenne où les sociétés populaires n'avaient guère pu fleurir en l'an II, deux commissions militaires avaient été établies, en nivôse et en messidor, par de précédents représentants du peuple. De la suppression de ces tribunaux d'exception aux lendemains de thermidor à l'exigence de punir les responsables politiques locaux, il y a un phénomène de mentalité collective, bien perçu par B. Baczko lorsqu'il souligne que « les procès légitimaient, en quelque sorte, le droit à la vengeance »[2]. Mais l'ampleur procédurière de la répression dans la Mayenne est également due à l'activisme d'un représentant du peuple, le parisien J.F. Boursault, radié de la Société des Jacobins le 30 décembre 1792 et, quoique banqueroutier, admis à siéger à la Convention le 19 mars 1793. Sévèrement rappelé à l'ordre par le Comité de Salut Public au mois d'octobre suivant au cours de sa première mission dans l'Ouest, et particulièrent dans ce département, il ne put jamais réintéger le club parisien à cause d'un train de vie opulent malgré la faillite de ses affaires[3].

La chute de l'Incorruptible est, incontestablement, une revanche pour ce député qui reçoit une nouvelle mission aux armées des Côtes-de-Brest et de Cherbourg en fructidor an II jusqu'en ventôse an III. De celui qui est surnommé « père des chouans » dans le Calvados pour ses complaisances envers la terreur blanche, son rôle dans la Mayenne est moins connu. Comme à Rennes, il crée à Laval une « commission philanthropique » le 8 brumaire an III pour « s'occuper des motifs de détention » de tous les suspects emprisonnés[4]. Composée de neuf membres « probes, humains et patriotes », où figurent quatre juges, elle a fonctionné jusqu'au 7 frimaire. Après avoir fait donner un congé de trois mois à une cinquantaine de jeunes gens de la première réquisition, affectés de « la maladie des prisons », elle interrogea 132 détenus. Emprisonnés à Laval ou, pour quelques-uns à Chartres, ces suspects de l'an II sont majoritairement des femmes, parentes d'émigrés, ex-nobles ou religieuses (61 %). Originaires pour moitié du chef-lieu et, pour les autres, du département, les nombreux prêtres et ci-devants fraient avec le négoce, l'échoppe, la boutique et la tenure. Les sexagénaires sont cinq fois plus nombreux que les jeunes de moins de 20 ans. La Commission philanthropique décida le maintien en détention ou en résidence surveillée d'une trentaine sur qui pesaient les charges les plus lourdes, allant de leur « haine invétérée pour la Révolution » à la participation armée contre la République. Les trois-quarts des suspects ne sont pas encore libérés qu'entrent en prison les principaux responsables de leur arrestation, les anciens fonctionnaires de la Mayenne.

En effet, dès le 24 brumaire Boursault proclame à Laval : « J'ai déjà paru dans cinq districts et, déjà, j'ai rendu au peuple toute son énergie en faisant cesser la compression robespierriste qui s'y était établie en permanence »[5]. Les poursuites judiciaires contre « les terroristes » commencent donc très précocement avec trois arrestations à Lassay le 19 brumaire, six à Laval quatre jours plus tard et une douzaine encore avant les événements de germinal. Les représentants du peuple qui succèdent à Boursault décident alors le transfert d'une quinzaine de ces détenus à Alençon. Ces suspects de l'an III vont rester une année en prison jusqu'à l'amnistie votée par la Convention.

Examinons plus particulièrement les rapports entre les représentants du peuple et les sociétés populaires dans les anciens bastions montagnards de Coutances, du Mans et de Bernay.

La société du chef-lieu de la Manche, présidée en thermidor par Delalande, un de ces jacobins de 1793 qui avaient résisté au fédéralisme et empêché l'arrestation des

---

2. Baczko (69), p. 206.
3. Kuscinski (41), p. 83.
4. AD Mayenne. L 1629. Registre de la Commission Philanthropique de Laval.
5. AD Mayenne. L 1838.

conventionnels Prieur et Lecointre, a fêté dans la rue la nouvelle de la chute de Robespierre, apprise dans le journal. Dix jours après, son président met au compte de « la faction du nouveau tyran » le retard apporté au jugement des fédéralistes du département, traduits devant le Tribunal révolutionnaire depuis le mois d'août 1793. Pourtant, il est accusé ensuite d'être « un partisan de Robespierre » dans la société qui déplore, en même temps, la compression de l'esprit public depuis la chute de ladite faction. La confusion idéologique est alors générale : un membre rapporte, le 22 fructidor, que s'il y avait peu de monde à la réunion du décadi, c'est qu'on a entendu dire que « les décades étaient l'ouvrage de Robespierre ». Le 28, on donne lecture de la lettre du représentant Le Carpentier qui, en messidor, avait participé aux fêtes de la société populaire de Coutances, dans laquelle le Montagnard expose que « la révolution du 9 thermidor a été faite par et pour les patriotes, mais (que) les aristocrates veulent la tourner à leur profit » [6].

Des 268 membres qui sortent épurés du scrutin du 1er au 26 vendémiaire, il ne reste que six militants sur les 38 jacobins connus pour avoir joué un rôle décisif en juin 1793, en ferraillant aux avant-postes contre les Carabots. Jusqu'au mois de nivôse, la société épurée qui a intégré un ancien carabot tient des réunions quasi-journalières, consacrées surtout à la lecture des journaux parisiens. Les titres qui reviennent le plus souvent, *Le Journal Universel*, *Le Journal des Hommes Libres* et le nouvel *Ami du Peuple*, illustrent assez bien la volonté de stabilisation gouvernementale, sans révision de l'oeuvre révolutionnaire, que préconisent les thermidoriens de gauche à la Convention [7]. S'inquiétant des progrès du « fanatisme et de la superstition », la société populaire décide à la fin de brumaire de consacrer les séances du quintidi à la lecture expliquée de la Déclaration des Droits de l'Homme et du Citoyen de 1793 afin de « réchauffer l'amour de la liberté dans le peuple ». L'arrivée de Legot, fondateur de la société de Falaise, envoyé en mission dans la Manche du 24 frimaire au 24 ventôse, ranime la participation aux séances. Après avoir destitué Delalande et d'autres administrateurs de Coutances comme « terroristes », il conseille à la société de constituer un comité pour s'occuper de « l'humanité souffrante » en distribuant des secours aux malheureux. Mais les clubistes sortent de cette fonction attribuée par le représentant en mission à la société populaire en réclamant à la Convention « le rétablissement de la loi sur le Maximum ou de promptes et efficaces mesures de salut public qui assurent le prix des denrées de première nécessité à un taux que tous les citoyens puissent atteindre ». Couverte de sept pages de signatures, cette adresse du 24 pluviôse reçoit l'appui de la municipalité. La dépanthéonisation de Marat, portée à l'ordre du jour le lendemain par un membre, reste sans réponse. C'est le commissaire de police qui vient perquisitionner dans les locaux du club et emporter les statues de Marat et Le Peletier. La société qui pétitionnait pour le Maximum et refusait de jeter à la voierie le buste et les nombreuses estampes de Marat décorant son local, est dissoute par le représentant du peuple le 24 ventôse.

Le même jour, Legot décide la formation d'une nouvelle société populaire. Adoptant le slogan « Liberté, égalité, humanité, justice », celle-ci est présidée le premier mois par le juge Le Bastard qui, en juin 1793, parti de Coutances jacobin était revenu carabot de sa mission à Caen. A ses côtés, sept autres ci-devant carabots qui, pas plus que lui, n'avaient réintégré la société après son épuration de vendémiaire. Ils ne représentent qu'un tiers toutefois des leaders fédéralistes qui ont bénéficié de

6. AC Coutances. Registre de la société populaire du 13 prairial an II au 23 ventôse an III.
7. Brunel (75) p. 115.

la lenteur ou de la clémence du tribunal révolutionnaire. Le 14 germinal, la société des « Messieurs » comme diront ses adversaires, s'installe dans le local de l'ancienne. La salle des séances est alors décorée de fresques murales et toujours encombrée de dix piques portant différents étendards dont l'oeil de la surveillance et deux bonnets rouges aux rubans tricolores. Derrière le bureau, placé sur une estrade et éclairé par trois chandeliers, se détache une grande carte de la Déclaration des Droits de 1793 qu'on juge nécessaire d'enlever, le 20 messidor, à cause de certains « articles excessifs et, particulièrement, celui relatif au droit du peuple à l'insurrection » [8]. De part et d'autre du bureau, deux piédestaux en chêne servaient à exposer les bustes précédemment retirés et qu'on parle de remplacer par ceux de Rousseau et Franklin.

Le règlement de la société, établi le 18 germinal an III, définit ses principes : « la liberté, l'égalité, l'humanité, la souveraineté du peuple, la haine des tyrans, le maintien de la république une et indivisible, le respect des personnes et des propriétés ». Il prévoit trois séances, en soirée seulement, par décade qui, pendant trois mois, ont été effectivement tenues. Toutefois, l'institution d'un lecteur, nommé et renouvelé par le président à chaque décade, a nécessité l'ouverture quotidienne et matinale de la société pour la lecture publique des nouvelles. L'organisation interne est restée traditionnelle avec élection du bureau, définition de ses fonctions, mode de réception des candidats et ordre dans l'assemblée. Le pouvoir présidentiel est renforcé puisque le président nomme les membres du « Conseil des malheureux » dont les fonctions honorables avaient été définies par le conventionnel Legot. La cotisation, fixée à 30 sols par trimestre, n'a permis l'adhésion que de 126 membres. Néanmoins, les artisans et commerçants ont adhéré à cette société dans une proportion comparable à la précédente (moins du tiers des membres). Les commis de district ou de département comme les paysans y sont même proportionnellement plus nombreux. Les fonctionnaires et les fils de famille représentent toutefois le quart de ses effectifs. Les anciens sociétaires ne fréquentent pas la nouvelle société, à l'exception d'un laboureur, d'un filandier, d'un huissier et de sept fonctionnaires.

Son activité, à l'époque des insurrections populaires dans la capitale, est de seconder la Convention en la félicitant pour ses mesures répressives, en se préoccupant de surveiller « les infâmes satellites de Robespierre qui, partout, se réunissent encore » ou en organisant une cérémonie expiatoire dans les rues de Coutances pour se débarrasser, le 17 germinal, de « l'ombre de Marat ». Aux cris de « Marat à la voirie ! » et de « Vive la Convention ! », le cortège a transporté sa statue, peinte en rouge et installée sur du fumier, avant de la briser et de la jeter à la rivière. Revenus dans le lieu de leurs séances en chantant Le Réveil du Peuple, les « bons citoyens » estiment nécessaire de « prouver que l'opinion publique applaudit aux décrets de la Convention ». Une adresse, destinée à déjouer la calomnie, est ainsi rédigée et diffusée à mille exemplaires pour annoncer que « la société populaire de Coutances est fermement décidée à rendre aux hommes de sang le même honneur qu'à Marat ». Il ne semble pas que sa propagande ait été très efficace, car on apprend à une séance suivante que « les partisans des jacobins égarent le peuple des campagnes et l'indisposent contre la nouvelle société ». Un membre qui voulait présenter une motion sur les subsistances s'est vu rappeler à l'ordre par le président : « Nous ne devons jamais nous permettre de traiter cet article : c'est un moyen sûr d'alarmer le peuple. Les autorités s'en occupent ! » Elle s'attache, plutôt, à confectionner un réquisitoire sur

---

8. AC Coutances. Fragments d'un registre de la nouvelle société du 12 germinal au 15 thermidor an III.

le « proconsulat » du montagnard Le Carpentier et ses affidés locaux au moment où la société de Granville demande sa déportation en le qualifiant « de Collot du département de la Manche ».

L'arrêté du 25 germinal du représentant en mission Bouret, annonçant le désarmement des terroristes, est salué par des applaudissements mais, jugé insuffisant le mois suivant, il est complété par une liste de tous les opposants locaux. Apprenant que ce représentant avait fait fermer la société de Valognes parce qu'elle était « emplie et infectée de partisans du jacobinisme et de l'infâme Montagne » et qu'il avait fait arrêter six clubistes, la société de Coutances décide, le 26 prairial, de vérifier que les terroristes locaux désarmés n'ont réellement plus d'armes et de demander à la Convention les raisons pour lesquelles Le Carpentier n'est pas encore traduit devant une commission militaire. Un mois plus tard, elle réclame encore la mise en jugement du conventionnel après avoir célébré « les 1er et 2 prairial comme jours de gloire pour l'humanité, car la Montagne n'est plus ». La dernière délibération connue de la société est celle du 3 thermidor où elle décide de se réunir désormais les dimanches. La dernière fête qu'elle ait célébrée en grande pompe, en chantant Le Réveil du Peuple et aux cris de « A bas les hommes de sang, les enragés et les traîtres ! » a été l'anniversaire du 9 thermidor. Car ce n'est pas par son registre de délibérations qu'on connaît le récit de la séance du 22 et la manière dont les patriotes de Coutances ont commémoré le 10 Août, mais par le témoignage de 110 habitants, interrogés du 27 thermidor au 15 fructidor an III.

Les femmes de Coutances sont à l'origine des troubles qui ont agité la commune les 22, 23 et 24 thermidor [9], celles dont les maris, pères ou amis ont été arrêtés et poursuivis devant le Tribunal criminel du département pour « dilapidations et abus de pouvoir ». On ignore le nombre exact de fonctionnaires de l'an II qui ont été traduits en justice, avant d'être transférés dans le Calvados et amnistiés au début de l'an IV. Toujours est-il que « la guerre aux patriotes », menée par le nouveau club, indispose une grande partie de la population. La présence d'un bataillon de volontaires dans le chef-lieu de la Manche enhardit les femmes qui ont décidé de venir en masse à la séance du 22 thermidor. L'agitation semble être partie de la proposition du maire, membre du club, de faire chanter Le Réveil du Peuple pour l'anniversaire du 10 Août. Aussitôt, des voix s'élèvent de la tribune des femmes, soutenues par celles des soldats-citoyens, pour dire que « c'était afficher son parti ». Puis, des chansons sont reprises en chœur dans les tribunes dont l'une se terminait par : « Il faut envoyer les Messieurs de la Société à la frontière et Lorin au cimetière ». Pierre Lorin, l'ancien chevalier de Saint-Louis, élu deux fois commandant de la garde nationale et chef de légion au début de la Révolution était le président de la société des Carabots de Coutances en juin-juillet 1793 et avait été traduit devant le Tribunal révolutionnaire. Après son retour, le ci-devant receveur particulier des finances devenu receveur du district, avait adhéré à la nouvelle société qu'il présida en prairial. Traité dans la chanson d'« homme des bois et chouan », l'ancien chef des fédéralistes est la principale victime du charivari consécutif à la séance tumultueuse de la société.

Le chahut dans les tribunes contraint les sociétaires à laisser le local aux femmes et aux volontaires de la garnison qui décident de fêter révolutionnairement la chute de la monarchie. Pour inviter les gens de la campagne à la fête populaire, on fait sonner le tocsin et, pendant deux nuits et deux jours, la rue appartient aux adversaires des « aristocrates de la commune » et de « la société des royalistes ». Banquet répu-

---

9. AC Coutances. Affaires diverses 1789-1816.

blicain, bal populaire, farandoles et charivaris devant les fenêtres de particuliers marquent les festivités. Il n'y eut pas de discours officiel, évidemment, mais des discussions dans lesquelles on a entendu « plusieurs personnes regretter le règne de Robespierre » ou encore « que les patriotes de la ville faisaient bien de se divertir avec les militaires parce que, quand ils seraient partis, ils payeraient cher la journée du 10 août ». Les maisons où on a chanté fort tard dans la nuit et où on a crié : « Vivent les Jacobins ! Vivent les Sans-Culottes ! » ont surtout été signalées dans un quartier de la ville qui s'était baptisé, en juin 1793, le faubourg Antoine. De là sont venus les groupes qui donnaient des sérénades aux portes des « Messieurs », en leur faisant entendre le Çà Ira et La Marseillaise. C'est, surtout, ce dernier chant révolutionnaire qui, avait suscité à la séance de la société, selon un témoin, « la plus grande terreur ». Car « tous les grenadiers et les officiers, en chantant le refrain de cet hymne : Qu'un sang impur abreuve vos sillons, Aux armes, Citoyens, Aux armes !, présentaient la pointe de leur sabre et la tournaient vers le citoyen Lorin, ce qui fit craindre pour ses jours ».

Les femmes auraient tenté de persuader les volontaires de libérer tous les patriotes détenus, arrêtés les uns par Legot et les autres par Bouret. Ainsi, une couturière a entendu la soeur Delalande dire à un grenadier : « Citoyen, je vous en prie, ne nous abandonnez pas. Si vous ne nous prêtez pas la main, nos pauvres gens ne sortiront pas de la maison d'arrêt ». Même si la fête n'a pas tourné à l'émeute, l'information judiciaire a été ainsi justifiée par le procureur de la commune : « On a entendu hautement dire que le règne de Robespierre valait mieux que celui-là parce que, sous Robespierre, les têtes des riches tombaient ». Témoignage corroboré par le greffier du juge de paix qui a entendu la bouchère dire chez son épicier, en présence d'autres clients : « Dans le temps de Robespierre, on était mieux gouverné : on mangeait du pain à 6 ou 7 livres le boisseau. A présent, nous sommes gouvernés à la diable : on ne peut pas trouver de l'orge pour 200 livres le boisseau ! Ces bougres-là se sont plaints de lui : on a tort. Qu'a-t-il fait ? Il faisait guillotiner les riches, les pauvres y profitaient. Il sera révéré avant deux ans ».

On ignore le résultat de l'enquête sur la célébration populaire et anarchique de la prise des Tuileries à Coutances, très éloignée des pompes officielles de la commémoration du 9 thermidor. Toujours est-il que la création d'une société populaire, dévouée au nouveau pouvoir, empruntant au club jacobin sa structure et son local, a été un échec. La culture jacobine ne se réduisait pas à une mode associative ou à un formalisme gouvernemental : l'emprisonnement des jacobins et l'abolition du maximum, tout autant que le décri de la Marseillaise et de la constitution de 1793, ont nourri l'antagonisme au sein de la mémoire collective dans une ville très marquée par les clivages politiques et sociaux de juin 1793.

L'exemple manceau est plus original puisque la chute de Robespierre a entraîné la libération des leaders du club et de leurs partisans. Malgré les démarches de Garnier de Saintes, ceux-ci retrouvent progressivement toute leur influence locale. La réintégration civique des anciens détenus commence dans la garde nationale du Mans, réorganisée sous l'égide du nouveau représentant, Génissieu, en mission dans la Sarthe et l'Orne du 28 vendémiaire au 26 nivôse an III. Les 197 signataires de la pétition du 28 frimaire affirment que la déclaration du chef de légion, le 1er messidor an II, à La Couture était fausse et calomnieuse. Les gardes nationaux qui avaient demandé alors que « justice fut rendue à nos concitoyens traduits devant le Tribunal révolutionnaire », ne mettent pas en doute « leurs qualités civiques et leur énergie révolutionnaire » et dénoncent « le système de terreur établi contre les patriotes à l'époque du 7 germinal ». L'adjudant-général, faisant office de chef de légion, l'ex-taxateur Girard demande le 29 nivôse à l'imprimeur des Affiches du Mans de publier la pétition dans son journal.

A cette date, les bazinistes ont repris le contrôle de la société populaire. Deux mois après son épuration de brumaire, il ne reste plus dans celle-ci que trois des membres épurés dont l'entrepeneur Dutertre continuellement membre de la société depuis sa fondation. Jacques-Rigomer Bazin rédige une pétition pour signaler au directoire du district que « les sentinelles vigilantes de la Révolution » sont toujours debout malgré « les orages révolutionnaires ». Les quelques 70 signataires sont majoritairement des clubistes de 1793 et de l'an II, parmi lesquels figurent sept anciens détenus : le notaire Chauvel, le tireur d'étain Brossard, le traiteur Coutard, le jardinier Rouillard, le cordonnier Grassin, le marchand Freulon et l'ex-cordelier Lebreton. Ils exigent d'abord, l'annulation de l'arrêté relatif à la nomination, comme commissaire aux subsistances, d'un citoyen qui « n'a pas la confiance du peuple », puis l'épuration dans les bureaux du district, « infectés en partie de la plus virulente aristocratie », ensuite le local des Visitandines pour la société populaire et, enfin, la reconnaissance publique de l'innocence des anciens détenus :

« ... Si l'on désire sincèrement l'oubli du passé, il faut chasser toute affection de morgue et tout vestige de discorde. Songez qu'aujourd'hui vous êtes à la place de celui qui vous succèdera demain et que le peuple est là qui vous observe et vous juge. La dignité du fonctionnaire public consiste moins à mépriser les avis de ses concitoyens qu'à les accueillir avec franchise, décence et fraternité. Citoyens, rap-prochez-vous des sans-culottes, vous connaîtrez leurs principes et vous discernerez l'homme juste de l'intrigant (…) Vous ne délibérerez plus au milieu des malveillants et des lâches apostats de la cause du peuple qui circulent aujourd'hui dans vos bureaux, vous communiquerez avec plus de confiance et d'assiduité avec les amis du peuple, et la raison publique, longtemps aliénée, reprendra les bases fondées sur l'oeuvre du peuple et des magistrats » [10].

Cette pétition du 6 nivôse, portée au district par le président Busson, secrétaire de la gendarmerie, accompagné d'une importante délégation aboutit, après l'interven-tion de Bazin, à l'annulation de la nomination du commissaire Couppel qui devait se rendre à Paris le lendemain. Le 12 nivôse (1er janvier 1795), la municipalité man-celle, invitée par la société populaire à délibérer sur son arrêté du 3 messidor an II, désavoue ses prises de position contre les clubistes traduits devant le Tribunal révo-lutionnaire et invite « tous ses concitoyens à l'union et à l'oubli généreux de tous motifs de scission, s'il en existait encore : la haine du crime et des tyrans étant la seule permise à des républicains » [11].

Si la pression de la société populaire est à nouveau si forte sur les autorités consti-tuées qui réhabilitent Bazin et ses amis, c'est grâce au soutien que lui apporte le conventionnel en mission. D'Alençon, le 20 nivôse, Génissieu conseille ainsi aux administrateurs de fréquenter la société populaire afin de retrouver l'énergie et l'en-thousiasme de 1793, propres à convaincre les Manceaux de s'enrôler dans la garde nationale et de lutter, avec la troupe, contre les rebelles enhardis depuis l'armistice [12]. Dans ces circonstances, Timoléon Bazin est appelé à diriger le bureau militaire du district du Mans tandis que la société populaire confectionne son nouveau règle-

10. AD Sarthe. L 284. Pétition de la société populaire du Mans du 6 nivôse an III.
11. AD Sarthe. 1 J 60. Papiers Monnoyer.
12. AD Sarthe. L 555. Registre de correspondance du district du Mans.

ment, adopté le 15 pluviôse an III. Les différences avec celui que Coutances adoptera deux mois plus tard concernent essentiellement les fonctions de la société. Six comités, composés de cinq membres élus par l'assemblée et renouvelables par moitié chaque mois, sont constitués : celui des inspecteurs de la salle, de rédaction, d'instruction, de subsistances et de commerce, de défenseurs officieux pour les indigents, la veuve et l'orphelin, et, enfin, de surveillance ; celui-ci est composé de onze membres et chargé de recueillir les dénonciations. D'après son règlement, la société « dont le nombre des membres ne peut être fixé » (article premier), se réunit « tous les jours impairs de la décade, au commencement de la nuit », « réserve l'enceinte de la salle aux membres de la société et aux défenseurs de la patrie » et fixe la contribution minimum à trois livres par an, payables d'avance, « à moins que l'indigence n'y porte obstacle ». L'essentiel de son règlement est consacrée, toutefois, à l'ordre de la parole dans l'assemblée [13]. De ses débats politiques, il n'est resté que le jugement porté par le nouveau représentant en mission, Dubois-Dubais, estimant qu'« on y professe des principes opposés à ceux consacrés par la Convention nationale et l'assentiment du peuple entier, depuis l'heureuse journée du 9 thermidor » et décidant la dissolution, le 10 ventôse, de « la société dite populaire du Mans ».

C'est une évolution bien différente qui caractérise le chef-lieu de district de l'Eure. A Bernay, en effet, surgit alors une presse thermidorienne. *Le Journal des Campagnes* est un hebdomadaire dont le premier numéro est publié le 3 ventôse an III par les frères Philippe.

Grâce à l'étude d'un érudit local, on connaît la vie éphémère du premier journal de la ville et les difficultés, notamment financières, qui l'ont contraint à disparaître après trois mois d'existence [14]. Le coût de l'abonnement annuel était, en effet, monté à 40 livres, lors de l'édition du treizième et dernier numéro du 27 floréal, alors qu'à sa création il avait été fixé à 25 livres. La vente au numéro, décidée au cours du second mois pour la somme de 15 sous, n'a sans doute pas permis de compenser l'insuffisance du nombre d'abonnés ni l'augmentation du prix de papier, mentionnée par les éditeurs. Les frères Philippe sont des anciens clubistes de Bernay. Nicolas-Etienne vivait de son bien à 48 ans quand il eut l'idée de devenir imprimeur du chef-lieu en septembre 1793. Entré à la société populaire en prairial an II, il poussa vraisemblablement son cadet, Louis-Gilles, un ancien marchand de toiles de 36 ans, à le rejoindre au club en vendémiaire an III comme il l'avait engagé dans une reconversion professionnelle quelques mois plus tôt.

Ces clubistes de la dernière heure ou presque veulent participer à « la régénération politique du pays » en éditant ce journal qui doit « servir de guide à l'opinion publique, assurer le développement et l'action de la souveraineté du peuple et faire trembler les royalistes, les terroristes, tous les ennemis de la liberté et de l'humanité ». Selon un autre érudit local, *Le Journal des Campagnes* aurait été créé à l'instigation de Robert Lindet et de ses partisans à Bernay [15]. Composé de quelques articles de politique générale, de nouvelles des armées, des décrêts officiels et de petits faits locaux, le journal tente, en ce printemps 1795, de propager, très médiocrement il faut le dire, le discours thermidorien de gauche, celui que F. Brunel a

13. AC Le Mans. 1008. Règlement de la société populaire du 15 pluviôse an III.
14. BM Bernay. « Le Journal des Campagnes, publié à Bernay en 1795 », manuscrit de 22 folios de F. Malebranche (1819-1903).
15. Veuclin (298).

appelé « le discours de la stabilisation sans révision » par opposition à celui de « la réaction ».

L'éditorial du premier numéro est ainsi consacré à établir cette ligne politique : d'un côté, il se félicite des « heureux résultats de la révolution du 9 thermidor » comme de l'emprisonnement des « terroristes et buveurs de sang » et, de l'autre, il affirme son attachement à « la cause du peuple et aux principes d'égalité qui constituent la République ». Dans cette dialectique où le désir d'un « gouvernement stable » se lie au développement de la « souveraineté populaire », on peut effectivement reconnaître les positions de l'ancien membre du comité de Salut Public. Lorsque parait le fameux rapport Courtois, le journal s'empresse de dissocier le « vertueux Robert Lindet » de ses collègues, complices de Robespierre. Lors de l'annonce de son décret d'arrestation, le journal de Bernay a cessé de paraître.

S'il est difficile de confirmer entièrement l'hypothèse de l'érudit, avec si peu d'éléments, il faut admettre toutefois qu'une bonne conscience thermidorienne a existé, avant l'été 1795, chez quelques jacobins de l'Ouest. Mais le caractère essentiel de la période, c'est bien sûr l'émergence de nouveaux suspects.

Portrait collectif et itinéraires individuels de « terroristes » : les militants de la Mayenne

Les vingt-trois militants politiques inculpés en l'an III dans la Mayenne par le représentant Boursault et incarcérés à Laval, dès le mois de brumaire pour certains, sont des hommes jeunes qui n'avaient pas, en moyenne, 26 ans en 1789. Entre le benjamin, âgé de 22 ans, et le vétéran de 49 ans, les moins de trente ans représentent encore à l'époque de leur arrestation la tranche d'âge majoritaire. Ce ne sont pas des étrangers au pays, comme l'accusation thermidorienne le laissera entendre : à la majorité des deux-tiers, ils sont originaires de la Mayenne. A l'exception d'un Ariégeois, les autres sont nés dans les départements voisins de l'Ouest.

Au tableau des talents et des vertus en 1789, ces roturiers inscrivent leur passage au collège, voire à l'université ou bien leur apprentissage dans la vie active. Si on ne connait pas toujours la durée, le contenu et le lieu d'études de douze d'entre eux, certains ont apporté des réponses précises au cours de leurs interrogatoires. Les études de droit sont les plus courantes et ont conduit Jean-Baptiste Juliot-Lerardière à pratiquer les métiers d'avocat et de notaire, comme Louis Saint-Martin, avocat au parlement de Paris, à postuler en différentes hautes justices et, particulièrement, à La Ferté-Macé dans l'Orne. Julien Quantin, un breton né à Fougères, âgé de 29 ans, décrit le parcours ordinaire d'un petit bourgeois : « Avant la Révolution, je passais ma jeunesse à finir mes études en droit ; ensuite, j'ai travaillé en qualité de clerc chez divers procureurs et avocats ; j'ai donné une année pour connaître les anciennes écritures en qualité d'archiviste et j'ai passé deux ans dans la partie des devoirs : c'était l'état des jeunes gens alors, voilà le compte de ma vie jusqu'en 1789 » [16]. Cet état de praticien, on le retrouve comme étape obligée dans la carrière de René-François Bescher : « Après mes études à Laval, j'ai fait ma philosophie au séminaire d'Angers ; ensuite, j'ai travaillé chez mon cousin Bescher, avocat à Château-Gontier, dans la pratique ; puis, je me suis engagé dans le régiment de Turenne où j'ai servi vingt-six mois avant d'acheter mon congé. De retour à Château-Gontier, je

---

16. AD Mayenne. L 1869. Interrogatoire de Julien Quantin.

suis entré dans l'étude du citoyen Thoré, avocat, où j'ai travaillé pendant trois ans en qualité de premier clerc. Je me suis marié en exerçant cet état et c'est à cette époque que la révolution a commencé » [17].

A côté de ces parcours classiques, on constate l'attrait d'une profession liée au livre. Ainsi, l'angevin François Mélouin, à sa « sortie de l'Université en 1787 », s'est fait à 20 ans « typographe jusqu'en 1791 ». Le mayennais Pierre-François Pottier, originaire également d'une commune rurale, après avoir « étudié dans divers collèges » a exercé le métier d'imprimeur à Paris. C'est cette profession qu'a choisi Michel Faur, l'ariégeois de 36 ans. A son âge, il ne parle pas de ses études mais des divers lieux où il a travaillé : « Paris, puis Orléans, ensuite Angers où la révolution a commencé ». Il précise qu'il est venu « en mai 1790 travailler à Laval chez le citoyen Dariot » avant de s'établir à son compte et d'éditer notamment *Le Patriote*, puis *Le Sans-Culotte de la Mayenne*.

Quant aux plus jeunes, comme le benjamin Augustin Garot et François Huchedé, ils étaient encore au collège en 1789. Ce dernier, qui échappa à son arrestation, écrira plus tard au préfet du département, en 1817 : « La Révolution me prit sur les bancs du collège de La Flèche. Je la vis et l'embrassai » [18]. Néanmoins, tous les militants de l'an II dans la Mayenne ne sortent pas de l'université : l'apprentissage a été la voie suivie par tous les autres, artisans et boutiquiers. Ainsi, le graveur et fondeur lavallois, Gervais Le Roux, âgé de 24 ans, dit sobrement : « J'apprenais et je travaillais de mon état ». Un seul mentionne son défaut d'instruction, René Pannard, maréchal de 41 ans dans la ville de Mayenne. Tous les autres possèdent parfaitement l'art de faire un discours à la société populaire et de rédiger une motion ou une requête administrative. C'est parmi les plus instruits des fils du peuple que la République jacobine a trouvé ses cadres politiques. On sait que Saint-Martin était fils d'un marchand de fer possédant une manufacture à La Sauvagère dans l'Orne et que le père de Bescher était marchand-teinturier à Château-Gontier. Celui de Garot exerçait, toutefois, la profession d'avocat alors qu'Huchedé avait des origines très modestes, avec un père tourneur et des frères, tisserands ou vanniers. La Révolution va infléchir trop singulièrement leur carrière professionnelle pour qu'on s'attarde sur la situation connue en 1789 des neuf artisans ou marchands, des cinq avocats, notaires ou clercs de justice et des deux étudiants. Car, très vite, des vocations nouvelles surgissent, notamment, celles de prêtre constitutionnel et d'instituteur républicain.

Plusieurs patriotes de 1789 vont se mobiliser entièrement dans la première grande bataille idéologique, celle de la constitution civile du clergé. Etre prêtre constitutionnel en 1791 dans l'Ouest devient une mission que choisissent Louis-Zacharie Thulot dans l'Eure-et-Loir, Mélouin dans le Maine-et-Loire, Guilbert, Volcler et Pottier dans la Mayenne. Celui-ci explique bien les raisons de ce choix : « Quand j'ai cru que les prêtres constitutionnels pouvaient, en défanatisant le peuple, amener le règne de la Raison, je pris ce métier dans lequel je n'ai prêché que les principes de la Révolution. Vicaire à Mayenne, seul j'y ai bravé le préjugé du costume et plus d'une fois les fanatiques m'ont reproché de n'employer que dans la société populaire le peu de talents que la nature m'a donnés (…)Aussitôt que je me suis aperçu que la superstition n'était qu'un mensonge et qu'il était temps de désabuser le peuple et de détruire les préjugés, le 30 vendémiaire an II j'abdiquai les fonctions de prêtre

---

17. AD Mayenne. L 1858. Interrogatoire de R.F. Bescher.
18. Cité par Gauchet (240).

devant l'administration du district de Mayenne. Je renouvelai cette abdication le 19 brumaire suivant à la Convention nationale qui m'accorda mention honorable dans son bulletin du 20. Dans le mois de pluviôse suivant, par un contrat civil, je consacrai une alliance que le coeur de la Raison m'avait délié depuis longtemps : je suis époux et père » [19]. Dans ces parcours révolutionnaires rectilignes qui aboutissent tous à la remise précoce des lettres de prêtrise, il convient de mentionner le récit, en forme d'épopée, que fit le réfugié François Mélouin à ses juges républicains.

L'ancien typographe devenu en 1791 curé constitutionnel d'Andrezé, dans le district de Cholet où il est né, a été pris dans la tourmente catholique et royale. Aux lendemains du décret sur la levée des 300.000 hommes, il échappa le 13 mars 1793 à la fureur de ses paroissiens. A Jallais, chef-lieu de canton, le curé-jureur en fuite trouva une soixantaine de gardes nationaux de la commune de Chalonnes avec une douzaine de canonniers. Le lendemain, les Bleus furent attaqués par les paysans d'une vingtaine de communes qui tuèrent une cinquantaine d'hommes et s'emparèrent de la pièce de canon. S'échappant au galop de la scène de carnage, il se réfugia à Cholet, en pleine effervescence. Dès son arrivée, armé d'un fusil à deux coups, il se mit dans une compagnie de tirailleurs. Avec les sept à huit cents patriotes de tout le district, soutenus par une compagnie de dragons du 18ème, il combattit les rebelles à l'entrée de la ville. Cernés de tous les côtés, les républicains furent à nouveau mis en déroute le même jour. Arrêté le 15 mars dans une commune proche, le curé intrus fut conduit dans les prisons de Cholet et délivré le 17 avril par l'armée républicaine, commandée par le général Leigonyer. Muni d'un passeport, il se rendit à Angers où il resta jusqu'au 9 juin, date à laquelle les autorités constituées évacuèrent la ville après la prise de Saumur. C'est ainsi qu'il se retira en leur compagnie à Laval où il accepta, le 15 juin, les lettres de vicariat pour Mayenne, alors en pleine agitation fédéraliste. Reçu à la société populaire, il déploya toute son énergie pour défendre la Convention. Non seulement la retraite mayennaise n'était pas de tout repos, mais encore le chef-lieu de département fut, à trois reprises, envahi par l'armée catholique et royale dans l'hiver 1793. Choisi au poste d'administrateur de département, c'est à Laval qu'il se trouve lors de la première arrivée des « brigands » en octobre et qu'il se voit confier la mission de transporter les archives à Mayenne ainsi que d'y conduire les détenus. Aussitôt après la prise de Laval, il est commissaire pour réclamer des secours à Paris et prévenir le comité de Salut Public. De retour à Laval pour assister au second passage des Vendéens et faire évacuer la ville, il se retire avec l'armée à Angers, puis aux Ponts-de-Cé. Jouant à cache-cache avec les Blancs, les administrateurs du département reviennent à Laval mais fuient, à toute hâte, devant les débris de l'armée vendéenne, qui vient d'être défaite au Mans. En s'arrêtant à Vitré et Chateaubriant, il arrive à Nantes avec les autres responsables et rencontre Carrier en décembre. Trois jours plus tard, il est envoyé à Paris afin de réclamer des subsistances pour les Lavallois.

Sans connaître l'aventure de ce réfugié politique, les autres ci-devant prêtres et abdicataires ont exercé leur mission apostolique et patriotique dans les districts de Laval comme J. Guilbert, de Lassay pour Volcler ou de Chateauneuf-en-Thimerais comme L.Z. Thulot. Parmi tous ces militants de diverses sociétés populaires (Laval, Mayenne et Lassay surtout), l'enseignement a représenté une autre tribune où construire l'homme nouveau. Cette ambition révolutionnaire a tenté, entre autres,

---

19. AD Orne. L 5326. Interrogatoire de P.F. Pottier.

Augustin Garot et François Huchedé qui avaient, respectivement, 18 et 20 ans en 1789.

Le rayonnement des professeurs du collège de La Flèche a exercé sur le jeune Huchedé, né dans une famille populaire de huit enfants à Laval, une influence décisive pour son orientation tant politique que professionnelle. Pour expliquer la formule lapidaire de son biographe : « La Flèche en a fait un révolutionnaire, Laval un jacobin, Château-Gontier un terroriste », il est nécessaire de rappeler l'itinéraire géographique des Doctrinaires fléchois. Nombre de ces enseignants d'origine méridionale ont suivi à Laval leur recteur, Noël Villar, après son élection à l'évêché. Parmi eux, nous avons distingué Séguéla et Rabard, co-rédacteurs du journal du club avant leur désaccord politique de 1793. Ce dernier, principal du collège de Laval en janvier 1792 et chargé des cours de seconde et de rhétorique, fit appel à Huchedé, son disciple et cadet de huit ans seulement, pour s'occuper des classes de quatrième et de troisième tandis qu'Augustin Garot et René Cordier trouvaient un emploi dans les petites classes. Lorsque Dominique Rabard quitta Laval pour diriger le collège de Château-Gontier en avril 1793, Huchedé comme Garot, Cordier et, également, P.F. Epiard suivirent le directeur du *Sans-Culotte du département de la Mayenne*. En continuant d'exercer les fonctions d'instituteur public, malgré la fermeture du collège à l'automne 1793, François Huchedé se maria en pluviôse an II avec Perrine Chevalier, fille d'un chirurgien.

On se rappelle que Rabard, comme le jeune Cordier, furent tués en combattant les Vendéens le 19 septembre 1793 à Beaulieu. Engagé dans le même bataillon de volontaires, malgré sa qualité de fonctionnaire public, Garot fut fait prisonnier et conduit à Chemillé. Sauvé de la mort par un rebelle qui le fit sortir de prison et l'hébergea chez lui, il repassa la Loire en sa compagnie et fut arrêté par la gendarmerie. Traduit devant le comité révolutionnaire d'Angers, Garot n'eut pas trop de peine à prouver sa bonne foi républicaine mais La Sorinière, qu'il avait convaincu d'abandonner l'armée vendéenne, fut condamné à mort à Saumur. Dès lors, Garot abandonne le métier d'instituteur pour se mêler à l'activité politique de défense républicaine dans le département.

Si l'on perd sa trace après l'an III, il n'en est pas de même pour Huchedé qui s'était alors soustrait à la justice thermidorienne. L'ancien président de la commission militaire de la Mayenne en l'an II va prêter comme tous les enseignants, le 22 prairial an VI, le serment de « haine à la royauté et à l'anarchie, fidélité et attachement à la République et à la constitution de l'an III ». L'instituteur lavallois est alors considéré par les administrateurs comme particulièrement compétent, « de bonne vie et moeurs », en plus, doté « d'un caractère très doux ». Ils ne font aucune référence à son passé politique ni à son expérience pédagogique qui le distingue très nettement de ses collègues, instituteurs primaires comme lui [20]. Membre du cercle constitutionnel de Laval, il doit avoir pour élèves les enfants des jacobins, anciens et nouveaux. Plus tard, en butte à l'administration impériale depuis l'organisation d'un défilé des élèves dans la rue, puis en conflit avec l'administration monarchique qui mit en cause sa moralité « puisqu'il ne pratique aucune religion et a la réputation de ne pas y croire », l'instituteur Huchedé écrivit au recteur de l'académie d'Angers, le 13 octobre 1815 : « Je suis en paix avec ma conscience. Si j'ai été, dans ma jeunesse, l'instrument et le jouet de factions, je n'ai cru, moi, que servir ma patrie ». Fidèle à

---

20. AD Mayenne. L 860. Réponse des municipalités cantonales à l'enquête du ministre de l'Intérieur sur l'enseignement primaire en l'an VI.

ses idées politiques comme à sa mission d'enseignant, le militant jacobin de l'an II a terminé sa carrière en donnant des leçons sous la surveillance du curé de la paroisse. A sa mort, à 51 ans, il ne possèdait que sa maison et ses meubles.

Du porte-parole au délégué du peuple

Les cadres politiques de la Mayenne en l'an II n'appartiennent pas à une génération spontanée : un engagement précoce leur a permis d'expérimenter toutes les pratiques politiques qui se sont affirmées depuis 1789. En situant les individus dans le mouvement collectif qui donne forme et contenu aux aspirations politiques, on peut apprécier l'originalité de ces porte-parole, avant et pendant la République jacobine.

L'entrée en révolution de Marat-Martin, arrêté à Lassay le 19 brumaire an III, inaugure la forme d'action directe. Compromis avec son père, Charles de Saint-Martin de la Rigaudière, marchand de fer à La Sauvagère, dans l'organisation de la révolte agraire du bocage normand en juillet 1789, le jeune avocat, né en 1765, avait rédigé un mémoire destiné à obtenir l'élargissement de son père. Puis, délaissant très vite l'affectation de la particule nobiliaire mais pas la tradition bourgeoise et régionale consistant à faire suivre son patronyme du nom d'une terre non soumise à fief, Louis Saint-Martin du Plessis commence sa carrière d'avocat à La Ferté-Macé dans l'Orne et se marie, sans contrat civil, à La Sauvagère avec Adélaïde Perrier dont la famille est d'une égale aisance financière à la sienne. Installé ensuite à Lassay comme avoué et prenant le nom de Saint-Martin-La Rigaudière, sans doute à la mort de son père, le leader du mouvement populaire de 1789 crèe un club dans cette commune en juin 1793 pour lutter contre le fédéralisme. L'épithète de maratiste qu'on lui accole alors, il la revendique après la mort de l'Ami du Peuple : c'est son nom qu'il s'honore de porter en l'an II.

Le parcours du journaliste René-François Bescher, surnommé le « Marat de la Mayenne » quoiqu'il ait pour lui-même choisi le prénom de Brutus en l'an II, et celui de l'imprimeur Michel Faur ont déjà été évoqués. Leur influence acquise à la société populaire et dans l'opinion publique les amène à faire parti des premiers lavallois à être arrêtés le 23 brumaire, en compagnie de Juliot-Lerardière et Quantin.

Avec Jean-Baptiste Juliot-Lerardière, s'incarne un autre modèle de comportement patriotique. Pour ce notaire de Lignières, dans le district de Lassay, âgé de 49 ans, c'est par le commandement de la garde nationale que débute son rôle public. De cette période où il a fait exécuter la loi, il retient surtout sa participation à la Fête de la Fédération à Paris en 1790. Ce notable rural est ensuite élu et réélu juge au tribunal du district. Dans l'été 1793, il est nommé commissaire pour porter à la Convention l'adhésion de son canton à la constitution. Tout en étant honoré de la confiance de ces concitoyens, Juliot-Lerardière juge a posteriori « ces fonctions pénibles ». La difficulté majeure d'un responsable patriote et jacobin dans les campagnes réside dans la levée des défenseurs de la patrie dont il est chargé par l'administration de district. Si la levée de la première réquisition et du contingent de cavaliers a pu s'opérer en un jour et demi, la formation du second bataillon de la Mayenne a nécessité promesses et garanties : le bourgeois patriote a enrôlé son fils aîné, âgé alors de 19 ans, et a promis une paye aux jeunes gens qui s'enrôlaient et une rente pendant la durée de la guerre. Commissaire de son canton pour la levée des 300.000 hommes, il dut affronter le mouvement populaire dont le slogan était : « Aux acquéreurs de biens nationaux de fournir le contingent ! ». Hué par la foule, il revint avec un mandat d'arrêt de l'administration départementale et une force armée de gardes nationaux, dirigée par le chef de légion du district. Ayant pris ces précautions, il leva le contingent du canton en payant l'habillement du premier des volontaires et 90 livres aux neuf suivants : « Je ne parlerai pas de la suite et des dépenses énormes que ces différents recrutements m'occasionnèrent » [21]. Lors de la création de l'Ecole de Mars, le jacobin « bon père et bon mari » envoya son second fils se préparer à rejoindre son frère sur le front patriotique. En dépit de tous ces sacrifices pour la révolution, il ne fit pas taire les ennemis de la patrie qui menacèrent d'incendier sa maison et de l'égorger pendant la nuit lorsque les Vendéens pénétrèrent dans le département en criant : « Vive le Roi ! Vivent nos bons prêtres ! », mais il organisa, une fois de plus, la levée en masse pour défendre Mayenne. A côté de l'engagement dans la garde nationale qui concerne également Boulau, l'adjudant de la garde nationale d'Ernée, l'exercice de fonctions électives représente une autre école de formation des cadres politiques jacobins.

« Défenseur désintéressé de la cause populaire », Julien Quantin, âgé de 29 ans au moment de son arrestation, a plaidé en justice « de préférence, la cause des malheureux ». Le procès dont l'avoué, établi à Ernée depuis 1789, est le plus fier concerne la restitution des terres, accaparées par un seigneur depuis une vingtaine d'années, à un pauvre cultivateur. Sa victoire juridique contre « la féodalité » intègre ce breton dans le chef-lieu de district dont il devient le maire en 1792. Il rendit son écharpe en octobre 1793 après avoir affronté et surmonté la grave crise de subsistances de l'automne 1792, puis la crise fédéraliste du printemps et de l'été 1793 où le maire d'Ernée se distingua en refusant de signer « tout arrêté liberticide ». Lui aussi, en l'an II, choisit de s'appeler Marat-Quantin.

Parmi les élus du peuple, il ne convient pas de limiter l'inventaire à l'exercice des fonctions municipales qu'ont pratiquée également, comme officier municipal ou notable de Laval, Pierre Boisard, un fabricant d'étoffes de 27 ans et Noël Chollet, un chapelier de 29 ans. Les juges de paix dans les cantons, surtout ruraux, ont joué un rôle souvent décisif de porte-parole. C'est cette fonction qu'exercent Jean-François Marie dans le canton de Juvigné, âgé de 45 ans en l'an III, Legros dans celui de Laval et Néré dans le canton de Parné. Les autres jacobins ont simplement milité dans des clubs. A Laval, on trouve les jeunes Garot et Huchedé, Ambroise Le Mercier, un marchand de 41 ans, le graveur Le Roux, l'ex-prêtre et ex-secrétaire de son district d'Eure-et-Loir, Louis-Zacharie Thulot âgé de 33 ans ; à Mayenne, le maréchal Pannard de 41 ans et les prêtres abdicataires Mélouin, Guilbert et Pottier ; à Lassay, c'est Laporte ou l'ancien curé Volcler.

Tous ces porte-parole de la « République démocratique et populaire », ainsi qu'ils vont qualifier le régime de l'an II, issus de la bourgeoisie ou des rangs de l'échoppe et de la boutique, sont devenus des délégués du peuple avec l'établissement du gouvernement révolutionnaire. Car ce sont les fonctions que leur ont déléguées, en assemblées générales, les divers représentants en mission dans la Mayenne qui les conduisent en prison à partir de brumaire an III. Cinq vont échapper à leur arrestation : Guilbert, vicaire épiscopal déprêtrisé et marié, devenu agent national de Laval, membre du comité révolutionnaire puis, secrétaire-greffier de la commission militaire ; le notaire Clément, juge de paix à Ernée et président de la première commission militaire du département ; Huchedé, membre du comité révolutionnaire puis président de la deuxième commission ; Volcler, prêtre abdicataire de Lassay et accu-

---

21. AD Mayenne. L 1863. Interrogatoire de Juliot-Lerardière.

sateur près la commission et Laporte, ex-suppléant du procureur-syndic du district de Lassay et président du comité révolutionnaire de la commune.

Les agents mayennais de la Terreur partagent l'idéal politique de la sans-culotterie parisienne, tel qu'il a été analysé par A. Soboul, mais sans que leur conception de la souveraineté populaire rencontre de contradictions avec la politique du gouvernement révolutionnaire. Les circonstances très particulières de ce département, traversé trois fois par les Vendéens lors de la Virée de Galerne, expliquent cette symbiose.

D'abord, les fonctions qu'ils exercent, pour la plupart, encore au moment de leur arrestation leur ont été confiées par les conventionnels en mission. Le 3 octobre 1793, Thirion et Esnue-Lavallée, chargés d'épurer les autorités constituées, font appel aux sociétés populaires pour leur soumettre des candidats. Tous ceux qui ont milité contre le fédéralisme obtiennent ainsi des postes de responsabilité : comme administrateurs du département, Bescher, Quantin, Juliot-Lerardière et Mélouin (jusqu'à sa démission le 15 germinal) ; comme agent national de district, Thulot à Laval, Pottier à Mayenne (jusqu'en prairial) et Saint-Martin à Lassay ; Le Roux, nommé substitut du procureur de la commune de Laval, Guilbert agent national de la commune, Boisard et Faur comme officiers municipaux. Le comité de surveillance, constitué à cette date, n'aura pas l'occasion de tenir ses séances, Laval étant occupée une première fois par l'armée des rebelles du 23 octobre au 1er novembre, puis une seconde fois à la fin du mois. Rappelé à la Convention le 9 brumaire, Thirion rentre à Paris en novembre, non sans avoir conseillé au comité de Salut Public d'envoyer un autre représentant dans la Mayenne où règnent famine et désolation. Quant à Esnue-Lavallée, seul député montagnard de la Mayenne avec Grosse-Durocher, il diffère son départ pour empêcher l'entrée des Vendéens en Bretagne et reste sur le front, en circulant avec l'armée républicaine dans un triangle Rennes-Angers-Laval jusqu'à la fin de l'an II.

Les circonstances motivent une réorganisation des autorités locales, du fait de la défection de membres et de la retraite des autorités à Angers. Esnue-Lavallée constitue le 22 frimaire, c'est-à-dire le jour précédent la défaite de l'armée vendéenne au Mans, un comité révolutionnaire comprenant les principaux administrateurs du département, parmi lesquels Bescher, Quantin, Mélouin et d'autres fonctionnaires publics comme Le Roux, Thulot, Boisard, Guilbert, Huchedé, Garot (garde-magasin au Timbre) ainsi que les militants Chollet, puis Le Mercier et Legros. Un seul des membres de ce comité ne sera pas inquiété en l'an III, Durand qui, aux dires des inculpés, était le plus constamment présent à ses réunions car il était le seul à ne pas avoir d'autres fonctions. Le comité révolutionnaire ne tiendra sa première séance que le 12 nivôse, une fois que tous les membres seront revenus à Laval après avoir suivi Esnue-Lavallée à Rennes ou rejoint Carrier à Nantes. Il est renouvelé le 12 germinal par François-Primaudière chargé, conjointement avec son collègue mayennais souvent malade à partir de cette date, d'établir le gouvernement révolutionnaire dans ce département et en Ille-et-Vilaine. Conformément à la loi, les fonctionnaires qui sont confirmés dans leur poste n'en sont plus membres : c'est le cas de Bescher, Quantin, Le Roux, Boisard et Guilbert tandis que d'autres membres sont appelés à siéger dans les commissions militaires et révolutionnaires du département, établies par les représentants du peuple Bourbotte et Bissy en nivôse, à savoir Faur, Marie, Pannard, Clément (président de la première commission), Volcler (accusateur public), Garot (accusateur public du 15 germinal à son arrestation), Huchedé (président de la seconde commission) et Guilbert (secrétaire).

Examinons, ensuite, ces militants dans l'exercice de leurs fonctions. Nommés par les représentants de l'autorité exécutive, ils n'oublient pas qu'ils sont devenus fonctionnaires de la République sur proposition de leur société populaire. Surtout pas René Pannard qui déclare, en floréal an III, « avoir fait tout ce qu'il a pu pour refuser la place de juge à laquelle il avait été nommé par le représentant du peuple Bissy » mais, convoqué devant la société populaire, il dut accepter « de crainte d'être regardé comme suspect » [22]. A la différence des sans-culottes parisiens, il n'y a pas antagonisme entre les clubs (ou les sections) et l'appareil gouvernemental de l'an II puisque ceux qui dirigent l'assemblée du peuple, contrôlent aussi l'exécutif révolutionnaire à travers le comité et sont souverains juges dans la commission militaire. Les délégués du peuple concentrent, de fait, tous les pouvoirs sous la tutelle plus ou moins lointaine des différents représentants en mission. Aussi, certains d'entre eux, n'hésitent pas à affirmer hautement cette souveraineté révolutionnaire.

C'est le cas de Marat-Martin à Lassay. Membre du comité de surveillance de la commune, puis agent national du district, il se distingue à partir de l'automne 1793 dans l'application des mesures de salut public par des méthodes qui lui vaudront un autre surnom, celui de « Martin-Bâton ». Moins d'un mois après la chute de Robespierre, une dénonciation parvient au comité de Salut Public. Elle émane d'un de ses concitoyens, Thoumin, ancien procureur-syndic du district, élu suppléant à la Convention nationale et, ce qu'il ne précise pas, juré au Tribunal révolutionnaire à Paris depuis juin 1793 [23]. Ce républicain a soutenu la politique de la Convention en l'an II, en particulier par sa correspondance avec les habitants de Lassay, et a approuvé chaleureusement la politique robespierriste de tolérance religieuse ce qui l'oppose à l'anticlérical virulent qu'est Marat-Martin.

Faut-il suivre au pied de la lettre le contenu de cette accusation, comme l'a fait Richard Cobb, lorsqu'il affirmait que « la petite bande de Lassay vit du produit des amendes et des taxes que ses chefs font lever chez les riches et chez les fanatiques sous la menace de la force » ou encore que « la petite armée de Lassay (était un) instrument des passions partisanes de trois ou quatre notables, hommes violents, entourés de leur garde de casseurs qui font bâtonner dans la rue leurs adversaires » [24] ? Si l'on examine le point de vue de la défense, il convient de nuancer ces formulations trop abruptes. Les termes de « bande » ou d'« armée » ne conviennent pas si on les comprend comme organisation illégale ou para-légale. Ces fonctionnaires publics tiennent des registres de délibérations et requièrent la force de la garde nationale pour arrêter les suspects d'après la loi de septembre. Si l'on donne à ces expressions une connotation politique, alors on peut parler de bandes de républicains, confrontées à l'invasion du département à trois reprises par l'armée des rebelles. Dans ce contexte bien précis, la levée des volontaires ne pouvait se faire sans verser une solde importante - que tous les militants n'ont pas payée de leurs deniers comme Juliot-Lerardière. Avant que le gouvernement révolutionnaire n'interdise la perception de taxes révolutionnaires et que celui-ci soit organisé dans le département, à Lassay comme dans d'autres lieux, les ci-devant nobles et les bourgeois cossus ont effectivement été mis à contribution. Mais c'est laisser courir la plume que de laisser entendre qu'ils vivaient de ces prélèvements. « Ruiner les gens riches », Marat-Martin s'en défend vu que « j'aurais d'ailleurs agi contre moi-même puisque la

22. AD Mayenne. L 1869. Interrogatoire de René Pannard.
23. AN. F7/4635. Voir également la correspondance des Thoumin aux habitants de Lassay (AD M. L 1840).
24. Cobb (82), t 1, p 231.

famille de ma femme et la mienne sont au nombre des plus aisés du pays. Je sais que les gens riches n'aiment pas au fond l'égalité mais il faut espérer que les principes professés par la Convention leur en feront goûter les agréments » [25]. Incontestablement, la terreur était à l'ordre du jour dans le district de Lassay. Les fermiers et autres producteurs de grains ont vu réquisitionner leur récolte après de fréquentes visites domiciliaires du comité de surveillance. Reconnaissant avoir « un caractère trop vif », Saint-Martin ne nie pas que les insultes pleuvaient sur les femmes qui ne respectaient pas le décadi et les coups de bâton sur les hommes suspects de « fanatisme ». La violence révolutionnaire de l'agent du district empruntait davantage ses formes - en particulier les opérations punitives des femmes et des hommes tondus que l'on a vu pratiquer, ailleurs, par les volontaires de l'automne 1792 - à la violence archaïque qu'aux principes de la vertu robespierriste et aux lois de la Convention montagnarde.

De la délégation de pouvoirs à l'attribution de tous les pouvoirs, c'est aussi une application de la théorie du gouvernement direct que l'on retrouve chez Marat-Quantin. Nommé le 11 nivôse par le député mayennais Bissy, commissaire civil dans les districts de Fougères, Vitré et Ernée, en compagnie d'Houdiard commandant de la force armée de Laval, pour surveiller les chouans, le voici à Mayenne le 14 nivôse an II. Il y provoque une telle agitation que la société populaire juge nécessaire de faire ouvrir une enquête par le comité de surveillance tandis que la municipalité soustrait le commissaire à la fureur de la foule [26]. Déchristianisateur fervent la veille à Ernée où il avait fait descendre les cloches, réquisitionner l'argenterie et briser les figures sacerdotales, les croix et les crucifix, Quantin avait convoqué dans cet autre chef-lieu de district une assemblée populaire pour dénoncer les risques d'une nouvelle Vendée dans l'idôlatrie subsistante et dans l'assistance à la messe des prêtres assermentés. Après avoir pris à partie dans la rue le curé constitutionnel qui allait dire la messe (« Où vas-tu, sacré calotin ? »), un officier municipal (« Tu as mis ta culotte des dimanches ? Tu es un fanatique ! ») et la femme d'un tisserand (« Les femmes vont à la messe avec leurs manchons pour faire leurs maris cocus ! »), son discours devant l'assemblée publique est violemment contesté. Un maçon lui demande ainsi « s'il avait lu les discours de Robespierre tendant à la liberté des cultes » tandis qu'un menuisier soutient que « ce qu'il disait était contraire aux discours de Robespierre ». L'orateur leur répondit « qu'il se foutait de Robespierre comme des décrets de la Convention » ou encore que « Robespierre était un factieux et que sa tête tomberait comme celle des autres ». Maintenu en prison pendant une semaine par le comité de surveillance de Mayenne qui refuse la demande de mise en liberté émanant de l'administrateur Mélouin, il est finalement libéré le 21 nivôse par Garot et Juliot-Lerardière, commissaires envoyés par la société populaire de Laval, accompagnés par l'agent national Pottier et tout le bureau du club de la ville. Deux mois plus tard, nommé commissaire avec l'adjudant-général Boulau, par le conventionnel François-Primaudière, pour réorganiser la garde nationale d'Ernée, Quantin en profite pour épurer la société populaire de la ville dont il a été le maire en 1792. Critiquant « les apitoiements des modérés et des égoïstes qui ont égaré l'esprit public », il déclare à la tribune du club, le 27 ventôse, qu'« il voit une assemblée de citoyens, là où il croyait trouver une société populaire ». C'était dire autrement, en anticipant quelque peu la formule de Payan du 16 floréal devant les sections pari-

25. AD Mayenne. L 1870. Interrogatoire de Saint-Martin, 23 nivôse an III.
26. AD M. L 1840. Copie délivrée au représentant Boursault, 14 brumaire an III, de l'enquête du comité de surveillance de Mayenne contre le citoyen Quantin, administrateur de la Mayenne.

siennes : « Sous le gouvernement révolutionnaire, il n'y a pas d'assemblée primaire, on n'y connait que des assemblées générales ». Ladite société populaire est dissoute et recomposée à partir d'un noyau épuratoire de « sept vrais sans-culottes ». Quantin peut écrire à Garot, Mélouin, Le Roux et Huchedé le 29 ventôse : « Tout est pur et le peuple, le bon peuple, a sanctionné notre choix » [27].

Le mythe du héros républicain, porte-parole et délégué du peuple pour assurer son bonheur, fait partie de l'imaginaire de l'an II. Au comité révolutionnaire de Laval, faisant la chasse à tous les suspects pour établir l'ordre républicain après la terrible épreuve de la Virée de Galerne, on est particulièrent habité par les héros antiques. Ceux qui ont fondé la République romaine inspirent particulièrement Brutus-Bescher ou Valerius-Publicola Garot, mais aussi ceux qui ont combattu les forces coalisées comme Fabius-Boisard ou Paul-Emile Huchedé. L'exercice collectif du pouvoir suprême, délégué pendant une année aux consuls romains, se prête à l'analogie ; mais les généraux et consuls romains, comme encore Fabricius-Le Roux, ne sont pas les seuls à être invoqués. La démocratie athénienne fournit à Mélouin l'exemple de Phocion, la philosophie des Lumières offre Voltaire à Durand et Franklin-Guilbert rappelle le modèle américain.

Quel procès ?

Chargé de « mettre la justice à l'ordre du jour », le représentant en mission Boursault a diligenté le procès des agents du gouvernement révolutionnaire dans la Mayenne, sur le modèle du procès du comité révolutionnaire de Nantes, accéléré par la Convention en vendémiaire : les volumineuses liasses de procédure en témoignent. La direction de l'enquête judiciaire est confiée à l'accusateur public près le tribunal criminel du département, François Midy, qui interroge les inculpés, délivre de nombreux mandats d'arrêt ou assignations à témoigner et fait rechercher les documents à l'appui de l'accusation. Le procès des principes de la Terreur et de leur application dans la guerre de Vendée pouvait-il se renouveler à Laval après celui de Nantes ? A coup sûr, l'image de la Mayenne ensanglantée comme la Loire à la sortie d'une ville livrée à l'arbitraire d'une bande de buveurs de sang ne pouvait fonctionner. Mais une autre image symbolique de la Terreur était substituable, celle des têtes embrochées à Laval du chef vendéen Talmond, de l'ex-constituant Enjulbault-la-Roche et de l'administrateur du département Jourdain, compromis également dans le fédéralisme. En dépit de l'horreur suscitée par l'exhibition des corps rappelant les gibets d'hier et de la responsabilité du comité révolutionnaire qui, avec l'accord d'Esnue-Lavallée, a obtenu le transfert de ces prisonniers de Rennes à Laval pour être exécutés, conformément aux verdicts de la commission militaire de Rennes, puis de Laval, cette représentation de la Terreur ne parvient pas à s'imposer tout à fait. Plusieurs circonstances permettent de l'expliquer.

D'abord, le procès desdits terroristes est instruit à Laval même par François Midy qui est, si on peut dire, de la même promotion que les inculpés. Installé dans ses fonctions d'accusateur public par Esnue-Lavallée en octobre 1793, c'est un fonctionnaire rallié à la nouvelle politique qui manifeste tout le zèle qu'on est en droit d'attendre de celui qui cherche à effacer la macule originale. Chaque interrogatoire se termine par la formule répétitive : « N'a pas réussi à détruire les inculpations

---

27. AD Mayenne. L 1875. Dossier relatif à Marat Quantin.

faites contre lui », alors même que les questions de l'accusateur sont loin de désta-
biliser ses anciens frères et amis. C'est le jeune Garot qui dissimule le moins le
caractère artificiel ou fallacieux des questions relatives au premier chef d'inculpation : « la compression de l'opinion publique par la terreur ». Interrogé sur le
contenu de ses motions terroristes au club, non seulement il lui rétorque : « Je pro-
nonçais presque tous mes discours en ta présence ! », mais encore il lui demande
pourquoi il ne s'est pas opposé au vote de l'adresse demandant l'expulsion de la
Convention de cinq députés mayennais.

Ensuite, la ligne de défense adoptée par les fonctionnaires publics, nommés et
confirmés dans leur poste par divers représentants du peuple, constitue un autre élément d'explication. Hommes politiques, ils plaident les responsabilités collectives,
comme Mélouin : « Si mes collègues ont agi révolutionnairement, ils ne l'ont fait
que d'après le gouvernement qui s'était déclaré provisoirement révolutionnaire ».
Certains, comme Juliot-Lerardière, cherchent à défendre leur mémoire de républicain : « Je n'ai jamais tenu de discours incendiaires, je n'ai jamais porté la terreur,
j'ai toujours parlé et écrit le langage d'un républicain : celui de la vérité, de la justice et de la probité. Je n'ai jamais prêché que l'exécution des lois, l'amour pour la
patrie, l'attachement et le respect pour la Convention. Bien loin d'avoir inspiré de la
terreur, lors du monstrueux fédéralisme, j'ai été forcé pour éviter la fureur de ces
contre-révolutionnaires de me cacher sans quoi ma vie courait le plus grand danger.
La terreur n'entre jamais dans le coeur du citoyen. Les mesures de sûreté, prises dans
la loi même, n'ont été faites et ne firent craindre que le coupable ». D'autres, comme
Quantin, justifient historiquement l'action du Gouvernement révolutionnaire : « (Il)
était alors dans toute sa vigueur car il était en butte à toutes les crises. Le soupçon
était légitime dans ce temps-là (…) et les mesures de rigueur nécessaires au salut du
peuple ». Il avait auparavant lancé à son accusateur : « Il est naturel de voir que les
individus qui, depuis cinq ans, cherchent à ramener le despotisme fassent aujour-
d'hui le procès du Gouvernement révolutionnaire et de ses agents, en traitant d'acte
arbitraire et tyrannique tout ce qui fut fait pour la tranquillité publique. » La
meilleure défense étant l'attaque, il conclut ainsi : « Le plus grand crime chez un
peuple qui recouvre sa liberté et qui combat pour elle est, sans doute, celui qui per-
sécuterait les patriotes ».

Enfin, la durée du procès joue un rôle essentiel. Le procès du robespierrisme commencé en brumaire et qui se prolonge, par de nouveaux interrogatoires, en floréal
risque de se transformer en procès de la Convention et de la Révolution.

Le principal dénonciateur est l'ancien receveur du district de Laval, G. Frin-
Cormeré, destitué en octobre 1793 par Thirion et Esnue-Lavallée. Poursuivi pour
fédéralisme et agiotage par le comité de Sûreté Générale et décrété d'accusation sur
un rapport de Julien de Toulouse, le négociant-banquier de Laval réussit à échapper
à la justice pendant l'été jusqu'à son arrestation en octobre. Au cours de sa détention
mouvementée, à cause du transfert des prisonniers, comme d'ailleurs des archives et
du personnel administratif, d'une ville à l'autre pendant la durée de la Virée de
Galerne, il a beaucoup à se plaindre des « insultes et outrages » dont il a été acca-
blés par Guilbert et Mélouin. En nivôse an II, suite à un mémoire justificatif dans
lequel il proclamait son innocence et à la pétition d'une trentaine de négociants
lavallois, il sort de prison grâce au représentant Letourneur et obtint ensuite, en floréal, un passeport du conventionnel François pour se rendre à Alençon, son nouveau
domicile. C'est après le décret de la Convention du 30 prairial an III qu'il rédige son
cahier de dénonciations contre les membres du comité révolutionnaire de Laval. Dès
le mois précédent, après l'échec de l'insurrection parisienne et l'arrestation de plu-

sieurs Montagnards, il avait signé une pétition le 14 germinal avec le frère d'Enjubault-la-Roche et un autre ci-devant administrateur, destitués également par Esnue-Lavallée et inculpés en 1793. Elle réclamait le transfert des détenus dans une autre ville que Laval où ils avaient encore des partisans, leur comparution devant une autre juridiction que le tribunal criminel de la Mayenne, présidé par le beau-frère d'Esnue-Lavallée et, surtout, l'inculpation du conventionnel mayennais. Lue à la Convention le 5 floréal, elle a été renvoyée aux comités pour rapport, malgré l'intervention de Boursault. Après les événements de prairial, elle resurgit pour faire décréter d'arrestation Esnue-Lavallée qui, toutefois, réussit à se sauver. Faute d'avoir pu organiser le procès d'un autre Montagnard, après celui de Carrier, les pétitionnaires obtinrent le transfert des détenus mayennais à Alençon, le 13 floréal, par les représentants Grenot, Guezno et Guermeur « prévenus que, dans les prisons, ces individus sont encore nuisibles à la tranquillité publique dans la commune de Laval et même dans le département de la Mayenne » [28].

Dans un contexte politique évolutif, les complices de « la compression robespierriste » initiale finissent par être surtout accusés de « négligence, prévarication et dilapidation dans leurs fonctions ». Les malversations financières dont ils sont accusés concernent les taxes révolutionnaires prélevées chez les riches pour payer, par exemple, le déplacement des gardes nationaux dans des communes insurgées comme Couptrains, la distribution des biens meubles du clergé ou des condamnés, comme ceux d'Enjubault aux pauvres de Laval, ou encore, sans être exhaustif, les sommes réclamées aux détenus pour subvenir aux frais de garde et autres dépenses. Parmi ces « autres dépenses », dans le registre des comptes ouvert à cet effet, sont mentionnés non seulement les frais de perruquiers pour les suspects emprisonnés, mais aussi le paiement de statues de la Liberté, de bustes de Le Peletier et de Marat et de drapeaux tricolores. L'inculpation pour « négligence » dit bien l'impossibilité de trancher le débat sur les responsabilités individuelles ou collectives de la Terreur, sans mettre en cause la responsabilité de la Convention.

Militer dans les prisons thermidoriennes

Pendant les six mois de leur incarcération à Laval, les accusés ne sont pas restés totalement inactifs. Ils ont, notamment, beaucoup écrit. Lors de leur transfert à Alençon, le concierge a ramassé dans leurs « chambres » de nombreux papiers. Tous les écrits conservés, qu'ils soient à l'état de brouillon, sans date et sans signature, de manuscrit daté et signé, ou encore d'imprimé appartiennent à une même catégorie par leur contenu : ce sont des textes militants. Les destinataires sont Grosse-Durocher, l'autre député montagnard de la Mayenne, la Convention nationale, les journalistes et députés Audouin et Duval et, enfin, leurs concitoyens par l'entremise des associés-imprimeurs de Faur. Cette question « à qui écrire » et son corollaire « comment écrire » a soulevé quelques dissensions entre les dix premiers fonctionnaires arrêtés.

Il y a ceux qui ont jugé utile de solliciter l'attention du député qui, depuis la Législative, avait toujours voté à gauche et s'était trouvé dans le département pendant son invasion par les Vendéens. Aussi, Quantin, Mélouin et Faur s'adressent à Grosse-Durocher, le 14 nivôse, pour dénoncer le « procès des plus zélés partisans du

---

28. AD Mayenne. L 1843.

gouvernement démocratique par les ennemis naturels de la liberté et du peuple ». Ils considèrent que la procédure judiciaire est « une épreuve inquisitoriale », mettant en oeuvre quelques trois cents témoins qualifiés de « fédéralistes, royalistes, aristocratiques ou fanatiques » et établissant comme jurés « quelques républicains » parmi une masse d'« administrateurs naguère incarcérés, de négociants égoïstes et d'individus suspects et arrêtés au nom de l'application de la loi du 13 septembre ». Ils font état, également, de « la corruption subite de la morale républicaine » en prenant soin de distinguer l'opinion du peuple du nouvel « esprit public », qui n'est que l'opinion de « trois ou quatre fripons politiques », et en dénigrant tous « les réviseurs de la constitution de 93 ». Juliot, Néré et Pottier se joignent ensuite à eux pour lui adresser une nouvelle lettre dans laquelle ils se démarquent des initiatives de Bescher, Garot et Le Roux.

Le premier, notamment, a sévèrement critiqué toute démarche particulière auprès d'un représentant du peuple en ces termes : « Je n'ai pas besoin que l'on parle en ma faveur, je laisse à certains intrigants le soin de se presser autour de ces hommes puissants qui feraient le bien, sans doute, s'ils n'étaient point trompés ; mais il en est qui abusent trop souvent de leur immense pouvoir pour se jouer légèrement de la liberté des citoyens : je n'ai besoin que de justice, je l'attends depuis trois mois et je suis persuadé que, tôt ou tard, elle me sera rendue »[29]. Sans préjuger de l'attitude qu'adoptera le Montagnard, qui va demander, avec Lecointre, un appel nominal sur le décret relatif à la déportation de Billaud, Collot, Barère et Vadier, mais sans doute, plus réservé sur la marge de manoeuvre des derniers Montagnards, Bescher a préféré en appeler à l'opinion publique. Son *Dialogue entre un patriote détenu et un citoyen ami de la Vérité*, rédigé « de la Maison dite de Justice, à Laval, le 20 pluviôse de l'an troisième de la République une, indivisible et démocratique », a été édité à Laval, dans l'imprimerie de Faur, par ses ouvriers devenus en la circonstance associés, Grandpré et Portier. Cette brochure de seize pages a été communiqué aussi aux journaux parisiens, dirigés par les Montagnards Audouin et Duval, *Le Journal Universel* et *Le Journal des Hommes Libres*.

Dans ce dialogue habile avec un Français moyen, c'est-à-dire un républicain sincèrement indigné par le récit thermidorien de la Terreur, l'auteur analyse l'idéologie dominante en ce premier semestre de l'an III. Pour mieux la critiquer, il souligne en italique tous les mots-clés du discours thermidorien qui oppose « les honnêtes gens, les citoyens opprimés et les bons prêtres » aux « prévaricateurs, dilapidateurs et compresseurs de l'opinion » et qui valorise le slogan « justice et humanité » en rejetant dans les ténèbres du passé « la terreur et l'oppression ». De son propre itinéraire en révolution, le détenu retient que « depuis 1789, la calomnie de ceux qui n'aiment pas la démocratie est attachée sur mes pas ». Le vocabulaire du jour s'inscrit, en fait, dans une continuelle dépréciation des patriotes et des républicains que l'on dénommait, il y a peu, « les désorganisateurs » et « les factieux ». Après avoir rappelé les circonstances qui ont provoqué l'installation du Gouvernement révolutionnaire, il interroge ses contemporains : « Mais qu'eussiez-vous fait à notre place, vous qui trouvez si aisé de nous calomnier aujourd'hui et qui, alors, vous teniez à l'écart comme le poltron qui craint les éclats de la bombe ? » Enfin, en dénonçant la « proscription générale des républicains », il déplore la fermeture des sociétés populaires et, son corollaire, le réveil du fanatisme qui ne peuvent aboutir qu'à la guerre civile.

---

29. ADM. L 1838. Liasse de correspondance des détenus à la prison de Laval.

A son tour, Augustin Garot publie, le 25 pluviôse, une lettre-ouverte à ses concitoyens dans laquelle il plaide non coupable dans le procès intenté contre lui.

Même si leurs co-détenus n'ont pas apprécié cette démarche publicitaire, il ressort de tous ces écrits, individuels ou collectifs, un même attachement viscéral à la constitution de 1793, qui devient le point de ralliement des opposants à la politique de la Convention et entraîne une défense et illustration du mot « démocratie », face à l'ampleur de la réaction dans le pays. Quand en nivôse, Juliot, Quantin, Saint-Martin et Faur écrivent à leurs concitoyens pour faire « appel à la raison et à la justice souveraine et populaire », ils ne manquent pas de faire référence à « l'immortelle constitution » qualifiée de « républicaine et démocratique ». Quand le 13 ventôse, les mêmes avec Mélouin, Néré et Pottier s'adressent à la Convention nationale, ils opposent « l'acception imaginaire d'un mot vide de sens : le terrorisme » sous laquelle « depuis cinq mois on nous tient enchaînés entre les murs d'une nouvelle Bastille » aux combats réels et communs des législateurs régicides avec « les républicains énergiques qui ont juré, sur la cendre du tyran, le triomphe de la démocratie ». Quand, le mois suivant, les détenus rédigent le *Procès-verbal de la fête du 2 pluviôse, célébrée en la maison d'arrêt de Laval*, c'est d'elle encore qu'il est question. Pour commémorer civiquement le jour anniversaire du 21 janvier, les militants ont organisé dans la cour de la prison l'autodafé d'un « mannequin représentant l'effigie de l'infâme Capet sans tête » en invitant les autre détenus à « former le cercle avec nous ». Parmi les participants, il y avait « plusieurs véritables sans-culottes, venus de la commune ». La petite fête républicaine présidée par Juliot-Leradière, le vétéran du groupe, appelé en la circonstance « le vieillard respectable » - soit parce qu'il est le père de deux défenseurs de la patrie ou parce que depuis son arrestation il est atteint de fièvres violentes qui l'ont prématurément vieilli car, autrement, il n'a pas encore dépassé la cinquantaine - a donné matière à un serment, des chansons et une farandole. L'animation de la prison était telle toutefois et les cris de « Vive la République démocratique et purement populaire ! » si forts que le maire de Laval décida, « au nom des principes que la Convention professe depuis le 9 thermidor », d'installer le lendemain de nouveaux verrous, de mettre en place une surveillance plus rigoureuse et d'interdire toute communication avec l'extérieur. Réduits à consigner, à la date du 4 ventôse an III « de la République démocratique », la chronique des festivités thermidoriennes, Mélouin, Quantin et Faur ne peuvent traduire que leur amertume : « Le peuple doré n'est pas moins, dans notre commune, qu'au Palais Royal à la hauteur des circonstances. Il y a un an, on rendait hommage aux vertus civiques des martyrs de la liberté ; aujourd'hui, saint-jour de dimanche, une bande d'enfants, patriotiquement organisés par leurs parents, portent au bout d'un bâton et traînent dans la boue les bustes de Marat et de Le Peletier (...) Les chouans se fortifient chaque jour dans leur repaire, ils mettent à contribution les patriotes des campagnes, ils brûlent, ils pillent, ils assassinent : voilà leur réponse jusqu'ici au pardon généreux du peuple français. La population des villes augmente chaque jour par le nombre de réfugiés des diverses communes. Le pain est maintenant à 20 sols la livre et toutes les autres denrées s'achètent sur le prix de ce maximum ! Les patriotes traînent une existence de fer au milieu de ce torrent d'amertume et de malheur ! Pauvres sans-culottes, serez-vous plus longtemps encore la proie du million doré ? »

Désormais plongés dans une obscurité profonde après les événements de germinal, les détenus mayennais participent à la construction des valeurs d'une opposition démocratique au gouvernement républicain. Trois idées-force la caractérisent : la propagande officielle ne représente point l'opinion d'un peuple muselé ; la morale républicaine a été fondée sur « les tables éternelles de la Déclaration des droits de l'homme » et la démocratie, consacrée par la constitution de 1793 ; enfin, « un jour viendra » où le peuple jouira « des avantages du gouvernement démocratique et populaire ». Dans cet entrecroisement des temps, où la projection vers le futur des espérances passées permet aux militants d'affronter le présent, se lit déjà l'héritage de la Révolution. Leur dernier message à leurs concitoyens a été imprimé par les ouvriers de Faur sous forme de grande affiche, tiré à 300 exemplaires et financé par Mélouin, Bescher, Le Roux, Faur, Garot, Juliot-Lerardière, Saint-Martin, Quantin, Boulau et Pottier. Daté du 23 germinal, le placard met en garde les citoyens contre la diffusion d'une rumeur sur le complot des prisonniers, leur rappelle l'obéissance aux lois et se termine par une profession de foi : « Quant à nous, dûssions-nous en être victimes, nous ne cesserons d'aimer la République une, indivisible et démocratique ». Suite à cet appel à l'opinion publique, dans le contexte de la répression du mouvement populaire parisien, les détenus vont être transférés à Alençon.

Les partisans des détenus

Ce n'est pas seulement à Laval que l'on dénombre leurs partisans, car leurs frères et amis de Château-Gontier ou d'Ernée se sont mobilisés dès leur arrestation pour les faire libérer. Ainsi, le maire, l'agent national, les officiers municipaux et les notables de Château-Gontier ont voulu attester, par écrit le 14 frimaire, la conduite privée et publique d'« honnête homme » et de « vrai républicain » de Bescher et Garot qui ont « mérité la confiance de leurs concitoyens ». La pétition de 65 citoyens d'Ernée, adressée au tribunal criminel le 29 du mois, réclama l'élargissement de Quantin avec l'espoir que « vous saurez, sans doute, apprécier les fermes soutiens du peuple depuis 89 de ceux qui ne se montrent que depuis le 9 thermidor ». Ces clubistes et gardes nationaux avaient déjà donné lecture d'un extrait du *Journal des Hommes Libres*, à la fête du décadi précédent. Intitulé « Coup d'oeil sur les dangers présents de la patrie », ce commentaire de l'actualité, réédité en série dans l'imprimerie jacobine de Laval, ne tendait rien moins selon le maire d'Ernée qu'« à égarer le peuple, à semer la division et l'insurrection ». Il en interrompit la lecture, interdit la diffusion et exigea de lire préalablement les textes proposés à la décade. Pour avoir amené soixante exemplaires de Laval, les avoir fait distribuer dans l'assistance par le chef de légion et avoir soutenu à haute voix « qu'on ne devait point s'opposer à l'instruction publique », un gendarme de la brigade d'Ernée s'est vu notifier 24 heures de détention [30].

Avec l'application de la loi du 21 germinal, sous l'autorité du représentant du peuple Baudran, envoyé en mission dans la Mayenne par le décret du 29 nivôse, c'est « la queue de Robespierre » qui apparait dans le département. A Laval, seize citoyens ont été désignés par la municipalité pour « avoir participé aux horreurs commises sous la tyrannie qui a précédé le 9 thermidor ». Le désarmement de ces clubistes, tous membres de l'échoppe et de la boutique, opéré le 2 floréal au domicile des citoyens par des officiers municipaux accompagnés d'un peloton de la force armée a créé beaucoup d'agitation. Même le capitaine de la garde nationale, requis par la municipalité pour diriger l'opération, ne pouvait s'empêcher de dire tout au long du parcours qu'« il était bien malheureux et bien injuste que l'on désarme les

---

30. ADM. L 1875. Troubles à Ernée.

bons patriotes, que les aristocrates triomphaient, mais que cela ne durerait pas long-temps »[31]. Certains de ces citoyens désarmés seront arrêtés en prairial. Le désar-mement à Craon de « huit complices de Robespierre seulement, les autres n'ayant paru qu'égarés » provoque dans cette petite ville la rédaction d'une pétition, adres-sée au comité de Sûreté Générale de la Convention. Inquiètes de l'air triomphant des pétitionnaires après leur entrevue avec le représentant Baudran, les autorités de la commune et du district organisent une contre-pétition le 8 floréal. « Les honnêtes gens et vrais amis de la patrie », dont nombre de signataires précisent toutefois qu'ils n'ont pas connaissance de tous les faits incriminés rapportés par la voix publique, dénoncent surtout l'ancien agent national du district, actuellement juge au tribunal, et un médecin, ex-administrateur du district « digne ami d'un Marat-Quantin » et « comme lui, apôtre ardent et missionnaire des jacobins robespierristes ». Ils leur reprochent pêle-mêle d'avoir excité les grenadiers qui partaient sur les frontières en août 1792 à lever une contribution forcée sur certains habitants, d'avoir réprimé le soulèvement de mars 1793, désigné les volontaires et libéré les mutins après seule-ment quelques mois de détention, d'avoir fait fusiller les insurgés de la Vendée qui restèrent après la déroute du Mans et d'avoir excité les soldats contre les gens de la campagne. Les autres « anarchistes » désarmés sont des artisans qui composaient le comité de surveillance et un ancien-curé, devenu sergent-major dans la garde terri-toriale[32]. Alors que le district d'Ernée considère, le 1er prairial, qu'il n'a pas toutes les connaissances nécessaires pour faire exécuter les lois du 21 germinal et du 12 flo-réal, la municipalité d'Ernée soutient l'initiative d'une vingtaine de jeunes gens de la ville. Suivant l'exemple de ceux de Rennes qui, le 16 floréal, ont lancé le mouve-ment, les muscadins d'Ernée décident d'assurer par eux-mêmes « la sûreté des per-sonnes et des propriétés » afin de « dissiper les rassemblements nocturnes et clan-destins des terroristes ». A la fin du mois, une coordination de milices parallèles dans la région se met en place avec l'approbation des autorités municipales[33].

Pendant ce temps, le Tribunal criminel du département de l'Orne continue d'ins-truire le procès des anciens fonctionnaires de la Mayenne. Il étend le champ de ses investigations à Calais où Volcler aurait été repéré comme ouvrier-imprimeur et y fait rechercher aussi Guilbert ; surtout, le nombre des « prévenus de propos contre-révolutionaires, vexations et autres dilapidations » s'accroît[34]. Les correspondants anonymes des détenus font ainsi l'objet d'une enquête de la municipalité d'Alençon qui demande, le 3 prairial, à leurs collègues de Laval de reconnaître l'écriture de ceux qui informent les prisonniers sur la disette des subsistances à Laval, le progrès des chouans et l'épuration menée dans le tribunal criminel de la Mayenne avec l'ex-clusion « des terroristes et des Marat ». Quelques jours plus tard, Chollet, Le Mercier et Marie sont arrêtés et transférés dans ce qu'ils vont appeler « la Bastille » d'Alençon. Outre leur « correspondance mensongère et calomniatrice » il leur est reproché « les propos incendiaires tenus publiquement tendant à exciter le peuple à la révolte et les insultes de fédéralistes, aristocrates et chouans contre des personnes paisibles ».

C'est en lisant Le Journal des Hommes Libres que les détenus prennent connais-sance de la loi du 22 vendémiaire an IV qui ordonne la libération de tout citoyen qui ne serait pas prévenu ou accusé de meurtre, assassinat, vol, attentat contre la sûreté

---

31. ADM. L 1320. Poursuites contre les « terroristes » de Laval.
32. ADM. L 526. Désarmement des « terroristes » à Craon.
33. ADM. L 1097.
34. AD Orne. L 5203. Affaire des ex-fonctionnaires publics de la Mayenne.

ou autre crime spécifié par les lois. Aussitôt, ils rédigent le 25 une pétition individuelle pour réclamer l'exécution de la loi auprès du président du tribunal. Saint-Martin lui fait même passer l'exemplaire du journal tandis que Pottier lui copie la loi du 17 fructidor an III qui abolit toute procédure relative aux actes effectués par les administrateurs dans l'exercice de leurs fonctions et que Mélouin le rassure en précisant que la dernière loi prévoit, en cas de difficulté, d'en référer au comité de Législation. Exhibant chacun leur mandat d'arrêt où il n'est question, comme pour Bescher et Mélouin, que de « négligence, prévarication et dilapidation » et pour certains, tels Saint-Martin et Quantin, d'avoir en plus « comprimé l'opinion publique par la terreur », les pétitionnaires demandent de confronter celui-ci avec le texte de la loi. Le lendemain, le tribunal criminel de l'Orne arrête leur mise en liberté. Mais, le 3 brumaire an IV, le président se ravise en « considérant que la loi du 22 vendémiaire n'est pas applicable et que cet arrêté est un acte irréfléchi et surpris par diverses circonstances » et requiert leur arrestation. La loi votée le lendemain par la Convention met fin à cet excès de zèle.

Leur libération suscite l'inquiétude leur principal accusateur, Frin-Cormeré, qui demande le 23 nivôse an IV copie de l'information judiciaire, conformément à la loi d'amnistie qui réserve, aux parties lésées, le droit de réclamer leur intérêt. Les anciens fonctionnaires de la Mayenne rentrent chez eux comme Pottier à Lassay, Le Roux, Garot et Chollet à Laval tandis que d'autres, tels Saint-Martin et Bescher choisissent d'aller à Paris. Quantin ne rentre à Laval que le 15 floréal an IV, mais c'est pour recevoir l'ordre du général Chabot de quitter la commune dans les 24 heures. Le fils de Juliot-Leradière, âgé de 19 ans, a reçu le même avertissement lorsqu'il s'est rendu au chef-lieu du département pour faire lever les scellés apposés sur les papiers de son père. Quantin se réfugie chez des amis à la campagne, puis à Mayenne chez Grosse-Durocher, ex-conventionnel. La découverte de la conspiration des Égaux et l'arrestation de Babeuf à Paris provoque la perquisition de son domicile par les gendarmes, le 3 prairial au petit matin. Quoique le procès-verbal dressé par le juge de paix ne mentionne aucune preuve de participation à la conspiration babouviste, le général La Barolière ordonne au citoyen Quantin de sortir du département. C'est d'Alençon, le 5 messidor et « premier mois de mon exil », qu'il publie un opuscule intitulé *Violation des droits de l'homme et du citoyen*, portant en exergue le troisième vers des Bucoliques dont la traduction libre est « Exilé de mes murs, errant sur les montagnes, il faut que je vous quitte agréables campagnes » [35].

La défaite des sans-culottes manceaux

Après la fermeture du club jacobin par le représentant Dubois-Dubais, l'épuration des autorités locales et l'installation de nouveaux administrateurs du département, parmi lesquels l'ex-commissaire Couppel et l'ancien procureur syndic Chicault destitué en 1793 et emprisonné à Chartres pour fédéralisme, le retard pris au Mans dans la compression des « complices de Robespierre » va être compensé par l'ampleur de la répression consécutive aux journées parisiennes de germinal an III. Tandis que la Convention vote la mise en arrestation du député jacobin et montagnard René Levasseur, le nouveau représentant en mission dans la Sarthe demande au comité de Salut Public de surveiller le général Hoche, considéré comme suspect, et aux admi-

---

35. BM Alençon. 2378/3. Brochure de Quantin, imprimée à Alençon, le 5 messidor an IV.

nistrateurs sarthois de diligenter l'application de la loi du 21 germinal sur le désarmement des terroristes manceaux.

La municipalité fournit en floréal une liste de 35 personnes, aux premiers rangs desquelles figurent les noms de Potier-Morandière et Bazin. Puis, le 19 prairial, le directoire du département établit une double liste distingant « les meneurs » des « agents subalternes » et précisant leur domicile, profession, motifs d'accusation, preuves et observations particulières [36]. Dix jours plus tard, Dubois-Dubais promulgue le décret d'arrestation de « 22 individus responsables au Mans de la terreur et de l'anarchie » et le désarmement de 50 agents subalternes. C'est une autre époque de la répression politique qui s'ouvre avec une organisation policière méthodique et l'inculpation de militants qui ne sont pas comme dans la Mayenne, quelques mois plus tôt, les anciens fonctionnaires et agents du Gouvernement révolutionnaire, mais les derniers clubistes de l'an III. Enfin, ladite terreur ne date pas, pour les administrateurs sarthois, de l'installation du grand Comité de Salut Public ni de l'établissement du Gouvernement révolutionnaire et, encore moins, des lois de prairial : sa naissance remonte aux premiers mois de la République.

En effet, l'ennemi public numéro un reste, au Mans et dans la Sarthe, Potier-Morandière, le taxateur de novembre 1792. On accuse l'ancien maire du Mans en 1793 et l'ancien commissaire de guerre de l'an II d'être « un chef de sédition qui a marché à la tête d'attroupements armés contre les autorités constituées, un oppresseur qui a imposé des taxes arbitraires à tous ses concitoyens, un provocateur au désordre et au meurtre, un anarchiste ». Les preuves sont dans « les procès-verbaux des autorités de Château-du-Loir » comme dans « des milliers de témoins qui attestent ses actes d'oppression ». Ledit anarchiste qui a porté la taxe départementale à Château-du-Loir, ne s'est pas signalé au Mans depuis sa traduction devant le Tribunal révolutionnaire. Selon les informations des administrateurs, il est avec Sallet, l'ancien professeur de philosophie du collège, « un des conjurés du 4 prairial » lors de l'insurrection du faubourg Antoine et « se trouve actuellement à Paris ». Malgré les mandats d'arrêt lancés contre eux et toutes les investigations policières, Potier et Sallet échappèrent à leur arrestation [37].

Le second sur la liste est Bazin dont la dernière profession a été celle de commis au district. Pour les administrateurs, épurés par Dubois-Dubais, c'est « un chef d'attroupement et de révolte contre les autorités constituées, un rédacteur de liste de proscription, un motionnaire exaspéré soudoyant des stipendiés rebellionnaires à la Convention nationale, un provocateur au meurtre et à l'assassinat ». Les preuves résident dans « les procès-verbaux de l'administration du département, l'information devant le juge de paix de La Couture, le compte-rendu par Garnier de Saintes, les registres de la société et du comité révolutionnaire ». Jacques-Rigomer Bazin, ci-devant Timoléon Bazin, est arrêté le 30 prairial an III. Il n'est pas le seul à être victime d'une seconde arrestation puisqu'il retrouve nombre de ses partisans dans les prisons du Mans qui, par ailleurs, sont tellement pleines en l'an III que le maire demande l'autorisation d'ouvrir de nouveaux lieux de détention. Le militant toujours sur la brèche est moins heureux que cinq de ses frères et amis, traduits avec lui devant le Tribunal révolutionnaire, et accusés d'être « des meneurs de la société, des apologistes du meurtre, du pillage, des assassinats et des massacres des 2 et 3 sep-

---

36. AD Sarthe. L 124 et 528. Registres de délibérations du directoire du département.
37. AD S. L 134. Registre de correspondance secrète de l'administration de la Sarthe, commencée le 17 messidor an III.

tembre qui auraient tenté de faire égorger les détenus de la commune du Mans ». Car, outre Potier et Sallet introuvables, Goyet « s'est soustrait à l'arrestation », Delélée « est actuellement à Dourdan ou Paris » et Jourdain « chef de bureau au district de Nogent-le-Rotrou ».

Parmi les bazinistes du printemps précédent, on retrouve le notaire Louis Chauvel accusé d'être « un partisan actif des fureurs et des principes de la société, un apologiste des massacres de septembre qui se serait offert d'égorger lui-même les détenus et un orateur des bas-quartiers qui a démoralisé le peuple par ses discours ». La preuve en étant la notoriété publique et sa signature sur toutes les pétitions de la société populaire. Figurent également l'ex-greffier de la municipalité de La Bazoge et ex-commis du district du Mans, Pierre-René Blot, connu comme « un orateur des députations de la société populaire, l'auteur de tous les troubles de La Bazoge, un insigne mauvais sujet » et, plus original, « un piéton de la société populaire » ; l'ancien marchand Jacques Sargeuil et le cordonnier Louis Grassin-L'Epine comme « sicaires de la société, provocateurs à la révolte et à l'assassinat des administrateurs, orateurs de groupes propageant les maximes de fureurs et de persécutions, tenant journellement des propos incendiaires ».

Les nouveaux meneurs du club jacobin en l'an III sont l'ex-secrétaire de gendarmerie Busson, le cabaretier Girard, déjà impliqué dans le mouvement taxateur, l'ex-curé constitutionnel Michel-Simon Haloppé, l'ex-commis du district Pierre Tournois dit Desilles, « placé comme espion par la société dans les bureaux de l'administration », le sellier Joseph Thuillier, membre du comité de surveillance de vendémiaire à prairial an II, puis de frimaire à germinal an III, qui « a provoqué depuis le 9 thermidor l'incarcération de plus de 600 individus et qui tient chaque jour encore les propos les plus incendiaires », son collègue le marchand Cuvellier, Jean Dupré ancien serger et les cordonniers Jacques Beaugé et Antoine Leriche. D'autres ont échappé à l'arrestation, ce sont Moreau, l'ancien vicaire du Pré qui « s'en est retourné dans sa Vendée natale », l'ex-administrateur du district Allain dit Dupré-fils qui est supposé être à Paris « au nombre des conjurés du 4 prairial » et l'ancien agent de la commune Rouvin, dont nous aurons l'occasion de reparler.

La moitié de ces clubistes inculpés sont des adhérents de 1793 et de 1794. Aucun n'a fait partie de la société épurée en brumaire an III. Dix ont déjà été arrêtés au printemps de l'an II. L'itinéraire politique des 50 citoyens désarmés est quelque peu différent. D'abord, parce que si les trois-quarts nous sont bien connus, une dizaine n'ont pas été membres du club : la répression dépasse le cadre des adhérents de la société populaire pour atteindre les citoyens des tribunes (22 %). Les clubistes désarmés ont adhéré également en 1793 et 1794 (54 %), mais il y a aussi de vieux sociétaires avec deux membres fondateurs de la société des Amis de la Constitution en mars 1790 et, surtout, une dizaine de membres de la Société fraternelle de 1791 (24 %). Ensuite, il faut noter que cinq ont été arrêtés comme bazinistes en prairial an II alors que six clubistes ont fait partie de la société thermidorienne. Enfin, la répression de l'an III frappe majoritairement le monde de l'échoppe et de la boutique : les aubergistes, tisserands, cordonniers, menuisiers et maçons représentent, avec les trois retraités, 71 % du total. Elle touche particulièrement le quartier populaire où, depuis 1789, l'effervescence est grande : celui qui réclamait les prisonniers de Ballon en se révoltant à l'automne, celui qui a fourni les bataillons de taxateurs en 1792, celui où les sans-culottes dévoués au maintien des lois étaient nombreux en l'an II, celui qui a protesté contre l'incarcération de Bazin et de ses amis, ce qu'on appelle désormais « les bas-quartiers ».

Car ces « 50 agents subalternes » sont des « orateurs » soit de la société populaire, soit « des groupes des bas-quartiers ». On retrouve un ancien taxateur de novembre 1792, reconnu responsable par le jury d'accusation de février 1793, Mathurin Huet, un marchand de fil quadragénaire dans le quartier du Pré et six clubistes, déjà incarcérés, à savoir Michel Boyer « l'instituteur provocateur, partisan des mesures acerbes, profond hypocrite et flagorneur du peuple », et cinq « bazinistes » en la personne de Coutard, Morin, Lebreton, Chanteau et Freulon. Il y a aussi Ledru le curé du quartier populaire du Pré, qui deviendra un grand érudit local après avoir fait le tour du monde, qui est accusé alors d'être « un orateur exalté de la société dite-populaire lorsqu'elle a été un foyer de troubles et d'anarchie, un signataire d'adresses calomnieuses lancées par ladite société lors de l'épuration des autorités constituées par le représentant du peuple Génissieu, qui se présenta à la tête d'un attroupement pour forcer le directoire de district à rapporter des arrêtés que la sagesse et les circonstances avaient dictés ». C'est encore Rocheteau, l'ancien chef de légion, considéré comme « un partisan de la faction baziniste » ou bien Monrocq, l'ex-curé de Coulans devenu imprimeur, désigné comme « un anti-thermidorien prononcé ».

En prison à partir du 30 prairial ou du 1er messidor, les prévenus de terrorisme ne sont interrogés que trois mois plus tard. Leurs pétitions collectives, signées par sept d'entre eux, à savoir Bazin, Chauvel, Haloppé, Blot, Busson, Tournois et Dupré, pour exiger l'ouverture de l'information judiciaire et « la plus prompte exécution » du décret du 12 fructidor dont le texte a paru dans les journaux, n'ont pas eu beaucoup de succès. Adressée au juge de paix Vallée, qui avait déjà instruit la fameuse affaire du Mans en l'an II, celle du 15 fructidor est ainsi rédigée : « Le temps est venu où la seule influence de la justice doit diriger la conduite des républicains ; toutes les opinions doivent se fondre en une seule et, si la raison ne suffisait pas pour déterminer l'abandon de toute idée de vengeance, la politique et la nécessité des circonstances actuelles le commanderaient impérieusement. Tu ne peux te dissimuler à toi-même, citoyen, notre innocence et l'utilité dont nous fûmes pour le succès de la Révolution. Cette seule considération doit te déterminer à presser, à notre égard, les formes prescrites par la loi afin que nous puissions être présents à l'acceptation de l'acte constitutionnel » [38].

C'est l'époque où les journaux arrivent plus vite dans les prisons que les textes des lois aux autorités. Le juge de paix leur répond d'abord, qu'il attend les renseignements et les pièces officielles, puis le 24, qu'il n'a pas reçu le texte de la loi. Ce qui est faux puisque « sur la réclamation des détenus », le procureur-syndic du district lui a fait parvenir, deux jours plus tôt, le décret de la Convention relatif à la nécessité de l'instruction judiciaire pour tout prisonnier. En fait, Vallée a voulu refuser l'affaire en se plaignant auprès de l'accusateur public Bordier d'avoir été « injurié grossièrement » par les clubistes qui ont dit à la tribune « qu'il avait été un faussaire dans la première instruction », et « traité de perfide » par les femmes. Le 29, Bordier lui répond sèchement de se mettre au travail, avec un autre juge de paix, sur les dossiers qui lui ont été envoyés « il y a plus de huit jours », en précisant : « On m'a assuré que ce ne sont pas les détenus qui ont tenu les propos dont tu te plains ». Le 1er vendémiaire an IV, il les presse encore de ne point ralentir l'instruction.

C'est dans la soirée du 1er jour complémentaire de l'an III que le benjamin et leader du groupe, J.R. Bazin, est interrogé. Après avoir écouté les chefs d'inculpation et les preuves mentionnées, il prend aussitôt la parole pour déclarer : « Qu'il n'a

---

38. ADS. L 274. Correspondance des détenus.

jamais été chef d'attroupement que choisi par la société populaire pour être de la députation vers les autorités constituées ; comme rédacteur et orateur de pétitions, il ne s'est jamais trouvé qu'à la tête d'un nombre plus ou moins grand de citoyens paisibles et usant de leurs droits. Quant aux listes de proscription, il défie qu'on lui montre aucune, soit suggérée, soit rédigée par lui. Il a pensé seulement que la loi du 17 septembre 1793, vieux style, et autres décrets révolutionnaires devaient être exécutés parce qu'ils étaient en vigueur. Il est dérisoire de l'accuser d'avoir soudoyé des stipendiés : c'est un mensonge. Accusé d'être révolté contre la Convention nationale, il a été acquitté sur ce fait par le Tribunal révolutionnaire. Quant à la provocation au meurtre, il se croit dispensé de répondre jusqu'à ce qu'un seul témoin l'atteste » [39].

Le volontaire de 1791 qui a obtenu en juillet 1793 un congé de convalescence, puis un congé absolu de réforme (on ignore si c'est à l'armée du Nord qu'il est devenu boiteux) dit au juge qui l'interroge son mépris républicain pour l'injure d'avoir échappé à la réquisition patriotique. Le militant jacobin ne se souvient pas d'avoir donné, au nom du peuple souverain, des ordres aux autorités du département le 13 juin 1793, et demande un complément de recherche dans les archives du département. L'orateur de la société populaire ne daigne pas répondre aux questions de son ex-frère et ami sur l'éventualité de motions tendant à « lanterner les administrateurs », « piller les riches » ou à « égorger les détenus » sur lesquelles il n'existe pas l'ombre d'une preuve. Il dément, ensuite, avoir « voulu former un parti et distribuer des cartes de ralliement » et précise que « sur sa motion, la société arrêta qu'elle donnerait, à l'instar des autres sociétés populaires de la République, des cartes non seulement à ses membres, mais encore aux citoyennes connues pour leur patriotisme et leurs assiduité aux séances ; et que ces cartes devaient servir, en outre, de contremarques pour entrer au spectacle de la Société Dramatique du Mans ». Enfin, interrogé sur la pétition du 6 nivôse an III, son rédacteur n'a pas de peine à « mettre en contradiction la municipalité et le district avec eux-mêmes » en citant les arrêtés qui ont suivi et en faisant part de sa nomination le 17 du mois comme chef du bureau militaire de district.

Devant le vide du dossier de l'accusation, révélé par ces interrogatoires, le juge de paix demande les jours suivants de nouveaux documents aux autorités. Les administrateurs de la Sarthe reçoivent du comité de Sûreté Générale de la Convention l'ordre de continuer l'information judiciaire dans une lettre du 8 vendémiaire an IV, portant à gauche « Guerre aux partisans de la Terreur » et, à droite, « Guerre aux partisans des émissaires de la Royauté ». L'audition des témoins en présence des accusés a finalement lieu du 13 au 16 vendémiaire. Sur les vingt-et-un citoyens appelés à témoigner, deux n'ont pas comparu, un a refusé de déposer contre les détenus étant administrateur, cinq ont dit ne rien savoir et sept ont affirmé que les inculpés n'avaient jamais tenu les propos incriminés. Restent six témoins à charge. Seul, l'employé municipal aux subsistances déplore « l'avilissement des autorités constituées » lors de l'attroupement des clubistes le 6 nivôse an III. Aussitôt, « les citoyens détenus ci-présents se sont plaint de ce que le déclarant ne se soit pas tenu à la simple déclaration des faits et ait manifesté ses sentiments sur une démarche dont il avoue lui-même ne pas connaître les causes premières ». Trois autres manceaux avouent avoir entendu dire que Chauvel aurait proposé de faire égorger les détenus, lors de

---

39. ADS. L 284. Procédure judiciaire contre les prévenus de terrorisme. Voir également les registres d'écrou (L 1877).

l'invasion du Mans par l'armée vendéenne, mais reconnaissent qu'ils n'étaient pas témoins directs. C'est un pharmacien, attaché à l'armée de l'Ouest et en convalescence au Mans, qui déclare avoir entendu Potier faire une motion, applaudie par la société, pour transférer ces détenus à Chartres ou les anéantir. Le lendemain de son intervention, Bazin dépose sur le bureau du juge la copie de l'arrêté de l'acte d'accusation du 9 floréal an II et demande la parole pour dire que Potier a été, comme lui, acquitté « de prétendus délits qu'on leur impute encore dans la procédure actuelle ». Enfin, c'est un notaire de Challes qui rapporte qu'au cours d'un dîner chez Goyet, alors administrateur du département, Bazin a dit que « quand il était à la société populaire, il était sûr d'avoir le suffrage de douze sans-culottes moyennant 24 livres », en prenant soin de préciser que c'était avant leur comparution devant le Tribunal révolutionnaire. Fort de son expérience acquise, Bazin explique que la cotisation des sociétaires, fixée alors à 40 sols minimum, permettait aux plus fortunés de faire adhérer en masse les sans-culottes indigents en payant eux-mêmes leur contribution et il prend la peine d'ajouter que « les 40 sols n'entraient pas dans les poches des sans-culottes, mais bien dans la caissse de la société ».

Suite à cette dernière intervention de la défense, le jugement est rendu le 16 vendémiaire an IV par les deux juges de paix manceaux. Les considérations qui entrent officiellement en jeu dans le verdict de non-lieu sont, d'abord, « qu'il n'y a eu ni meurtre, ni pillage dans notre département ». Ensuite, qu'aucune preuve d'approbation des massacres de septembre, de formation d'un parti ou de menaces faites par les pétitionnaires du 6 nivôse n'a pu être apportée. Quant à l'attroupement et la manifestation des clubistes les 13 et 14 juin 1793 contre le département, « on doit considérer que ces journées n'étaient qu'une suite de celles passées à Paris le 31 mai et jours suivants, que la France a trop lontemps été partagée sur ces journées, préconisées dans le temps par la Convention même et aujourd'hui abhorrées, et que Bazin, l'un des orateurs, a été traduit depuis au Tribunal révolutionnaire pour des faits d'exaspération contre la Convention infiniment plus graves et dont il a été acquitté ».

Le non-lieu et la libération immédiate des « prévenus de terrorisme » dans la Sarthe éclairent la singularité de ce département qui n'a pas moins appliqué les mesures de salut public en l'an II que celui de la Mayenne. Certes, le procès des agents locaux a déjà eu lieu avant Thermidor et le brillant avocat qu'est Bazin sait confondre de main de maître les témoins étrangers à la ville ou clients des autorités et décourager les Manceaux, qui l'ont entendu diriger les débats du club ou porter la parole aux autorités, à venir témoigner contre lui à son procès. Même si les personnalités locales vont jouer un rôle déterminant dans les années à venir, il faut bien admettre aussi que la diffusion du modèle du « buveur de sang » n'a pas emporté la conviction devant la réalité des faits dans le chef-lieu du département. Malgré les violents affrontements de 1793 qui ont abouti à l'emprisonnement de tous les protagonistes, qu'ils aient été pro-girondins ou pro-montagnards, la mentalité républicaine l'emporte sur le désir effréné de vengeance lorsque les chouans entrent en scène. Dans la défaite politique des sans-culottes manceaux, Bazin incarne déjà la résistance à l'idéologie dominante.

Le retour des brigands ou les révoltes populaires de l'an III

Après la Grande Peur des gens sans feu ni lieu, celle des Brigands de l'armée catholique et royale, voici le temps où le menu peuple qui crie sa détresse lors des manifestations frumentaires est renvoyé, dans le discours des honnêtes gens, aux

chouans qui tiennent la campagne, s'emparent des récoltes et font la guerre aux
républicains ou aux bandes organisées qui courent les grandes plaines, volent les fermiers et chauffent les pieds des récalcitrants. Dans la Sarthe, après une année relativement calme, l'an III voit le début des innombrables affaires liées à la chouannerie : les plaintes des particuliers et des municipalités rurales éclipsent alors toute
autre forme de protestation populaire que celle des extorsions des chouans.

Dans l'Orne, au contraire, les belles sources du tribunal criminel montrent l'importance des émeutes de subsistance. Déjà signalées dans l'hiver de 1795, elles
continuent jusqu'au printemps, avec une forte poussée en germinal et prairial, et se
poursuivent jusqu'au mois de fructidor an III. On peut analyser le point de vue des
autorités sur la question des grains avant de présenter ces mouvements populaires.

Les émeutes de subsistances qui se produisent, par exemple à L'Aigle en germinal an III, peuvent être situées sur fond de misère endémique [40]. Déjà, au printemps
1792, l'administration du district avait souligné l'importance de la classe indigente
dans cette commune par temps de crise. La disette du fil de laiton, servant à la fabrication des épingles, forçait alors les négociants de la ville et des environs à débau-
cher les ouvriers des manufactures dont le nombre était évalué à plus de 20.000.
Aussi, nourrir les habitants du district est une des préoccupations constantes des
administrateurs. Le cahier des comptes généraux des subsistances, tenu par le district, permet de mesurer l'aire de ravitaillement d'une petite ville en l'an II et en l'an
III. Vu que les campagnes du district ne fournissent pas 1 % de l'état général des
grains, celle-ci est considérable, s'étend sur une dizaine de départements et concerne
une vingtaine de communes où les commissaires vont chercher toutes sortes de blés,
voire les pommes de terre. Les sommes dépensées s'élèvent à plus d'un million de
livres, frais de transport compris. Les plus gros centres d'approvisionnement sont les
marchés de l'Eure voisine, la région parisienne et les ports qui reçoivent les grains
étrangers comme Honfleur, Le Havre, Cherbourg et même La Rochelle [41].

Aux lendemains de Thermidor, les autorités constituées de l'Orne, imputant au
mauvais gré paysan le manque soudain de subsistances, font ouvrir de nombreuses
enquêtes judiciaires [42]. La bonne vingtaine de maires ou agents nationaux de communes rurales, accusés d'avoir refusé, pendant les mois de fructidor an II et vendémiaire an III, d'approvisionner les halles d'Alençon, de Sées ou du Meslé-sur-
Sarthe, doivent se justifier devant le tribunal et expliquer que la disette de grains
était réelle. Le comité de surveillance d'Alençon fait également traduire en justice
un marchand quinquagénaire de la petite commune de Sarton-Libre, ci-devant Saint-
Ellier-les-Bois, pour avoir protesté contre l'insuffisance du rationnement, le 7 pluviôse an III, en allant chercher à la municipalité son bon pour avoir des grains. Le
secrétaire lui ayant rétorqué que « par la suite, il pensait en avoir encore moins, (le
prévenu) dit alors que ceux qui achetaient les grains s'assembleraient pour aller dans
la commune chez les bourgeois qui disaient ne pas avoir de grains à vendre et ils en
auraient » [43]. Tandis que le comité de surveillance sert désormais d'instrument à une

---

40. AD Orne. L 2276 et 2277. Correspondance de l'agent national du district de L'Aigle. L 2271.
Correspondance du commissaire chargé des subsistances. L 6810. Procédure judiciaire relative aux
émeutes de germinal an III.
41. ADO. L 2810. Comptes-généraux des subsistances du district de L'Aigle, ans II et III.
42. ADO. L 5288, 5289, 5295, 5297, 5301, 5303. Informations judiciaires devant le tribunal criminel
de département, relatives au refus d'approvisionner les halles.
43. ADO. L 5253.

politique de réaction sociale, il est instructif de se pencher sur l'attitude d'un grand patron de forges.

La correspondance de Levacher, maire de Breteuil, anobli à la veille de 89 et sans-culotte en l'an II, avec l'administration du district de Mortagne où se trouve sa forge de Randonnai, distante d'une trentaine de kilomètres de sa résidence, offre une belle source d'informations [44]. Aux lendemains de la politique d'économie dirigée, les relations d'un industriel avec l'administration républicaine sont très intéressantes. Rappelons qu'après avoir tempêté contre le maximum du prix des fers qui, dans ce district dirigé en l'an II par des patriotes énergiques, ne lui était pas favorable, le grand patron de forges s'était plié à ce qu'il appelait « le service public ». Désormais, le voici confronté à la libéralisation du marché.

Son inquiétude devant la détresse de ses employés apparait avant même l'abolition officielle du Maximum. Dès le 6 brumaire, le maître de forges rappelle les arrêtés du comité de Salut Public concernant les droits aux subsistances des ouvriers et de leur famille qui sont mobilisés dans l'industrie d'armement. En frimaire, c'est son régisseur qui parle de la crainte « du chômage de misère » à cause du manque de minerais et aussi de pain : « J'ai toujours fait patienter les ouvriers, mais il est impossible qu'ils patientent davantage puisqu'il y en a qui, depuis plus de quinze jours, ne sont pas rentrés à leurs ateliers, faute de subsistances. Il y a des municipalités qui délivrent maintenant pour cinq livres par décade à des hommes qui mangeaient ordinairement, à cause de leurs pénibles travaux, environ trois livres de pain par jour. Si vous ne venez pas de ce côté à notre secours, nos forges vont devenir enfin désertes et tous les ouvriers vont être contraints de fuir pour s'en aller dans des endroits où les subsistances seront plus abondantes ». Ce même jour, 30 frimaire, trois marchands-cloutiers se plaignent au maître de forges de ne pas recevoir la matière première indispensable à leur entreprise et au travail de leur trentaine d'ouvriers.

Avec l'abolition du Maximum le mois suivant, les Levacher, quoique confrontés à la concurrence et à la libéralisation du marché, cherchent à établir le prix de leurs fers sur la base du prix du blé et demandent aux administrateurs du district de le leur indiquer en sachant bien, toutefois, la différence qu'il existe entre le prix de vente des grains sur les marchés des villes et dans les campagnes. Scandalisés des « prix fous auxquels nos ouvriers achètent actuellement le blé », ils répugnent à établir sur cette base le prix de leurs fers et avertissent les agents du gouvernement : « Nous allons être obligés de pourvoir nous-mêmes (aux subsistances), nos ouvriers étant souvent absents trois jours pour aller en chercher et nous nous voyons à la veille de cesser nos travaux ». En conséquence, ils leur demandent de faire vérifier par des commissaires du canton ou du district l'état mensuel des blés et des farines achetés par leur régisseur pour nourrir leurs ouvriers. Ainsi, après les grandes foules taxatrices de 1792 et la politique montagnarde de taxation et de réquisition des denrées, voici le temps des randonnées solitaires du régisseur des forges, à la recherche du grain dans les fermes des alentours en nivôse et pluviôse de l'an III. Le compte-rendu de la distribution du blé montre que le patron des forges n'arrive à faire subsister, au mieux selon les semaines, qu'une cinquantaine de familles ouvrières et, en moyenne, seulement une trentaine, soit le dixième des effectifs des forges en 1788. En dépit de cette mobilisation patronale et paternaliste, que l'on rencontre également

---

44. ADO. L 2948. Registre de correspondance du district de Mortagne.

ailleurs [45], la crise des subsistances entraîne de nombreux troubles dans ce district au printemps 1795.

Dès le début du mois de germinal, les communes rurales qui entourent la forêt du Perche sont en insurrection. Armés de fusils, pistolets, parois à sabots et autres outils, les habitants de Randonnai, Prépotin, La Ventrouze, La Poterie, Bressolettes et Tourouvre parcourent les fermes des alentours pour enlever le grain. Enfonçant les portes des cultivateurs et réquisitionnant les denrées alimentaires, ils font régner la loi, celle qui « était au bout de leurs bras » selon les fermiers, celle du « brigandage » d'après les administrateurs républicains. Ces communautés rurales, peuplées de moins de cinq cents habitants, à l'exception du bourg de Tourouvre qui avait sa société populaire en l'an II, vivaient de l'exploitation de la forêt et du travail aux forges. Le témoignage du procureur-syndic du district, décrivant les squelettes ambulants qu'il y a rencontrés et les gens qui mangeaient de l'herbe, est accablant sur la misère de la région [46]. Les meneurs de la révolte, ceux qui portaient la parole dans les fermes, sont des artisans de village : un couvreur, un sabotier et un maréchal-ferrant ont été ainsi inculpés. Dans la commune de Maurice-du-Bon-Air, ci-devant Saint-Maurice-les-Charencey, où le club de l'an II réunissait toute l'assemblée des habitants, il a été alors décidé, en présence de l'agent national du district, de faire appliquer la loi du 27 ventôse qui oblige à faire vendre les grains sur les marchés et autorise la municipalité à effectuer des visites domiciliaires chez les fermiers. Après avoir dénoncé comme « brigand, l'homme armé qui, sans ordre, par la menace et la force » enleve les grains dans les fermes du canton, le conseil général de la commune décide d'adjoindre aux officiers municipaux « quatre citoyens, choisis parmi les plus indigents, ne récoltant aucun grain et dont la probité et la vertu sont reconnues en plus de la garde nationale » [47].

Au mois de prairial, les affaires de « pillages de grains » sont nombreuses dans le district d'Alençon. Ainsi, celle qui met en cause à la grange de Neauphle-sous-Essay, qu'on appelle toujours la grange dîmeresse, deux aubergistes, un tailleur d'habits et un laboureur de Sées. Agés en moyenne de 38 ans, ils savent tous signer leur nom, avec aisance même, sauf le laboureur. Celui-ci déclare, lors de son interrogatoire deux mois plus tard : « N'ayant pas de quoi procurer de la nourriture à huit enfants et quatre grandes personnes et réduit à la plus extrême détresse, j'ai parti seul pour aller en chercher. J'ai parcouru différentes maisons et, successivement, j'ai rencontré d'autres chercheurs de subsistances. Après bien des recherches infructueuses, nous arrivâmes neuf à dix à la grange où on trouva du grain battu et à battre. Nous en demandâmes et on nous refusa. Nous priâmes avec instance et nous offrîmes de payer, mais inutilement. Enfin, déterminés par le besoin, nous prîmes quelques grains non vannés qu'on ne voulait ni vanner ni voir vanner et on laissa 50 livres pour les payer » [48]. Grâce à la caution de deux mille livres versée par leurs amis, ces marcheurs de la faim ont alors été mis en liberté provisoire.

---

45. Des grèves ouvrières sont signalées dès brumaire an III dans les forges de Varenne, situées dans le district de Domfront (L 2568), puis dans celles de Longny-au-Perche, en frimaire an IV. Confrontée au débauchage de ses ouvriers, attirés par les offres des marchands de bois qui, dit-elle en passant, n'ont jamais observé la loi du Maximum, la maîtresse de forge de Longny requiert, dès nivôse an III, la force publique pour faire exécuter la loi qui contraint les ouvriers à travailler d'abord pour les maîtres qui les emploient. En pluviôse, son gendre s'adresse à un marchand de fer de la région pour le supplier d'envoyer des grains « sans lesquels les ouvriers ne peuvent travailler » et lui garantir, en revanche, qu'il ne manquerait pas de fer (L 2948).
46. ADO. L 2933.
47. ADO. L 2935.
48. ADO. L 5339.

L'affaire du 29 prairial dans la commune voisine de Vingt-Hanaps montre un tout autre type de mobilisation. Sous la direction des officiers municipaux qui ont fait sonner le tocsin le soir et le lendemain matin, les hommes se sont armés pour aller chercher du grain chez une citoyenne. On savait, par l'aubergiste faisant partie des attroupés qui avait été commissaire du district pour recenser les grains deux mois auparavant, qu'elle possèdait des vingtaines de boisseaux de blé qu'on n'avait pas vus sur les marchés. L'aubergiste, un maréchal et l'ancien curé, membre de la municipalité, compromis dans l'affaire sont toutefois remis en liberté grâce aux témoignages évoquant « les femmes enceintes que la faim fait crier », « les enfants qui se traînent le long des sillons emplis d'eau pour dévorer même des herbes » et « les hommes qui courent vingt lieues pour se procurer du grain »[49]. Le 7 messidor an III encore, un attroupement d'une vingtaine d'hommes et de femmes a lieu à Saint-Sauveur-de-Carrouges pour prendre des grains dans des maisons particulières. Sont arrêtés comme chefs d'attroupement, un laboureur de la commune, âgé de 67 ans, son fils de 27 ans, soldat en convalescence et infirme depuis son retour du front et un journalier analphabète de 30 ans résidant dans une commune voisine. Les deux premiers sont mis en liberté provisoire à la fin du mois, grâce à la caution d'un entrepreneur, tandis que le journalier attendra un mois de plus en prison[50]. Enfin, le développement de la délinquance sociale parait irrésistible à partir de l'été. Prenons l'exemple de ces deux frères, quadragénaires, mariés et père de famille, résidant dans le canton du Meslé-sur-Sarthe. Ces journaliers ont été arrêtés, le 4 fructidor, pour vols de grains la nuit. Interrogés par le juge de paix, puis traduits devant le tribunal criminel à Alençon, ils déclarent que « ne pouvant trouver des grains pour des assignats et n'ayant point d'argent, il fallait ou mourir de faim ou en prendre où on en trouvait ». L'aîné ajoute même que « si on ne lui en vendait pas, il continuerait de faire le même métier et qu'ils étaient plus de soixante dans leur bande ». Le 9 vendémiaire an IV, le tribunal choisit de leur accorder la liberté provisoire sous la surveillance de la municipalité où ils sont domiciliés[51].

La formation d'un attroupement au printemps de l'an III n'obéit plus aux règles traditionnelles de la révolte sur les marchés ou de l'arrestation des convois sur les routes qui mettaient en jeu la solidarité des communautés rurales et mobilisait des foules considérables en 1789. Cet émiettement de la protestation populaire, avec une participation qui ne s'élève jamais au delà d'une vingtaine de consommateurs et de producteurs de denrées comme avec ce type d'action ponctuelle chez quelques détenteurs de grains, est bien le constat majeur à retenir de tous ces troubles. Conformément à la politique libérale des Thermidoriens, les « accapareurs » d'hier, poursuivis devant les tribunaux grâce à l'action des comités de surveillance et des sociétés populaires, ne sont plus que des honnêtes gens lésés par des brigands. Au moment où les terroristes des villes sont désarmés, la justice thermidorienne instruit le procès des désorganisateurs de l'ordre social qui, dans l'été 1792, avaient occupé les châteaux dans l'Orne. Car c'est bien la terreur populaire, consécutive à la déclaration de la patrie en danger, qui était à l'origine de la politique de salut public et du gouvernement d'exception. La déjacobinisation laisse le mouvement populaire sans

---

49. ADO. L 5342.
50. ADO. L 5343.
51. ADO. L 5355.

mots d'ordre et sans chefs en germinal et prairial an III. Plus ou moins précoce, la répression contre « les terroristes », « les anarchistes » et « les brigands » clôt le cycle révolutionnaire sans offrir au peuple des villes et des campagnes d'autre alternative que celle de la soumission aux lois du marché ou de la République et le brigandage social ou politique.

CHAPITRE QUATORZIÈME

DÉCOURAGEMENT DES JACOBINS
ET RECOMPOSITION POLITIQUE

Quand s'ouvre le Directoire, les militants du jacobinisme dans l'Ouest sortent à peine de prison, acquittés par les tribunaux républicains ou amnistiés grâce à la dernière loi votée par la Convention. Si un cycle révolutionnaire s'est achevé au printemps 1795, la République n'est abolie ni dans la forme, ni dans le fond, avant l'automne 1799. Cette longue période, si mal-aimée de l'historiographie, mérite pourtant un intérêt certain : la génération révolutionnaire est confrontée à une nouvelle réalité politique qu'il convient d'examiner avant de présenter la seule forme possible d'une expression publique sous le premier Directoire dans la diversité des conditions locales.

Les nouvelles conditions de la vie politique

Après la déconstruction de l'idéologie jacobine, réalisée sous la Convention thermidorienne, une nouvelle règle du jeu politique a été fixée par la constitution de l'an III. Celle-ci établit un gouvernement représentatif dans le cadre duquel les assemblées primaires ou communales sont le lieu légitime d'exercice des droits politiques pour les citoyens, ceux qui, du moins, ont le droit de vote. Entre le citoyen et ses représentants aux Conseils et dans le Directoire exécutif ou dans les administrations départementales et municipales, nul corps intermédiaire ne doit entraver l'expression de la volonté générale. Les « sociétés particulières, s'occupant de questions politiques » sont strictement réglementées : elles ne peuvent se qualifier de « populaires », ni « correspondre avec une autre, ni s'affilier à elle, ni tenir des séances publiques, composées de sociétaires et d'assistants distingués les uns des autres, ni imposer des conditions d'admission et d'éligibilité, ni s'arroger des droits d'exclusion », ni enfin, présenter de pétitions collectives [1]. En cherchant à garantir les libertés de l'individu, le législateur-constituant a limité les droits des citoyens car la

---

1. Constitution du 5 fructidor an III, art. 360 à 364.

liberté, entendue comme sûreté des personnes et des propriétés, remplace désormais le bonheur commun comme fondement de la politique. Mais la transition est difficile et les débats législatifs sur les libertés publiques vont être focalisés sur le droit d'association politique et de réunion publique pendant tout le Directoire [2].

Ces clauses constitutionnelles, approuvées par référendum, n'expliquent pas à elles-seules la léthargie de l'exercice des droits naturels du citoyen en l'an IV. Les conditions locales sont autrement déterminantes : en dépit de tous les traités de pacification, l'Ouest vit désormais à l'heure de la guerre civile. La chouannerie est la question politique majeure pour les dirigeants républicains comme pour les ci-devant jacobins. Ceux de Condé-sur-Noireau, qui avaient très tôt fondé un club, signent individuellement une pétition sous le titre « Les Patriotes de 1789 de la commune de Noireau (Calvados) et ceux des communes envahies par les chouans et les réfugiés » et expliquent ainsi, le 12 nivôse an IV, aux membres du Directoire exécutif : « Lorsqu'au mois de brumaire an III, Bollet, membre de la Convention nationale, vint dans le Calvados y renouveler les autorités constituées, il mit en liberté les ci-devant nobles, prêtres réfractaires et autres ennemis, nés et par affection, de la Révolution et incarcéra de bons et solides républicains » [3]. Les 46 signataires dénoncent l'ampleur de la chouannerie, l'assassinat des patriotes et l'existence d'un état-major royaliste dans le château voisin de Flers et sollicitent du gouvernement républicain des mesures contre les châteaux fortifiés, une force armée plus nombreuse et l'exécution des lois contre les nobles et les réfractaires.

Considérablement affaiblis par la réaction thermidorienne qui a contraint plus d'un militant à quitter sa région d'attache, les partisans de la République démocratique sont ensuite les victimes désignées, comme le mayennais Julien Quantin, de la répression du complot de Gracchus Babeuf. Le rayonnement des idées babouvistes est bien faible dans l'Ouest où *Le Tribun du Peuple* ne compte pas dix abonnés [4]. L'abonné de Cherbourg, l'horloger Fossard dont nous avons signalé le rôle en 1793, est également un correspondant de Babeuf et, à ce titre, il est arrêté avec deux de ses frères et amis, le capitaine général des douanes Rayebois et le sous-chef des classes de la marine Cordebar, exclus avec lui du club cherbourgeois après Thermidor et emprisonnés en l'an III [5]. Les travaux récents de J.M.Schiappa ont attiré notre attention sur la correspondance clandestine d'anciens clubistes manceaux [6], qui ne sont pas des abonnés au journal. La lettre de Potier-Morandière, adressée de Paris le 24 germinal, à Bazin, son ami de tous les combats, instruit le Manceau sur la multiplication des groupes républicains qu'il fréquente comme sur la dernière séance du Corps législatif qui lui fait espérer la réouverture des sociétés populaires. Elle révèle aussi les démarches qu'il a effectuées, relativement aux nominations du personnel administratif sarthois, auprès de personnages influents dans la capitale [7]. C'est le vieil adversaire des Jacobins de 1792, le député de la Sarthe Bardou-Boisquetin, qui a intercepté cette lettre et la remit au Directeur Carnot. Il ajoutait, le 19 messidor an IV, qu'il s'étonnait de voir Potier « se promener presque tous les jours au Jardin-

---

2. Peyrard (113)
3. AN. F7/3661/1.
4. AN. F7/4278. Liste des abonnés au *Tribun du Peuple*
5. Voir Legrand (101) p 199. Traduits devant la Haute-Cour de justice à Vendôme, ils seront acquittés. Fossard sera particulièrement maltraité pendant sa détention ; après le jugement, il demandera une indemnité pour rejoindre Cherbourg en faisant valoir sa jambe fracturée et son indigence.
6. J.M. Schiappa, « Aspects de l'implantation de la conjuration babouviste », thèse de doctorat de l'Université de Paris I, 1992.
7. AN. F7/7165.

Egalité » alors qu'il avait reçu l'assurance de son arrestation. La deuxième lettre, ainsi conservée, est celle d'un autre inculpé de terrorisme au Mans en l'an III, Allain dit Dupré. Il s'adresse le 26 germinal à Rouvin qui avait également échappé, alors, à une arrestation. Employé au ministère de la Guerre, il se fait l'écho des idées babouvistes en lui parlant de « la sainte faction des Egaux ».

Tandis que le complot babouviste débouche sur l'impasse insurectionnelle et contraint les anciens Jacobins à beaucoup de circonspection, car ils savent, comme Bazin déjà, qu'ils sont les suspects potentiels de toutes les conspirations réelles ou factices à venir, le péril chouan et royaliste pose la question concrète de l'exécutif républicain. Sans faire la comptabilité des patriotes assassinés, acquéreurs de biens nationaux ou administrateurs républicains, ni l'étude des méthodes de la pacification conduite par Hoche durant l'hiver 1795 et le printemps 1796, retenons seulement que « l'autorité militaire eut pleine liberté d'action, grâce à l'état de siège de toutes les grandes communes des départements insurgés » [8]. Au delà de l'action de ces « proconsuls » que les Jacobins manceaux n'ont pas plus aimé sous l'uniforme républicain en l'an IV que sous celui de l'armée révolutionnaire en l'an II, la question du recrutement du personnel administratif intéressait au plus haut point les militants qui manoeuvraient, comme Potier et Allain à Paris, pour avoir dans la Sarthe des fermes républicains. Car, s'ils ne pouvaient rien espérer de la députation de la Sarthe au Conseil des Cinq-Cents ni à celui des Anciens, ils pouvaient faire pression sur le Directoire exécutif qui nommait un commissaire auprès de chaque administration, tant municipale que départementale.

Dans la Sarthe, par exemple, où les administrateurs thermidoriens ne sont pas réactionnaires (trois élus sur quatre ont été membres du club) l'arrivée du premier commissaire du Directoire exécutif, un certain Jouennault que la députation sarthoise ne connaissait guère lorsqu'elle a participé à sa nomination, entraîne une activité accrue de l'administration centrale. Son activisme lui fait accorder ainsi beaucoup d'intérêt à une société soupçonnée d'anti-républicanisme à Bonnétable. Le commissaire du Directoire exécutif près l'administration municipale de ce canton lui annonce, dans son rapport du 21 prairial, l'existence d'une Société de la Réunion. Formée à l'instar de celle de Mondoubleau, elle a établi des statuts, élu un président et tient un registre sur lequel elle fait signer les récipiendaires qui doivent garder le secret. Sans avoir rempli aucune formalité, ni auprès de la municipalité ni auprès de la gendarmerie, elle réunit au moins 60 à 80 personnes des deux sexes et de tout milieu social. Son local est la maison d'une veuve qui vit avec un ci-devant prêtre, selon les informations de son perruquier qui s'y est fait admettre. Comme « le noyau de cette société a été formée de personnes qui n'ont jamais paru bien partisans de la République et qu'on m'a dit que, jusqu'à ce moment, on n'y comptait pas des patriotes bien prononcés », le fonctionnaire de Bonnétable demande à son supérieur hiérarchique ce qu'il convient de faire. Jouennault lui répond aussitôt que « c'est un motif pressant de la surveiller sans cesse » et que la loi doit être appliquée, après vérification de la rumeur. L'hostilité des républicains locaux dont le club a été précédemment dissous et qui ont appris la fermeture par le pouvoir exécutif du club du Panthéon à Paris, pousse le représentant de l'Etat dans la commune à faire connaître publiquement la réponse du président de cette société à ses questions. Le 1er messidor, les citoyens de Bonnétable qui menaçaient d'intervenir apprennent le caractère non politique de ce cercle de loisirs et, trois jours plus tard, le commissaire peut

8. Cité par Reinhard (261) p 77.

annoncer la dissolution tranquille de ladite réunion [9]. Dans l'Orne, un rassemblement de ce type a été signalé également à Mortagne en nivôse en IV. Dans les circonstances de la guerre civile et de l'état de siège, il passait pour dangereux [10]. C'est au service de la défense républicaine contre les attaques des chouans que nombre de Jacobins de l'an II, loin de se laisser aller au découragement après la répression thermidorienne, vont désormais se consacrer soit dans les bureaux ministériels de la Guerre et de la Police, soit dans leur département.

Toutefois, la liberté de la presse solennellement reconnue dans la constitution est un des traits majeurs de la nouvelle vie politique. Au plan national, c'est l'opinion royaliste ou, disons, réactionnaire qui en a essentiellement profité, vu les entraves législatives et administratives portées au mouvement associatif jacobin. Dans l'Ouest, d'une part l'émergence d'une telle presse est une grande nouveauté et, d'autre part, la presse provinciale devient le principal champ de confrontations politiques. En dépit des lois des 27 et 28 germinal an IV, consécutives à la répression babouviste, contre « tous ceux qui, par leurs discours ou leurs écrits imprimés, provoqueraient la dissolution de la représentation nationale ou du Directoire exécutif », qu'ils soient royalistes ou partisans de la loi agraire ou de la constitution de 93, la presse est en pleine expansion : l'an V est l'année de la décennie révolutionnaire qui connaît la plus forte création de journaux dans l'Ouest intérieur. Ce n'est pas l'année de tous les records toutefois, car en nombre de journaux locaux en circulation dans ces six départements, elle est devancée par 1793 et par 1792. Cette reprise de l'activité éditoriale est très forte aussi parce qu'elle est tardive : une année d'incubation des nouvelles règles politiques a été nécessaire dans ces départements chouannés pour mesurer l'importance nouvelle de ce média dans le jeu électoral. Alors qu'il était l'auxiliaire de la société populaire ou de l'administration départementale, le journal prend désormais la place occupée naguère par le club révolutionnaire. Car la République fait des élections le fondement théorique de son fonctionnement constitutionnel. L'époque directoriale inaugure, désormais, le pluralisme d'opinions caractéristique d'une République libérale et suscite la bipolarisation de l'opinion publique.

Le pluralisme d'opinions dans l'Eure et le Calvados

Le rôle décisif accordé au chef-lieu de département sous le Directoire renforce les possibilités d'émergence d'un périodique non seulement à Caen ou au Mans qui ont déjà une longue pratique éditoriale, mais également à Evreux où surgit, en vendémiaire an IV, le premier titre de presse. Le *Journal des Départements*, dont il ne reste qu'un numéro est très mal connu [11]. Rédigé anonymement, dirigé par Courtin fils et imprimé par les frères Chaumont, qui n'ont pas fait partie des 432 membres de la société populaire d'Evreux, épurée en brumaire an III, le journal dans son numéro quatre condamne vigoureusement l'insurrection parisienne du 13 vendémiaire, affichant ainsi une position républicaine et pro-gouvernementale.

Un an plus tard, en frimaire an V, débute un journal qui, jusqu'aux élections de germinal an VI, va jouer un rôle décisif dans la vie politique locale [12]. Le propriétaire

9. ADS. L 222.
10. AN. F7/3684.
11. Voir Wauters (299).
12. Voir Woloch (129) p 189-205.

du *Bulletin de l'Eure* est l'imprimeur de l'administration centrale, J.B. Touquet qui ne s'était pas plus distingué précédemment que son principal collaborateur Guy Chaumont-Quitry. C'est dans les combats sous le Directoire que le publiciste fixe sa carrière d'opposant politique qui le rendra célèbre dans les premières années de la Restauration. Son biographe précise que Touquet publia alors « un grand nombre d'ouvrages révolutionnaires et contraires à la religion », notamment « les oeuvres de Voltaire et de Rousseau auxquelles l'esprit de parti donna beaucoup de vogue ». L'ancien militaire, forcé de se réfugier en Belgique, revint en France après 1830 et mourut à Dieppe peu de temps après, sans avoir pu bénéficier de sa pension de retraite de colonel qui lui était enfin accordée [13]. Son journal connait un réel succès auprès du public qui l'invite, d'abord, à supprimer le supplément onéreux d'un bulletin de législation faisant double emploi avec l'officiel *Bulletin des Lois* pour insérer les lois importantes dans le journal, puis à changer son titre initial de *Bulletin du département de l'Eure* pour se démarquer de l'administration gouvernementale et, enfin, à proposer une périodicité tous les deux jours au lieu de la parution bi-décadaire initiale. Le journal de Touquet qui consacre aux informations nationales et au commentaire de l'actualité une place importante, donne au courant démocratique une réelle audience dans le département.

Tandis que « les patriotes prononcés » ou « les anciens terroristes » ont leur journal, un concurrent est opposé à celui-ci, à Evreux, à partir du 1er pluviôse an V jusqu'au 10 frimaire an VI au moins. Le *Journal du Bon Sens* sort des presses de l'imprimeur J.L. Ancelle qui, à 45 ans en l'an III était membre de la société populaire et thermidorienne d'Evreux. Ce journal décadaire, dont l'abonnement mensuel même abaissé à 15 F en ventôse, ne peut avoir comme lecteurs qu'une clientèle aisée à la différence du *Bulletin de l'Eure* qui ne coûte trimestriellement que 6 F. Par ailleurs, il n'offre qu'un seul article, sous forme épistolaire comme dans le premier numéro où un curé faisait part de ses observations générales. Ce n'est donc pas dans cette épître décadaire d'un ancien curé de campagne ou dans cette chronique du « bon prêtre », raillée par l'anticlérical Touquet, que les adversaires des démocrates trouveront un réel contrepoids à leur influence. A défaut d'avoir pu créer un journal officiel, ils feront supprimer le journal de Touquet dont le dernier numéro paraîtra le 21 germinal an VI.

A Caen, c'est le journal des « honnêtes gens » qui est contrebalancé par un nouveau titre de presse, même si l'époque florissante du journalisme est bel et bien passée dans ce département. Le *Journal Général du Calvados* paraît, du 1er thermidor an IV au 12 vendémiaire an VI, chez l'imprimeur-libraire L.J. Poisson qui a édité de nombreuses feuilles à Caen et a été emprisonné sous la Terreur, comme Touquet d'ailleurs. A sa mort, en frimaire, sa veuve dirige l'imprimerie et continue l'édition du journal jusqu'au coup d'arrêt consécutif au 18 fructidor an V. Rédigée par « une société de gens de lettres », dont les membres ont préféré garder l'anonymat, la feuille qui paraît tous les deux jours rapporte des informations brèves, prises dans des journaux nationaux, et préfère la compilation aux autres formes discursives. Dès le premier numéro, le journal se félicite « du bon esprit du gouvernement » qui a montré sa détermination à combattre « l'anarchie » et invite « les honnêtes gens » à se réunir à lui pour concourir à établir « la liberté individuelle et la jouissance certaine de sa propriété », même si beaucoup d'entre eux, « pleins de déchirants sou-

---

13. D'après la *Biographie Universelle, ancienne et moderne*, Paris, 1857.

venirs », hésitent encore à le faire. L'actualité du procès de Babeuf facilite l'amal-
game entre les partisans des Egaux, les anciens « terroristes » et les actuels « exclusifs ». Néanmoins, cet antijacobinisme virulent a dû être tempéré.

D'abord, la fête du 9 thermidor an IV n'a pas été dignement célébrée à Caen où
la statue de la Liberté a été l'objet des sarcasmes des partisans de Robespierre qui
« ont fait tous leurs efforts pour persuader le peuple que cette fête était celle des
assassins et ont insinué que c'était l'image de Charlotte Corday qu'on offrait à leurs
regards » [14]. A Pont-l'Evêque, le discours du président de l'administration municipale a été interrompu par « une voix de stentor qui a fait entendre ce cri séditieux :
Vive la constitution de 93 ! ». L'ancien agent de la commune en l'an II a été aussitôt arrêté, mais de nombreux amis sont intervenus en sa faveur et le journal de Caen
s'étonne de voir parmi ces « exclusifs » non seulement le directeur de la poste aux
lettres, un quasi-fonctionnaire, mais encore de nombreux suspects de fédéralisme
incarcérés en 1793, envoyés devant le Tribunal révolutionnaire et délivrés grâce au
9 thermidor. Ensuite, au delà de la recomposition politique des forces républicaines,
il y un héritage commun qui reste vivace. A la demande d'un abonné, *Le Journal
Général du Calvados* est contraint à faire amende honorable et à reconnaître que
« parmi les membres qui composaient la Société des Jacobins de Caen, il y a nombre
de personnes éclairées et vraiment patriotes » tout en ajoutant que « sa très grande
majorité a toujours été très éloignée de partager les fureurs des terroristes » [15].

L'arrivée d'un concurrent sur le marché éditorial radicalise toutefois le journal qui
prend parti, dans les troubles au théâtre du chef-lieu, pour la jeunesse dorée qui
réclame la pièce à la mode, *L'Intérieur des Comités révolutionnaires,* contre « tous
les restes du parti jacobin ». Puis, au fil des mois suivants, c'est « l'orgueilleuse philosophie » qui est dénoncée, c'est « le désorganisateur Rousseau » qui est vilipendé
et c'est le programme même de l'Ecole Centrale de Caen qui est critiqué. Un ancien
universitaire condamne ainsi, le 9 nivôse an V, un enseignement basé sur les
ouvrages d'auteurs comme Mably que « j'aimerais assez si son peu de connaissances de l'économie politique ne lui avait pas fait méconnaître l'importance de la
propriété et s'il n'eut ainsi fourni des armes à l'anarchie et au sans-culottisme »,
comme Raynal dont « les connaissances qu'il nous a données sur les découvertes des
Européens dans les Indes et, même, son tardif repentir ne peuvent balancer le mal
produit par ses fougueuses déclamations » ou encore Helvétius qui « employa tous
ses talents à propager les désastreux, les désolants principes du matérialisme ». Bref,
il déclare à l'opinion publique qu'il préfère pour ses enfants « l'ignorance la plus
absolue à une science qui ne serait propre, à mon avis, qu'à en faire d'adroits fripons
ou des brigands éhontés ».

Désormais, le journal se fait le défenseur des prêtres injustement persécutés,
consacre de nombreux articles aux massacres des planteurs blancs dans les colonies
« depuis que l'infâme général Lavaux a démoralisé les Noirs, qu'il les a forcés de
quitter l'utile et paisible état de cultivateur pour les habituer au meurtre, au pillage
et à l'incendie et à se vautrer dans l'ordure et la débauche » et légitime l'action de
ceux que l'on traite de « royalistes » qui, depuis l'établissement de la constitution,
n'ont « rien fait pour la détruire ». Enfin, la campagne électorale est l'occasion de
donner des conseils aux électeurs : « Nommez des propriétaires, des propriétaires
vivant habituellement dans nos cantons. Voyez combien tous ces prolétaires, ces

14. *Journal Général du Calvados*, 11 thermidor an V.
15. Idem, 9 et 13 fructidor.

hommes de loi chassés par le sort sont devenus souples devant le pouvoir exécutif : c'est qu'ils attendent des places ». En ferraillant avec *La Gazette du Calvados*, le journal dénonce « les exclusifs » qui, dans un café, ont affirmé que « le règne de Robespierre était le meilleur » et combat même l'idée d'égalité : « Il est faux que l'égalité, celle qu'entendent les Jacobins, soit une loi de la nature. La nature n'a rien fait d'égal. Sa loi souveraine est la subordination et la dépendance » [16].

La Gazette Universelle ou Bulletin du Calvados est apparue le 1er vendémiaire an V, en choisissant comme épigraphe : « Le véritable ressort de l'autorité est dans l'opinion et dans le coeur des citoyens » et va connaître une assez belle longévité puisque le dernier numéro connu est le 498ème, daté du 25 prairial an VII. Son prospectus parle de la nécessaire instruction des citoyens sous la République et de l'attachement au gouvernement. Editée chez un nouvel imprimeur caennais, Boullay-Malassis, la gazette coûte une livre de moins par trimestre pour son lancement que la feuille de son concurrent, avant d'aligner ses tarifs d'abonnement sur ceux de son adversaire. Le périodique qui préfère l'in-octavo au quarto du *Journal du Calvados* affiche à sa Une deux piques horizontales, entrelacées de feuilles de chênes se terminant par une couronne, qui rejoignent au centre l'Œil de la surveillance. C'est par son profond anticléricalisme que se distingue, surtout, ce journal qui offre la même répartition des rubriques et le même style journalistique que l'autre journal caennais. Ce fonds culturel commun des républicains explique autant que son faible engagement partisan la longévité de cette gazette.

L'héritage de Coesnon-Pellerin dans l'Orne
et la fabrication d'une idéologie réactionnaire

La mémoire de l'éditeur du journal du club de L'Aigle en l'an II, devenu sous le Directoire le rédacteur parisien de *L'Ami de la Patrie* et l'imprimeur momentané du *Bulletin de l'Eure*, lors de la suspension du journal de Touquet au cours de l'an VI, a marqué les ci-devant districts de l'est du département. C'est, en effet, à L'Aigle et Mortagne, que se publient en l'an V *Le Pacifique* et *La Renommée* et non dans le chef-lieu de l'Orne, bien que se soit établi à Alençon comme imprimeur, Jouenne, un ancien ouvrier du journaliste jacobin, qui édita notamment la protestation de Julien Quantin après son interdiction de séjour dans la Mayenne.

La Renommée ou le Journal de Mortagne, qui paraît tous les deux jours, a dû être éditée du 21 vendémiaire au 7 vendémiaire de l'an VI. *Le Pacifique ou Courrier de L'Aigle* a vraisemblablement paru à partir du 23 pluviôse an V et, au moins, jusqu'au 29 floréal de la même année [17]. Si on ne peut guère connaître ce dernier journal, en revanche l'information judiciaire ouverte, après le coup d'Etat de fructidor, contre le propriétaire de *La Renommée* est très intéressante pour rendre compte d'une conception du journalisme provincial sous la Révolution.

Ce périodique, de format in octavo et de huit pages, se compose de nouvelles étrangères et intérieures, de compte-rendus des séances du Corps législatif et d'un courrier des lecteurs. Le prix de l'abonnement est de 20 livres par an ou 5 livres pour trois mois. Le contenu de l'information est profondément hostile à la République, aussi bien à ses militants locaux qu'à ses représentants officiels et, notamment, à ses

---

16. Idem, 17 germinal et 9 floréal an V.
17. Avant que l'unique exemplaire du *Courrier de l'Aigle* ne disparaisse, Almagro avait pu le présenter dans *Le Glaneur de l'Orne et l'Eure*, du 30 septembre 1877.

Directeurs car le journal de Mortagne se nourrit des articles de *La Quotidienne* ou des *Annales Catholiques*, largement reproduits. Les attaques virulentes et répétées contre la personne de Coesnon-Pellerin, publiées notamment dans les numéros du 3 frimaire et du 27 pluviôse, ne sont peut-être pas étrangères à l'ouverture d'une enquête judiciaire [18]. Toujours est-il que c'est elle qui nous révèle la fabrication mercantile d'une information journalistique.

Le 6 brumaire an VI, Michel Marre, l'imprimeur du journal, est arrêté consécutivement au décret signé par La Revellière-Lépeaux, président du Directoire exécutif ordonnant, d'après le rapport du ministre de la Police, l'arrestation des « propriétaire, entrepreneur et directeur de *La Renommée ou Journal de Mortagne* ». Les scellés apposés chez lui font découvrir son imprimerie, installée dans son appartement. Du mobilier non professionnel, le rapport de police ne retient que « deux couchettes de lit, deux paillasses, un lit de plume, une contre-pointe et deux housses de lit » avec un poêle de faïence, muni de ses tuyaux. On ignore si l'artisan, marié et père de famille, possèdait autre chose et si cette pièce était réservée aux employés de l'imprimeur. Toujours est-il que sa femme se fait la gardienne des scellés car elle déclare être « hors d'état de payer un gardien ». Le propriétaire du journal possède deux presses, douze paires de casses garnies de leurs caractères et un marbre d'imprimerie. Michel Marre déclare alors avoir imprimé le journal « pour gagner sa vie », en ajoutant qu'« il ne sait ni lire ni écrire » ! Il dénonce son prote, le citoyen Fourbet, devenu marchand-épicier à Tourouvre, comme ayant été le seul rédacteur. Celui-ci échappe à son arrestation, le 8 brumaire, mais les gendarmes incarcèrent momentanément le notaire du bourg qui a facilité son évasion.

L'affaire est relancée trois mois plus tard par Barras, ministre de la Justice, en « considérant que depuis Fructidor, l'audace contre-révolutionnaire n'a rien perdu de ses affreuses espérances et qu'il est urgent de l'atteindre jusque dans ses dernières ramifications ». Aussi, le 6 pluviôse an VI, le rédacteur supposé du journal de Mortagne est prévenu, comme Ferréol Beaugeard, du vieux *Journal de Marseille*, et le toulousain Durand du *Journal du canton de Revel* de « complicité dans la conspiration déjouée le 18 fructidor contre la sûreté intérieure de la République », tandis que le citoyen Marre est mis en liberté. Le commissaire du pouvoir exécutif auprès de la municipalité de Mortagne, chargé de l'exécution de cet arrêté, fournit les pièces saisies chez l'imprimeur, selon les termes de la loi du 27 germinal an IV, au directeur du jury d'accusation de son arrondissement. Il lui recommande, le 19 pluviôse, l'indulgence pour le citoyen Marre qui, analphabète, a été « dupe de son ignorance », mais dénonce son prédécesseur, « le faux patriote Thoumin » - un ancien adversaire des Jacobins de Mortagne - qui approuvait les opinions et les principes du journal. Le juge de paix relève, effectivement, en levant les scellés de l'imprimerie, des lettres de l'ancien commissaire Thoumin avec des exemplaires de *La Quotidienne*.

Tandis que Ferréol Beaugéard est arrêté à Bordeaux le 13 prairial an VI [19], Jacques-Louis Fourbet qui se cache, lui aussi, depuis des mois est découvert le 12 vendémiaire an VII. Mais comme aucune pièce à charge n'a été découverte contre le prote, accusé par son patron d'être le rédacteur du journal, le ministre de la Police demande, le 8 brumaire, de clore rapidement l'affaire en recommandant que « justice prompte soit rendue au citoyen Fourbet ». L'accusateur public près le tribunal criminel de l'Orne en avise autrement lorsqu'il conseille, le 28 brumaire, le direc-

---

18. ADO. L 7225.
19. R. Gérard, *Un journal de province sous la Révolution. Le journal de Marseille de F. Beaugeard (1781-1797)*, Paris, 1964, p 288 et suivantes.

teur de jury d'accusation de Mortagne de « soumettre l'affaire à l'examen le plus scrupuleux et de ne mettre l'accusé en liberté que lorsque vous serez bien convaincu de son innocence ». Le citoyen Fourbet n'ayant pas la même envergure que le journaliste marseillais, soumis à douze interrogatoires pendant sa détention, n'en subira que trois les 13, 20 vendémiaire et le 17 floréal an VII devant la même instance judiciaire. Il n'apparaît pas qu'il ait récusé ses huit jurés, comme Beaugeard qui réclamait des « hommes nourris des lettres et des lois » à la place d'hommes du peuple, ni qu'il ait cherché à constituer comme lui un dossier pour préparer sa défense [20].

Jacques-Louis Fourbet, originaire d'un canton rural de la région, est un jeune homme de 27 ans qui vit chez son beau-père, marchand-épicier à Tourouvre. Avant de s'y établir à son tour comme chandelier, il a d'abord été ouvrier compositeur dans l'imprimerie de Marre de vendémiaire an II au début du mois de thermidor an V. Sa version contredit celle de son patron qui, certes, signe son nom avec moins d'aisance que son prote. Attaché à prouver qu'il n'était pas rédacteur du journal, Fourbet souligne qu'après son départ de la ville, le journal a continué de paraître de même qu'il ne subissait pas d'interruption lorsqu'il rentrait chez lui, une semaine par mois, et demande à être confronté aux deux autres ouvriers. Il soutient également que son patron savait lire puisqu'il « travaillait lui-même quelquefois à la casse sur des manuscrits ».

Le prote explique comment se faisait l'édition du journal : « Il n'y avait rien d'écrit de la main de Marre, il nous présentait les journaux auxquels il s'était abonné ainsi que des écrits qui lui étaient adressés par différentes personnes et il nous chargeait d'imprimer ce qui lui convenait ; ce que nous faisions. Nous n'insérions pas toujours le nom du journalistes, à moins que Marre ne le demande ». Il précise que celui-ci « variait journellement dans ses observations, tantôt il trouvait tel article royaliste, tel autre jacobin » mais « qu'après avoir été en ville, il disait qu'il ne fallait pas employer telle ou telle chose » car sa politique était « de suivre l'opinion publique ». Suite au premier article non signé contre Coesnon-Pellerin, celui-ci, alors rédacteur à Paris de L'Ami de la Patrie, avait intenté un procès contre le propriétaire-imprimeur qui reconnut à ce moment-là « qu'il n'avait pas assez d'esprit, qu'il fallait qu'il trouve un rédacteur » et qui pensa même vendre son imprimerie à un certain Périgault-Lamotte. Marre contacta ensuite le ci-devant prêtre Poitevin « pour se mettre à couvert des poursuites » mais, comme celui-ci lui demanda douze cents francs pour être rédacteur, il dut y renoncer car « il n'avait pas une quantité suffisante d'abonnés ».

Parmi les auteurs locaux qui écrivaient dans le journal, l'ouvrier inculpé cite J.L. Brard, auteur du deuxième article calomniateur sur Coesnon-Pellerin et d'un hymne, intitulé « le Chant de Germinal », dont le commissaire exécutif de Mortagne est venu interdire l'impression chez Marre, après les événements du 3 germinal an V où deux républicains de Mortagne furent tués et tous les autres, obligés de quitter momentanément la ville. S'il disculpe le commissaire Thoumin, en revanche, il nomme un administrateur de l'Orne, Louis Délestang qui commença sa carrière au début de la Révolution et la termina comme sous-préfet de Mortagne sous l'Empire tout en adulant ensuite les Bourbons ; en plus des charades qu'il faisait publier dans La Renommée, il rédigeait « sur l'invitation de Marre, les nouvelles du pays et

---

20. Dans les pièces relatives au procès de Fourbet, se trouve une lettre manuscrite de Beaugeard, écrite d'Aix, le 2 vendémiaire an VII. Il ne précise pas à son correspondant qu'il y est en prison depuis le mois de messidor, mais le méticuleux journaliste le prie de lui transmettre toutes les données relatives à l'affaire de Mortagne.

d'autres ». La défense argumentée du prote a laissé courir la rumeur sur l'identité véritable du rédacteur du journal. La piste Délestang ayant été laissé de côté, on supputa que l'instituteur Legros de Mortagne, ex-moine du couvent de La Trappe, à la tête de l'insurrection de germinal, pouvait bien être le rédacteur secret du journal royaliste. La rumeur publique dénonçait aussi Coulonge, un ex-noble et frère d'émigré, et un certain Soupné « égorgeur en chef de germinal » [21].

Le 1er prairial an VII, compte tenu que *La Renommée ou Journal de Mortagne* « a, pendant l'an V, répandu les calomnies les plus noires et les plus avilissantes contre les représentants les plus attachés à notre constitution, le Directoire, les ministres, les généraux et, enfin, les fonctionnaires les plus zélés pour le gouvernement républicain, en cherchant à ridiculiser leurs actions, à leur faire perdre la confiance publique et à exciter la guerre civile », le directeur du jury d'accusation de Mortagne demanda aux jurés de se prononcer sur la déclaration de l'inculpé et celle de son patron. Mais on ignore quel fut le verdict.

Le rayonnement de l'idée républicaine au Mans

A l'opposé de cet exemple ornais, le journalisme manceau n'est pas conçu comme une entreprise mercantile ; les journalistes, il est vrai, sont d'abord des militants politiques. D'emblée, il convient de dire l'originalité de ce département où paraît l'un des grands journaux révolutionnaires provinciaux, où le principal porte-parole de la politique de défense républicaine est l'un des leaders de la société populaire mancelle en 1793 et où la mémoire de la Révolution s'inscrit dans la fidélité aux idéaux de l'an II. Ni *La Gazette du Calvados*, dont les rédacteurs préfèrent conserver l'anonymat, ni *Le Bulletin de l'Eure*, rédigé par de courageux républicains, ne peuvent soutenir la comparaison avec *La Chronique de la Sarthe* de J.R. Bazin qui est le produit d'une stratégie éditoriale profondément mûrie par l'expérience militante.

L'annonce de la création « d'une feuille périodique, dirigée par une société d'Amis de la Patrie » est un événement en ces derniers jours de l'an IV. Un événement éditorial dans la Sarthe où, mis à part le bulletin officiel du département et le journal des *Affiches,* aucun périodique n'était apparu depuis 1793. Un événement politique, aussi, qui suscite une vive polémique nationale. La royaliste *Gazette Française* insère alors la lettre d'un abonné anonyme dénonçant la tolérance des administrateurs sarthois vis à vis des « nombreux rassemblements d'amnistiés qui tiennent des clubs et forment des complots » et la nomination d'un de ces « anarchistes et robespierristes » comme rédacteur du journal. L'administration centrale dément aussitôt toute connivence avec les rédacteurs du journal, réfute l'existence d'un club au Mans et rappelle le principe constitutionnel de la liberté de la presse.

Le prospectus incriminé du citoyen Bazin mérite une assez longue citation : « Il est un temps pour les révolutions ; il en est un pour le bonheur. Les révolutions sont la suite inévitable des calamités publiques et ne seraient elles-mêmes que d'horribles fléaux si, dans leurs résultats, elles ne faisaient qu'aggraver les maux de la société. Le peuple en fut toujours l'instrument, rarement l'objet et souvent la victime. Français, feuilletez les pages de votre Histoire : tant d'exemples frappants qu'elle contient vous étonnent mais ne vous corrigent pas. Vous gémissez sur les effets ;

---

21. AN. F7/3450.

vous fermez l'œil sur les causes. Si quelque main hardie ne déchire le bandeau qui vous aveugle, chaque jour ne fera que vous rapprocher de l'abîme qui menace de vous engloutir. Malheur encore à quiconque s'empresse de détourner vos pas de la pente fatale ! Il ne reçoit, en retour, que haine et malédictions ; mais que serait l'amour de la patrie, s'il n'aidait à surmonter tous les dégoûts, à vaincre tous les obstacles ; s'il n'était supérieur à toute crainte ; s'il ne trouvait en lui-même son aliment, son espoir et sa récompense ? Ce sentiment aussi délicat qu'énergique serait-il éteint dans tous les cœurs ? Jusques à quand nos malheureuses contrées n'auront-elles d'échos que pour les vociférateurs du royalisme ? La liberté n'y a-t-elle plus de stentor ou n'aurions-nous tant fait pour elle que pour la voir reléguer au pays des chimères ?

Et toi, peuple, le saint mot ÉGALITÉ ne frapperait-il plus ton âme parce qu'il ne sonne plus à ton oreille ? Honteux découragement, léthargie cruelle, triste repos de l'esclavage, depuis trop longtemps vous engourdissez nos cités silencieuses ! Faites place *quote* aux accents du patriotisme, à sa primitive activité, à sa vigueur, à son empire (…)

Patriotes, il ne s'agit point de faire un honteux trafic de la pensée ; mais il s'agit de votre intérêt et du soutien de la liberté. Unissons-nous ensemble de moyens et d'intention pour ériger, de nouveau, le tribunal renversé de l'opinion publique. Songez que votre sort dépend du succès de la Révolution, quelle qu'ait été la nuance de vos opinions. Si vous la laissez périr, elle vous écrasera sous ses débris et vous mourrez TOUS chargés d'imprécation et d'ignominie. Si vous en retrempez les ressorts, elle remontera bientôt à son apogée et c'est alors que le peuple, jouissant enfin du fruit de ses travaux et de ses longues privations, bénira les fidèles amis de la patrie qui n'auront jamais désespéré de son salut (…) ».

Avant d'entrer plus avant dans la conception de l'idée républicaine chez ce journaliste, âgé seulement de 25 ans, mais mûri précocement par ses engagements révolutionnaires et ses neuf mois passés déjà en prison, entrons d'abord dans le laboratoire où se rédige *La Chronique du département de la Sarthe*. Le premier numéro sort le 4ème jour complémentaire de l'an IV des presses de Merruau, un ancien frère et ami de la société populaire. L'abonnement à ce périodique de huit pages in octavo qui paraît tous les deux jours n'est que de 18 livres par an ou 5 livres par trimestre pour Le Mans et une à deux livres de plus pour les autres communes. Si J.R. Bazin assume, comme rédacteur, la responsabilité juridique des dix premiers numéros, le sous-titre du journal mentionne sa direction par « une société d'amis de la patrie ». Parmi ces « sept à huit » citoyens qui ont projeté la création du journal comme substitut au club prohibé, il y a une recrue de marque pour les manceaux en la personne de Saint-Martin de la Rigaudière.

De la « bastille » alençonnaise où nous l'avons vu sortir au début de l'an IV, pas plus « amnistié » que Bazin, sorti de la prison mancelle trois jours après le 13 vendémiaire, l'ex-fonctionnaire de la Mayenne est allé d'abord dans la capitale. Un rapport de police parisien mentionne qu'il a vécu avec sa femme, sa belle-mère et un « particulier âgé et assez tranquille » dans un appartement dont il a payé en germinal an IV le loyer pour six mois. L'ex-avocat de La Ferté-Macé, l'ex-agent national du district de Lassay faisait officiellement « un très petit commerce de mouchoirs ». Mais les voisins ont noté qu'il « recevait beaucoup de monde et donnait chez lui des repas » qui attiraient « beaucoup d'officiers de rang supérieur » et, peut-être, des « députés ».

Au début du mois de fructidor an IV, le « négociant » Saint-Martin est installé dans une auberge du Mans et, comme étranger, il fait l'objet d'une surveillance très étroite. On note qu'il s'est entretenu avec les officiers de la Dordogne et du Lot-et-

Garonne qui ont osé chanter La Marseillaise dans un cabaret et qui ont été relégués dans un autre casernement pour ce chant devenu séditieux. On s'étonne de l'argent qu'il dépense en invitant à dîner tous les jours plusieurs personnes, parmi lesquelles on reconnait Delélée, « maintenant receveur de l'Enregistrement à Corbeil, qui a figuré ici sous le règne de la terreur et dont Garnier de Saintes disait que l'âme est plus hideuse que le corps, ce qui n'est pas une petite chose tant il est laid ». Surtout, on dépouille consciencieusement le courrier qu'il reçoit de Boissay, directeur de la poste-aux-lettres de Saint-Calais, alors à Paris. Celui-ci, complètement « désespéré » par l'affaire du Camp de Grenelle dans sa lettre du 26 fructidor et n'ayant pas « le courage, actuellement, d'entrer dans les détails » mais lui promettant de « lui donner les noms des prisonniers tués ou échappés », préfère l'entretenir sur les démarches qu'il a effectuées pour la parution du journal. D'abord, il l'a abonné au *Journal des Hommes Libres*, puis il lui envoie les adresses de 44 journaux, essentiellement parisiens, de toute tendance politique sans oublier aucun grand périodique républicain, et lui donne, enfin, les conseils suivants : « Dis à Bazin qu'il soit bien prudent dans sa rédaction et qu'il la soigne bien. Qu'il fasse une circulaire pour toutes ces adresses et leur envoie son prospectus et son journal en demandant le leur en échange : cela se pratique ainsi tous les jours. Qu'il rende surtout sa feuille intéressante par les détails de tout ce qui se passera dans les pays ci-devant chouannés. » Le correspondant de Saint-Martin, bien introduit dans le milieu parisien directorial, termine sa lettre en regrettant de n'avoir pas eu de l'argent au bon moment parce qu'il « aurait gagné gros ici sur les mandats (territoriaux), ayant été prévenu de la hausse ». Quelques jours plus tard, il lui annonce qu'il ne pouvait plus approcher ni ministres, ni directeurs depuis l'affaire de Grenelle et qu'il ne pouvait solliciter pour lui une place, sauf à faire agir quelques députés républicains et l'ami Jouennault, bien connu des démocrates [22].

L'attaque du Camp de Grenelle, rapportée dès le 24 fructidor, par le député Bardou-Boisquetin aux administrateurs sarthois motive une surveillance accrue contre « les terroristes égorgeurs qui chercheraient asile sur notre territoire » [23]. A défaut d'en trouver, il n'était pas difficile de se rabattre sur Saint-Martin que « la renommée nous avait peint comme l'anarchiste le plus dangereux et dont la présence au Mans depuis environ trois semaines inquiétait tous les bons citoyens, amis de la paix ». En présentant au commissaire de police du Mans son passeport, délivré le 22 thermidor par la municipalité du 9ème arrondissement de Paris, il ne pouvait être impliqué dans l'affaire. Mais comme il a également exhibé des pouvoirs de surveillance dans l'Orne et la Mayenne contre les chouans dont l'avait chargé, en ventôse an IV, le ministre de la Police Merlin de Douai, les administrateurs demandent à la députation de la Sarthe, le 1er jour complémentaire de l'année, de se concerter avec celle des deux autres départements et d'aviser au besoin le ministère [24].

Pendant ce temps, Saint-Martin de la Rigaudière croit pouvoir, à 31 ans, s'installer au Mans et *La Chronique* annonce que « l'ex-avocat au Parlement de Paris vient s'établir comme défenseur officieux près les divers tribunaux de ce département et défendra gratis tous les indigents, les militaires et les opprimés ». En vendémiaire et brumaire an V, il y rédige quelques articles juridiques avant d'être contraint de disparaître car le nouveau ministre de la police, Cochon, ce régicide repenti qui succéda au rédacteur de la loi des suspects, devenu suspect à son tour, fit effectuer des

---

22. AN. F7/7187.
23. ADS. L 193. Correspondance des députés avec l'administration centrale du département.
24. AN. F7/7187.

recherches dans ses bureaux et au ministère de la Justice, avertit les administrateurs sarthois, le 6 brumaire, qu'il n'a trouvé aucune trace d'une mission secrète confiée à Saint-Martin et les invita à surveiller le personnage avec beaucoup d'attention [25]. On perd, alors, la trace de ce militant peu ordinaire qui retourna vraisemblablement à Paris puisqu'un document notarié fait état de son divorce en germinal an IX, de la renonciation à la communauté des biens de sa femme qui la trouve « plus onéreuse que profitable » et de la vente de ses meubles, sans préjudice pour ses enfants [26].

Alors que Bazin perd ainsi son collaborateur des premiers jours, il décide de se passer des services de son imprimeur : le jeune manceau cumule, à partir du 18 brumaire an V, les fonctions de directeur, rédacteur et imprimeur du journal. Cette restructuration d'une entreprise journalistique mérite un intérêt certain.

Les circonstances familiales expliquent la seule interruption, du 20 vendémiaire au 18 brumaire, que connaîtra *La Chronique de la Sarthe* pendant plus d'un an et demi d'existence. Le 22 vendémiaire, Bazin, orphelin de père depuis 1785, perd sa mère, marchande-épicère au Mans dans la section de l'Egalité. Dans son journal, il ne fait aucune mention de sa vie privée, si ce n'est une fois pour évoquer le violent désir du jeune homme d'assister à la fameuse Fête de la Fédération qui lui avait fait voler à sa mère l'argent du voyage, dont il s'était bien repenti grâce aux remontrances de son frère, de sept ans son aîné, qui l'avait rattrapé sur la route de Paris. Le deuil de sa mère, chez qui il vivait et qui était sa seule correspondante quand il était à la prison du Plessis, permet de comprendre la longue interruption du journal et les changements que son directeur va apporter.

Dès le sixième numéro, Bazin était rassuré sur son existence professionnelle. Dans le journalisme, il prenait sa revanche sur ceux qui, en messidor an IV, repoussèrent sa candidature à la chaire d'Histoire de l'Ecole Centrale du Mans - notamment, le très influent membre du jury, le citoyen Besnard qu'il retrouvera sur sa route - et qui préférèrent faire élire, en accord avec la députation sarthoise, emmenée par Delahaye, emprisonné à Chartres en octobre 1793, un parisien plutôt qu'un tel militant [27]. Il annonçait, en effet, dans son numéro du 12 vendémiaire que le nombre de souscripteurs était suffisamment important pour éditer un journal de huit pages à un prix très compétitif. Avec la loi sur le timbre, il annonça quelques jours après un supplément de 9 sols par mois, soit un abonnement uniforme de 6 livres « dans toute la République ». Imprimeur, il vendra également la feuille au numéro pour 3 sols. Le lancement de son journal a été facilité par l'envoi du prospectus dans les communes du département, grâce à la bonne volonté de Jouennault, commissaire du Directoire exécutif. Comme on ignore le nombre et la qualité des abonnés, on ne peut préjuger du nombre de municipalités qui ont répondu à l'appel direct de Bazin et à l'invitation discrète du représentant du gouvernement.

Le 18 brumaire, le onzième numéro paraît sous le titre *Chronique de la Sarthe, par J.R. Bazin* où il expose que « La direction, la rédaction et l'impression de ce journal sont maintenant réunies dans les mêmes mains ; en conséquence, le caractère n'en sera que plus uniforme et mieux soutenu, la distribution plus prompte et mieux règlée, l'ensemble typographique plus neuf et mieux soigné. Nos abonnés recevront, sur leur prochain trimestre, une indemnité pour les numéros qu'ils n'auront pas reçus ». Ce jour-là les frères Bazin commencent à vendre une partie de l'héritage familial, en l'occurence un terrain au Mans pour 800 livres, puis, en pluviôse,

25. ADS. L 274.
26. Minutier central des notaires parisiens. Notaire Gobin, 26 germinal an IX.
27. Reinhard, op. cité, p 507.

la partie de la maison habitée par leur mère jusqu'à sa mort pour 5000 livres ainsi qu'une autre maison pour 2700 livres et, enfin, en thermidor l'appartement que le journaliste occupait pour 1300 livres. Avant le partage équitable entre les deux frères, au mois de ventôse an V, d'une succession évaluée à 50.000 livres, ces premières liquidités permettent l'installation du cadet tandis que l'aîné, marié et père de famille, exerce le métier d'apothicaire, variante fin de siècle de la branche professionnelle paternelle [28].

Le métier d'imprimeur n'est pourtant pas nouveau dans la famille de Jacques Rigomer Bazin. Un arrière grand-père, Ambroise Ysambart, était imprimeur comme son parrain au moment de son baptême, Jacques Ysambart qui a fait avec René Levasseur ses études au collège de l'Oratoire et qui optera ensuite pour une carrière juridique. Le publiciste imprime également un supplément décadaire de son journal, L'Indicateur du département de la Sarthe et divers opuscules dont il assure la publicité sans parler de travaux administratifs. Son entreprise commerciale marche bien puisqu'il décide d'acheter, le 7 prairial an V, la maison qu'il loue depuis le mois précédent, située près du département, au centre géopolitique de la ville, pour la coquette somme de 10.000 livres en argent ou or dont il s'engage devant notaire à payer 40 % dans les trois semaines et le reste, le 11 brumaire an VI [29].

Cette maison spacieuse, un bien national acquis par un notaire en 1791, devient le domicile privé et professionnel de l'imprimeur célibataire. La vente aux enchères de son mobilier, en fructidor an VI, nous invite à pénétrer dans l'intérieur domestique d'un militant révolutionnaire de la bourgeoisie provinciale. Ses amis, Chauvel et Clairian, l'un notaire à Lombron, l'autre, propriétaire à Château-du-Loir, ont regroupé en 92 lots les biens meubles de sa maison (presses, livres et vêtements exclus) qui ont été mis en vente pendant deux jours et n'ont pas rapporté plus de 1000 francs. Les études conduites par D. Roche sur les intérieurs populaires parisiens au XVIIIème siècle permettent une utile confrontation avec cette maison bourgeoise de la ville haute.

Le jeune homme a aménagé cette maison avec une grande partie du mobilier de sa mère. Ainsi, s'explique la part très importante (46 % du total de la vente) impartie au mobilier des chambres à coucher. A suivre l'historien du peuple de Paris [30], c'est par le lit qu'il faut commencer pour tester le confort d'un intérieur domestique. Le journaliste manceau dispose de deux bois de lit à baldaquins, avec leurs paillasses et leurs rideaux d'étoffe, l'une verte, l'autre jaune qui se sont vendus plus de 70 F et les deux matelas 40 F. En dépit des deux poêles en fonte, munis de leurs tuyaux et d'un lot de bois de chauffage en réserve, le stock de couvertures, couettes, oreillers, courtepointes et couvre-pieds est impressionnant : une quinzaine, dont la valeur s'élève à 240 F, soit le quart de la valeur d'ensemble ! Si du côté chambres, le confort matériel est assuré et lui permet de recevoir des invités, en revanche la cuisine d'un célibataire, dont on a dit qu'il prenait ses repas en l'an II chez les traiteurs de la ville, est assez dépareillée (11 % du bénéfice de la vente). Non qu'il manque l'ameublement de base avec ses trois fourneaux de fonte, sans parler de la crémaillère, des chenêts en fer ou en cuivre, de la rôtissoire ou des chaudrons. C'est plutôt la vaisselle qui est introuvable, mis à part six assiettes, huit soucoupes et neuf verres à liqueur ; il est possible que l'argenterie manquante ait été vendue aupara-

---

28. ADS. Notaire Hourdel, 18 brumaire, 4 et 16 pluviôse an V.
29. ADS. Notaire Martigné, 7 prairial an V.
30. D. Roche, Le peuple de Paris, Paris, 1981, p 130-160.

vant. En tout cas, Bazin pouvait se faire du café avec ses deux cafetières, en cuivre et en fer, son brûle-café, son sucrier et ses deux tasses. Côté cave, c'est beaucoup mieux avec ses deux cents bouteilles de verre, vendues 40 Frs soit plus du tiers de son mobilier de cuisine. Quand l'écrivain n'était pas emmitouflé dans ses couvertures, il pouvait trouver un autre réconfort chaleureux. D'ailleurs, sa réputation de ce côté-là était également faite : ne s'était-il pas laissé à dire, après un banquet républicain, que « la constitution de l'an III est aristocratique, il n'y a que celle de 1793 qui puisse convenir au peuple français ? » [31]

Le décor de maison de ce fils de marchand-épicier a plus de valeur que la cuisine (14 % du prix de la vente). La tapisserie à rayures, quoiqu'en mauvaise soie, a rapporté 20 F, la quinzaine de rideaux à siamoises ou les toiles peintes une cinquantaine de francs et les trois glaces encadrées, la même somme. Sa tante s'est portée acquéreuse de nombre de ces objets familiers. Les objets de toilette (5 %) sont surtout représentées par les deux fontaines avec leurs cuvettes de cuivre ou de fer, sans parler des bassinoires, cuviers et pots-de-chambre. Pour le reste, soit Bazin en faisant précipitamment ses malles n'a pas oublié d'emporter son rasoir et autres accessoires, soit il avait coutume d'aller chez le perruquier. Le plus intéressant de son inventaire concerne son mobilier général, non à cause de sa valeur marchande (24 % du total) mais parce qu'il révèle l'aménagement personnel de son lieu de vie. Certes, le mobilier de rangement avec son armoire vendue 40 F, son buffet, son bas de buffet et sa huche qui en rapportent autant, vient de l'héritage maternel. Mais le mobilier de groupe ou d'apparat a visiblement été acheté par le militant pour transformer son intérieur en salon de lecture.

C'est le 8 messidor an V qu'il annonce dans son journal l'ouverture d'un cabinet de lecture où ses abonnés pourront consulter gratuitement tous les journaux qu'il reçoit (une quarantaine de titres sont cités en références dans sa *Chronique*) et les livres de sa bibliothèque, bien achalandée sans doute en histoire et en philosophie. Les non-abonnés sont tenus d'acquitter la somme de 4 livres par trimestre. Avec sa maison située à côté du siège de l'administration centrale de la Sarthe, tous les fonctionnaires publics, employés au Mans et ceux du département, en visite dans le chef-lieu, trouvaient ainsi porte-ouverte chez le journaliste. Il pouvait asseoir vingt cinq personnes sur des chaises empaillées (même si elles ne valaient pas grand chose, une dizaine de francs) et onze autres sur des bergères ou fauteuils en joncs, avec ou sans coussins, plus confortables pour la lecture (qui se sont vendus une cinquantaine de francs). Car les onze tables qu'il possède, à part une belle table de marbre, sont essentiellement des tables de jeux. Son cabinet de lecture est, en fait, le cercle républicain de la ville installé pour contrebalancer l'influence des « Clichyens » ou des « Messieurs » qui fréquentent à nouveau, sous le Directoire, des sociétés de loisirs. Il n'y a pas de billard chez Bazin, mais on peut jouer aux dames, aux échecs et au tric trac sur six tables aux tapis verts. On ignore, enfin, l'emplacement de ses deux belles commodes et de son secrétaire en marqueterie d'une valeur de 50 F environ [32]. Les conditions de liquidation précipitée de son mobilier personnel tiennent évidemment au contenu politique de sa *Chronique*.

Vite rassuré sur la survie financière de son entreprise, Bazin n'en continue pas moins de solliciter la participation active de ses lecteurs pour faire le journal. Cet appel à contribution est un succès puisqu'une cinquantaine de communes vont régu-

31. AN. AFIII 259, Sarthe.
32. ADS. Notaire Chauvel, 9 floréal an V.

lièrement contribuer à informer le public sarthois des faits locaux. Celles qui sont le plus souvent citées sont Saint-Calais, Le Grand-Lucé, Château-du-Loir et Mamers. Derrière ces bastions républicains, on trouve également le chef-lieu de l'Orne, Beaumont, La Ferté-Bernard, Précigné et La Flèche ; puis Bonnétable, Nogent-le-Bernard et Sablé. La géographie des locuteurs républicains sous le Directoire n'est ni celle des anciens chefs-lieux de district, ni celle des sociétés populaires : les bourgs ruraux sont dans l'ensemble bien représentés. Les correspondants qui signent leur contribution de leur nom ou d'une simple initiale sont au nombre d'une quarantaine dans le département. A côté des personnalités politiques auxquelles le journal donne la parole comme le démocrate Hésine du Loir-et-Cher, le babouviste Germain emprisonné au fort de Cherbourg, le journaliste parisien Coesnon-Pellerin, les ex-conventionnels Desgrouas de l'Orne et Levasseur de la Sarthe, il y a aussi deux collaborateurs réguliers.

Le premier est Pierre-Joseph Rouvin qui insère ses premiers articles en frimaire an V. « Confident intime des pensées de Bazin », selon un rapport administratif, il a partagé son itinéraire politique. Membre de la Société des Amis de la Constitution en février 1791, pétitionnaire pro-jacobin de la Société Fraternelle en août, il a fait partie du premier bataillon des volontaires sarthois. *La Chronique de la Sarthe* rendra, d'ailleurs, un vibrant hommage au général Lenoir, qui se suicida à Paris en floréal an V, comme étant « celui que nous appelâmes en 91 à notre tête pour nous conduire à la frontière ». Tandis que Bazin, « blessé aux Champs d'Honneur en septembre 92 », rentre au Mans pour jouer le rôle que l'on sait dans la société populaire, Rouvin est toujours à l'armée, lors de son épuration en août 1793. C'est après Thermidor, lorsque les rangs des militants se clairsèment, que Rouvin devient ce « meneur en rébellion contre les principes actuels de justice et d'humanité de la Convention nationale » qui figure en huitième position sur la liste des manceaux à arrêter en germinal an III. L'ex-agent national de la commune du Mans, nommé par Génissieu pour une brève période, avait pu échapper à son arrestation. M. Reinhard avait souligné ses « dons de pamphlétaire » et son feuilleton, intitulé « Caractères », où il ridiculisait « par touches adroites, un adversaire désigné uniquement par ses vices ou travers ». Signant une quarantaine d'articles dont aussi de très nombreux éditoriaux politiques, Rouvin devient progressivement le principal collaborateur de Bazin. Elu chef de demi-brigade en nivôse an VI, il va jouer ensuite un rôle d'organisateur de la garde nationale mancelle et de propagandiste républicain.

L'ami de Château-du-Loir, Louis-Jean Clairian, commence en ventôse an V par donner des récits concernant sa ville. Puis, les contributions de l'ancien procureur-syndic se font plus nombreuses et plus générales l'année suivante. Il tiendra, ensuite, la rubrique du Loir-et-Cher, en suivant le général Cambray et le Cercle ambulant.

Très vite, le journal devient le môle de l'activisme républicain dans la Sarthe. Dès le mois de brumaire an V, le bureau de *La Chronique* est le lieu où les patriotes sont invités à venir signer des pétitions. La première en date est celle, adressé aux membres du Directoire exécutif, qui proteste contre la révocation du commissaire Jouennault. Tandis que le journal fait état des « républicains proscrits, de l'intrigue triomphante et du royalisme souriant aux incroyables méprises d'un gouvernement indécis et versatile », la pétition recueille près de cent signatures et une vingtaine de personnalités locales s'associent à la protestation, dans une adresse au citoyen Letourneur, estimant que « c'est un jour de deuil pour les républicains »[33]. Les trois-

---

33. AN. F1BII, Sarthe 14.

quarts des pétitionnaires ont été membres du club ; un tiers exercent des fonctions publiques comme juges, officiers municipaux, employés au département, commissaire de police ou commandant de gendarmerie. On remarque la prise de position d'Ysambart, président du tribunal de commerce et parent de Bazin, ainsi que celle du juge Ménard-Lagroye, ancien constituant et ami du journaliste. Les artisans et boutiquiers manceaux représentent 15 % des effectifs connus : la révocation du fonctionnaire républicain, justifiée officiellement par un vice de forme dans sa nomination (le sarthois Jouennault, fonctionnaire de la République, ne résidait pas depuis une année dans le département où il a sa famille et ses biens), concerne aussi les anciens sans-culottes. Les conditions de la nomination de son successeur, choisi par la députation sarthoise, l'ancien curé de la Couture, Maguin qui n'a jamais été membre du club, provoquent la méfiance des militants qui, au fil des événements, va s'atténuer.

Dans le contexte très difficile de l'an V, le rôle essentiel du journal est idéologique. A défaut d'être « le temps du bonheur » qu'évoquait le prospectus, c'est celui de la méditation sur l'héritage révolutionnaire qui fait l'originalité profonde de *La Chronique de la Sarthe*. L'intérêt soutenu pour la politique nationale, avec le compte-rendu des débats législatifs ou les arrêtés du Directoire exécutif, pour la politique locale alors que celle-ci est passée complètement sous silence dans les journaux du Calvados, les nouvelles générales et la correspondance des lecteurs se remarquent dans la structure remarquablement équilibrée de cette feuille départementale. L'étude quantitative des expressions formelles met aussi en valeur, au delà des qualités littéraires de Bazin et de Rouvin, l'héritage dans lequel ils s'inscrivent : celui des journaux de 1792 et de 1793. Formés politiquement dans la société populaire, les rédacteurs restituent la multiplicité des prises de parole : la proclamation officielle, le discours politique, la chanson patriotique, le débat contradictoire, l'analyse pédagogique d'une situation politique et le dialogue fictif dans lequel Bazin excelle déjà, annonçant ses écrits de la Restauration. En cette année électorale triomphante pour les réacteurs et les royalistes, l'idée républicaine est marquée par une indéniable nostalgie qui fait du journal un ersatz de la société populaire.

Les néojacobins du Directoire, dont *La Chronique* offre le meilleur témoignage provincial, sont des militants marqués par leur expérience politique. Si le nom de Robespierre n'est jamais prononcé, la date de sa chute est le leitmotiv de leur réflexion : « la réaction thermidorienne » marque désormais le présent. Rien n'est plus symbolique de l'avant et de l'après Thermidor que la mode vestimentaire. Les rédacteurs entraînent leurs lecteurs à suivre sur les boulevards et au théâtre les muscadins manceaux qui tiennent le haut du pavé, réclament *L'Intérieur des Comités révolutionnaires* et tiennent La Marseillaise pour « le chant funèbre de septembre ». Leur plume voltairienne ne fait que mieux ressortir une virulente critique sociale du nouveau régime. A Caen comme au Mans, c'est au théâtre que se joue la lutte politique pour faire interdire par la municipalité la représentation des pièces réactionnaires. Le ressentiment de ces jeunes bourgeois, rentiers du sol, même modestes comme Bazin, Rouvin et Clairian, contre « les gueux enrichis par le Trésor public », « la classe privilégiée », « les gens riches », « la nouvelle aristocratie » est un héritage de l'an II. Cette idée républicaine, liant la forme du régime politique, née de la haine de la monarchie, à un mode de vie égalitaire, nourri par la conception interclassiste de la société populaire, réunit les opposants à la République directoriale dont le journal se fait le porte-parole. Son influence dans « les bas-quartiers du Mans » sera dénoncée par le commissaire du gouvernement, nommé en germinal an VI. C'est là, dira-t-il, « où se trouve la classe indigente et laborieuse que la faction désorganisatrice avait le plus d'influence », que l'on disait « que l'on n'avait pas besoin de proclamations » du Directoire exécutif, « que le peuple était le souverain » pour déplorer que « c'étaient des artisans, des malheureux ouvriers qui parlaient de la sorte ! » [34].

La prise de position sur le procès de Babeuf et des Egaux, au cours de l'an V, est d'autant plus intéressante. Malgré la proximité de Vendôme et la camaraderie qui lie Bazin à Hésine, le fameux rédacteur du *Journal de la Haute-Cour de Justice*, croisé dans les prisons parisiennes en l'an II, l'information n'est guère originale : c'est celle des nouvelles officielles et du *Journal des Hommes Libres*. Mais, aucun autre journal de l'Ouest n'offre de tels commentaires sur le fonctionnement de la justice républicaine. Dès le mois de vendémiaire, l'opinion de *La Chronique* est faite : le procès de Vendôme est celui « des amis de la République ». Bazin réfute toute discrimination entre républicains pour réunir en bloc toutes les victimes de la réaction.

Sur le fond de l'affaire, il reste jacobin : sa conception d'une République démocratique ne s'inscrit pas dans une subversion des rapports sociaux. Après avoir évoqué « les lubies » de Babeuf et déploré « les dupes de Grenelle », il s'attache à défendre la mémoire des Jacobins et est amené à se démarquer des idées communistes. Dans le feuilleton du mois de nivôse, intitulé « L'Aristocrate converti », il fait dialoguer un propriétaire et un locataire, l'un s'avouant « hautement aristocrate depuis 1789 » mais « brave homme, au fond », l'autre étant « ce qu'on appelait jadis un patriote prononcé » et aujourd'hui « un de ces malheureux proscrits par le royalisme, abandonnés par le gouvernement, trahis par la fortune et n'ayant plus d'appuis que dans le courage et la pureté d'une âme forte ». L'aristocrate s'est laissé convertir aux principes de la volonté générale et des droits naturels de l'homme, puis a admis que la religion n'était pas nécessaire à l'ordre social avec l'exemple de la Vendée et, enfin, s'est laissé convaincre que de bonnes lois, instaurant des écoles publiques gratuites, lui feraient délaisser ses préjugés sur « la classe ignorante de la société ». Le 20 nivôse, la question du catéchisme jacobin porte sur la notion d'égalité et des « intentions du gouvernement de 93 » : Bazin explique que les Jacobins « marchaient à la diminution des grandes fortunes » mais qu'ils n'ont laissé aucun écrit dénotant « leur penchant vers le partage des terres ». La trajectoire ambiguë du *Tribun du Peuple* le discrédite autant à ses yeux que l'aventurisme en politique : « Babeuf, après le 9 thermidor, écrivit pour la faction d'alors ; il écrivit ensuite pour la communauté des biens : scélératesse ou démence de sa part, que nous importe ? Cet homme n'appartenait pas plus aux Jacobins qu'aux Chouans ; et jusqu'à ce que l'évidence me prouve qu'il ait eu des coopérateurs, je ne lui ferai pas l'honneur de lui en supposer. J'avouerais, avec vous, qu'il existait un moyen infaillible de culbuter l'édifice de la Révolution, c'était d'en outrer les excès ; et, sous ce point de vue, vous payez Babeuf d'ingratitude. Non, je le répète, aucun révolutionnaire, ami de la raison et de sa patrie, n'a conçu l'idée d'une loi agraire » [35].

Le « système extravagant » de Babeuf ne l'empêche pas de rendre un vibrant hommage à Antonelle, celui des inculpés qui suscite son plus profond respect, ni de dénoncer « la révoltante partialité » de l'accusateur de la Haute-Cour et « l'assassinat » de Darthé et Babeuf, ces « deux nouveaux martyrs de la liberté ». A cause du verdict qui condamne des « partisans de la constitution de 93 » comme pour leur courage devant la mort, les babouvistes sont intégrés dans le panthéon des héros

---

34. AN. AFIII 259, Sarthe. Rapport de Baudet-Dubourg au ministre de l'Intérieur, 28 germinal an VI.
35. *Chronique de la Sarthe*, t. 1, p. 332-333.

jacobins. Dans *La Chronique* la mémoire de la Conspiration des Egaux n'est pas celle de la doctrine, mais de ses militants : la dernière lettre de Gracchus Babeuf à sa femme et ses enfants rejoint les dernières paroles d'un autre héros révolutionnaire, le conventionnel Javogues.

Cette prise de parole journalistique sous le Directoire inaugure la tradition républicaine sarthoise du XIXème siècle : le récit de l'histoire révolutionnaire va soutenir toutes les luttes politiques dans ce département qui deviendra le bastion de la gauche en France pendant la première moitié du siècle. Car le ralliement pragmatique du journaliste-historien à la constitution de l'an III, face à la chouannerie, ne l'empêche pas de souhaiter ouvertement sa révision afin de rendre aux citoyens tous leurs droits politiques. Aussi, le militant est particulièrement attentif à l'emploi des mots qui discréditent toute l'oeuvre démocratique. Ainsi, celui de « terrorisme » auquel il consacre de nombreux articles dès le mois de vendémiaire an V.

Pour saper l'ordre du discours dominant, Bazin établit la généalogie du mot : « Notre dictionnaire s'est enrichi de ce mot à la suite du 9 thermidor », avant de faire l'analyse critique de ses usages. S'il admet que « Danton et, après lui, ceux qui l'ont fait conduire à l'échafaud avaient bien employé celui d'ultra-révolutionnaire » et que « vous étiez certain alors d'encourir la disgrâce du gouvernement, de quelque façon que ce soit », son propos est de démontrer qu'à « ce régime oppresseur en succéda un autre, mille fois plus atroce ». En spécialiste de la langue politique, il dévoile l'hypocrisie des réacteurs qui réclamèrent « justice et humanité » et firent emprisonner, proscrire et guillotiner « tous les ardents amis de la Révolution » : « A l'instant où l'on demandait la punition du 2 septembre, des flots de sang inondaient le Midi. C'est en vociférant avec rage contre la loi sur les suspects que, comme suspects de terrorisme, on désarmait les patriotes et qu'on les entassait dans les prisons ». En bon historien, il fait remarquer que l'invention du mot revient aux députés de la Convention : « Terrorisme, disaient-ils, est le système de terreur organisé par le gouvernement révolutionnaire et ses agents contre certains amis de la patrie. Mais bientôt le royalisme devenu prépondérant rejeta cette définition comme sentant l'hérésie exclusive. Terrorisme, répliqua-t-il, est le système entier de la Révolution ». Le militant ne se prive pas de rappeler qu'au 13 vendémiaire, les inventeurs du mot, réalisant « trop tard qu'ils avaient forgé une arme terrible contre eux » eurent bien besoin que « les généreux terroristes oublient leurs infortunes ». La résurgence actuelle du mot, avec la découverte de la conspiration babouviste, est l'occasion pour lui de fixer clairement une ligne politique, basée sur l'oubli des divisions passées et sur l'union de tous les républicains. Puis, la récurrence de son emploi l'amène à déjouer « la guerre faite aux mots pour mieux la faire aux choses » et à n'admettre, comme acception du mot « terrorisme » ou « anarchie », que « son véritable sens » : celui du « régime de l'affreuse terreur institué par les chouans ». Fidèle à l'héritage de l'an II, *La Chronique* du 8 thermidor an V célèbre, à sa façon, la date anniversaire du nouveau régime en consacrant un long éditorial à « la réaction fatale qui, depuis le 9 thermidor, a tué l'opinion publique, ruiné nos finances, corrompu la génération présente, infecté les générations futures, sacrifié les plus purs républicains, sauvé les plus odieux coupables, protégé l'assassinat, le pillage et la déprédation du Trésor public ». Dans un tout autre contexte politique, le 20 pluviôse an VI, elle publiera une chanson, intitulée « Le terrorisme », débutant ainsi : « Chacun avec moi l'avouera/En France, il existe une clique/Qui, de tout temps, abhorra/Le régime démocratique (bis)/ Des amis de la liberté/Qu'en tout temps elle a détesté/L'énergique et brûlant civisme/Jadis, par elle, fut traitée/Du nom fameux (bis)/ De terrorisme ».

Ce récit de l'Histoire, qui va devenir le récit républicain de la Révolution dans la presse départementale [36], est très vite confronté à une autre vision, celle des rédacteurs du *Préservatif de l'Anarchie.*

La contre-offensive royaliste dans la Sarthe

Le Préservatif de l'Anarchie ou l'Espion constitutionnel de la Sarthe sort des presses de l'imprimeur F.J. Maudet, le 30 brumaire an V ou 20 novembre 1796, avec l'épigraphe suivante : « Des poignards affrontant l'homicide vengeance, Au juste comme au vrai, donnons la préférence ». L'abonnement à la feuille de huit pages in octavo, paraissant « le jeudi et le dimanche de chaque semaine », est de 4 livres pour trois mois ou 15 livres par an pour Le Mans et 5 ou 18 livres dans les autres communes. Les rédacteurs qui affichent le plus complet mépris pour le calendrier républicain sont Tréton et Maudet jusqu'au 60ème numéro ; puis, l'imprimeur reste seul rédacteur officiel du 30 prairial au 16 thermidor an V.

Le prospectus s'adresse « aux amis de l'ordre » pour s'opposer à « la minorité anarchique » du département et « arrêter ou, du moins, détourner l'impétuosité d'un torrent incendiaire et dévastateur ». Respectueux pour la constitution « de 1795 », le journal se propose de restaurer la Morale en combattant les exécrables maximes de la Philosophie qui sont causes de « l'oubli le plus complet de tous les devoirs de l'homme envers la Divinité ». Le grand intérêt que peut faire naître l'exposé des grands thèmes de la pensée conservatrice au XIXème siècle est vite démenti par la lecture du journal et l'étude de son contenu. La place accordée à la politique nationale et locale est dérisoire ; à la différence de tous les autres périodiques sarthois de la décennie révolutionnaire, une part prépondérante est octroyée aux commentaires de la rédaction. Lancée un mois après la *Chronique,* la feuille extrémiste n'a pas d'autre raison d'être que de la combattre.

Les journalistes sont des nouveaux venus sur la scène politique sarthoise. Bazin connaît Tréton, cet « enfant du vice ou de la pauvreté » qui fut élevé à l'hospice : « Lorsqu'il fallut combattre les Vendéens armés contre la République, il entra dans nos bataillons mais pour se jeter ensuite au milieu des bandes fanatiques dont il seconda les fureurs. Traître à tous les partis, il abandonna ces brigands comme il avait déserté ses drapeaux ». Il le retrouva après le 9 thermidor, à sa sortie de prison, où celui-ci « faillit l'étouffer dans ses embrassements en lui protestant de son zèle, de son dévouement et de son estime ». De ce « chouan libelliste » dont il fait le portrait sans citer de nom, Bazin conclut ainsi : « Associé depuis aux brigandages du chouannisme, taré dans les bureaux de la police et des généraux, vagabond nocturne, ténébreux aventurier, son existence est une perpétuelle énigme ». Quant à Maudet, imprimeur de la municipalité de l'an IV, lors de son installation au Mans, *La Chronique* le tiendra pour un comparse mais se laissera aller à écrire que « sa maison était un tripot où le libertinage, d'accord avec le génie de la contre-révolution, s'était formé un asile presqu'imperméable à l'œil de la police. Les faux-passeports, les faux congés, les libelles chouanniques sortaient avec profusion de sa presse vénale » [37].

36. Ch. Peyrard, « Le journalisme et la diffusion de l'idée républicaine dans la Sarthe de la première à la seconde République », *Révolution et République. L'exception française,* s.d. M. Vovelle, Paris, 1994, p. 511-522.
37. *Ch. de la Sarthe,* 22 frimaire an V et 18 frimaire an VI.

C'est encore elle qui nous renseigne sur les collaborateurs anonymes du *Préservatif*, des étrangers à la ville comme l'homme de loi, Olivier dit de Blancpert « ci-devant bailli, révolutionnaire en 89, royaliste en 95 » qui a vécu tour à tour à Sées, Fresnay et Mamers avant d'arriver au Mans en l'an IV et de quitter rapidement la ville pour Evreux où il va se distinguer contre un autre journaliste, ainsi que l'apprendront les Manceaux en lisant le *Bulletin de l'Eure*. L'abbé Charpentier, originaire des environs de Mortagne dont les méchantes langues républicaines disent qu'il aurait quitté la cure après avoir engrossé une paysanne, est le rédacteur des plus violentes diatribes contre « l'orateur de la jacobinière mancelle ».

La demande en réparation d'injures, de diffamations et de calomnies de Bazin devant le tribunal civil du Mans est d'abord, en ventôse, annulée pour vice de forme ; en germinal, au moment du triomphe électoral de ses adversaires, elle n'aboutit qu'au renvoi de l'affaire pour « égalité de calomnies » selon le magistrat et au paiement partagé des frais de procédure. Pourtant, dès le mois de nivôse, le commissaire du Directoire exécutif auprès du département avait fait parvenir au ministre de la Police un numéro du *Préservatif de l'Anarchie* en demandant s'il pouvait « dénoncer au directeur du jury d'accusation les auteurs de ce journal dont l'esprit contre-révolutionnaire se développe de plus en plus dans leurs feuilles trivialement mensongères et de les faire poursuivre pour calomnies, conformément à la loi du 28 germinal ». Maguin lui demandait de ne pas s'attarder sur « les deux premières pages qui contiennent une diatribe virulente contre les philosophes en général, premiers moteurs de notre révolution », mais de s'attacher, surtout, à celles où les auteurs « plaisantent, avec quelle joie maligne, sur la fausse nouvelle qu'ils ont fabriquée de l'échec de la flotte de Brest sur les côtes d'Irlande » et de constater, également, « avec quelle impudence, ils osent calomnier la garnison de Strasbourg dont ils prétendent que 1200 hommes ont refusé de marcher sur les Autrichiens » [38].

C'est avec une totale impunité que le journal a pu continuer de diffamer les personnes et l'armée républicaine, de passer sous silence la fameuse campagne d'Italie, d'imputer à « la jacobinaille » ou à « la canaille jacobite » les insurrections de l'Ouest et de défendre « les honnêtes gens » calomniés sous les épithètes de « chouans, aristocrates et royalistes ». Le journal qui cite de nombreux extraits de *La Gazette Française* ou de *La Quotidienne*, peut ainsi publier « Le Chant de Germinal » de l'Ornais J.L. Brard, qui avait été finalement refusé par *La Renommée de Mortagne*, contenant un appel à l'insurrection en cas d'élections défavorables. Rassuré par celles-ci, il rend compte de la fête du 14 juillet, célébrée au Mans par de nombreux coups de canon, en se demandant si, pour la sécurité des citoyens et même pour son intérêt historique, il ne conviendrait pas de la supprimer. En revanche, le 9 thermidor lui paraît être « la seule fête de la révolution que l'homme vertueux puisse célébrer » car il ne convient pas d'oublier que « les Jacobins », anéantis ce jour-là, « ont renversé toutes les institutions de notre gouvernement monarchique et héréditaire ».

Ce n'est pas la propagande royaliste qui a obligé Maudet à une retraite anticipée, c'est l'article sur les acquéreurs de biens nationaux, traités de « fripons » qui a motivé un mandat d'arrêt contre lui et Tréton. Prévenus par le magistrat manceau qui n'avait pas retenu la diffamation contre Bazin, les rédacteurs peuvent échapper aux poursuites judiciaires. Tréton va, toutefois, être arrêté en thermidor an VI dans le canton de Sablé. Ayant rejoint l'armée de Rochecotte, il était chargé « de voler sur

---

38. ADS. L 160.

les grands chemins les courriers, chargés d'argent pour la République » selon la *Chronique de la Sarthe*. Au moment de son arrestation, il portait sur lui deux lettres manuscrites, intitulées « Jean Bon Bougre, aux Patauds » et « Jean Bon Bougre, chouan pour la vie », datées du 23 avril et du 23 juillet 1798, dans lesquelles l'auteur s'honorait « d'avoir servi sous les drapeaux de Condé et de Charette, d'y avoir obtenu le grade d'adjudant général, de ne s'être jamais rendu et d'être dans la disposition de ne se rendre jamais » [39]. Conduit à la prison du Mans où le capitaine de gendarmerie l'a fait isoler dans un cachot, il est ensuite traduit devant la Commission militaire de Tours. Les administrateurs sarthois ayant considéré qu'en sa qualité d'émigré rentré, reconnue implicitement dans l'aveu d'avoir servi le corps d'émigrés de Condé, il était justiciable devant une Commission militaire, préférable à la traduction du chouan devant le Tribunal criminel où « cet être artificieux et souple aurait pu échapper aux formes longues et entortillées des tribunaux administratifs ». Ils recommandent à son égard une particulière surveillance et assurent que « son retour dans le pays serait le signal de la terreur et de l'assassinat » [40]. Son interrogatoire à Tours apporta beaucoup de révélations sur les dirigeants de la chouannerie au Mans et dans la Sarthe [41].

Avant que ne disparaisse *Le Préservatif de l'Anarchie*, un autre journal royaliste avait tenté de paraître au Mans. Sous le titre *Le Conciliateur ou Annales des Assemblées Primaires*, un nouvel imprimeur manceau publiait le premier et unique numéro, daté du « 1er germinal an V ou 21 mars 1797 ». Créé pour les élections, il ne se contentait pas de « mettre en garde le peuple contre le républicanisme des bêtes féroces » que sont « les partisans de la secte jacobite ». Un dialogue fictif entre législateurs, dans cette feuille signée par Pierret, faisait dire à Louvet : « Un Roi, voilà donc un grand mot/Sur lequel ici chacun glose/Mais ce mot est fort peu de choses/Quant à moi, je dirai bientôt/Au peuple moins sot/Faut-il de tes droits qu'on dispose ?/ Prends la chose et laisse le mot » [42]. Les responsables politiques du département informent aussitôt le ministère de « cette provocation au rétablissement de la royauté » et des pousuites judiciaires sont engagées contre les responsables du *Conciliateur*. L'imprimeur, Toussaint-Jacques Bouquin, a été arrêté le 12 germinal. Interrogé un mois plus tard, il se justifia en faisant remarquer que ce journal était uniquement composé d'extraits des *Annales Politiques et Littéraires* et des *Rhapsodies*, paraissant librement à Paris. La nouvelle administration sarthoise, mise en place après les élections, ne parvint pas à le faire sortir de prison où il resta jusqu'au 18 thermidor, date à laquelle on renvoya l'affaire devant le jury d'accusation de Vendôme. Il avoua alors que le véritable rédacteur était l'abbé Charpentier, ce que *La Chronique* avait révélé dès le 14 germinal.

L'auteur mentionné dans *Le Conciliateur* était un journaliste parisien. Arrêté en floréal, Joseph Pierret demanda au rédacteur de *La Chronique* de publier sa lettre, écrite de Sainte-Pélagie, dans laquelle il dénonçait l'utilisation de son nom par un faussaire qui avait mutilé les extraits de ses *Annales Politiques* et pillé également un autre confrère [43]. L'occasion était belle pour Bazin de mettre en valeur « l'impos-

39. ADS. L 77. Registre des séances extraordinaires du département.
40. ADS. L 163.
41. Chassin, *La Pacification de l'Ouest,* Paris, 1899, t 3, p 215.
42. AN. BB 18/733.
43. *Ch. de la Sarthe*, 26 floréal an V. On ignore la conclusion juridique de l'affaire. Pierret, dénonçant « le lâche et méprisable Charpentier », a été transféré en thermidor à la maison d'arrêt du Mans de laquelle il fit de nouveau appel à son confrère manceau (20 fructidor).

ture » et « la bassesse » de ses concurrents et adversaires politiques et de s'interroger plus globalement sur le rôle politique que l'on attribue, alors, à de tels « organes de l'opinion publique ». Après le coup d'Etat du 18 fructidor an V et les mandats d'arrêt contre ceux que Bazin appelle « les lieutenants de Louis XVIII dans la Sarthe », l'imprimeur Bouquin et l'ex-prêtre Charpentier font partie, aux côtés de Tréton, de la trentaine de personnes encore recherchées en frimaire an VI.

La presse royaliste a été dans la Sarthe d'une franche médiocrité et *La Chronique de la Sarthe* reste, avant le coup d'Etat du Directoire, le seul journal du département. Il faut ajouter que le 18 Fructidor a été minutieusement préparé par le pouvoir exécutif. Pendant que la majorité réactionnaire du Corps Législatif s'empresse de mettre à l'ordre du jour de ses séances la règlementation des sociétés politiques, renaissantes à Paris et en province, le Directoire exécutif encourage la création des Cercles constitutionnels. Le journal républicain s'en fait l'écho en créant une rubrique nouvelle le 6 messidor et, pendant deux mois, annonce l'ouverture de cercles patriotiques dans une trentaine de villes françaises. Dans cette avant-garde, l'Ouest n'est guère représenté que par Rennes et Caen qui se proposent d'imiter cet exemple, davantage répandu dans la Bourgogne et le Sud-Ouest. C'est, rappelons-le, le 8 messidor que Bazin ouvre son cabinet de lecture tandis que *Le Préservatif* dénonce les réunions des « frères et amis » dans des maisons particulières à Château-du-Loir et à Bessé ou « au bureau de la poste » à Saint-Calais. M. Reinhard avait signalé l'existence de « la petite Convention » à Fresnay, du « Comité » de Mamers, du « poêle du directeur des postes » à Château-du-Loir et de la réunion pour « la lecture des lois et des nouvelles » de La Ferté-Bernard. Dès le 14 messidor, Rouvin mettait en garde les républicains contre un « esprit trop exclusif » dans ces réunions qui « risquait d'affaiblir nos forces » et il fixait leur ligne politique : « Que vos réunions soient populaires : plus elles approcheront de ce caractère, plus elles vous assureront le succès ». Deux jours après, arrivait dans la Sarthe le général Cambray qui allait modifier le rapport de forces dans les campagnes, en luttant efficacement contre les chouans grâce à l'organisation de la garde nationale en colonnes mobiles. Pour l'heure, l'état d'esprit n'était pas à l'euphorie. Ce que Bazin a bien traduit, dans une réponse au journal de La Harpe, *Le Mémorial*, pour nier l'existence d'un club révolutionnaire au Mans, présidé par le nouveau commandant de la force armée : « Depuis la mission de Monsieur Dubois-Dubais, le ministre de la réaction dans notre département, les patriotes exilés, incarcérés, dispersés, ruinés n'ont eu ni le temps, ni le pouvoir, ni l'envie de se réunir ». S'il ajoutait, toutefois, qu'ils « étaient prêts à se réunir », c'est que la destitution du ministre de la Police, Cochon, annonçait un profond changement dans la politique du pouvoir exécutif. Celui-ci procéda, en thermidor, au limogeage de l'équipe administrative sarthoise, mise en place après les élections de germinal. Seul, Maguin le commissaire du pouvoir exécutif était maintenu à son poste ; les autres étant remplacés par de fermes républicains, Baret, Paré et Vérité qui, sortis de l'ombre de leurs bureaux, étaient considérés comme de bons sans-culottes en l'an II. La nouvelle provoqua la consternation du *Préservatif* et une évidente lueur d'espoir pour *La Chronique* : c'est du pouvoir suprême que les noyaux de républicains, réunis dans de petits groupes, encore informels dans l'Ouest, attendaient leur salut.

CHAPITRE QUINZIÈME

LE NÉOJACOBINISME SOUS LE SECOND DIRECTOIRE

C'est indiscutablement le coup d'Etat du 18 fructidor qui libère l'énergie républicaine dans l'Ouest comme dans la majeure partie de la France. Le mouvement associatif renaît avec le soutien de toutes les autorités politiques de la République, car la loi interdisant les sociétés politiques a été abrogée et la députation des départements normands hostile au pouvoir exécutif a été décrétée d'arrestation par la force publique. Ce néojacobinisme du Directoire présente-t-il des caractères communs avec les clubs des premières années de la Révolution ? Est-ce une simple résurgence ou une création originale ? Qui sont ces derniers militants républicains ?

Vive à jamais la République !

Après trois années de répression politique et l'illégalité de la pétition en nom collectif, c'est un incontestable retour au droit à l'expression publique qui se manifeste dans le phénomène pétitionnaire dès la fin de l'an V. Les adresses de soutien au Directoire exécutif, après le 18 fructidor, émanent des autorités constituées qui, comme toutes les administrations départementales ne peuvent guère que choisir de féliciter le nouveau régime, mais aussi d'un bonne soixantaine de municipalités cantonales et, surtout, d'une cinquantaine de collectifs de « citoyens », « républicains » ou « amis de la liberté » qui signent individuellement une pétition.

Les thèmes de ces pétitions, au delà de l'enthousiasme général qu'elles manifestent, permettent de dresser un état de l'opinion républicaine dans les départements. Prenons l'exemple de la municipalité de Conlie, dans l'ouest de la Sarthe, qui dès le 21 fructidor adresse ses félicitations au gouvernement, contresignées par 22 habitants qui ajoutent : « Et, nous aussi, patriotes exécrés et proscrits par les aristofanatiques royaux, sommes jaloux d'unir nos vœux aux patriotes qui s'empressent de vous témoigner leur sincère reconnaissance. Oh ! mémorable journée, 18 fructidor, tu ne cèdes en rien aux journées les plus marquantes de la Révolution. Vive à jamais la République ! » [1] Cet enthousiasme républicain est particulièrement perceptible dans les bourgs qui ont été confrontés en permanence à la chouannerie et qui se définissent comme des camps retranchés ou des rochers défensifs. Dans la Sarthe, c'est de l'Ouest que montent la plupart des pétitions rurales. Cette résistance de noyaux républicains est, sans conteste, un des thèmes majeurs de l'expression citoyenne. On la trouve aussi bien, par exemple, chez « Les citoyens du bourg de Tennie » (Sarthe) qui n'avaient pas connu de club et qui, au nombre d'une trentaine, s'honorent de « porter le beau nom et titre de républicain » et se flattent de n'avoir pas « craint les bandes royales et fanatiques » que chez les vieux clubistes de Condé-sur-Noireau qui, dans ce coin protestant du Calvados, sont une centaine à déclarer au Directoire exécutif : « Nous avons combattu dans nos murs pendant dix-huit mois pour la République. Nous avons conservé cette commune à la France libre et républicaine. Plus de dix-huit cents Français égarés s'étaient armés et rassemblés sous les drapeaux d'émigrés, de prêtres rebelles et de traîtres de l'intérieur pour relever un trône souillé de crimes, une noblesse tyrannique et un clergé scandaleux. Résistance ! » [2]

Cet appel à la résistance de la France libre passe par une justification du coup d'Etat et de l'arrestation consécutive des députés royalistes ou réacteurs. Car le 18 fructidor s'inscrit dans la suite logique, quoiqu'inespérée, des grandes journées révolutionnaires. A ce titre, l'analyse de « la journée » selon les émetteurs, révèle les diverses composantes du mouvement républicain. Dans le chef-lieu de la Sarthe, les citoyens ont été invités par *La Chronique* qui, le 20 fructidor n'a pu consacrer sa Une à l'événement, mais a tiré un numéro spécial, à venir signer deux pétitions destinées, l'une aux « membres du Corps législatif, restés fidèles au peuple », l'autre au Directoire exécutif. Ils ont été finalement 316 à apposer leurs signatures à côté de celles de Bazin, du général Cambray et de l'ex-conventionnel Levasseur. On comprend qu'avec un tel média, la Sarthe soit, avec le Calvados, le département où les républicains sont les plus nombreux à pétitionner. Dans ce département pro-montagnard en 1793, il est beaucoup question de la rupture du mouvement révolutionnaire en thermidor qui est jugée responsable de la terreur blanche. Ainsi, à Château-du-Loir la pétition, rédigée par Clairian, déclare : « Il est donc renversé ce colosse épouvantable qui, depuis trois ans, s'élevant sur les débris de la République, écrasait les enfants de la liberté, ses fondateurs et ses amis. Vous l'avez enfin comblé cet abîme qui nous engloutissait. Le génie de la République l'emporte : nous respirons. Vous raviverez les sublimes institutions populaires si scélératement proscrites par ces odieux criminels », tandis que les membres du Cercle constitutionnel de Saint-Calais écrivent : « Comprimés par la réaction thermidorienne qui a pesé sur le canton de Saint-Calais, les patriotes ont vu avec une joie indicible l'immortelle journée du 18 fructidor les rendre à la liberté qu'on voulait leur ravir et à la République qu'on voulait assassiner ».

La lecture du 9 thermidor ne doit pas s'arrêter en l'an III et mérite d'être continuée sous le Directoire quand les républicains ont de nouveau la parole. Dans le Calvados ci-devant fédéraliste ou fédéralisé, il est intéressant de lire la réflexion des quatre-vingt quatre patriotes du canton de Moyaux - des vétérans du mouvement associatif - qui témoigne de la recomposition politique : « Non ! Ce n'est point le triomphe de l'anarchie sur les hommes vertueux, ce n'est point un 31 Mai, c'est le triomphe de la liberté sur l'affreux royalisme ! (…) Depuis plus de deux ans, les

---

1. AN. AF III 259, Sarthe.
2. AN. AF III 218, Calvados.

patriotes étaient agressés, pillés, assassinés et nul n'osait élever la voix. Le soi-disant fédéraliste qui osa s'armer avec courage contre les excès de l'anarchie était poursuivi sous la dénomination de terroriste. Ce silence politique des Républicains était commandé par la prudence et l'amour de la patrie... Trop de modération serait un crime ». Dans le chef-lieu du département, on réunit plus de signatures en évoquant le royalisme que la réaction thermidorienne. Les 655 républicains de Caen, parmi lesquels figure l'imprimeur de la *Gazette du Calvados*, font état le 22 fructidor de la situation du département en ces termes : « Ne marchons-nous pas sur un sol ensanglanté par le royalisme ? Ne comptons-nous pas dans le Calvados trois cents républicains assassinés dans l'ombre de la nuit, au sein de leurs familles ? Les criminels n'ont presque jamais été atteints et nous les avons vus, malgré l'évidence de leurs forfaits, braver la vindicte publique devant des jurés choisis à dessein pour innocenter les sicaires de la Contre-Révolution. Citoyens Directeurs, les accents douloureux des martyrs de la liberté retentissent encore dans le fond de nos cœurs : ils nous ont légué la République à soutenir, leur mémoire à honorer, leur mort à venger. Mais quelle vengeance plus digne d'eux que le triomphe de la liberté pour laquelle ils ont péri ? (…) Evitez une terreur sanguinaire. Loin de vous l'atroce tyrannie. Mais prudence et fermeté contre le fanatisme ».

La question de l'après-fructidor est ainsi clairement posée et suscite des prises de position divergentes. Comment rendre concret l'espoir en « une nouvelle vie » qu'évoquent les vingt-quatre républicains de Touques, dans cette commune rurale où aucun club ne s'était implanté mais qui a connu la guerre civile déclenchée par « les royalistes et fanatiques, compagnons d'émigrés, anthropophages de l'humanité et brigands qui désolent la campagne » ? L'intervention des juges dans ce débat public est très significative. Ceux des tribunaux criminels à Coutances, Laval et Le Mans ont fait acte d'allégeance au nouveau régime et dans l'Orne, se sont joints aux félicitations un juge du tribunal d'Alençon ainsi que les membres des tribunaux de paix de Mortagne et de La Carneille. Si professionnels et simples citoyens sont unanimes à reconnaître que « la République était livrée à ses assassins », comme l'indiquent laconiquement les républicains de Château-Gontier réunis en cercle constitutionnel, les méthodes pour régénérer la République, à laquelle tous sont restés fidèles, sont l'enjeu du débat politique. Les 183 républicains de Mayenne, réunis autour des ex-conventionnels Grosse-Durocher et Bissy, ne partagent pas l'opinion première des Caennais. Ils demandent aux Directeurs de « frapper sans ménagement les féroces agents de Louis XVIII. N'avons-nous pas vu des administrateurs solliciter l'incarcération des patriotes les plus purs, sous le système prétendu de terrorisme, tandis que les dénonciateurs ne devaient leur vie qu'à ceux qu'ils poursuivaient ? »[3]

Si, selon les lieux et les personnalités dominantes, la mémoire de 1793 dispute sa place à celle de la répression de l'an III dans l'opinion républicaine, la conscience d'une nécessaire refonte de l'organisation des corps judiciaires est partout présente. Le 20 frimaire an VI, les 198 membres du cercle constitutionnel, siégeant dans une des salles de la Maison commune de Caen, écrivent : « Songez que les ennemis de la patrie reprennent haleine et que les fruits de la mémorable journée du 18 fructidor sont perdus si vous ne vous empressez pas d'éloigner des administrations secondaires et des tribunaux les créatures de la faction capétienne (…) Que les juges des tribunaux qui ont réintégré les émigrés dans leurs biens et organisé l'anarchie judiciaire ne soient plus les arbitres de nos fortunes et de nos propriétés ». Plus préco-

---

3. AN. AF III 247, Mayenne.

cement, quatre-vingt huit « Français de la cité de Mortagne » avaient invité le gouvernement, dès le 20 fructidor, « à épurer toutes les autorités publiques, à n'y conserver aucun alliage impur : il est temps que seuls les principes triomphent et que la morale républicaine soit, au moins, un accessoire exigible pour être admis aux fonctions publiques ! Des Républicains ne peuvent être gouvernés que par des hommes vertueux et d'un franc républicanisme » [4]. De même, les cent un républicains de Verneuil avaient recommandé au Directoire exécutif, le 3ème jour complémentaire de l'an V, de « continuer à purger le sol de la liberté de ces monstres qui ne voient le jour que pour l'ôter à leurs semblables » [5]. Dans cet ancien district où se localise le principal noyau de républicains de l'Eure, tous les maîtres de forges ont signé une pétition républicaine : à Breteuil, le clan Levacher tient toujours la municipalité avec les Gautier, Blanchet et Bucaille.

La soixantaine de citoyens de Bourth (Eure) réclament non seulement une purge générale dans les administrations publiques, mais encore « l'exclusion des assemblées primaires de tous ceux qui ont soutenu le parti des royalistes, des chouans et des prêtres réfractaires ». La question électorale est également au centre des préoccupations des trente-trois citoyens du canton de Moulins-la-Marche (Orne), dont le chef-lieu ne compte pas 900 habitants mais avait aussi son club en 1793. Ils accablent les députés qui « après avoir, pendant dix-huit mois, royalisé l'opinion avaient usurpé toutes les fonctions » et préconisent une révision constitutionnelle, notamment, de l'article 53 qui prévoit le renouvellement des Conseils par tiers tous les ans.

La bonne nouvelle du « triomphe de la République » passe, d'abord, par la réactualisation d'une fameuse « institution populaire » : l'association politique.

La structuration du mouvement républicain de fructidor à floréan an VI

Devant le péril royaliste, les dirigeants de la République directoriale ont, en effet, reconnu la nécessité de constituer un bloc de défense républicaine dans le cadre constitutionnel du régime et promu les cercles constitutionnels. Les républicains renouent donc avec la pratique de la société politique et de la réunion publique dans leur commune.

L'analyse géographique de l'implantation de ces cercles ou de ces collectifs de citoyens qui se sont formés, au moins pour rédiger une pétition, montre que peu de grandes villes administratives n'ont pas été touchées par le renouveau républicain, même si Alençon, Louviers, Les Andelys, Vire et Avranches brillent par leur absence [6]. Grâce à la forte mobilisation de la Sarthe et du Calvados, les deux-tiers des anciens chefs-lieux de district ont été concernés. Certes, la comparaison quantitative avec les clubs révolutionnaires qui se sont établis de 1790 à 1795 n'est pas favorable aux quelques quatre-vingt cinq associations créées au cours des huit premiers mois de l'an VI. Néanmoins, elle est très suggestive car un quart des communes qui expriment alors leur attachement à la République n'ont jamais eu de société populaire : c'est, sans doute, un des enseignements les plus notables. Dans un ensemble régional où, comparativement au reste de la France, on ne s'est guère

---

4. AN. AF III 252, Orne.
5. AN. AF III 226, Eure.
6. Nous remercions Bernard Gainot pour les données qu'il nous a obligeamment fournies. Ces pétitions constituent une source essentielle et, parfois, unique dans l'étude du mouvement néojacobin ; la pauvreté des sources permet d'expliquer l'absence de ces villes dans le paysage républicain de l'an VI.

associé précédemment, la chouannerie a créé les conditions d'un regroupement de citoyens attachés à l'oeuvre révolutionnaire, notamment, en milieu rural. Par contrecoup, le travail différentiel de la mémoire fait apparaître la superficialité de la société populaire en l'an II, sans parler de celle de l'an III. On constate, en effet, que plus la création des clubs a été tardive, plus elle met à jour son faible impact sur la conscience républicaine des habitants. Si les deux-tiers des communes dotées d'une société des Amis de la Constitution retrouvent naturellement le chemin associatif, en revanche ce n'est guère le cas que de 7 % de celles où une société populaire a été créée en l'an II et l'on n'assiste à aucune reviviscence de société créée en l'an III. A cet égard, l'expression citoyenne sous le Directoire n'est pas celle d'un pur conformisme politique et l'extraordinaire floraison des clubs dans l'Eure en l'an II se réduit à une peau de chagrin quatre ans plus tard. Subsiste, néanmoins, une nébuleuse républicaine dans l'ancien district de Verneuil où l'effet d'entraînement porte ses fruits dans des communes proches du ci-devant chef-lieu. L'acculturation politique des citoyens est nécessairement plus forte dans les villes où le club a, pendant cinq années, façonné la vie publique. Il est aussi naturel de retrouver parmi ces pétitionnaires de l'an VI tous les militants républicains de la première heure.

La date de création des Cercles constitutionnels varie beaucoup d'une ville à l'autre. Dès le mois de vendémiaire, il existe un cercle à Caen, au Mans et à Cherbourg où les municipalités ont offert un local, soit une salle de la maison commune, la ci-devant église de La Couture ou « une chambre, au second étage » d'une maison particulière qui a servi précédemment de caserne aux vétérans nationaux. En revanche, celle de Coutances a fait obstacle tant qu'elle a pu à la vogue du cercle patriotique. Le commissaire du Directoire exécutif auprès de l'administration centrale écrivait au début du mois de brumaire : « Les Républicains sont encore tout étourdis du coup terrible qui les a frappés pendant la réaction. Ils sont tous isolés » [7]. Le 17 brumaire, le cercle de Coutances, installé provisoirement dans la salle du tribunal de paix, se constitue à partir de 77 citoyens qui informent les officiers municipaux de leur « désir de concourir aux progrès des sciences, des lettres et des arts » et de la création de leur « Société littéraire sous le nom de Cercle constitutionnel » [8]. Evreux attendra le 1er ventôse pour avoir son cercle, en raison de la désunion des républicains [9]. Les attaques acerbes de Touquet contre les autorités locales lui ont valu, en brumaire, la suspension de son *Bulletin de l'Eure*. Puis, lorsque le Cercle constitutionnel est installé aux Ursulines, le substitut du commissaire près le tribunal criminel rapporte au ministre de la Police, le 11 ventôse : « Il y a parmi eux de bons républicains mais aussi des gens que j'ai entendus dire devant plus de cent personnes que Babeuf avait été assassiné à Vendôme. Je doute que ceux-ci soient de chauds partisans de la constitution de l'an III ». Le surlendemain, il apprend la formation d'un second cercle et pense, déjà, à la nécessité de leur fermeture car ils lui paraissent être « de véritables ateliers de discorde » [10]. Tandis que Touquet et ses amis s'interrogent publiquement sur les raisons de cette création, un bourgeois d'Evreux qui a tenu son journal sous la Révolution résume vite la situation : le premier cercle qui se disait celui « des républicains purs » était celui des « terroristes », le nouveau cercle réunissait au collège du chef-lieu ceux qui se reconnaissaient

7. AN. F7/3682. Toutefois, la pétition des citoyens de Coutances qui félicitait le pouvoir exécutif avait recueilli 368 signatures (AF III 245, Manche).
8. AC. Coutances 49. Affaires Diverses.
9. Voir Woloch (129) p. 193 et suivantes.
10. AN. F7/7401.

comme « les vrais constitutionnels » et qui se composaient de « presque tous les membres des corps constitués et des fédéralistes » [11]. Le souvenir de 93 a pesé, sans doute aussi, sur les Caennais qui, avant leur réunion, fréquentaient les uns la « salle du Civisme » et les autres « la salle du Commerce ».

Le nombre des adhérents, leur milieu social et leur itinéraire politique sont difficiles à établir avec précision partout. A Evreux, la polémique entre les deux cercles empêche de donner beaucoup de crédits aux chiffres fournis par les administrateurs de l'Eure. Le 3 germinal, ils font état pour discréditer le premier cercle d'une « cinquantaine de membres », comprenant « beaucoup d'étrangers à la ville » tandis que le second rassemblerait « 200 républicains, amis de la paix et du gouvernement ». Pourtant, ce même mois, on ne relève que 52 signatures sur la pétition de soutien à ce dernier cercle alors que cent personnes sont mentionnées lors de l'apposition des scellés au cercle des Ursulines.

Du Cercle constitutionnel de Coutances, on ne possède que la liste des signataires fondateurs dont le nombre ne représente qu'un cinquième des pétitionnaires au Directoire exécutif. Cette liste est, malgré tout, précieuse car elle peut être confrontée à celles des sociétaires de l'an III. Les fondateurs du cercle républicain ne se recrutent pas parmi ceux qui refusaient alors d'entendre les accents de La Marseillaise : aucun membre de la société anti-jacobine, fondée en germinal an III, ne figure dans cette liste [12]. En revanche, un tiers faisaient partie de la société populaire en vendémiaire de la même année ainsi que deux leaders jacobins de 1793 et de l'an II, emprisonnés sous la réaction thermidorienne, les juges Delalande et Hervieu. On note, parmi les professions signalées, la présence de quelques artisans (imprimeurs, tailleur, menuisier, marchand) aux côtés de nombreux hommes de loi (juges, assesseurs, huissiers, greffiers) qui se réunissent dans la salle du juge de paix de Coutances.

Le cercle de Cherbourg a été composé de 97 membres, dont 5 ont été rayés. L'itinéraire de la majorité de ces adhérents de l'an VI est bien connu : 24 ont adhéré au club l'année de sa fondation, 10 en 1791, 4 en 1792, 10 en 1793 et 8 en l'an II. Les principaux militants de 1793 se retrouvent au cercle où se mélangent les promontagnards d'alors, tels Bourgeoise, Le Fourdrey et Fossard, et les pro-girondins, comme l'ancien journaliste du club, Jubé qui, avant de faire sa brillante carrière sous l'Empire, a repris du service comme orateur républicain pour célébrer, par exemple, l'anniversaire du « dernier Capet ». La défense de la République fait taire tous les ressentiments : les leaders exclus de la société populaire après la chute de Robespierre se sont réunis aux membres influents rejetés après la chute des Girondins ; les gardiens de la vieille maison, au nombre d'une vingtaine, qui avaient échappé à toutes les purges politiques, sont encore fidèles à leur association ; les babouvistes Rayebois et Fossard sont, malgré leur traduction devant le tribunal de Vendôme, toujours sur la brèche ; enfin, la qualité de membre honoraire a été décernée - est-ce symboliquement ? - à Dalihan, l'ex-président du district exclu dans l'été 1793 et à l'ex-capitaine Rayebois, exclu de la société thermidorienne en l'an III et arrêté lors de la conjuration des Egaux.

Les séances du Cercle constitutionnel ont lieu tous les jours impairs, en raison de l'arrivée de la poste, et tous les décadis pour célébrer le calendrier républicain. Il est abonné à *La Sentinelle* et au *Journal des Hommes Libres*. Cherbourg comptait,

---

11. N.P.C. Rogue, *Souvenirs et journal d'un bourgeois d'Evreux (1740-1830),* Evreux, 1850, 374 p.
12. AN. F7/7408.

d'ailleurs, deux autres abonnés à ce dernier titre qui se sont plaints, le 6 brumaire, de recevoir à la place une autre feuille glissée, avec un cachet royal, sous la bande de leur journal habituel : l'imprimeur Giguet, membre du cercle et un détenu illustre du fort national, Buonarroti [13]. Si depuis sa formation, le cercle a accueilli chaque mois une dizaine de nouveaux membres, on est loin de l'enthousiasme de 1790 : avec une centaine de républicains convaincus, sans doute à la date des élections, l'engagement sociétaire est devenu une option nettement partisane et militante. Socio-professionnellement, le groupe des artisans et des marchands qui n'a jamais été notable à la société populaire de Cherbourg est plus important qu'autrefois. En revanche, les militaires s'effacent massivement et donnent plus de relief à la bourgeoisie intellectuelle. Un adversaire du cercle dira, d'ailleurs, en germinal que « quantité d'officiers avaient été sollicités pour se réunir au cercle contre les bourgeois modérés, mais qu'ils étaient restés imperturbables ».

Les républicains caennais ont procédé à la réunion des deux cercles pour préparer unitairement les élections. Le Cercle constitutionnel de Caen compte 320 membres dont une cinquantaine, toutefois n'étaient pas à jour de leur cotisation en ventôse an VI [14]. Le nouveau règlement, confectionné par les membres réunis, a été discuté, adopté et diffusé à 600 exemplaires. L'adhésion au cercle comporte un droit de réception, fixé à 1 F et une cotisation mensuelle de 50 centimes. Elle nécessite l'avis positif d'une commission, composée de six membres élus à la majorité des suffrages, et elle impose au récipiendaire la prestation d'un serment. Pour accélérer les formalités, le 4 ventôse, il est décidé de procéder à l'appel nominal des 87 premiers adhérents qui se présenteront au bureau, le décadi suivant, pour dire simplement « Je le jure ». Le 7 germinal, 162 anciens sociétaires seulement ont rempli les obligations règlementaires tandis que 24 nouveaux membres ont été reçus dont 14 ont prêté le serment.

Le cercle, réservé aux adhérents qui sont munis d'une carte d'entrée, peut s'ouvrir sinon au public, du moins aux non-Caennais, à condition que ces citoyens aient été présentés par cinq membres de la commission et acceptés par l'assemblée générale. Outre sa commission épuratoire, son bureau est composé d'un président, d'un secrétaire et d'un trésorier. Son activité interne, dans le contexte de la campagne électorale, nécessite une modification de la tenue des séances, fixée initialement aux jours pairs, c'est-à-dire aux jours de poste, afin de prendre très vite connaissance des dernières nouvelles. Du 24 ventôse au 1er germinal an VI, qui marque le début des opérations électorales, le cercle de Caen est ouvert tous les jours. Le concierge ouvre ses portes dès son retour de la poste jusqu'à 13 heures, puis de 14 à 16 heures et, enfin, à 17h30 précises pour les séances du soir. Le cercle diffuse très largement ses adresses, ainsi celle du 10 ventôse a été éditée à 3000 exemplaires. Son activité publique est, par ailleurs, importante puisque ses membres participent activement aux fêtes républicaines, aux banquets civiques et aux lectures des nouvelles organisées dans les salles des sections de la ville. Ces diverses activités du cercle rappellent, bien sûr, celles des sociétés populaires mais avec une très grande nouveauté : l'organisation de la campagne électorale. Avant de développer cet aspect, il est nécessaire de présenter une nouvelle pratique politique qui se met en place dans la Sarthe.

---

13. AN. F7/3682.
14. AC Caen. I 278. Notes du Cercle constitutionnel de l'an VI.

L'ambulance des Cercles constitutionnels

L'originalité sarthoise, bien valorisée par M. Reinhard [15], mérite une interrogation nouvelle sur ses origines et ses caractéristiques. Car l'ambulance du Cercle constitutionnel a, dans l'Ouest, un précédent historique majeur avec la Société ambulante des Amis de la Constitution en Vendée qui tenait des réunions publiques dans des villes où les clubs ne pouvaient s'implanter. Puis, de nombreux départements ont connu en l'an II les courses civiques des missionnaires patriotes du club du chef-lieu dans les campagnes avoisinantes. Néanmoins, l'étude de cette pratique politique sous le Directoire révèle une autre influence que régionale.

Dans sa *Chronique de la Sarthe* du 18 ventôse an VI, Bazin a clairement exposé l'origine du Cercle ambulant : « L'idée en fut conçue et suggérée par un général républicain dans une réunion patriotique à Mayet ; le plan en fut adopté, mûri, régularisé le 1er frimaire au Grand-Lucé ». L'initiative revient donc au général Cambray, né à Douai en 1762 et mort pour la patrie en messidor an VII en Italie. Ce fils d'épicier du nord de la France, devenu général en l'an II, servit la République dans l'armée du Nord, dans celle des Côtes de Brest et de Cherbourg et dans l'armée de l'Ouest : le département de la Sarthe fut placé sous son autorité en messidor an V. Ses mesures énergiques dans les cantons chouans et son républicanisme ardent lui valurent l'hostilité des modérés qui, en brumaire an VI, le firent muter à Rennes d'où ses nombreux amis sarthois le firent très vite revenir. Pendant six mois, de vendémiaire à ventôse, le général républicain joue un rôle politique de premier plan dans la Sarthe et le Loir-et-Cher et réconcilie les jacobins manceaux avec « les épauletiers ». On mesure bien le cheminement de l'idée républicaine depuis l'époque où ils rejetaient vigoureusement les principes et les mœurs de l'armée révolutionnaire et celle, plus récente, où ils condamnaient « le proconsulat » des généraux pendant l'état de siège. Le réconfort politique des militants sarthois est souvent venu en l'an V des brillants succès du général Bonaparte en Italie dont les proclamations remplissaient les colonnes du journal. Ailleurs, à Coutances dès l'an III, à Laval au printemps de l'an VI, l'armée tend également à représenter le dernier refuge des valeurs républicaines. Au Mans, même, ce sont des officiers du Sud-Ouest qui osaient chanter La Marseillaise en l'an IV.

La lutte contre les chouans détermine désormais toute la stratégie des républicains sarthois dont les journalistes martèlent les mots d'ordre : unité politique de toutes les forces hostiles au royalisme et rapprochement des patriotes des villes avec les citoyens des campagnes. Dans ce contexte précis, d'une part l'armée républicaine qui sillonne tout le pays peut jouer un rôle plus concret que le Cercle urbain et, d'autre part, l'unité administrative de base qu'est la municipalité cantonale se voit conférer, avec la garde nationale, des fonctions politiques. Si la mobilisation sarthoise en l'an VI ressemble à celle du peuple citoyen en armes, elle n'implique pas pour autant un infléchissement de la pensée républicaine. L'organisation d'un mouvement républicain, très structuré, n'est pas destinée à prendre la place prédominante attribuée constitutionnellement au pouvoir législatif : « C'est à la composition d'un excellent Corps législatif que nous devons tendre le plus fortement. C'est lui qui, dans un gouvernement réprésentatif, est la source des malheurs du peuple ou de

15. Reinhard (261) p. 298-307.

sa prospérité. Les premiers magistrats de la nation sont nommés par lui. Il rédige et sanctionne les lois qui règlent et facilitent l'exécution de l'acte constitutionnel. Il crée les institutions nationales. En un mot, il est le centre de tous les pouvoirs, de toutes les actions, de toutes les volontés » [16]. Les « moyens », clairement définis à la réunion centrale, tenue au Mans le 15 ventôse, pour faire « de bons électeurs » sont les réunions des patriotes dans les cercles constitutionnels et l'action du Cercle ambulant.

C'est une nouvelle conception de l'action politique qui émerge pendant le premier semestre de l'an VI. Elle bénéficie dans la Sarthe d'une conjonction particulièrement favorable avec le journal de Rigomer Bazin qui sert de bulletin de liaison à tous les patriotes, la présence du général Cambray qui fait régner l'ordre républicain dans les campagnes et l'action conjointe du commissaire du pouvoir exécutif auprès de l'administration centrale, le très républicain Houdbert qui, après l'assassinat de Maguin, soutient politiquement l'action du Cercle ambulant. Précisons, d'abord, la nouveauté de la réflexion politique avant de présenter l'expérimentation sarthoise de ce nouveau modèle associatif.

C'est une réflexion sur les conditions d'émergence d'un parti républicain : si le mot de « parti » ne figure nulle part, l'idée est bien là. L'institution des Cercles constitutionnels, décidée par le gouvernement républicain pour établir un pouvoir communicationnel avec les citoyens, a « rendu l'essor à l'opinion publique, revivifié l'énergie populaire et secondé la marche du gouvernement » vers la régénération de tous les pouvoirs, de toutes les opinions et de tout le peuple français ». A partir de ce constat des résultats du 18 fructidor, les républicains sarthois qui attendent, notamment de la prochaine législature, la légalisation de l'association politique sont amenés à agir dans le cadre constitutionnel. Les principes jacobins de correspondance, d'affiliation et de distinction sont délaissés dans l'organisation nouvelle d'autant plus aisément que, depuis la fermeture du club du Panthéon, la capitale ne peut plus exercer de rôle hégémonique : en conséquence, la réalité départementale devient le cadre de l'action politique. Néanmoins, l'expérience du Club des Jacobins, comme groupe de pression auprès des autorités publiques, pour seconder leurs activités politiques n'a pas plus été oubliée que l'enthousiasme fédératif des sociétés montagnardes dans le nord de la France à l'automne 1793 par le général Cambray [17]. Pour autant, le cercle ambulant tire son originalité propre de l'existence d'un régime représentatif qui établit sa légitimité théorique sur des élections annuelles. La bipolarisation de la vie politique entre républicains et royalistes - faisant oublier aux démocrates la composante gouvernementale qu'ils apprendront à leurs dépens - les conduit à penser un système de propagande démocratique plus efficace dans la campagne électorale que le Cercle constitutionnel, compte-tenu de l'importance des électeurs ruraux.

Ainsi, peut-on mieux comprendre le programme d'action défini dans *La Chronique de la Sarthe* : « Il fallait une autre institution qui imprimât sur tous les points et dans le même instant une volonté, un mouvement, une direction uniformes ; il fallait aussi concilier cette institution avec les dispositions de la constitution qui nous régit. Tout était facile à des hommes dont les intentions étaient pures, le caractère prononcé, les principes invariables : le cercle ambulant fut créé (...). Il

---

16. *Chronique de la Sarthe*, 18 ventôse an VI.
17. Voir F. Wartelle « Contre-pouvoir populaire ou complot maximaliste ? Les fédérations montagnardes dans le nord de la France, oct.-déc. 1793 » (86), p 59-90.

fut arrêté (au Grand-Lucé) qu'il serait composé d'un républicain pris dans chaque canton du département ; que chaque membre était spécialement chargé de surveiller les ennemis de la République et d'instruire sur leurs manœuvres l'autorité publique ou les secrétaires du cercle placés auprès d'elle. Enfin, que de temps à autre, des réunions centrales se feraient dans la commune du Mans afin de maintenir, par une fréquentation habituelle, les sentiments de fraternité qui doivent lier tous les républicains, de s'instruire mutuellement et de nourrir sans cesse le zèle et l'activité nécessaires aux républicains pour conserver à jamais l'empire des lois dans toute sa force et l'esprit public à la hauteur des vrais principes ». Comme le reportage journalistique constitue la principale source d'information, il convient de définir le rôle étonnamment moderne du journal de Bazin. Celui-ci communique le calendrier des réunions quinze jours ou trois semaines à l'avance, donne le compte rendu des séances du cercle ambulant et coordonne les activités républicaines du département en signalant les plantations d'arbres de la liberté, les fêtes locales et les banquets civiques. Il mentionne les discours de Cambray dans les différents cercles ou réunions publiques et fait état des moindres initiatives cantonales qui lui parviennent. Même si les correspondants des cercles de Saint-Calais, La Flèche ou Mamers ne sont pas aussi minutieux que ceux de Château-du-Loir, Mayet ou Ecommoy, le journal est une chronique exceptionnelle de la propagande républicaine. Au delà de ces citoyens qui font le journal, comblant le vœu initial de son directeur, Rouvin signe des articles de fond sur l'idéologie du mouvement, Clairian couvre les déplacements du général Cambray dans le Loir-et-Cher et les activités du cercle ambulant voisin tandis qu'Hésine communique les nouvelles du cercle de Vendôme. A nulle autre période de l'histoire journalistique révolutionnaire, le reportage sur le terrain n'a été aussi riche et vivant.

Ensuite, on peut suivre sur les cartes cantonales du département, mois par mois, la campagne républicaine pour les élections de germinal an VI. En vendémiaire, le Cercle constitutionnel du Mans, déjà en pleine activité, a envoyé plusieurs pétitions au Directoire exécutif. Le cercle de Beaumont-sur-Sarthe se prévaudra également d'avoir été créé à cette époque. La présence du général Cambray est surtout attestée dans les cantons méridionaux. Les patriotes du Grand-Lucé l'ont invité à la fête du 1er vendémiaire, qu'ils ont remise au 3 pour avoir l'honneur de fêter l'anniversaire de la République avec celui qu'ils appellent « le Sauveur de la Sarthe ». En présence de tous les gardes nationaux et administrateurs du canton, la journée a été marquée par des discours, des chansons, un serment de haine à la royauté et d'attachement à la constitution de l'an III, le baptême républicain d'une petite Victoire, née la veille, la couronne civique décernée au général, le banquet, des jeux, des courses, des danses et un feu d'artifices. La petite commune du Grand-Lucé qui n'avait pas connu de société populaire devient le lieu de référence de la fraternité républicaine en l'an VI.

En brumaire, tandis que tous les membres de cette municipalité adhéraient au cercle, deux nouveaux cercles apparaissent, l'un à La Ferté-Bernard, l'autre à Mayet. L'activité du cercle manceau a consisté, d'abord, à rendre une série d'hommages à la mémoire du général Hoche par des discours de l'ex-conventionnel Levasseur qui l'avait personnellement connu, de l'administrateur départemental Blavette qui était présent lors de la bataille du Mans en décembre 1793 et d'un officier municipal, tous membres du cercle constitutionnel ; puis, de fêter la nouvelle de « la Paix » et l'acquisition de la « liberté française par plus de six millions d'hommes » ; enfin, de s'occuper de faire annuler la mutation du général Cambray. Le passage à Mayet du « brave général » a donné lieu à une fête, le 7 du mois, qui a rassemblé des républicains de tous les cantons voisins : l'idée d'une réunion mensuelle jusqu'aux élections de germinal a alors été lancée et Le Grand-Lucé, choisi pour celle du 1er frimaire. C'est dans cette région que la famille du général va s'installer durablement, que l'une de ses filles, née au Mans, va être placée en nourrice et confiée à son ami Bottu lorsque Cambray va partir en Italie. Il entretiendra une très intéressante correspondance avec celui qui était l'ancien curé constitutionnel de Mayet, abdicataire, marié et présentement juge de paix du canton avant de devenir notaire sous l'Empire [18]. Tandis que le général s'en va dans l'ancien district de Sillé organiser les colonnes mobiles du canton, Mayet forme son cercle en se flattant de n'accueillir « ni noble, ni prêtre » mais en espérant que « beaucoup de patriotes, retenus en ce moment par les travaux urgents de l'agriculture », se réuniront « aux deux-cents républicains » qui le composent. Ces premiers résultats encourageants dans la Sarthe et les environs sont loin de constituer toute l'actualité. L'assassinat du commissaire du Directoire exécutif fait la Une de plusieurs numéros de *La Chronique de la Sarthe*. Le meurtre de Maguin, membre du cercle constitutionnel, dans la nuit du 21 brumaire en pleine ville, devient le symbole de la terreur royale et cléricale : l'ancien prêtre abdicataire et marié est présenté comme celui « qui avait mieux aimé être le ministre des lois républicaines que celui de la superstition » et qui est la première victime au Mans du fanatisme depuis le début de la Révolution [19].

C'est en frimaire que commencent les tournées du Cercle ambulant. Le point de départ n'est pas forcément Le Mans, comme tend à l'indiquer la représentation graphique, puisqu'il est formé de représentants de divers cantons sarthois, mais il est vraisemblable que Cambray, arrivé la veille au Mans, se soit rendu le 1er frimaire au Grand-Lucé en compagnie de Bazin. Selon le journaliste, la « première réunion des zélateurs de la liberté » a établi « les règles de sa conduite qui sera celle de tous les cercles ambulants dont l'intérêt est de conserver l'unité d'action ». Selon le commissaire du gouvernement, on y désigna : « 1) dans chaque canton, des commissaires qui feraient le dispositif de la fête. 2) les patriotes qui, alternativement, se rendraient d'un canton à l'autre, à frais communs pour éviter la dépense ce qui, à proprement parler, a constitué l'ambulance. 3) on décida de surveiller les ennemis de la constitution et 4) d'établir un point central de réunion au chef-lieu du département tous les 5 de chaque mois » [20]. Le rassemblement se porta ensuite au pied de l'arbre de la liberté pour y prononcer ce serment : « Nous jurons attachement inviolable à la constitution de l'an III, union entre les républicains, haine à tous les tyrans, surveillance active, vengeance terrible, autorisée par nos lois et notre énergie, vengeance prompte contre tous les assassins, mort au crime, indulgence à l'erreur et nous vouons à l'animadversion du peuple français les prêtres insoumis, les nobles non convertis et les chouans, leurs criminels agents ».

C'est ce serment qui fut répété dans toutes les réunions du cercle ambulant. Initialement prévues au nombre d'une par mois, les missions « apostoliques républicaines » eurent lieu chaque décadi dans les anciens chef-lieux de district. Saint-

---

18. H. Roquet, « le général Cambray », *La Révolution dans la Sarthe*, 1909, p 191-200.
   19. *Ch. de la Sarthe*, du 22 brumaire au 6 frimaire an VI. L'enterrement civique de Maguin, le lendemain de sa mort, donne lieu à un cérémonial funèbre évoquant celui de Marat. Du lieu de son assassinat au « champ des tombeaux », la foule a formé un long cortège derrière le corps poignardé et couvert de sang du fonctionnaire républicain, présenté sur un brancard où on lisait : « Le fanatisme n'ayant pu le corrompre l'a fait assassiner ».
   20. ADS. L 130. Minutes de la correspondance entre l'administration de la Sarthe et le ministère de l'Intérieur.

LES CERCLES CONSTITUTIONNELS ET LES COURSES CIVIQUES DES CERCLES AMBULANTS DANS LES CANTONS DE LA SARTHE, an VI

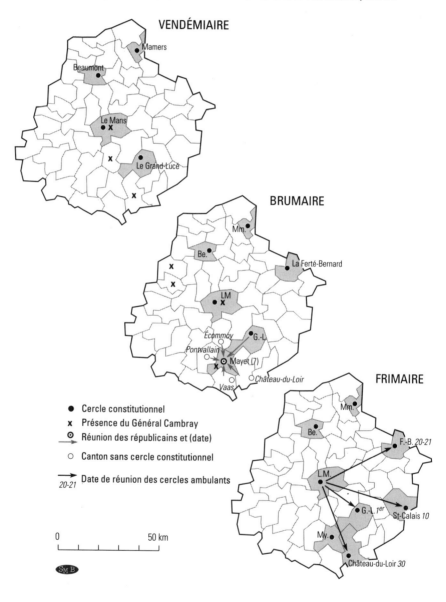

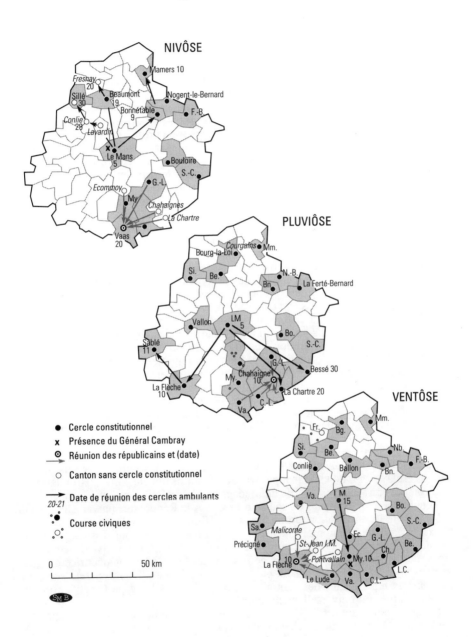

Calais profita de la réunion du 10 pour former son cercle constitutionnel. A La Ferté-Bernard, la fête dura deux jours. Commencée le 20 au temple décadaire municipal, où les élèves d'un instituteur, tenant un drapeau tricolore à la main, ont animé la séance par leurs discours et chansons, la réunion a continué dans le local du cercle et s'est terminée par un banquet civique. Le lendemain du décadi étant un jour de marché, on a profité de la présence d'un grand nombre d'habitants de la campagne pour propager les principes républicains en rappelant les acquis de la Révolution depuis 1789. Très bien préparée par les citoyens de La Ferté-Bernard, la réunion a été, d'après Bazin, une grande réussite à cause aussi de la participation du « beau sexe » et de l'enthousiasme général. Le chroniqueur en profite pour annoncer que la prochaine réunion est fixée à Château-du-Loir et pour rappeler « l'importance de la réunion centrale » au Mans le 5 nivôse pendant que le cercle de Mamers fait de la publicité pour sa réunion ultérieure en assurant que « les Mamertins tendent les bras à tous les Républicains de la Sarthe » et en promettant que « la cérémonie sera terminée par un banquet civique où présideront la frugalité et l'allégresse républicaines ». Dans cet état d'esprit, la réunion du 30 frimaire à Château-du-Loir est marquée par la création d'un cercle constitutionnel et par la décision de former des subdivisions cantonales du cercle ambulant qui iront « parcourir les campagnes jusqu'au hameau le plus obscur, y porter le flambeau de l'instruction, le langage de la vérité, le sentiment de la concorde et l'amour brûlant de la patrie ».

En nivôse, un autre cercle s'établit dans la petite commune de Nogent-le-Bernard, composée pourtant « d'un petit nombre de républicains » qui ont reçu des lettres anonymes annonçant le massacre dans la nuit de Noël d'une quinzaine de « patriotes exaltés ». Celui de Château-du-Loir communique par voie de presse son ouverture à tous les républicains « chaque quintidi et décadi, à la salle de spectacle, à 5 heures du soir » et son entière soumission aux articles 360, 361 et 362 de la constitution. Le compte rendu de la réunion centrale au Mans fait regretter à Bazin qu'il n'y eut pas « un commissaire-observateur » de tous les départements pour communiquer à la France entière « l'enthousiasme des plus beaux jours de la liberté ». Le soir, après les discours dans le local du cercle du chef-lieu et le serment prêté autour de l'arbre de la liberté, le banquet civique a eu lieu à La Couture dans une salle décorée par des gardes nationaux avec des banderoles portant « Les républicains ne forment qu'une seule famille », « Gloire immortelle aux martyrs de la liberté, aux défenseurs de la patrie vainqueurs des tyrans coalisés ! » ou encore « Guerre aux tyrans des mers ! », « Guerre aux assassins royaux ! », « Amitié aux peuples libres », « Liberté aux nations esclaves ! ». Pendant le repas frugal, des toasts ont été portés, parmi lesquels le chroniqueur a retenu : « A l'île de Madagascar ! », « Puissent tous les ennemis de la République être tôt vomis de son sein ! » et « A la République universelle ! ». Un bal à la salle de spectacle a terminé la soirée. Il ajoute : « Le lendemain, les républicains des divers cantons, venus à la réunion centrale, se sont rassemblés et ont décidé entre eux de rédiger une adresse à leurs concitoyens, expositive de leurs principes, des mesures qu'ils prennent pour seconder la marche régénératrice du gouvernement et du but qu'ils se sont proposé en les adoptant. L'adresse sera souscrite par tous les républicains des cantons et envoyée à tous les départements afin que notre exemple soit universellement imité ».

Le cercle ambulant est le 9 du mois à Bonnétable, invité par les républicains qui ont formé un cercle dans l'ancien local de la société populaire, avant de se rendre le lendemain à Mamers où « une fête brillante était préparée ». Quinze cents citoyens de la garde nationale du chef-lieu, des communes voisines et de la garnison étaient sous les armes, y compris une compagnie d'enfants sous le nom d'« Espérance de la

Patrie ». Les républicains, munis de fleurs et de branches de laurier, marchaient deux à deux dans le cortège qui fit le tour de la ville. Après « le discours aussi simple que laconique » du général Cambray, l'intervention du commissaire du gouvernement auprès de la municipalité et d'autres orateurs, puis la prestation du serment sur l'autel de la patrie et le feu d'artifice, le banquet a réuni, enfin, trois cents républicains avec leurs citoyennes dans le local du cercle où elles étaient, d'ailleurs, admises. C'est alors la grande vogue du banquet républicain : beaucoup de communes rurales comme Dollon, Courgains ou Loué tiennent à faire connaître dans le journal qu'elles participent ainsi au mouvement. Le 19, le cercle ambulant est à Beaumont où la municipalité a fait pavoiser les maisons de branches de chêne et de laurier et rassembler la garde nationale pour l'accueillir. Le lendemain, à Fresnay, le chroniqueur constate qu'« il y avait moins de chaleur et de gaieté. Il semble que tout le patriotisme de cette commune se soit concentré dans la maison d'un républicain où n'a cessé de se réunir, pendant la réaction, le petit nombre de patriotes prononcés qui s'y trouvent sous le nom de Petite Convention ; les royalistes l'appellent eux La Maison Infernale ». C'est sous le terme de fête de la Réunion que *La Chronique* annonce le parcours des cantons de Sillé-Le-Guillaume, Conlie et Lavardin les 29 et 30 nivôse avec une agréable participation féminine tandis que le cercle ambulant de Château-du-Loir propage le républicanisme dans les cantons ruraux de Vaas et de Chahaignes, situés dans son ancien district.

L'exemple est imité par le cercle d'Ecommoy qui décide d'organiser l'ambulance à l'intérieur de son canton. Pendant toute le mois de pluviôse, les membres du cercle parcourent diverses communes, où ils sont accueillis par la garde nationale et les agents municipaux, pour y replanter l'arbre de la liberté, discourir dans la salle décadaire et participer au bal avec « toute la jeunesse du pays ». Le cercle qui vient de se constituer à Vallon demande à celui du Mans l'envoi de son règlement pour l'adopter au moment où celui de Sillé-le-Guillaume, créé par « 40 républicains très prononcés », finit par compter une centaine de membres [21]. Le sud-ouest de la Sarthe n'est pas en marge de cette fébrilité patriotique : *La Chronique* mentionne que la fête du 21 janvier ou 2 pluviôse a été dignement célébrée à La Suze et à La Flèche. Cette ville est la seule où le cercle ambulant, venu le 10 pluviôse, n'a pas été accueilli par la municipalité. Sur la route de Sablé le lendemain, les commissaires du cercle ambulant, tant du Mans que de La Flèche, ont reçu en revanche une escorte de 20 gardes nationaux à cheval, dépêchée par la municipalité sabolienne. La tournée dans ce dernier ancien chef-lieu de district a permis d'inaugurer un nouveau cercle, avec le même enthousiasme festif qu'à Bessé-sur-Braye à la fin du mois.

C'est la stratégie unitaire du camp républicain que Bazin rappelle fraternellement, le 16 du mois, aux membres du cercle fléchois, confrontés à une municipalité hostile. Son expérience clubiste au Mans lui donne des arguments décisifs : « (Le cercle de La Flèche) n'est encore composé que de chauds républicains, vu la rigueur qu'il a mise dans la réception de ses membres et qui a retenu certains patriotes modérés qui ont craint pour eux le tour du scrutin. De sorte qu'il y a une ligne de démarcation entre les républicains de telle étoffe et ceux de telle autre. Ces nuances, quelqu'imperceptibles qu'elles soient, ne doivent pourtant pas exister. Peu à peu, elles se fortifieront et deviendront des barrières difficiles à surmonter si, des deux côtés, on n'abjure réciproquement de petits sujets de division et d'animosité. Ces minutieuses tracasseries ne conviennent point à des âmes républicaines. Patriotes de La Flèche,

---

21. ADS. L 207. Lettre du commissaire de Sillé.

moins l'effort qui doit vous réunir sera pénible, plus tôt vous devez le faire. Le temps change souvent en passion la plus légère fantaisie et le plus petit ressentiment en haine. N'attendez pas qu'il ait fait chez vous de si funestes ravages ! Que les uns relâchent un peu de leur sévère défiance, que les autres sachent que, pour être républicain, il faut être ami de l'égalité et voir un frère dans chaque Français qui l'environne ».

En ventôse, Ballon annonce l'ouverture de son cercle au public. Les républicains de Fresnay organisent à Douillet une réunion des gardes nationaux du canton. Le cercle fléchois a formé « une commission apostolique pour parcourir les cantons environnants et encourager l'institution des cercles constitutionnels » et réunit le 10 du mois les républicains de son ancien district, le jour où Mayet reçoit une dernière fois le général Cambray. Lorsque se tient au Mans la réunion centrale de tous les commissaires cantonaux, c'est un bilan remarquable qui peut être dressé de la propagande républicaine dans la Sarthe. On a tenu autant de réunions politiques dans ce premier semestre de l'an VI qu'il y a eu de sociétés populaires de 1790 à 1795. Les réunions du cercle ambulant et les créations de cercles constitutionnels concernèrent plus de la moitié des cantons. Vingt-six cercles ont alors été implantés dont sept dans des communes qui n'avaient pas connu de club comme Bourg-la-Loi et Nogent-le-Bernard ou, dans le Sud-Est, Le Grand-Lucé, Chahaignes, Mayet, Vaas et Précigné. C'est, d'ailleurs, dans cette région particulièrement bien représentée en l'an VI que la culture républicaine va fructifier sur le terreau de l'anticléricalisme et, bientôt, de la libre pensée.

Les cercles constitutionnels et l'enjeu électoral

L'originalité majeure du mouvement associatif sous le Directoire réside, en effet, dans une activité nouvelle : l'organisation de la campagne électorale. Après le triomphe de leurs adversaires en l'an V, les républicains axent tous leurs efforts sur les élections de germinal an VI avec le soutien du gouvernement. La circulaire du ministre de la Police Générale du 19 pluviôse recommande aux sociétés politiques de s'occuper des prochaines échéances électorales et aux magistrats républicains de se servir de ces réunions comme d'un levier puissant pour remonter l'opinion républicaine et préparer des élections dignes du peuple français. L'administration centrale de la Sarthe fait publier dans *La Chronique*, datée du 16 ventôse, la circulaire du 27 pluviôse, sans doute la dernière reçue du ministère, qui louait le mérite des cercles constitutionnels. Rouvin fait seulement remarquer l'inutilité de l'allusion à une possible « licence » de ces institutions populaires. Dans le numéro suivant, en présentant les principes et les buts du cercle ambulant, Bazin décrie à son tour, « le vain fantôme de l'anarchie créée par l'infernal génie de la contre-révolution ».

C'est pour préparer unitairement les élections que les républicains caennais ont procédé à la réunion des deux cercles de la ville. Un travail préparatoire est présenté au cercle, le 8 ventôse, par le citoyen Legris et trois rapporteurs sont alors nommés pour en faire le compte rendu à l'assemblée générale du décadi suivant. Les questions matérielles du vote sont discutées au cercle. Ainsi, le 16 ventôse, le cercle écrit à l'administration centrale du Calvados pour lui demander de fixer le lieu des bureaux de vote des cinq sections de Caen car les locaux des quinze arrondissements de la commune, utilisés l'année précédente, ne sont plus disponibles. Toutefois, c'est la question des listes électorales qui constitue une des préoccupations majeures. Une motion est ainsi adoptée pour refuser le droit de citoyenneté à tous les déserteurs. Le 18 ventôse, les membres du cercle sont invités à former quinze bureaux pour dresser « la liste de tous ceux que les lois excluent des assemblées primaires ». Huit jours plus tard, des commissaires sont chargés de demander à la municipalité les registres des sections de l'an III et de l'an IV ; mais les administrateurs municipaux ne leur permettent pas d'emporter les listes électorales dans leur local voisin. Aussi, le cercle invite ses adhérents à la plus grande vigilance tout en recommandant « la plus parfaite union avec les républicains de la commune pour parvenir à obtenir de bons électeurs ». Enfin, on invite la municipalité à convoquer les citoyens dans leurs assemblées primaires « par le signal d'un coup de canon, au lieu du son de la cloche qui est devenu le ralliement des fanatiques ». Dans les premiers jours de germinal, on ne commente guère les premiers résultats électoraux au cercle de Caen où on ouvre les séances aux cris de « Vive la République et le 18 fructidor ! ».

Au Mans, la réunion centrale du 15 ventôse a pour but de confectionner la liste des candidats républicains aux élections, notamment législatives, avec Bazin, Rouvin et Clairian pour le Conseil des Cinq-Cents et Jouennault et Houdbert pour celui des Anciens. C'est le jour où le Directoire exécutif arrête la dissolution des cercles constitutionnels du Mans, de Vendôme et de Blois. Quinze jours avant les élections, le gouvernement sanctionne, à la fois, le cercle ambulant dans la Sarthe et le Loir-et-Cher comme masquant une correspondance et une affiliation effectives et incrimine l'inconstitutionnalité des principes professés dans ces cercles. Houdbert, ex-oratorien, ancien chef de bureau du département de la Sarthe, signataire de la pétition pour le maintien de Jouennault en l'an V, membre du cercle manceau et commissaire du gouvernement avait largement informé le ministère, dans ses compte-rendus décadaires, de l'organisation des cercles dans la Sarthe. Toutefois, Sotin, le ministre de la Police, quelques jours avant son renvoi, l'avait alerté dans une lettre du 24 pluviôse en lui demandant un rapport circonstancié sur les membres du Cercle constitutionnel du Mans qu'il devait lui transmettre sous double enveloppe, dont la première porterait « Affaires de famille », de façon à ce qu'il ne soit lu que de lui seul [22]. Houdbert répond, le 6 ventôse, à son successeur à la tête du ministère que le cercle manceau est composé « pour la majeure partie de fonctionnaires publics résidant dans la commune et, en outre, d'une masse respectable de patriotes reconnus pour leurs lumières, leur moralité et leur courage durant la crise réactionnaire ». Par ailleurs, « il se réunit assez rarement, trop rarement peut-être et on s'y occupe uniquement de la lecture des papiers-publics, des lois, des arrêtés de l'autorité, quelquefois de questions politiques mais jamais de personnes (…) On peut même dire que, par la monotonie silencieuse de sa tenue, l'insignifiance de ses résolutions ou délibérations, le peu d'ensemble dans la réunion de ses membres, ce cercle peut, du moins jusqu'ici, être plutôt considéré dans un état de nullité que d'autorité : il est comme s'il n'existait pas ». Craignant à ce moment là de son rapport, sinon d'en faire trop, du moins de laisser croire que sa fermeture passerait inaperçue, il s'empresse d'ajouter que son existence, même théorique, est un rempart contre le royalisme. Ensuite, il explique le fonctionnement du cercle ambulant pour démontrer que si « le mot sent l'inconstitutionnalité », la réalité, elle, ne l'est pas. Bref, le bilan est globalement positif pour le gouvernement [23]. C'est donc un républicain consterné par la décision politique qui écrit au ministre de la Police, le

---

22. ADS. L 180.
23. ADS. L 130. Réponse à la lettre confidentielle du ministre de la Police générale par le commissaire du Directoire exécutif près l'administration centrale, le 6 ventôse an VI.

348

24 ventôse, que la clôture du cercle manceau a fait éclater « l'allégresse des ennemis connus du gouvernement » et lui fait craindre « une influence malheureuse sur les élections prochaines ». Bazin dans sa *Chronique* du 20 ventôse ne se contente pas de protester de la bonne foi constitutionnelle du cercle du Mans, mais appelle les patriotes à serrer les rangs et à « redoubler d'énergie pour déjouer les manœuvres infâmes du royalisme qui se cache aujourd'hui sous le manteau d'une perfide modération ». Prétextant que l'arrêté du gouvernement n'était pas officiellement connu, la réunion du soir a été maintenue. L'auto-dissolution a été jugée préférable à une perquisition municipale et une pétition au Directoire exécutif a été préparée pour défendre « le dévouement sans exemple des apôtres de la constitution et des défenseurs du droit du peuple ». Dans le numéro suivant, le chroniqueur déplore « l'erreur du gouvernement » mais conseille aux républicains d'aller dans les autres cercles du département pour préparer les élections. Le brusque revirement de la politique directoriale s'accentua dans les derniers jours de la campagne électorale avec la fermeture d'autres cercles en France.

Cette troisième force politique, balançant entre la droite et la gauche pour se maintenir au pouvoir, intervient brutalement au cours de la campagne électorale dans la Sarthe. Le ministre de la Police demande le 3 ventôse à recevoir deux exemplaires de *La Chronique de la Sarthe*, suite aux nombreuses dénonciations, insérées dans les journaux parisiens. *Le Journal de Paris* de Roederer citait comme députés du cercle ambulant Bazin, Clairian, Rouvin mais aussi Jouennault à Paris, Barret et Vérité administrateurs sarthois et Houdbert, commissaire du Directoire exécutif. *La Chronique* est alors partagée entre son souci de rendre compte des élections, si bien préparées et dont les premiers résultats sont très favorables aux démocrates, et son envie de dénoncer les sombres manœuvres du président de la municipalité du Mans. Le citoyen Besnard, depuis qu'il a fait afficher dans toute la ville l'arrêté du Directoire exécutif avec la délibération municipale du 22 ventôse, parlant de « cercle soi-disant constitutionnel », paraît être à l'origine de la fermeture du cercle manceau. Bazin ne manque pas de railler son zèle à « fermer des portes qui n'étaient plus ouvertes », de demander pourquoi « il n'a pas fait fermer le club dit de Clichy, tenant ses séances au Bourg d'Anguy » dont Besnard était également membre, d'évoquer « la rapidité de sa fortune » et, surtout, de retracer la carrière tortueuse de l'ancien curé de Nouans, près de Ballon. Car le distingué membre du Cercle constitutionnel non seulement « affichait dans ses discours une exagération imprudente ou perfide », mais encore il avait ouvert la première séance du cercle ambulant au Mans et à celle du 5 pluviôse, encore, il « avait été nommé commissaire pour se concerter avec les artistes dramatiques pour faire coïncider l'heure du spectacle et l'exécution des chants patriotiques avec la présence des républicains étrangers ».

Le 8 germinal, munie d'ordres du ministère de la Guerre, la gendarmerie vient au domicile du journaliste pour l'arrêter et lui faire rejoindre comme réquisitionnaire l'armée la plus proche. Bazin peut alors exhiber la copie de son congé de réforme, délivré par le conseil d'administration du premier bataillon de la Sarthe, pour blessure grave, le 14 septembre 1792, aux Champs de la Croix-aux-Bois qui, sans doute, l'a rendu boiteux. Le lendemain, l'imprimeur Bazin est élu administrateur municipal du canton du Mans intra-muros avec ses amis Rouvin, chef de brigade de la garde nationale, et Théophile Leclerc, ancien administrateur de la Sarthe. Dans le numéro de *La Chronique* du 10 germinal, qu'il sait être le dernier, il affiche sa sérénité : « On peut briser notre plume, on peut enfreindre à notre égard toutes les lois, mais il est un asile où la méchanceté des hommes ne pourra nous atteindre, c'est notre conscience qui ne sut jamais fléchir devant les persécutions et qu'aucune puissance de la terre n'intimidera jamais ». Ce même jour, les scellés sont apposés sur la presse servant à l'édition du journal « rédigé dans des principes contraires à la constitution de l'an III », selon l'arrêté du gouvernement du 7 germinal. En introduisant le commissaire municipal dans son « laboratoire », Bazin lui assure que les autres presses servent à l'impression des ouvrages administratifs et obtient la garde des scellés. C'est aussi le 10 germinal que le général Cambray est destitué de son commandement dans la Sarthe et le Loir-et-Cher. Rappelé en activité le 15 floréal, il est expédié sur le front italien quand Bonaparte entreprend son expédition d'Egypte. Quelques jours plus tard, les administrateurs Baret et Vérité, le commandant de la garde nationale Rouvin et le commissaire Houdbert, sont révoqués de leurs fonctions. Celui-ci s'incline devant le pouvoir exécutif mais tient à rappeler les conditions de sa nomination après l'assassinat de son prédécesseur et à interroger le gouvernement : « J'ai été persécuté comme fédéraliste sous le régime révolutionnaire, comme modéré et j'étais ce que je suis ; sous le régime constitutionnel, serais-je accusé de terrorisme ? Je suis encore ce que j'étais alors ». Il termine sa lettre au Directoire exécutif en affichant sa détermination « à braver les dangers pour l'affermissement de notre constitution et la prospérité de la République ».

L'enjeu des élections provoque d'autres interventions du pouvoir politique, gêné par la concurrence républicaine des démocrates qu'il avait encouragée. A Caen, c'est un adversaire du cercle qui dénonce au ministère de la Police, le 16 germinal, « le plan des terroristes du Calvados ». Les élections doivent être cassées car, selon lui, « elles ont été oppressives : les jacobino-terroristes n'ont laissé voter que leurs adhérents ». Les membres cu Cercle constitutionnel voudraient « renverser la constitution, en créer une nouvelle à l'imitation de celle de Robespierre et créer un gouvernement révolutionnaire. Ils font entrevoir au bon peuple qu'il ne peut être vraiment heureux que sous un pareil gouvernement, que les fortunes seront divisées et qu'il y aura part ». Le dénonciateur ajoute « qu'ils sont aidés dans leurs opérations par le général qui commande ici (Larue et son lieutenant Logier), en allant dans les cantons des environs y prêcher de ne souffrir que les vrais sans-culottes et en chasser à coups de bâton ceux qui ne leur conviendraient pas » [24]. A Cherbourg, c'est le commandant de la place et des forts extérieurs (dont celui de l'île Pelée où se trouvent les babouvistes) qui affiche son hostilité au Cercle constitutionnel dont la composition est, à ses yeux, « immorale » et dont les séances sont hostiles au gouvernement et à la constitution de l'an III. D'autres accusent les adhérents du cercle d'avoir soutenu la candidature de Le Fourdrey comme juge de paix, d'avoir invité « les pauvres à voter contre les riches » et d'avoir défendu la mémoire de Robespierre qui « n'était accablé de témoignages que parce qu'il était mort et qui, s'il pouvait revenir, imposerait silence et ferait punir bien des membres de la Convention nationale » [25]. C'est la raison pour laquelle le commandant militaire s'est opposé à l'utilisation d'un chantier de la marine comme lieu de leur banquet civique, aux huit-cent cinquante couverts, en prétextant la proximité d'un magasin d'explosifs. Il n'a pu empêché toutefois les républicains cherbourgeois de célébrer du matin au soir la fête de la Souveraineté du Peuple le 30 ventôse. L'enquête ministérielle, conduite à la suite de ce rapport adressé, le 6 germinal, au président du Directoire exécutif, n'aboutit pas

---

24. AN. F7/3661.
25. AN. F7/7408.

à la fermeture du cercle. Constatant qu'il n'a pas établi de communication avec d'autres cercles, notamment celui de Valognes, ses activités politiques dans la campagne électorale sont justifiées par les recommandations officielles du gouvernement à soutenir les candidats républicains. Pour le reste, c'est-à-dire la nomination d'un président et la règlementation interne concernant l'admission et le rejet des membres, le rapport ministériel s'en remet à la municipalité de Cherbourg. Celle-ci, le 16 floréal, ne trouve « rien d'anarchique » à l'élection d'un président ou censeur, à l'admission des récipiendaires ni à l'attachement du cercle à la constitution en vigueur.

En revanche, les troubles électoraux dans la Mayenne et l'Eure aboutissent à la dissolution des cercles. Dans la Mayenne, l'adversaire des fonctionnaires publics de l'an II, Enjubault devenu député au Conseil des Cinq-Cents dénonce, avec deux de ses collègues des Anciens, le rôle des « anarchistes » dans les troubles du 21 ventôse à Laval. A l'occasion de la cérémonie de réception, en l'honneur d'une colonne de l'Armée d'Italie, des toasts auraient été portés à la santé des terroristes. Les troubles ont duré jusqu'au 25, opposant cette colonne et les membres du Cercle constitutionnel aux soldats de la 30ème brigade d'infanterie à cause des tresses de leur uniforme, prises pour des signes chouans. De plus, le directeur du cercle lavallois, l'ancien jacobin Le Roux ainsi que Béziers, le commandant de la garde nationale du chef-lieu, auraient signalé des personnalités locales à la vindicte des vainqueurs de la République en Italie [26]. Après cette algarade pré-électorale, les membres du cercle de Laval sont accusés d'avoir troublé le bon déroulement des assemblées primaires, en contestant l'établissement des listes électorales. Constatant l'exclusion du droit de vote de 150 républicains et l'imputant aux « intrigues des compagnons de Jésus, des déserteurs et des parents d'émigrés », Boisard, adjudant de la garde nationale, a appelé le renfort de la force armée de Château-Gontier le premier jour du scrutin. Les opposants mettent également en cause deux autres dirigeants du cercle de Laval, à savoir Le Roux et Chollet, emprisonnés avec Boisard en l'an III comme anciens membres du Comité révolutionnaire, et demandent, le 23 germinal, l'annulation des élections. A Mayenne, les adversaires du cercle dénoncent le rôle joué par l'ex-conventionnel Grosse-Durocher et par le général Dutertre dans la formation d'une assemblée primaire, composée uniquement de membres du Cercle constitutionnel. Dès le 17 germinal, deux administrateurs de la Mayenne et membres du cercle de Laval sont destitués de leurs fonctions : Juliot-Morandière et Dutertre, frère du général. La pétition lavalloise contre ces destitutions de républicains et contre ces accusations de manipulations électorales qui recueille près de 150 signatures le 30 germinal n'a aucune chance d'aboutir dans le nouveau contexte politique [27].

A Evreux, la rivalité entre les deux cercles décuple avec l'enjeu électoral. Un correspondant du ministre de la Police fait état, le 29 ventôse, des apostrophes que se lançaient dans le chef-lieu d'un côté, « les Jacobins, les terroristes » et, de l'autre, les « Clichyens, les chouans et les royalistes ». Son propre vocabulaire politique distingue « les exclusifs » des « amis de l'ordre » : aussi, juge-t-il « désolantes » les autres réunions politiques de l'Eure, comme celle très dynamique de Verneuil, parce qu'« il s'y prêche un système d'exclusion qui décourage les vrais républicains ». Le ministre de la Police décide, d'abord, le 6 germinal la fermeture du cercle se réunissant au collège d'Evreux à la grande surprise des administrateurs de l'Eure qui,

---

26. AN. F7/3417.
27. AN. AF III 247, Mayenne.

quatre jours après, dénoncent « l'existence d'un cercle d'exclusifs qui ne peut que nuire à la liberté des suffrages » et réclament, de surcroît, la censure du journal de Touquet. Le commissaire du pouvoir exécutif renchérit en signalant que « les exclusifs s'intitulent, comme aux jours affreux du règne de Robespierre, les seuls républicains prononcés » alors que dans le cercle prohibé, dont il avait été un fondateur, on n'avait jamais lu que les textes gouvernementaux et un discours de Benjamin Constant. Il rapporte également que le cercle siégeant aux Ursulines est « l'antre de l'anarchie où l'on voit les agents les plus exécrés de la terreur qui faisaient réimprimer et placarder à leurs frais les infâmes écrits de Babeuf en l'an IV » [28]. Le *Bulletin de l'Eure* et le cercle constitutionnel des Ursulines sont supprimés pratiquement en même temps, les 21 et 22 germinal an VI.

La résistance républicaine dans la Sarthe

Les mesures d'intimidation du pouvoir politique pendant les élections butent sur la résistance des démocrates sarthois. Elle s'organise, d'abord, dans les autres cercles constitutionnels. Dès le 4 germinal, Dondeau, le nouveau ministre de la Police demandait des renseignements sur celui de Château-du-Loir, suite à la dénonciation du juge de paix du canton. Celui-ci rapportait que le cercle « avait nommé des commissaires qui le représentent aux réunions centrales et qui parcourent les campagnes environnantes en qualité d'émissaires de la société » [29]. La veille de sa destitution, le commissaire Houdbert calquait sa réponse sur celles du commissaire auprès de l'administration municipale et d'un autre citoyen de Château-du-Loir, connu du ministère pour son « civisme », en rejetant ces imputations purement calomnieuses. Le 6 floréal, le ministre fait part à son remplaçant des dénonciations contre le cercle de La Flèche. Le jour du coup d'Etat parisien, l'administration municipale répondit qu'il « n'est jamais sorti des limites constitutionnelles » [30]. La propagande unitaire du Cercle ambulant et de la *Chronique de la Sarthe* ont porté leurs fruits : le bloc républicain est d'autant plus soudé qu'il n'a pas laissé passer les élections sans se doter d'un nouvel organe de presse.

A la différence de Touquet à Evreux, Bazin n'a pas beaucoup « balancé à prendre la plume » : ses abonnés ont reçu, sans interruption, sa chronique électorale et politique dans *L'Indicateur du département de la Sarthe*. Ce qui était le supplément décadaire de deux pages à la *Chronique* depuis le mois de brumaire, destiné à recevoir tous les avis et annonces des particuliers qui étaient trop nombreux pour être publiés dans le journal et qui en révélaient le succès éditorial, devient le 12 germinal le substitut de la feuille politique censurée par le gouvernement. Considérant le journal comme un « aliment d'habitude publique » et les élections trop importantes pour être abandonnées aux « influences du fanatisme et de l'anarchie royale » ou bien aux « haines et vengeances particulières », le citoyen sort de ses presses restantes un périodique de même format, pagination et périodicité que la défunte *Chronique*. Toulippe, son chef-imprimeur, est chargé de recevoir les lettres et paquets tandis que son camarade Rouvin endosse la responsabilité rédactionnelle du journal qui publie la suite des résultats électoraux des assemblées primaires. C'est la première fois qu'une élection est ainsi quasi-totalement couverte. La rédaction se

28. AN. F7/7401.
29. ADS. L 161.
30. ADS. L 130, 250 et 264.

félicite du triomphe des « vrais républicains » sur les « réactionnaires » dont le nom est cité en italique et qui ne sont qu'une quinzaine sur plus de deux cents électeurs. En attendant la réunion de l'assemblée électorale qui, à partir du 20 germinal, nommera les députés, les administrateurs du département et les principaux membres des tribunaux, les électeurs manceaux ont élu Bazin, Rouvin et Leclerc comme administrateurs municipaux, le 8 germinal, soit le lendemain de la visite domiciliaire de la gendarmerie chez l'imprimeur.

Le journal salue le départ du général Cambray, « entouré de l'estime de tous les républicains » et répond aux imputations de l'officiel *Ami des Lois* faisant de la Sarthe un des principaux fils de la prétendue conspiration découverte par le Directoire. Bazin signe un long éditorial de deux pages dans le numéro du 16 germinal pour tenter de déjouer l'annulation des élections qui se prépare par « le débordements d'injures, de calomnies et de persécutions » contre « les ardents amis de la patrie », désignés une nouvelle fois comme des « anarchistes ». Il termine son plaidoyer républicain par une mise en garde : « Dans une République démocratique, le gouvernement qui croirait tirer sa force du jeu des factions ne tarderait pas d'être la victime de son imprudence ou de sa déloyauté ; Machiavel peut fournir des armes pour combattre les tyrans, et non pas des leçons pour régir un peuple libre ». Le journaliste, alors, se cache car un nouvel ordre est parvenu à la gendarmerie, notifiant rigoureusement son arrestation et son enrôlement, sans avoir égard à ses papiers militaires. Rouvin prend sa place désormais pour dénoncer l'arbitraire du pouvoir, démontrer l'inconstitutionnalité de sa révocation de la garde nationale et révéler l'existence d'un plan de proscription de tous les républicains. C'est dans ce contexte que s'ouvre l'assemblée électorale qui constitue son bureau le premier jour en choisissant comme président l'ex-conventionnel Boutroue, un ancien Montagnard et Jacobin, comme secrétaire Houdbert, le commissaire destitué et comme scrutateurs des militants républicains. Cette assemblée électorale qui affronte sereinement le pouvoir politique en place, est composée très majoritairement encore d'électeurs ruraux quoique les citadins aient une meilleure représentation que naguère. Surtout, la moitié des cantons de la Sarthe ont choisi lors des assemblées primaires au moins le quart de leurs électeurs parmi ceux qui avaient fait élire les Conventionnels. Se distingue, tout particulièrement, l'ancien district de La Ferté-Bernard où les trois-quarts de ses représentants à l'assemblée électorale de germinal an VI sont des anciens électeurs de 1792. Si la mobilisation républicaine dans cette grande campagne électorale rappelait à plus d'un titre la patriotique levée en masse accompagnant la fondation du régime, c'était la première fois qu'une assemblée électorale dans la Sarthe était sinon jacobine, du moins néojacobine. *L'Indicateur* n'a pas eu le temps de donner les résultats des opérations de vote et de poursuivre sa parution au delà du 24 germinal. Trois jours plus tôt, un arrêté du Directoire exécutif interdisait la parution du journal « considérant que les maximes dangereuses qui se publiaient dans la *Chronique de la Sarthe*, justement prohibée, se reproduisent avec un esprit d'anarchie encore plus prononcé dans *L'Indicateur* dont les auteurs et éditeurs sont les mêmes que précédemment et que ce moyen indécent et dérisoire de se soustraire à l'effet des mesures prises par le gouvernement pour assurer la tranquillité publique décèle de la part des auteurs de cette feuille une intention bien marquée d'exciter à la révolte contre les premières autorités de la République » [31].

---

31. ADS. L 181.

Ces pressions du pouvoir politique pendant toute la durée des élections semblent avoir eu l'effet inverse sur le corps électoral sarthois : la gauche remporte pratiquement tous les sièges à pourvoir. Au Corps législatif, sont élus les ex-conventionnels Boutroue et Lehault, membre sortant des Anciens, le juge et ami de Bazin Ménard-Lagroye, ancien constituant, le commissaire révoqué Houdbert, chef de bureau au département, Hardouin (commissaire du Directoire exécutif près le tribunal de Mamers) et Ysambart (président du Tribunal criminel et parrain de Bazin). A l'administration départementale, sont choisis Théophile Le Clerc, administrateur suspendu, et Charles Goyet, traduit avec Bazin devant le Tribunal révolutionnaire et alors commisssaire du Directoire près l'administration municipale de Montfort, tandis que les trois anciens administrateurs Blavette, Léger et Paré sont maintenus. Au Tribunal criminel, la présidence a été confiée à un autre administrateur révoqué Baret et la place d'accusateur public à Cornilleau, ex-conventionnel. Dès le 1er floréal, la municipalité du Mans s'était installée sous la présidence de Rouvin avec, comme derniers élus, Bance (marchand épicier, membre de la Société Fraternelle en 1791, épuré en 1793, bon sans-culotte et membre du comité de surveillance de vendémiaire à nivôse an II), Leroux (marchand de sabots et baziniste), Angoulvent (marchand colporteur et adhérent au club en 1793) et Thuillier (sellier, adhérent de 91, épuré en 93, bon sans-culotte, membre du Comité de surveillance de vendémiaire à prairial an II, puis de frimaire an III à son arrestation par Dubois-Dubais le 30 prairial). Le commissaire du gouvernement près l'administration municipale s'empresse d'écrire son mépris pour ces élus des quartiers populaires, « de peu de « moyens » ou « sans aucun moyen » [32]. Pareillement horrifié par le résultat de ces élections, le député Delahaye qui s'était déjà adressé aux Directeurs pour faire arrêter Bazin et le conduire à l'armée la plus proche, « sauf, ensuite, à examiner la valeur de son congé de bataillon », insiste dans sa lettre sur la profession manuelle des nouveaux élus pour faire éclater son indignation : « C'est à de pareils hommes qu'est confié le sort de 20.000 habitants ! » [33].

La ville en question n'est pas restée une décade sans journal d'opinion : le 2 floréal, paraissait L'Abeille pour communiquer les résultats de ces élections au plan local et national. Publier la liste départementale des élus aux Conseils dans toute la France est encore une grande nouveauté dans la presse révolutionnaire. La précipitation mise à sortir un journal, seulement quatre jours de courrier après l'interdiction de L'Indicateur, a fait omettre le nom et l'adresse de l'imprimeur. Le troisième numéro apprend aux Manceaux que c'est l'ouvrier de Bazin, Toulippe, qui l'imprime ailleurs, évidemment, que dans la maison d'un élu du peuple placée sous haute surveillance et le pseudonyme du présumé rédacteur Brosses disparait alors, sans qu'aucun autre nom ne le remplace. Si la périodicité n'est pas modifiée, la feuille dont la qualité typographique n'est pas parfaite est revenue au format du livre des premiers journaux, avec une présentation nouvelle sur deux colonnes. Surtout, l'éditorial a disparu de la Une, les commentaires de l'actualité politique reçoivent la portion congrue ainsi que les formes discursives habituelles des journaux militants. Les rédacteurs remplissent les colonnes de nouvelles brèves, surtout en provenance de l'étranger, tout en accordant aux séances du Corps législatif une place honorable. Sous cette présentation terne, résultat de la censure gouvernementale, le journal peut

---

32. AN. AF III 259, Sarthe.
33. AN. F7/3449. Correspondance de Delahaye au président du Directoire exécutif, les 16 et 18 germinal an VI.

donner la parole au commissaire révoqué Houdbert, protestant contre un article calomnieux d'un journal parisien, ou retrouver avec le feuilleton des « Soirées du Bonhomme Barbe » le style des dialogues jacobins.

La valorisation de l'humble travailleur agricole, vivant du fruit de son labeur, n'a plus l'innocence qui présidait à la découverte des vertueux « pères Gérard » des premières années révolutionnaires : c'est une violente critique sociale contre tous « les grands hommes du jour » qui n'aiment que « l'éclat de l'or » et qui « foulent aux pieds tout ce qui porte la triste empreinte du malheur ou l'humble vêtement de l'obscurité ». C'est, ensuite, un plaidoyer pour le vote populaire. Le bonhomme Barbe, de retour dans son hameau après les élections, raconte à ses amis les pressions qu'il a subies comme électeur, mais qui ne l'ont pas détourné de son vote républicain. Car le mépris de son propriétaire, « Monsieur d'Agiot », à qui il apportait sa demi-ferme avant de se rendre à l'assemblée électorale, pour le suffrage d'un aussi piètre bonhomme visait aussi sa croyance républicaine aux vertus du vote. Le fournisseur de la République, anciennement garçon-perruquier, somptueusement logé en ville conseillait à son fermier de rentrer chez lui car il savait de bonne source que « les élections de cette année seront cassées comme les dernières » [34].

L'agioteur avait raison : le Directoire exécutif destitua tous les administrateurs du département, à l'exception de Le Clerc, complètement marginalisé dans la nouvelle équipe dirigée par l'ex-curé Besnard, devenu manufacturier et fournisseur de la République. Il révoqua, ensuite, tous les membres de la municipalité du Mans comme « professant des principes anarchiques, manifestant la haine de la constitution de l'an III et n'ayant point les talents nécessaires pour bien administrer ». Le coup d'Etat du 22 floréal frappa particulièrement la Sarthe comme « centre de jacobinisme actif », selon l'expression de M. Reinhard, puisque furent invalidées également les élections judiciaires et celles, au Corps législatif, de Boutroue, Houdbert et Hardouin tandis que le Calvados et l'Orne ne furent pas touchés. Un député fut « floréalisé » dans la Manche, un autre dans la Mayenne ainsi que les frères Lindet dans l'Eure. En jouant le jeu constitutionnel, la gauche a été victime comme la droite, un an plus tôt, du centre républicain mais pas démocrate.

L'Abeille invita « les vrais républicains », le 27 floréal, à se tenir sur leurs gardes car le bruit courait dans la ville qu'on voulait impliquer des citoyens dans la conspiration dénoncée par le gouvernement. Tandis que Bazin décide de quitter Le Mans et de poursuivre son combat dans la capitale, le commissaire du Directoire exécutif dénonce le journal au ministère de la Police comme centre de propagande des « anarchistes ». Ceux-ci « ont des émissaires dans les ateliers qui crient contre l'acte épuratoire du 22 floréal et exaltent ces malheureux ouvriers patriotes qui croient à la légère tout ce qui vient des gens qui paraissent animés de sentiments républicains ». Baudet-Dubourg ne cesse dans sa correspondance, du 1er prairial au 11 messidor, de demander au ministre la prohibition du journal, rédigé par « Clairian et Rouvin qui jouissent d'une grande popularité dans la classe ignorante et crédule qui forme toujours le plus grand nombre ». L'Abeille, comme successeur de la Chronique de la Sarthe et de L'Indicateur de la Sarthe est interdite de parution, le 14 messidor, avec onze autres titres provinciaux ou parisiens parmi lesquels Le Républicain, ci-devant Journal des Hommes Libres. Mais le jour où les commissaires de police sont venus apposer les scellés sur les presses du journal, ils ne les ont point trouvées au grand dépit du commissaire du Directoire exécutif : « J'avais lieu de m'y attendre, écrit-il

---

34. L'Abeille, 8 et 10 floréal an VI.

au ministre de la Police, puisque deux jours avant que je ne reçusse ledit arrêté du Directoire, un des rédacteurs avait dit au commissaire de police : *Tu viendras bientôt pour sceller nos presses, mais tu ne trouveras pas le nid.* Vous concluerez de là même sans doute, Citoyen ministre, qu'il existe dans vos bureaux des hommes qui informent exactement les anarchistes du Mans » [35].

La résistance républicaine dans la Sarthe a été momentanément vaincue et le dernier numéro de *L'Abeille*, du 18 messidor an VI, ne pouvait que déplorer le retour en force des crimes de la chouannerie dans le département. C'est dans l'ombre que les citoyens se préparent aux nouvelles échéances électorales.

Le mouvement des citoyens en l'an VII

Dix ans après 1789, c'est désormais le calendrier électoral qui rythme la vie politique. L'usage du bulletin de vote a donné aux républicains la victoire aux élections législatives de germinal an VII et la question des droits du citoyen sous une République est clairement posée par la majorité du Conseil des Cinq-Cents qui organise la journée parlementaire du 30 prairial contre le Directoire exécutif. Ni coup d'Etat, ni journée révolutionnaire, celle-ci permet de redonner la parole aux citoyens.

En ce dernier printemps et été du siècle, le mouvement des citoyens dans l'Ouest exprime surtout son inquiétude et son désenchantement. La dernière campagne pétitionnaire de la Révolution, du lendemain des élections au coup d'Etat de brumaire an VIII, a été quantitativement trois fois moins importante que celle qui a salué le 18 fructidor. Les émetteurs administratifs ont pratiquement disparu, à l'exception notamment de l'administration centrale de la Mayenne qui manifeste son hostilité au « triumvirat » directorial déchu. Ce sont des collectifs de républicains qui rédigent une pétition au Conseil des Cinq-Cents, voire au Conseil des Anciens, sans faire référence à l'existence d'un cercle politique dans leur commune. On ignore, par conséquent, si les Cercles constitutionnels de l'an VI se sont maintenus là où ils n'ont pas été interdits par le pouvoir exécutif. Si de nouveaux lieux d'émission apparaissent comme Bayeux, Pierre-sur-Dives, Avranches ou Alençon, laissant supposer qu'ils existaient déjà l'année précédente dans un meilleur contexte politique, la moitié des groupes républicains ont disparu. Le républicanisme de l'an VII se réduit à quelques bastions, essentiellement urbains.

L'assassinat des plénipotentiaires français à Rastadt a déclenché une première vague d'expressions collectives, correspondant à l'installation de la nouvelle législature dans laquelle les derniers espoirs des citoyens sont placés. Elles émanent des Républicains de Caen, de Pierre-sur-Dives, de Falaise dans le Calvados, de Valognes, de Cherbourg, d'Avranches dans la Manche et d'un émetteur isolé dans l'Orne. A cette dernière exception près, ce sont des centaines de pétitionnaires qui ont tenu à exprimer l'émotion considérable, créée par la situation extérieure. Le patriotisme est la première source à laquelle s'alimente la conscience républicaine car l'appel à la vengeance contre la maison d'Autriche, responsable du crime, s'insère dans l'inquiétude née des récentes défaites militaires. Toutefois, ce grave incident diplomatique provoque non seulement la mise en cause de la conduite de la guerre à l'extérieur, mais aussi de toute la politique intérieure. Dans la dilapidation

---

35. ADS. L 167. Registre de correspondance du commissaire du Directoire exécutif de la Sarthe.

des finances publiques, dans la censure de la presse, dans l'opprobre jeté sur les militants comme dans l'organisation de la garde nationale ou dans le fonctionnement de la justice, les républicains de l'Ouest ont peine à reconnaître la République. Les 320 Caennais réclament, dans leur adresse reçue par le Corps législatif seulement le 3 messidor, des mesures urgentes dans l'Ouest qui, « comme le Midi, est en proie au royalisme et au fanatisme ». La guerre ne se déroule pas uniquement au dehors des frontières, la guérilla chouanne est une réalité vécue au quotidien ; aussi, exigent-ils la protection des républicains, des lois sévères contre tous les ennemis de la République et la responsabilité des ministres devant le peuple.

La journée parlementaire du 30 prairial suscite davantage le soulagement que l'enthousiasme post-fructidorien. L'adresse des 52 républicains du canton du Grand-Lucé est seule à parler de leur « joie » à cette bonne nouvelle bien qu'ils n'oublient pas « la proscription des généraux patriotes » et l'oppression des républicains par « les triumvirs et leurs agents ». Le souvenir du général Cambray, de « tous les amis de la liberté » proscrits sous le nom d'« anarchistes » et de l'annulation des élections précédentes hante trop la mémoire des 146 pétitionnaires manceaux pour qu'ils partagent une véritable allégresse [36]. Les trois-quarts sont des anciens clubistes bien connus. Ces bourgeois et ces artisans ont adhéré au club du Mans dès 1790, comme l'un des ses fondateurs, le chirugien Levasseur, l'ancien conventionnel montagnard et jacobin arrêté en l'an III et emprisonné au fort de Besançon, ou bien ont fait partie en 1791 de la Société fraternelle comme le jardinier Rouillard ou le sellier Thuillier, arrêtés en l'an II comme bazinistes ; d'autres, en 1792 comme le chef de bureau Baret, administrateur révoqué en l'an VI ou bien en 1793, comme le notaire Chauvel, arrêté comme terroriste en l'an III ou le colporteur Angoulvent, officier municipal destitué après le coup d'Etat du 22 floréal. Si le quart de ces pétitionnaires n'ont pas été membres de la société populaire, comme le nouveau professeur de l'Ecole Centrale Moulinneuf venant de la Ferté-Bernard où il présidait la municipalité cantonale, ce sont tous des vétérans des luttes révolutionnaires dont la moyenne des âges connus est de 55 ans.

On ne devient pas républicain dans les orages de l'an VII ; partout, on retrouve les leaders de 1793 : à Cherbourg, c'est Le Fourdrey, à Mayenne c'est Grosse-Durocher, à Bayeux, c'est le notaire Vautier. Dans cette dernière ville, les anciens clubistes répertoriés sont très largement majoritaires. C'est dans la lutte pour la Constitution civile du clergé que se sont engagés ceux qui réclament des législateurs de l'an VII « d'étendre la loi des otages aux receleurs d'émigrés et de prêtres réfractaires » [37]. L'âge de ces Amis de la Liberté confirme les données mancelles : un seul a moins de 30 ans, un seul est sexagénaire, la tranche d'âge la plus nombreuse est celle des quinquagénaires. Un cinquième des clubistes de l'an II, autour desquels gravitent une trentaine de citoyens, restent attachés à défendre l'héritage révolutionnaire. Les convictions républicaines sont restées plus profondément ancrées dans le milieu de l'échoppe et de la boutique (53 %) que dans le groupe des professions libérales et des employés (37 %) qui était alors majoritaire. Si on ne retrouve plus guère les anciens administrateurs, la proportion des hommes de loi est plus importante qu'alors ; celle des cultivateurs et des rentiers reste par ailleurs inchangée. Dans les rangs clairsemés des clubistes de Bayeux, le néojacobin de l'an VII est un artisan de 46 ans, membre du club de sa fondation à sa suppression.

---

36. AN. C 686. Dans ce fonds important, se trouvent aussi les pétitions de Caen et de Cherbourg.
37. AN. C 685.

Sans qu'un programme d'action ait pu être concerté, on peut dégager les principales mesures préconisées dans ces pétitions. La première est la revendication de la place de l'opinion publique dans un régime représentatif. A Caen, on est formel : « C'est en vain qu'on voudrait le dissimuler : la cause première des malheurs qui nous menacent est l'anéantissement de l'esprit public, dans le système de balance politique, inventé par Cochon, constamment suivi depuis son ministère et dont les républicains ont été, tour à tour, les jouets et les victimes, dans l'impunité des dilapidateurs et, enfin, dans le chaos des finances ». La patrie en danger tend à unifier l'opinion républicaine dans la même analyse historique. A Cherbourg, on écrit : « Réveillez l'esprit public, endormi depuis plusieurs années par les réactions qui ont, tout à tour, servi la haine, la vengeance, la cupidité de ces monstres à plusieurs faces qui n'ont vu dans la Révolution que leur intérêt personnel et non celui de la patrie. Que l'on cesse de confondre avec ces hommes infâmes les patriotes purs et énergiques qui, entraînés dans le tourbillon révolutionnaire, en sont sortis les mains pures ! Que l'on cesse de comprimer les écrivains qui ont le courage de dénoncer les traîtres, les dilapidateurs, les scélérats au pouvoir et que l'on rende à la presse la liberté qui lui est assurée par la constitution de l'an III ! ». La revendication première de la liberté d'opinion des républicains accompagne la radicale mise en cause d'une classe politique corrompue et machiavélique.

Les pétitions consécutives au 30 prairial ne se limitent pas, comme celle du Mans, à dénoncer l'oppression dont ont été victimes les militants dans la Sarthe, à revendiquer la liberté de presse et à condamner toutes les appositions de scellés sur les presses des « hommes libres » mais réclament « des lois populaires » qui, pour « faire renaître l'esprit public de 89 », doivent dépasser le cadre fixé par la constitution. Cette réforme de la République dans un sens démocratique est attendue des législateurs qui ont renversé les triumvirs. « La garantie des droits du peuple réside essentiellement dans le Corps législatif » écrivent 120 militants lavallois qui reconnaissent, en même temps, que la responsabilité des représentants du peuple est redoutable lorsque « la Mayenne est de nouveau infectée par les rebelles » et que les citoyens de base attendent impatiemment des mesures énergiques. Aussi, leur adresse est, surtout, une mise en garde : « Songez que lorsque le peuple est opprimé, ses représentants ne sont plus libres » [38]. La volonté de concilier le régime représentatif avec les droits du peuple constitue bien le socle du républicanisme ici comme à la tribune des Cinq-Cents où un tel programme politique est mis à l'ordre du jour [39].

Mais alors que dans la capitale le débat va être courcircuité par l'arrivée de Siéyès au Directoire exécutif et l'influence grandissante des révisionnistes dans la classe politique, dans l'Ouest la question majeure est celle de la lutte contre les chouans. Après avoir posé la question aux députés : « Jusques à quand, Citoyens Représentants, serons-nous exposés à la férocité des royalistes qui nous entourent et qui trouvent, dans l'impunité des massacres qu'ils ordonnent, le moyen de les multiplier sans cesse ? » [40], des réponses sont apportées. C'est le greffier du juge de paix de Vimoutiers qui donne son opinion dès le 28 prairial en imputant la crise actuelle, tant extérieure qu'intérieure, « au modérantisme » qui a suivi la chute de Robespierre, en s'élevant contre « les demi-mesures » qui paralysent le gouvernement républicain et en considérant que « la prétendue terreur a servi autant la chose publique que le modérantisme lui a été préjudiciable ». Ce sont les 118 citoyens de

---

38. AN. C 461.
39. Peyrard (113).
40. Adresse des Républicains d'Avranches, le 27 prairial (AN. C 685).

Mayenne qui critiquent « la mauvaise composition des tribunaux et l'impunité presque certaine des chefs de chouans arrêtés et remis en liberté un temps après ». Ce sont dix acquéreurs de biens nationaux de la commune rurale de Mandeville dans l'Eure qui dénoncent « la funeste réaction depuis le 9 thermidor » et demandent que les législateurs fassent « poursuivre les conspirateurs, les complices, les monstres dénaturés composant l'administration de l'Eure » [41]. C'est tout l'appareil d'Etat qui, à travers la justice et l'administration, est mis en cause avant que le projet de loi sur la réorganisation de la garde nationale n'accable tous les républicains du Calvados à Bayeux, Falaise ou Caen. Prenons l'exemple de la pétition des 250 Caennais, envoyée le 11 thermidor aux Cinq-Cents et aux Anciens : « L'article qui supprime les compagnies de grenadiers et de chasseurs a occasionné la surprise, fait naître l'inquiétude, nous ne dirons pas le découragement, parmi les républicains. Ces compagnies ont été l'effroi du royalisme. Sentinelles de la Révolution, qu'elles soient encore aux avant-postes, notre position le veut : sans leur courage, leur dévouement, leur brûlant et constant amour pour la liberté, le Calvados n'offrirait que les ruines fumantes du carnage, l'image hideuse du brigandage et de l'assassinat. Oui, c'est là, Législateurs, qu'est le foyer du républicanisme ! Si vous aviez été à portée de connaître les services signalés qu'elles ont rendus à la patrie, vous auriez maintenu le principe qui les conservait. Nous ne voulons cependant pas donner à entendre que les citoyens qui n'en font pas partie soient tous ennemis de la République, mais nous vous disons franchement que, par des craintes mal fondées, vous relevez les espérances de ceux qui soupirent après le rétablissement du trône. Les amis de la liberté ne se soutiennent contre ses nombreux ennemis que par l'union et l'énergie que produit en eux la sainteté de leur cause : si vous rompez cette union, si vous les isolez dans des compagnies où ils verraient, à leurs côtés, des hommes qui, depuis longtemps, les ont voués aux poignards des assassins royaux, leur force, si redoutable lorsqu'elle est unie, devient nulle et la liberté court le plus grand danger » [42].

Avant de se désoler eux-aussi de la suppression des compagnies de grenadiers et de chasseurs dans la garde nationale, qui ont « porté tant de secours aux cantons ruraux », les Amis de la Liberté de Bayeux avaient signé une autre adresse, le 4 thermidor, dans laquelle ils affichaient clairement leur impatience : « Qui n'est pas pour le peuple, est absolument contre lui. Se montrer indulgents envers les grands criminels, c'est se déclarer le tyran des citoyens paisibles et vertueux. Chaque instant de négligence à poursuivre les déprédateurs est un attentat contre la source de vos pouvoirs : vous poignardez les républicains en laissant respirer leurs ennemis. Laissez dormir Schérer sur la fortune nationale, c'est exhumer Hoche ! ». L'expérience politique acquise par ces militants de la Révolution, éprouvés par tant de proscriptions gouvernementales et confrontés aux « brigands sacerdotaux et royaux » qui font régner la terreur blanche, les mobilise encore mais, également, les désabuse très vite. Dès le 5 thermidor, les 95 Amis de la République de Pont-de-L'Arche constatent « le peu d'effet des journées de prairial pour la régénération de l'esprit public et le salut de la patrie ». L'espoir déçu, tant dans le débat avorté sur l'association politique que dans l'absence d'une politique populaire, ne s'exprime plus dans des adresses au delà du mois de thermidor dans l'Ouest.

C'est dire que la création du Club du Manège à Paris n'a pas eu un grand effet d'entraînement dans ces départements. Les témoignages qui émanent des cercles de Caen et du Mans ne relatent guère que le profond découragement des adhérents.

---

41. AN. C 686.
42. AN. C 463 et 473.

La lettre d'un membre du cercle du chef-lieu du Calvados à « un frère et ami », nous apprend qu'on y a lu, quatre jours seulement après le 30 prairial, un texte intitulé « Confession et Testament de notre souveraine prête d'expirer » dont il lui envoie une copie manuscrite. Dans ce poème, la République qui vit la dernière année de son règne et a déjà fait appeler un prêtre (Sieyès), rédige en douze strophes un bilan sarcastique et amer de la décennie révolutionnaire : l'humour noir du poème se conjugue avec le récit de la situation que fait l'auteur de la lettre. Le républicain désenchanté, très critique vis à vis de « tous ces scélérats du Directoire » et de « nos imbéciles de représentants » qui étouffent la République, fait part de ses regrets : « Tous ces coquins d'aristocrates insultent déjà notre malheur. Eh ! que ne battions-nous le fer pendant qu'il était chaud ! En 93, nous pouvions tous les écraser ». Les défaites militaires, le sacrifice des meilleurs patriotes, la misère du peuple, le luxe insultant des parvenus et le discrédit des militants composent une lettre pleine d'amertume : « L'esprit du peuple a changé et cela n'est pas surprenant. Nous lui avions promis qu'il partagerait les biens du clergé et de la noblesse, qu'il serait à portée de manger la poule au pot et nous ne lui avons laissé que les yeux pour pleurer. J'en suis inconsolable car, en bon français, nous voilà foutus ! ». Nullement prêt à mourir pour cette République-là, le marchand qui revient de la campagne ornaise, contrôlée par les chouans, avoue à son ami qu'il a préféré crier « Vive le Roi, Vive la Religion ! » tandis que « l'agent du pouvoir exécutif avec deux de ses amis préférèrent se laisser griller comme des cochons dans leur maison plutôt que de se rendre »[43]. C'est dans ce contexte qu'on a lu au cercle de Caen l'épitaphe de la République, tout en continuant d'envoyer des messages aux députés.

À cette date, la Société politique du Mans n'est pas encore constituée malgré les invitations pressantes du nouveau président de l'administration municipale, l'ex-journaliste Rouvin et futur médecin à La Ferté-Bernard, et du nouveau commissaire du Directoire exécutif auprès de l'administration centrale, Jouennault révoqué au début de l'an V et installé dans ses fonctions le 8 messidor après la destitution de l'équipe de Besnard et de Baudet-Dubourg. Ce n'est que le 8 thermidor an VII que le cercle républicain du Mans s'est installé à St-Benoit, dans le bas de la ville, tandis qu'on faisait de même à Sillé-le-Guillaume et La Ferté-Bernard le lendemain. On ignore si les républicains de Mamers, Bonnétable et Beaumont notamment, qui seront bien connus du préfet de la Sarthe, ont suivi le mouvement.

L'inauguration du cercle manceau a eu lieu le 10 thermidor. Un cortège, précédé de la musique et des tambours, est allé chercher les bannières et le drapeau tricolore de la société populaire, à la ci-devant église de la Visitation, place des Halles ; puis, Julien Le Prince-Clairsigny, vénérable de la loge de 1787 à 1790, membre des Amis de la Constitution, jacobin épuré en août 1793, auteur et acteur sans-culotte en l'an II, prononça le discours inaugural. Le riche négociant manceau, anobli à la veille de la Révolution et fermement républicain en l'an VII, avoua quelques jours après au nouveau député Houdbert, membre du Conseil des Cinq-Cents : « Si je n'ai pu déployer beaucoup de talent, j'ai fait voir de la bonne volonté et du patriotisme »[44]. Son exposé devait « rappeler ce que nous avons été et pressentir ce que nous allons devenir ». Des luttes passées pour fonder la liberté, l'orateur insistait sur l'année 1793, celle de « l'irrévocable destruction de la monarchie ». Le 31 mai et le 9 ther-

---

43. AC Caen I 278. Lettre du 4 messidor an VII de Laplace avec la « Confession et testament d'une grande Dame, adressée à tous ses vassaux, an 7 et dernier de son règne ».
44. ADS. 1J 60. Correspondance de Le Prince-Clairsigny à Houdbert, 13 thermidor et 30 messidor an VII.

midor sont, comme le 13 vendémiaire, le 19 fructidor et le 22 floréal des « journées désastreuses » qui « ont tourné au profit de nos ennemis ». Brossant le tableau de la situation politique et évoquant les progrès de la chouannerie dans les campagnes de l'Ouest depuis le printemps, le républicain veut trouver espoir dans les leçons du passé : en se remémorant 1792, en évoquant « un gouvernement régénéré », en espérant beaucoup de la loi Jourdan sur la levée en masse et de la discussion sur les sociétés politiques. Il termine son discours en évoquant la mémoire du général Cambray [45].

La Société politique élit son bureau, avec Jouennault comme régulateur sinon président, Turbat, vice-régulateur, Langlechère, Moulinneuf et Clairsigny comme notateurs ou secrétaires. Pierre Turbat, traduit devant le Tribunal révolutionnaire en l'an II se fit, ensuite, avoué et devint un membre influent de la loge mancelle dès 1801, en compagnie de Clairsigny. Aux avant-postes de la lutte contre le retour des Bourbons en 1815, il fut l'avocat des « Vautours de Bonaparte », un des procès fameux de la Sarthe sous la Restauration. Le juge Leguicheux-Langlechère n'est pas un ancien clubiste ; abonné aux *Lettres Philosophiques* de Bazin en 1807, il est président du tribunal de Saint-Calais et, pendant les Cent-Jours, fut un éphémère sous-préfet de Mamers. Moulinneuf, anciennement professeur de dessin à Paris, enseigne à l'Ecole Centrale du Mans ; en 1815, le maître de dessin est arrêté, en compagnie de Levasseur, par les Prussiens.

La société se dote d'un conservatoire, pour ne pas dire comité, qui est chargé « d'examiner les observations secrètes, afin de ne point divulguer d'avance des mesures qu'on paralyserait par là même ». Pendant le mois de sa création, les séances quotidiennes sont souvent occupées à enregistrer les adhésions ; René Levasseur est alors un des principaux orateurs. Au mois de fructidor, un cycle de conférences est organisé parmi lesquelles Rouvin se charge de traiter « L'instruction publique, comme base sur laquelle la République doit être posée » ; Lamouque, homme de loi et journaliste, compare les régimes républicain et monarchique ; Turbat avec Pôté, un ancien doctrinaire de La Flèche, professeur de mathématiques à l'Ecole Centrale, parlent de l'amour de la patrie ; l'ancien conventionnel Levasseur était bien placé pour discourir sur les effets des réactions politiques. Certains orateurs inscrits nous sont inconnus, soit parce que ce sont de nouveaux résidents, soit parce qu'ils affichent seulement alors, comme le rédacteur du *Courrier de la Sarthe*, leurs convictions républicaines.

Seul, ce département voit naître un journal militant en l'an VII, même si *La Gazette du Calvados* continue de paraître jusqu'au 25 prairial au moins et, sans doute, au delà même si ce 498ème numéro est le dernier à être conservé. La gazette officielle qui lui succède dès vendémiaire an VIII n'intéresse plus notre sujet. C'est au lendemain de la journée du 30 prairial, que L. Lamouque - un défenseur officieux près les tribunaux civil et criminel du Mans dont le verbe pompeux a été raillé par Bazin dans la *Chronique*, puis par Rouvin dans *L'Abeille* et, enfin, par Reinhard dans sa thèse - décide de publier un journal au nom des « amis du peuple ». Le 19 thermidor, Jouennault et les administrateurs sarthois décident de soutenir la bonne volonté patriotique d'un citoyen, complètement inconnu du public républicain, en faisant diffuser son prospectus dans toutes les municipalités de la Sarthe par les commissaires du pouvoir exécutif, chargés officiellement de la distribution auprès des citoyens susceptibles de s'abonner. Le journal qui sort des presses de

---

45. *Le Courrier de la Sarthe*, 22 fructidor an VII.

Merruau, imprimeur du département, paraît tous les deux jours à partir du 16 fructidor et jusqu'au 22 vendémiaire an VIII. Sur les conseils avisés de républicains, il a abaissé ses tarifs pour porter l'abonnement à 7,50F pour trois mois et 30 F par an. Prenant pour modèle le précédent journal manceau qui avait été édité dans des conditions difficiles, *Le Courrier de la Sarthe* ne peut prétendre à une grande originalité, si ce n'est qu'il assure le compte rendu des séances de la Société politique mancelle et qu'il a le mérite d'exister, à une époque où les journaux d'opinion ont été contraints de disparaître. Il est évident que les nouvelles qu'il donne ne peuvent guère susciter l'enthousiasme car les attaques des bandes royalistes occupent, très vite, l'essentiel des colonnes.

Le 28 fructidor, le département est officiellement déclaré en état généralisé de troubles. Déjà, le mois prédédent, l'activité essentielle d'un membre du cercle républicain ne consistait pas à participer à ses travaux ni à conseiller la députation sarthoise sur les projets de loi en discussion, même si la question de l'emprunt forcé de 100 millions intéressa au plus haut point le notateur Le Prince-Clairsigny, indiquant à Houdbert le bon moyen de « rançonner tous ces enrichis, toutes ces sangsues de la République et agioteurs » sans léser la fortune des « amis de la Révolution » qui, comme lui, ayant toutes ses propriétés au Mans allait payer cinquante fois plus que d'autres. Le riche négociant, par ailleurs abonné au nouveau journal de Bazin *Le Démocrate ou le Défenseur des principes* qu'il trouve « un peu moins ardent » et « dont il aime beaucoup le style », participait en franc républicain à toutes les expéditions des colonnes mobiles de la garde nationale du Mans. Il raconte ainsi au député, le 13 thermidor, son expédition de onze heures à cheval, à la tête d'une des quatre colonnes parties à la recherche d'indices sur l'enlèvement d'un ancien fonctionnaire. Les battues dans les alentours n'ont rien donné pas plus que l'enfermement momentané de six royalistes connus, conformément à la loi sur les otages, mais le kidnappé a été libéré par les chouans, après le versement de 4000 F de rançon par sa femme. Quand *Le Courrier de la Sarthe* n'a pas un crime de plus à déplorer dans les rangs républicains, il annonce à ses lecteurs la censure du journal parisien de R. Bazin et R.F.Bescher par le Directoire. *Le Démocrate* était devenu, en effet, un des principaux journaux d'opposition de gauche au gouvernement. Reparu momentanément sous le titre de *L'Ennemi des Tyrans*, il fut victime à nouveau d'une apposition de scellés sur ses presses [46]. Au bout de 22 numéros, le dernier journal républicain manceau dut, lui aussi, cesser de paraître tandis que la dernière société politique décida qu'elle ne se réunirait plus que le quintidi et le décadi, en assurant toutefois qu'elle maintiendrait la lecture quotidienne des nouvelles. La prise du Mans par les chouans en allait décider autrement. Toutefois, une tradition républicaine est déjà née dans la Sarthe : quatre ans plus tard, nombre d'anciens Jacobins tenteront de former une Société Libre de Commerce et de Littérature, dans un des anciens locaux de la société populaire en attendant que les journaux de Rigomer Bazin et de Charles Goyet, sous la Restauration, ne deviennent « l'organisateur collectif » du parti du mouvement [47].

---

46. Peyrard (114).
47. ADS. M 78 ter 3. Cette association de l'an XI, composée de 116 « négociants, marchands et fabriquants » parmi lesquels la moitié sont des anciens clubistes, a été considérée par le préfet comme trop proche de « ces sociétés démagogiques » qu'étaient les clubs révolutionnaires pour être autorisée. Voir notre communication au colloque de 1992 *Révolution et République : l'exception française*, s.d. Michel Vovelle.

Cette période ombreuse de la décennie révolutionnaire, du printemps 1795 à l'été 1799, n'est pas seulement une période de transition entre deux régimes politiques et deux organisations sociales : c'est, aussi, celle de la fondation de la culture républicaine et démocratique comme culture d'opposition.

Dans la déroute politique et l'éradication des institutions populaires, se mettent en place un récit de l'Histoire et un ensemble de pratiques qui définissent la tradition républicaine. Thermidor, vécu si différemment selon les lieux et les options antérieures, devient sous le Directoire le tournant majeur à partir duquel les acteurs de l'Histoire, dans la Sarthe comme dans le Calvados, définissent un avant et un après. C'est cette mémoire des grandes années révolutionnaires qu'évoquent pathétiquement les députés de gauche au Conseil des Cinq-Cents pour tenter, dans ce dernier été du siècle, de faire entrer dans le droit positif l'association politique qui en est un des symboles. La réflexion politique sur la réforme démocratique de la République, en garantissant aux citoyens les droits de réunion et d'expression publique et aux individus la liberté de leur opinion et de leur suffrage, n'a pas le temps d'aboutir même si les jalons de la pensée républicaine ont alors été posés. Le rôle des Jacobins de l'Ouest ne s'achève pas avec la chute du Directoire et le coup d'Etat de Brumaire, mais c'est l'histoire d'une organisation collective qui prend fin.

CONCLUSION

Alors que nous fermons la page sur l'histoire des Jacobins de l'Ouest, nous pouvons nous interroger sur l'évolution même de notre approche depuis l'ouverture de ce chantier. Nous nous situions au départ dans une problématique construite à la belle époque de l'histoire sociale. Illustrée dans les années soixante par les maîtres-livres de P. Bois et M. Agulhon, elle nous incitait à étudier les formes de politisation sous la Révolution comme fondatrices de clivages de longue durée et révélatrices de structures sociales et culturelles déterminantes. Très vite, dans l'espage élargi de nos six départements et dans le cadre chronologique de la décennie révolutionnaire, la modélisation conduisant à valoriser une ligne de fracture et des spécificités régionales s'avérait peu stimulante et, même, mutilante.

Progressivement, et avec notre temps lui-même, nous sommes devenue plus sensible au rôle créateur de l'événement, sans cesse récurrent pendant la décennie révolutionnaire, qu'à sa fonction de révélateur. De même, nous avons été de moins en moins portée à réduire le mouvement social à une cause déterminante. Ainsi, notre démarche nous a finalement rapprochée de la thèse de M. Reinhard qui, dès les années trente, a su montrer l'importance de la période du Directoire dans la construction des structures politiques modernes et de la mémoire républicaine et le rôle décisif des militants qui entretiennent, et continueront d'entretenir sous la Restauration, une flamme révolutionnaire plus lumineuse qu'ailleurs, quand elle n'est pas éteinte. Parallèlement à nos recherches d'ailleurs, l'étude de la presse et celle de la sociabilité politique sont devenues de grands chantiers et ont déjà donné lieu à d'importants travaux. Sans en établir la liste qui apparaît suffisamment au cours des chapitres, reconnaissons d'un mot notre dette à l'égard des initiateurs et des artisans de ces recherches comme aux spécialistes de l'histoire culturelle, historiens, littéraires ou sociologues, dont les méthodes et les réflexions ont nourri notre travail.

Notre étude s'articulait, au départ, autour de deux orientations principales. La première visait à expliquer les caractères particuliers de la propagande révolutionnaire dans ces divers départements de l'Ouest intérieur, davantage marqués par les phénomènes de la contre ou de l'anti-révolution. Il fallait suivre les chemins de la politisation à la ville et à la campagne et fixer l'attention sur la chronologie du mouvement révolutionnaire. L'étude minutieuse de la structure associative, comme test le plus profond de l'engagement politique, dans son organisation, son personnel et son idéologie constituait la seconde orientation de notre recherche.

En fait, l'étude du jacobinisme conduit à s'intéresser à toutes les formes d'expression publique.

Celles qui s'insèrent dans un héritage de plus ou moins longue durée. C'est le cas de la manifestation populaire qui, dans les attroupements sur les marchés, dans les entraves à la circulation des grains ou dans les cortèges anti-seigneuriaux, témoigne d'une longue pratique contestataire dans les communautés rurales et dans les quartiers urbains. Étudier la fréquence, les mots d'ordre et les participants de ces manifestations faisait partie intégrante de notre sujet. Connaître les aspirations comme les formes d'organisation du mouvement populaire était un préalable nécessaire pour démêler le vieux du neuf et suivre l'évolution de leurs revendications. C'est le cas, aussi, dans un autre registre, des modes d'association qui constituent le socle culturel de la France révolutionnaire. Dans les campagnes de l'est de l'Orne, la confrérie de charité joue un rôle important et mobilise pour sa défense de nombreuses commmunautés rurales qui finissent par trouver dans la société populaire un substitut momentané au modèle religieux. Dans les grandes villes, c'est la vogue du cercle de loisirs qui, dans la décennie pré-révolutionnaire, réunit des groupes d'hommes fixant l'organisation et le contenu de leurs séances comme la qualité des récipiendaires. Avant d'être rejetés, puis, reconstitués, ces cadres de la vie collective pour des milieux sociaux spécifiques ont joué un rôle précurseur dont il ne convient ni de minimiser, ni de majorer l'influence.

Celles, ensuite, qui naissent de l'ébranlement révolutionnaire. C'est le cas de la pratique pétitionnaire, de la circulation des imprimés, de la réunion politique publique, de la création des journaux. Nous nous sommes particulièrement attachée à montrer combien le journal révolutionnaire est inséparable, dans l'Ouest, de l'association politique. Le club rassemble à l'origine un public qui veut lire et entendre les nouvelles et fait naître le besoin d'une feuille patriote à l'échelle d'une ville, d'un district ou d'un département. Il réunit non seulement un public de lecteurs et d'auditeurs, mais il forme aussi les producteurs, à savoir les imprimeurs qui, partout, sont sociétaires du club patriotique, et les journalistes qui prennent la parole, en nom collectif.

C'est à partir de ce socle que nous avons étudié les formes de la propagande jacobine dans les villes et dans les campagnes de l'Ouest.

Dès la première année, les villes connaissent l'association politique. Ce premier réseau des Sociétés des Amis de la Constitution, du printemps 1790 au printemps 1791, n'est pas lié à l'existence de sociétés antérieures, loges maçonniques notamment. Aux côtés de membres de la bourgeoisie intellectuelle et du clergé constitutionnel, le rôle de la bourgeoisie commerciale apparaît prépondérant. Nous avons montré que le jacobinisme élabore, dans cette première phase d'activités, les fondements théoriques de toute son idéologie et de sa pratique politique ultérieure. Le club n'est pas un parti, c'est une assemblée publique dans laquelle le citoyen pratique l'exercice de ses droits et s'instruit de ses devoirs. Dans ce microcosme de la nation assemblée, il vote les lois qui régissent son action, il élit des mandataires et fraternise avec les frères et amis de la Société-Mère, de la France entière et, même, de Londres. Jaloux de participer à l'activité politique nationale et au rayonnement des idées nouvelles et de la loi, il l'est, également, de son autonomie civique. Sous la monarchie constitutionnelle, le citoyen se dote dans la réunion poltique d'une conscience républicaine que la fuite à Varennes va faire progressivement apparaître, en dépit du schisme des Feuillants.

Cette structure associative est imitée dans les quartiers populaires d'une grande ville, comme Le Mans, qui se dote en 1791 d'une Société Fraternelle, aux aspira-

tions démocratiques plus radicales que le club du centre-ville. La campagne de pétitions du printemps et de l'été 1792, organisée dans les clubs contre la monarchie et
les forces réactionnaires, transforme l'auxiliaire du nouveau régime en un nouvel
espace de légitimité révolutionnaire. L'année de la chute de la monarchie est aussi
celle où la parole jacobine rayonne, non pas grâce aux missionnaires patriotes
comme dans le Midi ou dans des congrès de sociétés populaires comme en
Bourgogne ou dans le Nord, mais grâce au journal : l'écrit, plus que le discours oral,
apparaît comme une caractéristique du jacobinisme dans l'Ouest.

En reconnaissant l'existence politique des sociétés populaires, la République nais-
sante consacre la tribune du club et favorise le développement du forum. La crise
fédéraliste est un moment privilégié pour découvrir l'ambivalence de l'association
politique : son utilisation comme contre-pouvoir par les Girondins en quête d'une
légitimité provinciale, et son fonctionnement concret qui est celui d'une cellule
vivante d'un corps social en mouvement. L'échec du fédéralisme révèle surtout l'impossibilité à transformer la structure clubiste en parti politique.

Cette résistance à hypothéquer son autonomie politique, on la rencontre aussi en
l'an II car l'hégémonie jacobine est le résultat d'une dialectique entre le mouvement
politique national et le mouvement associatif local. Aux côtés des nouveaux clubs
qui pratiquent le devoir d'orthodoxie, surgissent ceux qui, comme Le Mans, revendiquent la liberté d'expression ou ceux qui, comme Falaise, refusent ouvertement de
pratiquer une auto-épuration après juin 1793 et après Thermidor. Mais la populari-
sation et la multiplication des sociétés populaires sous le gouvernement montagnard
s'accompagnent d'une instrumentalisation de leur rôle. Appliqués à rendre la loi
souveraine en pratiquant une surveillance active, les jacobins provinciaux sollicitent
une correspondance étroite avec le club parisien qui refuse de jouer un rôle autonome et distinct du pouvoir législatif. Dans cette volonté d'unifier le corps social,
l'action tribunitienne des clubs disparaît, en même temps que s'efface la Société-
Mère, au profit du soutien sans failles à l'action gouvernementale. L'acceptation de
la centralité législative laisse les Jacobins sans alternative aux lendemains de
Thermidor.

La répression thermidorienne qui s'opère dans la Mayenne dès le début de l'an III,
ailleurs au printemps 1795, ne parvient pas à éradiquer la culture politique jacobine.
En entrant dans l'opposition au régime directorial, les Jacobins de l'Ouest n'oublient
pas un des socles de leur idéologie : la recherche de l'unité du ci-devant Tiers-Etat.
Confrontés à l'essor de la chouannerie et du royalisme, leurs porte-parole journalistiques définissent leur stratégie de défense républicaine. Entre deux coups d'Etat, le
Directoire voit refleurir les réunions politiques. Le réseau des cercles constitutionnels de l'an VI et de l'an VII rappelle celui des Amis de la Constitution au printemps
1791, sans y correspondre tout à fait : l'héritage jacobin survit plus facilement dans
les grandes villes de vieille tradition clubiste, mais se manifeste, aussi, dans un plus
grand nombre de communes rurales qu'au début de la Révolution.

Car la culture politique jacobine s'est propagée très tôt dans les campagnes.
Dès la première année, de petites bourgades ont participé à la grande vogue clubiste, en précédant parfois, même, des villes notables par leur population ou leur
fonction administrative. Puis, très vite, la propagande en direction des campagnes,
dans ces départements où la population rurale compose l'écrasante majorité, est
devenue un des thèmes majeurs des clubs urbains. C'est par le texte écrit, soit des
brochures, diffusées à plusieurs centaines d'exemplaires auprès des municipalités et
des curés jureurs, soit des journaux, rédigés la plupart du temps par des intellectuels
imitant le style du *Père Gérard*, mais aussi parfois, comme à Vire, par des auteurs

plébéiens, que la bonne nouvelle des droits de l'homme et du citoyen s'est répandue dans les campagnes.

Toutefois, la démarche culturelle des Jacobins des villes n'est pas celle qui a mobilisé les habitants des districts, riches de leur propre pratique politique. C'est dans l'action communautaire contre les châteaux en 1789, puis contre le libéralisme économique, prêché par les Jacobins en 1792, que le monde rural manifeste ses aspirations politiques. Cette « révolution paysanne » ne nous a paru ni autonome, ni paysanne. D'une part, parce qu'elle rallie à ses objectifs à la fois les habitants des quartiers populaires des villes et ceux qui seront les leaders jacobins en 1793 et l'an II comme au Mans, par exemple, autour de l'administrateur Potier de la Morandière et des journalistes du club qui se saisissent du mouvement taxateur pour radicaliser la lutte politique. D'autre part, parce que le monde rural est d'une grande diversité sociologique. Dans ce pays de forges qu'est la région de Breteuil, par exemple, les artisans et les patrons sont partie prenante du mouvement prolétarien visant à imposer la taxe, non seulement sur les grains, mais aussi sur les matières premières, et à convaincre les paysans de la possibilité d'abaisser également le prix de leurs fermes. La gamme des intermédiaires culturels au village ne se limite pas aux meneurs organiques de la communauté rurale, mais s'élargit à des notables aussi apparemment incongrus que le ci-devant Levacher, taxateur au printemps 1792, sans-culotte en l'an II et toujours républicain en l'an VI.

L'implantation des sociétés populaires à la campagne valorise la fonction intégratrice qui fait souvent écarter de l'ordre du jour des séances les questions sociales, comme le fer, le pain et les communaux pour faire régner le consensus interclassiste de la communauté nationale dans la communauté rurale. La réunion politique tend vite à se métamorphoser en une grande veillée collective de l'assemblée des habitants. Ce n'est pas le cas de la société de Colleville-sur-Mer, créée en juillet 1792 par un journalier contestataire et un curé anticonformiste, soutenu par ailleurs par un évêque républicain avant la République, pour poser la question des communaux au rang des questions politiques : cet exemple révèle la tentative de transformer la structure associative jacobine en instrument de lutte contre les coqs de village qui tiennent toujours la municipalité en l'absence du ci-devant seigneur. L'échec de cette autre conception clubiste, malgré le soutien des Jacobins de Bayeux, montre l'influence des notables dans les campagnes, sans qu'il faille conclure à un modèle exclusif de comportements et d'options politiques.

Nous voici donc ramenée à la seconde orientation de notre étude : la radiographie du jacobinisme dans l'Ouest.

L'analyse chronogéographique du mouvement jacobin de 1790 à 1799 fait apparaître deux époques où le bilan s'impose. La première et la plus importante est, bien sûr, l'an II. Globalement, la moitié des sociétés populaires ont été créées sous le gouvernement de Robespierre : sa chute met fin à une relativement courte acculturation politique. Ce jacobinisme tardif est également contrasté. Au maillage très dense, caractérisant les campagnes de l'Eure, s'oppose celui très distendu de la Mayenne. L'étude de la relation ville-campagne à l'échelle départementale, à travers le test de l'association jacobine, montre la spécificité des gros bourgs bocagers qui, surtout dans ce département, restent en marge du mouvement révolutionnaire. L'enclavement géographique du bocage, l'habitat dispersé et l'absence de structures associatives laïques antérieures constituaient des blocages prévisibles ; la propagande écrite des Jacobins de l'Ouest, avant leurs missions patriotiques de l'an II, pouvait difficilement être reçue dans ces campagnes situées au sud de la ligne Maggiolo ; enfin, la résistance cléricale au changement apportait une réponse communautaire aux inquiétudes nées de l'arrivée des curés intrus et du départ des jeunes gens vers les frontières. Ce brassage de populations et d'opinions qui fait défaut ici, on le note ailleurs. D'abord, sur les côtes où la défense patriotique attire au fond du Cotentin des citoyens-soldats venus de tous les coins de France et, surtout, dans l'aire de ravitaillement de la capitale dont l'Eure fait partie où de nombreux émissaires parisiens propagent la culture révolutionnaire. Toutefois, la valeur de référence que l'on aurait voulu attribuer au test de la sociabilité politique de l'an II, en opposant des options collectives de longue durée - le radicalisme anticlérical des uns et le conservatisme clérical des autres - ne se vérifie pas dans le département de la Sarthe : l'Est, bientôt libre-penseur et radical, n'a pas connu la floraison des clubs. Aux côtés d'une sociabilité de greffe tardive et que l'on peut qualifier de politiquement conformiste, on a vu se développer une sociabilité de résistance : c'est dans l'Ouest sarthois que l'on regroupe plus volontiers ses forces, après les violents troubles de la réquisition en 1793.

La survivance d'une pratique jacobine sous le Directoire constitue l'héritage direct de cette acculturation politique. Ephémère et superficielle dans des zones bien quadrillées par les Jacobins en l'an II, elle révèle sa prégnance dans des lieux moins attendus. Les villes offrent, évidemment, les meilleures possibilités de retrouvailles pour les anciens frères et amis qui, sous l'égide des dirigeants locaux de 93, oublient leurs querelles politiques passées devant la gravité de la situation nationale et régionale. Les bourgs patriotes et engagés dès la première année dans le mouvement associatif retrouvent, sans trop de peine, leurs réflexes militants tandis que des communes rurales qui n'avaient pas connu de club participent alors à la défense républicaine. Le rôle d'un leader d'opinion - un général républicain, comme Cambray dans la Sarthe, ou un journaliste inflexible, comme Rigomer Bazin - qui fédère les énergies patriotiques et l'attitude des fonctionnaires qui facilitent la rédaction d'une pétition ou qui offrent un local aux républicains dans la Maison commune, servent alors de catalyseur. Sans autre soutien gouvernemental qu'éphémère, ces groupes républicains de l'an VI et de l'an VII parviennent à mobiliser, le temps bien souvent d'une pétition, une quantité non négligeable d'anciens clubistes malgré l'ampleur de la réaction thermidorienne. Cet ultime parti pris des anciens Jacobins de l'Ouest contre les exactions des chouans et la politique gouvernementale définit pour longtemps le cadre d'une culture d'opposition que l'on va retrouver dans « le parti du mouvement ». Leur héritage n'est pas seulement partisan, il est aussi collectif pour la génération suivante qui s'efforcera de recouvrer le droit politique de presse et de réunion dans le pluralisme des opinions.

Quant à la sociologie des acteurs engagés de la révolution dans l'Ouest, notre étude a suivi plusieurs pistes, tant quantitatives que qualitatives, en délaissant la voie moyenne qui est celle de l'étude prosopographique. Le champ géographique balayé dans cette thèse interdisait une recherche sur chacun de ces milliers de Jacobins.

L'analyse socio-professionnelle des adhérents au début de l'an III révèle la diversité de composition des sociétés populaires selon la situation, urbaine ou rurale, portuaire ou intérieure, de la commune. Partout, le club suscite l'adhésion pleine et entière de la bourgeoisie et une forte participation du monde de l'échoppe et de la boutique. Même s'il échoue globalement, et non pas localement, à intégrer dans l'enceinte même des sociétaires les paysans, les journaliers et les femmes, il accueille tous les milieux sociaux : les tisserands et les cordonniers y côtoient les notaires et les médecins, comme les curés et les négociants, les instituteurs et les ouvriers, ou encore les fonctionnaires et les soldats, les rentiers et les étudiants. Tous les étages de la pyramide fiscale d'un bourg comme Longny-au-Perche sont représentés à la société populaire ; même si les pauvres sont bien moins nombreux proportionnellement, ils s'honorent du même titre de citoyen que les plus riches de la commune. C'est bien cette fraternité révolutionnaire qui nous paraît la caractéristique fondamentale de cette structure associative dans l'Ouest. C'est bien cet héritage que l'on retrouve encore à la fin du Directoire.

L'analyse chronologique montre que cette démocratisation a suivi la radicalisation de la Révolution française. Toutefois, l'alliance effective de la bourgeoisie avec les classes populaires résulte parfois d'une stratégie locale qui anticipe le mouvement national, comme la fusion de la Société Fraternelle au Mans avec celle des Amis de la Constitution. L'étude des quartiers d'une grande ville complète l'analyse sociale des adhérents en soulignant que l'emplacement du local du club dans les quartiers populaires favorise un recrutement de masse.

Enfin, le rôle joué par certains militants méritait une approche plus personnalisée. Cette galerie de portraits restitue l'itinéraire social et politique des Jacobins de l'Ouest pour redonner vie, au delà de la froideur des comptages, à ces hommes intrépides, inlassablement actifs, irréductibles au moment des réactions qui ont été les principaux acteurs de cette génération révolutionnaire.

Ainsi nos Jacobins de l'Ouest s'insèrent dans le tableau qui se complète peu à peu d'un jacobinisme à la fois un et divers à l'échelle nationale. Le jacobinisme en France n'est ni un schéma s'appliquant partout de façon mécanique, ni une mosaïque de particularismes locaux : c'est un tout différencié. Comme dans une œuvre de composition, chaque partie du tableau est originale mais c'est l'ensemble qui lui donne son sens et sa valeur. Au terme de l'étude, nous croyons donc pouvoir écrire qu'il n'y eut pas seulement des Jacobins dans l'Ouest et qu'on ne saurait parler non plus d'un jacobinisme de l'Ouest. Il exista, en revanche, réalité vivace pendant la décennie révolutionnaire et terreau pour une histoire plus longue, des Jacobins de l'Ouest.

1

SOURCES ET BIBLIOGRAPHIE

La présente édition ne retient que l'essentiel de la bibliographie et les sources majeures, tant manuscrites qu'imprimées (pour plus de détails, se reporter à notre thèse, tome 4, p 85-144).

SOURCES MANUSCRITES

ARCHIVES NATIONALES

Série AF III.
Adresses des Cercles constitutionnels : 218 (Calvados), 226 (Eure), 245 (Manche), 247 (Mayenne), 252 (Orne), 259 (Sarthe), 274 (Mayenne), 516 (Eure).
Série AP.
140/1. Archives privées de Jubé de la Pérelle.
Série BB 18.
733. Surveillance de la presse.
Série BB 30.
79. Affaire du soulèvement dans le bocage normand en 1789.
Série C.
Très utile pour les pétitions des sociétés populaires et des cercles constitutionnels.
101 ; 243 à 262 ; 460 à 475 ; 685 et 686.
Série DXL.
Même remarque. 3 ; 9 ; 14 ; 19 ; 21 à 23.
Série DXIV.
Les pétitions au Comité des Droits Féodaux sont classées par département. 2 ; 3 ; 5 ; 6 ; 8 et 10.
Série F1a.*
548. L'état des sociétés populaires de la République s.d.
Série F1b.
I 164. Dossier préfectoral de Jubé de la Pérelle.
II 1-3 et 14. Personnel administratif de la Sarthe.
Série F 7.
La source est fondamentale pour l'étude des militants, des associations et des journaux. 3446 ; 3448-3452 ; 3661 ; 3682-3684 ; 4233 ; 4278 ; 4635 ; 7165 ; 7187 ; 7390 ; 7401 ; 7408 ; 7417.
Série F 10.
233 ; 264 ; 284 ; 285 ; 320.

Série F 11.
1176.
Série T.
ⁿᵒᵗᵉ 1495 A et B. Registre d'abonnés au *Journal de la Montagne.*
Série W.
8/387 ; 18/759 ; 25/1486 ; 42/2865 (Inculpés de fédéralisme).
356 (Affaire du Mans).

ARCHIVES DEPARTEMENTALES

CALVADOS

1 L 2263. Deuxième registre de la Société des Amis de la Liberté et de l'Egalité de Bayeux (20 février-26 juillet 1793).

1 L 2264. Carnet de délibérations de la Société de Colleville-sur-Mer (22 juillet-23 septembre 1792).

1 L 2265 à 2270. Registres de délibérations de la Société des Amis de la Constitution de Lisieux (29 juillet 1790-23 juin 1791) ; (7 juillet 1791-2 juin 1792). Mémorial ou brouillard des séances de la Société des Amis de la Liberté et de l'Egalité (24 juillet 1792-7 octobre 1793). Registre de la Société populaire de Lisieux (1er frimaire-29 priairial an II). Sixième registre (1er messidor-29 germinal an III). Ce registre ainsi que le troisième ont été introuvables.

1 L 2271 à 2273. Documents sur « les terroristes » de Lisieux.

1 L 2276 à 2277. Registres de délibérations de la Société de Falaise (27 janvier 1791-5 germinal an III).

2 L 7. Correspondance du district de Bayeux concernant les sociétés populaires et les comités de surveillance.

2 L 17. Documents sur les sociétés populaires avec les listes d'adhérents des sociétés du district de Bayeux, celle de Falaise et un registre égaré de délibérations de la société de Lisieux.

EURE

Série L.
Sur les mouvements populaires :
236 L 8 ; 12 L 20 ; 311 L (procédures judiciaires)
38 L 4. Affaires contentieuses sur la forêt (1793-an VI)
188 L 23. Registre des visas, enregistrement des marchés avec la République et autres particuliers.

Sur les sociétés populaires :
236 L 1. Registre de la société populaire des Sans-Culottes de Beaumesnil (nivôse an II-nivôse an III).

236 L 2 à 8. Archives de la société populaire de Breteuil (Registre de délibérations d'août 1793 à l'an III, liste de membres, correspondance, comptes du trésorier, statuts des filles citoyennes de Breteuil).

236 L 9. Registre de délibérations de la société populaire de Condé-sur-Noireau (nivôse an II-ventôse an III).

236 L 10 à 12. Registres de la société des Vrais Républicains et Francs Sans-Culottes d'Evreux (septembre 1793-prairial an II), de la société populaire d'Evreux (23 prairial-6 fructidor an II), tableau des membres et correspondance de l'an II.

236 L 13. Registre de la société populaire et républicaine d'Ivry (ventôse an II-frimaire an III).

236 L 14. Registre de la société populaire de Rugles (septembre 1793-nivôse an III).

236 L 15 et 16. Documents sur les sociétés de Grégoire-de-Vieuvre et de Verneuil.

236 L 17. Registre de la société populaire de Vernon (octobre 1792-thermidor an II).

236 L 18 à 20. Registres de délibérations de la société de Bernay (juillet 1790-floréal an III).

Série J
1 J 253/7. Documents sur la société populaire de Bernay.
37 J 9. Correspondance du conventionnel J.M. Duroy avec la société populaire.

MANCHE

Les archives départementales ont été détruites en 1944. A Saint-Lô, il ne reste plus que quelques rares brochures imprimées des clubs de Coutances, Valognes et Saint-Lô.

MAYENNE

Série B :
Sur les mouvements populaires : 1144, 1523, 1631, 1722, 1723, 1988, 1996, 2001, 2321 ; 2820, 2821, 3800.

Série J
183. Registre, statuts, règlements et délibérations du Nouveau Jardin des Trente-Cinq à Laval.

Série L
Sur les sociétés populaires :
1622-1624. Documents divers sur les clubs (Craon et Ernée particulièrement).

1625. Registre des délibérations de la société populaire d'Evron (germinal an II- *note* frimaire an III) et tableau des citoyens et citoyennes.

1626. Documents sur le club de Lassay.

1627-1628. Registre de la Société Patriotique de Laval (irrégulièrement tenu de février à septembre 1793 puis, après un bref intermède en nivôse, de messidor à fructidor an II).

1629. Registre de la Commission Philanthropique de Laval (brumaire-frimaire an III).

1630. Divers documents sur le club lavallois.

1631-1632. Archives de la société de Mayenne avec les délibérations d'octobre 1793 à prairial an II.

1916. Sur la société populaire de Monsûrs.

Sur les « terroristes » en l'an III :
526. Craon.

1097. District d'Ernée.
1320. Désarmement de prairial an III.
1838-1881. Laval, essentiellement. Le plus beau fonds sur la répression politique post-thermidorienne.

ORNE

Série B :
Fonds de la maréchaussée d'Alençon (en cours d'inventaire) pour le pillage des châteaux en 1789.
3 B 200-202. Pour les mouvements populaires relevant du bailliage et présidial d'Alençon.

Série C :
46. Enquête de 1748 sur les manufactures et les industries des forges de la généralité d'Alençon.
38 et 50. Documents sur les conflits dans les forges.
402, 403, 415, 605, 606. Correspondance de l'Intendant relative aux troubles.
1270, 1274, 1276, 1280, 2648. Documents fiscaux et roles des tailles de 1789 ou des impositions de 1790.

Série L :
Fonds des sociétés populaires :
5094. Documents généraux.
5095-5101. Archives de la société d'Alençon avec les délibérations de la Société Patriotique des Amis Réunis (mai 1791-mars 1793), ses adresses (1791) et la correspondance de la Société des Sans-Culottes (septembre 1793-frimaire an II).
5102-5111. Documents sur les clubs d'Argentan, Bellême, La Carneille, Carrouges, Domfront, Exmes et L'Aigle.
5112-5113. Registre de la société populaire de Longny (prairial an II-prairial an III) et tableau des membres de brumaire an III.
5115-5117. Correspondance du conventionnel Desgrouas avec la société populaire et le comité de surveillance de Mortagne.
5118. Liste des membres de la société de Maurice-du-Bon-Air (ci-devant Saint-Maurice-les-Charencey).
5119. Registre de la société populaire des Sans-Culottes de Trun (nivôse an II-nivôse an III), avec un cahier des recettes et dépenses et le tableau des membres.

Documents annexes sur les clubs :
1869, 2367-69, 2374, 2611, 2613, 2786, 2933.

Fonds des districts :
363, 513, 1496 (Alençon) ; 1841-42 (Argentan) ; 2343, 2948 (Bellême) ; 2508, 5109 (Domfront) ; 2275-77, 2810 (L'Aigle) ; 2933, 2935, 2948 (Mortagne).

Désarmement des « terroristes » :
2932, 5065 (Mortagne)
2775, 2885 (L'Aigle)
5198, 5203, 5236. Procédures et jugements des fonctionnaires de la Mayenne.

Fonds du tribunal criminel du département :
2613, 2786, 2933, 5165-66, 5170, 5234, 5253, 5285, 5288-89, 5295, 5297, 5301, 5303, 5336, 5342-43, 5355, 5861, 5891, 6011, 6017, 6125, 6130, 6134, 6137, 6309, 6313, 6494-98, 6502, 6807, 6810, 6909-10, 6912, 6916 (sur les mouvements populaires).

SARTHE

Série B
1429, 1513-14, 1521-24 (sur les mouvements populaires)

Série 2E
191/32, 34, 35, 60,62, 63, 191 (pour les recherches biographiques)

Série J
1J 60. Papiers de l'imprimeur Monnoyer.
1 J 159. Documents sur la société populaire du Mans.
108 J 284. Papiers J.R.Pesche.
108 J 286. Documents sur les Potier.

Série L
Sur les sociétés populaires :
265. Tableau des membres de la société populaire de Fresnay.
284. Tableau des membres des clubs du Mans, Ballon et Savigné.
1993. Registre de délibérations de la Société Populaire et Montagnarde de Mamers (messidor an II-floréal an III).

Documents divers sur les clubs :
27, 123, 126, 156, 202, 266-69, 272, 279, 280, 321, 395, 420, 455.

Repression des « terroristes » :
274, 284 (Le Mans).
1826, 1877 (registres d'écrou des prisons du Mans)
604-606 (comité de surveillance du Mans)

Presse :
156, 159, 160, 163, 167, 174, 180, 181, 273, 1960.

Mouvements populaires :
27, 29, 71-72, 100-104, 128, 154-155, 222, 257, 259, 268, 279, 320-321, 471, 483 (mouvements frumentaires) ; 322, 325-326 (garde nationale) ; 29, 31-32, 72, 77, 79, 103, 267, 280, 372, 385 (troubles religieux) ; 39, 266, 269, 272, 600, 604 (troubles du recrutement).

Documents annexes :
28, 31bis, 124, 134, 217 (administration départementale) ; 193 (correspondance des députés) ; 413 (district de Château-du-Loir), 462 (de fresnay), 263, 456 (La Ferté-Bernard), 459 (La Flèche), 270, 527, 529, 553 (Le Mans), 479, 483 (Mamers), 579 (Sablé), 584-585 (Sillé).

Série M
78 ter 1-3. Enquête sur les associations.

ARCHIVES COMMUNALES

CAEN

I 33-46. Documents sur le fédéralisme.
I 5Obis, 55, 275-277. Documents divers sur les sociétés populaire et des Carabots.
I 278. Procès-verbaux des séances du Cercle constitutionnel de l'an VI.

CHERBOURG

2 I 113-118. Sept registres de la société populaire (avril 1790-an III).
2 I 8, 9, 45. Désarmement des « terroristes ».
2 I 39-45. Documents sur les babouvistes détenus au fort.

COUTANCES

R 10. Registre de la société populaire (prairial an II-ventôse an III), tableau des membres et Cercle littéraire de l'an VI.
R 11. Troubles de thermidor an III.
149. Registre de la société populaire (germinal-thermidor an III).

HONFLEUR

I 48-54. Documents divers.
I 60-63. Registres des délibérations et de correspondance de la société populaire (janvier 1791-pluviôse an III).

FALAISE

I 303-306. Liasses de correspondance de la société populaire.

LE MANS

1006. Registre de la Société des Amis de la Constitution (1790-92).
1005, 1007, 1008. Documents sur les sociétés populaires du département et listes des membres de la société populaire du Mans.
1027. Documents sur la presse.
1557. Dénombrement de la population du Mans en l'an VIII (celui de l'an IV, terminé en l'an VI, est incomplet).

VALOGNES

s.c. Registre de délibérations de la Société Montagnarde (septembre 1793-messidor an II).

VIRE

Les registres de la société populaire ont été détruits pendant la Seconde Guerre Mondiale.

BIBLIOTHEQUE MUNICIPALE

ALENCON

Ms 575. Registre de délibératiopns de la société populaire d'Essai (floréal an II-ventôse an III). Microfilm aux ADO : 1 MI 154.

Ms 612. Registre de délibérations du club d'Argentan (avril 1791-brumaire an II).

Ms 624. Registre de délibérations de la société populaire de Mortagne (germinal an II-messidor an III).

Ms 5159-5161. Listes des épreuves des gravures de P.F. Godard.

BAYEUX

Ms 217. Pièces diverses (relatives à Wimpfen, notamment).

Ms 325. Documents sur la Société Littéraire en 1789.

BERNAY

MS 12517. F. Malbranche (1819-1903), « *Le Journal des Campagnes,* publié à Bernay en 1795 ».

SOURCES IMPRIMÉES

Abréviations utilisées :
ADC : Archives départementales du Calvados
ADE : Archives départementales de l'Eure
ADManche : Archives départementales de la Manche
ADM : Archives départementales de la Mayenne
ADO : Archives départementales de l'Orne
ADS : Archives départementales de la Sarthe
AN : Archives nationales
BM : Bibliothèque municipale
BN : Bibliothèque nationale

JOURNAUX

Nous ne mentionnons que les périodiques départementaux dont il reste soit quelques exemplaires, soit la collection complète. Pour la bibliographie critique de tous les titres de presse et l'analyse de contenu des journaux du Maine et de Basse-Normandie, nous renvoyons le lecteur à notre thèse.

Calvados

(1) *Nouvelles*, Caen, 1790. BM Alençon, n°1541.

(2) *Journal Patriotique de Basse-Normandie,* Caen, janvier-avril 1790 (quotidien). ADC 13 T VIII 23 (patriote modéré).

(3) *Le Courrier des Cinq-Jours,* devient *Le Courrier du Calvados* (janvier 1791), puis *Le Courrier Républicain du Calvados* (janvier 1793), Caen, janvier 1790-juillet 1793 (bi-hebdomadaire). Précédé de pamphlets : *Duchesne boudant à ceux de Caen, Epitres de Jean Bart aux habitants du Calvados.* ADC 13 T VIII 11, 11bis et 13 (patriote militant, républicain, girondin).

(4) *Le Courrier des Campagnes*, Vire, janvier-novembre 1791 (hebdomadaire), ADC 13 T VIII 42 (patriote militant).

(5) *Journal des Débats de la Société Patriotique de Caen*, Caen, avril-mai 1792 (hebdomadaire). ADC 13 T VIII 19 et BN 80 Lc11/197 ter (jacobin).

(6) *Journal des Amis*, Paris, janvier-juin 1793 (hebdomadaire). ADC 13 T VIII 19 (journal de Claude Fauchet, évêque du Calvados).

(7) *Bulletin des Autorités Constituées réunies à Caen*, Caen, juin-juillet 1793, réédité en 1875 (bulletin fédéraliste du département).

(8) *Journal de l'Armée des Côtes de Cherbourg*, Caen (surtout), juillet 1793-frimaire an II. ADC 13 T VIII 15 et BN 8°Lc2/2583 (journal militaire et jacobin).

(9) *Journal Général du Calvados*, Caen, thermidor an IV-vendémiaire an VI (tous les deux jours). ADC 13 T VIII 22 (antijacobin).

(10) *Gazette Universelle et Bulletin particulier du Calvados*, puis *Gazette du Calvados*, Caen, vendémiaire an V-prairial an VII (tous les deux jours). ADC 13 T VIII 41 (républicain).

Eure

(11) *Journal des Campagnes*, Bernay, ventôse-floréal an III (hebdomadaire). ADE 13 L 4 (thermidorien).

(12) *Journal des Départements*, Evreux, vendémiaire an IV (trois fois par décade). BN 8° Lc11/339 (5) (républicain).

(13) *Bulletin du département de l'Eure*, puis *Bulletin de l'Eure*, Evreux, frimaire an V-germinal an VI (tous les cinq jours). BN 8°Lc10/127 (4) (républicain).

(14) *Journal du Bon Sens*, Evreux, pluviôse an V-frimaire an VI (décadaire). BN 8°Lc11/339 (républicain modéré).

Manche

(15) *Argus ou Journal du département de la Manche*, Coutances, juin 1790. ADManche (patriote).

(16) *Entretiens Patriotiques dédiés aux habitants des campagnes*, Cherbourg, mai 1792-mars 1793 (hebdomadaire). AM Cherbourg 2 I et BN 8°Lb 39/10567, 8°Lc 11/261 bis (jacobin).

(17) *Journal du département de la Manche,* Coutances, janvier 1793-frimaire an II. AM Cherbourg C 25 (républicain).

Mayenne

(18) *Le Patriote du Département de la Mayenne*, puis *Le Sans-Culotte du département de la Mayenne*, Laval, mai 1792-septembre 1793 (hebdomadaire). BM Le Mans, Société d'Agriculture, Sciences et Arts de la Sarthe (jacobin).

(19) *Bulletin du Département de la Mayenne*, Laval, juillet 1793 (tous les deux jours). AN F7/3682 (10) (fédéraliste).

Orne

(20) *Journal du département de l'Orne*, Alençon, mars 1790-octobre 1791 (hebdomadaire). AN ADXXXA 364 et BM Alençon n° 2498 (patriote).

(21) *Le Redoutable Père Jean de Domfront*, Paris, été 1791. BN 8°Lc 2/2290 (pamphlets).

(22) *La Renommée ou Journal de Mortagne*, Mortagne, vendémiaire an V-vendémiaire an VI (quotidien). AN F7/3450 (antijacobin).

Sarthe

(23) *Affiches de La Flèche ou Journal national du district,* puis *Affiches de La Flèche et Recueil de Nouvelles intéressantes*, La Flèche, janvier 1791-décembre 1792 (bi-hebdomadaire), BM Le Mans (patriote).

(24) *Journal Général du département de la Sarthe*, Le Mans, mars 1791-février 1792 (hebdomadaire), idem (patriote).

(25) *Le Courrier Patriote du département de la Sarthe*, Le Mans, février 1792-juillet 1793 (hebdomadaire), idem (jacobin).

(26) *Le Défenseur de la Vérité ou l'Ami du Genre Humain*, Le Mans, puis Paris, février 1792-frimaire an II (hebdomadaire), idem et BN 8°Lc2/773 (journal de P. Philippeaux).

(27) *Bulletin du département de la Sarthe*, Le Mans, juin 1793-an II, BN Fol Lc10/355 (15), (affiches officielles).

(28) *Chronique du département de la Sarthe*, puis *Chronique de la Sarthe de J.R.Bazin*, vendémiaire an V-germinal an VI, Le Mans (tous les deux jours), BM Le Mans (néojacobin).

(29) *L'Indicateur du département de la Sarthe*, le Mans, brumaire-germinal an VI, idem (néojacobin).

(30) *Le Préservatif de l'Anarchie ou l'Espion Constitutionnel de la Sarthe*, Le Mans, brumaire-thermidor an V (bi-hebdomadaire), idem, (antijacobin et royaliste).

(31) *Le Conciliateur ou Annales des Assemblées Primaires*, Le Mans, germinal an V, AN BB18/733 (royaliste).

(32) *L'Abeille*, Le Mans, floréal-messidor an VI (tous les deux jours), idem (républicain).

(33) *Le Courrier de la Sarthe*, Le Mans, fructidor an VII-vendémiaire an VIII (tous les deux jours), idem (républicain).

ETUDES ET TRAVAUX

Ils ont été classés en plusieurs rubriques et, à l'intérieur, par ordre alphabétique.

Abréviations utilisées pour les revues :
AESC : Annales Economie, Sociétés, Civilisation.
AHRF : Annales Historiques de la Révolution française
BCHM : Bulletin de la Commission Historique de la Mayenne
BHAO : Bulletin Historique et Archéologique de l'Orne
BSASAS : Bulletin de la Société d'Agriculture, Sciences et Arts de la Sarthe
RHMC : Revue d'Histoire Moderne et Contemporaine

INSTRUMENTS DE TRAVAIL ET MÉTHODOLOGIE

Instruments de travail

(34) G. Arbellot, B. Lepetit, J. Bertrand : *Routes et communications. Atlas de la Révolution française,* Paris, 1987, 91 p.

(35) Alphonse Aulard : *La Société des Jacobins,* Paris, 1889-1895, 6 volumes.

(36) JP Bertaud, J. Reichel, J. Bertrand : *L'armée et la guerre. Atlas de la Révolution française,* Paris, 1989, 79 p.

(37) J. Boutier, Ph. Boutry : *Les sociétés politiques. Atlas de la Révolution française,* Paris, 1992, 132 p.

(38) D. Julia, H. Bertrand, S. Bonin, A. Laclau : *L'enseignement (1760-1815). Atlas de la Révolution française,* Paris, 1987, 105 p.

(39) Eugène Hatin : *Histoire politique et littéraire de la presse en France,* Paris, 1859-1861, 8 volumes.

(40) A. Le Bihan : *Loges et chapitres du Grand Orient et de la Grande Loge,* Paris, 1967.

(41) A. Kuscinski : *Dictionnaire des Conventionnels,* Paris, éd. 1973, 615 p.

(42) A. Martin et G. Walter : *Catalogue de l'Histoire de la Révolution française. Ecrits de la période révolutionnaire. Journaux et Almanachs,* t V, Paris, 1943.

(43) Paul Mautouchet : *Inventaire analytique et chronologique des actes des Conventionnels en mission dans la Sarthe,* Le Mans, 1939-1948, t.1, 233 pages t.2, 163 p.

(44) P. Mautouchet : « Les comptes décadaires de l'agent national du district du Mans en l'an II et III », *La Révolution dans la Sarthe et les départements voisins,* 1914, n°29 p 5-46 ; n° 30, p 61-93.

(45) R. Monnier, A. Soboul : *Répertoire du personnel sectionnaire parisien en l'an II,* Paris, 1985, 564 p.

note   (46) Félix Mourlot : *Recueil de documents d'ordre économique contenus dans les registres de délibérations des municipalités du district d'Alençon (1788-an IV),* Alençon 1907, t.1, 766 p., t.2, 672 p., t.3, 648 p.

(47) D. Nordman, M.V.Ozouf-Marignier, R. Giméco, A. Laclau : *Le territoire : réalités et représentations. Atlas de la Révolution française,* Paris, 1989, n°4, 106 p et n°5, 125 p.

Méthodologie

(48) Maurice Agulhon : *Pénitents et Francs-Maçons dans l'ancienne Provence. Essai sur la sociabilité méridionale,* Paris, 1968, 450 p.

(49) Paul Bois : *Paysans de l'Ouest. Des structures économiques et sociales aux options politiques depuis l'époque révolutionnaire dans la Sarthe,* Paris, 1960, éd. 1984, 715 p.

(50) Pierre Bourdieu : « Questions de politique » ; *Actes de la Recherche en Sciences Sociales,* septembre 1977, p 55-89.

(51) __ : *Questions de sociologie,* Paris, 1980, 277p.

(52) __ : *Ce que parler veut dire. L'économie des échanges linguistiques,* Paris, 1982, 239 p.

(53) __ : « Le champ littéraire », *Actes de la Recherche en Sciences Sociales,* septembre 1991, p 3-46.

(54) Philippe Champagne : *Faire l'opinion. Le nouveau jeu politique,* Paris, 1990, 310 p.

(55) Michel Foucault : *L'ordre du discours,* Paris, 1971, 82 p.

(56) Jurgen Habermas : *L'espace public. Archéologie de la publicité comme dimension constitutive de la société bourgeoise,* Paris, 1986, 322 p.

(57) Raymond Huard : *La préhistoire des partis. Le mouvement républicain en Bas-Languedoc (1848-1881),* Paris, 1982, 520 p.

(58) __ : « Existe-t-il une politique populaire ? », *Mouvements populaires et conscience sociale XVI-XIXème siècles* (colloque de l'Université Paris VII-CNRS, mai 1984), Paris, 1985, p 57-68.

(59) Pierre Laborie : « De l'opinion publique à l'imaginaire social », *XXème siècle. Revue d'Histoire,* juin 1988.

(60) Mona Ozouf : *L'homme régénéré. Essais sur la Révolution française,* Paris, 1989, 238 p.

(61) s.d. Jean Padioleau : *L'opinion publique. Examen critique, nouvelles directions,* Paris, 1981, 392 p.

(62) s.d. René Rémond : *Pour une histoire politique,* Paris, 1988, 399 p.

(63) Michel Vovelle : *Idéologies et mentalités,* Paris, 1982, 325 p.

(64)__ : *La mentalité révolutionnaire,* Paris, 1985, 290 p.

OUVRAGES ET ARTICLES GÉNÉRAUX D'HISTOIRE POLITIQUE, SOCIALE ET CULTURELLE

Histoire politique

(65) Maurice Agulhon : « Plaidoyer pour les Jacobins », *Le Débat,* juin 1981, p 55-65.

(66) Alphonse Aulard : « La formation du parti républicain », *La Révolution française,* octobre 1898.

(67) __ : « La fuite à Varennes et le mouvement républicain », *idem,* novembre 1898.

(68) __ : « L'opinion républicaine et l'opinion royaliste sous la première République avant le 9 thermidor », *idem,* juin 1899, p 481-512.

(69) Bronislaw Baczko : *Comment sortir de la Terreur ? Thermidor et la Révolution,* Paris, 1989, 353 p.

(70) Keith Michael Baker : *Au tribunal de l'opinion. Essais sur l'imaginaire politique au XVIIIème siècle,* Paris, 1993, 319 p.

(71) J. Boutier, Ph. Boutry : « Les sociétés politiques en France de 1789 à l'an III : une machine ? », *RHMC,* janvier-mars 1989, p 29-67.

(72) Philippe Boutry : « Des sociétés populaires en l'an II au *parti républicain.* Réflexions sur l'évolution des formes d'association politique dans la France du premier XIXème siècle », *Storiographica francese e italiano a confronto sul fenomeno associativo durante XVIII e XIX secolo. Fundazione Luigi Einaudi,* Torino, mai 1988, p 107-135.

(73) Crane Brinton : *The Jacobins. An essay in the new-history,* New-York, 1930, 319 p. (et compte-rendu par A. Mathiez *AHRF,* sept-octobre 1931, p 450-452.

(74) Françoise Brunel : « Les derniers Montagnards et l'unité révolutionnaire », *Girondins et Montagnards* (colloque Sorbonne, 1975) s.d. A. Soboul, Paris, 1980, p 297-316 et 343-361.

(75) __ : *Thermidor. La chute de Robespierre,* Paris, 1989, 155 p.

(76) Louis de Cardénal : *La Province pendant la Révolution. Histoire des clubs jacobins (1789-1795),* Paris, 1929, 518 p.

(77) __ : « A propos du fédéralisme », *AHRF,* 1937, p 234-240.

(78) Roland Carraz : « Girondins et Montagnards : le cas chalonnais », *Girondins et Montagnards,* op. cité n°74, p 167-192.

(79) Marie Cérati : *Le club des citoyennes révolutionnaires,* Paris, 1966, 198 p.

(80) Pierre Caron : *Rapports des agents du ministre de l'Intérieur dans les départements,* Paris, 1913-1951, t. 1, 533 p ; t. 2, 602 p.

(81) Hyacinthe Chobaut : « Le nombre des sociétés populaires dans le Sud-Est en l'an II », *AHRF,* 1926, p 450-455 (et lettre de L de Cardénal, *AHRF,* 1927, p 78-79.)

(82) Richard Cobb : *Les armées révolutionnaires. Instrument de la Terreur dans les départements (avril 1793-floréal an II),* Paris, 1983, t.1, 364 p ; t.2, 1016 p.

(83) Roger Dupuy : « Du pseudo-fédéralisme breton au pseudo-anarchisme parisien », *Girondins et Montagnards,* op. cité n°74, p 193-219.

(84) __ : *La garde nationale et les débuts de la Révolution en Ille-et-Vilaine (1789-1793),* Rennes, 1972, 284 p.

(85) __ : *De la Révolution à la chouannerie. Paysans en Bretagne (1788-1794),* Paris, 1988, 363 p.

(86) *Existe-t-il un fédéralisme jacobin ?,* (Actes du 111ème Congrès des Sociétés Savantes, Poitiers, 1986, t.1, fasc.2), Paris, CTHS, 1986, 236 p.

(87) François Furet : « Augustin Cochin : la théorie du jacobinisme », *Penser la Révolution française,* Paris, 1978, p 212-259.

(88) __ : *La Gauche et la Révolution au milieu du XIXème siècle. Edgar Quinet et la question du jacobinisme (1865-1870),* Paris, 1986, 315 p.

(89) S. d. F. Furet et M. Ozouf : *Dictionnaire critique de la Révolution française,* Paris, 1989, 1122 p.

(90) Maurice Genty : *L'apprentissage de la citoyenneté (Paris 1789-1795),* Paris, 1987, 290 p.

(91) Raoul Girardet : *Mythes et mythologies politiques,* Paris, 1986, 205 p.

(92) Jacques Godechot : *Les institutions de la France sous la Révolution et l'Empire,* Paris, 1968, 788 p.

(93) Jacques Guilhaumou : *La langue politique et la Révolution française,* Paris, 1989, 208 p.

(94) *Les Jacobins,* n° spécial des *Cahiers d'Histoire de l'Institut Maurice Thorez,* 1979, n° 32-33, 195 p.

✶(95) Lucien Jaume : « Le public et le privé chez les Jacobins », *Revue française* *note* de Sciences Politiques, avril 1987, 18 p.

(96) __ : *Le discours jacobin et la démocratie*, Paris, 1989, 508 p.

(97) Mickael Kennedy : *The Jacobin Clubs in the French Revolution. The first years*, Princeton, 1982. *The middle years*, 1988, 440 p.

(98) S. d. F. Lebrun et R. Dupuy : *Les Résistances à la Révolution française* (colloque de Rennes 1985), Paris, 1987, 478 p.

(99) Georges Lefebvre : *Etudes sur la Révolution française,* Paris, 1954, 325 p.

(100) __ : *La France sous le Directoire (1795-1799)*, Paris, 1984, 965 p.

(101) Robert Legrand : *Babeuf et ses compagnons de route*, Paris, 1981, 452 p.

(102) Gérard Maintenant : « Les Jacobins à l'épreuve. La scission des Feuillants (été 1791) », *Cahiers d'Histoire*, op cité n° 94, p 67-112.

(103) __ : *Les Jacobins*, Paris, 1984, 127 p.

(104) Albert Mathiez : « Marat, père des Sociétés fraternelles », *Annales Révolutionnaires*, 1908, p 660-664.

(105) __ : *Le Club des Cordeliers pendant la crise de Varennes et le massacre du Champ de Mars*, Paris, 1910, 392 p.

(106) Claude Mazauric : *Jacobinisme et Révolution*, Paris, 1984, 301 p.

(107) __ (s.d.) : *La Révolution française et le monde moderne* (colloque Rouen 1988), Paris, 1989, 778 p.

(108) __ : « Jacobins. Jacobinisme », *Dictionnaire de la Révolution française*, s.d., A. Soboul, Paris, 1989, p 585-592.

(109) Mona Ozouf : « Jacobin : fortune et infortune d'un mot », *Le Débat*, juin 1981, p 28-39.

(110) *Les Paysans et la politique (1750-1850)*, (colloque Rennes 1981), *Annales de Bretagne et des Pays de l'Ouest*, 1982, n°2, 269 p.

(111) Henriette Perrin : « Le club de femmes de Besançon », *Annales Révolutionnaires*, 1917, p 650-653 ; 1918, p 37-63 ; p 505-532 ; p 645-672.

(112) Claude Petitfrère : *Les Bleus d'Anjou (1789-1792)*, Paris, 1985, 526 p.

(113) Christine Peyrard : « Les débats sur le droit d'association et de réunion sous le Directoire », *AHRF*, septembre 1994, p 463-478.

(114) __ : « Combats parisiens pour la démocratie, des journalistes de l'Ouest », *Paris et la Révolution* (colloque Sorbonne), s.d. M. Vovelle, Paris, 1989, p 321-332.

(115) *Les pratiques politiques en province à l'époque de la Révolution française* (colloque 1987), Montpellier, 1988, 403 p.

(116) Marcel Reinhard : *La Chute de la Royauté*, Paris, 1969, 643 p.

(117) *Les sociétés populaires*, n° spécial, *AHRF*, sept-octobre 1986, 181 p. *note*

(118) Albert Soboul : *Les Sans-Culottes parisiens en l'an II. Histoire politique et sociale des sections de Paris (2 juin 1793-9 thermidor an II)*, La Roche-sur-Yon, 1958.

(119) __ : « Robespierre et les sociétés populaires », *AHRF*, 1958, p 50-64. *note*

(120) __ : *Comprendre la Révolution française*, Paris, 1981, 380 p.

(121) S. d. *Dictionnaire de la Révolution française*, Paris, 1989, 1132 p.

(122) « La tradition politique », *Pouvoirs*, 1987, n°42, 202 p.

(123) Kare D. Tonnesson : *La défaite des Sans-Culottes*, Oslo, 1959, 457 p.

(124) Michel Vovelle : *La chute de la monarchie (1787-1792)*, Paris, 1972, 270 p.

(125) __ : *La découverte de la politique. Géopolitique de la Révolution française*, Paris, 1993, 363 p.

(126) __ s.d. : *Recherches sur la Révolution*, Paris, 1991, 440 p.

(127) Henri Wallon : *La révolution du 31 mai et le fédéralisme en 1793 ou la France vaincue par la Commune de Paris*, Paris, 1886, 2 volumes.

(128) Eric Walter : « L'affaire La Barre et le concept d'opinion publique », *Le journalisme d'Ancien Régime*, Lyon, 1982, p 361-392.

(129) Isser Woloch : *Jacobin Legacy : the democratic movement under the Directory*, Princeton, 1970.

Histoire sociale

(130) Maurice Agulhon : *La République au village*, Paris, 1979, 745 p.

(131) Yves-Marie Bercé : *Croquants et Nu-Pieds. Les soulèvements paysans en France du XVI au XIXème siècle*, Paris, 1974, 239 p.

(132) Maryvonne Bodiguel : *Le rural en question*, Paris, 1986, 183 p.

note (133) *Bourgeoisies de province et Révolution* (colloque de Vizille 1984), Grenoble, 1988, 232 p.

(134) Jean Boutier : *Campagnes en émoi. Révoltes et Révolution en Bas-Limousin (1789-1800)*, Les Monédières, 1987, 260 p.

(135) Richard Cobb : *Terreur et subsistances (1793-95)*, Paris, 1964, 396 p.

(136) __ : *La protestation populaire en France (1789-1820)*, Paris, 1975, 322 p.

note (137) Arlette Farge : *La vie fragile. Violence, pouvoirs et solidarités à Paris au XVIIIème siècle*, Paris, 1986, 351 p.

note (138) __ : *Dire et mal dire. L'opinion publique au XVIIIème siècle*, Paris, 1992, 315 p.

note (139) S.d. F. Gauthier et G.R. Ikni : *La guerre du blé au XVIIIème siècle. La critique populaire contre le libéralisme économique*, Paris, 1988, 237 p.

(140) P. Goubert et D. Roche : *Les Français et l'Ancien Régime*, Paris, 1984, t.1, 380 p ; t.2, 388 p.

(141) Philippe Hesse : « Géographie coutumière et révoltes paysannes en 1789 », *AHRF*, avril-juin 1979, p. 280-302.

(142) Eric J. Hobsbawn : *Les primitifs de la révolte dans l'Europe moderne*, Paris, 1963, 222 p.

(143) Vladimir Ljublinski : *La guerre des farines*, Grenoble, 1979, 372 p.

(144) Jean-Pierre Jessenne : *Pouvoir au village et Révolution en Artois (1760-1840)*, Lille, 1987, 308 p.

(145) Stephen Kaplan : *Le complot de farine : histoire d'une rumeur au XVIIIème siècle*, Paris, 1982, 77 p.

(146) __ : *Le pain, le peuple et le roi*, Paris, 1986, 320 p.

(147) Georges Lefebvre : *La Grande Peur de 1789*, Paris, 1932, 270 p.

(148) __ : *Questions agraires au temps de la Terreur*, Paris, 1932, éd. 1989, 386 p.

(149) Guy Lemarchand : « La féodalité et la Révolution française : seigneurie et communauté paysanne (1780-1799) », *AHRF*, oct-décembre 1980, p 536-558.

note (150) Albert Mathiez : *La vie chère et le mouvement social sous la Terreur*, Paris, 1927, éd. 1973, t. 1, 359 p ; t. 2, 250 p.

(151) __ : « Un Enragé inconnu : Taboureau de Montigny », *AHRF*, 1930, p 209-230 ; 305-322 (et G. Lefebvre, « Quelques notes sur Taboureau, l'*Enragé* d'Orléans », *AHRF*, 1931, p 140-148.)

(152) S. d. Jean Nicolas : *Mouvements populaires et conscience sociale*, op. cit. n° 58.

note (153) __ : *La Révolution française dans les Alpes, Dauphiné et Savoie*, Toulouse, 1989, 370 p.

(154)__ : « Les mouvements populaires dans le monde rural sous la Révolution française : état de la question », *Bulletin de la Société d'Histoire Moderne*, 1986, N° 3, p 20-29.

(155) __ : « Les émotions populaires en milieu rural », *Congrès de l'Association des ruralistes français*, Arc-et-Senans, oct. 1987, 34 p.

(156) __ : « Villageois et gens d'affaires », *Bourgeoisies de province et Révolution,* op. cité n°133, p. 167-180.

(157) *La Révolution française et le monde rural*, (colloque Paris 1987), Paris, 1989, 582 p. *see the article by D. Margeiraz, ut un p. 162, n. 4*

(158) Guy Richard : *La noblesse d'affaires au XVIIIème siècle*, Paris, 1974.

(159) Georges Rudé : « La taxation populaire de mai 1775 à Paris et dans la région parisienne », *AHRF*, avril-juin 1957, p 139-179.

(160) __ : « La taxation populaire de mai 1775 en Picardie, Normandie et Beauvaisis », *AHRF*, juillet-septemebre 1961, p 305-326.

(161) __ : *La foule dans la Révolution française*, Paris, 1982, 283 p.

(162) Albert Soboul : *Problèmes paysans de la Révolution (1789-1848)*, Paris, 1976, 442 p.

(163) Louise Tilly : « La révolte frumentaire, forme de conflit politique en France », *AESC*, mai-juin 1972, p 731-757.

(164) E.P.Thompson : « L'économie morale de la foule en Angleterre au XVIIIème siècle », *La guerre du blé au XVIIIème siècle*, op. cité n° 139, p 31-92.

(165) Michel Vovelle : *Ville et campagnes au XVIIIème siècle. Chartres et la Beauce*, Paris, 1980, 307 p.

(166) __ : *De la cave au grenier. Un itinéraire en Provence au XVIIIème siècle. De l'histoire sociale à l'histoire des mentalités*, Québec, 1980, 480 p.

Histoire culturelle

(167) Maurice Agulhon : *Le cercle dans la France bourgeoise (1810-1848). Etude d'une mutation de sociabilité*, Paris, 1977, 85 p.

(168) M. Agulhon et M. Bodiguel : *Les associations au village*, Le Paradou, 1981, 101 p.

(169) Alphonse Aulard : « La presse officieuse sous la Terreur », *Etudes et leçons sur la Révolution française*, Paris, 1893, 1ère série.

(170) Jean-Paul Bertaud : *Les Amis du Roi. Journaux et journalistes royalistes en france de 1789 à 1792*, Paris, 1984, 283 p. *note*

(171) S.d. Jean-Claude Bonnet : *La Carmagnole des Muses. L'homme de lettres et l'artiste dans la Révolution*, Paris, 1988, 425 p.

(172) Pierre Caron : « Les publications officieuses du ministère de l'Intérieur en 1793 et 1794 », *RHMC*, 1910.

(173) Ernst Cassirer : *Le problème Jean-Jacques Rousseau*, Paris, 1987, 135 p.

(174) Roger Chartier : « L'Imprimerie en France à la fin de l'Ancien Régime : l'état général des imprimeurs de 1777 », *Revue Française d'Histoire du Livre*, 1973, p 253-279.

(175) __ : *Lectures et lecteurs dans la france d'Ancien Régime*, Paris, 1987, 370 p.

(176) __ s.d. : *Les usages de l'imprimé*, Paris, 1987, 438 p.

(177) __ : *Les origines culturelles de la Révolution française,* Paris, 1990, 245 p.

(178) S.d. R. Chartier et H.J.Martin : *Histoire de l'édition française. Le livre triomphant (1660-1830)*, Paris, 1990, t 2, 909 p. *note*

(179) Augustin Cochin : *Les sociétés de pensée et la démocratie moderne*, Paris, 1923, éd. 1978, 216 p.

(180) __ : *Les sociétés de pensée et la Révolution en Bretagne*, Paris, 1923.

(181) « Confréries et dévotions à l'épreuve de la Révolution » (colloque Marseille 1988), *Provence Historique*, avril-juin 1989, p 129-359.

(182) Robert Darnton : *L'aventure de l'Encyclopédie. Un best-seller au siècle des Lumières*, Paris, 1982, 445 p.

(183) __ : *Bohême littéraore et Révolution. Le monde du livre au XVIIIème siècle*, Paris, 1983, 208 p.

(184) __ : *Edition et sédition. L'univers de la littérature clandestine au XVIIIème siècle*, Paris, 1991, 279 p.

(185) __ : *Gens de lettres et gens du livre,* Paris, 1992, 302 p.

(186) Robert Derathé : *Jean-Jacques Rousseau et la science politique de son temps*, Paris, 1979, 473 p.

(187) Melvin Edelstein : *La Feuille Villageoise*, Paris, 1975, 340 p.

note (188) Gilles Feyel : « La presse provinciale au XVIIIème siècle : géographie d'un réseau », *Revue Historique*, oct-décembre 1984, p 353-374.

(189) E. François et R. Reichardt : « Les formes de la sociabilité en France du milieu du XVIIIème siècle au milieu du XIXème siècle », *RHMC*, juilleseptembre 1987, p 453-472.

note (190) S.d. Etienne François : *Sociabilité et société bourgeoise en France, en Allemagne et en Suisse (1750-1850)*, Paris, 1986, 319 p.

(191) S.d. F. Furet : *Livres et société dans la France du XVIIIème siècle*, Paris, 1970, t. 2, 228 p.

(192) F. Furet et J. Ozouf : *L'alphabétisation des Français de Calvin à Jules Ferry*, Paris, 1977, 380 p.

(193) René Gérard : *Un journal de province sous la Révolution française. Le Journal de Marseille de Ferréol Beaugeard (1781-1797)*, Paris, 1964, 303 p.

(194) s.d. J. Godechot : *Histoire générale de la presse française*, Paris, 1969, t. 1, 633 p.

(195) Hugh Gough : « Les Jacobins et la presse : *Le Journal de la Montagne* (juillet 1793-brumaire an III) », *Girondins et Montagnards*, op. cité n°74, p 269-296.

(196) __ : *The newspapers in the French Revolution*, London, 1988.

(197) Ran Halévy : *Les loges maçonniques dans la France d'Ancien Régime. Aux origines de la sociabilité démocratique*, Paris, 1984, 118 p.

(198) E. Justin : *Les sociétés royales d'agriculture au XVIIIème siècle (1757-1793)*, Saint-Lô, 1935, 368 p.

(199) Mickael Kennedy : « L'oracle des Jacobins des départements : J. L Carra et ses *Annales Patriotiques* », *Girondins et Montagnards,* op. cité n°74, p 247-268.

note (200) __ : « Le club des Jacobins et la presse sous l'Assemblée Nationale (1789-1791) », *Revue Historique*, juillet-septembre 1980, p 51-63.

(201) Claude Labrosse : « Du dispositif du périodique au texte du journal », *Le journalisme d'Ancien Régime*, Lyon, 1982, p 393-409.

(202) C. Labrosse et P. Rétat : « Essai d'une typologie des périodiques », *Presse et Histoire au XVIIIème siècle : l'année 1734*, s.d. Sgard et Rétat, Lyon, 1978.

(203) __ : *Naissance du journal révolutionnaire : 1789*, Lyon, 1989, 312 p.

(204) Nathalie Lambrichs : *La liberté de la presse en l'an IV. Les journaux républicains*, Paris, 1976, 110 p.

(205) Philippe Le Harivel : *Nicolas de Bonneville, préromantique et révolutionnaire (1760-1828)*, Strasbourg, 1923, 195 p.

(206) John Lough : *L'écrivain et son public. Commerce du livre et commerce des idées en France du Moyen-Age à nos jours*, Paris, 1987, 383 p.

(207) Marc Martin : « Les origines de la presse militaire en France à la fin de l'Ancien Régime et sous la Révolution », thèse dactylographiée, Château-de-Vincennes, 1975.

(208) Albert Mathiez : « Le bureau politique du Directoire », *Revue Historique*, 1903, p 318-332.

(209) Philippe Minard : *Typographes des Lumières*, Paris, 1989, 299 p.

(210) Daniel Mornet : *Les origines intellectuelles de la Révolution française*, Paris, 1933, éd. 1989, 632 p.

(211) Jacques Ozouf : « Etudes de la presse et analyse de contenu », *Le Mouvement Social*, décembre 1965.

(212) Françoise Parent : « De nouvelles pratiques de lecture », *Histoire de l'édition française,* op. cité n° 178, p 801-823.

(213) Claude Perroud : « Roland et la presse subventionnée », *La Révolution française*, 1912, p 318-332 et 396-419.

(214) Christine Peyrard : « Le journalisme politique dans l'Ouest en révolution », *History of European Ideas*, 1989, n°4, p 455-469.

(215) Jeremy Popkin : « Les journaux républicains (1795-1799) », *RHMC*, janvier-mars 1994, p 143-157.

(216) __ : *News and Politics in the Age of Revolution. Jean Luzac's Gazette de Leyde*, Ithaca and London, 1989, 292 p

(217) __ : *Revolutionnary news : the press in France (1789-1799)*, Durham, 1990. *note*

(218) Pierre Rétat : « Les Gazettes : de l'événement à l'histoire », *Etudes de la presse au XVIIIème siècle*, Lyon, 1978, p 23-38.

(219) __ : « Rhétorique de l'article de journal », *idem,* p 81-100.

(220) __ *Les journaux de 1789. Bibliographie critique*, Paris, 1988, 428 p.

(221) __ s.d. : *La révolution du journal (1788-1794)*, Paris, 1989, 353 p.

(222) Daniel Roche : *Le Siècle des Lumières en province. Académies et académiciens provinciaux (1680-1789)*, Paris-La Haye, 1978, t. 1, 394 p ; t. 2, 513 p.

(223) __ : *Le peuple de Paris*, Paris, 1981, 285 p.

(224) __ : *Les Républicains des Lettres. Gens de culture et Lumières au XVIIIème siècle*, Paris, 1988, 388 p.

(225) Martine Ségalen : *Les confréries dans la France contemporaine. Les charités*, Paris, 1975, 248 p.

(226) *Sociabilité, pouvoir et société* (colloque de Rouen, 1983), Rouen, 1987.

(227) Timothy Tackett : *La Révolution, l'Eglise et la France. Le serment de 1791*, Paris, 1986, 480 p.

(228) Alain Viala : *Naissance de l'écrivain*, Paris, 1985, 317 p.

(229) Michel Vovelle : « Dix ans de sociabilité méridionale », *Idéologies et mentalités*, op. cité n°63, p 177-188.

(230) __ : « Géographie des confréries à l'époque moderne », *Revue d'Histoire de l'Eglise de France*, juillet-décembre 1983, p 257-272.

(231) __ : *La Révolution contre l'Eglise. De la Raison à l'Etre-Suprême*, Paris, *note* 1988, 311 p.

(232) Eric Weil : « Rousseau et sa politique », *Pensée de Rousseau*, Paris, 1984, p 9-39.

OUVRAGES ET ARTICLES CONCERNANT L'OUEST INTERIEUR

Histoire politique

(233) M. Blossier : « Taveau, député du Calvados et sa correspondance politique avec la municipalité et la société populaire de Honfleur », *Bulletin Historique et Philologique du Comité des Travaux Historiques et Scientifiques*, 1908.

(234) L. Boivin-Champeaux : *Notices historiques sur la Révolution dans le département de l'Eure*, Evreux, 1868, 600 p.

(235) Butet-Hamel : « La société populaire de Vire pendant la Révolution française », *Bulletin Historique et Philologique du Comité des Travaux Historiques et Scientifiques*, 1906.

(236) P. Delaunay : « La levée de 1792 et les commissaires du pouvoir exécutif dans la Mayenne », *BCHAM*, 1905, p 52-74.

(237) G. Fleury : « La société populaire de Mamers pendant la Révolution », *La Révolution dans la Sarthe*, 1909, p 199-214.

(238) A. Galland : « La société populaire de Laval et celle de Mayenne (1791-1795) », *BCHAM*, 1902, p 15-40.

(239) __ : « La société populaire de Cherbourg », *Bulletin Historique et Philologique du Comité des Travaux Historiques et Scientifiques*, 1907.

(240) R. Gauchet : « François Huchedé (1769-1821) : un instituteur terroriste », *BCHAM*, 1923.

(241) A. Goodwin : « The federalist movement in Caen during the French Revolution », *Bulletin of John Rylands Library,* mars 1960, p 313-344.

(242) Jeanne Grall : « Archives londoniennes. Epoque du fédéralisme », *Bulletin de la Société des Antiquaires de Normandie*, 1957-58, p 173-191.

(243) __ : « L'insurrection girondine en Normandie », *Cahier Léopold Delisle*, 1966, t XV, p 17-29.

(244) P.R. Hanson : « Les clubs politiques de Caen pendant la Révolution française », *Annales de Normandie*, mai 1986, p 123-141.

(245) Gérard Maintenant : « Les Jacobins d'Alençon (mai 1791-mars 1793). Etude d'histoire politique de la Société des Amis Réunis », *BSHAO*, septembre-décembre 1976, p 79-103 ; p 103-131.

(246)__ : « Les Jacobins de la ville de Mayenne (1791-an II). Etude d'histoire politique d'un club modéré », *BHAM*, octobre-décembre 1977, p 175-203.

(247) G. Mancel : *La Société des Carabots de Caen*, Caen, 1857, 23 p.

(248) A. Mathiez : « Les Carabots », *Annales Révolutionnaires*, 1913, p 106 et 260.

(249) Paul Mautouchet : « Philippeaux, journaliste », *La Révolution Française,* novembre 1899.

(250) __ : *Le conventionnel Philippeaux*, Paris, 1900, 320 p.

(251) Pierre Nicolle : *Histoire de Vire pendant la Révolution française (1789-1800)*, Vire, 1923.

(252) __ : « Les meurtres politiques d'août-septembre 1792 dans l'Orne », *AHRF*, 1934, p 99-118 ; p 212-232.

(253)__ : « Le mouvement fédéraliste dans l'Orne », *AHRF*, 1936, p 481-512 ; 1937, p 12-53 ; p 215-253 ; 1938, p 290-313 ; p 385-410.

(254) Jean-Louis Ormières : « Révolution et Contre-Révolution dans l'Ouest : le Haut-Anjou », thèse dactylographiée de l'Ecole des Hautes Etudes en Sciences Sociales, Paris, 1988.

(255) R. Patry : « Le club des Jacobins de Caen (1791-95) », *Mémoires de l'Académie des Sciences, Arts et Belles-Lettres de Caen,* 1980, p 83-108.

(256) C. Peyrard : *Les clubs révolutionnaires sarthois,* Cahier du Collectif républicain de commémoration, Le Mans, 1988, 56 p.

(257) __ : *Le club révolutionnaire de Mamers*, Cahier du Collectif républicain de commémoration, Le Mans, 1988, 24 p.

(258) __ : *Les conventionnels sarthois,* Cahier du Collectif républicain de commémoration, Le Mans, 1989, 68 p.

(259) E. Queruau-Lamerie : *Les conventionnels de la Mayenne*, Laval, 1885, 168 p.

(260) Charles Renard : *Notice sur les Carabots de Caen*, Caen, 1858, 30 p.

(261) Marcel Reinhard : *Le département de la Sarthe sous le régime directorial,* note Saint-Brieuc, (1935), 657 p.

(262) Henri Roquet : « Le général Cambray », *La Révolution dans la Sarthe,* 1909, p 191-200.

(263) E. Sarot : *Les habitants de la Manche devant le Tribunal révolutionnaire,* Coutances, 1877, 412 p.

(264)__ : *Les sociétés populaires de Coutances pendant la Première Révolution,* note Coutances, 1880.

(265) Emile Vivier : « La société populaire d'Avranches pendant la Révolution », *Revue de l'Avranchain*, 1911.

Histoire sociale

(266) Gérard Bodinier : « Les biens nationaux dans le département de l'Eure (1789-1827) », thèse dactylographiée, Université de Paris I-Panthéon-Sorbonne, 1988.

(267) Paul Bois : « Structure socio-professionnelle du Mans à la fin du XVIIIème note siècle », *Actes du 87ème Congrès des Sociétés Savantes*, 1962, p 679-709.

(268) François Dornic : « Un problème mal posé : le massacre de MM Cureau et de Montesson à Ballon, le 23 juillet 1789 », *AHRF*, juin 1951.

(269)__ : *Le fer contre la forêt*, Ouest-France, 1984, 255 p. note = see p. 104 (Peyrard)

(270) V. Duchemin et R. Triger : *Les premiers troubles de la révolution dans la* note *Mayenne,* Laval, 1888.

(271) René Jouanne : « Les émeutes paysannes en pays bas-normand », *Le Pays Bas-Normand*, 1957.

(272) Georges Lefebvre : *Cherbourg à la fin de l'Ancien Régime et au début de* ✷ *la Révolution*, Cahier des Annales de Normandie, Caen, 1965, 294 p.

(273) M. Le Thuillier : « Structures socio-professionnells à Falaise au XVIIIème siècle », mémoire de maîtrise dactylographié, Université de Caen, 1976.

(274) Jean-Claude Martin : *La terre en révolution : biens nationaux et marché* note *foncier dans le Domfrontais (1789-1830)*, Le Pays-Bas normand, 1989, 310 p.

(275) C. Peyrard : *Le jeudi fou de Ballon dans la grande Peur*, Cahier du Collectif note républicain de commémoration, Le Mans, 1987, 55 p.

(276) G. Richard : « Les nobles métallurgistes dans l'Eure de 1789 à 1850 », *Actes du 87ème Congrès des Sociétés Savantes*, Poitiers, 1962, p 740-752.

(277) __ : « La grande métallurgie en Haute et Basse-Normandie à la fin du XVIIIème siècle », *Annales de Normandie*, 1962, p 268-289 ; 1963, p 165-175.

(278) Robert Triger : *L'année 1789 dans le Haut-Maine*, Le Mans, 1889. note

(279) Henri Sée : « Les troubles agraires dans le Bas-Maine », *AHRF*, novembre-décembre 1925.

(280) Denis Woronoff : *L'industrie sidérurgique en France pendant la Révolution et l'Empire*, Paris, 1989, 592 p.

Histoire culturelle

(281) Michel Bée : « Les confréries de charité : mutuelles funéraires et confréries de bienfaisance », *Cahier Léopold Delisle*, 1972, p 5-22.

note (282) __ : « Sociabilité religieuse et Révolution : les confréries en Normandie », *SHAO*, décembre 1989, p 173-192.

note (283) André Bouton : *Les Francs-Maçons manceaux et la Révolution française (1741-1815)*, Le Mans, 1958, 352 p.

note (284) A. Bouton et M. Lepage : *Histoire de la Franc-Maçonnerie dans la Mayenne (1756-1951)*, Le Mans, 1951.

(285) Louis Duval : « Le premier journal imprimé à Alençon », *Revue Normande et Percheronne*, 1894.

(286) __ : « Imprimerie et librairie à Alençon et dans le diocèse de Sées », *idem*, 1897.

note (287) Jean-Pierre Epinal : *L'imprimerie et la librairie au Mans au XVIIIème siècle (1701-1789)*, Le Mans, 1975, 282 p.

(288) Pierre Flament : « Les confréries de charité dans l'Orne », *SHAO*, décembre 1989.

(289) R. Jouanne : « Une société littéraire à Alençon à la veille de la Révolution », *Agenda Rommet,* Alençon, 1926.

(290) __ : « La presse alençonnaise de la Révolution au Second Empire », *SHAO*, 1926, p 1-29.

(291) G. Lavalley : *Etudes sur la presse en Normandie*, Caen, 1910, 1ère série, p. 5-75.

(292) Blandine Louisfert : « La vie intellectuelle et culturelle à Alençon au temps des Lumières (1750-1850) », *SHAO*, décembre 1989, p 29-53.

note (293) Jean-Luc Marais : *Les sociétés d'hommes. Histoire d'une sociabilité du XVIIIème à nos jours (Anjou, Maine, Normandie)*, La Botellerie, 1986, 203 p.

(294) François Ozanne : *Les origines de l'imprimerie à Caen,* Caen, 1988, 29 p.

(295) C. Peyrard : « La sociabilité naturelle des Fléchois et la sociabilité révolutionnaire », *Cahier Fléchois*, 1989, p 74-85.

(296) Jean Quéniart : *Culture et sociétés urbaines dans la France de l'Ouest au XVIIIème siècle*, Lille, 1977.

(297) J.M. Richard : « La Société du Jardin-Berset à Laval (1763-1792) », *BCHAM*, 1910.

(298) E. Veuclin : *L'imprimerie à Bernay depuis son établissement jusqu'en 1883*, Bernay, 1883, 39 p.

(299) Eric Wauters : *Une presse de province pendant la Révolution française. Journaux et journalistes normands (1785-1800)*, Paris, 1993, 474 p.

INDEX ALPHABÉTIQUE DES NOMS DE LIEUX

INDEX ALPHABÉTIQUE DES NOMS DE PERSONNES

TABLE DES MATIÈRES

Achevé d'imprimer en octobre 1996
sur les presses de la Nouvelle Imprimerie Laballery – 58500 Clamecy
Dépot légal : octobre 1996   Numéro d'impression : 510063

Imprimé en France

About This Book

Title: *Will's Friend*

Step: 2

Word Count: 99

Skills in Focus: Initial blends

Tricky Words: day, friend, play, playing

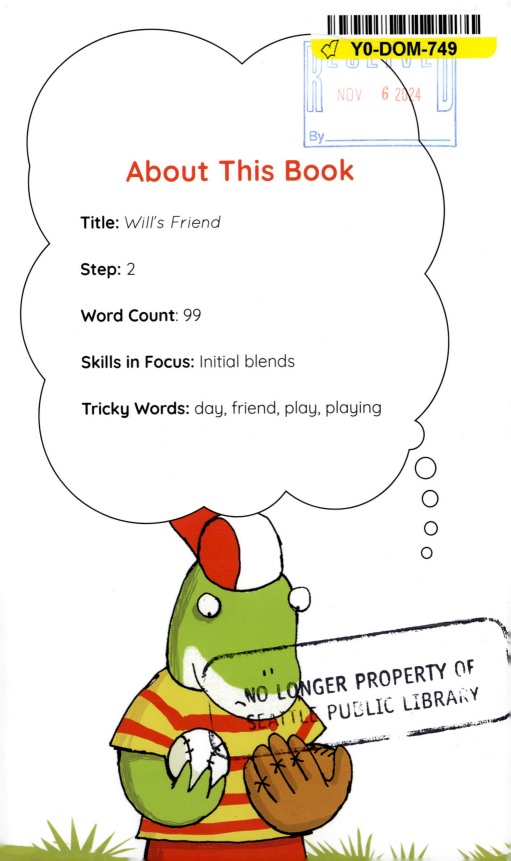

Ideas for Using this Book

Before Reading:

- **Comprehension:** Look at the title and cover image together. Ask the readers to make a prediction.
- **Accuracy:** Practice the tricky words listed on Page 1.
- **Phonemic Awareness:** Explain to the readers that a blend is two or more consonants together that each make a sound. Preview story words containing initial blends, beginning with *glad*. Segment the sounds slowly and have the students call out the word. Offer other examples that will appear in the book: *play, Greg, truck, scrub* (note that scrub is a three letter blend). Call attention to each beginning blend.

During Reading:

- Have the students point under each word as they read it.
- **Decoding:** If stuck on a word, help readers say each sound and blend it together smoothly.
- **Comprehension:** Invite readers to add to or change their predictions from before reading.

After Reading:

Discuss the book. Some ideas for questions:

- What were Will's big plans for his day off?
- Why couldn't Dad play with Will?
- Why couldn't Mom play with Will?
- What happened to save Will's plans when Mom and Dad couldn't play?

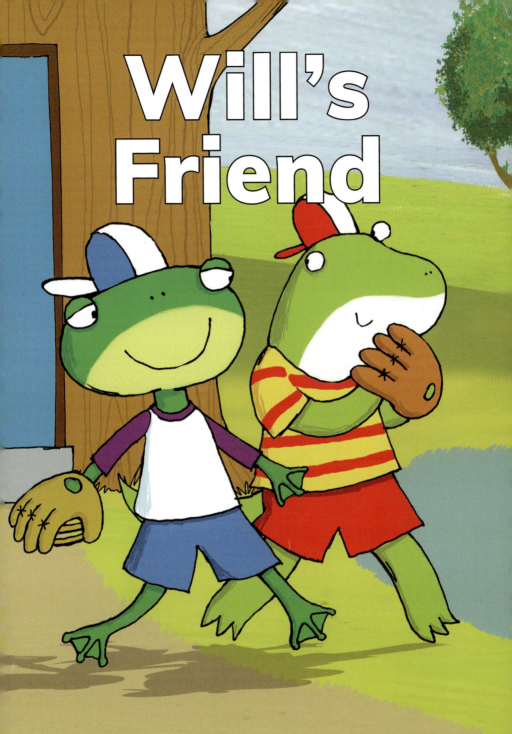

Will's
Friend

Text by
Leanna Koch

Educational Content by
Kristen Cowen

Illustrated by
Andy Rowland

PICTURE WINDOW BOOKS
a capstone imprint

Dad, Mom, and Will have a day off.

Will has big plans.

Will runs to the grass.

"Can Dad play?" Will asks.

No, Dad has to scrub the truck.

13

"Can Mom play?" Will asks.

No, Mom has to dig and plant.

17

Will slumps on the step.
He is a grump.

"Can Greg play?" Will asks.

Yes! Greg is glad to play.
Will grins.

23

Greg has a mitt to grab the ball.

"It is grand to have a friend,"
Will tells Greg.

Greg slaps Will's hand. "Yes, it is a blast!" Greg says.

29

Will and Greg spend the
day playing.

More Ideas:

Phonemic Awareness Activity

Practicing Initial Blends:

In this activity, readers will practice deleting a final word part, saying the blend only. Tell students you will say a story word with a beginning blend. The readers will follow your directions to delete the final word part. (Example: Tell students to say *play*. Now tell students to say *play* without saying /*ay*/. Students should make the blend sound only, /*pl*/.) Continue manipulating the sounds with additional story words.

• grump: gr-ump
• slap: sl-ap
• glad: gl-ad
• blast: bl-ast
• spend: sp-end
• scrub: scr-ub

Extended Learning Activity

5-Finger Retell:

Have readers retell the story using their five fingers. The students will hold up each of their fingers (one at a time) to represent a story element. Beginning with the thumb, have the students discuss the **setting** of the story. Next, use the index finger to name the **characters**. The middle finger represents the **problem**. The ring finger is used to tell the main **events** that took place in the beginning, middle, and end. Finally, have the students use their pinky to identify the **solution** to the problem.

Optional: Have the readers create a 5-Finger Retell sheet. Assist the students in tracing their hands on a sheet. Label each of the fingers with the corresponding story element. Have the reader use this as a guide to retell the story (can also be used with other stories to reinforce the strategy).

Published by Picture Window Books,
an imprint of Capstone
1710 Roe Crest Drive,
North Mankato, Minnesota 56003
capstonepub.com

Will's Friend was originally published as
Little Lizard's New Friend, copyright 2011 by Stone Arch Books.

Library of Congress Cataloging-in-Publication Data is available
on the Library of Congress website.

ISBN: 9780756596415 (hardback)
ISBN: 9780756586164 (paperback)
ISBN: 9780756590383 (eBook PDF)

Printed and bound in the USA. 5757